# Kampf dem Terror – Kampf dem Islam?

## Das Buch

Die Terroranschläge vom 11. September 2001 haben nicht die Welt verändert, aber die Massenpsychologie der Amerikaner. Präsident George W. Bush fühlt sich berufen, einen weltweiten »Kampf gegen das Böse« zu führen. Ins Visier dieser globalen Kriegsführung gerät der revolutionäre Islam. Niemand hat die Herausforderung, die vom »Schwert des Islam« ausgeht, früher erkannt als Peter Scholl-Latour. Zugleich hat er stets auf die Zersplitterung der muslimischen Glaubensgemeinschaft verwiesen. In offener Feldschlacht wären deren militante »Fundamentalisten« den USA hoffnungslos unterlegen. Aber die US-Führung verstrickt sich zusehends in unberechenbare Regionalkonflikte – ob in Afghanistan oder im Irak. Scholl-Latour kennt diese Regionen aus langer, unmittelbarer Erfahrung. Er weiß um die strategischen und psychologischen Fährnisse, die einer dauerhaften »Pax Americana« entgegenwirken, und von der Gefahr einer Proliferation von Massenvernichtungswaffen. Schon werden Einwände gegen den exklusiven Herrschaftsanspruch der USA laut – in Russland, der Volksrepublik China und sogar bei den europäischen Verbündeten. Wir stehen erst am Anfang eines historischen Dramas, das Scholl-Latour mit der ihm eigenen visionären Kraft zu deuten sucht.

## Der Autor

Peter Scholl-Latour wurde 1924 in Bochum geboren. Seit 1950 arbeitet er als Journalist, unter anderem viele Jahre als ARD-Korrespondent in Afrika und Indochina, als ARD-Studioleiter in Paris, als Fernsehdirektor des WDR und als Herausgeber des *stern*. Seit 1988 ist er als freier Publizist tätig. Seine TV-Sendungen über die Brennpunkte des Weltgeschehens erreichen höchste Einschaltquoten und Anerkennung, seine Bücher sind allesamt Bestseller.

Von Peter Scholl-Latour sind in unserem Hause
außerdem erschienen:

*Koloß auf tönernen Füßen*
*Weltmacht im Treibsand*

Peter Scholl-Latour

# Kampf dem Terror – Kampf dem Islam?

## Chronik eines unbegrenzten Krieges

Weltbild

Genehmigte Lizenzausgabe für Verlagsgruppe Weltbild GmbH,
Steinerne Furt, 86167 Augsburg

Erschienen im Propyläen Verlag

Umschlaggestaltung: Uhlig, Augsburg / www.coverdesign.net
Umschlagmotiv: Photographer's Choice/www.f1-online.de
Gesamtherstellung: CPI – Clausen & Bosse GmbH, Leck
Printed in the EU
ISBN 978-3-8289-0895-6

2011 2010 2009
Die letzte Jahreszahl gibt die aktuelle Lizenzausgabe an.

# INHALT

# AKTUELLES VORWORT

## Die Ernüchterung

Im Irak haben sich inzwischen die düstersten Voraussagungen bewahrheitet. Dabei bedurfte es keiner prophetischen Gaben, um das Unheil kommen zu sehen.

Bringen wir die Entwicklung im Mittleren Osten noch einmal auf den Punkt: Die amerikanische Offensive war schon wenige Tage nach »Nine Eleven«, nach dem Anschlag auf das World Trade Center, eine beschlossene Sache. Die Debatten im Weltsicherheitsrat zogen sich bis zum 20. März 2003 in die Länge, weil die amerikanischen Einsatzkräfte dieser Frist für ihre operative Bereitstellung bedurften und eine klimatisch günstige Jahreszeit abwarteten. Daß im höchsten Entscheidungsgremium der UNO eine deutliche Mehrheit gegen die Absichten der Bush-Administration zustande kam, war für Washington eine böse Überraschung und führte zu heftigen Überreaktionen gegenüber Paris und Berlin.

Natürlich konnte vor Ausbruch der Feindseligkeiten niemand mit absoluter Gewißheit davon ausgehen, daß Saddam Hussein sämtliche Massenvernichtungswaffen beseitigt hatte. Es mußte befürchtet werden, daß ihm aus seinem Angriffskrieg gegen die Islamische Republik Iran in den Jahren 1980 bis 1988 erhebliche Restbestände an Gasgranaten übrig blieben. Doch gegen einen chemischen Schlagabtausch wären die irakischen Kämpfer weit weniger geschützt gewesen als die auf diese Eventualität speziell trainierten US-Divisionen. Die Furcht vor dem Einsatz bakteriologischer Verseuchungsmittel, die noch auf keinem anderen Schlachtfeld der Welt erprobt worden waren, entsprang vor allem den Spekulationen der Medien. Was nun die nukleare Bedrohung durch den Irak betraf, so war von den zuständigen internationalen Instanzen festgestellt worden, daß es sich hierbei um Hirngespinste oder gezielte Desinformation handelte. Die Gefahr eines Raketenbeschusses durch die Hasardeure von

Bagdad wurde selbst in Israel nicht Ernst genommen, wo der Generalstab davon ausging, daß Saddam Hussein allenfalls noch ein Dutzend veralteter Scud-B-Träger besaß, die mühelos mit dem neuen Arrow-System schon über Jordanien hätten abgefangen werden können.

Der schlimmsten Irreführungen hat sich der britische Premierminister Tony Blair schuldig gemacht, der in aller Unverfrorenheit eine Bedrohung der westlichen Welt durch irakische Vernichtungswaffen binnen einer Viertelstunde erredete. Man bedurfte wirklich nicht der Indiskretionen des unglückseligen Dr. Kelly, um zu wissen, daß die von London geschürten Horrorvisionen reines Blendwerk waren. Die Glaubwürdigkeit nicht nur des britischen Nachrichtendienstes MI-6 hat unter dieser Propagandakampagne schwer gelitten, auch der Ruf der hoch angesehenen Rundfunkgesellschaft BBC ist dabei nachhaltig zu Schaden gekommen. Ein anderes Argument jener »Kriegslustigen« – der Ausdruck stammt von Ernst Jünger –, die sich auch in den deutschen Medien gebieterisch zu Wort meldeten, war die enge Komplizenschaft zwischen dem Baath-Regime von Bagdad und der islamistischen Terror-Organisation, die Osama Bin Laden unter dem Namen »El Qaida« ins Leben gerufen hatte. Diese Behauptung ist noch unlängst durch die zuständige amerikanische Untersuchungskommission definitiv ins Reich der Lügen verwiesen worden.

Der US-Feldzug »Iraqi Freedom«, der binnen drei Wochen zur Besetzung Bagdads führte, war eine logistische Meisterleistung. Weder das Wüten des Sandsturms noch die plötzliche strategische Umdisponierung der Nordfront – als Folge der türkischen Weigerung, 60 000 GI's den Durchmarsch durch Anatolien zu gestatten – konnte das zügige Vordringen behindern. Dabei muß allerdings festgehalten werden, daß nennenswerter irakischer Widerstand mit Ausnahme sporadischer Gefechte bei Umm Qasr und Nasiriya nicht stattfand und daß die Republikaner-Garde Saddam Husseins sowie seine gesamte Armee sich spontan selbst auflösten, um der Vernichtung zu entgehen. Nicht einmal die Brücken über Euphrat und Tigris waren gesprengt worden. Die verhängnisvolle Fehlentwicklung stellte sich erst ein, als Bagdad und zahlreiche andere Städte des Irak vom Wahnsinn eines plündernden und mordenden Mobs heimgesucht wurden, ohne daß die verantwortliche Besatzungsmacht einen Finger rührte, um diesem Toben Einhalt zu gebieten. Es stellte sich heraus, daß dem von Bush berufenen Statthalter Paul Bremer keinerlei Konzept für eine praktikable politische Neuordnung des Irak vorschwebte und daß die CIA die internen Kräfteverhältnisse Mesopotamiens völlig falsch eingeschätzt hatte. Der strahlende Sieg wurde verschenkt. Der Irak versank viel schneller als erwartet in den Wirren einer blutrünstigen Guerilla und eines unheimlichen Bürgerkriegs.

Bleibt als Resultat von »Iraqi Freedom« lediglich die Beseitigung des blutigen Tyrannen Saddam Hussein. »We got him – wir haben ihn geschnappt«, so lautete die einzige wirkliche Erfolgsmeldung, die Paul Bremer nach der Festnahme des Diktators herausposaunen konnte. Daß dieser Tyrann in seiner Haft den privilegierten Status eines Kriegsgefangenen genießt, während die islamistischen Partisanen Afghanistans, unter denen sich religiös motivierte Idealisten befinden, gefoltert und dem juristischen Vakuum von Guantanamo ausgeliefert wurden, hat manchen schockiert. Irreparablen psychologischen Schaden haben vor allem die pornografisch inszenierten Folterbilder aus dem Gefängnis Abu Ghraib in der ganzen islamischen »Umma« angerichtet, zumal es sich bei diesen perversen Demütigungen keineswegs um Einzelfälle handelte. Unter diesen Umständen klingt die hartnäckige Beteuerung der Neo-Konservativen des Pentagons, sie wollten im Irak einen »Leuchtturm der Demokratie« für den ganzen Mittleren Osten strahlen lassen, wie blanker Hohn. Die Ernüchterung hat sich längst eingestellt.

Auf den »Governing Council« mit rotierender Präsidentschaft ist am 30. Juni 2004 eine provisorische irakische Regierung unter Ministerpräsident Iyad Allawi gefolgt. Doch nicht der UNO-Beauftragte Brahimi, wie ursprünglich vorgesehen, hat die Auswahl dieses Gremiums getroffen – die Minister wurden einseitig und imperativ durch die amerikanische Besatzungsmacht berufen. Allawi selbst, ein säkular eingestellter Schiit, der früher einmal dem Geheimdienst Saddam Husseins angehört hatte und in den letzten Jahren aufs engste mit der CIA zusammenarbeitete, versucht seit seiner Berufung, sich überwiegend auf Mitglieder des früheren Machtapparats der Baath-Partei zu stützen. Der Verdacht kommt dabei auf, daß mit der Reaktivierung der berüchtigten »Mukharabat« auch deren Repressionsmethoden wieder zu Ehren kommen. Die Schlüsselministerien von Bagdad werden ohnehin von Männern geführt, die sich in langen Jahren des Exils der eigenen Bevölkerung entfremdet und inzwischen die amerikanische oder britische Staatsangehörigkeit angenommen haben. Ihre Familien lassen sie wohlweislich nicht aus dem Ausland nachkommen, denn sie selbst würden unweigerlich zu Opfern von Attentätern, falls sie sich ohne waffenklirrende Eskorte in der Öffentlichkeit zeigten.

Als Hochburg des national-arabischen und sunnitisch-islamischen Widerstandes hat die Stadt Faluja, westlich von Bagdad, tragischen Ruhm erworben. Die bewaffnete Revolte konzentrierte sich zunächst auf das sogenannte »sunnitische Dreieck«, greift aber auch auf den nördlichen Raum von Mossul über sowie auf die Erdölfelder der Stadt Kirkuk, deren Besitz von den Kurden des Nordirak beansprucht wird. In diesem Raum entstehen zusätzliche Ungewißheiten, seit die Kurden, die die US-Army anfangs als Freunde und Befreier begrüßten, um den Erhalt ihrer nach 1991 gewonnenen Autonomie, die einer De-facto-Unabhängigkeit nahe kommt, fürchten müssen. Der Zentralismus der neuen Bagdader Behörden sowie die Föderationspläne der US-Protektoren drohen diese Selbständigkeit zu reduzieren. Sollten die kurdischen Behörden von Arbil und Suleimaniyeh dennoch in Kirkuk die Oberhand gewinnen und die Nutzung des dortigen Erdölreichtums an sich reißen, müßte allen Ernstes mit der militärischen Intervention der Türkei gerechnet werden. Im Hinblick auf die eigene kurdische Bevölkerungsmasse von etwa 15 Millionen Menschen kann Ankara nicht zulassen, daß im Nordirak ein Herd grenzübergreifender nationaler Irredenta entstünde, eine Art »kurdisches Piemont«.

Völlig ungeklärt und in tiefes Geheimnis gehüllt bleibt die alles beherrschende schiitische Frage. Die Anhänger dieser islamischen Glaubensrichtung stellen im Irak etwa 65 % der Gesamtbevölkerung. Lange Zeit folgte die Masse der »Schiat Ali« den beschwichtigenden Anweisungen ihres höchsten geistlichen Würdenträgers, des Groß-Ayatollahs Ali el-Sistani. Die Anhängerschaft Sistanis wollte allen Übergriffen der Besatzungsmacht zum Trotz den Weg freihalten für den vorgezeichneten demokratischen Konformismus westlicher Prägung. Sie erhob die Grundforderung »one man, one vote«, und die Schiiten bauten darauf, daß sie bei international überwachten, freien Wahlen die Mehrheit der Parlamentssitze in Bagdad erringen und entscheidenden Einfluß auf die Regierungsbildung ausüben würden. Beinahe automatisch ergäbe sich daraus die Proklamation einer schiitisch orientierten Islamischen Republik Irak, auch wenn Sistani nicht gewillt schien, dem revolutionären Vorbild des legendären Ayatollah Khomeini im benachbarten Iran zu folgen. Fast ein Jahr lang verhielt sich die Masse der Schiiten zurückhaltend und relativ gewaltlos, obwohl Sistani hätte wissen müssen, daß den strategischen Planern in Washington bestimmt nicht die Errichtung eines islamischen Gottesstaates vorschwebte, als sie Saddam Hussein aus seinen Palästen vertrieben. Gegen die Passivität, den Quietismus der hohen Geistlichkeit, die bei der eifernden schiitischen Jugend und bei den verelendeten Massen auf wachsende Kritik stieß, hat sich inzwischen ein religiöser Feuerkopf, der junge Kleriker Muqtada es-Sadr erhoben. Mit seiner »Armee des Mehdi« beendigte er die trügerische Waffenruhe, die in weiten Landesteilen des schiitischen Süden vorherrschte. Seit das höchste Heiligtum dieser Glaubensgemeinschaft, das Mausoleum des Imam Ali in der Stadt Nedschef, in die Kämpfe einbezogen wurde, droht Mesopotamien sich in einen Hexenkessel zu verwandeln. Am Ende dürften sich die Auswirkungen eines irakischen Desasters für das Prestige und den globalen Machtanspruch der USA trotz relativ geringer Verlustzahlen weit verhängnisvoller auswirken als jener Vietnam-Feldzug der Jahre 1965 bis 1975, der so oft als Präzedenzfall zitiert wird.

Dem ganzen Orient sollte ein strahlender amerikanischer Triumph über die finsteren Kräfte des Terrors und des »Bösen« eine neue Friedensordnung bescheren, eine »pax americana«. Stattdessen droht die Unruhe auszuwuchern. Der Staat Israel hatte sich vom Wohlwollen der Bush-Administration, von der abschreckenden Wirkung der amerikanischen Wunderwaffen und der totalen Überlegenheit der USA über die regionalen Despoten eine endgültige Konsolidierung der eigenen Territorialgewinne erhofft. Der Schutzwall, den Regierungschef Ariel Sharon von Nord nach Süd bauen läßt, mag die Zahl der palästinensischen Selbstmordattentate deutlich reduziert haben. Es haftet diesem Mauerwerk, das über lange Strecken acht Meter hoch ragt, dennoch ein fataler Beigeschmack an. Daß Israel sich selbst in ein Ghetto einschließt, entsprach bestimmt nicht der zionistischen Vision Theodor Herzls. Was Festungen in der Levante auf Dauer bewirken, davon zeugen die kolossalen Burgruinen der Kreuzritter, die 200 Jahre lang vergeblich versucht hatten, sich im Heiligen Land festzukrallen.

Die inzwischen gescheiterte Gleichschaltung Bagdads mit dem amerikanischen Modell verfolgte ebenfalls den Zweck, die Islamische Republik Iran von Westen und von Osten, aus Irak und aus Afghanistan, in die Zange zu nehmen. Inzwischen hat sich erwiesen, daß die US-Streitkräfte zwar über eine militärische Allmacht zur See und in der Luft verfügen, bei ihren Bodeneinsätzen jedoch an unzureichender Truppenstärke und an der Unfähigkeit psychologischer Anpassung leiden. Niemand redet mehr davon, daß das Pentagon simultan drei oder gar vier Regionalkonflikte bewältigen könnte. Trotz der internen Spannungen der Mullahkratie von Teheran erscheint heute Persien als regionale Vormacht am Golf, als Faktor der Stabilität. Den Einschüchterungsversuchen, den Sanktionsdrohungen des Westens begegnet man hier mit Gelassenheit und listigen diplomatischen Schachzügen. Der geistliche Führer Irans, Ayatollah Khamenei, ist sich bewußt, das seine Revolutionswächter, seine »Pasdaran«, bei den schiitischen Glaubensbrüdern Mesopotamiens über beachtlichen Einfluß verfügen, ja daß er am längeren Hebel sitzt.

Afghanistan wiederum versackt Schritt um Schritt in der landesüblichen Anarchie seiner Warlords, der verfeindeten Ethnien und des islamistischen Aufbegehrens gegen jede Truppenpräsenz westlicher Ungläubiger. Bei der Verharmlosung der realen Zustände am Hindukusch, zumal in der exponierten Provinz Badaghschan, wohin die »Friedensstifter« der Bundeswehr ausgeschickt wurden, wird in Berlin ebenso hemmungslos desinformiert wie in Washington oder London. Die Überraschung könnte eines Tages fürchterlich sein, zumal die alles überschattende Tragödie in dieser Weltgegend sich im benachbarten Pakistan entladen könnte. Trotz oberflächlicher Beschwichtigungsgesten des dortigen Präsidenten Musharaf gegenüber Indien wird der unlösbare Kaschmir-Konflikt weiter schwelen, und die Ausbrüche religiöser Hysterie häufen sich. Gleichzeit lenken die Bomben, die im Juli 2004 in Taschkent explodierten, den Blick auf jene Republik Usbekistan, deren diktatorischer »Emir«, Islam Karimow, mit eiserner Hand unter der Opposition, vor allem unter den islamischen Aufständischen, aufräumt. Aus Berlin klingt ihm wenig Tadel wegen dieser flagranten Menschenrechtsverletzungen entgegen, solange die Flugplätze Usbekistans, insbesondere Termes, für die Versorgung der deutschen Soldaten in Afghanistan unentbehrlich bleiben.

Der Kampf gegen den Terror ist längst zum Kampf gegen den revolutionären Islamismus geworden. Das ruchlose Bombenattentat von Madrid hat die extreme Verwundbarkeit der Südflanke Europas deutlich gemacht. Präsident George W. Bush hatte nach »Nine Eleven« die weltweite Entfachung mörderischer, höllischer Kräfte gegen die Gemeinde der »Guten« angekündigt, eine Selffulfilling Prophecy, der er mit der leichtfertigen Entfesslung des Irak-Konfliktes einen fruchtbaren Nährboden verschaffte. Also heißt es in der 7. Sure des Korans, die dem Propheten Mohammed in Mekka offenbart wurde: »Waren denn die Bewohner dieser Städte sicher davor, daß die Strafe Allahs sie nicht überfalle bei Nachtzeit, während sie schliefen? Oder waren sie sicher davor, daß nicht mitten am Tag, während sie beim Spiele waren, unsere Strafe sie treffe?«

Paris, im Herbst 2004

# INTROITUS
# »Der Abgrund ruft den Abgrund herbei«

## Mutter aller Lügen

*Kabul-Berlin, im Herbst 2002*

»Mutter aller Schlachten«, so hatte Saddam Hussein seinen Feldzug gegen Amerika und dessen Verbündete zu Beginn des Jahres 1991 prahlerisch genannt, bevor seine Armeen im Süden des Zweistromlandes zu Staub wurden. Heute läuft der Westen Gefahr, daß der »Krieg gegen das Böse«, den Präsident George W. Bush zur Vernichtung des weltweiten Terrorismus in Gang brachte und dem keine zeitlichen oder geographischen Grenzen gesetzt sind, zur »Mutter aller Lügen« wird. Manche mögen diesen »Introitus« als Provokation empfinden. Aber so ähnlich ist es mir ergangen, als ich über »Das Schwert des Islam« schrieb, als ich das »Schlachtfeld der Zukunft« in Zentralasien ankündigte und die »Lügen im Heiligen Land« aufdeckte.

Der 11. September 2001 wird von den zu Hysterie und Konformismus neigenden Massenmedien als Zeitenwende dargestellt. In Wirklichkeit hat die Vernichtung des World Trade Center eher als Katalysator gewirkt. Die Menschheitsbedrohung, die seitdem mit unerträglicher Insistenz hochgespielt wird, kündigte sich lange zuvor als fatale Zwangsläufigkeit an. Die Tragödie von Manhattan berührt jeden Europäer, haben wir doch fast alle Verwandte, Freunde, geschätzte Kollegen in jenem großen Land der Neuen Welt, das de Gaulle mit der ihm eigenen stolzen Anmaßung »fille de l'Europe«, Tochter Europas, nannte. Doch wenn wir schon von Globalisierung und der Gleichheit aller Menschen reden, dann sollte uns nicht nur das Gedenken an die zwei- bis dreitausend Toten von »Ground Zero« aufwühlen; auch die Gespenster jener zwei bis drei Millionen Afrikaner sollten uns heimsuchen, die unlängst im Umkreis des Kongo-Beckens so grauenhaft verendeten. Allzu oft waren sie Opfer von Stellvertreterkriegen, von Machenschaften eines entarteten Kapitalismus, für den die beiden gigantischen Türme des World Trade Center in der Zwangsvorstellung verblendeter Attentäter als Symbol und Zielscheibe herhielten.

In dem vorliegenden Buch werde ich – getreu dem von Montaigne entliehenen Grundsatz »je n'enseigne pas, je raconte – ich belehre nicht, ich erzähle« – ausschließlich auf persönliche Erlebnisse und Erfahrungen zurückgreifen, auf eine Chronistentätigkeit am Ort des Geschehens, die mehr als ein halbes Jahrhundert umspannt. Daran werde ich kein Wort verändern. Ist denn alles so »neu« an der heutigen Stimmungslage, die zwischen polterndem Übermut und schreckhafter Verzweiflung pendelt? Versetzen wir uns nur in den Januar 1991 zurück. So schrieb ich bei Ausbruch des Konflikts um Kuweit:

»Um Ferien zu machen und gleichzeitig das Ohr an das imperial schlagende Herz Amerikas zu legen, war ich Anfang 1991 nach Florida – in die Nähe des zentralen Übersee-Commandos der US-Streitkräfte von Tampa – gereist. Dort, in der heilen Welt eines subtropischen Luxus-Ressorts mit Blick auf den schimmernden Golf von Mexiko, auf weißen Strand, Mangroven-Dikkichte, Palmenhaine und üppige Villen, hatte mich die Nachricht vom Beginn des Golfkrieges in der Nacht meiner Ankunft erreicht. Die drei nächsten Tage verbrachte ich vor dem Bildschirm. Ich ergab mich dem CNN-Syndrom, ließ das Computerspiel einer manipulierten Kriegsberichterstattung über mich ergehen und bewunderte die Kaltblütigkeit meines alten Vietnam-Kollegen Peter Arnett, der im bombardierten Bagdad ausharrte.

In unserem amerikanischen Bekanntenkreis von Naples, der sich abends im Royal Club traf, herrschte in jenen Januartagen Hochstimmung. Die Amerikaner waren offenbar noch einer patriotischen Begeisterung fähig, die den Kontinentaleuropäern längst abhanden gekommen ist. Unsere engsten Gesprächspartner, mehrheitlich als wohlhabende Geschäftsleute oder Anwälte etabliert, hatten in ihrer Jugend als Offiziere bei den US-Marines gedient. Eine geradezu victorianische Erfolgszuversicht kam auf. Präsident George Bush hatte Männer, Schiffe und Flugzeuge in einem Umfang gegen die weit überschätzte Armee Saddam Husseins aufgeboten, wie sich das nach dem Vietnam-Debakel, dessen Trauma es zu überwinden galt, niemand mehr vorgestellt hätte. Aber das Geld für die Monster-Expedition am Golf, so sickerte bereits durch, mußte er sich bei den Erdöl-Potentaten der Arabischen Halbinsel, bei den Japanern und bei den Deutschen beschaffen. In jenen zuversichtlichen Tagen der Operation ›Wüstensturm‹ wäre jeder von einem Ausländer geäußerte Zweifel an der Fähigkeit Amerikas, nach der Niederschlagung des ›neuen Hitler‹ im ganzen Orient eine dauernde Friedensordnung zu schaffen, als Ausdruck von Neid und Häme gewertet worden. Mich drängte es, an den Ort des Geschehens zu eilen.«

Im Flugzeug, das ich in Atlanta in Richtung Frankfurt bestieg, waren meine Frau und ich die einzigen Passagiere. Schon damals – wie neuerdings am ersten Jahrestag des ominösen 11. September 2001, an dem so viele amerikanische Reisende ihre Flugpassagen annullierten – schien eine neurotische Überlebensangst, parallel zur offiziellen Kraftmeierei, nicht nur die Touristen, sondern auch die global agierenden Businessmen gelähmt und an den festen Boden gebunden zu haben. Es klingt merkwürdig aktuell, wenn ich in meinem damaligen Text fortfahre:

»Das wirkliche Menetekel, das in jenen Tagen über den Höhen von Judäa aufleuchtete, war die Fähigkeit Saddam Husseins, den Ablauf des Krieges auch mit chemischen Waffen zu beeinflussen und dadurch den jüdischen Staat zu schrecklicher Vergeltung zu zwingen. So wurde die gelassene Stimmung, mit der ich mich nach Amman, der Hauptstadt Jordaniens, auf den Weg machte, am Abend vor meinem Abflug ein wenig getrübt, als es zu später Stunde an meiner Zimmertür klopfte und der Portier des ›Vier Jahreszeiten‹ mir im Auftrag des ZDF ein quadratisches Paket überreichte. Es enthielt, wie ich der Aufschrift entnahm, eine Gasmaske und einen Schutzanzug gegen chemische Kampfstoffe.

Eine neue, besonders heimtückische Abart des Krieges wurde plötzlich sichtbar. Für die Nachwelt würde dieser Golfkrieg zwischen Amerikanern und Irakern seine geschichtliche Bedeutung vielleicht dadurch gewinnen, daß ein arabisch-islamischer Staat von nun an in der Lage war, Mittelstreckenraketen gegen die alles beherrschende Supermacht ins Spiel zu bringen. Die Büchse der Pandora öffnete sich und die grausige Perspektive künftiger Unwägbarkeiten. Solange nur persische Revolutionswächter und kurdische Dorfbewohner in den Giftschwaden Saddam Husseins umgekommen waren, hatte es die westlichen Medien wenig gekümmert. Jetzt hingegen waren neben den amerikanischen GIs die Einwohner Israels durch chemische Kampfstoffe bedroht. Jenseits dieser Generalprobe am Golf profilierte sich die Drohung einer nuklearen Proliferation, die Möglichkeit, daß in drei, fünf oder zehn Jahren unberechenbare, paranoide Potentaten am Süd- und Ostrand des Abendlandes mit der atomaren Apokalypse hantieren und unsägliche Erpressung ausüben könnten.«

Glaubt man einer Vielzahl amerikanischer Publizisten und ihren europäischen Nachbetern, dann hätte der internationale Terrorismus am 11. September 2001 mit einem gewaltigen Donnerschlag seine häßliche Fratze enthüllt. Doch das Thema ist so alt wie Kain und Abel. Selbst in Amerika war der Terrorismus stets beheimatet; denken wir nur an die sukzessiven Präsidentenmorde von Abraham Lincoln bis John F. Kennedy, an die vernichtende Explosion in Oklahoma City vor sieben Jahren, an das Sektenmassaker von Waco/Texas und vieles mehr. Daß die Selbstmordaktion fanatisierter Araber nicht »home made« war, sondern von außen in die USA hineingetragen wurde, daß dabei eine Unverwundbarkeitsillusion zu Schaden kam, die durch die endlosen strategischen Spekulationen über einen undurchlässigen Raketenschirm doch längst dubios geworden war, verweist lediglich auf das paradoxe Nebeneinander von globalen Imperial-Ansprüchen und einem provinziell anmutenden Sicherheitswahn. Was ist denn wirklich so innovativ an der Verteidigungsdoktrin und den Kriegsszenarien der Zukunft, die Donald Rumsfeld heute als originäres Produkt seines Planungsstabes hinstellt? Im Herbst 1997 war ich zufällig auf ein Exposé gestoßen, das aus der Feder William Cohens, des letzten Verteidigungsministers Präsident Clintons, stammte und in der »Washington Post« abgedruckt wurde.

Bill Cohen war ein recht guter Bekannter. Anfang August 1996 hatten wir drei Tage gemeinsam in Südfrankreich verbracht. Er war damals noch Senator von Maine und hatte sich als Autor spannender Politthriller, darunter die Geheimdienststory »Buraq«, einen Namen gemacht. Gemeinsam wollten wir an ein ähnliches Projekt herangehen, das unter dem Kennwort »Rapallo« auch das Drehbuch für einen Film hergegeben hätte. Auf Grund seiner Berufung durch Bill Clinton war daraus nichts geworden. Der neue Secretary of Defense, ein gutaussehender, sympathischer Mann mit forschenden blauen Augen, bleibt mir als hervorragend informierter Politiker in Erinnerung. Er vermittelte mir im Sommer 1996 Insiderwissen über den Verteidigungsstand der USA und das damalige Unvermögen der Weltmacht, auf mehr als zwei regionalen Kriegsschauplätzen simultan zu intervenieren.

Es entsprach natürlich der offiziellen Politik des Weißen Hauses, wenn Cohen in seinen gezielten Presseverlautbarungen auf die gewaltigen Vorräte an Massenvernichtungsmitteln verwies, über die Saddam Hussein – ungeachtet aller UNSCOM-Kontrollen – noch verfügte und mit denen er angeblich in der Lage war, die gesamte Menschheit auszulöschen. Das klang ziemlich dick aufgetragen. Parallel zu dieser Alarmmeldung des Ministers vernahm man aus dem Pentagon, die Iraker seien bei der Herstellung bakteriologischer wie auch chemischer Kampfstoffe in den frühen achtziger Jahren von europäischen und amerikanischen Experten angeleitet worden. Damals ging es ja noch darum, die Ausweitung der islamischen Revolution Khomeinis durch den irakischen Rammbock einzudämmen. Dazu waren offenbar alle Mittel gut gewesen.

William Cohen, so entnahm ich der »Washington Post«, nahm die irakische Kontroverse 1997 zum Anlaß – benutzte sie als »Aufhänger«, wie man im Journalismus sagt –, um auf eine weit fürchterlichere globale Bedrohung hinzuweisen. Die amerikanische Öffentlichkeit sollte endlich die düsteren Realitäten des neuen Millenniums erkennen. »Die Gefahr der nuklearen, biologischen und chemischen Waffen ist nicht auf den Irak beschränkt, und die

Frontlinie könnte ebenso gut durch den Mittleren Osten wie durch die koreanische Halbinsel verlaufen«, beteuerte der Secretary of Defense. »Beim Nahen des Jahres 2000 müssen wir uns mit der zunehmend wahrscheinlichen Perspektive vertraut machen, daß regionale Aggressoren, drittrangige Armeen, terroristische Zellen und sogar religiöse Sekten versuchen werden, unkalkulierbare Macht auszuüben, indem sie Massenvernichtungswaffen erwerben und einsetzen. Diese Gefahren ballen sich vor unserer Haustür zusammen.«

Cohen erwähnte den Giftkrieg Saddam Husseins gegen den Iran wie auch den U-Bahn-Anschlag der Aum-Sekte in Tokio als Präzedenzfälle. »Die Eindämmung der Weiterverbreitung von Massenvernichtungswaffen wird eine der dringlichsten Herausforderungen des 21. Jahrhunderts sein. Je eher wir uns darauf einrichten, desto wirkungsvoller werden unsere Bemühungen sein. Es gibt kein Allheilmittel gegen diese Form der Bedrohung. Wir müssen sie als chronische Krankheit behandeln, ständig auf der Hut sein, die ersten Symptome erkennen und sofort eine Kombination von Gegenmaßnahmen einleiten ... Wir können nicht zulassen, daß unsere Verwundbarkeit gegenüber chemischen und biologischen Waffen zu unserer Achillesferse wird.« Cohen kündigte ein völlig neues Abwehrkonzept der US-Streitkräfte für das Mutterland unter Verwendung der National Guard an. Er ließ im Militärbudget der kommenden fünf Jahre eine Milliarde Dollar zu diesem speziellen Zweck bereitstellen. »Die unmittelbare Krise im Irak muß noch gelöst werden«, so schloß er; »aber wenn das geschehen ist, auf welchem Wege auch immer, wird das nicht das Ende, sondern der Beginn einer lang andauernden globalen Schlacht sein, in der wir uns weder einen Rückzug noch eine Ruhepause gönnen dürfen.«

Es gibt wirklich »nichts Neues unter der Sonne«, so sagte schon der biblische Ekklesiast.

## Das Vietnam-Syndrom

Jede Diplomatie ist zur Ratlosigkeit verurteilt, wenn die Bewältigung politischer Konflikte die Form eines Gottesgerichts annimmt. »Enduring Freedom« ist kein gewöhnlicher Krieg. Diese Operation gleicht einer Gespensterjagd. Das Feindbild bleibt verschwommen. In Ermangelung einer präzisen Definition des Gegners muß der »revolutionäre Islamismus« herhalten, muß der Verdacht einer permanenten Verschwörung stets neu belegt werden. An einer umfassenden Information der Öffentlichkeit ist den amerikanischen Stäben nicht gelegen. Im Pentagon wird ohne Scheu zugegeben, daß die systematische Irreführung ein unentbehrliches Instrument des »psychological warfare« geworden ist. In den Köpfen der führenden Militärs bleibt die Überzeugung verankert, daß die allzu große Mitteilungsbereitschaft der US-Army in Vietnam und die dort schrankenlose Zulassung zahlloser Kamerateams dazu beigetragen haben, die »Heimatfront« mit Horrorbildern des Todes und der Zerstörung zu zermürben und die Friedensbewegung zu einer unwiderstehlichen Strömung anschwellen zu lassen.

Ob die neue Methode strikter Nachrichtenkontrolle, ja -manipulation, die bereits im Golfkrieg 1991 praktiziert wurde, die Beurteilung der Kriegslage positiv beeinflußt, bleibt dahingestellt. Die TV-Zuschauer werden sich auf Dauer mit grünlich flackernden Aufnahmen nächtlicher Bombardierungen oder handfesten Video-Fälschungen nicht zufriedengeben. In Vorahnung der rigorosen Beschränkung auf »Pools« und Briefings hatte ich mich 1991 nicht der großen Korrespondenten-Herde im saudischen Dahran oder auf den US-Flugzeugträgern angeschlossen, sondern als Beobachtungsposten die jordanische Hauptstadt Amman ausgesucht, die in direkter Landverbindung zu Bagdad stand.

Wie ist es heute um die Reportertätigkeit in Afghanistan bestellt? Der Blitzkrieg der ersten Wochen, der Offensivdurchbruch der Nord-Allianz nach dem 7. Oktober 2001 sind in aller Ausführlichkeit und mit der gebührenden Begeisterung dem breiten Publikum übermittelt worden. Auch die Flächenbombardements der US-Air Force und die vernichtende Wirkung der B-52, die ja die Voraussetzung zum Debakel der Taleban schufen, konnten gefilmt werden. Viele Kollegen trugen ein übriges zu dieser Siegesatmosphäre bei, indem sie Freudentänze der »befreiten« Bevölkerung von Kabul, demonstratives Zerreißen der Burqa-Vermummung plötzlich emanzipierter Frauen und den Verzicht von ein paar Männern auf die vorgeschriebene Barttracht inszenierten. Inzwischen ist die Burqa wieder zur vorherrschenden weiblichen Landestracht geworden, und kaum ein Afghane ist glatt rasiert.

Was sich hingegen nach diesen spektakulären Anfangserfolgen im Südosten des Landes ereignete und weiter ereignet, bleibt dem Auge des Reporters, dem Objektiv der Kamera verborgen. Wie hatte man in deutschen Redaktionen über jene Experten gespottet, die einen Abnutzungskrieg im Hindukusch vorausgesagt und sich angeblich blamiert hatten, nachdem das Taleban-Regime wie ein Kartenhaus zusammenbrach. Die amerikanischen Armeestäbe waren von Anfang an viel skeptischer als diese Euphoriker. Als der Feind – statt sich in stupiden Stellungskämpfen durch die »smart bombs« der Air Force pulverisieren zu lassen – das Weite suchte, in den Gebirgsschluchten Zuflucht und Ausweichplätze fand, als die gemäß der Wildwestformel »dead or alive« gesuchten »Verbrecher« Osama Bin Laden und Mullah Omar sich in Luft auflösten, kam das strategische Konzept »search and destroy – suchen und vernichten« wieder zu Ehren.

In den Provinzen Paktia, Oruzgan, Nangarhar, Kunar oder Lovgar wurden jetzt doch Erinnerungen an Vietnam wach, wie das Pentagon freimütig bestätigte. In dieser neuen Phase der Partisanenbekämpfung schieben die angestammten »War Lords« die dilettantischen Taleban-Kommandeure beiseite. Die US-Special Forces forschen nach den Überbleibseln von El Qaida, die noch nicht ins Ausland entronnen sind. Darüber liegen jedoch keinerlei zuverlässige Auskünfte vor, bleibt die Nachrichtensperre komplett. Wenn wirklich einmal die Sprengung eines verborgenen Waffenlagers gemeldet wird, stellt sich meistens heraus, daß diese Anhäufung von Kalaschnikows und Munition auf den Abwehrkampf gegen die Sowjetunion zurückreicht.

Unterdessen tauchten aus fragwürdigen Quellen ganz andere Dokumente und Beweisstücke einer diabolischen Konspiration auf. Da trat Osama Bin Laden wie der »Alte vom Berge« in der Runde finsterer Verschwörer auf und ergötzte sich am Gottesgericht, das über das Wahrzeichen Manhattans hereingebrochen war. Da wurden Videobänder aus den Trainingslagern von El Qaida vorgeführt, die allerdings – bei näherem Zusehen – über die Darstellung einer normalen infanteristischen Ausbildung oder rudimentären Anleitung zu kriegsüblichen Sprengungen nicht hinausgingen. Dazu kam die erbärmliche Sequenz eines im Giftgas verendenden Hundes, die als Beweis dafür herhalten sollte, daß in improvisierten Laboratorien des Hindukusch die Massenvernichtungswaffen zur Terrorisierung des Westens zusammengebraut wurden.

Wer lange genug im elektronischen Handwerk tätig ist und dessen fast unbegrenzte Manipulationsmöglichkeiten kennt, wird diesem Anschauungsmaterial – dessen Authentizität nicht ganz auszuschließen ist – keine zwingende Beweislast zubilligen. Es ließe sich ohne großen Aufwand bewerkstelligen, mit einigen geschickten Tricks George W. Bush in trauter Gemeinsamkeit neben Osama Bin Laden ins Bild zu rücken und ihn in ausgeklügelter Sprachsimulation den Heiligen Krieg ausrufen zu lassen.

## »Mission impossible«

Die Kampagne »Dauerhafte Freiheit« bleibt nicht auf Afghanistan beschränkt. Die strikte Verheimlichung, die am Hindukusch stattfindet, taugt nicht für jene andere Front des Kampfes gegen den Terror, die im Heiligen Land, in den Autonomiegebieten Palästinas aufgeflammt ist. Zwar sind auch hier ausländische Fernsehteams durch die »Israeli Defense Force« strikter Restriktion unterworfen, wenn es um Aufnahmen in Jenin, Ramallah oder Bethlehem geht. Aber diese Autonomie-Enklaven sind so winzig, werden von arabischen Amateurfilmern so ergiebig abgedreht, daß das Vorrücken ganzer Panzerrudel in die Städte der Westbank, die Repressalien gegen die Familien der Selbstmordattentäter einen verhängnisvollen Stimmungsumschwung zuungunsten des Judenstaates gerade in jenen westlichen Staaten bewirkten, die der zionistischen Sache anfangs mit Zustimmung, ja mit Enthusiasmus zur Seite standen. Diese Propagandaschlacht wurde verloren, und die Israeli sind sich dessen mit zunehmender Bitterkeit bewußt.

Für eine Bilanz ist es in diesem zeitlich und territorial unbegrenzten Krieg noch viel zu früh. Die größten Belastungen stehen ja noch bevor, und zum Zeitpunkt dieser Niederschrift blickt die Welt fasziniert auf den Irak und den angekündigten Untergang seines Gewaltherrschers Saddam Hussein. Ein paar Feststellungen können bereits getroffen werden: Den Amerikanern ist es gelungen, das Taleban-Regime zu zerschlagen, an dessen Entstehen sie zehn Jahre zuvor mitgewirkt hatten. Von El Qaida blieben allenfalls ein paar Unentwegte im zerklüfteten Grenzgebiet zu Pakistan übrig. Osama Bin Laden und Mullah Omar wurden zwar nicht gefaßt, aber befinden sich auf der Flucht. In Kabul wurde Hamed Karzai, ein ergebener Vasall Washingtons, von einer »Loya Jirga« zum Präsidenten des Interim-Staates Afghanistan gekürt, deren Zusammensetzung äußerst willkürlich war. Diese überwiegend positiven Resultate hätten für Washington ausreichen sollen, den kompletten Sieg zu proklamieren und den ehrenvollen Abzug aus diesem »Quagmire« – auch ein Ausdruck aus dem Vietnam-Morast – unter dem Beifall der »Internationalen Gemeinschaft« anzutreten. Afghanistan, so hört man, war stets leicht zu erobern, aber aussichtslos zu halten.

Dieser »glorious retreat« wird jedoch nicht stattfinden. Die Befürchtungen im Weißen Haus sind zu groß und zu begründet, daß im freien Kräftespiel – ohne jede fremde Einmischung – die islamistischen Tendenzen am Hindukusch am Ende obsiegen und die gesamte Nachbarschaft destabilisieren würden. Zudem bedarf es einer amerikanischen und internationalen Militärpräsenz in Kabul, um das Überleben der willfährigen Regierung Karzai zu garantieren. Den Ausschlag geben am Ende wohl die allmächtigen Wirtschaftsinteressen der USA. Wie zu Zeiten des kläglich gescheiterten »Deals« mit den Taleban gilt es, jene Öl- und Gas-Pipeline von siebenhundert Kilometer Länge aus Zentralasien über Herat, Shindand und Kandahar in Richtung Indischer Ozean zu bauen und abzusichern, deren extrem profitable Ausbeute sich mehr und mehr als »ultima ratio« des amerikanischen Militär-Engagements in der Region zu erkennen gibt.

Für diese hemdsärmelige Wirtschaftsexpansion muß wieder einmal der viel strapazierte Begriff des »nation building« als Feigenblatt herhalten. Gemeint ist das absurde Projekt einer rechtsstaatlichen Ordnung und demokratischen Entwicklung in Afghanistan. Diese »mission impossible« wurde – ohne jede US-Beteiligung – der internationalen Schutztruppe ISAF überantwortet, in der zur Zeit deutsche Soldaten der Bundeswehr die Hauptlast tragen. Soviel sei im Hinblick auf Afghanistan vorweggenommen.

»An uncertain trumpet« – der Buchtitel könnte als Motto über dem Einsatz der USA im gesamten »Dar-ul-Islam« stehen. Als Kontrast ließe sich jener geheimnisvolle Trommler anführen, den einst der französische Generalresident in Rabat, Marschall Lyautey, erwähnte und zu dessen Wirbel die ganze mohammedanische Welt zwischen Maghreb und Hindukusch in kriegerischen Tanz verfällt. In diesem Kreuzzug, in dieser »Cruisade« – eine Verbalentgleisung, die George W. Bush eilig zurücknehmen mußte – befindet sich der amerikanische Präsident einer Hydra gegenüber, deren abgeschlagene Köpfe ständig nachwachsen.

Nehmen wir das Beispiel Pakistan. Schon wankt das ganze Afghanistan-Konzept, seit es Präsident Musharaf, obwohl er sich selbst mit exorbitanten Vollmachten ausgestattet hatte, Anfang Oktober 2002 nicht gelungen ist, die Wahlen zum Parlament von Islamabad in seinem Sinne ausreichend zu manipulieren. Alle Einschüchterung und Fälschung konnte nicht verhindern, daß die Bhutto-Opposition, »Pakistan People's Party«, es zu einer stattlichen Anzahl von Abgeordnetensitzen brachte. Völlig überraschend war der Erfolg einer islamistisch orientierten Allianz, »Muttahida Majlis-e-Amal«, unter der Führung des Korangelehrten Qazi Hussain Ahmel, der den sofortigen Abzug aller US-Streitkräfte und die Auflösung ihrer Basen in Pakistan fordert. Diese fundamentalistische Fraktion könnte den Anhängern des Militärdiktators im Parlament schwer zu schaffen machen und »Busharaf« eventuell zwingen, in blamabler Eile von dem selbstgeschmiedeten Auflösungsrecht Gebrauch zu machen. Da dieses islamistische Bündnis sich in den zwei strategischen Grenzprovinzen der »North-West Territories« und Belutschistan als führende Kraft der regionalen Kammern durchgesetzt hat, wird die »Durand-Line« zwischen Afghanistan und Pakistan in Zukunft wieder durchlässig sein wie ein Sieb.

Vollends abenteuerlich muten gewisse Zukunftsplanungen an. Noch ist die Großoffensive gegen den Irak nicht eingeleitet oder gar Saddam Hussein zur Strecke gebracht. Trotzdem werden in Washington Szenarien entworfen für die politische Verwaltung Mesopotamiens nach dem totalen militärischen Sieg. Eine solche Vorausdisposition ist durchaus berechtigt, ja notwendig. Doch wie sieht die magische Lösung aus, die vom Weißen Haus an die amerikanische Presse weitergegeben und dort publiziert wurde, ohne irgendein Dementi auszulösen? In Ermangelung glaubwürdiger irakischer Politiker oder Generale, die an die Stelle des beseitigten Diktators Saddam träten, soll eine amerikanische Militärregierung die höchste staatliche Autorität in Bagdad ausüben, das Zweistromland zusammenhalten und die Petroleumförderung auf Höchstleistung bringen. Als Kandidat für diesen Posten wird der Name des Generals Tommy Franks, des derzeitigen Befehlshabers der US-Streitkräfte in der Golfregion, genannt. Die amerikanische Militärregierung, so wird in Washington argumentiert, habe sich nach 1945 in Deutschland und in Japan doch so vorzüglich bewährt, daß dieses Modell auch für den Irak übernommen werden könne. Daß solche Überlegungen überhaupt erwogen werden, klingt aberwitzig und legt wiederum eine Sentenz aus dem klassischen Altertum nahe: »Quos Jupiter vult perdere dementat – Wen Jupiter verderben will, dem raubt er den Verstand.«

In die verfrühte Triumphstimmung Washingtons platzt die Meldung aus Nordkorea, daß Kim Jong Il, wohl die erschreckendste Zombie-Gestalt unserer Tage, über Atombomben verfüge. Seitdem ist nicht nur die Republik Südkorea jeder Form von Erpressung ausgeliefert, auch die dort stationierte US-Garnison in Stärke von mehr als dreißigtausend Mann sieht sich bedroht, und Japan fühlt sich plötzlich an die apokalyptische Stimmung von Hiroshima erinnert. George W. Bush hatte noch unlängst mit Pjöngjang verhandelt und versucht, die sich dort zusammenbrauende Gefahr herunterzuspielen. Jetzt ruft ausgerechnet dieser Champion des US-Unilateralismus nach dem Eingreifen der Vereinten Nationen. Die Wahnvorstellung der amerikanischen Allmacht wird durch den erbärmlichsten Pariastaat Ostasiens auf die Probe gestellt.

Zur Abfassung dieser Studie habe ich seit Beginn des Jahres 2001 nur einen Teil der Krisenherde aufsuchen können: Kaschmir und den Irak, Usbekistan und Tadschikistan, Israel und Palästina, Pakistan und Afghanistan. Die übrigen Länder, die vom »Krieg gegen den Terror« betroffen sind, kenne ich aus langjähriger Erfahrung. Ich will das Alter nicht schönreden, von dem de Gaulle einst sagte, es sei »un naufrage«, ein Schiffbruch. Aber beim Durchblättern der Schrift Ernst Jüngers »Siebzig verweht« bin ich auf eine Aussage Leopold Rankes gestoßen, die sich wohl auch auf reisende Chronisten beziehen läßt: »Der Historiker muß alt werden, da man große Veränderungen nur verstehen kann, wenn man persönlich welche erlebt hat.«

## Tod auf Bali

Die brodelnde Unruhe im »Dar-ul-Islam« hat unterdessen die malaiische Inselwelt Südostasiens erfaßt. Nicht am 11. September 2002, wie so viele Sterndeuter verkündet hatten, sondern am 12. Oktober 2002 fand die fürchterliche Explosion auf Bali statt, die die ungebrochene Verschwörungskraft der islamischen Revolution und ihre Ubiquität, ihre Allgegenwart, bis zum Westrand des Pazifischen Ozeans beweisen sollte. Die Wut der »Gotteskrieger« – ob sie sich nun als Dschihadi, Ansar, Askari, Hizbullahi oder Mudschahidin bezeichnen – tobte sich auf der kleinen indonesischen Insel östlich von Java aus, die den Ruf eines Ferienparadieses genoß und durch die Verwurzelung ihrer Bevölkerung in der hinduistischen Religion gegen die Übergriffe des militanten Islam gefeit schien. Aber vielleicht war es gerade diese hartnäckige Weigerung, sich der Botschaft des Propheten Mohammed anzuschließen, die Bali jetzt zum Verhängnis wurde.

Der Ablauf der Katastrophe ist bekannt. Im Freizeitzentrum von Kuta, überwiegend von australischen Touristen der bescheidenen Kategorie zum Treffpunkt lärmender Ausgelassenheit und Bierseligkeit erwählt, detonierte ein mit Sprengstoff vollgepacktes Auto und riß etwa zweihundert Menschen in den Tod. Um die politische Zielrichtung zu verdeutlichen, zündeten die Attentäter gleichzeitig eine Bombe vor dem amerikanischen Konsulat des benachbarten Verwaltungssitzes Denpasar und eine andere auf der Insel Sulawesi vor dem dortigen Konsulat der Philippinen. Die blutige Drohung richtete sich unmißverständlich gegen die Regierungen von Canberra, Washington und Manila.

Nun sind die Kampfhandlungen in dieser entfernten Weltgegend längst im Gange. Die Geiselnahme europäischer Touristen im malaisischen Teilstaat Sabah durch die Piratenbande Abu Sayyaf – darunter die Familie Wallert aus Göttingen – und deren Verschleppung auf die südphilippinische Insel Jolo hatte die deutschen Medien auf eine Unruhezone aufmerksam gemacht, die man bislang geflissentlich ignorierte. Bei den Freischärlern von Abu Sayyaf handelt es sich um eine Gangstertruppe, die sich mit dem Ruf »Allahu akbar« ein religiöses Mäntelchen umhängen möchte.

Aber der verzweifelte Überlebenskampf der muslimischen Minderheit – vor allem auf den Inseln Mindanao und Basilan – gegen die systematische Unterdrückungs- und Enteignungspolitik der im altspanischen Katholizismus verhafteten Regierungsbehörden von Manila hatte sich lange zuvor in der respektablen Widerstandsorganisation »Moro Liberation Front« niedergeschlagen. Schon im Frühjahr 1973 war ich bei einem Erkundungsausflug auf Basilan von diesen »Moros«, diesen Mauren, wie sie seit ihrer Entdeckung durch die spanischen Weltumsegler und Kolonisatoren genannt wurden, zwei Tage lang als CIA-Spion verdächtigt und festgehalten worden, ehe sie ihre Meinung änderten und unser Kamerateam aufforderten, an ihrer Patrouillenfahrt längs der Küste teilzunehmen.

Gegen diese muslimischen Rebellen vom kriegerischen Malaienvolk der Tausog, insbesondere gegen die Abu Sayyaf-Piraten, die einen amerikanischen Missionar auf Basilan ermordeten, wurden amerikanische »Rangers« in den Vietnam-ähnlichen Dschungel entsandt. Im Juni 2002 schrieb die »New York Times« von einer zweiten Front, an der sich Amerika im Kampf gegen den Terrorismus gemeinsam mit den Streitkräften der Philippinen engagiert hätte, und warnte bereits vor der Verwicklung in einen »dirty war«.

Die USA befinden sich hier ja nicht in einer »terra incognita«. Schon an der Wende vom 19. zum 20. Jahrhundert, nachdem Washington den Spaniern ihre pazifischen Besitzungen entrissen hatte, holten sich die US-Marines bei den muslimischen Tausog blutige Köpfe. Ihr Kommandeur, General Pershing, »Black Jack« genannt und im Ersten Weltkrieg als Befehlshaber des amerikanischen Expeditionskorps in Frankreich zu hohen Ehren gekommen, soll damals einen Vernichtungsfeldzug angeordnet haben, dem schätzungsweise 150 000 Malaien zum Opfer fielen.

Die heutige Verstrickung Amerikas in die philippinischen Wirren soll nicht überbewertet werden. Aber in der Staatspräsidentin von Manila, Gloria Arroyo Macapagal, einer jener stahlharten asiatischen Frauen, hinter deren graziler Figur sich hemmungsloser Herrschaftswille verbirgt, hat George W. Bush eine extrem resolute Verbündete gefunden. Mochte sich die Guerillabekämpfung im Urwald von Basilan und Jolo auch ergebnislos dahinschleppen, für das Pentagon hat dieser Nebenkriegsschauplatz bereits eine beachtliche Dividende abgeworfen. Im Jahr 1991 hatte das Parlament von Manila sich in einer patriotischen Aufwallung dazu aufgerafft, die Schließung der amerikanischen Stützpunkte Clark Air Field und Subic Bay auf der Hauptinsel Luzon zu verfügen. Die heutige Staatschefin Arroyo hat dieses Ausscheren aus der Allianz mit Washington rückgängig gemacht.

An einer verschwiegenen Bucht von Mindanao wird inzwischen die neue, mit allen technologischen Raffinessen ausgestattete US-Basis »General Santos« ausgebaut. Für diesen Horch- und Interventionsvorposten am Rande des Südchinesischen Meeres geht es nicht so sehr um die Bekämpfung der Gangster von Abu Sayyaf, sondern um die Absicherung der lebenswichtigen Seeverbindungen, die die Straße von Malakka mit dem Inselreich Japan und dem ganzen Fernen Osten verknüpfen. Bekanntlich betrachtet die Volksrepublik China die winzigen Eilande von Spratly und Paracel, die sich weit ins südchinesische Meer vorschieben, als ihren Territorialbesitz. Seit Jahrzehnten wird auf den in Peking gedruckten Landkarten die Grenzziehung entsprechend ausgeweitet. Zusätzliche Brisanz erhält die riesige Meeresfläche durch die reichen Erdölvorkommen, die dort vermutet werden.

Den ganzen Spuk um Abu Sayyaf und sogar die offiziell anerkannte »Moro-Befreiungsfront«, die sich neuerdings »Moro Islamic Liberation Front« nennt, könnte man als lästiges Randphänomen für die weltweite Strategie der USA abtun, wenn zwischen diesen Muslim-Rebellen der Südphilippinen und den

Einwohnern Indonesiens, des Reiches der 13 000 Inseln, nicht enge Beziehungen bestünden. In Washington hatte man es bislang vermieden, gegen die Republik von Jakarta anzugehen, selbst wenn sich dort gewichtige Umschichtungen zugunsten des radikalen Islamismus abzeichneten. Man hat es in Indonesien nämlich mit einer Masse von knapp zweihundert Millionen Koran-gläubigen zu tun, mehr als in jedem anderen muslimischen Land. Um so beunruhigender muß es für die Planer im Weißen Haus sein, daß neuerdings Gerüchte aufkommen und von der CIA eilfertig bestätigt werden, Osama Bin Laden und seine El Qaida-Gefährten hätten in Insulinde, insbesondere auf dem kleinen Molukken-Archipel, wo bereits fanatische Mohammedaner Jagd auf die christliche Minderheit machen, Zuflucht gefunden und seien dabei, dort ihre Ausbildungslager einzurichten.

Bei den Malaien Indonesiens herrsche eine diffuse, tolerante Form des Islam vor, die gegen jede Beeinflussung durch den andernorts hochkommenden Fundamentalismus gefeit sei, so hieß es noch unlängst in den Schriften der meisten Experten. Ich hatte diese ehemals holländische Kolonie zum ersten Mal im Sommer 1954 bereist und von Anfang an meine Bedenken geäußert. Gewiß, zur Zeit meiner damaligen Reportage sonnte sich der Staatsgründer und Freiheitsheld Indonesiens, Ahmed Sukarno, der nach enger Zusammenarbeit mit den Japanern an der Spitze des Widerstands gegen die niederländische Rückeroberung gestanden hatte, im ungeschmälerten Glanz seines Ruhms. An die Ausrufung einer islamischen Theokratie hatte der Sohn einer hinduistischen Mutter aus Bali nicht im Traum gedacht. Sein Schlagwort hieß »Merdeka«, das heißt Unabhängigkeit. Dieser glühende Nationalist konnte sich nur einen säkularen Einheitsstaat vorstellen. Zu jener Zeit war Indonesien alles andere als ein prüdes, den koranischen Tugenden huldigendes Land. In den großen Städten beherrschte die Prostitution das nächtliche Straßenbild. In Jakarta hätte man vergeblich nach verschleierten Frauen gesucht. Nicht der Prophet Mohammed, sondern Karl Marx übte zunehmenden Einfluß auf die studentische Jugend aus, die unter dem fähigen Kommunistenführer Aidit den Ausbau einer Kaderpartei betrieb.

Ich will mich nicht auf eine ausführliche Analyse der indonesischen Verhältnisse einlassen. Das wäre ein separates Buch wert.

Aber ein paar Zusammenhänge müssen erwähnt werden. Ahmed Sukarno, der Gründungspräsident, war 1965 durch einen Militärcoup zu Fall gebracht worden. Heute ist erwiesen – in Washington wird das gar nicht geleugnet –, daß der Putsch des Generals Suharto sich unter aktiver Mithilfe der CIA vollzog. Amerika stand im Begriff, sich mit einer halben Million GIs zwischen Mekong-Delta und 17. Breitengrad in Vietnam zu engagieren. Da konnte es sich in seinem Rücken, in der weitgestreckten Inselrepublik Sukarnos, keine unsicheren Kantonisten leisten.

Der Umsturz des Jahres 1965 war von entsetzlichen Massakern, von einem kollektiven Amoklauf, begleitet gewesen. Bis dahin hatte sich unter Sukarno, der sich seinen erotischen Abenteuern widmete, ein prekäres Gleichgewicht eingestellt zwischen den »Nationalisten«, die dem Staatschef treu ergeben waren, drei Millionen Kommunisten, die unter Generalsekretär Aidit die stärkste KP Südostasiens bildeten, und schließlich der dumpfen Masse der Muselmanen im Hintergrund. Welche typisch javanischen Komplotte und Intrigen dem Regimewechsel im Oktober 1965 vorausgegangen sind, ist nie wirklich erhellt worden. Das Ergebnis war grauenhaft. Die gesteuerte Mordlust der Massen richtete sich zunächst gegen die Kommunisten, die zu Hunderttausenden abgeschlachtet wurden. Dann kamen die Chinesen an die Reihe, deren Elite als prosperierende Händler, sogar als Finanzmagnaten für die Wirtschaft des Landes unentbehrlich waren.

Wie stand es wirklich um die Natur dieses indonesischen Islam? Viele Experten in Jakarta beteuerten, daß die Seele der Malaien trotz oberflächlicher Bekehrung zur Lehre des Propheten zutiefst vom Hinduismus gezeichnet bleibe. Der beste Beweis dafür sei doch die javanische Mythologie – im Schattentheater, dem Wajang-Kulit, stets neu belebt, dessen handelnde Figuren sämtlich der Mythenwelt des Ramayana oder des Mahabaratha entliehen sind. Im übrigen hieß die offizielle Staatsdoktrin unter Sukarno und auch unter Suharto weiterhin »Panjasila«, ein wohlklingendes Gemisch aus schwammigen Demokratie-Parolen, Neutralitätsformeln und religiöser Scheintoleranz.

Aber gar nicht weit von Djokjakarta entfernt, fast in Sichtweite der buddhistischen Stupas von Borobudur, hatte das Strafgericht gewütet. Der liebliche Fluß, in dem sich der hinduistische Tempel von Prampanan spiegelt, war im Herbst 1965 durch die Leichen der Kommunisten verstopft und durch ihr Blut gerötet worden. Auch da wendeten gewisse Landeskenner ein, die Malaien lebten in entsetzlicher Raumnot, sie seien – zusammengepfercht einem gesellschaftlichen Konsens gehorchend – zu äußerer Höflichkeit und verkrampftem Lächeln verpflichtet. In ihrem Blutrausch hätten sie endlich ihre lang angestauten Frustrationen und Haßgefühle abreagieren können. Doch das unerbittliche Instrument dieser Vernichtung der gottlosen Marxisten in Ost- und Zentraljava war nun einmal jene Jugendorganisation »Ansar«, die sich den Namen der ersten Gefährten des Propheten zugelegt und ihre Opfer mit dem Schrei »Allahu akbar« abgeschlachtet hatte.

Dreißig Jahre lang hat Präsident Suharto, der »lächelnde General«, sein Inselreich mit eiserner Hand beherrscht. Mit dem Islam schien er recht geschickt umzugehen. Er duldete neben der ihm total ergebenen »Golkar« -Formation eine religiös orientierte Partei, »Nahdat-ul-Ulama – Erwachen der Korangelehrten«. Aber er spürte instinktiv, daß von seiten einer fundamentalistischen Massenbewegung ihm eines Tages Gefahr drohen könnte. Seit der Kommunismus als mächtige Opposition ausgeschaltet, seit die marxistische Botschaft mit all ihrer Hoffnung auf gesellschaftliche Besserstellung im Blut erstickt worden war, blieb den armen Leuten Indonesiens nur noch der Islam als Instrument sozialrevolutionärer Veränderung. Bei den wiederholten fremdenfeindlichen Ausschreitungen in Jakarta, die natürlich auch die chinesischen »Compradores« einbezogen und gegen die Sittenlosigkeit der Hauptstadt, die Massagesalons und Bordelle Sturm liefen, waren die islamistischen Parolen nicht zu überhören.

An der äußersten Nordwestspitze Sumatras, in der Provinz Aceh, dort, wo einst die handelstüchtigen Koranprediger aus Südarabien an Land gegangen waren, hatte sich eine Bastion eifernder islamischer Frömmigkeit herausgebildet. Schon die Holländer waren militärisch gegen diese aufsässigen Fanatiker vorgegangen, die unmittelbar nach der Unabhängigkeit die Schaffung eines separaten Gottesstaates forderten. In den Koranschulen von Banda Aceh, die wir aufsuchten, den »Pesantren«, hatte sich eine Gemeinschaft von Salafiya-Anhängern formiert, die allen synkretistischen Religionselementen den Rücken kehrte und auch die landesüblichen

Sufi-Bräuche als Aberglauben verwarf. Es war nur eine Frage der Zeit, bis diese strenge Erneuerungsbewegung sich auch außerhalb von Banda Aceh ausweiten würde. Der Konflikt wurde durch die Tatsache angeheizt, daß hier reiche Reserven an Erdöl und Erdgas vorhanden waren. Suharto ging mit unerbittlicher Repression gegen die Sezessionisten von Aceh vor. Ich erinnere mich in diesem Zusammenhang an die Warnung eines alten Chinesen von Medan, der mir mit freudlosem Grinsen anvertraut hatte: »Vergessen Sie nie: Indonesische Politik ist immer Schattentheater, und dahinter sitzt irgendein unbekannter, unsichtbarer ›Dalang‹, ein Drahtzieher, ein Puppenspieler. Hoffentlich trägt er demnächst nicht das weiße Gewand des muselmanischen Ustaz.«

Im Frühjahr 1975 hatte es ein Zufall gefügt, daß ich mich unmittelbar vor dem überstürzten Abzug der Amerikaner aus Vietnam auf Bali aufhielt. Nach dem militärischen Fiasko in Vietnam und Kambodscha gewann Indonesien für die USA eine hervorragende strategische Bedeutung. Von Jakarta aus ließen sich, so meinte man wohl im Pentagon, weitere Expansionspläne Hanois und vielleicht sogar Rot-Chinas konterkarieren. General Suharto erschien dafür als der berufene Mann.

Ein Jahr zuvor hatte in Portugal die »Nelken-Revolution« putschender Offiziere stattgefunden. Von einem Tag zum anderen war die östliche Hälfte der Insel Timor – ringsum von indonesischem Hoheitsgebiet eingeschlossen – auf sich selbst gestellt. Seit vierhundert Jahren war diese lusitanische Besitzung von Lissabon auf recht erbärmliche Weise kolonisiert worden. Ihre überwiegend melanesische Bevölkerung hatte sich zum Christentum bekehrt. Dieses winzige, absurde Gebilde war dem Zugriff von außen schutzlos preisgegeben. Schon hatte sich zwar eine lokale Befreiungsbewegung in der Verwaltungsstadt Dili konstituiert. Sie nannte sich »Fretilin«. Dem Zeitgeist und den zumeist sozialistischen Revolutionsoffizieren von Lissabon angepaßt, war Fretilin marxistisch orientiert. Die Führer dieser »Front« waren fast ausnahmslos katholische Geistliche oder Seminaristen – die einzigen Eingeborenen, denen das faschistische Salazar-Regime den Zugang zur akademischen Bildung nicht verwehrte. Diese Geistlichen standen unter dem Einfluß der progressistischen »Befreiungstheologie«.

In Washington war inzwischen Richard Nixon durch Gerald Ford abgelöst worden. Henry Kissinger blieb Außenminister. Die Gefahr zeichnete sich ab, daß sich in Ost-Timor ein linksextremistisches Regime etablierte, daß am Rande Nordaustraliens ein »südostasiatisches Kuba« Gestalt annähme. Andererseits verfolgte Kissinger die Absicht, seinen Verbündeten Suharto noch stärker an Amerika zu binden. So geschah es denn am 7. Dezember 1975, daß Washington der Invasion Ost-Timors durch indonesische Streitkräfte »carte blanche« gewährte. Präsident Suharto hatte seinen amerikanischen Partnern versichert, daß seine Truppen nur auf schwache Gegenwehr stoßen würden und die Affäre schnell erledigt wäre. Zwanzigtausend indonesische Soldaten landeten auf der ehemals portugiesischen Inselhälfte, aber wider alle Erwartungen setzten die christlichen Eingeborenen den muslimischen Eroberern erbitterten Widerstand entgegen. Im Verlauf eines endlosen Kleinkriegs wurde fast die Hälfte der Einwohner von Ost-Timor in Sammellagern zusammengepfercht. Die Zahl der Toten belief sich auf annähernd hunderttausend.

In den folgenden zwanzig Jahren haben die sukzessiven amerikanischen Präsidenten in dieser äußerst heiklen Timor-Frage ungeachtet der flagranten Menschenrechtsverletzungen die Annektionspolitik Jakartas international abgeschirmt. Erst im November 1991, nachdem ein friedlicher Protestmarsch der Einheimischen in Dili von indonesischen Sicherheitskräften in Gegenwart westlicher Fernsehkameras zusammengeschossen wurde, bahnte sich in Washington ein Sinneswandel an. Zu jenem Zeitpunkt war der Ost-West-Konflikt bereinigt, und es bestand kein Grund mehr, eine kommunistische Infiltration Insulindes auf dem Umweg über Ost-Timor zu befürchten. In dieser neuen Situation kühlten sich die bislang herzlichen Beziehungen zwischen Washington und Jakarta einerseits, Canberra und Jakarta andererseits deutlich ab. Plötzlich war wieder die Rede von »human rights« und Selbstbestimmung.

Nachdem die rapide Aufwärtsentwicklung Indonesiens unter Suharto im Westen als neues Wirtschaftswunder gepriesen und der erratische Regierungschef Habibie als »asiatischer Erhard« hochgelobt worden war, geriet die Inselrepublik plötzlich in den Sog einer katastrophalen Finanzkrise. Im Zeichen der Globalisierung wurde sie das Objekt schamloser kapitalistischer Spekulation und vom Internationalen Währungsfonds unter Druck gesetzt. Indonesien stürzte in eine existentielle Notlage. Der Diktator Suharto war zur Belastung geworden. Der sichtlich gealterte General wurde Zug um Zug entmachtet und im Oktober 1999 durch den blinden, halb gelähmten Muslim-Führer Abdurrahman Wahid, »Gus Dur« genannt, ersetzt. Dem neuen Staatschef stellte man die Tochter des Gründungsvaters Ahmed Sukarno zur Seite, die Vizepräsidentin Megawati Sukarnoputri. Sie hat inzwischen »Gus Dur« abgelöst, aber es heißt, daß sie bei Amtsgesprächen und Parlamentssitzungen von unüberwindlicher Schläfrigkeit übermannt, besser gesagt »überfraut« wird und sich durch extreme Trägheit auszeichnet.

Mit nachhaltigem Druck auf diese neue Mannschaft, die bei der Generalität und den Muslim-Organisationen auf Ablehnung stieß, erzwang Bill Clinton im Verbund mit den Vereinten Nationen die Räumung Ost-Timors durch die indonesische Armee. Um den schwierigen Übergang zu einer selbständigen Republik in Dili abzusichern, ging ein starkes Aufgebot von Blauhelmen, fast ausschließlich vorzüglich trainierte australische Dschungelkämpfer, an Land. Das Eingreifen gipfelte im Mai 2002 in der Ausrufung der Unabhängigkeit Ost-Timors und der Berufung des ehemaligen Partisanenführers von Fretilin, Xanana Gusmao, zum Staatsoberhaupt.

Warum ich diese Randepisode so ausführlich schildere? Vermutlich haben sowohl Amerika als auch Australien mit der bewaffneten Geburtshilfe für die christliche Republik Ost-Timor eine schwerwiegende Fehlentscheidung getroffen. Die Regierung von Canberra, die bis zum Ende des Kalten Krieges zu Jakarta freundschaftliche Beziehungen unterhielt und sogar den Anschluß Ost-Timors anerkannt hatte, wurde nunmehr von den indonesischen Militärs als Feind betrachtet. Vor allem aber die radikalen Muslime sahen sich auf unerträgliche Weise provoziert. Schon fragt man sich, wie auf Dauer der menschenleere australische Nordosten gegen eine eventuelle Einschleusung malaiischer Immigranten oder andere Störaktionen zu schützen wäre. Die USA wiederum dürften zwar in Präsident Gusmao einen verläßlichen Vertrauensmann gefunden haben, der ihnen den Ausbau eines Militärstützpunktes, einer zusätzlichen Zitadelle ihrer weltumspannenden

Macht, nicht verweigern wird. Doch damit haben sie die Wut der frustrierten indonesischen Nationalisten und, was weit gefährlicher ist, den heiligen Zorn der bislang relativ verträglichen Muslime in Kauf genommen.

Aus dem ganzen Archipel wird die Gründung Tausender Koranschulen, immer neuer »Pesantren« gemeldet, die sich an dem Vorbild Deoband in Indien ausrichten und als Keimzellen eines unversöhnlichen, kämpferischen Islam zu erkennen geben. Sei es in Solo auf Java oder in Gunung Tebak auf Kalimantan, vor allem natürlich in der traditionellen Hochburg der Fundamentalisten in Aceh – überall formiert sich eine für Indonesien völlig originäre Kategorie von religiösen Extremisten.

Die »Jemaah Islamiah« des Scheikh Abu Bakar Bashir ist der bedeutendste dieser Kampfbünde, die den Anschlag auf das World Trade Center als zionistisches Komplott darstellen und Osama Bin Laden als Held des Islam feiern. Der derzeitigen Präsidentin Megawati Sukarnoputri wird als Frau jede Befähigung zu ihrem Amt abgesprochen. Die radikalen Außenseiter scheinen allmählich auch auf die bislang gemäßigten Muslim-Parteien, wie die »Mohammadiyah« des Politikers Dahla Rais, abzufärben. »Für manche Koranglӓubige«, so gestand Rais ein, »ist Abu Bakar Bashir zum Symbol der Wahrheit und des Mutes geworden. Immer mehr Muslime werden ihrer traditionellen Umgebung entfremdet. In diesem Zustand wirtschaftlicher und gesellschaftlicher Not gehört nicht viel dazu, um die Masse in Wallung zu bringen.«

»Warum haben sich Amerikaner und Australier auf diese für Europäer und Christen durchaus begrüßenswerte Kehrtwendung in der Ost-Timor-Frage eingelassen, wo sie doch bislang jeder moralischen Verantwortung aus dem Weg gegangen waren?«, hatte ich einen mir seit langem bekannten indonesischen Professor der Universität Djokjakarta gefragt. »In der engen Meeresstraße von Timor, zwischen dem australischen Kontinent und der umstrittenen Insel, sind beachtliche Erdölvorkommen geortet worden«, lautete die resignierte Antwort. »Oil is the final explanation of American politics even in this remote area.«

Nur in diesem weit gespannten Zusammenhang läßt sich das politische Beben interpretieren, das ganz Südostasien zu erschüttern droht, auf die Föderation Malaysia übergreifen könnte und den im Stadtstaat Singapur vorherrschenden Chinesen den Angstschweiß auf die Stirn treibt. Schon einen Tag nach der Tragödie in Kuta hat die Regierung von Jakarta die ominöse Organisation El Qaida für die Katastrophe von Bali verantwortlich gemacht, als ob es nicht ausreichend einheimische Dschihadi gäbe, die die »Bestrafung« der verhaßten Amerikaner und Australier verlangten. Festzuhalten ist vor allem die Tatsache, daß Australien in das Fadenkreuz islamisch-indonesischer Feindschaft geraten ist.

Die toten australischen Touristen von Bali sind keine Zufallsopfer. Nicht nur seine energische Militärintervention auf Ost-Timor wird Canberra als neokolonialistisches Vergehen vorgehalten. Die wackeren »Aussies« sind quasi bedingungslose Verbündete der Amerikaner. Sie waren das schon in Vietnam, haben ihre Elitesoldaten nach Afghanistan geschickt und stehen in der Irak-Frage voll auf der Seite George W. Bushs. Wer hätte je gedacht, daß dieser Kontinent an den Antipoden Europas, der bis vor kurzem das Prinzip »white Australia« hochhielt und seine »Aborigines«, soweit sie nicht weggestorben waren, dem Alkoholismus überließ, in einen »Kreuzzug« gegen den Islam verwickelt und sich seiner gefährdeten Position am Rande Asiens plötzlich bewußt würde? Mehr und mehr gleicht die perfekte amerikanische Militärmaschine im Kampf gegen den Terror einem schwergepanzerten, feuerspeienden Ungetüm, das sich im nachgiebigen Netz einer diffusen, extrem flexiblen und okkulten Gegenkraft verfängt. Noch gibt es offenbar kein gültiges Konzept für die jüngste strategische Wende der Gegenwart, für den »asymmetrischen Krieg«.

## Sind wir alle Anti-Amerikaner?

Der Vorwurf des »Anti-Amerikanismus« wird mir bei dieser Veröffentlichung nicht erspart bleiben. Da sind wir schon wieder bei Charles de Gaulle, der eine klare Trennung zu ziehen vermochte zwischen der Atlantischen Allianz, die er voll bejahte, und der NATO, die er auf Grund ihrer integrierten Kommandostruktur und ihrer technischen Zentralisierung in US-Regie als Instrument einer fremden Hegemonie ablehnte. Zu jener Zeit, in den sechziger Jahren, wäre Westdeutschland gar nicht in der Lage gewesen, eine vergleichbar unabhängige Position einzunehmen. Die Massierung sowjetischer Stoßarmeen an Elbe und Fulda-Gap hätte eine solche Distanzierung überhaupt nicht zugelassen. Im übrigen befand sich der alte Magier im Elysée-Palast, wenn es wirklich ernst wurde, in vorderster Linie der atlantischen Solidarität. Dean Acheson gegenüber, den John F. Kennedy auf dem Höhepunkt der Kuba-Krise nach Paris schickte, hatte der General auf Englisch zugesichert: »If there is a war, we shall be with you.«

Nicht von ungefähr beziehe ich mich auf die Bedeutung der NATO, noch ehe ich auf die deutsche Haltung – den »deutschen Weg«, wie es neuerdings heißt – im globalen Kampf gegen den Terrorismus zu sprechen komme. Denn die NATO – nicht das Atlantische Bündnis – wurde nach dem Ende des Ost-West-Konflikts ihres eigentlichen Zwecks beraubt. An den Querelen über zusätzliche Einsätze »out of area« dürfte sie voraussichtlich irreparablen Schaden nehmen.

Zurück zur Verdächtigung antiamerikanischer Voreingenommenheit. Dem möchte ich mit ein paar Argumenten »ad hominem« entgegentreten. Meine erste intensive Begegnung mit den USA fand im Sommer 1950 statt, nicht in irgendeiner elitären Ostküsten-Atmosphäre, sondern im tiefen Mittelwesten. Meine Schwester war in Minneapolis verheiratet, und von dort ausschwärmend, verfaßte ich meine ersten Zeitungsreportagen über die Neue Welt, bevor ich mein Studium der »Sciences Politiques« in Paris wiederaufnahm. In der platten Einförmigkeit des Middle West bin ich damals auf gastliche, hilfsbereite Menschen gestoßen. Diesem Erlebnis verdanke ich vielleicht, daß ich bis auf den heutigen Tag zutiefst proamerikanisch geblieben bin, sosehr ich bei meiner späteren Berichterstattung die Fehlleistungen des Weißen Hauses, des State Department und des Pentagon in Vietnam, im Orient und andernorts auch kritisieren mochte. Nichts hat mich mehr abgestoßen als die Alternanz einer totalen Unterwerfung der Deutschen unter den amerikanischen Sieger in den ersten Jahren nach 1945 und – zwei Dekaden später – jener haßerfüllten Häme der bundesrepublikanischen Protestgeneration, deren Anti-Yankee-Affekte bis heute nicht erloschen sind. Allzu peinlich erinnert diese Wankelmütigkeit gegenüber den USA an die Beurteilung der Deutschen durch Winston Churchill: »Either you have them at your feet or at your throat – Entweder liegen sie einem zu Füßen, oder sie springen einem an die Gurgel.« Mag sein, daß die amerikanische Weltmacht allmählich manche tradierten Werte aus dem Auge verliert. Aber im Rückblick sollten die Westeuropäer ihrem Herrgott danken, daß sie nach dem Desaster des Zweiten Weltkriegs einem so gnädigen Besatzer, einem so wohlwollenden Hegemon ausgeliefert waren.

In den Jahren 1952 und 1953 pendelte ich zwischen New York und Washington hin und her. Zu jener Zeit wurde ich vorübergehend mit einem anderen, negativen Bild Amerikas konfrontiert. Es war die Ära des McCarthyismus. Auf dem liberalen, oft jüdischen Bekanntenkreis, den ich damals frequentierte, lastete die antikommunistische Hexenjagd wie ein Alptraum. Im November 1952, als die Nachfolge Harry S. Trumans zur Wahl anstand, neigte ich deshalb dem demokratischen Kandidaten Adlai Stevenson zu. Er wurde durch Dwight D. Eisenhower glatt geschlagen, und sehr bald mußte ich einsehen, daß diese neue Präsidentschaft sich zum Segen des Landes auswirkte. Unter einem konservativen General und »War Hero« war kein Platz mehr für pseudopatriotische Unduldsamkeit. Eisenhower war auch besser als jeder Zivilist geeignet, den sich verewigenden Korea-Krieg zu beenden. McCarthy und seinesgleichen bekamen diese neue Autorität schnell zu spüren.

Während der endlosen Greyhound-Reisen, die ich von »coast to coast« sowie von Montreal bis Mexico-City auf mich nahm und die mir das wahre Amerika der kleinen Leute und der recht liebenswerten »Citizens« nahebrachten, vor allem jedoch in den zehn Jahren des amerikanischen Vietnam-Kriegs, über den ich regelmäßig berichtete, glaube ich ein durchaus ausgewogenes Verhältnis zu dieser so eng verwandten und so fremden Nation gefunden zu haben. Gewiß, ich habe – im Gegensatz zur Gesamtheit meiner Kollegen und nur auf Grund meiner persönlichen Erfahrung im französischen Indochinakrieg – von Anfang an den militärischen Erfolg der USA in Südostasien angezweifelt und mir für diese Skepsis gegenüber dem übermächtigen Alliierten eine Demarche des damaligen Außenministers Schröder bei meinem Sender eingehandelt. Aber den GIs, die ich im Dschungel und im Reisfeld begleitete, habe ich mich stets freundschaftlich verbunden gefühlt. Dafür sorgte schon der elementare Überlebensreflex, der uns aneinanderschmiedete.

So war ich mit den US-Marines am 17. Breitengrad, mit den Special Forces an der Grenze Kambodschas, mit der First Cav in Zentral-Annam, mit einem Airborne-Bataillon auf jener Höhe 875 am Rande von Süd-Laos im Einsatz, die später unter dem Namen »Hamburger Hill« den Stoff zu einer Hollywood-Produktion lieferte. Man erlaube mir deshalb, einen amerikanischen Präsidenten, der sich ins Sternenbanner hüllt und die Welt vor die Alternative stellt: »Wer nicht mit uns ist, ist gegen uns«, daran zu erinnern, daß er selbst – statt seiner Wehrpflicht zwischen Saigon und Hue zu genügen wie jeder pflichtbewußte Amerikaner – die Beziehungen seines Vaters nutzte, um in der »National Guard«, einer ausschließlich aufs Mutterland beschränkten Truppe, zu dienen, daß er – wie ein amerikanischer Journalist bissig bemerkte – in der Stunde der nationalen Prüfung »Texas gegen den Vietcong verteidigte«.

## Geschwundene Gewißheiten

Die grausame Herausforderung des 11. September 2001 wäre wohl leichter zu verkraften – »to overcome« –, wenn nicht die kollektive Psyche der United States of America von Grund auf verändert wäre. Welchen Schwankungen ist doch dieser »indispensable state« – Madeleine Albright dixit – unterworfen, wenn ich nur auf meine Tagebuchnotizen aus dem Sommer 1993 zurückblicke. Wieder einmal hielt ich mich in Minneapolis auf. Bill Clinton hatte vier Monate zuvor seine Amtsgeschäfte als Präsident angetreten.

> »Es war ›Memorial Day‹. Das Land gedachte seiner toten Krieger. Ein paar geschlossene Geschäfte längs der Nicolette Mall hatten Fähnchen mit den Stars and Stripes gehißt. Die Fußgängerzone war menschenleer. Das wirkliche Schauspiel fand in Washington statt und wurde von den meisten TV-Stationen live übertragen. Präsident Clinton hatte den Mut aufgebracht,

jene Mauer aufzusuchen, in die sämtliche Namen der in Vietnam gefallenen GIs eingemeißelt sind. Er hatte spärlichen Beifall und lauten Protest geerntet. Eine Gruppe von Veteranen hatte ihre alten Dschungel-›fatigues‹ und ihre Orden angelegt. In Sprechchören schmähten sie Bill Clinton, der sich als Wehrdienstverweigerer, als ›draft dodger‹, dem Einsatz in Südostasien entzogen hatte. Wenn dieser ›Feigling‹, wie er beschimpft wurde, überhaupt mit seiner kurzen Ansprache durchkam, so war das der Anwesenheit des ›Chairman of the Joint Chiefs of Staff‹, General Colin Powell, zu verdanken, dem ranghöchsten noch aktiven Vietnamkämpfer, der sich seine Beförderung zum Major im Reisfeld erdient hatte.

Es wäre gewiß vermessen, schon heute Betrachtungen über Aufstieg und Niedergang, über ›rise and decline‹ des amerikanischen Imperiums anzustellen. Aber eine Schwelle ist wohl erreicht. Bislang lebte die Neue Welt noch in der Erfüllung einer Voraussage Alexis de Tocquevilles, jenes französischen Historikers und Diplomaten, der vor eineinhalb Jahrhunderten die ›Demokratie in Amerika‹ analysiert und das Hochkommen neuer Führungsmächte – USA und Rußland – angekündigt hatte. Diese Doppelhegemonie hat sich spätestens mit dem Zusammenbruch der Sowjetunion von selbst erledigt. Andere Ballungszentren melden ihre Ansprüche – weniger in Europa als in Ostasien – mit dröhnendem Massenaufgebot an. Tocqueville, der seine Amerika-Studie unter der liberalen Herrschaft des Bürgerkönigs Louis Philippe veröffentlichte, war durch die ungehemmte Entfaltung des Individuums in den Vereinigten Staaten zutiefst beeindruckt gewesen. ›Die Menschen in den USA‹, so hatte er im Jahr 1835 seine Feststellung allerdings relativiert, ›können sich im politischen und im persönlichen Leben nur so frei bewegen, weil sie so intensiv in ihre Religiosität eingebunden sind.‹ Hier stellte sich die Frage – für Minnesota war sie noch nicht akut –, ob die regulierende, zähmende Bindung an das vom Puritanismus vorgegebene konfessionelle Modell nicht zu verblassen, sich aufzulösen drohte. Schon schwärmte damals Tom Wolfe, Autor des Gesellschaftsromans ›Bonfire of the Vanities‹, von der Befreiung des amerikanischen Menschen aus den Fesseln sittlicher Gängelung und ausgehöhlter religiöser Normen.

Die neu gewonnene Selbstbezogenheit, so argumentierte Wolfe, verschaffe dem Durchschnittsamerikaner die Chance, eine intellektuelle und sexuelle Permissivität auszuleben, wie sie in früheren Zeitaltern nur den herrschenden Eliten oder vereinzelten, den Konventionen trotzenden Charakteren vorbehalten blieb. Ob der Verfasser des ›Fegefeuers der Eitelkeiten‹ sich bewußt war, daß er damit den Zusammenbruch jenes Grundbewußtseins akklamierte, das laut Tocqueville die wesentliche Voraussetzung für die ›Démocratie en Amérique‹ war?
Irgendwie schien Amerika ein Manko zu empfinden, seit das ›Reich des Bösen‹ untergegangen war. Damit hatte sich auch die Notwendigkeit für die Existenz eines ›Reiches des Guten‹ reduziert. Schon trauerte man dem simplen Populismus eines Ronald Reagan nach. Bill Clinton war für diesen ›great communicator‹ kein Ersatz, nicht einmal eine überzeugende Antithese. Für viele seiner Landsleute war der neue Präsident aus Arkansas ein typischer Repräsentant jener ›baby-boom-generation‹, die sich mit unseren angegrauten Achtundsechzigern vergleichen ließe. Clinton war der Mann der geschwundenen Gewißheiten, und er bemühte sich vergeblich um einen Kennedy-Look.
Offenbar bedurfte die Großmacht USA eines neuen Feindbildes, und sie baute es auch systematisch auf. Im ganzen Orient war ein Artikel der ›Washington Post‹ aufmerksam gelesen worden, in dem die Islamische Republik Iran als ›Zentrum eines neuen Komintern‹ bezeichnet wurde. Diese Bedrohung sei ebenso schlimm wie das alte kommunistische ›Empire of Evil‹. Der islamische Fundamentalismus trete – ähnlich wie einst die Weltrevolution – ›messianisch und ideologisch, rücksichtslos und diszipliniert‹ gegen den westlichen Liberalismus an.
Der erste Sprengstoffanschlag auf das World Trade Center von New York, die mißglückte Generalprobe im Februar 1993, hatte dieser Stimmungsmache starken Auftrieb gegeben. Das Possenspiel um den blinden ägyptischen Prediger Omar Abdul Rahman, der vermutlich die Aufenthaltsgenehmigung in den USA sowie die ›green card‹ seinen diskreten Kontakten zur CIA verdankte, schürte zusätzliche Ängste. Bill Clinton sah sich plötzlich mit einer theologisch fundierten Herausforderung konfron-

tiert, der er – so befürchteten viele White-House-Experten – nicht gewachsen war und auf die der ehemalige Wehrdienstverweigerer mit schlecht kalkulierten kriegerischen Gesten reagieren mußte.«

## »Füchse« im Wüstensand

Der erste Jahrestag, der 11. September 2002, ist vorübergegangen, und die Pforten der Hölle haben sich nicht geöffnet. Amerika veranstaltete seine Gedenkfeier als »dies irae«. Die Welt sah zu und bestaunte das Medienereignis. In der afghanischen Hauptstadt, wo ich mich zu diesem Zeitpunkt aufhielt, fand lediglich in der US-Basis Bagram eine schlichte Feierstunde statt, und die war dem Ereignis sicher angemessener als die Trauerinszenierung von New York. So empfand es wenigstens ein Soldat der US-Special Forces, der meine Unterkunft in Kabul teilte: »They are overdoing it«, meinte er kurz.

Das ist ja das Seltsame an diesem Krieg gegen den Terror. Seit dem Vernichtungsschlag von Manhattan und Washington ist es nirgendwo zu einem nennenswerten Attentat gekommen. Dem direkten Bezug, den auch deutsche Kriminalisten zwischen lokalen Mordanschlägen – wie der Synagogen-Brandanschlag auf Djerba – und Osama Bin Laden herzustellen suchen, fehlt der solide Nachweis. Die Atlantische Allianz – in treuer Erfüllung des Beistandspaktes laut Artikel V – verharrt auf seiten Amerikas im diffusen Gespensterkrieg. Aber die Stimmen sind selten geworden, die lauthals proklamierten: »Wir sind alle Amerikaner.« Es schleichen sich Ernüchterung ein und zunehmende Zweifel an der Weisheit einer Staats- und Kriegsführung, die – im Rausch der Allmacht – weiterhin mehr parliert als agiert. Die Devise des »Rough-Rider-Präsidenten« Theodore Roosevelt: »Speak softly and carry a big stick – Sprich leise und halte einen dicken Stock bereit!« gehört nicht zum Repertoire der heutigen US-Administration.

Die Europäer haben sich nach der Aggression der arabischen Mord- und Verschwörungsgruppe ohne Zögern auf seiten des großen amerikanischen Verbündeten engagiert, und das war richtig so. Für die Deutschen zumal bestand eine zwingende moralische Verpflichtung, hatte doch nur die massive Präsenz der US-Army in der ersten Phase des Kalten Krieges das Vordringen der sowjetischen Armeen Josef Stalins bis zum Rhein, ja bis zum Atlantik verhindert. West-Berlin wurde durch den dezidierten Einsatz der US-Luftwaffe in seiner verzweifelten Isolation gegen den Zugriff des Kreml gehalten. Schließlich hatte der Vater des jetzigen Präsidenten dem deutschen Kanzler Helmut Kohl in der kritischen Stunde der Wiedervereinigung die unentbehrliche Rückendeckung verschafft.

Ob da gleich von »uneingeschränkter Solidarität« die Rede sein mußte, steht auf einem anderen Blatt, und es ist bezeichnend für den deutschen Stimmungsumschwung, daß Gerhard Schröder, der seinerzeit eher beiläufig vor »Abenteuern« gewarnt hatte, nunmehr in fast wilhelminischem Tonfall die Besonderheit des »deutschen Weges« betonte. In meinem Journalistendasein habe ich mich – mit Ausnahme eines verunglückten Intermezzos als Chefredakteur des »Stern« – stets von der Innenpolitik fernhalten können. Deutschland versucht heute offenbar, sich in die Rolle des »global player« zu drängen, und da steht der Alterszorn einem Überlebenden meiner Kriegsgeneration besser an als Altersmilde.

Bei Ausbruch des Kosovokonflikts hatte sich ein merkwürdiges Schauspiel geboten: Eine Riege rot-grüner Politiker, die ihr antiamerikanisches Jugenderlebnis mit Pflastersteinen ausgetobt und sich noch als erwachsene Volksvertreter vor den Kasernen der US-Army anketten ließ, um die zu jenem Zeitpunkt unverzichtbare »Nachrüstung« zu verhindern, entdeckte plötzlich auf dem Balkan ihre kriegerischen Instinkte. Es war »Madeleine Albright's War«, wie die amerikanische Presse schrieb, aber wie gern ließen sich die Pazifisten von gestern von dieser resoluten Dame mit einem Küßchen verwöhnen. Als es dann zum Bombenkrieg gegen Serbien kam, mußte die Vertreibung der Kosovo-Albaner mit Auschwitz verglichen werden – ohne daß übrigens der Vorsitzende des Zentralrats der Juden Protest gegen diese unerträgliche Verharmlosung der »Shoah« einlegte –, es mußten Konzentrationslager erfunden, Massengräber in fieberhafter Suche aufgedeckt werden, um die brüske Verleugnung früherer Ideale vor der Wählerschaft zu rechtfertigen. Beim einseitigen Engagement gegen Belgrad hatte sich die Bundesrepublik die spät-habsburgische Maxime »Serbien muß sterbien« zu eigen gemacht und übersah geflissentlich, daß die Serben der Krajina, die das Abendland zweihundert Jahre lang gegen den Ansturm der Türken abgeschirmt hatten, mindestens so schändlich und in diesem Fall definitiv aus ihrer Heimat vertrieben wurden wie die Kosovo-Albaner aus der ihren.

Der Überfall des 11. September deutete beim damaligen Erkenntnisstand eindeutig auf die Ausbildungslager von El Qaida in Afghanistan. Die Reaktion des Pentagon war deshalb durchaus berechtigt. Den USA konnte auch nicht vorgeworfen werden, sie hätten sich mit exzessiven Forderungen an die Alliierten gewandt. Statt dessen erkannte Berlin mit einiger Verspätung den »Unilateralismus« der Supermacht. In diesem Punkt kann jedoch George W. Bush kein triftiger Vorwurf gemacht werden. Ausführliche Konsultationen innerhalb einer so breit gefächerten Allianz hätten Amerika behindert, ja gelähmt. So beschränkte sich der deutsche Beitrag in Afghanistan auf die Entsendung von etwa hundert KSK-Elitesoldaten, die dort in ihrem ersten realen Kriegseinsatz erprobt wurden. Vorzügliche Sanitätsversorgung konnte die Bundeswehr leisten, während ihre Transportmittel durch eigenes Versäumnis extrem begrenzt blieben. Die deutsche Beteiligung an ISAF, der in Kabul stationierten internationalen Brigade, und an deren politischer Sicherheitsaufgabe entspricht einer ganz anderen Planung und ist nicht Bestandteil des Bündnispakts.

Völlig unbegreiflich bleibt die widerspruchslose und ungeprüfte Zustimmung des Berliner Verteidigungsministeriums, als in Washington der Wunsch geäußert wurde, deutsche Marine-Einheiten an die Küste Somalias und ein Bataillon Panzer vom Typ »Fuchs«, die sich zur Aufspürung von chemischen, bakteriologischen und atomaren Kampfmitteln eignen, nach Kuweit zu verlagern. Am Horn von Afrika war der kommandierende deutsche Admiral klug genug, strikt auf die Einhaltung der Regeln des internationalen Seerechts zu achten, auf das Kapern von Schiffen zu verzichten und fremde Hoheitsgewässer nicht zu verletzen. Wie sollten die »blauen Jungs« aus Wilhelmshaven und Cuxhaven auch in der Lage sein, auf verdächtigen arabischen »Dhows« die relativ harmlosen Qatt-Schmuggler von gefährlichen Terror-

Agenten der El Qaida zu unterscheiden? So wurden ungeklärte Schiffsbewegungen an die US-Schnellboote gemeldet, die bezeichnenderweise dem deutschen Marine-Commando nicht unterstanden und bei ihren Zugriffen wenig zimperlich vorgingen.

Daß der Flottenauftrag zwischen Mogadischu und Djibuti die amerikanische Absicht signalisierte, in Zukunft auch gegen das in Somalia vorherrschende Chaos kriegerisch vorzugehen und ehemalige Schlupflöcher Bin Ladens dort aufzustöbern, wollte in Berlin niemand wahrnehmen. Die Regierung Schröder/Fischer ignorierte einfach, daß das Pentagon in Somalia einen »war by proxies« vorbereitete, daß äthiopische Truppen bereits in das Punt-Gebiet eingedrungen waren. Bei diesen Scharmützeln zwischen christlichen Amharen und Tigrinern auf der einen, muslimischen Somali auf der anderen Seite droht jedoch der Zusammenprall zwischen Halbmond und Kreuz in der gesamten Sahelzone wie ein Flächenbrand bis nach Nigeria auszugreifen, wo konfessionelle Pogrome bereits an der Tagesordnung sind.

Gravierender ist der Fall Kuweit. Es klingt nachträglich wie eine Verhöhnung der Öffentlichkeit, daß der damalige deutsche Verteidigungsminister auf Anfrage behauptete, die Fuchs-Panzer seien lediglich zu Manöverzwecken in die Wüste gerollt. Unter Vernachlässigung sämtlicher nachrichtendienstlicher Erkenntnisse stellte sich die deutsche Regierung blind und taub, verwies die bevorstehende US-Großoffensive zum Sturz Saddam Husseins ins Reich leichtfertiger Spekulationen. Als Washington die letzten Zweifel über die Absicht des Präsidenten und seiner engsten Mitarbeiter zerstreute, die Operation »Enduring Freedom« auch auf den Irak auszudehnen und somit die vereinbarte Bündnisverpflichtung unilateral und willkürlich auszuweiten, vollzog die deutsche Außenpolitik eine schroffe Kehrtwendung.

Die Berliner Koalition war sich bewußt geworden, daß eine deutsche Kriegsteilnahme in Mesopotamien auf massiven Widerspruch bei der Bevölkerung stoßen würde. Sie entdeckte als »divine surprise«, daß eine Kampfverweigerung im Irak unter Inkaufnahme amerikanischer Verärgerung als zugkräftiges Argument für den Wahlkampf zum Bundestag genutzt werden konnte, zumal die Reaktionen der CDU widersprüchlich und tölpelhaft ausfielen. Der neue Verteidigungsminister Peter Struck erklärte unverblümt, daß die Fuchs-Panzer der Bundeswehr für das amerikanische Abenteuer am Schatt-el-Arab nicht zur Verfügung stünden und im Ernstfall abgezogen würden.

In diesem Punkt ist er wohl einen Schritt zu weit gegangen. Besagte Spürpanzer gelten nämlich als defensive Waffe, wären dazu bestimmt, die vorrückenden GIs im Falle chemischer und bakteriologischer Verseuchung des Schlachtfeldes durch Saddam Hussein vor Vergiftung und Verätzungen zu schützen. Die Verweigerung einer solchen humanitären Hilfeleistung würde von den Amerikanern wohl zu Recht als unverzeihliches Ausscheren gewertet. Die Verbalentgleisungen gewisser deutscher Politiker in der letzten Phase des Wahlkampfes gegenüber den USA könnte man mit dem Mantel der Nächstenliebe zudecken, wenn man es in Washington nicht mit Politikern vom Schlage Dick Cheneys und Donald Rumsfelds zu tun hätte, die als nachtragend, ja rachsüchtig bekannt sind.

## Die Macht der Plutokratie

Bei oberflächlicher Betrachtung hat Amerika die erste Runde gewonnen. Die bisherige Drehscheibe revolutionär-islamistischer Aktivitäten in Afghanistan wurde ausgeräumt. In der ganzen Region hat sich ein an Panik grenzender Schrecken vor der Effizienz und »Robustheit« amerikanischer Luftangriffe eingestellt. Dieses Resultat wurde erreicht, ohne daß eine einzige Maschine der US-Air Force abgeschossen wurde oder die Commandos der Special Forces nennenswerte Verluste erlitten. Die Gegenseite jedoch, die geheimen Drahtzieher des Terrorismus können mit ihren Ergebnissen ebenfalls zufrieden sein. Mit einem einzigen gigantischen Schlag im Hollywood-Stil von »Independence Day« ist es ihnen gelungen, dem Hang Amerikas zum strategischen Alleingang solchen Auftrieb zu geben, daß die Kohäsion der Atlantischen Allianz darunter leidet. Die europäischen Verbündeten, zumal die Deutschen, die gefügigsten Partner von gestern, sind nicht mehr gewillt, durch Einzelunternehmen der Hypermacht in eine Serie von Regionalkonflikten verwickelt zu werden. Das enge, einseitige Zusammenspiel des Tandems George W. Bush und Ariel Sharon auf Kosten der Palästinenser stößt auf zunehmenden Widerspruch. Wenn die arabischen Selbstmordattentate im Heiligen Land eine vorübergehende Pause einlegen mögen, so deutet das lediglich auf eine Koordinationsfähigkeit zwischen Hamas, Dschihad Islami und El Aqsa-Brigaden hin, die ihnen die wenigsten zugetraut hätten.

Der schleichende Partisanenkrieg in Afghanistan ist längst nicht beendet. Bei der internationalen ISAF-Brigade in Kabul sollte man sich daran erinnern, daß der Widerstand der Mudschahidin gegen die sowjetische Besatzung erst nach einem Jahr russischer Truppenpräsenz aufflackerte. Vor allem der lauthals angekündigte Präventivkrieg gegen den Irak Saddam Husseins reißt einen tiefen Graben innerhalb des Atlantischen Bündnisses auf. Sollte wirklich Osama Bin Laden das Haupt der El Qaida-Verschwörung sein, dann könnte er für sich beanspruchen, der seit dem sowjetischen Zusammenbruch ohnehin ziellos gewordenen NATO einen tödlichen Stoß versetzt zu haben. Bis diese Erkenntnis sich allerdings in den Stäben und Salons von Brüssel und Mons durchgesetzt hat, dürften noch einige Jahre vergehen.

Hinzu kommen auf europäischer Seite zunehmende Zweifel an der Heilswirkung einer als »Globalisierung« getarnten Amerikanisierung. Francis Fukuyama hat Schiffbruch erlitten, seit sich die hemmungslosen Spekulationen des »Raubtier-Kapitalismus« – gepaart mit den Zwangsverfügungen des Internationalen Währungsfonds – verhängnisvoll, ja destruktiv für eine Vielzahl sogenannter Entwicklungsländer der Dritten Welt auswirkten. Die Globalisierung sei die letzte Illusion der Aufklärung – »the last illusion of enlightenment« –, stellte der amerikanische Kolumnist William Pfaff fest. Die Idee einer weltumspannenden Ausbreitung des westlichen Demokratie-Konzepts und der ihm zugrunde liegenden Menschenrechtsideologie hatte sich ohnehin als grausame Farce erwiesen.

Es hatte gar nicht des 11. September bedurft, um die Schwächen einer zügellosen Marktwirtschaft zu enthüllen. Die brutale Entzauberung der »New Economy« hatte schon vorher stattgefunden, und jetzt stellte sich plötzlich heraus, daß das vielgerühmte amerikanische System der »checks and balances« von oben bis unten durchlöchert war. Vielleicht kam diese Desillusionierung noch gerade zur rechten Zeit, um zu verhindern, daß der in Europa von der französischen Revolution geprägte Begriff des »Citoyen« durch den des »Shareholder« ersetzt wurde. Die skandalöse Buchführung von Enron oder Worldcom, um nur diese zu nennen, enthüllte das ganze Ausmaß des betrügerischen Finanzgebarens. Den um ihre Altersversorgung, ihren gesicherten Lebensabend geprellten Zwangsaktionären mußte der Spruch »Der Markt regelt alles« wie nackter Hohn in den Ohren klingen. Auch der Tod regelt alles, könnte man entgegenhalten.

Bei meinen Betrachtungen über die jüngste Entwicklung der USA zitiere ich bewußt vorwiegend amerikanische Autoren. Was der bereits erwähnte William Pfaff in der »Los Angeles Times« im Herbst 1997, also noch während der Präsidentschaft Clintons, veröffentlichte, hat seit dem Machtantritt von George W. Bush zusätzliches Gewicht gewonnen. Europäische Zeitungen würden zögern, eine ähnlich herbe Analyse in ihre Spalten aufzunehmen:

»Präsident Clinton hat zu erkennen gegeben, daß er nicht gewillt ist, politischen oder wirtschaftlichen Druck auszuüben, um (den damaligen israelischen Regierungschef) Netanjahu zur Abänderung seines Programms zu zwingen. Nichts, was Clinton ausrichten kann, wird Einfluß auf die islamistische Hamas haben. Mrs. Albright kann also nur die üblichen Platitüden von sich geben, die gewohnten Aussagen der Entrüstung, des guten Willens und des Vertrauens in eine gute Zukunft, die sich zweifellos nicht einstellen wird. Sie ist unfähig, mehr zu tun, weil die Vereinigten Staaten über keine ernsthafte Politik auf diesem wie auf so manchem anderen Gebiet verfügen. Die Kontrolle über die amerikanische Politik ist während des letzten Vierteljahrhunderts Kartellen von Sonderinteressen ausgeliefert worden, und jedes von ihnen ist in der Lage, Initiativen abzublokken, die ihnen nicht genehm sind. Zu diesen Interessengruppen zählen offensichtlich die israelische wie die kubanische Lobby in den USA, nicht wegen der Wählermasse, die sie repräsentieren, sondern wegen der finanziellen Wahlkampfmittel, wegen der Handelsinteressen, deren finanzielle Unterstützung für die Präsidentschaftskampagne Bill Clintons unentbehrlich war …

So arbeite nun einmal die Demokratie, mögen manche sagen. Aber leider arbeitet so das Geld. Hier handelt es sich um die Macht der Plutokratie, nicht um die Macht des Volkes, und wir sind weit entfernt von jener informierten Nachdenklichkeit, an der sich Madeleine Albright als ehemalige Universitätsprofessorin gern ausrichten würde. Niemals zuvor ist die amerikanische Außenpolitik so eindeutig den Kräften von Privat- und Gruppeninteressen sowie der politischen Demagogie ausgeliefert gewesen. Dieser Zustand kommt ironischerweise über uns zu einem Zeitpunkt, da manche Kommentatoren den angeblichen Aufstieg der USA zum internationalen ›Imperium‹ bejubeln. Wie der neokonservative Intellektuelle Irving Kristol einräumt: ›Dieses ist ein Imperium mit einem Minimum an moralischer Substanz.‹ Es fehlt ihm auch die tragende politische Substanz, und unter den obwaltenden Umständen wird es diese Substanz auch nicht finden.«

## Das Ende der NATO

»Beware of old men, they have nothing to lose – Nehmt euch vor alten Männern in acht; sie haben nichts zu verlieren!« Diese Sentenz Bernard Shaws will ich mir zu eigen machen. Wann wird sich endlich ein europäischer Politiker aufraffen und die längst fällige Erkenntnis vermitteln, daß Europäische Union und »North Atlantic Treaty Organization« – gemeint ist nicht das Bündnis, sondern dessen integrierte Kommandostruktur – inkompatibel geworden sind? In dem Maße, wie der Kalte Krieg die beiden Ufer des Atlantik nicht mehr zusammenschmiedet, driften die Alte und die Neue Welt unmerklich, aber stetig auseinander. Der Prozeß ist seit dem 11. September beschleunigt worden. Noch unlängst konnte ein deutscher Wirtschaftstycoon von sich behaupten: »Ich bin Amerikaner mit deutschem Paß.« Heute würde er damit ziemlich lächerlich dastehen. Denn auch die Wirtschaftsrivalität verhärtet sich zwischen den beiden verwandten Kontinenten, ganz zu schweigen vom ökologischen Disput um das Kyoto-Abkommen.

Hingegen sollte man den USA zugute halten, daß sie als imperial agierende Supermacht ihre Soldaten, die mit harten Bandagen kämpfen müssen, nicht den Zufälligkeiten eines Internationalen Tribunals und den Launen eifernder Anklägerinnen ausliefern wollen. Bislang wurde in Den Haag gelegentlich nach dem Prinzip »vae victis« vorgegangen. In extremen Situationen sollte man sich eines anderen Spruchs aus der römischen Antike entsinnen: »Summum jus, summa injuria – Höchste Gerechtigkeit schafft höchstes Unrecht.«

Eine andere Befürchtung ist heute nicht von der Hand zu weisen, daß nämlich die Ost-Erweiterung der NATO sich als Rammbock gegen die immer noch höchst fragile Europäische Union erweist. Sobald es um strategische Entscheidungen geht, ist in Brüssel nicht einmal ein Ansatz von Einheitlichkeit zu entdecken. Der britische Premierminister Tony Blair, der gerade seine »Royal Marines«, eine vorzügliche Truppe, aus Afghanistan abgezogen hat, um sie dem Irak-Feldzug George W. Bushs zur Verfügung zu stellen, wird in den eigenen Gazetten als »Pudel Amerikas« verspottet. Die sogenannte Achse Paris – Berlin scheint ihrer Substanz beraubt. Der Flugzeugträger Charles de Gaulle, der vor der pakistanischen Küste seine Kampftauglichkeit erprobte, hatte seinen Einsatz bestimmt nicht mit der deutschen Marine abgestimmt, genausowenig, wie die jüngste Entscheidung Jacques Chiracs, einen zweiten »Porte-Avions« sowie ein zusätzliches mit nuklearen Interkontinentalraketen bestücktes U-Boot in Auftrag zu geben, den deutschen Verteidigungsstäben bekannt war. Bei den neuen Mitgliedern der Allianz, ob sie ihr schon beigetreten sind wie Polen oder ungeduldig auf Einlaß warten wie Rumänien, ist ohnehin die Tendenz vorhanden, sich militärisch weit stärker auf Washington auszurichten als auf Brüssel oder gar Berlin und Paris.

Als Folge des Unilateralismus der amerikanischen Führungsmacht drohen die traditionellen europäischen Allianzpartner auf die Rolle von »Hiwis« reduziert zu werden; so nannte man die russischen »Hilfswilligen« des Zweiten Weltkriegs, die mit der deutschen Wehrmacht auf unterer Ebene kollaborierten. An diesem Zustand tragen beide Seiten Schuld. Die Europäer, die Deutschen zumal, haben mit ihrem kläglichen Wehrbudget den Erwartungen der Allianz, das heißt des Pentagon, ihre konventionelle Rüstung auf die postsowjetische Situation umzustellen, in keiner Weise entsprochen. Der Afghanistan-Einsatz, wo es der Bundeswehr so bitter an Transportmaschinen fehlt, ist ein deutlicher Hinweis.

Doch der von Washington seit Jahrzehnten propagierte »zweite europäische Pfeiler« der NATO beruhte von Anfang an auf bewußter Irreführung. Eine auch nur begrenzte Eigenständigkeit der europäischen Verteidigung wurde mit allen Mitteln hintertrieben. Man denke nur an das unsinnige Projekt der »multilateralen Atom-Flotte«, mit dem John F. Kennedy den nuklearen Alleingang Frankreichs zu verhindern suchte. Sobald die Europäer die Anschaffung eigener Aufklärungssatelliten, eines elektronisch perfektionierten Kommandosystems, einer autonom funktionierenden Luftwaffe – ganz zu schweigen von einer kontinentalen Nuklear-Abschreckung – ins Auge faßten, stießen sie auf rigorosen Widerspruch aus Washington. Die Abhängigkeit sollte aufrechterhalten bleiben. Erst im Kosovo wurden sich einige deutsche Offiziere dieser Unterordnung voll bewußt. Am Hindukusch ist sie eklatant, wo alle Verbündeten – außer den Briten – zur »quantité négligeable« absackten.

Selbst bei gewissen politischen »Entertainern« der Bundesrepublik dämmert allmählich die Erkenntnis, daß wir nicht mehr in einer Spaßgesellschaft leben, sondern daß es in Zukunft blutig ernst werden kann. Eine Volkswirtschaft, die bei den Spekulationen des UMTS-Systems um mehr als hundert Milliarden Euro zockt, aber nicht in der Lage ist, drei Milliarden zusätzlich für die eigenen Streitkräfte aufzubringen, verurteilt sich selbst zur Bedeutungslosigkeit. Eine volle Souveränität Deutschlands ist ohnehin nicht in Sicht, solange der US-Air Force die Benutzung der deutschen Stützpunkte ohne jede Befragung Berlins für ihre globalen Einsätze vertraglich zugesichert bleibt. Eine Europäische Verteidigungsgemeinschaft, die von Estland bis Portugal, von Irland bis Zypern reicht, wäre utopisch. Bei der dringend notwendigen Anpassung an die neuen Realitäten des Terror- und Partisanenkrieges, den schon William Cohen so eindringlich beschrieb, kommt die Bundeswehr an einer Reorientierung nicht vorbei, die weit über die vorliegenden Reformpläne hinausgeht. Für schwere Panzerverbände, so lieb sie manchen Generalen der NATO-Ära auch geworden sein mögen, ist keine Verwendung mehr. Die zahllosen geknackten Sowjettanks, die im afghanischen Pandschir-Tal die Piste säumen, hätten längst ein Umdenken veranlassen müssen.

Das abwehrfähige Europa von morgen könnte sich allenfalls auf einen engbegrenzten Kreis von Partnern beschränken. Der politische Ansatz für diese geographische Konzentration, die der verhängnisvollen Ost-Erweiterung von NATO und EU radikal entgegenstünde, ist jedoch nicht in Sicht. Wo wäre auch ein Staatsmann von überragender Statur, der diese Perspektive mit Leben erfüllte? Dennoch ist es an der Zeit, daß die Abendländer sich der eigenen Schmach und Schande bewußt werden. Die Situation auf dem Balkan ist in keiner Weise geklärt. Da ist es natürlich bequemer, aber auch unwürdig, weiterhin unter die Fittiche der USA zu flüchten und in Ermangelung eigener Entschlußfähigkeit den balkanischen Status quo zu verewigen, ein absurdes Protektoratssystem, das Bosnien und dem Kosovo, de facto auch Mazedonien und Albanien auferlegt bleibt. Wenn zwischen Tetovo und Banja Luka eines Tages die Gewehre wieder von selbst losgehen, sollte das niemanden verwundern.

Zwar ist ständig von Massenvernichtungswaffen die Rede, doch nirgendwo existiert ein Konzept für eine eigenständige, cis-atlantische Abschreckung gegen eventuelle nukleare Erpressungen durch »Schurkenstaaten«, fanatische Terrororganisationen oder Mafiastrukturen. Das Thema ist tabu, zumal in deutschen Landen, wo schon die zivile Nutzung der Kernenergie des Teufels ist. Der amerikanische Unilateralismus ist das Privileg einer Supermacht, und die übrige Staatenwelt wäre töricht, sich darüber zu entrüsten. Von den USA können die Europäer auf Dauer nicht erwarten, daß sie in sämtliche Scharmützel jener Balkan-Stämme eingreifen, die Otto von Bismarck von oben herab als »ces gens-là« einzustufen pflegte. Wenn das Weiße Haus eines Tages zu der Konklusion käme, das amerikanische Schicksal entscheide sich im Westpazifik, würden die Europäer sich verdammt einsam fühlen.

Die eigentliche Existenzgarantie des Staates Israel gegenüber einer zutiefst feindlichen Nachbarschaft besteht nun einmal in seinem beachtlichen Nuklear-Arsenal von zweihundert perfektionierten Sprengköpfen. Wenn die Islamische Republik Pakistan durch die weit überlegenen Streitkräfte der Indischen Union aus Anlaß des Kaschmir-Konflikts bisher nicht attackiert wurde, so verdankt Islamabad das ebenfalls seinem rudimentären, aber durchaus einsatzfähigen Atompotential.

Wie heftig George W. Bush sich auch empört und neuerdings sogar mit nuklearen Präventivschlägen droht, die Proliferation der Massenvernichtungswaffen wird er nicht eindämmen können. Vielleicht ist sie schon weiter gediehen, als die Nachrichtendienste zu wissen glauben. Bei meinem Gespräch mit dem irakischen Vize-Regierungschef Tariq Aziz verwies er darauf, daß in dieser Hinsicht die Europäer weit verwundbarer seien als die durch zwei Ozeane geschützten Vereinigten Staaten von Amerika. In der Ära Mitterrand/Kohl fanden behutsame Gespräche zwischen dem deutschen General Naumann und dem französischen Admiral Lanxade über eine eventuelle atomare Planungskoordination zwischen Paris und Bonn statt. Seitdem ist beiderseits des Rheins Distanz und Abkühlung eingetreten. Gegen die USA und auch gegen Rußland vermögen die französischen Nuklear-U-Boote und Interkontinentalraketen wenig; den primitiven Instrumenten der Proliferationskandidaten im Orient und in Nordafrika jedoch würde die gallische »Force de Dissuasion« mit eindeutiger Überlegenheit und Abschreckungswirkung begegnen.

»Vox clamantis in deserto – Stimme des Rufenden in der Wüste.« Europa steht im Begriff, alle Voraussetzungen zu erfüllen, um eine leichte Beute der Barbaren zu werden. Der demographische Faktor trägt dazu entscheidend bei. Während die Staaten der EU sich mit dem Bevölkerungsschwund ihrer Ureinwohner abfinden, dauert in ihrer unmittelbaren Umgebung die Geburtenexplosion an. Die große Migration ist in vollem Gange. Das Abendland von heute ist immer noch immens reich, aber es ist schwach. Ihm fehlt die moralische Substanz zur dezidierten Selbstbehauptung. Kurzum, alle Prämissen eines fatalen »Untergangs« sind gegeben. So unrecht hatte Oswald Spengler wohl nicht. Man mag diese Entwicklung mit einem Achselzucken abtun und in den Tag hineinleben. Die Maxime »gouverner c'est prévoir – regieren heißt vorausschauen« paßt nicht mehr in das Denken unserer Politiker. Wer möchte schon die Mahnung des französischen Denkers Paul Valéry auf sich selbst beziehen: »Dans le gouffre de l'histoire, il y a de la place pour tout le monde – Im Abgrund der Geschichte ist Platz für alle.«

## Klein-Asien oder Klein-Europa?

Wie lange werden sich Europa und Deutschland noch an die derzeitige Verpflichtung des Beistandsartikels V aus dem Atlantikpakt gebunden fühlen? In Washington wird ein »Feldzug gegen das Böse« gepredigt, der notfalls Jahrzehnte andauern soll. Da nun einmal eine instinktive Gleichsetzung dieses »Empire of Evil« mit dem militanten Islam durch George W. Bush vollzogen wurde, befindet sich Europa in vorderster Front. Mehr als das: Der Islam ist ja Bestandteil Europas geworden. Auf dem Balkan dürfte in absehbarer Zeit die koranische Religionszugehörigkeit der Bosniaken – so oberflächlich diese auch erscheint – das Staatsgefüge von Sarajevo nachhaltig beeinflussen. Die Konstituierung einer überwiegend muslimischen Föderation Groß-Albanien ist nicht auszuschließen. Dazu kommen jene Millionen Muselmanen, unsere europäischen Mitbürger, die ihre vorderasiatische oder nordafrikanische Heimat verlassen haben, um sich zwischen Berlin und Marseille niederzulassen. Weit mehr als für Amerika ist die Suche nach einem vernünftigen, respektvollen und auch standfesten Verhältnis des Okzidents zu dieser massiven Nachbarschaft des Islam eine Frage des Überlebens.

Da nützen keine multikulturelle Verharmlosung und keine Forderung an diese Angehörigen eines unterschiedlichen, aber hoch achtbaren Kulturkreises, sich den bestehenden Bräuchen und Sitten rückhaltlos anzupassen, sich voll zu integrieren oder gar zu assimilieren. Das mag für eine intellektuell privilegierte Oberschicht der Türken und Algerier, für ethnisch-konfessionelle Sondergruppen wie Berber oder Alewiten vorstellbar sein. Für die Mehrheit von ihnen ist eine Preisgabe der islamischen Identität nicht vorstellbar. Damit werden die Abendländer sich abfinden müssen.

In jüngster Zeit ist immer wieder von Thomas Hobbes und seinem »Leviathan« die Rede, sichtbarer Hinweis, daß die Gewißheiten der Aufklärung, der »lumières«, des »enlightenment« sich erschöpfen. »Nathan der Weise« und die Ringparabel passen nicht mehr in unsere Zeit. Das Wort Goethes aus dem West-Östlichen Diwan: »Wenn Islam Gott ergeben heißt – im Islam leben und sterben wir alle«, macht für die Adepten unserer Konsum- und Genußgesellschaft ohnehin wenig Sinn. Die Vertiefung in die poetische Mystik der Sufi, die der besten Orientkennerin Deutschlands, Annemarie Schimmel, am Herzen liegt, wird dem Hochkommen eines rigorosen koranischen »Fundamentalismus« nicht mehr gerecht. Kehren wir also zur kernigen Formel Rudyard Kiplings zurück: »East is East and West is West, and never the twain shall meet – Ost ist Ost und West ist West, und niemals werden die beiden sich treffen«? Doch eine Trennungslinie läßt sich gar nicht mehr ziehen, gerade auch in jenen Industriezonen der Midlands in Kiplings britischem Mutterland, wo die Immigranten des indischen Subkontinents ihre eigene Verwaltung, ihre eigenen Ratsversammlungen gestalten.

Aus meiner Sympathie für die Türken und die Türkei habe ich nie einen Hehl gemacht. Bei der Einweihung des Zentrums des »Islam-Rates« in Bonn wurde ich vor vier Jahren aufgefordert, die Eröffnungsansprache zu halten. Mich störte nicht im geringsten, daß diese religiöse Vereinigung in enger Partnerschaft zu »Milli Görüş« steht, einer türkischen Organisation, die auf Grund ihrer Ausrichtung auf den Islam vom deutschen Verfassungsschutz observiert wird. Meinen Vortrag begann ich zum Erstaunen der Zuhörer mit der rituellen Formel »bismillah rahman rahim – Im Namen Gottes des Gnädigen, des Erbarmers«, die mit dem christlichen Glauben durchaus vereinbar ist. Wie unzeitgemäß, wie lächerlich hätte ich hingegen gewirkt, wenn ich vor einer deutschen Veranstaltung mit den Worten »Gelobt sei Jesus Christus« oder mit dem Kreuzzeichen aufgetreten wäre in einer Republik, deren Minister es beim Amtseid mehrheitlich vermeiden, den Zusatz »So wahr mir Gott helfe« anzufügen. Man stelle sich einen amerikanischen Senator vor, der die Beteuerung »so help me God« verweigerte.

So habe ich diese überwiegend muslimische Versammlung, die dazu erzogen worden war, die christlichen Kreuzzüge, die »Salibiya«, als abscheuliche Folge von Verbrechen zu verdammen, mit der Behauptung überrascht, daß in jener Epoche des Kampfes um das Heilige Grab – als die Christen mit dem Ruf »Deus vult – Gott will es« und die Muslime mit dem Kampfschrei »Allahu akbar« aufeinander eindroschen – die beiden feindlichen Heere sich psychologisch, ja existentiell in ihrem religiösen Taumel, in der

Verwurzelung im jeweiligen Glauben recht nahe standen, viel näher jedenfalls, als das bei der angepaßten Christenheit von heute der Fall ist, die sich oft nur noch als humanitäre Philosophie, als Soziallehre versteht und der fortdauernden Frömmigkeit der islamischen »Umma« verständnislos begegnet.

Wie weit entfernt sind wir von jener Epoche, als die Lehren des Aristoteles auf dem Umweg über die stets der Häresie verdächtigten Denkschulen Bagdads an die lateinische Scholastik des Thomas von Aquin weitergereicht wurden. Ich ging bei meinem Referat vor dem Islam-Rat in die Vorgeschichte zurück und kam auf die früharabische, oft noch vorislamische Beduinen-Dichtung, die »Qassida«, zu sprechen. Es handelt sich da meist um die Klage eines einsamen Liebenden in der Wüste, der in großer Keuschheit das Bild der von ihm verehrten Frau beschwört und ihre Unerreichbarkeit beklagt. Die »Qassida«, so hatten mir meine jesuitischen Lehrmeister im Libanon beigebracht, hat nicht nur die schmachtenden Minnelieder der südfranzösischen Troubadoure inspiriert, die in unmittelbarem Kontakt zur maurischen Zivilisation Spaniens standen. Durch diese züchtige Beduinen-Poesie sei auch der hymnische Marienkult des christlichen Mittelalters stark beeinflußt worden. Aber was sollte ein europäisches Auditorium von heute noch mit der »Lauretanischen Litanei« anfangen? Nicht nur auf Grund ihrer angeblichen Kampfuntauglichkeit beschimpfen gewisse amerikanische Polemiker die Europäer als Feiglinge – als »Euro-Whimps«. Man traut ihnen auch deshalb nicht über den Weg, weil sie keiner religiösen Überzeugung mehr fähig sind.

Wir kommen an dieser Stelle nicht umhin, über die türkische Erwartung zu sprechen, Vollmitglied der Europäischen Union zu werden, ein geographischer Nonsens, denn bis auf weiteres bezeichnet man Anatolien als Klein-Asien und nicht als Klein-Europa. Will die amerikanische Diplomatie, die auf diese Einbeziehung der Türkei nachhaltig, ja gebieterisch drängt, der Gemeinschaft von Brüssel mit den kriegerischen Tugenden der Osmanen ein stählernes Korsett einziehen? Soll die Republik Atatürks durch die Anbindung an Brüssel daran gehindert werden, sich vom laizistischen Staatsmodell ihres Gründers abzuwenden und sich wieder dem Koran zu verschreiben? Soll möglicherweise sogar der Europäischen Union durch die Hinzufügung eines heterogenen, unverdaulichen, bald hundert Millionen Menschen zählenden Partners die Chance entzogen werden, jemals als in sich geschlossene Föderation eine eigenständige internationale Rolle zu beanspruchen?

Die Heuchelei aller deutschen Parteien kennt hier keine Grenzen. Man versucht krampfhaft, den Beitrittsantrag Ankaras auf den Sankt-Nimmerleins-Tag zu verschleppen, weil die demokratischen Verhältnisse der Türkei den europäischen Normen angeblich nicht entsprächen, weil die Zypern-Frage ungelöst sei, weil die Kurden keine Autonomie besäßen, weil die anatolische Wirtschaft sich als korrupt und marode erweise und – last but not least – weil die imponierende Generalität von Ankara, aus dem Hintergrund agierend, der entscheidende innenpolitische Machtfaktor bleibe.

Welcher Politiker gesteht denn ein, daß die EU, die mit dem Balkan schon nicht zu Rande kommt, durch die unmittelbare Nachbarschaft Ost-Anatoliens mit den Krisenzonen des Irak, der iranischen Mullahkratie und dem kaukasischen Teufelskreis total überfordert wäre? Für einige Zeit ließe sich vielleicht die freie Zuwanderungsmöglichkeit der Türken nach Zentraleuropa hinausschieben, aber eines Tages würde diese Diskriminierung wegfallen, und in Richtung Deutschland setzte sich – dem eigenen türkischen Eingeständnis zufolge – eine Völkerwanderung in Bewegung. Vor allem jedoch würde die Entmachtung des Generalstabs, des letzten eifersüchtigen Wächters der kemalistischen Staatsdoktrin, des Garanten der Trennung von Staat und Religion, den Weg freimachen für voll repräsentative Wahlen. Der Sieg der islamischen Parteien wäre dann kaum noch aufzuhalten. In den ländlichen Bezirken kann ja heute schon kein Abgeordneter ohne Unterstützung der örtlichen religiösen »Tarikat« ins Parlament gelangen. Das Abendland triebe durch die Einverleibung dieses kraftstrotzenden Mitglieds der koranischen Umma dem Verlust der eigenen Identität entgegen, und der Türkei wäre damit am Ende auch nicht geholfen.

Wann endlich wird man gegenüber den Türken ein Minimum an Ehrlichkeit aufbringen und sie unter Berücksichtigung ihres berechtigten Nationalstolzes darauf verweisen, daß sie als Erben des glorreichen Osmanischen Imperiums einen anderen Status beanspruchen sollten als ihre früheren balkanischen Besitzungen, ganz zu schweigen von ihrer panturanischen Ambition, die weit nach Zentralasien ausufert. Als enger Verbündeter, als präferentieller Wirtschaftspartner, als mittelöstliches Schwergewicht könnte die Republik von Ankara eine Art Parität mit dem in sich gespaltenen Abendland anfordern. Im übrigen besteht hier die Chance einer politischen Katharsis, einer pragmatischen Interpretation des islamischen Staatskonzepts, das der kluge Vorsitzende der neuen muslimischen Partei AKP, der ehemalige Bürgermeister von Istanbul, Tayyep Recep Erdoğan, konkretisieren könnte. Erdogan, den ich persönlich schätzengelernt habe, hat sich in der Bosporus-Metropole glänzend bewährt, ist alles andere als ein engstirniger Fundamentalist, verfügt vielleicht über den unentbehrlichen Realitätssinn, um eine Zeitenwende auf den Weg zu bringen, von der die gesamte islamische Umma profitieren würde.

Aber während ich diese Zeilen niederschreibe, erfahre ich, daß Erdoğan, vermutlich weil die öffentliche Zustimmung für seine Person sich zur breiten Volksströmung erweiterte, durch pseudojuristische Tricks aus dem offiziellen politischen Wettbewerb verbannt wurde. Wieder wird eine Chance vertan, und am Ende könnte auch in Anatolien das Hochkommen einer radikalen, zur Gewalttätigkeit neigenden Ersatzbewegung stehen.

## Vorposten der Sarazenen

Die französische Mittelmeerküste ist wohl der rechte Ort, über zusätzliche Ausweitungen der Terrorbekämpfung nachzudenken, die schon auf das »bahr el mutawassat« übergreift. Allen gegenteiligen Beteuerungen zum Trotz ist dieser Feldzug ein »Kampf gegen den Islam« geworden, sonst müßte die Republik Kolumbien als massiver Drogenlieferant längst auf der Liste der »Schurkenstaaten« stehen, sonst wäre auch nicht der Steinzeit-Kommunismus Nordkoreas mitsamt seinem Diktator Kim Jong Il durch immer neue Angebote industrieller Zusammenarbeit aus Washington beschwichtigt worden.

Das muselmanische Vordringen ist in der südfranzösischen Provence intensiv zu spüren. Manchmal erinnert mich das Hinterland von Nizza und seine starke maghrebinische Bevölkerung an die einst blühenden Kolonistendörfer der Mitidja zur Zeit der »Algérie française«. Im Mittelalter waren die befestigten Ortschaften der Côte d'Azur, die wie Adlernester über das Meer blicken, vorübergehend von den Sarazenen als vorgeschobene Bastionen ihrer Raubzüge ausgebaut worden. Tausend Jahre später brach Napoleon Bonaparte von Toulon nach Ägypten auf und löste im ganzen Orient einen gärenden Prozeß der Veränderung, der »Nahda«, aus, der bis heute nicht verkraftet wurde.

»Zweihundert Jahre nach der Schlacht an den Pyramiden«, so notierte ich im Sommer 1993, »klingt der Anspruch der amerikanischen Präsidentschaft, eine ›neue Friedensordnung‹, eine global kontrollierte Harmonie zu schaffen, wie eine schöne Utopie für die einen, wie eine unerträgliche Anmaßung für die anderen. Statt der universalen Ausweitung von pluralistischer Demokratie und liberaler Marktwirtschaft, womit angeblich das ›Ende der Geschichte‹ erreicht sei, drängen sich bereits die neuen Despotien nach vorn, und es erwachen die alten Mythen.« In jenem Sommer 1993 kannte kaum jemand den Harvard-Professor Samuel Huntington, und seine Studie über den »Clash of Civilizations« – den Zusammenprall der Kulturen – war noch nicht erschienen. Dafür hatte André Malraux, der Autor der »Condition humaine«, eine Generation zuvor die Voraussage gewagt: »Le XXIème siècle sera religieux ou ne sera pas – Das 21. Jahrhundert wird religiös sein, oder es wird nicht sein.« Düstere Prognose für das Abendland!

Mein Aufenthalt in dieser mediterranen Region wird stets bereichert durch Gespräche mit meinem amerikanischen Nachbarn William Polk, der an der Chicago University Orientalistik gelehrt, im Dienste des State Department heikle Aufträge im ganzen Mittleren Osten durchgeführt und neben vielen Veröffentlichungen eine höchst lesenswerte Spionage-Novelle über Afghanistan verfaßt hat. Zudem stammt der Texaner Polk aus der Familie eines US-Präsidenten des 19. Jahrhunderts. Im Laufe der Jahre sind wir enge Freunde geworden. Mit Sorge blickt er heute auf den Orient. Bill gehörte zu jenen vorzüglichen Experten der »Iran Task Force«, die die Schwächen des letzten Schah rechtzeitig erkannt hatten, aber in Washington auf Unverständnis und Irritation stießen. Die schiitischen Mullahs Persiens, so hieß es damals in Washington, seien lediglich »eine Bande unwissender, schmutziger alter Männer, die mittelalterlichen Formelkram vor sich hinmurmelt«.

Bill Polk hat unlängst mehrere Rundbriefe verschickt, zu deren Quotation er mich ermächtigt hat. Über den Irak Saddam Husseins und das amerikanische Halali gegen den Diktator von Bagdad schreibt er wie folgt: »Es besteht kein Zweifel, daß Saddam Hussein ein abscheulicher Diktator ist. Er ist vielleicht der übelste dieser Art, aber bestimmt nicht der einzige. Der ›Club der bösen Diktatoren‹ hat zahlreiche Mitglieder. Mit einigen von ihnen gehen wir recht freundlich um. Der kritische Unterschied – falls ein solcher vorhanden ist – besteht darin, daß wir zu glauben vorgeben, daß Saddam Hussein – als einziger seiner Gattung – eine ernste Gefährdung des Weltfriedens sei. Diese Behauptung erscheint mir wenig stichhaltig. Der Irak hat gewiß Zugang zu chemischen und biologischen Waffen – welcher Staat besitzt diesen Zugang nicht? Aber nach ausführlichen Diskussionen liegt mir kein seriöser Beleg, geschweige denn ein handfester Beweis vor, daß er über Nuklearwaffen verfügt. Zudem ist Saddam Hussein isoliert. Er war mit den anderen Staaten, die wir als Bedrohung betrachten, nie verbündet. Iran haßt ihn, seit er – mit unserer aktiven Hilfe – eine ganze Generation von Iranern ausgelöscht hat. Die führenden Männer des Baath-Regimes Syriens mißtrauen ihm wie früher die Stalinisten den Trotzkisten und betrachten ihn als Verräter an der gemeinsamen Sache. Er hat sich mehr als unsere engsten arabischen Freunde der Islamischen Bewegung entgegengestellt und wird von ihr verflucht. Kurzum, er ist in die Ecke gedrängt.«

Jetzt kommt der Satz, den man sich merken sollte: »Viele vergessen, daß Osama Bin Laden den USA angeboten hatte, eine internationale Brigade aufzustellen, um Saddam Hussein im Golfkrieg von 1991 aus Kuweit zu vertreiben!« Daß der El Qaida-Führer bei diesem Vorschlag wohl an die Schaffung eines islamischen Gottesstaates am Schatt-el-Arab dachte, versteht sich von selbst.

Der amerikanische Freund von Vence untermalt gern unsere Konversation mit slawisch-orthodoxem Kirchengesang. Auch in dieser Beziehung sind wir uns ähnlich. Ich lausche allerdings im nahen Tourrettes eher den Klängen gregorianischer Choräle, deren lateinischer Text den hebräischen Psalmen entliehen, deren Modulation dem »Tadschuid«, der koranischen Rezitationskunst, verwandt ist. »Potentes deposuit de sede et exaltavit humiles«, erklingt es gerade – »die Mächtigen stößt Er vom Throne und Er erhöht die Demütigen«. Aber das entspricht nicht dem bellizistischen Zeitgeist. »Abyssus abyssum invocat – der Abgrund ruft den Abgrund herbei«; dieser Psalmenvers Davids wäre wohl angebrachter.

Getreu meinem Vorsatz, zu kontroversen Themen vornehmlich auf amerikanische Aussagen zurückzugreifen, nehme ich eine Studie Polks über die Zukunft Saudi-Arabiens zur Hand. Er kennt dieses riesige Wüsten- und Ölland durch und durch, hat sogar auf dem Kamelrücken die gefürchtete Durststrecke von Aqaba zurückgelegt. Selbst bei der CIA und in den US-Medien hat sich inzwischen herumgesprochen, daß der angeblich zuverlässigste Verbündete Amerikas im Mittleren Osten, das Wahhabitische Königreich des Hauses el Saud, sich zum gefährlichen Verschwörungshort, zur Zentrale von Terroristen entwickelt hat. Unter den Attentätern des World Trade Center befanden sich überwiegend Saudis, und kein einziger Afghane war dabei. Bill Polk untersucht die Auflehnung der jungen, frommen Islamisten gegen einen vom rechten Pfad Allahs abgewichenen Staat, der sich der »Riddah«, des Abfalls, schuldig gemacht hat.

Schon im November 1979 war es ja zu einem blutigen Aufstand religiöser Eiferer in Mekka gekommen, die die »Masjid el haram« besetzten und die herrschende Dynastie des »Kufr«, der Gottlosigkeit, bezichtigten. Der siebenundzwanzigjährige Zelot, der sie anführte, Mohammed el Qahtani, hatte sich selbst zum »Mahdi«, zum Wegbereiter und Verkünder des Reiches Gottes, proklamiert. Vierzehn Tage hatte die kleine Rebellengruppe dem Ansturm der saudischen Armee und Polizei standgehalten. Erst mit Hilfe französischer Gendarmerie-Offiziere und jordanischer Sondertrupps konnten die »Gotteskrieger« überwältigt werden. Zweiundsechzig Überlebende wurden enthauptet, darunter ihr geistlicher Mentor, Juheyman el Oteiba.

Die heutige Bedrängnis des saudischen Königshauses skizziert William Polk wie folgt: »Zur internen Gärung im saudischen Staat könnten auswärtige Pressionen hinzutreten. Zwei davon sind bereits evident. Da ist zunächst der fortdauernde und häßliche Krieg zwischen Israeli und Palästinensern, bei denen die Amerikaner – nicht nur in den arabischen Ländern, sondern auch in Israel und Europa – in den Ruf gerieten, die israelische Sache vorbehaltlos zu unterstützen; hinzu kommt die von Präsident Bush wiederholt angekündigte Absicht, in den Irak einzumarschieren.« Daran knüpft Polk den grimmigen Rat aus der texanischen Pionierzeit: »Richte nie eine Waffe auf einen Mann, es sei denn, du tötest ihn! – Never point a gun at a man, unless you kill him!«

Unweigerlich kommen wir auf jene Theorie des zyklischen arabischen Herrschaftswechsels zu sprechen, die der maghrebinische Soziologe Ibn Khaldun schon im 14. Jahrhundert in seinen »Muqaddamat« entworfen hatte. Demnach erneuert sich die reine, puritanische Lehre des Propheten stets in der Abgeschiedenheit der Wüste oder des Gebirges. In der Isolation bildeten sich die Kräfte der religiösen Besinnung heran. Sie würden nach drei, spätestens vier Generationen jene Dynasten ablösen und vernichten, die – vom wahren Weg Allahs abgekommen – dem Leben in Sünde und der »Dschahiliya«, der heidnischen Verirrung, verfallen waren. Ob diese Abläufe in der heutigen, gründlich veränderten Gesellschaft Arabiens noch gelten?

Man erzähle uns nicht, der Terrorschlag gegen Amerika am 11. September 2001 sei wie ein Blitz aus heiterem Himmel erfolgt. Schon das Bombenattentat auf eine Unterkunft der US-Streitkräfte in El Khobar, das im Juni 1996 auf saudischem Territorium am Persischen Golf stattfand und neunzehn GIs das Leben kostete, hätte als Warnung dienen müssen. Die Irritation in Washington wuchs damals von Woche zu Woche, als keine eindeutige Täterschaft zu ermitteln war und die saudischen Sicherheitsbehörden sich bei der Aufklärung äußerst unkooperativ verhielten. Seit »Ground Zero« ist – trotz einer Serie grotesk aufgebauschter Alarmsignale – keine neue Katastrophe über Amerika hereingebrochen. Das könnte der Kampagne gegen das Böse allmählich den patriotischen Elan nehmen, wenn nicht die plausible Befürchtung bestünde, daß eines unverhofften Tages wieder die Killer-Trupps aus dem Dunkel auftauchen. Wer weiß, ob sie das nächste Mal mit chemischen, bakteriologischen oder gar nuklearen Substanzen gesteigertes Entsetzen verbreiten werden?

Ist Saudi-Arabien das nächste »target« der im Pentagon erarbeiteten Abschußliste? Nur aus amerikanischen Zeitungen war zu vernehmen, daß im »Defense Department Policy Board«, dem der Hardliner Richard Perle vorsteht, im August 2002 der Verteidigungsexperte der Rand Corporation, Laurent Murawiec, folgende Lagebeschreibung gab: »Saudi-Arabien ist Amerikas Feind.« Dieses Land begünstige den Terrorismus auf jeder Ebene; Saudi-Arabien sei »der Kern des Übels, der Hauptakteur, der gefährlichste Gegner« der USA im Mittleren Osten. Murawiec empfahl, die saudische Regierung ultimativ aufzufordern, »sämtliche antiamerikanischen und antiisraelischen Äußerungen« auf ihrem Gebiet zu unterbinden, wenn ihre internationalen Finanzdepots nicht konfisziert, ihre Ölfelder nicht militärisch besetzt werden sollten. Da ich Gelegenheit hatte, mit Laurent Murawiec bei einem Bundeswehr-Symposion in Berlin zu sprechen, gebe ich seine Beurteilung eines vergangenen Konfliktes wieder. »Vietnam war für die USA eine taktische Niederlage, aber ein strategischer Sieg«, so behauptete er. Noch zwei solche Siege, dachte ich, dann wird zwar die ungeheuerliche Wirtschaftskraft Amerikas wohl nicht ernsthaft angeschlagen sein; aber die Schwäche dieser Supermacht könnte in ihrer psychologischen Anfälligkeit liegen, die sich heute in überschwenglichem Triumphalismus äußert, morgen vielleicht in einer Wiederholung des desperaten Vietnam-Syndroms.

## Das amerikanische Gewissen

In »Gottes eigenem Land«, wo die Banknoten den Spruch tragen »In God we trust«, scheint sich die Voraussage von André Malraux schon zu bewahrheiten. Die patriotische Inbrunst, mit der der erste

Jahrestag der Manhattan-Tragödie zelebriert wurde, trug durchweg religiöse Züge. Ob sich der Vater des heutigen Präsidenten, der mich im Jahr 1983 als Gentleman mit perfekten Umgangsformen und kühler Sachkenntnis beeindruckte, durch den Aktionismus seines Sohnes beunruhigt fühlt? Wie anders wären die Warnungen zu begreifen, die von den engsten politischen Freunden George Bush seniors, von James Baker und Brent Scowcroft, vorgetragen wurden? Es steht mir nicht zu, ein Psychogramm des mächtigsten Mannes der Welt zu entwerfen. Aber es sind amerikanische Biographen, die herausgefunden haben, daß George W. Bush – in diversen protestantischen Riten aufgewachsen und in frühen Mannesjahren von Alkoholproblemen heimgesucht – seit 1986 ein »born-again« ist. Das durch den 11. September verursachte Trauma, so liest man, habe biblischen Manichäismus und ein messianisches Sendungsbewußtsein bei ihm geweckt. Daß sich diese düsteren Visionen mit der demokratischen Heilsbotschaft von Freiheit und Menschenrechten, die bislang den Stolz und die »Glory« der Vereinigten Staaten ausmachten, schwer vereinbaren lassen, wagen nur noch die mutigsten Leitartikler festzustellen. Dabei berufen sie sich auf den prominentesten, inzwischen verstorbenen »Pundit« des amerikanischen Meinungsjournalismus, Walter Lippmann, dessen Gast ich im Winter 1952 war. »Eine Politik ist zum Scheitern verurteilt«, so schrieb Lippmann auf dem Höhepunkt der McCarthy-Neurose, »die unsere Verpflichtungen und Prinzipien, unsere Verträge und unsere Gesetze wissentlich mißachtet. Das amerikanische Gewissen ist eine Realität!«

Aus dem »Kampf der Kulturen« droht ein religiöser Zusammenprall zu werden. Es kann gar nicht ausbleiben, daß die schiitische »Partei Gottes«, die »Hizbullah« des Libanon, die – zur kriminellen Organisation erklärt – auf Dauer die ärgste Bedrohung Israels darstellt, ins Fadenkreuz eines zusätzlichen Glaubensfeldzugs gerät. Schon heute gilt es – jenseits von Afghanistan, jenseits von Bagdad –, die künftigen Frontlinien auszuspähen. Wie wird Amerika unter dieser Präsidentschaft jemals das Gespür für die Unwägbarkeiten des Orients aufbringen?

Eine der schlimmsten Formen des Terrors hatte ich bereits im Jahr 1985 erlebt, als ich Scheikh Fadlallah, den geistlichen Inspirator der »Partei Gottes«, unter dramatischen Umständen aufsuchte. In der unerträglichen Atmosphäre gegenseitiger Geiselnahmen, die die Zedern-Zepublik damals heimsuchte, war ein hoher Offizier des amerikanischen Nachrichtendienstes von den militanten Schiiten gekidnappt und vor laufender Kamera gehenkt worden.

Die Vergeltung hatte nicht auf sich warten lassen. Das ärmliche Viertel Bir-el-Abid in Beirut, wo Fadlallah sein Hauptquartier aufgeschlagen hatte, rauchte noch von den Trümmern einer Autobombe, die zwei Stunden vor meiner Ankunft hochgegangen war und eine beträchtliche Zahl von Opfern gefordert hatte. Die Sicherheitsmaßnahmen der jungen, finster blickenden Hizbullahi waren streng und argwöhnisch, ehe ich zu dem rundlichen Scheikh unter dem schwarzen Turban vorgelassen wurde.

Fadlallah gab sich recht zugänglich, sah mich mit großen, etwas verschleierten Augen direkt an, beantwortete meine Fragen mit beachtlicher Routine und überrumpelte mich dann mit einer verblüffenden Aussage. Ob auch er die Ansicht des Ayatollah Khomeini teile, daß der siegreiche Weg des Islam nach Jerusalem zwangsläufig über Bagdad führe, hatte ich gefragt. Da kräuselten sich die fleischigen Lippen im dichten grauen Bart zu einem seltsamen Lächeln. »Was bedeuten schon Jerusalem und die übrigen heiligen Stätten«, antwortete Fadlallah; »es steht doch geschrieben, daß die Würde des Menschen siebzigmal wichtiger ist als die materielle Wirklichkeit der großen Heiligtümer.« – Ich gestand meine Ratlosigkeit.

Bei den amerikanischen Evangelikanern, die mit biblischem Zorn die Schlacht gegen das »neue Babylon«, gegen die Trutzburg Bagdad des teuflischen Tyrannen Saddam Hussein in ihren Gebeten herbeisehnen, wird sich mancher Prediger auf den Fluch der »Geheimen Offenbarung« berufen. Also heißt es in der »Apokalypse« des Apostels Johannes: »Und der Engel brachte mich im Geiste in die Wüste. Und ich sah ein Weib sitzen auf einem scharlachroten Tier … Und an ihrer Stirn war geschrieben ein Name, ein Geheimnis: Das große Babylon, die Mutter der Hurerei und allen Greuels auf Erden. Und ich sah das Weib trunken vom Blut der Heiligen.«

# AFGHANISTAN
## »Nicht östlich, nicht westlich – Islamisch!«

### Panzerwracks im Pandschir-Tal

*Pandschir-Tal, im September 2002*

Im Hindukusch gibt es so manche Schlucht, deren gelb, rötlich und violett schimmernde Felsmassen sich fast berühren und nur einen schmalen Spalt knallblauen Himmels freigeben. In der Höhe drohen gewaltige Steinklötze, als warteten sie nur darauf, von irgendwelchen Unholden auf fremde Eindringlinge herabgeschleudert zu werden. Das Pandschir-Tal, das nordöstlich von Sharikar ins Hochgebirge abzweigt, hat zusätzliche Sehenswürdigkeiten zu bieten. Hier säumen die Panzerwracks der Sowjetmacht zu Dutzenden den engen Durchlaß. Die Tanks vom Modell T-54 und T-62 waren in massiven Rudeln in diese urweltliche Falle vorgeprescht. Von den russischen Kommandeuren wurden sie immer wieder der Vernichtung durch die Bazookas der Mudschahidin, durch Haftladungen an den Steilwänden ausgesetzt. Die Tanks brannten aus oder wurden ins Flußbett gekippt.

Gleich zweimal in der jüngsten Kriegsvergangenheit Afghanistans hat das Pandschir-Tal eine entscheidende Rolle gespielt. Hier zerbrachen sämtliche sowjetischen Offensiven, die den Salang-Paß absichern sollten. Dessen Tunnel war für den russischen Nachschub unentbehrlich. Hier blieben auch die Horden der Taleban-Krieger, die neunzig Prozent Afghanistans überrannt hatten, im Feuer des tadschikischen Partisanenführers Ahmed Schah Massud stecken. Am Pandschir erkannten die Russen, daß ihr Eroberungsfeldzug gescheitert war. Zwölf Jahre später diente dieses Réduit, das sich gegen die »Koranschüler« behauptete, den Milizen der sogenannten »Nord-Allianz« als Ausgangspunkt für ihren erfolgreichen Gegenangriff gegen das Regime des Mullah Omar.

Ahmed Schah Massud ist am 9. September 2001, zwei Tage vor dem Attentat auf das World Trade Center, durch einen als Reporter getarnten arabischen Terroristen ermordet worden. Normalerweise würde man einen Zusammenhang zwischen diesen beiden Daten konstruieren, aber selbst die CIA spricht nur von einer Koinzidenz. Im Volk wird gemunkelt, der pakistanische Geheimdienst habe hinter dem Anschlag auf den Tadschiken-Führer gestanden. Die Vorgeschichte der amerikanischen Kriegführung am Hindukusch ist eben extrem verworren und nicht gerade ein Ruhmesblatt für die USA.

In Haarnadelkurven winden wir uns das Pandschir-Tal hinauf. Unser Ziel ist die Grabstätte, die Ahmed Schah Massud errichtet wurde. Gelegentlich weitet sich das Flußbett, bietet Raum für Maisfelder und Obstplantagen. Die Dörfer sind zerstört und leergebrannt. Unweit von Bazarak entdecken wir das bescheidene Mausoleum Massuds auf einer beherrschenden grünen Höhe. Von dort schweift der Blick nach Norden, wo die Schlucht sich zu einer Talmulde verbreitert. Am Ende der Strecke befindet sich der Anjuman-Paß in 4400 Meter Höhe und leitet zur Provinz Takhor über. Das Ehrenmal für den Nationalhelden Afghanistans besteht aus einem weißen Rundbau und wird von einer verbeulten grünen Blechkuppel gekrönt. Vor dem Eingang wurde ein museumsreifer russischer Panzer vom Typ T-34 aufgestellt. Sein verrostetes Rohr richtet sich auf eine Delegation aus Kunduz, die gerade zur Pilgerfahrt angereist ist. Die Leiche Massuds ruht unter einer grünen, mit Koransprüchen bestickten Decke. Ringsherum stapeln sich silberne Kränze von seltener Häßlichkeit.

Ich bin Ahmed Schah Massud nie persönlich begegnet. Sein schmales, energisches Antlitz unter der platten Tadschiken-Mütze, die man »Pakul« nennt, blickt heute von zahllosen Plakaten und Wandmalereien, wird sogar als Teppichstickerei dargestellt. Dieser kriegerisch hochbegabte Mudschahid hatte als Jüngling das französische Istiqlal-Gymnasium von Kabul besucht. Die dort erworbenen Sprachkenntnisse verschafften ihm später große Popularität bei den Pariser Medien. Der Mode-Philosoph Bernard-Henri Lévy gehörte zu seinen glühendsten Bewunderern, was nichts an der Tatsache ändert, daß Ahmed Schah Massud ein überzeugter »fundamentalistischer« Muslim war, daß er bei seinen ersten Verschwörungen zur Schaffung eines islamischen Gottesstaates in Kabul mit dem späteren Hezb-e-Islami-Führer Gulbuddin Hekmatyar eng verbunden war, ehe er sich mit ihm unversöhnlich überwarf. Beide gehörten zur Gruppe der sogenannten »Maktabi«, zu den europäisch erzogenen, auf moderne Technologie erpichten Intellektuellen der koranischen Erneuerung und stießen – fast ebenso heftig wie ihre marxistischen Altersgenossen – auf Ablehnung, auf Verwerfung durch die traditionelle Geistlichkeit, die abergläubischen, unwissenden Dorf-Mullahs und deren feudalistische Schutzherren.

Im Sommer 1994 hatte ich mich mit dem erbitterten Gegenspieler Ahmed Schah Massuds, dem sowjetischen Fallschirmgeneral Alexander Lebed, über dessen Erfahrungen im Kampf gegen die Mudschahidin des Pandschir-Tals ausführlich unterhalten. Das Gespräch fand in Moldawien statt, genau gesagt in Tiraspol, wo Lebed mit seiner kleinen, gut trainierten Truppe, Achte Armee genannt, den Schießereien zwischen den Rumänen von Kischinew und der russischen Minderheit Transnistriens ein Ende setzte. Später sollte der General, dessen Boxergesicht und dröhnende Stimme den Eindruck geballter Kraft vermittelten, von Jelzin zur Beilegung des Tschetschenien-Konflikts eingesetzt werden. Tatsächlich gelang es ihm, mit diesen unbändigen Kaukasiern und deren »Präsidenten«, dem Artillerie-Oberst Maskhadow, der unter Lebed gedient hatte, einen kurzfristigen Waffenstillstand auszuhandeln. Lebed war im Pandschir-Tal mit seinen Speznatz-Soldaten immer wieder hinter den feindlichen Linien abgesetzt worden. Dreimal wurde er bei diesen Operationen vermißt, einmal tot gemeldet. Für Ahmed Schah Massud, den »Löwen von Pandschir«, wie er bei seinen Gefolgsleuten hieß, empfand der bullige Russe einen an Bewunderung grenzenden Respekt.

»Ich habe in Afghanistan meine sehr persönlichen Erfahrungen mit den fanatischen Kriegern des Islam gemacht, mit der Todesverachtung und einer religiös motivierten Bereitschaft zur Selbstaufopferung«, meinte Lebed damals in Tiraspol. »In deren Kulturkreis haben wir nichts zu gewinnen.« General Lebed hatte später eine politische Karriere in Moskau eingeschlagen, sich sogar um die Präsidentschaft beworben, aber den Intrigen des Kreml war dieser Haudegen nicht gewachsen. Er wurde auf den Gouverneursposten von Krasnojarsk in Westsibirien abgeschoben und kam bei einem Hubschrauber-Absturz ums Leben.

Eines sollte man aus den bitteren Kenntnissen dieses wackeren Soldaten immerhin festhalten: Falls bei den Amerikanern nach der kläglichen, überstürzten Auflösung des Taleban-Regimes der Eindruck aufkäme, die afghanischen Mudschahidin seien lediglich Maulhelden und heimtückische Heckenschützen, dann sollten sie sich die Militärrapports der sowjetischen Armeeführung genau ansehen wie auch die vertraulichen Berichte des britischen »Special Air Service«, dessen Agenten die »Gotteskrieger« in ihrem Kampf gegen die »Schurawi« begleiteten. Sonst könnten die Planer des Pentagon, die allzu oft nach dem Motto »we know better« agieren, peinliche Überraschungen erleben.

Im Pandschir-Tal haben sich die Russen die Zähne ausgebissen, und den Taleban ist es nicht besser ergangen. An dieser Stelle muß die Vorgeschichte der fanatisierten Kriegerschar von Koranschülern in Stichworten erwähnt werden. Nach der Vertreibung der Sowjetarmee aus Afghanistan im Februar 1989 konnte sich deren kommunistischer Statthalter, Präsident Nadschibullah, wider alle Erwartung noch knappe drei Jahre behaupten. Zumindest kontrollierte er Kabul und die wichtigsten Provinzstädte gegen die islamischen Fraktionen, die unterdessen ihre persönlichen Rivalitäten und die verhängnisvollen ethnischen Erbfehden zwischen Paschtunen, Tadschiken, Hazara und Usbeken in einem bluttriefenden Bruderkrieg austrugen. Es kam zwar zu verschiedenen Versuchen, eine Koalition der widerstreitenden Kräfte zu bilden, nachdem der Marxist Nadschibullah endlich aus seinem Amt verjagt war. Unter der Präsidentschaft des tadschikischen Korangelehrten Burhanuddin Rabbani konstituierten sich alternierende Regierungsgremien, aber die unüberwindlichen Gegensätze zwischen dem Tadschiken Massud, dem Paschtunen Hekmatyar, dem Usbeken Dostom und der schiitischen Hazara-Formation »Hezb-e-Wahdat« dauerten an. Bei den Konflikten wurde Kabul durch Granat- und Raketenbeschuß verwüstet. Das Land verlor sich in mörderischer Anarchie. Zahllose »War Lords« installierten sich als Regionalfürsten, plünderten die Bevölkerung, vergewaltigten die Frauen, schufen einen unerträglichen Zustand der Unsicherheit.

In den späten achtziger Jahren war es den Vereinigten Staaten durch systematische Unterstützung der Mudschahidin im Verbund mit dem pakistanischen Nachrichtendienst ISI gelungen, der Sowjetmacht in Zentralasien eine irreparable Schlappe zuzufügen. Zuletzt hatte die Belieferung der Afghanen mit Boden-Luft-Missiles vom Typ Stinger die sowjetische Hubschrauber-Armada gelähmt und damit den Konflikt entschieden. Die CIA war schon sehr früh dazu übergegangen – in Zusammenarbeit mit Spendern und Förderern aus Saudi-Arabien –, eine »Grüne Legion« muslimischer Freiwilliger in aller Welt anzuwerben. Die Rekrutierung erstreckte sich von Algerien bis Indonesien. Es kam zur Konstituierung des verschworenen Haufens, der später einmal unter dem Namen »El Qaida« Schlagzeilen machen sollte. Am Aufbau dieser Truppe gegen die Sowjets war ein gewisser Scheikh Omar Abdurrahman beteiligt, ein blinder Korangelehrter, der heute unter Anklage der Komplizenschaft an dem ersten Anschlag auf das World Trade Center im Februar 1993 in einem amerikanischen Gefängnis einsitzt. In diesem Zusammenhang wurde auch der Sohn einer hochangesehenen Bauunternehmer- und Milliardärsfamilie Saudi-Arabiens erwähnt, Osama Bin Laden, der sich als einflußreicher Geldbeschaffer und wackerer Partisanenführer hohen Ansehens erfreute. Diese positive Einschätzung durch die amerikanischen Gönner dürfte sich im Laufe der folgenden Jahre gründlich geändert haben.

Was die Afghanen sämtlicher politischer Lager dem Westen und vor allem den USA nach dem Abzug der Russen vorwarfen, war deren Passivität angesichts der fürchterlichen Tragödie ihres Landes. Die Mudschahidin hatten ihre Schuldigkeit getan. Jetzt überließ man sie ihren selbstzerstörerischen Instinkten und ihrem Elend. Die Situation wandelte sich erst, als die Auflösung des sowjetischen Staatsverbandes einsetzte, als Moskau die Kontrolle über die abgefallenen Teilrepubliken im Kaukasus und in Zentralasien verlor, als die dort vorhandenen immensen Schätze an Erdöl und Erdgas im internationalen Wettbewerb zur Disposition standen.

Es ging für die großen amerikanischen Konsortien nicht nur darum, die Förderrechte in Aserbaidschan, Kasachstan, Turkmenistan und Usbekistan zu erwerben, sondern auch den Transport des »schwarzen Goldes« sicher und kostengünstig unter eigene Kontrolle zu bringen. Die bestehenden russischen Leitungen wollten die amerikanischen Prospekteure nach Möglichkeit umgehen, um nicht den Bedingungen und Pressionen Moskaus ausgeliefert zu sein. Die iranische Route kam für Washington auf Grund der vorherrschenden Feindschaft gegen die Mullahs von Teheran nicht in Frage. Also entschieden sich texanische Investoren für den Bau einer eigenen Pipeline durch Afghanistan. Ein argentinischer Konkurrent war schnell aus dem Feld geschlagen. Nun galt es, diese Trasse, die von Turkmenistan über Herat, Shindand und Kandahar nach Belutschistan und zum Indischen Ozean führen sollte, politisch und militärisch zu stabilisieren. Nicht aus Dankbarkeit für ihren heldenhaften Kampf gegen den Sowjet-Giganten nahm man sich der Afghanen wieder an, sondern aus schnödem Kalkül und merkantiler Habgier.

Das Ergebnis dieses Unternehmens erwies sich als desaströs. Als Instrument der Befriedung am Hindukusch fiel nämlich den zuständigen amerikanischen Diensten und den Öl-Multis nichts Besseres ein, als die pakistanische Armee zu beauftragen, in den Auffanglagern ihrer Nordwestregion, wo etwa zwei Millionen überwiegend paschtunische Flüchtlinge kampierten, eine Armee von jungen »Koranschülern« oder »Taleban« auszuheben, sie in Schnellkursen halbwegs auszubilden und mit einem reichhaltigen Waffenarsenal zu versehen. Die Folge ist bekannt. Im Herbst 1994 begann unter Anleitung pakistanischer Offiziere der Einmarsch der Taleban in ihre alte Heimat. Die Stammesführer und War Lords wurden systematisch bestochen und gefügig gemacht. Jeder Widerstand erlahmte.

In einem Blitzfeldzug bemächtigten sich die Koranschüler, meist ohne einen Schuß abzufeuern, der großen Provinzzentren, rückten im Herbst 1995 in Herat ein und vertrieben den amtierenden Staatspräsidenten, den Tadschiken Rabbani, aus der Hauptstadt Kabul. Der umstrittene Regierungschef Hekmatyar flüchtete später nach Teheran. Nur Ahmed Schah Massud verhinderte mit gewohnter Tatkraft, daß die letzten zehn Prozent afghanischen Territoriums im Nordosten nicht auch noch in die Hände dieser unheimlichen Gesellen fielen. Dabei genoß der »Löwe von Pandschir« – der Frontwechsel ist bezeichnend für die labilen Verhältnisse am Hindukusch – die tatkräftige Unterstützung Rußlands.

Auch aus der Indischen Union, die darauf bedacht war, jede pakistanische Expansion einzudämmen, erhielt er Beihilfe, wie ebenfalls aus Persien, wo man die Taleban sofort als Instrument amerikanischer Interessen identifizierte. Die Nord-Allianz – das Wort war damals noch nicht geläufig – gruppierte sich also urprünglich unter Führung Ahmed Schah Massuds in klarer Gegnerschaft zu den strategischen Plänen Washingtons.

Es waren seltsame Verbündete, die Präsident Clinton für die Sache der »Freien Welt« am Hindukusch aufgeboten hatte. Die Taleban – von der Bevölkerung erst freudig begrüßt, weil sie mit unerbittlicher Härte für Ruhe und Ordnung sorgten – erwiesen sich als religiöse Exzentriker der schlimmsten Art. Weit über die Vorschriften der »Scharia« hinaus, im Stammesgesetz des »Paschtunwali« wurzelnd, verhängten sie das grausame Diktat eines willkürlichen Gottesstaates. Die schiitischen Ayatollahs von Teheran waren über die Auswüchse dieser religiösen Fehlinterpretation, über die theologische Ignoranz der »Steinzeit-Islamisten« entsetzt. Vor allem durch ihre frauenfeindlichen Exzesse erregten die Taleban die zunehmende Entrüstung der Weltöffentlichkeit und der humanitären Organisationen. Bei den »Schwarzen Khmer«, wie man sie auf Grund ihrer Turbanfarbe nannte, herrschte zudem der paschtunische Anspruch vor, die traditionelle Vorherrschaft dieser Volksgruppe, die etwa vierzig Prozent ausmacht, über die übrigen Ethnien Afghanistans wiederherzustellen.

In Moskau war man sich der Gefahr eines Übergreifens der ungezügelten »Dschihad« auf die benachbarten GUS-Republiken voll bewußt, hatte man auch die »Grüne Legion« muslimischer Freiwilliger aus aller Welt, die später als El Qaida Terror verbreiten sollte, als bedrohliches Ferment des Umsturzes rechtzeitig erkannt. Deren Vorhut war ja bereits in Tschetschenien aktiv geworden. In den amerikanischen Wirtschafts- und Regierungskreisen schien jedoch niemand ernsthaft Anstoß daran zu nehmen, daß die Taleban die afghanischen Frauen unter die »Burqa« zwangen und ihnen jeden Bildungszugang verweigerten, daß die Männer Bärte tragen mußten, daß im Stadion von Kabul öffentliche Hinrichtungen stattfanden und düsterer Obskurantismus zum obersten Gesetz wurde.

Die texanische Ölfirma Unocal war nämlich inzwischen mit

dem mysteriösen Führer der Taleban – einem bislang unbekannten Dorf-Mullah, der sich Mohammed Omar nannte, nie in der Öffentlichkeit auftrat und sich in seiner Hochburg Kandahar den hochtrabenden Kalifen-Titel »Befehlshaber der Gläubigen« angemaßt hatte – grundsätzlich über Bau und Abschirmung der lukrativen Pipeline einig geworden. Eine Investitionssumme von zwei Milliarden Dollar war ausgehandelt. Zu jener Zeit hausten in der kriegsverwüsteten Stadt Kandahar drei sehr unterschiedliche Komplizen in ihren jeweiligen Residenzen nebeneinander. Da war der Bevollmächtigte der texanischen Oil Company Unocal unweit vom Hauptquartier Mullah Omars installiert, und in dessen Nachbarschaft wohnte auch der saudische Bauunternehmer, Multimillionär und »Gotteskrieger« Osama Bin Laden. Letzterer hatte sich durch kluge Familienpolitik – durch die Verehelichung seiner Tochter mit einem Sohn Mullah Omars – Wohlwollen und Schutz verschafft.

Wer sich als Feind der gottlosen Sowjetunion bewährt hatte, war noch längst kein Freund Amerikas. Das hätte man in Langley eigentlich wissen müssen. Als ich im Sommer 1981 die Mudschahidin Hekmatyars begleitete, hatte ich am Lagerfeuer ihrem Lied gelauscht: »la sharqi, la gharbi, Islami – nicht östlich, nicht westlich, Islamisch wollen wir sein!« Die bösen Ahnungen hinsichtlich der Koranschüler verdichteten sich inzwischen in Washington. Doch der wahre Meinungsumschwung zuungunsten der Taleban trat erst ein, als die amerikanischen Botschaften von Nairobi und Dar-es-Salam im Sommer 1998 gesprengt wurden und diese Anschläge auf die Anstiftung Osama Bin Ladens zurückgeführt wurden. Jetzt ließ Bill Clinton von den Schiffen der US-Navy im Indischen Ozean die Ausbildungslager von El Qaida in der afghanischen Provinz Paktia durch Cruise Missiles beschießen und veranlaßte nebenbei die Vernichtung einer absolut harmlosen Pharmazeutik-Fabrik im Sudan. Mit einem Schlag endeten auch die bislang engen Beziehungen des amerikanischen Erdöl-Business zu den Koranschülern und ihrem einäugigen Anführer Mullah Omar. Amerika mußte entdecken, daß es wieder einmal ein »Frankenstein-Monster« gezüchtet hatte.

Der 11. September 2001 bewirkte den totalen und radikalen Frontwechsel. Die Taleban, die den Terroristen von El Qaida eine

Operationsbasis geboten hatten und sich weigerten, Osama Bin Laden an die USA auszuliefern, verkörperten von nun an für Präsident George W. Bush die Mächte der Finsternis, die es mit allen Mitteln auszumerzen galt. Die tadschikischen und usbekischen Widerstandsbewegungen im äußersten Nordosten Afghanistans hingegen wurden in aller Eile mit Waffen überschüttet und unter der Bezeichnung Nord-Allianz als Kerntruppe, als »proxies« der US-Bodenoffensive gegen die Taleban, also gegen die Verbündeten von gestern, ins Feld geschickt.

Der stürmische Vormarsch begann am 7. Oktober 2001 mit vernichtenden Bombardements der US-Air Force. Nach ein paar hilflosen Stellungskämpfen bei Kunduz, Mazar-e-Scharif und Bagram, für die diese unerfahrenen Freischärler Mullah Omars nicht im geringsten gerüstet waren, verschwanden sie ebenso plötzlich, wie sie gekommen waren, und überließen die Hauptstadt Kabul ohne jede Gegenwehr den Kriegern der Nord-Allianz. An deren Spitze wurde die Abwesenheit Ahmed Schah Massuds schmerzlich vermerkt.

## Ein Leichnam herrscht über Kabul

*Kabul, im September 2002*

Die Trauer paßt gut zur trostlosen Hauptstadt Afghanistans. Die Regierung hat angeordnet, daß überall schwarze Fahnen gehißt werden. Selbst die ärmlichsten Baracken haben sich einen düsteren Flor zugelegt. Aber hier gedenkt man nicht der Opfer des World Trade Center in New York, und niemand befürchtet, daß der erste Jahrestag des 11. September von irgendwelchen Taleban- oder El Qaida-Resten mit einem sensationellen Attentat begangen wird. Das fromme Gedenken der Kabuli gilt einzig und allein dem ermordeten Mudschahidin-Kommandeur Ahmed Schah Massud. Sein Todesdatum am 9. September 2001 ist Anlaß zu der makabren Stimmung, die sich durch die Zurschaustellung seines Porträts – es beherrscht sogar in riesigem Ausmaß diverse Hügelkuppeln rund um die Hauptstadt – zu einem bizarren Heiligenkult steigert.

Ein Leichnam herrscht über diese menschenwimmelnde, häßliche Metropole, die vom Krieg so grausam verstümmelt wurde. Gerade weil die Machtverhältnisse an der Spitze Afghanistans extrem verworren sind, gewinnt der tote Massud eine so überdimensionale Bedeutung. Gewiß, es gibt da den Interimspräsidenten Hamed Karzai, einen Paschtunen aus vornehmem Geschlecht, der der Königsfamilie aus Kandahar nahesteht. Karzai ist in der Stunde des großen Gedenkens an den Tadschiken Massud in die USA abgereist. »Dort gehört er auch hin«, sagen die Afghanen; denn längst ist dieser ehemalige Pfründenempfänger der texanischen Öl-Firma Unocal in den Augen des Volkes zur amerikanischen Marionette geworden. In Washington hatte man den extravagant gekleideten Feudalherrn, dessen Anhang weggeschmolzen ist, wohlwollend als »Gucci-Mudschahid« belächelt. In Kabul ist man weniger nachsichtig. Dort weiß man, daß die kuriose Versammlung auf dem Petersberg bei Bonn, die ihn im Herbst 2001 zur tragenden Figur des Post-Taleban-Regimes proklamierte, eine fremd gesteuerte Farce war, bei der die CIA die Strippen zog. Der afghanische US-Bürger und Businessman Zalmay Khalilzad hatte von Anfang an als Graue Eminenz und als Vertrauensperson des US-Präsidenten über entscheidenden Einfluß verfügt und seinen Freund Karzai ins Spiel gebracht.

Kabul wimmelt von Soldaten und Milizionären, deren Zugehörigkeit und Legitimierung unüberprüfbar sind. Diese rauhen, bärtigen Gestalten blockieren mit ihren Kontrollen den Verkehr, aber die Untersuchungen des Kofferraums und der Motorhaube werden so dilettantisch durchgeführt, daß unerlaubte Waffen oder Sprengstoff nur selten entdeckt werden. Deshalb mutet es wie ein Wunder an, daß der Bazar – unweit der Goldhändler-Innung – bislang nur einmal durch eine gewaltige Detonation erschüttert wurde. Das passierte präzis zur Stunde meiner Ankunft aus Islamabad am 5. September, und die Zahl der Toten wurde auf sechsunddreißig geschätzt.

Fast zur gleichen Zeit wurde auf Präsident Karzai in Kandahar ein Attentat verübt, dem er nur um Haaresbreite entging. Der dortige Provinzgouverneur wurde schwer verletzt. Sein Überleben verdankte der Staatschef der professionellen Reaktion seiner amerikanischen Leibwächter, und auch das ist ein Symbol für die dortige Situation: Die Sicherheit Karzais ist nicht seinen bewaffneten Stammesbrüdern anvertraut, sondern speziell trainierten Angehörigen der US-Rangers. Was nun den Bombenanschlag im Herzen der Hauptstadt betrifft, so war in den offiziellen Verlautbarungen natürlich von El Qaida die Rede. In Wirklichkeit, so vermuten westliche Nachrichtendienste, wurden hier Rivalitäten innerhalb der divergierenden Herrschafts-Clans ausgetragen, denen die bevorstehenden Feierlichkeiten zu Ehren Ahmed Schah Massuds nicht ins politische Konzept paßten.

In der Führungsriege des »Islamischen Staates Afghanistan« – so die offizielle Bezeichnung – sind die alten Gegnerschaften längst nicht ausgeräumt. In der westlichen Presse wurde von einer beginnenden »Demokratisierung« geschwafelt, als im Juni 2002 die Monsterversammlung der »Loya Jirga« in Kabul stattfand. Stammesführer und Dorfälteste, Mullahs und War Lords, ein paar Intellektuelle und – pro forma – auch ein Kontingent weiblicher Delegierter waren unter dem riesigen Zelt zusammengetrommelt worden, das von der deutschen »Gesellschaft für technische Zusammenarbeit« aufgespannt worden war. Jedermann in Kabul wußte, daß bei dieser Beratung, die in die Ära des mongolischen Welteroberers Dschingis Khan gepaßt hätte, die überwältigende Wahl Hamed Karzais zum Interimspräsidenten nur durch massive amerikanische Pression und Bestechung in Bargeld erzielt wurde. Doch hier sollte die Erkenntnis gelten, »daß man die Afghanen nicht kaufen, sondern bestenfalls mieten kann«. Der siebenundachtzigjährige König Mohammed Zaher Schah, den man aus seinem dreißigjährigen römischen Exil heimgebracht hatte, wurde auf Drängen amerikanischer Experten von der Kandidatur kurzerhand ausgeschlossen.

Die Experten aus Washington hatten nicht verhindern können – vielleicht wollten sie es auch gar nicht –, daß bei der Aufteilung der Schlüsselministerien ein krasses ethnisches Ungleichgewicht entstand. Jetzt zahlte es sich für die den Persern verwandten Tadschiken, die einen iranischen Dialekt – »Dari« – sprechen, vorteilhaft aus, daß sie unter dem Banner Ahmed Schah Massuds als einzige dem Machtanspruch der Taleban erfolgreichen Widerstand geleistet hatten. Vor allem jene regionale Minderheit, die im strategisch wichtigen Pandschir-Tal beheimatet ist und sich durch besondere Tapferkeit hervortat, hatte sich bereits auf dem Petersberg der wichtigsten Positionen bemächtigt. An die Stelle Massuds war sein ehemaliger getreuer Gefolgsmann Mohammed Fahim getreten und besetzte mit dem Verteidigungsministerium die zentrale Machtposition. Als Außenminister fungierte ein anderer »Pandschiri«, der weltgewandte Massud-Vertraute Abdullah Abdullah, während der Dritte im Bunde, Yunis Qanuni, diskrete Sicherheitsaufgaben übernahm.

Das Mißverhältnis war flagrant. Seit der Gründung eines afghanischen Emirats waren stets die Paschtunen – eine indoeuropäische Völkerschaft, die etwa vierzig Prozent der Bevölkerung ausmacht und im benachbarten Pakistan jenseits der »Durand-Line« ebenfalls mit etwa sechs Millionen Menschen vertreten ist – als herrschendes Staatselement aufgetreten. Jetzt sahen sie sich durch die Tadschiken – knapp dreißig Prozent – aus den wesentlichen Führungsämtern verdrängt. Doch selbst innerhalb dieser iranischen Ethnie wurde Beschwerde darüber laut, daß die regionale Gruppe der Pandschiri, die in einem Land von fünfundzwanzig bis dreißig Millionen »Staatsbürgern« nur über hunderttausend Menschen verfügt und eine verschwindende Minderheit ausmacht, so prominent nach vorne drängt. Dazu gesellte sich mit knapp zwanzig Prozent die reine Mongolen-Rasse der Hazara, angeblich Nachkommen einer kriegerischen »Tausendschaft« des großen Dschingis Khan, die sich zur schiitischen Glaubensform des Islam bekehrt hatte und in die unterste soziale Kategorie herabgesunken war. Rund sechs Prozent Usbeken hingegen, die erst nach der sowjetischen Gleichschaltung Zentralasiens in die nordafghanische Ebene am Amu Daria geflüchtet waren, stellten unter dem brutalen Bandenführer »General« Abdurraschid Dostom ein beachtliches kriegerisches Potential, das von Präsident Karimow aus Taschkent aktiv unterstützt wurde.

*

Es brodelt weiter in Afghanistan, und schon erscheint die amerikanische Militärpräsenz am Hindukusch, die sich auf etwa 8 000

GIs diverser Waffengattungen stützt, als eine zeitlich begrenzte Peripetie. Mit der Verherrlichung des toten Partisanenführers Ahmed Schah Massud wollen die Pandschiri wohl ihren Anspruch auf eine führende Sonderstellung legitimieren und dem zerrissenen Land – in Ermangelung einer lebenden charismatischen Führergestalt – das Gespenst der Ermordeten als Symbol einer fiktiven Einheit oktroyieren. Die Massendemonstration vom 9. September findet in ebenjenem Stadion statt, wo die Taleban einst die Hinrichtung von Kriminellen, Sündern und Regimegegnern als öffentliches Schauspiel zelebrierten.

Allen düsteren Warnungen zum Trotz verläuft die Kundgebung ohne den geringsten Zwischenfall. Die Sitzreihen füllen sich mit Uniformierten, Schulklassen und zu guter Letzt mit einer Frauendelegation. Bemerkenswerterweise tragen sie nicht die hellblaue Totalvermummung der »Burqa«, die in Kabul – in den ländlichen Gebieten ohnehin – weiterhin die Normalkleidung der Afghaninnen geblieben ist wie zur Zeit der Taleban und davor. Die weibliche Gruppe im Stadion von Kabul bekennt sich auf ihre Weise zur Emanzipation des »zweiten Geschlechts«. Als Zeichen dieses Traditionsbruchs haben sie die Burqa gegen den »Tschador« eingetauscht, jene schwarze Nonnentracht, die im Iran der Ayatollahs Pflicht ist und immerhin das Gesicht freiläßt. An afghanischen Zuständen gemessen, könnte also die düstere Rabentracht, die der Ayatollah Khomeini vorgeschrieben hatte, als Zeichen toleranter Modernisierung erscheinen, was so manches aussagt über den Zustand des Regimes. Eine dieser Damen tritt ans Mikrophon und trägt im pathetischen Rhythmus persischer Dichtung eine Huldigung an Ahmed Schah Massud vor. Auch eine solche Szene würde nach Teheran passen.

Auf der Ehrentribüne hat ein beachtliches Aufgebot von Politikern und Militärs Platz genommen. Der ehemalige Präsident Burhanuddin Rabbani sitzt nicht weit von dem paschtunischen Feudalherrn Ahmed Pir Geilani, der als angeblicher Propheten-Nachkomme der weitverzweigten Qadiriya-Bruderschaft Afghanistans vorsteht. Die meisten Kabinettsmitglieder sind zugegen. Die Blicke richten sich immer wieder auf die untersetzte Gestalt des Verteidigungsministers Mohammed Fahim, der sich – seit jeder War Lord, der über eine Hundertschaft Partisanen verfügt, sich zum »General« beförderte – den Titel eines »Marschalls« zugelegt hat. Hamed Karzai ist abwesend, und der gefürchtete Usbekenführer Dostom hielt es nicht für nötig, nach Kabul zu kommen.

Die äußere Sicherheit wird im wesentlichen durch deutsche Fallschirmjäger wahrgenommen, die zwar in erhöhter Bereitschaft stehen, sich das aber nicht anmerken lassen. Sie haben das weinrote Barett nicht mit dem Helm vertauscht. Diese Männer tragen schwer an ihren kugelsicheren Westen von sechzehn Kilogramm Gewicht, in denen sie sich wie Schildkröten vorkommen müssen und die im Ernstfall ihre Bewegungsfähigkeit ernsthaft behindern dürften. Einige Bundeswehroffiziere und -unteroffiziere sind mir aus dem Kosovo und aus Bosnien bekannt. Wir begrüßen uns herzlich.

Unterdessen lösen sich die Redner auf einem erhöhten Podest ab. Ihre Ansprachen finden kein Ende. Zwischendurch erklingt die Nationalhymne. Die Anwesenden erheben sich, und auf einer Betonfassade wird das riesige Porträt Ahmed Schah Massuds enthüllt. Deutsche Hubschrauber umkreisen das Stadion und überwachen das Umfeld. Sie bewahren ausreichend Distanz, um die Feier mit ihrem Rotorengeräusch nicht zu stören. Das ändert sich schlagartig, als ein afghanischer Militärhelikopter der Nord-Allianz – die Piloten sind stets Amerikaner – im Tiefflug über die Versammlung braust und mit seinem metallischen Knattern die Stimmung der Trauernden gegen sich aufbringt.

»So sind sie nun einmal, unsere amerikanischen Verbündeten«, bemerken die deutschen Soldaten; »sie können es einfach nicht lassen, die Cowboys und die Rambos zu spielen.« Es besteht wenig Kontakt und schon gar keine Verbrüderung zwischen den US-Streitkräften, die im Kriegseinsatz »Enduring Freedom« aktiv sind, und der internationalen ISAF-Brigade (International Security Assistance Force), in der die Deutschen das stärkste Kontingent bilden. Auf höchste Weisung haben die Amerikaner sich weitgehend von ihren Alliierten abgeschottet. Deren Auftrag in Kabul beinhaltet ja keinerlei Kriegführung, sondern »Friedensstiftung« und »nation building«, was immer das in diesem chaotischen Umfeld bedeuten mag.

Der Höhepunkt der Veranstaltung ist erreicht, als der dreizehnjährige Sohn Ahmed Schah Massuds unter dem beherrschenden Antlitz seines toten Vaters das Wort ergreift. Der Knabe hat noch eine kindliche Stimme, aber er verfügt bereits über eine erstaunliche rhetorische Begabung. Er muß ein äußerst eigenwilliger Junge sein, denn als Karzai ihn bei einer früheren Begegnung väterlich auf die Stirn küssen wollte, stieß der kleine Massud den Präsidenten mit heftiger Geste von sich. Mein Gefährte und Freund Wali Kabir, den ich seit mehr als zwanzig Jahren kenne, horcht plötzlich auf. »Der Junge spricht ja ganz anders als seine Vorgänger«, flüstert er mir zu. »Was er sagt, ist gar nicht regierungskonform.« Immer wieder betont der Sohn Massuds das Wort »Dschihad«, und diese Erwähnung des Heiligen Krieges löst bei den meisten Zuhörern jubelnde Zustimmung aus. Er gedenkt ebenfalls ohne Ausnahme all jener Mudschahidin, die in den vergangenen zwei Jahrzehnten für die Freiheit und die Ehre Afghanistans kämpften und starben. Auch das ist ungewohnt.

In feierlicher Prozession werden Dutzende riesiger Kränze durch ein Spalier aufgeregter Kameramänner und Fotografen getragen. Die Ehrengarde hat die goldstrotzende Uniform der früheren königlichen Garde angelegt und quält sich im Stechschritt. Angeführt ist jede Gruppe von einem Offizier mit gezogenem Säbel, dessen martialische Mimik fast komisch wirkt. Am Ende bahnt sich der Sohn Massuds einen Weg durch das enge Spalier. Man hatte die kindlichen Grußworte eines Maskottchens erwartet. Statt dessen ist der eigenwillige, frühreife Knabe plötzlich zum Volkshelden geworden, und auf sein ernstes Gesicht richten sich manche Hoffnungen.

Es hätte ja auch ganz anders kommen können im Sportstadion von Kabul. Die Zeremonie zu Ehren Ahmed Schah Massuds war von ihren Veranstaltern zweifellos als eine propagandistische Konsolidierung, ja als Sakralisierung des tadschikischen Führungsanspruchs gedacht. Aber bei solchen Projekten ist man in Afghanistan niemals sicher, und ich war an diesem Vormittag mindestens ebenso auf der Hut vor Zwischenfällen wie die Fallschirmjäger aus dem saarländischen Lebach. Wenn von Versöhnung die Rede ist, bleibt am Hindukusch extreme Vorsicht geboten. So hatte ich es im April 1990, etwa zwanzig Kilometer von Herat entfernt, im Dorf Pashtun-Zarghun hautnah erlebt. Die Russen waren ein Jahr zuvor über den Amu Daria abgezogen, aber ihr Vertrauensmann, der kommunistische Präsident Nadschibullah, harrte in Kabul gegen den Ansturm der Mudschahidin aus. Gelegentlich nahm er sogar die Unterwerfung ganzer Stämme entgegen. Ich gebe meine Erfahrung von damals, die heute als warnender Anschauungsunterricht dienen kann, im Wortlaut wieder.

## Der Tod des Mudschahid

*Rückblende: Pashtun-Zarghun, im April 1990*

Während der Militärhubschrauber vom sowjetischen Typ MI-17 mit vorsichtigen Schleifen auf einen gelblichen Stoppelacker in der afghanischen Westprovinz Herat zukreiste, fühlte ich mich um fünfunddreißig Jahre nach Marokko zurückversetzt. Damals waren die Berberstämme aus ihren Bergen rings um Kuribga hervorgestürmt, um über französische Siedler herzufallen und sie zu massakrieren. In einer schnellen Gegenaktion hatten Fallschirmjäger der Fremdenlegion die Rebellion niedergeschlagen. Dann hatte der kommandierende französische General eine farbenprächtige Unterwerfungsfeierlichkeit inszeniert, einen »Aman«.

Ähnliches geschah jetzt auch hier nahe der Dörfergruppe von Pashtun-Zarghun. Etwa dreitausend Mudschahidin – meist Persisch sprechende Tadschiken – hatten sich auf einem weiten Feld versammelt, um sich von den Aufständischen loszusagen und ihre Loyalität gegenüber dem prosowjetischen Regime des Präsidenten Nadschibullah zu betonen. Wir waren in dieser äußersten Nordwest-Ecke Afghanistans knappe hundert Kilometer von der sowjetischen und der iranischen Grenze entfernt. Dennoch glichen die festungsähnlichen Dörfer mit ihren hohen gelben Lehmmauern den »Qusur« der fernen Atlas-Bewohner. Die schneebedeckten Berge im Hintergrund waren den kahlen Höhen des marokkanischen Rif zum Verwechseln ähnlich. Sogar der Menschentypus – prächtige wilde Gesichter unter dem Turban – schien den Berbern verwandt zu sein.

Identisch auch das Zeremoniell: Die Stammesführer und Ältesten gingen auf die Regierungsvertreter aus Kabul zu, in der Mehrheit Militärs im Generalsrang, und küßten sie dreimal zum Zeichen der Versöhnung. Gleichzeitig wurde in einem urzeitlichen Ritual zwei Stieren die Gurgel durchgeschnitten, so daß das Blut in einem dicken Strahl zwei Meter weit spritzte. Beim Rundgang der Gäste im Karree der Mudschahidin, der einer Inspektion ähnelte, fiel mir auf, daß diese Kämpfer des Heiligen Krieges mit imponierender Bewaffnung gekommen waren. Neben den landesüblichen Kalaschnikows, von denen es russischen Angaben zufolge allein in Südafghanistan eine halbe Million Exemplare gibt, waren panzerbrechende RPG-7, Granatwerfer und schwere Maschinengewehre auf die Ehrengäste gerichtet. Zur Begrüßung der Militärbefehlshaber und Spitzenfunktionäre eines Regimes, das noch kurz vor dem Abzug der Sowjetarmee sein Festhalten an den gottlosen Thesen des Marxismus-Leninismus beteuert hatte, stießen die Mudschahidin den Ruf »Allahu akbar« – Gott ist groß – aus.

Als der Gouverneur von Herat, designierter Regierungschef von Kabul und als Generalleutnant der afghanischen Regierungsarmee gleichzeitig Vizeminister des gefürchteten Sicherheitsdepartements, zu einem kurzen Gespräch anhielt und sich einem ganz in Weiß gekleideten bärtigen Hünen zuwandte, wurde das Feuer auf die Gäste eröffnet. Die Salven schienen aus mehreren Richtungen zu kommen. Der Gouverneur brach schwer verwundet zusammen, zwei Generale waren sofort tot. Die Leibwächter der Regierungsdelegation durchsiebten die vermeintlichen Attentäter mit ihren Kugelgarben. Zu spät: Diese Männer waren ohnehin bereit, ihr Leben zu opfern. Eine ungezügelte Schießerei war ausgebrochen. Das weite Feld war im Nu mit Leichen und Verwundeten übersät.

Drei Meter von mir entfernt richtete ein Soldat der Regierungsarmee sich unvorsichtig auf und legte das Gewehr an. Eine Kugel durchschlug ihm die Aorta, und das Blut sprudelte ihm – ähnlich wie bei den geschlachteten Stieren – in dickem Strahl aus dem Hals. So flach ich konnte, preßte ich mich gegen den Ackerboden. Mit Befriedigung stellte ich fest, daß mich keine Spur von Panik erfaßte, daß ich eine seltsame Distanz zu dem Gemetzel bewahrte. Schon überlegte ich mir, ob ich – im Falle einer fatalen Isolierung in diesem feindseligen Land – meinen Fluchtweg in Richtung auf die iranische oder die sowjetische Grenze antreten sollte. Die persische Alternative erschien mir vernünftiger. Es beruhigte mich irgendwie, daß der Tod trotz meines fortgeschrittenen Alters kein Entsetzen in mir auslöste, daß mir sogar – während die Stoppeln des abgeernteten Getreidefeldes mein Gesicht kitzelten – ein Goethe-Zitat in den Sinn kam über »diese Unmöglichkeit, die plötzlich zur Wirklichkeit wird«.

Panzer rollten nach vorn und feuerten in die Menge. Doch die Masse der Mudschahidin griff nicht in den Kampf ein. Sie zerstreute sich in der Landschaft und strebte ohne sonderliche Eile, wie mir schien, ihren Dörfern zu – ganz wie das Publikum eines Fußballstadions nach dem Ende des Spiels. Mit zwei russischen Reportern sprang ich auf den letzten Hubschrauber, der gerade abheben wollte. Er war voller Toter und Verwundeter. In Herat hatte eine Antonow-Maschine bereits die Motoren angeworfen, um die Verletzten in die Hauptstadt zu transportieren. Auf dem Rückflug war ich zutiefst beeindruckt von der Gelassenheit oder, besser gesagt, der Gottergebenheit der Schwerverwundeten. Niemand wußte zu sagen, wer von ihnen Widerstandskämpfer oder Regimeanhänger war. Oft waren sie gräßlich getroffen, aber nicht einer klagte, schrie oder jammerte; nicht einmal ein Stöhnen hörte ich.

Zu meinen Füßen starb ein etwa dreißigjähriger Krieger, dem der Turban vom kahlrasierten Schädel gerutscht war. Ich schob ihm meine Feldtasche unter den Kopf. Seine Lippen bewegten sich zum Gebet, der Blick war verschleiert. Wie zu einer brüderlichen Geste hob er die Hand, die ich ergriff. Ich spürte, wie sie langsam erkaltete. Der Mudschahid stieß einen letzten Seufzer aus, und zu seinen Ehren rezitierte ich leise die »Fatiha« als Totengebet. So würdevoll wie dieser unbekannte Afghane müßte man eines Tages sterben können!

Der Überfall von Pashtun-Zarghun, ein präzis geplanter Anschlag, hatte vermutlich dem Staatschef Nadschibullah gegolten, der seine Teilnahme an der Unterwerfungsveranstaltung angekündigt, aber in letzter Minute abgesagt hatte. Das Attentat war exemplarisch für die unberechenbare Tücke des Heiligen Krieges am Hindukusch. Die beiden russischen Kollegen, die mir in der Antonow gegenübersaßen, waren keine Neulinge in diesem rauhen Land. Auch sie wirkten erschüttert angesichts des Blutrausches, der sich da plötzlich einer kleinen Gruppe islamischer Selbstmordkandidaten und deren Gegner, der Regierungssoldaten, bemächtigt hatte.

## Gefahr für die Bundeswehr

*Kabul, im September 2002*

Beim Besuch des umfangreichen Militärcamps der ISAF-Brigade an der Ausfallstraße in Richtung Jalalabad überkommt mich ein ungutes Gefühl. Im Gegensatz zum deutschen Hauptquartier von Prizren im Kosovo erscheinen mir die 1 200 deutschen Soldaten am Rande von Kabul fehl am Platz. Gewiß, es handelt sich hier um eine vorzügliche Truppe, und ich werde freundschaftlich aufgenommen. Es gibt auch keine unnötige Geheimniskrämerei. Der höchste deutsche Offizier, General Schlenker, beeindruckt durch seine heitere Gelassenheit. Die Beziehungen zu den übrigen Kontingenten – Holländer, Österreicher, Franzosen, Türken, auch ein paar Engländer – verlaufen reibungslos. Im Juni 2002 hat der türkische General Hilmi Akin Zorlu das ISAF-Commando vom britischen Vorgänger übernommen. Für diese heikle Aufgabe hat Ankara offenbar einen seiner besten, international versierten Männer geschickt.

Die Frage stellt sich auf den ersten Blick: Was ist die Aufgabe dieser Friedenserhaltungstruppe in achttausend Kilometer Luftlinie Entfernung von ihrer europäischen Heimat? Es gilt angeblich, den Einwohnern von Kabul ein Gefühl von Sicherheit und Rechtsstaatlichkeit zu vermitteln. Vor allem – das entspricht wohl der amerikanischen Vorstellung, die hinter diesem Einsatz steckt – soll das Regime des Präsidenten Karzai, das zutiefst umstritten aus der Loya Jirga hervorgegangen ist, durch internationale Truppenpräsenz abgeschirmt und gefestigt werden. Präzis an diesem Punkt stellen sich die schweren Bedenken ein. Über welche Legitimität verfügt denn überhaupt die Übergangsregierung, die im Jahr 2004 durch »demokratische Wahlen« ihre höheren Weihen erhalten soll? Eine abenteuerliche Vorstellung am Hindukusch.

Auf dem Balkan hätte die Bundeswehr – wenn endlich in den westlichen Kanzleien eine Zukunftsvorstellung für das frühere Jugoslawien reifen sollte – einen eindeutigen europäischen Auftrag zu erfüllen. Dort agiert sie auch im unmittelbaren nationalen Interesse. Aber was hat sie in Zentralasien verloren? Noch herrscht relative Ruhe in und um Kabul, aber die deutschen Offiziere wissen, daß die ISAF, der ja eine rein defensive Funktion zugewiesen wurde und die nur zum eigenen Schutz von der Waffe Gebrauch machen darf, in dieser überquellenden Masse von drei Millionen ethnisch und konfessionell gespaltenen Asiaten – mehrheitlich Zuwanderer aus den Kriegsgebieten – über minimale Übersicht und geringe Kenntnis der realen Strukturen und Stimmungen verfügt. Die Security-Brigade ist ungefähr fünftausend Mann stark, von denen im Ernstfall höchstens tausend für einen Kampfeinsatz in Frage kämen. Das wäre im Falle revolutionärer oder religiöser Unruhen »eine Träne im Ozean«. Den ISAF-Soldaten bliebe in der Extremsituation nur der Rückzug auf die locker befestigten Stützpunkte und die schleunige Evakuierung durch amerikanische Hubschrauber übrig.

General Schlenker zeigt mir auf der Karte seinen begrenzten Patrouillen-Bereich. Allenfalls fahren die deutschen Schützenpanzer gelegentlich auf die nahen Höhen, die die Mulde von Kabul einschließen, eine strategische Lage, die Erinnerungen an den Kessel von Dien Bien Phu im fernen Indochina weckt. Dort trifft man auf bewaffnete einheimische Zivilisten, die sich der Bundeswehr gegenüber recht positiv verhalten, deren politische Zuordnung aber auch den G-2-Offizieren schleierhaft bleibt. Die Truppe leistet in Kabul einen langweiligen, recht entbehrungsreichen Dienst in ihren abgeschirmten Bastionen. Die Verpflichtung auf sechs Monate erscheint wie eine Ewigkeit. Wirklich bedrückend kommt hinzu, daß an freien Stadtausgang überhaupt nicht zu denken ist.

Von den Amerikanern werden die ISAF-Stäbe sehr kärglich über ihre Offensivaktionen in den Südostprovinzen an der Grenze zu Pakistan informiert. Dort könnte allenfalls jene Hundertschaft deutscher KSK-Soldaten Auskunft geben, die gemeinsam mit den

US-Special Forces operieren. Die amerikanische Luftwaffe hat den ehemals sowjetischen Stützpunkt Bagram exklusiv für sich beansprucht und den Alliierten die relativ bescheidene Rollbahn des Flugplatzes Kabul zugewiesen. Was sich in Bagram abspielt, ist nur den wenigsten bekannt. Die amerikanischen Streifen, die bei akuten Bombendrohungen in den Straßen der Hauptstadt auftauchen, gebärden sich ganz anders als die Deutschen und vor ihnen die Briten. Statt die Bevölkerung durch lockeres Auftreten – soweit das möglich ist – freundlich zu stimmen und den Eindruck einer fremden Besatzung zu vermeiden, ducken sich die GIs in voller Kampfmontur hinter ihre schweren Maschinengewehre und ziehen auf den breitachsigen Humwee-Fahrzeugen kriegerische Runden. Das Gerücht ist aufgekommen, hinter den Schutzwällen von Bagram fänden »robuste« Verhöre von Gefangenen und Verdächtigen statt, die in Gegenwart von CIA-Beamten durch afghanische »Spezialisten« vorgenommen werden.

Unser Kamerateam hat an einer deutschen Patrouille in Kabul teilgenommen. Zunächst stellt sich heraus, daß die Orientierung in diesem heillosen, von sukzessiven Kriegen verwüsteten Gassengewirr äußerst schwierig ist. So mutet es wie ein Wunder an, daß es noch zu keinem gravierenden Zwischenfall kam. Im Gegensatz zu den Briten, denen der alte Kolonialanspruch des Empire anhaftet, stoßen die jungen Deutschen auf überschäumende Sympathie. Woher diese »Affenliebe« der Afghanen für alles Deutsche rührt, ist nicht ganz ersichtlich. Alte Querverbindungen, die bis in den Ersten Weltkrieg zurückreichen, spielen dabei eine Rolle, aber auch die hochgeschätzte Hilfe, die die Bundesrepublik bei diversen wirtschaftlichen Entwicklungsprojekten, vor allem unter Mitwirkung der GTZ, gewährte. Die Polizeiausbildung unter dem letzten König ist in bester Erinnerung geblieben. Dazu gesellt sich das Kernargument, das jeder Deutsche immer wieder zu hören bekommt: »Afghanen und Deutsche sind enge Verwandte; wir sind doch beide arische Völker.« Die bescheidene Luftlinie Afghanistans trägt denn auch den stolzen Namen »Ariana«.

Bevor sie nach Zentralasien entsandt wurden, hat man den deutschen Soldaten wohl beigebracht, wie man mit einer exotischen Bevölkerung umgeht. Sie haben gelernt, wie heftige Protestkundgebungen mit einem Minimum an Gewalt und viel gutem Zureden zerstreut werden, daß es sich immer lohnt, nett zu den Kindern zu sein, daß ärztliche Hilfe hoch geschätzt wird, kurzum, daß man als Freund und nicht als potentieller Gegner auftritt. Die Rechnung ist bislang so gut aufgegangen, daß jedes Fahrzeug mit dem Balkenkreuz durch unaufhörliche Kinderchöre mit dem gellenden Ruf »thank you, thank you!« begleitet wird. Gelegentlich mischt sich darunter auch der Wunsch nach einem »Bakschisch«. Aber all das ist beinahe zu schön, um wahr zu sein. Diese strahlenden afghanischen »Kids« erinnern mich an die kleinen Vietnamesen, die beim Sichten einer amerikanischen Streife im Mekong-Delta den markerschütternden Schrei »Okay, okay, okay!« anstimmten und damit den Vietcong-Partisanen rechtzeitig das Signal gaben, in ihren Bodenlöchern zu verschwinden. So weit ist man in Kabul keineswegs, aber Gefallen kann ich an diesen »thank you«-Rufen nicht finden.

Vielleicht hat man bei der Ausbildung in den Heimatkasernen doch versäumt, diesem Expeditionskorps zu erklären, in welch ungeheuer gefährliche und tückische Umgebung es sich hereinwagen würde, wie extrem unstabil die Verhältnisse dort sind. Auf britische Soldaten ist gelegentlich geschossen worden, und bei den Amerikanern gehen mitunter schlecht gezielte Raketen nieder. Bei den Deutschen wäre das zur Zeit unvorstellbar. Aber ein deutscher Major verweist zu Recht darauf, daß sich besonders skrupellose Rebellen oder auch politische Kräfte, die sich durch die ISAF-Präsenz in der Hauptstadt in ihren politischen Ansprüchen gehemmt fühlen, gerade die Sympathischsten, die Deutschen, aussuchen könnten, um durch Inszenierung blutiger Zwischenfälle ein besonders krasses Exempel zu statuieren, den Verbleib der internationalen Brigade in Frage zu stellen und in der deutschen Heimat einen psychologischen Schock auszulösen, den Briten und Franzosen weit besser verkraften würden. Wer dächte da nicht an den »guten Römer« in der »Hermannschlacht« Heinrich von Kleists, den Arminius ausdrücklich töten läßt, weil er dem negativen Feindbild nicht entsprach?

Noch sind die verantwortlichen Regierungen vernünftig genug gewesen, sich der Forderung Präsident Karzais nach massiver Aufstockung der ISAF und deren Stationierung in den wichtigsten Provinzstädten zu widersetzen. In den versprengten Garnisonen würde ihnen höchste Gefahr, ja Untergang drohen. Die Erfahrung haben noch unlängst die Russen gemacht, aber am schlimmsten hatte es im 19. Jahrhundert die Engländer am Hindukusch getroffen. Die Geschichte wiederholt sich nicht, und die heutigen Waffen sind denen der klassischen britischen Indien-Armee weit überlegen. Ganz vergessen sollte man dennoch nicht, was sich im Januar 1842 abgespielt hat.

Die Engländer hatten sich bereits als Herren Afghanistans gewähnt, als ihr Expeditionskorps plötzlich umzingelt und belagert wurde. Der überstürzte Versuch, aus Kabul nach Süden durchzubrechen, endete in einer Katastrophe. Die afghanischen Stammeskrieger, um deren Gefügigkeit London vergeblich gebuhlt hatte, richteten unter den Soldaten des Empire und deren Begleitpersonal, darunter zahlreiche Frauen und Kinder, ein gnadenloses Gemetzel an. 16 000 Untertanen der Queen Victoria fanden binnen weniger Tage in den Schluchten zwischen Kabul und Jalalabad den Tod. Ein einziger Überlebender, der Militärarzt Brydon, hat mit letzter Kraft die englischen Vorposten erreicht. Er konnte Kunde geben von dem bis dato beispiellosen Untergang einer hochgerüsteten europäischen Kolonialarmee.

*

Die Fallschirmjäger von Kabul könnten meine Enkel sein, und gerade weil ich über unendlich mehr Kriegserfahrung verfüge als die ehemaligen Pazifisten, die uns heute regieren, blicke ich mit Sorge auf diese sympathischen jungen Leute. Der Kameramann Alexander, der sie auf ihrer abendlichen Patrouille filmte und ungefähr gleich alt ist wie sie, war von der an Naivität grenzenden Freundlichkeit dieser Truppe überrascht, die – in einer Genuß- und Spaßgesellschaft aufgewachsen – sich die extreme Härte und Grausamkeit zentralasiatischer Lebensverhältnisse und Reaktionen überhaupt nicht vorstellen kann. »Die Jungs sind viel zu harmlos für ihren Job«, meint Alexander, der in diversen Kontinenten kritische Situationen erlebt hat. Wissen die Berliner Politiker, die – um sich nach den antiamerikanischen Ausfällen ihres Wahlkampfes nun wieder in Washington anzubiedern – ihre Bereitschaft verkünden, das Kommando von ISAF zu übernehmen, überhaupt, worauf sie sich einlassen? Mit einer zeitlich unbegrenzten Truppenpräsenz am Hindukusch stützt man den proamerikanischen Vasallen Karzai ab und erlaubt den Energiekonzernen der USA einen lukrativen und relativ sicheren Abtransport von Erdgas und Petroleum in Richtung Indischer Ozean. Dafür wird das Leben deutscher Soldaten aufs Spiel gesetzt im Auftrag einer Parlamentarierriege, die sich früher zu dem törichten Spruch bekannte: »Frieden schaffen ohne Waffen.«

Die euphorischen Kommentatoren der Heimatredaktionen und die im Troß eines Ministers flüchtig anreisenden Korrespondenten ignorieren offenbar, wie ein asiatischer Partisanenkrieg aussieht. Die deutschen Soldaten in Kabul müssen vielleicht in Kauf nehmen, daß der eine oder andere von ihnen eines Tages von einer feindlichen Kugel getroffen wird. Aber im Gegensatz zu den in Übersee-Einsätzen geübten Engländern und Franzosen ahnen sie nicht, was es bedeutet, wenn man einen vermißten Kameraden auffindet, der von wüsten Freischärlern gefoltert und verstümmelt wurde. Das sind keine Schauermärchen, sondern eigene Erfahrungen aus Südostasien und Nordafrika.

In diesem Zusammenhang sollte das Berliner Kabinett bedenken, daß illusorische »Friedensstiftung« viel gefährlicher und verlustreicher sein kann als eine mit adäquatem Material und massiver Luftunterstützung vorgetragene Offensive. Ähnliche Perspektiven wie für Kabul, so wird in den Stäben der Bundeswehr gemunkelt, würden von der deutschen Regierung ja auch schon im Hinblick auf den Irak erwogen, wo nach Zerschlagung des Saddam Hussein-Regimes europäische Hilfstruppen dann die Aufgabe des »nation building«, das heißt einer dauerhaften und extrem riskanten Okkupation Bagdads übernehmen sollen. Daß deutsche Minister, die unlängst noch gegen den amerikanischen Unilateralismus wetterten, um die Bundestagswahl zu gewinnen, sich neuerdings mit der Idee einer »globalen Einsatztruppe« der NATO anzufreunden scheinen – Peter Struck sprach von einem »interessanten Vorschlag« –, läuft auf eine Degradierung der Bundeswehr hinaus. Diese »Rapid Deployment Force« würde nämlich unter NATO-, das heißt unter US-Commando stehen und beliebig »out of area« eingesetzt, wo es dem übermächtigen Verbündeten gerade zweckmäßig erschiene. Man spräche von

»Friedensstiftung«; in Wirklichkeit würde es sich um die Drecksarbeit der sogenannten »Pazifizierung«, um die Unterdrückung von Aufständischen handeln.

Ausgerechnet das wilde Afghanistan scheint von der deutschen Diplomatie auserkoren, ein vorbildliches Experiment der demokratischen Zähmung, des Aufbaus einer friedlichen Nation vorzuführen. Sollte die Absicht wirklich bestehen, dann wäre man in Berlin auf dem besten Weg, mit total unzureichenden Kräften eine wilhelminische Maxime aufzugreifen. »Am deutschen Wesen soll die Welt genesen«, hieß es damals. Ist das etwa der von Bundeskanzler Schröder erwähnte »deutsche Weg«? Vielleicht habe ich den einen oder anderen deutschen Offizier schockiert, als ich der ISAF-Truppe den Rat erteilte, so schnell wie möglich diese »Bärenfalle« – das ist der Titel eines fundierten russischen Buches über Afghanistan – zu verlassen und sich dringenderen europäischen Aufgaben in unmittelbarer Nachbarschaft der Heimat zu stellen. Daß Deutschland den afghanischen Freunden weiterhin wirtschaftlich unter die Arme greift, daß vor allem das Schulwesen mit deutscher Hilfe entwickelt wird und deutsche Polizisten wie in der Vergangenheit aktive Ausbildung leisten, sollte sich von selbst verstehen. Aber woher wissen wir denn, ob die ISAF-Brigade, an die sich der Opportunist Karzai klammert, überhaupt den Wünschen und Vorstellungen eines im Islam wurzelnden Volkes und seiner unberechenbaren Stammesführer entspricht?

Den ehemaligen Kolonialmächten England und Frankreich kommt bei solchen Einsätzen die Erfahrung jüngster Übersee-Einsätze zugute, ob sie nun in Sierra Leone, am Kongo oder an der Elfenbeinküste stattfanden. Zu ihrer Vertrautheit mit Völkern anderer Kulturkreise gesellt sich vor allem auch eine gesunde Dosis Skepsis. Mit einem französischen Freund, Colonel Henri W., der in Südfrankreich mein Nachbar ist und den ich vor drei Jahren schon in Priština traf, stimme ich überein, daß die Gallier am Hindukusch sind, um auf Geheiß Jacques Chiracs Flagge zu zeigen und die Entwicklung zu beobachten, aber bestimmt nicht, um den revolutionären Idealen von »Liberté, Egalité, Fraternité« zum Durchbruch zu verhelfen. Statt dessen bilden französische Instrukteure gemeinsam mit den Amerikanern Rekruten der neuen afghanischen Regierungsarmee aus, die auf 80 000 Mann gebracht werden soll. Das geschieht sehr lässig, denn jeder Afghane ist ein geborener Mudschahid. Man muß den Kriegern vor allem beibringen, daß sie das Magazin der Kalaschnikow nicht gleich mit einer Salve leerschießen und daß man den Feind mit einer einzigen gezielten Kugel ausschalten kann. Diesen Männern, die sich aus dem Staub machen, sobald der monatliche Sold von 32 US-Dollar nicht pünktlich ausgezahlt wird, muß auch eingetrichtert werden, daß der Feind oft klüger ist, als man selber denkt.

## Gastlichkeit und Blutrache

Ich weiß nicht, in welchem Ausmaß die Bundeswehrsoldaten von Kabul über die ethnischen Bräuche und die charakterliche Veranlagung der hiesigen Völker belehrt und auf deren chaotische Geschichte verwiesen worden sind. Meine diesbezüglichen Kenntnisse verdanke ich zu einem wesentlichen Teil einem mysteriösen Gefährten, der mich im Sommer 1995 bei meiner Expedition nach West-Afghanistan begleitete. Niemals wäre ich in der Provinz Herat ohne die brüderliche Hilfe Hussein Abdul Latifs zurechtgekommen. Wie er wirklich hieß, habe ich nicht zu erfahren gesucht, denn er war gebürtiger Amerikaner aus New York, ein »Afro-American«, wie man heute wohl sagen muß, der zum Islam konvertiert war und sich einer koranischen Revolutionsbewegung angeschlossen hatte. Ob der etwa vierzigjährige Intellektuelle der Kampforganisation der »Black Panther« angehörte, ob er dem schwarzen Aktivisten Mumia Abu Jamal nahestand, der wegen angeblichen Mordes eines Polizisten in Philadelphia 1971 zum Tode verurteilt wurde, habe ich ihn nie gefragt. Für mich war dieser gutaussehende »Irano-Amerikaner« – er hatte inzwischen die persische Staatsangehörigkeit erworben – ein kluger, verläßlicher Begleiter. Da er jahrelang auf seiten der Mudschahidin des obersten Kriegsherrn von Herat, Ismail Khan, gegen die Russen gekämpft hatte, genoß er bei den »Gotteskriegern« volles Vertrauen. Zudem besaß er eine intime Kenntnis ihrer Mentalität.

Hussein hatte mir erklärt, daß die Loyalität der afghanischen

Bauern, Pächter, Hirten und Tagelöhner dem jeweiligen Stammesfürsten gegenüber nur so lange gesichert bleibt, wie dieser sich als Wohltäter und überlegener Kriegsherr bewährt. Wer einen Führungsanspruch erhebt, muß in der Lage sein, stets ein offenes, gastliches Haus für alle Besucher, Klienten und Durchreisenden bereitzuhalten, ihnen vorübergehend Unterkunft zu gewähren, sie zu bewirten und gelegentlich bescheidene Geschenke zu vergeben. In Zeiten der Gewalt, wenn Stammes- und Sippenfehden überhandnehmen, erwartet man vom Feudalherrn oder Großgrundbesitzer, daß er vorbildlichen Mut beweist und seine Gefolgsleute an der Beute teilhaben läßt. Das gastliche Haus, »Hodschra« genannt, ist das ererbte Symbol einer archaischen Gesellschaftsstruktur. Ob die jeweiligen Anführer sich mit dem Titel Malik, Arbab, »Hoher Herr« oder der mongolischen Anrede Khan schmücken – die Grundlage ihrer Prädominanz sind nicht die Treue und Verläßlichkeit ihrer Vasallen und Partner, sondern deren Bestechlichkeit, deren materielle Ansprüche, die es stets zu befriedigen gilt. Bei den unaufhörlichen Streitigkeiten zwischen den Gemeinwesen, die sich oft auf eine Talmulde beschränken, betätigen sich fromme Männer als Schlichter, die mit dem Titel des Sayid oder Pir die Nachkommenschaft des Propheten beanspruchen. Ihre Entscheidungen werden natürlich auch durch handfeste Geschenke beeinflußt. Bei den Paschtunen kommt noch ein spezieller Ehrenkodex, der »Paschtunwali«, hinzu, der auf drei Säulen ruht: Gastlichkeit, Blutrache, Pflicht zur Asylgewährung.

Die Friedensaussichten für dieses vom Unglück gebeutelte Land beurteilte Hussein pessimistisch. Er wußte allzu gut, mit welch unbändiger Freude die kraftstrotzenden jungen Männer in den Heiligen Krieg zogen. Wie konnten sie sich mit dem Alltag eines langweiligen Friedens, eines geregelten Berufs abfinden, falls für sie überhaupt die Chance einer bezahlten Beschäftigung bestand? Zudem boten die Scharmützel zwischen den diversen Mudschahidin-Fraktionen breiten Raum für höchst einträgliche Geschäfte. Da wurde mit Waffen und vor allem mit Rauschgift gehandelt.

Der Afro-Amerikaner hatte in seiner Heimat wohl einmal Geschichte oder Soziologie studiert. Jedenfalls dozierte er sehr kompetent über die historische Entwicklung Afghanistans. Eine zentrale Machtausübung sei im zerklüfteten Gebirge und den angrenzenden Ebenen die große Ausnahme gewesen. Seit die Versuche der rauhen Gebirgsvölker, den indischen Subkontinent zu unterwerfen und Persien zu plündern, erlahmt und am Ende aussichtslos geworden waren, hatten sich im 18. Jahrhundert diverse paschtunische Emire an der Spitze des »Staates« durchgesetzt. Schon in jener Epoche war das Kräfteverhältnis durch ständige Blutfehden der beiden großen paschtunischen Stammesgruppen, der Dorrani und der Ghilzai, bestimmt. Seltsamerweise spiegelte sich diese überkommene Feindschaft noch in dem tödlichen Haß, mit dem sich in unseren Tagen die Anhänger der beiden marxistisch-leninistischen Fraktionen, Khalq und Partscham, begegneten und gegenseitig umbrachten. Ohne die politische Begabung, die Brutalität und das listige Balance-Spiel, das der große Emir Abdurrahman zwischen den imperialen Interessen Großbritanniens und Rußlands von 1880 bis 1901 meisterhaft beherrschte, wäre das Chaos total geblieben. Unter den Nachfolgern dieses Einigers wandte sich Afghanistan in diversen Anläufen einer oberflächlichen Modernisierung seiner Verwaltung zu. In Wirklichkeit mußte noch der letzte Sproß dieser erlahmenden Dynastie, Mohammed Zaher Schah, auf die traditionelle Zweiteilung des Landes Rücksicht nehmen. In den unzugänglichen Gebirgsgegenden – »Yaghestan« genannt – dauerten die Selbstherrlichkeit der Stammesfürsten und ein Zustand latenter Rebellion gegen die Zentralgewalt an. Nur im Umkreis der Hauptstadt Kabul und in jenen flachen Regionen längs der großen Verbindungsstraßen, wo die königliche Armee sich halbwegs durchsetzen konnte, übte die »Hukumat«, die Regierung, ihre stets angefochtene Autorität aus.

»Yaghestan« und »Hukumat« waren für meinen Freund Hussein konkrete Begriffe, die er von seinen afghanischen Waffenbrüdern erlernt hatte. »Was mich bei den Afghanen immer wieder verstört«, beklagte er, »ist die totale Unberechenbarkeit aller politisch-religiösen Faktoren. Dieser Abgrund von Opportunismus, Raffgier und Verrat wird allein durch persönliche Bindungen aufgewogen. Das Treueverhältnis von Mann zu Mann wurzelt entweder in einer tribalen Verpflichtung, oder es entspringt – wenn ein Fremder einbezogen ist – der gemeinsamen Begegnung mit dem Tod.«

Mir selbst kamen diese komplizierten Verhältnisse einigermaßen vertraut vor. Im fernen Marokko hatte ich eine ähnliche Gegensätzlichkeit zwischen dem »bled siba« und dem »bled maghzen«, wie es dort hieß, vorgefunden. Der permanente Konflikt zwischen den dem Sultan ergebenen Städten und Küstenebenen auf der einen, den ungebändigten Berber-Stämmen im Atlas auf der anderen Seite ließ sich nahtlos auf das gespannte afghanische Verhältnis zwischen »Hukumat« und »Yaghestan« übertragen. In beiden Fällen hatten tatsächlich die Thesen des großen maghrebinischen Soziologen und Chronisten Ibn Khaldun, der seine Vorstellung vom Zyklus islamischer Machtausübung im 14. Jahrhundert entwickelt hatte, eindrucksvolle Aktualität bewahrt.

Die Richtigkeit der vorliegenden Thesen über die Tücken afghanischer Politik sollte wenige Tage nach meiner Abreise aus Herat auf spektakuläre Weise bestätigt werden. In Begleitung Husseins hatte ich ein ausführliches Gespräch mit dem dortigen Machthaber Ismail Khan geführt, der sich den Titel eines »Amir Sahib« zugelegt hatte und heute wieder im verworrenen Puzzle am Hindukusch eine wichtige Rolle spielt. Ismail Khan stand in jenem Juli 1995 an der Spitze einer beachtlichen Streitmacht und war der unumstrittene, sogar hochgeachtete Herrscher über Nordwest-Afghanistan. Von Süden waren zwar die von Pakistan unterstützten Horden der Taleban in die Provinz Farah eingefallen, aber seinen kriegserprobten Mudschahidin würde es im Handumdrehen gelingen, diese frömmelnden Dilettanten, diese heuchlerischen Koranschüler auf ihre Ausgangsstellungen zurückzuwerfen, so behauptete Ismail Khan.

Ich war kaum in Teheran eingetroffen, da erfuhr ich, daß die Taleban sich kampflos der Provinz Herat und ihrer Hauptstadt bemächtigt hatten. Der wehrhafte Amir Sahib hatte ihnen keinerlei Gegenwehr geleistet und das Weite gesucht. Wie denn eine solche schmähliche Niederlage zu erklären sei, fragte ich den mir seit langem bekannten Direktor des Iranischen Staatsfernsehens. Aber der lachte nur achselzuckend. »He has been bought off«, lautete die resignierte Erklärung. »Er ist gekauft worden.«

# Marschall und Steppenreiter

*Kabul, im September 2002*

Verteidigungsminister Mohammed Fahim betritt den riesigen Audienzsaal des Regierungsgebäudes von Kabul ohne nennenswerten Begleitschutz. Der Marschall trägt selten Uniform. Der europäische Anzug mit Krawatte paßt schlecht zu seinem stämmigen Körper. Der Mann strotzt vor Kraft. Das bärtige Gesicht wirkt bäuerlich, und die wachsamen Augen werden von der vorstehenden Stirn zusammengedrückt. Nach der Ermordung Ahmed Schah Massuds hat der fünfundvierzigjährige Pandschiri den Oberbefehl über die Nord-Allianz übernommen und sie zum Sieg geführt. In Abwesenheit Präsident Karzais leitet er zur Zeit die Regierungsgeschäfte, und sofort gewinnt man den Eindruck, daß dieser Tadschike die Realität der Macht verkörpert. Er muß ein hervorragender Mudschahid gewesen sein. Seine Leidenschaft galt dem rauhen, gewalttätigen Buskaschi-Spiel, in dem die Reiter sich um einen toten Hammel raufen und in ungehemmter Wildheit mit dem Peitschenknauf aufeinander eindreschen. Auf dem Sterbebett soll Massud seinen Freund Fahim verpflichtet haben, seine Freude an diesem rüden Wettkampf zu zügeln, den Reitstall seinem Bruder zu überlassen und sich ganz der Politik zu widmen.

Mohammed Fahim gibt sich leutselig und beantwortet meine Fragen kurz und bündig mit klarer Kommandostimme. Er drückt sich in Dari aus. Große Enthüllungen hält er natürlich nicht parat. Darum ging es mir auch gar nicht. Ich wollte vor allem einen persönlichen Eindruck von diesem Kommandeur gewinnen, der über weit mehr Gewicht und Charakterstärke verfügt als der allzu biegsame und eitle Präsident Karzai. Das Problem der Taleban sei so gut wie ausgeräumt, sagt Fahim. Diese Truppe habe sich aufgelöst. Die Gefangenen, über die die Regierung noch verfüge, würden in ihre Stämme und Familien entlassen. Als selbständige politische Kraft gebe es die Taleban nicht mehr.

Was die ausländischen »Söldner« von El Qaida betrifft, so hätten die meisten – so weit sie nicht getötet wurden – das Land fluchtartig verlassen. Vielleicht seien einige von ihnen noch im Grenzgebiet zu Pakistan tätig. Einen ernsthaften militärischen Faktor hätten sie ohnehin nie dargestellt. Natürlich ist sich der Marschall der internen Spannungen bewußt, die vor allem in den südlichen Provinzen andauern. Die Politik der nationalen Versöhnung brauche ihre Zeit. Die Reorganisation, besser gesagt, die Neuaufstellung der afghanischen Streitkräfte, die die Amerikaner zur Zeit betreiben, bereitet ihm Sorge. Afghanistan besitze eine unübersehbare Zahl von Mudschahidin, die im Kampf hohe Verdienste erworben hätten und die man jetzt nicht nach Hause schicken und durch eine Zentralarmee ersetzen könne. Man müsse ihnen wenigstens einen Beruf und ein regelmäßiges Einkommen in Aussicht stellen. Die Versprechungen internationaler Finanzzuwendungen in Milliardenhöhe ließen auf sich warten und würden oft den zuständigen Regierungsorganen vorenthalten. Die Präsenz der ISAF-Brigade in Kabul scheint Fahim nicht sonderlich zu beschäftigen, aber Begeisterung für diese fremde Sicherheitstruppe legt er auch nicht an den Tag.

Die Audienz ist schnell und sachlich zu Ende gegangen. In einer diplomatischen Bewertung des Verteidigungsministers hatte ich gelesen, dieser Tadschike verhalte sich gegenüber dem paschtunischen Staatschef Karzai zuverlässig und zurückhaltend; er setze sich für eine klare Trennung von politischer und militärischer Führung in Afghanistan ein. Hier dürfte ein schwerwiegender Irrtum vorliegen. Der Marschall, so glaube ich zu spüren, verfügt über einen gesunden Herrschaftsinstinkt und weitreichenden Ehrgeiz.

Fahim ist frommer Muslim, aber irgendwie erinnert er mich an jenen kommunistischen Präsidenten Hafizullah Amin, der sich im August 1979 – also noch vor dem Einmarsch der Sowjetarmee – durch Beseitigung seines marxistischen Vorgängers und Rivalen, Mohammed Nur Taraki, an die Macht geschossen hatte. Die herbeigeeilte Presse hatte er im gleichen Regierungsgebäude, in dem ich jetzt Fahim gegenübersitze, durch seine trotzige Unverblümtheit beeindruckt. Mit der Ermordung Tarakis hatte der paschtunische »Khalqi« Amin, der einen Masters Degree der Columbia University von New York besaß und den man nach seinem Pistolenduell im Königspalast »the fastest gun in the East« nannte, den Favoriten Moskaus aus dem Weg geräumt. Diese Kraftprobe mit der sowjetischen Führungsmacht wurde ihm zum Verhängnis. Als die russischen Luftlandetruppen vier Monate später Kabul im Handstreich besetzten, wurde Hafizullah Amin durch ein Sonderkommando des KGB in seiner Residenz liquidiert.

Nun liegt es mir fern, den wackeren und bislang untadeligen Verteidigungsminister Fahim mit dem finsteren Stalinisten Amin zu vergleichen, der Tausende seiner Landsleute im Horror-Gefängnis Pul-e-Scharki foltern und umbringen ließ und beim Volk als »Scheitan«, als Teufel, gefürchtet wurde. Aber im Verhältnis zwischen dem robusten, auf Eigenständigkeit bedachten Marschall Fahim und dem schillernden Protegé der amerikanischen Ölindustrie Hamed Karzai läßt sich eventuell doch eine Parallelität konstruieren zu dem tödlichen Gegensatz der beiden Vorgänger. Manche »Eingeweihte« in Kabul behaupten, der Verdrängungskampf sei bereits im Gange.

Die Aufzählung von bizarren Namen und finsteren Verschwörungsritualen mag für den Außenstehenden kaum nachvollziehbar sein. Aber selbst die Russen, die die fatale Machtprobe zwischen Mohammed Nur Taraki und Hafizullah Amin aus der vordersten Loge beobachteten und die Zerfleischung der beiden kommunistischen Parteiflügel Khalq und Partscham nicht verhindern konnten, gestanden seinerzeit ihre Ratlosigkeit ein. Im Sommer 1978 hatte der sowjetische Botschafter in Kabul, Puzanow, Mitglied des Zentralkomitees der KPdSU, im Gespräch mit seinem deutschen Kollegen Hoffmann die Hände zum Himmel gehoben und geklagt: »Hier ist alles kaum verständlich. Wir Christen bleiben eben Außenseiter in diesem fremden mohammedanischen Land, und vieles bleibt uns verschlossen.« – »Wir Christen«, hatte der Mann aus dem Moskauer Zentralkomitee gesagt.

Normalerweise ist das mit Zinnen und Türmchen als Burg-Nachahmung angelegte Regierungszentrum – nicht unähnlich dem heute total verwüsteten Königspalast – Amtssitz des Staatschefs Karzai. Es war bezeichnend für die absurde Situation von »Kabulistan«, wie dessen beschränkte Autoritätszone bereits verspottet wird, daß wir nach einer oberflächlichen Leibesvisitation durch afghanische Militärs eine gründliche Untersuchung unseres Kamerageräts durch amerikanische Angehörige der Special Forces und deren Schäferhunde über uns ergehen lassen mußten. Die jungen Amerikaner, die sich durch Bartwuchs der Landessitte anzupassen scheinen, zeigen sich freundlich und aufgeschlossen. Der Patriotismus schlägt bei ihnen offenbar hohe Wogen. Nicht nur die verbeulte Schirmmütze haben sie mit den »Stars and Stripes« dekoriert. Auch auf dem T-Shirt ist die amerikanische Flagge abgebildet mit der Inschrift: »American Pride – Amerikanischer Stolz«. Der Präsident von Afghanistan wäre wohl binnen weniger Tage ein toter Mann, wenn man ihm seine Bodyguards aus den USA entzöge.

## Zweifel im Moskauer ZK

*Rückblende: Moskau, im August 1980*

Der amerikanischen Diplomatie widerstrebt es, wie zahlreiche Beispiele zeigen, aus den Erfahrungen anderer zu lernen. Dennoch täte sie gut daran, sich in die Stimmung des Dezember 1979 zurückzuversetzen, als der Überfall der Sowjetunion auf Afghanistan gerade stattgefunden hatte. Wer erinnert sich heute noch daran, wie tief beeindruckt die Stäbe der Atlantischen Allianz von dieser anfangs so erfolgreich gestarteten Militäraktion waren? Russische Luftlandetruppen hatten Kabul und die großen Provinzstädte praktisch ohne Gegenwehr besetzt. Panzereinheiten riegelten sämtliche Grenzübergänge ab und bewegten sich mindestens ein Jahr lang ungestört auf den großen Verbindungsstraßen. »So hätten die Amerikaner in Vietnam operieren müssen«, hieß es bei den Sachverständigen; »dann würde heute noch das Sternenbanner über Saigon wehen.«

Die Kreml-Marionette Babrak Karmal wurde im ehemaligen Königspalast von Kabul installiert. Unter den afghanischen Kommunisten konnten immerhin so viele Sympathisanten rekrutiert werden, daß ein paar kampftaugliche rote Divisionen aufgestellt und ins Feld geschickt wurden. Im Westen glaubte jedermann – inklusive Henry Kissinger – an einen dauerhaften Sieg der Sowjetmacht am Hindukusch.

Einige Monate später, im Sommer 1980, hatte ich mich in Moskau aufgehalten. An der Stimmung jener Augusttage läßt sich ermessen, wie zögerlich, ja widerstrebend die damalige Kremlführung unter Leonid Breschnew sich in das afghanische Abenteuer verstrickt hatte. Die Fahrt zum Zentralkomitee der KPdSU führte am alten GPU-Gefängnis Ljubjanka vorbei. Es war der Monat der Olympischen Spiele in Moskau, die von Amerika boykottiert wurden. Die Sicherheitsmaßnahmen rund um das ZK waren unauffällig. Kaum ein Milizionär war zu sehen. Nikolai Portugalow, langjähriger Novosti-Korrespondent in der Bundesrepublik, erwartete mich am Eingang und begrüßte mich mit alter Herzlichkeit. Wir waren gute Bekannte. Mit dem Fahrstuhl fuhren wir in den zweiten Stock. Im Innern war diese Schaltzentrale sowjetischer Macht ein belangloser, etwas muffiger Bürobau. Ein paar gewichtige Männer mit verschlossenen Gesichtern gingen über den Flur.

Valentin Falin, ehemaliger Botschafter der Sowjetunion in Bonn, empfing uns in einem kleinen, schmucklosen Sitzungssaal. Mit seinem blassen, ernsten Gesicht, der glatten Haarsträhne, die ihm in die Stirn fiel, mit den ausdrucksvollen Augen erinnerte er mich an einen befreundeten Diplomaten des Quai d'Orsay, der aus einer bourbonischen Seitenlinie stammte. Wie ein einflußreicher Repräsentant des Arbeiter- und Bauernstaates wirkte Falin jedenfalls nicht.

Das Gespräch verlief zwanglos auf deutsch, und Nikolai Portugalow machte Notizen. Zunächst ging es um NATO-Nachrüstung, Pershing II, deutsch-französische Beziehungen im Verhältnis zu Moskau. Valentin Falin unterstrich die Gemeinsamkeit der westeuropäischen und der sowjetischen Interessen in vielen Teilen der Welt, insbesondere in der Nahostfrage. Ich nutzte die Erwähnung des islamischen Raums, um das Afghanistan-Thema aufzugreifen. Falin, der ohnehin nicht zu Frohsinn neigte, setzte eine besonders sorgenvolle Miene auf. »Warum hat die Sowjetunion es denn zugelassen, daß die marxistischen Parteien im April 1978 in Kabul geputscht haben?«, fragte ich. – »Als ob wir darauf irgendeinen Einfluß gehabt hätten«, erwiderte der ehemalige Botschafter. Präsident Daud, der seinen Vetter, König Mohammed Zaher Schah, fünf Jahre zuvor gestürzt hatte, war dabei, alle progressiven Elemente seines Landes, die er bereits inhaftiert hatte, physisch zu liquidieren. Die marxistische »Saur-Revolution« – ursprünglich eine Koalition von progressistischen Intellektuellen und reformorientierten Militärs – war eine spontane Reaktion der Afghanen gewesen.

Wir wandten uns dem Krieg am Hindukusch und der sowjetischen Besetzung Kabuls zu. Natürlich wurde im ZK offizieller Optimismus zur Schau getragen. Als Falin die amerikanische Waffenhilfe für die Rebellen erwähnte, erhob ich Einspruch. »Man berichtet doch, daß die afghanischen Partisanen kaum Munition für ihre alten Flinten haben«, wandte ich ein. – »Schweres Material haben die Rebellen natürlich noch nicht«, war die Antwort. »Aber Infanteriewaffen noch und noch, und es sickert ständig neues Gerät aus Pakistan ein. Wozu brauchten sie auch Panzer. Wir können mit unseren Tanks in diesen Gebirgen ja auch nicht viel anfangen.« Die rückwärtigen Lager der Mudschahidin auf pakistanischem Boden seien ein schweres Handicap für die erfolgreiche Bekämpfung des Aufstands, und Pakistan lade mit der Duldung dieser Basen eine große Verantwortung auf sich.

Die Spaltung der rivalisierenden marxistischen Parteien Afghanistans bereitete der sowjetischen Führung offenbar wachsenden Kummer. Die Angehörigen von »Khalq« und »Partscham« seien einfach nicht unter einen Hut zu bringen, ja sie ermordeten sich gegenseitig, wann immer sich eine Gelegenheit böte. Als ich einwandte, daß Moskau mit Babrak Karmal wohl einen allzu willfährigen, keineswegs repräsentativen Politiker begünstige, wurde mir geantwortet, daß er immer noch besser sei als sein Vorgänger Taraki oder gar Hafizullah Amin. »Taraki war ein Dichter«, sagte Valentin Falin und deutete eine Geste der Verzweiflung an. »Der Westen wirft uns unsere bewaffnete Hilfsaktion für Babrak Karmal vor. Aber Taraki hatte uns schon im Herbst 1978, ein halbes Jahr nach der Saur-Revolution, um militärische Hilfe angefleht, und er hat diese Bitte dreizehnmal wiederholt, bevor er durch Amin ermordet wurde.« Den Vorwurf, Hafizullah Amin ausgeschaltet zu haben, ließ Falin nicht gelten: »Amin war vielleicht kein wirklicher Agent der CIA, wie bei uns angedeutet wurde, aber er hatte enge Kontakte dorthin. Sie wissen doch selbst, daß er eine Vielzahl von Menschen umgebracht hat. Als wir ihm das Handwerk legten, war er drauf und dran, die Schiiten Afghanistans, das sind immerhin einige Millionen, auszurotten.«

Ob die Sowjetunion nicht fürchte, in Afghanistan in ein ähnlich aussichtsloses Unternehmen zu schlittern wie seinerzeit Frankreich in Algerien? »Das können Sie nicht vergleichen!« protestierte Falin. »In Afghanistan haben wir es mit einem absolut rückständigen, total unterentwickelten Land zu tun, das sich noch nicht aus dem Mittelalter gelöst hat. An der Kolonisation Algeriens durch Frankreich kann man viel aussetzen, aber die Franzosen haben doch einen nachhaltigen zivilisatorischen Einfluß, eine positive Einwirkung im Sinne der Modernisierung ausgeübt.« Er berichtete von einem Zwischenfall an der sowjetisch-afghanischen Grenze. Beim Straßenbau auf der sowjetischen Seite seien bei Sprengarbeiten Felsbrocken auf das afghanische Ufer des Amu Daria geschleudert worden. Da seien die Mullahs gekommen, hätten die Bevölkerung versammelt und diese Steine aus dem Land der Gottlosen als »Exkremente des Teufels« bezeichnet. Mit langen Stangen hätten sie diese Spuren des Übels, die kein frommer Muslim mit der bloßen Hand berühren durfte, in das Flußbett des Amu Daria zurückgeschoben.

Über eine Lösung der Afghanistan-Frage war man sich im Zentralkomitee der KPdSU schon damals nicht einig. Sollte die Karte Babrak Karmal konsequent bis zum Ende ausgereizt werden? Sollte man jenen nachgeben, die für eine radikale Repression des »Banditenwesens« plädierten? Oder sollte – unter Achtung der afghanischen Eigenart und der islamischen Religion – nach einem energischen hohen Offizier gesucht und der afghanischen Armee die Regelung der internen Probleme des Landes überlassen werden? Militärregime waren ja weit verbreitet in der Dritten Welt. Ich wandte ein, daß von der offiziellen Armee Afghanistans, die sich im Zustand der Auflösung und Massendesertion befand, ja nicht viel zu erwarten sei und daß die Aufstellung sowjet-loyaler Einheiten ein gewagtes, langwieriges Unterfangen bleibe. Nachdem ich mich von Valentin Falin verabschiedet hatte, lud ich Portugalow zum gemeinsamen Abendessen ein. Aber der Novosti-Korrespondent lehnte mit Bedauern ab. »Das sind nicht die Regularien dieses Klosters«, sagte er scherzend.

»Vestigia terrent – die Spuren der Vorgänger schrecken ab«, so hieß es im alten Rom. Aber wer in der heutigen Führungsmannschaft Washingtons kennt wohl seine lateinischen Autoren?

# Ländliche Idylle in Yaghestan

*Provinz Wardak, im September 2002*

Die Expedition in die Provinz Wardak bleibt uns wie die Reise in ein Märchenland in Erinnerung. Wer kennt schon Wardak? Diese Bergregion im Herzen des Hindukusch – westlich von Kabul gelegen – grenzt im Norden an das mongolische Siedlungsgebiet der Hazara. Von dem Bamyan-Tal, wo die riesigen Buddha-Statuen dem religiösen Wahnsinn der Taleban zum Opfer fielen, ist Wardak durch eine Gebirgskette von vier- bis fünftausend Meter Höhe abgeriegelt. Ich glaube, seit Ausbruch der Feindseligkeiten vor mehr als zwanzig Jahren haben die hier lebenden Menschen, überwiegend Paschtunen, keinen westlichen Ausländer bei sich gesehen. Während der sowjetischen Okkupation wurde das Dorf meines Gefährten Wali Kabir nur einmal von einem Hubschrauber-Commando russischer Speznatz angegriffen. Sie suchten vergeblich nach Walis Vater, der der örtlichen, islamisch orientierten Widerstandsbewegung vorstand, zerstörten den Flecken Dalan, töteten mehrere seiner Einwohner und flogen wieder davon. Vom amerikanischen Feldzug haben die Einheimischen nur die Kondensstreifen der B-52-Bomber wahrgenommen.

Ich verdanke es Wali Kabir, daß ich diesen unzugänglichen Winkel des aufsässigen »Yaghestan« aufsuchen kann, der uns – verglichen mit dem trostlosen Zustand des übrigen Afghanistan – als eine Art »Shangri La« erscheint. Wali und ich sind alte Bekannte. Im Sommer 1981 war mir der in Deutschland Maschinenbau studierende Afghane als Dolmetscher zugeordnet worden, als ich mich einer Truppe von Mudschahidin der »Hezb-e-Islami« anschloß. Ich hatte Lokalkostümierung mit Turban angelegt und mir einen graumelierten Bart wachsen lassen, um von Pakistan aus präzis in jene unwirtliche Felsgegend zu reiten, wo heute die Amerikaner zwischen den Höhlen von Tora Bora und der Senke von Khost Jagd auf Osama Bin Laden machen. Es war eine schreckliche Strapaze. Das kleine, robuste Pferd, das mir zur Verfügung stand, half mir wenig an den Steilhängen in dreitausend Meter Höhe, es sei denn, ich klammerte mich an seinen Schweif und ließ mich von ihm hochziehen. Dabei wehten mir die ständigen Blähungen des Tieres in die Nase.

Die Gruppe unterstand dem Befehl des streng religiösen Aufstandsführers Gulbuddin Hekmatyar. Ihre Waffen – Kalaschnikows, RPG-7 und ein altertümliches schweres Maschinengewehr, das man auf russisch »Daschka« nannte – waren den Mudschahidin über den pakistanischen Nachrichtendienst ISI geliefert worden. Ohne massive amerikanische Finanzzuwendungen wäre der Partisanenkrieg nicht durchzuhalten gewesen. So schlichen denn unsere afghanischen Begleiter – erst eine rein paschtunische, dann eine gemischt tadschikisch-usbekische Truppe – behutsam an den sowjetischen Stützpunkten vorbei in Richtung Nordosten.

Dieser Heilige Krieg wurde gegen die gottlosen Schurawi, die moskowitischen Eindringlinge, geführt. Wann immer die Gelegenheit sich bot, stimmten die rauhen Krieger den »Takbir« an, die dreifache Verherrlichung der Größe Gottes, aber sie schrien auch immer wieder »Markbar Amerika – Tod den Amerikanern!«. Das kam mir einigermaßen absurd vor, zogen diese Männer doch mit aktiver US-Unterstützung gegen die Kommunisten zu Felde. Immerhin wurde mir schon damals bewußt, daß diese islamistischen Revolutionäre nicht in die üblichen Ost-West-Schablonen zu pressen waren und nach der erhofften Niederlage der Sowjetunion auch gegen den »großen Satan« unter dem Sternenbanner antreten würden.

Am Lagerfeuer stimmten sie einen düsteren Gesang an: »Ergreife Dein Maschinengewehr! So verehrst Du das Blut der Märtyrer. Zerstöre die Paläste der Unterdrücker! Dann wirst Du mit Hilfe Allahs siegen. Vernichte die Partei des Teufels!« Das klang beinahe sozialistisch, zumindest egalitär, aber mein treu ergebener mongolischer Leibwächter Daud hatte mir ja versichert, daß der Lehre des Propheten zufolge »alle Menschen gleich seien wie die Zähne eines Kammes«.

*

Dieses Abenteuer liegt jetzt zwanzig Jahre zurück, und weder Wali noch ich sind in der Zwischenzeit jünger geworden. Er lebt in Bochum und arbeitet dort als Diplomingenieur. Mehrfach ist er in den vergangenen Jahren zu mir nach Rhöndorf gekommen, um eine Tasse Tee zu trinken und über die jüngsten Ereignisse in seiner Heimat zu berichten. Er bringt dann auch seine Frau mit, die zwar das Kopftuch trägt, aber einen recht selbstbewußten Eindruck macht. Schon zu Beginn des Jahres 2002 hatte ich, um bei meiner geplanten Reportage den üblichen Afghanistan-Klischees zu entgehen, im Gespräch mit Wali Kabir den Wunsch geäußert, ihn in seine Heimat, die Provinz Wardak südlich des Helmand-Flusses, zu begleiten.

Auf dem Pariser Flugplatz Roissy, wo wir Anfang September 2002 gemeinsam nach Islamabad starteten, kam mir der hochgewachsene Afghane in seiner Landestracht entgegen. Über der weit flatternden Hose trug er ein Hemd, das bis zu den Knien reichte. Mit seinem üppig wuchernden Bart und dem strengen Blick sah er so aus, wie sich der Durchschnittseuropäer einen orientalischen Bombenleger vorstellen mag. Aber der französische Zollbeamte nahm den Paß zur Hand – Wali hatte inzwischen die deutsche Staatsangehörigkeit erworben – und winkte ihn gleichmütig durch die Kontrolle.

Mit zwei Landrovern rollt unser Kamerateam von Kabul aus über eine holprige Strecke in Richtung Kandahar. Wali läßt sich von seinem Bruder Abdurrahman begleiten und dem Fahrer Malik, der wohl seiner Sippe nahesteht. Wir biegen nach Westen ab. Von nun an wird die Piste zur reinen Qual. Immer wieder müssen wir im Vierradantrieb steile Böschungen und scharfe Felskanten überwinden. Aber die Mühe lohnt sich. Schon nach einer halben Stunde nimmt uns eine grandiose Landschaft auf. In bizarrer Formation türmen sich die Felsblöcke. An den Geröllhalden flattern bunte Tücher über einsamen Gräberreihen. Der abendliche Himmel zerschmilzt in Gold und Violett. Hinter einer Biegung taucht eine Kamelkarawane von Kutschi-Nomaden auf. Die Frauen dieser gesellschaftlichen Außenseiter, die bei der seßhaften Landbevölkerung nicht sonderlich angesehen sind, hüllen sich in grellbunte Tücher, tragen schweren Silberschmuck und weigern sich, die scharf geschnittenen Gesichter zu verhüllen. »Selbst die Taleban haben darauf verzichtet, den Kutschi-Frauen die Burqa überzustülpen«, erklärt Wali.

Ursprünglich hatten wir unter dem Schutz von vier bewaffneten Leibwächtern unsere Reise antreten sollen. Aber diese Eskorte erübrigt sich. Während wir in die rauhe Urlandschaft vordringen, vollzieht sich mit Wali ein seltsamer Wandel. In Deutschland war er mir stets als höflicher, bescheidener, ein wenig schüchterner Mann begegnet. Doch hier gewinnt er mit jedem Kilometer an Statur. Die wenigen Bauern, die auf Eseln an uns vorbeireiten, grüßen ihn mit Respekt. Er gehört einer hoch angesehenen Sippe an, und wie stark hier die patriarchalischen Familienbande erhalten sind, schildert er auf der Fahrt. Sein junger Bruder Abdurrahman, eine durchaus selbstbewußte Erscheinung, der über arabische und englische Sprachkenntnisse verfügt und politisch stark engagiert sein dürfte, hatte bei Ankunft des Älteren, dem er Respekt schuldet, eilig die Zigarette hinter dem Rücken verborgen und sich dabei die Hand verbrannt, weil es ungehörig gewesen wäre, in dessen Gegenwart zu rauchen.

Hinter dem abrupten Gebirgssattel entfaltet sich ein zauberhafter Anblick. Gerade weil die Gesteinsmassen so nackt und unwirtlich in stets wechselndem Farbenspiel aneinanderrücken, leuchten die Felder und Gärten in der Tiefe, wo sie einen schmalen Fluß säumen, in extrem intensivem Grün, wie ich es zuvor nur in den Oasen Mauretaniens gesehen hatte. Darüber erheben sich archaische Häuserzeilen in enger Staffelung. Die Mauern aus gelbem Lehm sind sauber verputzt. Fast immer ragt ein festungsähnliches Bauwerk babylonischen Zuschnitts über den Siedlungen. Dem makedonischen Welteroberer Alexander, der durch die Berge Afghanistans dem Tal des Indus zuhastete, muß sich dreihundert Jahre vor Christus der gleiche Anblick geboten haben.

Die Dunkelheit hat sich gesenkt. Wir folgen einem Gebirgsbach und rumpeln häufig durch Gassen, die unseren Fahrzeugen knappen Durchlaß gewähren. Keinen Moment überkommt uns das Gefühl irgendeiner Gefahr. Wir befinden uns unter gutem Schutz, und der Gast ist den Paschtunen heilig. »Das nächste Dorf heißt Goda«, erklärt Wali Kabir; »dort werden wir bei verläßlichen Freunden übernachten. Dort können Sie auch politische Gespräche mit den Ältesten führen.«

Ein zweistöckiges Gebäude nimmt uns auf. Elektrizität und fließendes Wasser sind in dieser Gegend nicht vorhanden. Ein Dutzend Männer in Landestracht begrüßt uns mit »es salam aleikum«, was Andersgläubigen gegenüber ungewöhnlich ist. Ich küsse eine Anzahl bärtiger Wangen. Mich überrascht die Heiterkeit dieser einfachen, würdigen Leute. Stets scheint ihnen der Schalk in den Augen zu sitzen. Das Essen wird von zwei Knaben auf dem Boden ausgebreitet. Es ist einfach, aber schmackhaft. Dazu gibt es grünen Tee.

Der Dorfälteste, Othman genannt, beginnt die Diskussion, an der sich die anderen Männer spontan beteiligen. Er beginnt mit den üblichen Freundschaftsbeteuerungen und der unvermeidlichen Feststellung, Afghanen und Deutsche seien verwandte arische Völker und deshalb brüderlich miteinander verbunden. Der listige Greis – er ist bestimmt jünger als ich – hat dabei seine Hintergedanken. »Ich habe seinerzeit in einer BBC-Sendung in paschtunischer Sprache gehört, daß euer Bundeskanzler Helmut Kohl den Afghanen gedankt hat. Nur mit Hilfe unserer Mudschahidin und deren Sieg über die Sowjetunion sei die deutsche Wiedervereinigung möglich geworden.« Deshalb, so habe Kohl versichert, sei die Bundesrepublik zum Wiederaufbau Afghanistans verpflichtet. Diese Hilfe lasse jedoch auf sich warten.

In orientalischen Palavern bin ich ausreichend geübt, um niemals einer irrigen Behauptung kategorisch zu widersprechen. Ich verweise auf die positive Funktion der deutschen ISAF-Soldaten in Kabul. Aber da verhält sich Othman zurückhaltend. »Die Deutschen sollen aufpassen, daß sie nicht zu sehr in die Nachbarschaft der Amerikaner geraten oder ihnen gar behilflich sind«, warnt er. Wie denn die Chancen der USA in Zentralasien auf Dauer zu beurteilen seien, frage ich. Die Antwort kommt gelassen und tut der vorherrschenden Freundlichkeit keinen Abbruch. »Fast zehn Jahre lang haben wir gebraucht, um die Sowjets zu vertreiben«, hebt ein bärtiger Koloß an; »die Amerikaner werden wir viel schneller zum Abzug zwingen. Die Russen verfügten doch über weit bessere Ausgangspositionen. Die Grenze der Sowjetunion verlief zu jener Zeit am Amu Daria. Die Amerikaner hingegen müssen über den weiten Ozean kommen. Ihnen wird in unseren Bergen schnell der Atem ausgehen.« Im Lauf der Diskussion kommt das Gefühl bei mir auf, daß diese Paschtunen mehr Achtung vor den geschlagenen Russen empfinden, denen sie im Nahkampf mit der blanken Waffe gegenüberstanden, als vor den US-Soldaten, die sie aus fünftausend Meter Höhe bombardieren. Die amerikanische Kriegführung sei unmenschlicher und hinterhältiger als die sowjetische, wird behauptet.

Auf die Regierung in Kabul sind meine Gesprächspartner nicht gut zu sprechen. In keinem der Dörfer von Wardak habe ich ein einziges Plakat des Präsidenten Karzai entdeckt, aber auch das Bild des Tadschiken Ahmed Schah Massud ist nirgendwo zu sehen. Die Loya Jirga sei ein abscheulicher Zirkus gewesen. Der »Kriegsherr« im Nachbardorf habe zum Zeichen seiner Geringschätzung seinen Koch und seinen Gärtner in diese Versammlung entsandt. Karzai steht überall im Ruf eines Verräters, und die Paschtunen fühlen sich von der Machtausübung ausgeschlossen.

Wir kommen auf die Taleban zu sprechen. Während der Fahrt waren mir ein paar ihrer T-54-Panzer aufgefallen, die am Wegrand lagen und von den Koranschülern wohl als ihre liebsten Spielzeuge binnen kürzester Frist in Schrott verwandelt wurden. Die Taleban seien ein Instrument des Auslands, der Pakistani und der Amerikaner gewesen, erklärt Othman. Bei ihnen hätten sich die dümmsten Bauernjungen zusammengefunden. Eine wirkliche Schreckensherrschaft haben sie in dieser unzugänglichen Gegend wohl nicht ausgeübt, wären dazu gar nicht in der Lage gewesen. Aber die Freischärler mit dem schwarzen Turban seien unberechenbar, oft heimtückisch gewesen. In den Lebensablauf der Dörfer hätten sie kaum eingegriffen. In Wardak trug ohnehin jede Frau die Burqa, und die Männer waren stolz auf ihren Bartschmuck.

Der oberste Befehlshaber der Koranschüler, Mullah Omar, so hatte mir Wali bestätigt, sei ein »unwissender Dorf-Mullah«. Aber die Taleban, darin sind alle einig, stellen kein aktuelles Problem mehr dar. Eine gesonderte Organisation oder Kampfgruppe dieses Namens gebe es gar nicht mehr. Ich erfahre bei der Gelegenheit, daß die Rechtssprechung in Wardak sich an der Scharia und mehr noch am Paschtunwali orientiert. Sie wird vom Rat der Ältesten bestimmt, so daß die exemplarische Bestrafung von Kriminellen oder Ehebrechern sich seit Urzeiten kaum gewandelt hat. Daran würden alle Verfügungen der neuen Kabuler Behörden nicht das geringste ändern.

Wie es um El Qaida und die »Grüne Legion« des Islam bestellt sei, von denen im Westen dauernd geredet wird, forsche ich weiter. Othman, immer noch lächelnd, zögert keine Sekunde. »Hier haben wir mit diesen Fremden äußerst selten zu tun gehabt; die meisten Araber, die bei uns auftauchten, haben sich vornehmlich der koranischen Erziehung und – mit saudischen Mitteln – der sozialen Fürsorgearbeit gewidmet. Ihre wirklichen Kämpfer sind längst verschwunden. Wir haben ihnen nie erlaubt, sich in unsere Angelegenheiten einzumischen. Ich schwöre Ihnen«, betont der Dorfälteste feierlich, »daß ich den Namen ›El Qaida‹ vor dem 11. September 2001 kein einziges Mal vernommen habe.«

Von Osama Bin Laden sei vage die Rede gewesen, als er in einer ersten chaotischen Phase vorübergehend in Jalalabad von den Taleban festgenommen wurde. Aber dann habe er sich ja mit Mullah Omar verschwägert und an Einfluß gewonnen. Eine charismatische Führungsgestalt ist Osama Bin Laden bei den Afghanen jedenfalls nicht. Es bedurfte der sensationell aufgebauschten Kampagne der westlichen Medien, um aus diesem »Erzfeind der Freien Welt«, wie ihn die Amerikaner sehen, für die brodelnden Massen zwischen Maghreb und Insulinde einen »Held des Islam« zu machen. Irgendwie habe ich das Gefühl, daß die Männer von Goda auf einen von Allah berufenen »Mudschahid el akbar« warten, der dem Volk der Paschtunen wieder zu seinen angestammten Vorrechten verhelfen und ihrer zerrissenen Heimat die Segnungen eines islamischen Gottesstaates bescheren würde.

Unsere beiden Kameramänner Alexander und Carsten, die mich schon im Irak begleitet hatten, passen sich der fremden Umgebung vorzüglich an. Aber selbst die Präsenz unserer Produktionsleiterin Cornelia Laqua wirft kein wirkliches Problem auf, was zweifellos dem Einfluß Walis zu verdanken ist. Sie nimmt – für eine Frau sonst unvorstellbar – an unseren Mahlzeiten teil. Dabei wache ich wie ein saudischer Religionspolizist, wie ein »Mutawa«, darüber, daß unter ihrem Kopftuch keine Haarsträhne zum Vorschein kommt. Zur Übernachtung wird ihr eine abschließbare Kammer zugewiesen, während wir uns – voll angezogen – neben unseren Gastgebern auf bunten Matten ausstrecken.

In aller Frühe fahren wir weiter. Dabei begegnen wir Gruppen von Frauen, die voll verschleiert sind, sich bei unserem Nahen abwenden und das verhüllte Gesicht an die Lehmmauern pressen. Nach einer mühseligen Strecke stoßen wir auf Soldaten, die Tarnuniformen amerikanischen Zuschnitts tragen, also mit der Regierung Kontakt halten müssen. Diese Söldner – sie erhalten angeblich 22 Dollar pro Monat – fischen mit Handgranaten. Ihr Kommandeur, den Pakul auf dem Kopf und mit einem Lederwams angetan, versichert mir im Gespräch, daß er die neue Entwicklung in Kabul begrüße, daß es dort ja wieder eine ordentliche Regierung gebe und er die internationale Truppenpräsenz zu schätzen wisse. General Muzafar Eddin ist zwar offiziell dem Verteidigungsminister Mohammed Fahim unterstellt, aber das hindert ihn nicht, im vertraulichen Gespräch mit Wali den unangemessenen Einfluß der Pandschiri heftig zu kritisieren. Er hatte seine militärische Karriere als Korporal unter dem kommunistischen Präsidenten Taraki begonnen, war dann zu den Mudschahidin der Hezb-e-Islami übergewechselt, um schließlich unter dem tadschikischen Staatschef Rabbani zu dienen. Große Sorge bereitet ihm ein benachbarter War Lord, der sich mit seiner kleinen Truppe als Anhänger Präsident Karzais aufführt und von diesem auch den Sold für seine knapp hundert Muschkoten bezieht. Es herrschen typisch afghanische Verhältnisse vor.

## »... denn wahrhaftig, er lebt!«

*Dalan, im September 2002*

Bevor wir das Dorf Dalan erreichen, in dem Wali Kabir beheimatet ist, stoßen wir in Babak auf einen stattlichen Gebäudekomplex aus Naturstein. Hier ist tatsächlich eine moderne Schule gegründet worden, die ihre Existenz der Initiative meines Bochumer Freundes und der Unterstützung der »Gesellschaft für technische Zusammenarbeit« verdankt. Wali steckt sogar einen Teil seines Gehalts in dieses Erziehungsprojekt, das sechshundert Kindern und Jugendlichen den Zugang zu Bildung und Wissen verschafft. Demnächst soll es durch eine Mädchenschule ergänzt werden. Hier wird Wali wie eine Heilsfigur verehrt. Die Kinder blicken in Ehrfurcht zu ihm auf, und die Lehrer, die sich in passablem Englisch ausdrücken, bekunden ihre Dankbarkeit.

Ob die Taleban, die nur koranische »Medressen« duldeten, nicht Anstoß an dieser fortschrittlichen Bildungseinrichtung genommen hätten, frage ich. Aber so allmächtig waren die Finsterlinge mit dem schwarzen Turban wohl auch nicht. Sie hatten lediglich versucht, der Schule den Namen »Abu Hanifa« zu verleihen, wollten damit den Gründer der hanefitischen Rechtsschule oder »Madhhab« ehren, der die meisten sunnitischen Afghanen angehören. In ihrer theologischen Unwissenheit hatten die Koranschüler offenbar nicht einmal bemerkt, daß ihre intolerante Religionspraxis einem anderen »Madhhab«, den Anweisungen des Abu Hanbali, entsprach, der die wahhabitische Ausrichtung Saudi-Arabiens und die Deobandi-Schule Nordindiens stark beeinflußt hatte. Die örtliche Bevölkerung hatte die Benennung »Abu Hanifa« abgelehnt und gegen die Taleban durchgesetzt, daß die Schule von Babak nach dem Vater Walis benannt wurde und weiterhin den Namen »Ghazi Abdulkadir Khan« trug. Wir sind überrascht über die zahlreichen Fahrräder, auf denen die Schüler über große Entfernungen zum Unterricht kommen. Es handelt sich um chinesische Produkte, für die man den Gegenwert von fünfzig Dollar zahlt. Bei den Jugendlichen herrschen vorbildlicher Fleiß und Lerneifer vor, bietet die schulische Ausbildung doch die unentbehrliche Voraussetzung für jeden sozialen Aufstieg. Mit Wehmut vergleichen wir diesen Wissensdurst der kleinen Afghanen mit dem erbärmlichen Zustand, in dem sich laut Pisa-Studie das deutsche Unterrichtswesen befindet, ferne Folge einer antiautoritären Fehlorientierung jener Achtundsechziger-Generation, deren Repräsentanten uns heute regieren.

Woher kommt die Euphorie, die feierliche, entspannte Stimmung, die sich unseres Teams bemächtigt? Ist es die Höhe von fast dreitausend Meter? Ist es die biblisch anmutende Umgebung, die Heiterkeit unserer Gastgeber, das herrliche Naturschauspiel, das zu jeder Stunde des Tages in neuen Tönungen und Schattenspielen variiert? Ein Spruch aus dem Evangelium kommt mir in den Sinn: »Herr, hier ist wohl Sein; laßt uns hier unsere Hütten bauen!« Dabei ist jeder Anmarsch zu dem luftigen Lehmhaus, in dem wir bei Walis Onkel rasten, überaus mühselig. Seit drei Jahren hat es in diesen Tälern nicht geregnet, die Not ist groß, aber die Gottergebenheit ist wohl noch stärker. »Mein Onkel hat noch nie irgendwelche Besucher bei sich aufgenommen, nicht einmal Afghanen«, sagt Wali; »Sie sind die ersten.« Der alte Mann ist von einem gefährlichen Gewächs auf der rechten Wange geplagt, aber er sitzt – offenbar recht zufrieden – im letzten Goldlicht des Tages und schmaucht an seiner Wasserpfeife.

Vorher hatten wir das überwiegend mongolische Dorf Tara aufgesucht. Auch diese schiitischen Hazara verfügen über eine mächtige Trutzburg aus Lehm. Sie leben hier – was im übrigen Afghanistan ungewöhnlich ist – in guter Harmonie neben ihren paschtunisch-sunnitischen Nachbarn. Die Hazara schlafen in den Ställen neben ihrem Vieh, denn im Winter fällt die Temperatur auf minus zwanzig bis dreißig Grad, die Schneedecke erreicht zwei oder drei Meter, und die Wärme der Tiere ersetzt das fehlende Brennholz. Wie zwergenhafte Zauberer eines orientalischen Märchens haben sich diese versprengten Nachfahren des Dschingis Khan, die schiitischen Mullahs mit den schütteren weißen Bärten um mich geschart. Die platten schlitzäugigen Gesichter lächeln mir zu. Sie überbieten sich in frommen Begrüßungsformeln.

Bei Nacht spannt sich ein unglaublich funkelndes Firmament über dem Hindukusch. Vor dem Einschlafen habe ich mit Wali ein kurzes Gespräch geführt. Er blickt mit Sorge in die Zukunft, kann sich als ehemaliger Streiter der Hezb-e-Islami mit dem jetzigen Regime von Kabul nicht anfreunden. Die Amerikaner behagen ihm nicht. Doch als die Sprache auf die Pipeline kommt, die die texanischen Ölmultis von Zentralasien durch West-Afghanistan zum Indischen Ozean verlängern wollen, und ich die Vermutung äußere, die Gegner Karzais würden eine solche Leitung doch verhindern und sprengen, widerspricht er mir: »Unsere Leute sind klug genug, um jede wirtschaftliche Initiative, auch die der Yankees, die der Anhebung ihres Lebensstandards, der Linderung der Armut dient, zu akzeptieren. Denken Sie doch an Algerien!« Tatsächlich wurden im nordafrikanischen Bürgerkrieg mehr als 120 000 Menschen ermordet, doch die Pipelines, die aus der Sahara zum Mittelmeerhafen Arzew führen, wurden kein einziges Mal sabotiert.

Ein bißchen Sentimentalität überkommt uns schon, wenn wir an unser gemeinsames Unternehmen auf seiten der Hezb-e-Islami vor zwanzig Jahren zurückdenken. Wali ist bereits eingeschlafen, als ich im Schein der Taschenlampe mein damaliges Tagebuch aus dem Gepäckbeutel herauskrame und zu lesen beginne:

»Eine erste Partisanenschar – ausschließlich aus Paschtunen zusammengesetzt und dem Kommandeur Schahid unterstellt – war auf Ghazni weitermarschiert und hatte uns am ›Samowar‹, an der Raststätte von Laredar, zurückgelassen. Am folgenden Tag schlossen wir uns einem anderen Haufen an, der ebenfalls auf Hekmatyar eingeschworen war. Dieses Mal handelte es sich jedoch zu etwa gleichen Teilen um Tadschiken und Usbeken. Den Befehl führte Abdul Wadud, ein ehemaliger Lehrer aus der Nordprovinz Takhor. Der dreißigjährige Mann, der große Autorität ausstrahlte, lebt wie kein anderer in meiner Erinnerung als Verkörperung des makellosen islamischen Kämpfers fort. Der Gedanke an ihn verbietet mir, in den undifferenzierten Chor westlicher Schmähungen gegen den ›Fundamentalismus‹ einzustimmen.
Es war Freitag, und wir lagerten mit unseren Pferden und Trageseln unter Maulbeerbäumen in der Mulde von Dschanohel. Um ein Uhr mittags versammelten sich die Mudschahidin in einer winzigen weißen Moschee zum Gebet. Abdul Wadud übernahm ganz natürlich die Rolle des Khatib, des Predigers. Die Kalaschnikow diente ihm dabei als ›Schwert des Islam‹. Die wilden Männer vom Volk der Usbeken und Tadschiken – Erscheinungen, die den Erobererhorden Tamerlans alle Ehre gemacht hätten – waren in inniger Frömmigkeit versunken.
Abdul Wadud wandte sich in Dari, der persischen Umgangssprache, an seine Gefolgsleute. Diesen schlichten Männern, die vor dem Dschihad ein armseliges Leben als Tagelöhner, Hirten, Pächter geführt hatten, diesen Hungerleidern, die bei ihren Gewaltmärschen durch Fels und Eis nicht einmal über brauchbares Schuhwerk verfügten, rief er zu: ›Ihr seid die glücklichsten Menschen auf Erden! Euch stehen nur zwei Wege offen. Entweder ihr überlebt als Sieger und werdet als Ghazi von allen Gläubigen hoch geehrt, oder ihr sterbt als Märtyrer des Glaubens, als Schahid, und dann findet ihr Einlaß zu den Verheißungen des Paradieses.‹ Während der Khutba sprang ein usbekischer Unterführer auf. Wir nannten ihn wegen seiner mon-

golischen Züge ›Dschingis Khan‹. Mit dröhnender Stimme zitierte er den Koran: ›Und saget nicht, daß derjenige tot sei, der auf dem Wege Allahs streitend gefallen ist – nein, in Wahrheit – er lebt!‹«

In jenen Tagen spürten wir die ständige Angst vor den sowjetischen Hubschraubern. Mit Titan gepanzert, bewährten sie sich als unverwundbare, tödliche Waffe bei der Bekämpfung der Partisanen. Den russischen Panzern begegneten die Mudschahidin inzwischen gelassen mit den Rohren ihrer RPG-7, ja, das Auftauchen eines T-54 löste regelrecht Jagdfieber aus. Den MI-24-Hubschraubern und deren Raketen waren sie hingegen wehrlos ausgeliefert. »Man kann sich ohne viel Phantasie ausmalen, wie grundlegend sich die strategische Gesamtsituation verändern würde, falls die Afghanen tatsächlich eines Tages mit tragbaren Boden-Luft-Raketen selbst in bescheidenem Ausmaß ausgerüstet würden. Es käme dann zur entscheidenden Wende des Krieges. Die Russen würden in die Defensive gedrängt, könnten nicht einmal die unentbehrlichen Verbindungsstraßen offenhalten«, so hatte ich im August 1981 geschrieben. Fünf Jahre später war es soweit. Über die Schleichwege der pakistanischen Nordwestregion gelangten amerikanische und britische Geräte vom Typ Stinger und Blowpipe ins Kampfgebiet der Mudschahidin. Die russischen Streitkräfte sahen sich ab 1987 ihres einzigen wirklichen Schutzes beraubt. Noch zwei Jahre sollte es dauern; dann war das Scheitern der Sowjetmacht vor aller Welt offenkundig.

Diesen Tag des Triumphs hat Abdul Wadud nicht mehr erlebt. Nur zwei Wochen nachdem sich unsere Wege jenseits von Dschanohel trennten und ich bei der Abschiedsumarmung – was mir eigentlich nicht zustand – die Barmherzigkeit und den Segen Allahs – »rahmatu Allah wa barakatuhu« – auf ihn herabrief, ist er im Kampf gegen die Schurawi als Märtyrer gefallen.

## Special Forces in »Peter's Guest House«

*Kabul, im September 2002*

Dem guten Ratschlag der deutschen Botschaft verdanken wir, daß wir nicht im »Intercontinental« wohnen, das von seiner Höhe den Rundblick über die Mulde von Kabul erlaubt. Vom früheren Glanz dieses Luxushotels war schon im April 1990 nichts übriggeblieben, als ich zum letzten Mal dort, zur Zeit des roten Gewaltherrschers Nadschibullah, logierte. Damals stand im zugigen Restaurant mit den zerschossenen Scheiben nur Bœuf Stroganoff auf dem Menü. Von meinem Fenster aus konnte ich die ununterbrochene Folge sowjetischer Transportmaschinen beobachten, die zur Landung ansetzten und vorher zum eigenen Schutz ihre »flares« abfeuerten. Zu jener Zeit war die eingekreiste Hauptstadt von diversen Mudschahidin-Fraktionen belagert.

Statt dessen beziehen wir unser Quartier in einer kleinen Pension der »Passport Road«, die hinter hohen Mauern eine skurrile Form der Gemütlichkeit pflegt und »Peter's Guest House« genannt wird. Der amerikanische Pächter gehört zu jener Art Menschen, denen man schon einmal in einem Roman Graham Greenes oder John Le Carrés begegnet sein könnte. Der Komfort ist gering und Hygiene ein Fremdwort. Aber es gibt einen kleinen Innengarten, in dem hübsche Blumen wachsen. Die furchterregenden Köche bereiten recht schmackhafte Mahlzeiten zu, und Alkohol fließt »à gogo«.

In meiner Bude muß ich zwar in die Knie gehen, um an den Wasserhahn zu kommen, aber da gibt es sogar einen Tisch und eine Nachttischlampe. Die zahnlose afghanische Putzfrau lächelt mir »halb nackt« – das heißt mit unverhülltem Gesicht – strahlend zu, wenn ich ihr eine Dollarnote zustecke. In einem etwas komfortableren Zimmer kann man das Bett mit schimmernden Messingstangen bestaunen, in dem eine der Frauen Osama Bin Ladens genächtigt haben soll. Kurzum, wir fühlen uns recht wohl in »Peter's Guest House« und sind froh, der Horde meist wichtigtuerischer Kollegen und vor allem jenen unerträglichen Wohltätern der Menschheit entronnen zu sein, die auf Kosten irgendeiner »Non-Governmental Organization« humanitären Tourismus betreiben und im Elend von Exoten eine seltsame Form der Selbstbestätigung suchen.

Die Pension besitzt auch einen anderen unerwarteten Vorteil. Die Mehrzahl der Gäste setzt sich aus Angehörigen der US-Special Forces zusammen, die zur Erholung und bescheidenen Entspannung von ihren Einsatzzonen in den südlichsten Außenprovinzen ein paar Tage nach Kabul geflogen werden. Dort bleiben sie übrigens häufig länger hängen als vorgesehen, weil das Transportsystem des Stützpunktes Bagram offenbar doch nicht so reibungslos funktioniert wie seinerzeit die Basis Danang in Vietnam.

Wir haben uns ausführlich mit diesen kräftigen jungen Männern unterhalten und wenigstens einen Zipfel jenes Vorhangs des Schweigens gelüftet, den das US-Oberkommando über die fortdauernden Operationen von »Enduring Freedom« gebreitet hat. Demnach sind zur Zeit keine großen kriegerischen Aktionen im Gange. Die Tunnelsysteme von Tora Bora, die von der internationalen Presse als perfektionierte unterirdische Anlagen mit klimatisierten Unterkünften, elektronischer »Guidance« und gewaltigen Waffenlagern geschildert wurden, haben sich als höchst primitive Verästelungen natürlicher Gesteinshöhlen erwiesen. Das aufgestöberte Rüstungsgerät – überwiegend aus dem Krieg gegen die Sowjetunion stammend – war spärlich.

Das größte militärische Engagement trug den Namen »Anaconda«. Die letzten Kampfverbände von El Qaida waren da angeblich wie von einer Riesenschlange umklammert worden und standen vor der Vernichtung. Doch wegen ihrer geringen Mannschaftsbestände und vor allem um »american life« zu schonen, wurde die Suchaktion in der Regel irgendwelchen afghanischen Kollaborateuren übertragen. Das war der entscheidende Fehler, »Anaconda« erwies sich als totales Fiasko. Vermutlich war der berüchtigte Mullah Omar, auf dessen Kopf fünf Millionen US-Dollar ausgesetzt sind, ganz simpel auf einem Motorrad entkommen. Nennenswerte Verluste haben die Amerikaner bei diesem »search and destroy« offenbar nicht erlitten, obwohl man bezweifeln darf, daß die Zahl der eigenen Toten in voller Höhe bekanntgegeben wird. CIA-Agenten, die bei dieser Form der Kriegführung eine immer bedeutendere Rolle spielen, halten ihre Personaleinbußen ohnehin geheim.

Mehr und mehr scheinen die Hubschrauber-Commandos ihr Schwergewicht an die pakistanische Grenze zu verlagern und dort auch auf das benachbarte Staatsgebiet überzugreifen. Was die legendären Ausbildungs-Camps von El Qaida betrifft, so handelt es sich um ganz gewöhnliche Ertüchtigungsanlagen. Die Irreführung der Öffentlichkeit war wieder einmal flagrant, was jedoch nicht ausschließt, daß hochqualifizierte Terroristen insgeheim in ganz anderen Verstecken an modernstem Vernichtungsgerät geschult wurden. Doch diese Lehrgänge können auch in isolierten, unansehnlichen Steinhütten stattfinden. Der pakistanische Präsident Musharaf hat längst seine persönliche Überzeugung geäußert, daß der Anschlag vom 11. September nicht aus einer Höhle des Hindukusch dirigiert wurde.

Bemerkenswert ist die geringe Zahl der in Afghanistan eingesetzten amerikanischen Bodentruppen. Die Angabe von achttausend GIs dürfte nicht wesentlich überschritten werden, und davon kommt nur ein Bruchteil für den infanteristischen Einsatz in Frage. Die Russen waren seinerzeit mit mehr als hunderttausend Soldaten präsent. Die wirkliche Stärke des Pentagon ist wieder einmal die Air Force. Die riesigen B-52 hatten zwar schon in Vietnam mit ihren Bombenteppichen pausenlos versucht, den Ho-Tschi-Minh-Pfad lahmzulegen. Die Flächen-Vernichtungswaffe, die den lieblichen Namen »Daisy Cutter – Gänseblümchen-Schnitter« trägt und im Umkreis von hundert Metern alles Leben auslöscht, wurde auch schon über den Dschungeln Indochinas abgeworfen. Seitdem sind jedoch die Smart Bombs und jene Vakuumbomben hinzugekommen, die den Erstickungstod herbeiführen. Die Präzision und die Durchschlagskraft dieser Hightech-Waffen setzen den flüchtigen Partisanenhaufen hart zu. Doch auch darauf – so erfahren wir von unseren Tischkumpanen in »Peter's Guest House« – reagieren die paschtunischen Freischärler mit instinktivem Überlebensreflex und beachtlichem Anpassungsvermögen. »Der Krieg in Afghanistan hat doch noch gar nicht richtig begonnen«, brummt ein schwarzer Master-Sergeant, bevor er in Richtung Bagram verschwindet.

Die jungen Männer der Special Forces, mit denen wir abends zum Bier oder zum Whisky zusammenkommen, sind keine großen Strategen. Mir fällt auf, daß das intellektuelle Niveau dieser

Elitetruppe seit dem Einsatz der »Green Berets« in Vietnam stark abgesunken ist. Den größten Teil der Freizeit verbringen sie vor dem Bildschirm und verfolgen – ihr Chewing-gum kauend – die akrobatischen Heldentaten irgendwelcher Supermänner, die natürlich stets dem Guten, das heißt der Sache der USA, zum Sieg verhelfen. Die brutalen Videobänder zeichnen sich durch betrübliche Einfalt aus.

Insgesamt sind sie nette Kerle, obwohl man ihnen nicht im Bösen begegnen möchte. Wie diese einfachen Naturen allerdings mit der Unberechenbarkeit ihrer zentralasiatischen Widersacher zurechtkommen, bleibt uns schleierhaft. Angeblich werden sie – von bezahlten Agenten informiert – zum Aufspüren von Sprengstoff und schweren Waffen eingesetzt, haben auch schon eine Menge Material bei den Eingeborenen konfisziert – die Frauen müssen dann stets in einem getrennten Raum eingeschlossen werden – und belassen den Männern sogar ihre Kalaschnikow. Eines ist sicher: Ihren »Job« in dieser verfluchten, freudlosen Gebirgswelt haben sie gründlich satt. Der Sold liegt relativ hoch – bei sechzigtausend US-Dollar im Jahr, zusätzlich Einsatz- und Gefahrenzulagen –, und viele träumen davon, am Ende der Dienstzeit in einem billigen lateinamerikanischen Land eine »Finca« zu erwerben. Doch schon hat der eine oder andere seinen neuen Marschbefehl in der Tasche, und der weist in Richtung Irak. Was ihre afghanischen Verbündeten betrifft, so machen sich die kriegerischen »Babbitts« keine Illusionen. So erheitern sie sich an einer Karikatur aus den USA, auf der ein paschtunischer Bandenführer seinen Kumpanen einschärft: »Denkt daran – bleibt friedlich genug, um den Amerikanern ein paar Hoffnungen zu belassen, und sorgt für ausreichend Krieg, damit sie weiterhin Geld ausgeben!«

Über nachrichtendienstliche Erkenntnisse verfügen unsere »Fronturlauber«, die im Süden mit kleinen Detachments der 82. Airborne Division zusammenarbeiten, natürlich nicht. Die werden auf höherem Niveau gehandelt und den europäischen Verbündeten von den Verantwortlichen der CIA und des CID extrem zögerlich übermittelt. Durch meine afghanischen Vertrauten erfahre ich, daß der vorrangige Gegner der Amerikaner am Hindukusch schon gar nicht mehr Osama Bin Laden heißt, sondern Gulbuddin Hekmatyar, und dieser Mudschahidin-Kommandeur ist mir seit langem persönlich bekannt.

*

Es war im Juli 1981, bevor ich ins Kampfgebiet aufbrach, da hatte ich diesen »Ingenieur«, wie er sich trotz des abgebrochenen Studiums nennen ließ, in seinem Hauptquartier von Peshawar aufgesucht. Hekmatyar stand an der Spitze der Hezb-e-Islami, der »Islamischen Partei«, und galt bei den westlichen Beobachtern als Fundamentalist und »Deobandi«. In einem verschachtelten Gebäude, das zur Festung ausgebaut und von schwerbewaffneten Posten umstellt war, bin ich dem hageren Mann zum ersten Mal begegnet. Gulbuddin Hekmatyar war zu jener Zeit etwa dreißig Jahre alt. Er verheimlichte seine Überzeugungen nicht. Seine Bewegung – vom ehemaligen pakistanischen Staatschef General Zia-ul-Haq bevorzugt – stand in vorderster Front gegen die sowjetische Invasion, lehnte jedoch im Gegensatz zu anderen Widerstandsgruppen jeden direkten Kontakt zu den Agenten der USA strikt ab, obwohl sie auf deren Waffenlieferungen weitgehend angewiesen war.

Der oberste Führer der Hezb-e-Islami stand damals schon seit sieben Jahren in Auflehnung gegen die Staatsgewalt. Seine Freunde, junge Militärs und Studenten, hatten 1974 gegen das autoritäre Regime des Präsidenten Daud im Namen des militanten Islam geputscht und waren fast alle hingerichtet worden. Hekmatyar sprach mit leiser, beherrschter Stimme auf dari. Er war auch des Englischen mächtig. Sein Blick war leicht verschleiert und nach innen gekehrt, wie das bei frommen und zutiefst engagierten Muslimen oft der Fall ist. Das schmale Antlitz war streng wie das eines mönchischen Inquisitors. Durch die hohe Kopfbedeckung und den spitz zulaufenden Bart wurde es zusätzlich in die Länge gezogen. Hekmatyar gab im Hinblick auf die muselmanische Bevölkerung Sowjetisch-Zentralasiens eine kühne, ja vermessene Erklärung ab: Ziel der Hezb-e-Islami sei nicht nur die Befreiung Afghanistans, sondern aller Glaubensbrüder, die jenseits des Amu Daria dem Joch der Fremdherrschaft und der Gottlosigkeit ausgesetzt blieben.

Das klang zu jenem Zeitpunkt geradezu wahnwitzig. Aber am Ende hat er recht behalten. Der Ruf Hekmatyars ist heute nicht unumstritten. Die sowjetische Propaganda hatte ihn zur vorrangigen Zielscheibe ihrer Kampagne gemacht und stellte ihn auf ihren Plakaten stets mit blutverschmiertem Gesicht dar. Indem sie einer strikt koranischen Religionsauslegung und auch egalitären Thesen anhing, hatte sich die Hezb-e-Islami mit vielen afghanischen Feudalherren überworfen. Sie wurde auch von all jenen Mullahs mißtrauisch abgelehnt, die im Aberglauben ihrer Sufi-Bräuche verharrten. Nach Abzug der Russen und dem Sturz des roten Diktators Nadschibullah wurde Hekmatyar in die Wirren der afghanischen Bruderfehden verstrickt, war vorübergehend Verteidigungsminister und sogar Regierungschef unter dem tadschikischen Präsidenten Rabbani. Mit seinem früheren Weggenossen Ahmed Schah Massud hatte er sich überworfen, und beide Partisanenführer trugen mit ihren Granaten und Katjuschas dazu bei, weite Teile der Hauptstadt in ein Trümmerfeld zu verwandeln.

Von den Taleban hatte sich Hekmatyar gleich zu Anfang distanziert. Seine Interpretation des Islam – so rigoros sie auch war – vertrug sich nicht mit den stupiden Exzessen dieser »Schwarzen Khmer«. Er fand Zuflucht im Iran, obwohl er den dortigen Ayatollahs nicht geheuer war. Nach dem Siegeszug der Nord-Allianz im Herbst 2001 entkam Hekmatyar seinen persischen Bewachern, kehrte nach Afghanistan zurück und übernahm – in Ermangelung eines anderen paschtunischen Führers von Rang – das Kommando über seine ehemaligen Anhänger und auch über jene versprengten Taleban-Reste, die auf eine charismatische Persönlichkeit seines Formats angewiesen waren. Mein Kontakt zu Hekmatyar war nach 1981 nicht abgebrochen. Während der sowjetischen Okkupation reiste er gelegentlich nach Bonn, wo er Gespräche im Rahmen der Friedrich-Ebert-Stiftung führte. Wir haben uns zweimal am Rhein zum afghanischen Essen in einer gemeinsamen Runde mit seinen in Deutschland lebenden Gefährten getroffen.

Haben die Iraner Hekmatyar absichtlich aus seinem Hausarrest von Teheran entkommen lassen, um die Amerikaner und deren Protegé Hamed Karzai in neue Komplikationen zu verwickeln? Schon haben die US-Special Forces in Zusammenarbeit mit dem FBI verlauten lassen, daß sie eine aktive Kooperation Hekmatyars mit dem ehemaligen »Army-Chief« der Taleban, Maulvi Jalaluddin Haqqani, aufgedeckt hätten und daß sich im Umkreis dieser beiden Männer der bewaffnete Widerstand der benachteiligten Paschtunen-Stämme gegen das proamerikanische Regime in Kabul zu organisieren beginne. »Amerikanische ›Intelligence‹ hat erbracht, daß afghanische Feldkommandeure mit Hekmatyar und Haqqani neuerdings zusammenarbeiten und dazu übergehen, die Karzai-Regierung auf niedrigem Niveau zu attackieren«, heißt es in einem Rapport. Das Attentat gegen Präsident Karzai Anfang September 2002 sei das Werk von Anhängern Hekmatyars gewesen. »Neue Erkenntnisse haben ergeben, daß Gulbuddin Hekmatyar und dessen Anhänger – weit mehr als die Überbleibsel von El Qaida oder die früheren Taleban – den US-Streitkräften in Afghanistan zusehends Schaden zufügen. Deshalb wurde eine Serie von Geheimoperationen in Gang gesetzt, um Hekmatyar zu liquidieren, um diese neue Gefährdung amerikanischer Interessen auszuschalten.«

Offenbar funktioniert das alte Verschwörungsnetz der Hezb-e-Islami und ihres eindrucksvollen, ein wenig unheimlichen Kommandeurs schon wieder recht effizient. Ich werde nämlich in Kabul durch einen Sympathisanten der Islamisten kontaktiert. In der Chicken Street, wo mit Teppichen und gefälschten Antiquitäten gehandelt wird, geleitet er mich zu einem diskreten Verbindungsmann, der die Grüße Hekmatyars übermittelt. Eine persönliche Begegnung sei viel zu beschwerlich und extrem gefährlich, aber der Führer der Hezb-e-Islami sei bereit, meine Fragen zur aktuellen Situation schriftlich zu beantworten. Aus Zeitgründen hat die Übermittlung dieser Aussagen in Kabul nicht mehr stattfinden können. Nach Europa zurückgekehrt, hat mich diese Stimme aus dem Untergrund auf Umwegen, die ich hier nicht beschreiben will, jedoch erreicht. Die Botschaft Hekmatyars gebe ich in gekürzter Form wieder.

Der Kommandeur der Hezb-e-Islami vergleicht die Aktion der USA mit dem Fehlschlag des sowjetischen Expansionsstrebens und sogar mit der gescheiterten Eroberungspolitik Adolf Hitlers. »Ich bin davon überzeugt«, so erklärt er wörtlich, »daß der begonnene Widerstand gegen die US-Truppen von Tag zu Tag intensiver wird. Die Bush-Administration ist bemüht, Informationen über die ablehnende Haltung der Afghanen gegenüber der amerikanischen Präsenz, über den Zustand des Krieges, über die Höhe der eigenen Verluste und über die ständige Zunahme der Angriffe auf ihre militärischen Basen der eigenen Öffentlichkeit vorzuenthalten. Auf Dauer kann diese Täuschung jedoch nicht von Erfolg sein. Der Druck der amerikanischen Bevölkerung auf die Bush-Administration wird zunehmen und sie zwingen, ihre Soldaten aus Afghanistan abzuziehen.«

Über die Taleban äußert sich Hekmatyar nuanciert. Die »Koranschüler« hätten selbst in abgelegenen Regionen für eine Sicherheit gesorgt, die heute nicht einmal im Zentrum der Hauptstadt Kabul vorhanden sei. Sie seien auch – im Gegensatz zu den heutigen Behörden – energisch gegen die Opiumproduktion vorgegangen. Aber diese Bewegung habe eine völlig unzureichende Kenntnis des Islam besessen und sich durch ihr rücksichtsloses, grobes Auftreten unbeliebt gemacht.

Das Hochkommen von El Qaida betrachtet er als eine zwangsläufige Folge der amerikanischen Bevormundung der arabischen Länder und der verfehlten Palästinapolitik Washingtons. »Die Auflehnung gegen die US-Hegemonie«, so führt Hekmatyar aus, »benötigte eine Führung, um sich in eine lebendige Organisation umzuwandeln. Osama Bin Laden hat diese Funktion übernommen. Sollten die Amerikaner jedoch meinen, durch die Ausschaltung prominenter Persönlichkeiten oder durch Verhaftung von Aktivisten den islamischen Widerstand reduzieren zu können, erliegen sie einem schweren Irrtum. Wenn ein Osama Bin Laden ums Leben kommt, sind viele andere da, um seinen Platz einzunehmen.«

Über das Regime des Präsidenten Hamed Karzai fällt das Urteil kategorisch aus: »Diese Regierung Karzai ist der verlängerte Arm der USA. Die beherrschende Persönlichkeit hinter Karzai ist der Sonderbeauftragte des amerikanischen Präsidenten, Zalmay Khalilzad, und diese Clique, die über keinerlei Kontrolle im Land verfügt, wird unmittelbar nach dem Abzug der Amerikaner untergehen.«

Für die in Kabul stationierten deutschen Soldaten der ISAF-Brigade ist folgende Aussage von Bedeutung: »Während die Truppen der USA und ihre Verbündeten gegen das afghanische Volk einen ungerechten Krieg führen und täglich Dutzende wehrloser Afghanen ihr Leben verlieren, spielt die sogenannte ›International Security Assistance Force‹ die Rolle einer schmerzlindernden Tablette. ISAF legitimiert die verbrecherischen Ziele amerikanischer Kriegführung. Die amerikanischen Einheiten bezeichnen sich ebenfalls als Friedenstruppe. Die Afghanen sind zu dem Ergebnis gekommen, daß die Präsenz ausländischer Soldaten in ihrem Land keinerlei Garantie für Frieden und Sicherheit bietet, sondern daß sie Unfrieden und Unsicherheit stiftet. Die Funktion von ISAF dient der Konsolidierung einer verräterischen Räuberbande, die ihre Willkürherrschaft über das afghanische Volk ausübt.«

Erst nach Ausschaltung sämtlicher ausländischen Einflüsse, so meint der Verantwortliche der zur Zeit stärksten Widerstandsbewegung am Hindukusch, ließen sich die Probleme Afghanistans auf dem Wege dauerhafter Verständigung und Versöhnung lösen.

## Russisches Roulette

*Mazar-e-Scharif, im September 2002*

Wir sind ganz froh, eine Maschine der Vereinten Nationen zu besteigen und einen Abstecher in die Provinz Balq zu unternehmen. Über Kabul ist ein heftiger Sandsturm aus dem Norden aufgekommen. Der Wind wirbelt unsäglichen Unrat, Müll, Fäkalien und alle möglichen Krankheitserreger auf. Wer konnte von dieser Hindukusch-Metropole mit der schäbig blauen Freitagsmoschee am verdreckten Fluß und dem erbärmlichen Regierungsviertel, die insgesamt ein abscheulicher »Suq« ist, nur behaupten, sie sei einst eine »Perle des Orients« gewesen?

Der nördliche Schwerpunkt Afghanistans, Mazar-e-Scharif – »Grab des Edlen« –, liegt nur fünfzig Kilometer südlich des Amu Daria und der usbekischen Grenzstadt Termes. Die staubige Ebene, auf der noch brütende Hitze lastet, verweist bereits nach Samarkand und Buchara. Achtzehn verschiedene Rassen sind in Mazar-e-Scharif vertreten. Der Mittelpunkt dieser Stadt ist eine mächtige Moschee, in der angeblich der Vetter und Schwiegersohn des Propheten, Ali Ibn Abi Talib, der Stammvater der schiitischen Glaubensrichtung, auf wunderbare Weise bestattet wurde. Ein weißes Kamel hatte den Leichnam dieses »Scharif« aus dem fernen Mesopotamien in die fromme Landschaft Baktriens transportiert. Das Gebetshaus ist von

Rosengärten und feierlichen Höfen umgeben. Schon aus der Ferne leuchten die blau-grünen Kacheln und Blumenornamente. Die Kuppel und die Minarette verraten den Einfluß iranischer Architekten.

Wir spüren gleich, daß die Atmosphäre gespannt ist an diesem riesigen Marktplatz, der sich durch die Produktion knallroter, häßlicher Teppiche hervortut. In der nahe liegenden Festung Qala-Jangi war es nach der Eroberung der Stadt durch die Nord-Allianz zum verzweifelten Aufstand gefangener El Qaida- und Taleban-Kämpfer gegen ihre sadistischen Wächter und Peiniger gekommen. Die Revolte endete in einem Gemetzel. Noch unlängst ließ der Usbeken-General Abdurraschid Dostom, wohl der brutalste War Lord Afghanistans, tausend seiner Gegner in verschlossenen Containern zur Kerkeranlage von Sheberghan abtransportieren. Tagelang blieb der Konvoi in der glühenden Hitze stehen. Als die riesigen Blechkisten geöffnet wurden, waren die meisten Insassen verdurstet oder erstickt. Die schwärzlichen Kadaver wurden eilig in Massengräbern verscharrt. Die Taleban waren übrigens ebenso grausam mit den schiitischen Hazara umgegangen.

Dostom hatte einst auf seiten der Sowjetunion gekämpft, dann seinen Gönner Nadschibullah verraten; schließlich war er zwischen Ahmed Schah Massud und Gulbuddin Hekmatyar hin- und hergependelt. Vor den Taleban war er in die Türkei geflüchtet und kehrte von dort rechtzeitig zurück, um mit seiner usbekischen Horde am Siegeszug der Nord-Allianz teilzunehmen. Offiziell gehört Dostom als stellvertretender Minister dem Kabinett Karzai an, aber er läßt sich höchst selten in Kabul blicken.

Nichts ist einfach in Mazar-e-Scharif. Dostom ist hier kein uneingeschränkter Despot. Ihm steht ein tadschikischer General kampfbereit gegenüber. Er heißt Mohammed Atta – nicht mit dem Hauptattentäter von New York zu verwechseln –, den man im Volk »Ustaz«, also »Meister« oder »Professor« nennt. Im Gegensatz zu der furchterregenden Killervisage Dostoms beeindruckt mich der tadschikische »General« durch sein extrem soigniertes Auftreten. Er trägt schwarzen Anzug, schwarze Krawatte und ein blütenweißes Hemd. Der Bart ist sorgfältig gestutzt, was dem kühn geschnittenen Profil ein assyrisches Aussehen verleiht. Draußen wimmelt es von Bewaffneten, die inzwischen alle gescheckte

Tarnuniformen tragen, aber im Hauptquartier des »Ustaz« geht es sehr zivilisiert zu.

Entgegen allen vorliegenden Informationen behauptet Mohammed Atta, sein Verhältnis zu Dostom, der sich zur Stunde bei seinem usbekischen Protektor Islam Karimow, dem Präsidenten Usbekistans, in Taschkent aufhält, sei vorzüglich. Man habe sich über die jeweiligen Einflußzonen geeinigt. Offenbar ist von amerikanischer Seite massiver Druck ausgeübt worden, um in der Provinz Balq wieder halbwegs ordentliche Verhältnisse zu schaffen. In Mazar-e-Scharif und Umgebung scheint die CIA ähnlich allmächtig zu sein, gewissermaßen als eigene Waffengattung zu agieren, wie einst während des Vietnamkriegs im heiß umkämpften Königreich Laos. Trotzdem sollen die Scharmützel immer wieder aufflackern, zumal sich den beiden Kontrahenten, dem Tadschiken und dem Usbeken, noch ein dritter Rivale zugesellt hat.

Am Nachmittag sind wir zu einem historischen Ausflug nach Osten aufgebrochen. Unser Ziel, die Stadt Balq, ist nur zwanzig Kilometer entfernt. Hier hatte einst Alexander der Große prachtvoll Hof gehalten. Baumwollfelder dehnen sich beiderseits der Straße. In dieser Metropole des antiken Baktrien hatte später auch der gefürchtete »Amir-el-Kabir« Tamerlan residiert. Von siebzig öffentlichen Bädern, die damals in Balq existierten, ist ein einziges »Hammam« übriggeblieben. Zwei Droschken werden von winzigen Pferden mit knallrotem Troddelschmuck gezogen. Sie traben an unförmigen Lehmruinen entlang, die angeblich auf den großen Makedonier zurückgehen. Die Ortschaft wirkt wie ausgestorben. Neben den kunstvoll gedrechselten Kachelpfeilern einer verträumten Moschee haben sich zwei Dutzend Knaben zum Koranunterricht niedergekauert. Ihre hellen Stimmen vermischen sich mit dem Vogelgezwitscher in den weit ausladenden Bäumen. Der Fahrer macht mich beim Rückweg nach Mazar-e-Scharif auf einen Felsblock aufmerksam, an dem angeblich der frühiranische Legendenheld Rostam, Sohn des Zer, dessen Taten im »Buch der Könige« verewigt sind, auf seinen epischen Wanderungen gerastet hat.

In Mazar-e-Scharif bin ich, ohne aufgehalten zu werden, bis zum Grab des »Hazret Ali« vorgedrungen, das in massives Gold und Silber gebettet ist. Drei alte Mullahs haben mich in ihre blaue

Nische zum Tee eingeladen. Die Verständigung ist schwierig. »Govoritje po-russki?« fragt der eine. Am Ende erfahre ich, daß die frommen Männer der Naqschbandiya-Bruderschaft angehören. Zumindest dieses Heiligtum, das von weißen Tauben umkreist wird, ist von den Verwüstungen des Krieges verschont geblieben.

Meine Gedanken schweifen zum Sommer 1979 zurück, als die kunstvolle Kachelfront der Moschee durch ein rotes Propagandaplakat der kommunistischen Khalq-Partei verunstaltet und entweiht worden war. Die Russen waren noch nicht einmarschiert, und der »Khalqi« Hafizullah Amin übte in Kabul sein grausames Regiment aus. Irgendwie haben sie mir damals imponiert, die jungen Kommunisten der »Volkspartei« von Mazar-e-Scharif und vor allem ihre ideologisch engagierten Genossinnen. In ihrer zutiefst islamischen Heimat bildeten sie eine verschwindende Minderheit. Es gehörte sehr viel Kühnheit und Idealismus zu dem verzweifelten Versuch, die proletarische Weltrevolution, den Kampf gegen den Feudalismus, die Forderung nach weiblicher Emanzipation in diesem archaischen Rahmen zu verwirklichen. Die kleine Schar der Marxisten war in ihrem Parteibüro verbarrikadiert. Die Genossen trugen die bei ihnen üblichen Stalin-Schnurrbärte. Die Mädchen hatten Schleier und Kopftuch durch rote Blusen und enge Röcke ersetzt, die die Waden freiließen. Auch die Männer hatten rote Hemden an. Sogar die Tische waren mit knallroten Tüchern bedeckt. Unter dem roten Khalq-Wappen blickte lediglich ein Leninkopf aus Gips bleich und erstarrt auf diese monochrome Farbenorgie. Die Kalaschnikow-Gewehre standen stets in Reichweite, denn die Attentate auf die gottlosen Kommunisten häuften sich.

Diese Revolutionäre waren als Landesverräter abgestempelt, als Handlanger der Russen und – was schlimmer war – als Abtrünnige des Islam. Die »Rothemden« erklärten uns, daß die Alphabetisierung der Massen ihre vordringlichste Aufgabe sei. Mit ihrem Wortführer fuhren wir zu einem Baumwollager, wo die weißflockige Ernte für den Versand zu großen Ballen zusammengepreßt wurde. Hier war gerade eine theoretische Unterrichtung der Arbeiter im Gange. Eine junge Parteigenossin stand mit Kreide und Zeigestock vor der Tafel, pinselte arabische Schriftzeichen aufs Brett und forderte die Anwesenden auf – einmal eine Frau mit Kopftuch, dann einen alten Turbanträger –, die Lettern zu entziffern. Der alte Arbeiter tat sich schwer bei dieser Lektüre, aber er brachte den Satz zu Ende. »Der Kampf der Khalq-Partei gegen den Analphabetismus ist die wichtigste Mission der Regierung«, druckste er. Ringsum war das Gelände durch bewaffnete Milizionäre abgeschirmt.

In den folgenden Jahren haben diese unerschrockenen Weltverbesserer ihren fehlgeleiteten Fortschrittswahn vermutlich mit dem Leben bezahlt, aber im Rückblick erscheinen sie mir ehrenwerter als die opportunistischen Geschäftemacher, die sich heute in der Umgebung des Interimspräsidenten Karzai tummeln und die Lüge einer demokratischen Erneuerung vortragen.

*

Zu Fuß bin ich in der Dämmerung in den häßlichen Hotelkasten »Barat« zurückgekehrt, wo wir erbärmlich untergebracht sind. Das Kamerateam dreht noch die Abendstimmung. Auf der Suche nach dem Etagenschlüssel irre ich durch die düsteren Gänge der stinkenden Herberge. Von einem unbekannten Nachbarn werde ich gastlich in dessen Zimmer zum Tee eingeladen. Nur Zafar Khan ist auf den ersten Blick eine undurchsichtige Erscheinung. Seiner Visitenkarte zufolge arbeitet er für eine internationale Organisation mit Schwerpunkt in Pakistan. Sein Auftreten wirkt ebenso ölig wie sein glatt gestriegeltes Haar. Die Spionitis ist weit verbreitet in Mazar-e-Scharif, wo angeblich die Russen mit vorbildlicher Diskretion schon wieder einflußreiche Positionen im Erdgas- und Ölgeschäft besetzen und die unentbehrlichen Waffenlieferanten für die diversen Kriegshaufen bleiben.

»Sie sind doch in Islamabad mit General Hamed Gul zusammengetroffen?« erwähnt Zafar Khan nebenbei. Woher wußte er nur, daß ich bei meinem kurzen Zwischenaufenthalt in der Hauptstadt Pakistans – in diesem orientalischen Brasilia, wo die kolossale, häßliche Feisal-Moschee ihre spitzen Minarette wie Atomraketen in den Himmel richtet – mit dem ehemaligen Chef des Geheimdienstes ISI verabredet war? Hamed Gul, den ich in einer relativ bescheidenen Villa des ehemals britischen »Cantonment« der Garnisonsstadt Rawalpindi aufgesucht hatte – nur zwanzig Kilometer von Islamabad entfernt –, war zwar längst aus politischen Gründen in den Ruhestand versetzt. Aber sein Einfluß blieb wohl beachtlich bei den hohen Militärs, die seit der Staatsgründung Pakistans die wirkliche Macht verkörpern. Mit dem jetzigen Präsidenten, General Pervez Musharaf, der sich den Amerikanern zugewandt hat, unterhält Hamed Gul eine angespannte Beziehung und wird aktiver Sympathie für die Islamisten verdächtigt.

Wie hatte Nur Zafar Khan von meiner heimlichen Begegnung mit dem ehemaligen Intelligence-Chief erfahren, dessen Auftreten zutiefst vom britischen Militärdrill geprägt war? Natürlich gab ich den Inhalt des Gesprächs, das ich in Rawalpindi geführt hatte, nicht preis. General Hamed Gul hatte die erstaunliche Expansion der USA in Zentralasien mit dem hinterhältigen Bestreben Moskaus erklärt, dem ehemaligen Gegner des Kalten Krieges in dieser unbezähmbaren Weltgegend ein ähnliches Schicksal zu bereiten, wie es die Sowjetunion nach 1979 erlitten hatte. Er verwies mich diesbezüglich auf eine Studie des russischen Generals Gromow.

Aber, so argumentierte er, all das sei nur ein Vorgeplänkel. Ihn faszinierte die unvermeidliche Konfrontation, die sich zwischen Washington und Peking anbahnte. Die USA seien darauf aus, die Volksrepublik China von ihren unentbehrlichen Energiequellen in Zentralasien abzuschneiden. Ähnlich habe es ja Präsident Franklin D. Roosevelt mit den Japanern im Jahr 1941 getrieben, als er dem General Tojo jedwede Petroleumlieferung verweigerte. Der Pazifikkrieg sei dadurch für Nippon unvermeidlich geworden. Es würde mich wundern, wenn Hamed Gul, der bei den einfachen Leuten hohen Respekt genießt, nicht unterderhand noch manche Fäden zöge. Wie allmächtig dort der Generalstab ist, läßt sich daran ermessen, daß die Kaschmir- und auch die Afghanistan-Frage dem Zugriff der zivilen Regierungen von Islamabad stets entzogen blieb. Die Militärs hatten der Premierministerin Benazir Bhutto sogar jede präzise Kenntnis und die Besichtigung der nuklearen Produktionsstätten Pakistans strikt verweigert.

Nur Zafar Khan, mein Zufallsbekannter im Barat-Hotel, genießt meine Überraschung. Was mich denn in Islamabad besonders beeindruckt habe, fragt er lauernd. Da kann ich ihm eine offene Antwort geben. Es war das seltsame Denkmal in Form eines künstlich aufgeschütteten Berges, die Nachahmung jener Höhe, unter der die erste pakistanische Atombombe explodierte. Dieses Nuklear-Monument, das mir, in gleicher Ausführung, auch in Rawalpindi aufgefallen war, gilt nunmehr als trotziges Wahrzeichen der Islamischen Republik Pakistan. »Wir stehen in dieser Weltgegend erst am Anfang einer total unberechenbaren Entwicklung«, bemerkt Zafar Khan; »selbst die Generale von Rawalpindi haben die Kontrolle über die Elendsmetropole Karatschi mit ihren vierzehn Millionen Menschen längst verloren. In Pakistan ist alles möglich. Da reden die westlichen Journalisten von einer Neuauflage des ›Great Game‹. In Wirklichkeit wird hier Russisches Roulette gespielt.«

Von der blauen Moschee hallt die Stimme des Muezzin; sein Aufruf zum Abendgebet unterbricht unsere Konversation, die stellenweise in ein Verhör auszuarten droht. Mit dem Nahen der Sperrstunde erstirbt jede Aktivität entlang der schnurgeraden Bazar-Allee. Die weißen Tauben – ihrer Symbolbedeutung für den Weltfrieden längst beraubt – flattern nicht mehr über dem »Grab des Edlen«.

# IRAK
# Teufelsaustreibung am Tigris

## Am Anfang stand Abraham

*Ur in Chaldäa, im Februar 2002*

Der Mondtempel von Ur, dem Gott Nanna-Sin geweiht, ragt wie eine Abschußrampe aus geschichteten Ziegelsteinen in den gelblichen Himmel von Chaldäa. Wir sind nur zwanzig Kilometer vom Euphrat entfernt, und schon umfängt uns die triste Unendlichkeit der Arabischen Wüste. Sie erstreckt sich – von ein paar Oasen unterbrochen – bis zum Roten Meer. Die Sonne des späten Nachmittags senkt sich mit subtropischer Plötzlichkeit. Aber dann scheint sie eine Weile innezuhalten, ruht über der steilen Treppe des Ziggurat, wird zum Feuerball wie eine explodierende Atombombe, die den Dunst des Firmaments zerreißt. Zur Linken steht bereits ein blasser Mond, nicht die volle Scheibe, »el Badr«, die die Beduinen als Ausdruck perfekter Schönheit bewundern, sondern jene Sichel, »Hilal« genannt, die zum Symbol des Islam geworden ist.

Die Botschaft des Propheten Mohammed hat längst über die Astralkulte des vorchristlichen Altertums gesiegt, das – unweit des Persischen Golfs – in die fernsten Ursprünge der Menschheit zurückreicht, in die Sagenwelt des Helden Gilgamesch mit seinem treuen, halb tierischen Gefährten Enkudu. Die gut erhaltenen Konturen des Königspalastes geben Kunde vom Reich der Sumerer, die bereits 4000 Jahre vor unserer Zeitrechnung ihre Hochkultur sowie die erste Keilschrift entwickelten. Durch die von Norden vorrückenden Semiten wurden sie erst viel später verdrängt.

Warum verweile ich an dieser Stelle, die mehr zur archäologischen Forschung als zur Analyse modernen Zeitgeschehens einlädt? Im August 1998 war ich bereits bis zum südlichsten Rand Mesopotamiens vorgedrungen. Ich hatte für diesen Ausflug die christlich-islamische Konferenz unterbrochen, zu der Saddam Hussein, der neue Nebukadnezar, Repräsentanten sämtlicher Konfessionen in Bagdad versammelt hatte. Als einziger Laie war ich aus unerfindlichen Gründen zu dem Treffen eingeladen worden. Es war eine Kundgebung religiöser Toleranz, die man dem unerbittlichen irakischen Diktator gar nicht zugetraut hätte, die aber der säkularen Doktrin seiner national-arabischen Baath-Partei und ihres Gründers, des griechisch-orthodoxen Christen Michel Aflaq, durchaus entsprach. Am gleichen Tag war der französische Kurienkardinal Etchegaray nach Ur aufgebrochen, wohl um das Gelände zu erkunden für eine Pilgerreise Johannes Pauls II., die auf Grund politischer Querelen und amerikanischer Pressionen zum großen Kummer des Papstes abgesagt werden mußte.

Wenn wir der heiligen Überlieferung der Juden, der Christen, der Muslime Glauben schenken, hat in Ur alles seinen Anfang genommen, denn hier weidete Abraham seine Herden am Rande der sumerischen Städte. Hier wurde dem Erzvater, den die Muslime als »Hanif« verehren, die erste Offenbarung zuteil von der Existenz des einzigen Gottes, der keine Götzen neben sich duldet, eines himmlischen Alleinherrschers und Erbarmers, der weder ergründet noch dargestellt werden darf. Dieser Durchbruch zum Monotheismus war eine Schicksalsstunde in der Geistesgeschichte der frühen Menschheit, die bislang in Verehrung und Furcht vor einem Pandämonium tierähnlicher Idole, blutgieriger Monster oder ausschweifender Fruchtbarkeitssymbole dahindämmerte. Eine solche Erleuchtung konnte wohl nur in der asketischen Einsamkeit der Wüste und ihrer mineralischen Unendlichkeit aufkommen.

In der unerträglich heißen Mittagsstunde des August 1998 – der Sandsturm verwandelte die Sakralstätte von Ur in einen Feuerofen – hatte sich ein ärmlich gekleideter Beduine mit rot-weiß gescheckten Keffiyeh mir zugesellt. Von der Höhe des heidnischen Mondtempels verwies er auf einen verstaubten Palmenhain. »Dort hatte Ibrahim« – so nennen die Araber den gemeinsamen semitischen Urahnen – »seine Zelte aufgeschlagen und seine Frauen zum Wasserholen ausgeschickt.« Hier hatte der Nomade

Abraham den gebieterischen Auftrag seines Gottes Jahwe vernommen, mit seiner Sippe nach Norden aufzubrechen und in endloser Wanderung – dem Euphrat bis in die heutige Türkei folgend, dann jäh nach Süden abbiegend – bis zu jenem gelobten Land Kanaan vorzudringen, das ihm als Siedlung und auch als Grabstätte zugewiesen war.

Aus der Nachfolge Ibrahims stammt jener unerbittliche Erbstreit, der bis in die Gegenwart andauert. Die mörderische Konfrontation, die heute zwischen Juden und Arabern entbrannt ist, wurde durch eine seltsame Fügung zum Kristallisationspunkt jenes mythisch anmutenden »Kampfes gegen das Böse«, zu dem der amerikanische Präsident George W. Bush nach dem Anschlag des 11. September 2001 aufgerufen hat. Aus der abrahamitischen Urlegende klingt die göttliche Verheißung, die der israelische Regierungschef Ariel Sharon wohl zur heimlichen Leitlinie seiner unbeirrten Expansionspolitik gemacht hat. »An dem Tag schloß der Herr einen Bund mit Abraham und sprach: Seinen Nachkommen will ich dieses Land geben, von dem Strom Ägyptens bis an den großen Strom Euphrat«, heißt es im Ersten Buch Moses.

Abraham, so besagt die biblische wie auch die koranische Überlieferung, hatte von seiner jüdischen Frau Sarah einen Sohn namens Isaak, der zum Stammvater Israels wurde. Im Alten Testament steht zu lesen, daß Abraham mit seiner Nebenfrau und Magd Hagar einen anderen Sohn zeugte, den er Ismail nannte und der mitsamt seiner Mutter auf Betreiben der eifersüchtigen Sarah in die Einöde verstoßen wurde. Selbst die Heilige Schrift der Hebräer bescheinigt diesem Ismail, daß er der Gründer eines gewaltigen Volkes wurde. An dieser Stelle setzt die Abweichung, die spezielle Auslegung Mohammeds ein. Er sieht nicht in Isaak mitsamt den aus ihm hervorgegangenen Kindern Israel die Erwählten des Herrn, sondern in dem verlassenen Sohn Ismail. Der Wille Allahs hatte es gefügt, daß Ibrahim mit Ismail in das heutige Hedschas verschlagen wurde und daß beide gemeinsam im Raum von Mekka das »geweihte Haus«, das »Beit-el-Haram«, rund um die Kaaba errichteten. An Ismail, so heißt es in der muslimischen Überlieferung, und nicht an dessen Halbbruder Isaak wurde die totale Gottergebenheit Ibrahims erprobt, als dieser von Allah zur Opferung des eigenen Sohnes aufgefordert wurde und lediglich die Intervention des Engels im letzten Augenblick diese Bluttat verhinderte. Der Hadsch, die Pilgerfahrt nach Mekka, die die frommen Muslime als einen Höhepunkt ihres Lebens betrachten, gipfelt in einem Opfer, das Allah offeriert wird. Meist wird ein Hammel, ein möglichst makelloses Tier, geschlachtet in Erinnerung an jenen Hammel, den Ibrahim als Ersatz für Ismail seinem Gott darbringen wollte. Dieses mythische Wesen, das sich der Nachstellung der Erzvaters immer wieder durch Flucht entzog, wurde schließlich im heutigen Tempelbereich von Jerusalem eingefangen und an der Stelle des Felsendoms, auch Omar-Moschee genannt, seinem sakralen Schicksal zugeführt.

Wie nahtlos jüdische und muslimische Traditionen ineinander übergehen, ist an einem anderen Ritual der Mekka-Pilger zu erkennen, wenn sie vor den feierlichen Umkreisungen der Kaaba im Eilschritt, oft im Laufen, auf die Quelle Zem-Zem zustreben. Sie ahmen die in der Wüste verdurstende Nebenfrau Hagar nach, die mit ihrem Sohn Ismail verzweifelt nach Wasser suchte, ehe ihr ein Engel zu Hilfe kam und den Brunnen Zem-Zem auf wunderbare Weise sprudeln ließ. Die Steinigung des Teufels, die die Pilger siebenmal in einem geweihten Ort namens Mina vollziehen, erinnert ebenfalls an dieses religiöse Schlüsselerlebnis Ibrahims, denn mit Steinwürfen hatte der Patriarch den Satan vertrieben, der ihn von der schrecklichen, aber von Allah befohlenen Opfertat am eigenen Sohn abbringen wollte. An keiner anderen Stelle der koranischen Überlieferung wird der Begriff »Islam« – Unterwerfung unter den Willen Gottes – so exemplarisch und kategorisch vorgeführt. Kein Wunder, daß der »Scheitan-er-radschim«, der gesteinigte Teufel, im täglichen Gebet der Gläubigen wie ein Leitmotiv wiederkehrt.

An der abrahamitischen Inspiration des Hadsch läßt sich ermessen, mit welch verbissener Rivalität Juden und Muslime ihr Ringen um die Gunst des Höchsten austragen. Seit dreizehn Jahrhunderten setzt sich dieser Erbstreit im Hause Abraham fort. Durch die Schaffung des Staates Israel ist der Anspruch der Juden auf das Gelobte Land, ihre Vorstellung, das auserwählte Volk Jahwes zu sein, auf besitzergreifende Weise bekundet und reaktualisiert worden. Dem stehen die Heilsbotschaft Mohammeds entgegen sowie das inbrünstige Gefühl der Muslime, daß sie die einzige, von Irrtümern gereinigte und endgültige Wahrheit besitzen, wie sie dem »Hanif« Ibrahim schon zu Vorzeiten zuteil wurde. Dem für das Volk Israel in quasi tribalistischer Einschränkung reservierten Erwähltheitsbegriff der Juden und dem Dreifaltigkeitsglauben der Christen, der den Koranglaubigen als eine Spaltung der Einzigkeit Gottes erscheint, setzt der fromme Muslim die Überzeugung entgegen, daß er der perfekten Religion anhängt. Er bekennt, daß dem Islam eine universale Rolle zukommt und daß der Prophet – kein »Gottessohn«, sondern der vollkommene Mensch – durch sein exemplarisches Leben als Siegel der Offenbarung, als Gesetzgeber und als Feldherr zugleich die Einheit von Religion und Staat, ja die Unterwerfung der Politik unter das Sakrale für alle Zeit festgeschrieben habe.

So heimatverbunden war Abraham bis zuletzt geblieben – so lautet die Legende –, daß er im hohen Alter seinen Knecht ausschickte nach Ur in Chaldäa, damit er gegen einen Brautpreis von zehn Kamelen nach einer Jungfrau aus dem eigenen Stamm für seinen Lieblingssohn Isaak Ausschau halte. Der Knecht kehrte mit Rebekka zurück. In der Höhle von Machpela, am Rande der heutigen Stadt Hebron in Palästina, die die Araber mit dem Namen »El Khalil« – »Gottesfreund« – bezeichnen, wurde der Stammvater Ibrahim gemeinsam von seinen Söhnen Isaak und Ismail bestattet, eine letzte fromme Geste brüderlicher Verbundenheit. »Dennoch«, so heißt es bei Moses, »blieb Abraham ein Fremder im Land der Hethiter und Philister.«

Wer sich mit dem gnadenlosen Existenzkampf befaßt, den sich Juden und arabische Palästinenser in unseren Tagen um den Besitz des Landes Kanaan liefern, wird unweigerlich auf einen familiären, einen tribalen Zwist verwiesen, der am Anfang unseres monotheistischen Bewußtseins steht. In Ur wird dem Besucher zudem ins Gedächtnis gerufen, daß die im Pentateuch, in den fünf Büchern Mose, geschilderte Schöpfungsgeschichte, daß das Wirken der frühen hebräischen Propheten, denen auch die Muslime huldigen, sich überwiegend in diesem Zweistromland zwischen Euphrat und Tigris, in dieser »Ard-el-anbia – Erde der Künder« – abspielte, bevor sich die Heilsgeschichte in das engbegrenzte Gebiet zwischen Mittelmeer und Jordan verlagerte.

Wie hatte der Ayatollah Ruhollah Khomeini zu Beginn der

achtziger Jahre gesagt, als seine iranischen Revolutionswächter, die »Pasdaran«, in Erwiderung der Aggression des Arabers Saddam Hussein gegen Mesopotamien vorstürmten: »Der Weg nach Jerusalem führt über Bagdad – el tariq ila el Quds tamurru bi Baghdad.« In diesem Februar 2002, während George W. Bush das feierliche Gelöbnis ablegt, den irakischen Todfeind Saddam Hussein zu stürzen oder umzubringen, scheint sich die Weisung des schiitischen Revolutionsführers umzukehren. Heute heißt es in Washington: »Der Weg nach Bagdad führt über Jerusalem.« Der Starrsinn des israelischen Regierungschefs Ariel Sharon und der verzweifelte Behauptungswille des Palästinenserführers Yassir Arafat haben bewirkt, daß der amerikanische »Leader« der Freien Welt von den fernen Mythen der biblischen Geschichte eingeholt wurde. Eine solche Rückversetzung in historisch-sakrales Urgestein ist den meisten westlichen Eroberern, die sich in den Orient vorwagten, zum Verhängnis geworden.

*

In Wirklichkeit sind es keine theologischen Betrachtungen, sondern ganz andere Überlegungen, die meine aktuelle Reise nach Chaldäa und die Fahrt nach Basra am Schatt-el-Arab begleiten. Vom Ziggurat, dem Mondtempel der Sumerer, öffnet sich ein weiter Erkundungsblick auf jene tellerflache Ebene aus grauem Sand, die zwangsläufig zum Schlachtfeld des bevorstehenden Feldzuges der USA gegen die Arabische Republik Irak würde. Die Verteidigungschancen in diesem leeren Raum wären für die Divisionen Saddam Husseins quasi inexistent. Die Wüste bietet keine Tarnungsmöglichkeit, kein Versteck vor der elektronischen Aufklärung durch amerikanische Flugzeuge und Satelliten. Die große Erdölraffinerie, die wir beim Verlassen von Nasariyeh passierten, wäre dem Bombenhagel als eines der ersten Ziele schutzlos ausgeliefert. Ganz in der Ferne, wo Wüste und Himmel verschmelzen, dehnt sich das menschenleere Aufmarschgebiet Saudi-Arabiens, wo sich die Offensivkeile der US-Streitkräfte zum Vorstoß auf das Zweistromland und die Hauptstadt Bagdad sammeln müßten. Ist der Kronprinz Abdullah-Ibn-Abulaziz, der der saudischen Dynastie zur Zeit die Richtung weist, noch in der Lage, dem übermächtigen, aber ungeliebten Partner USA jenes geweihte Kernland zu verweigern, das durch die Präsenz des Propheten Mohammed geheiligt wurde und allen Kriegsübungen der Ungläubigen verschlossen sein müßte?

Schon heute ist das gesamte Territorium Iraks einer intensiven Luftaufklärung ausgeliefert. Keine Falte im Terrain, keine Anlage unterirdischer Bunker dürfte dieser permanenten Überwachung entgehen. Zudem werden fast täglich gezielte Angriffe amerikanischer und britischer Kampfflugzeuge gegen Luftabwehr- und Radarstellungen der irakischen Armee geführt. Unmittelbar neben der Ortschaft Kutt-el-Hajj, die wir bei unserer Anfahrt durchquerten, hatte noch am Vortag eine solche Attacke stattgefunden. Nur ein schmaler Streifen nördlich und südlich von Bagdad bleibt von diesen unaufhörlichen Schlägen vorläufig verschont. Im Umkreis von Ur können wir weder mit bloßem Auge noch mit Hilfe der Kameralinse irgendwelche Verteidigungsstellungen der Iraker ausmachen. Fellah, unser Überwacher, den uns das Informationsministerium von Bagdad mitgegeben hat, ein junger, schüchterner Student, der etwas Deutsch radebrecht, interveniert jedesmal, wenn unser Objektiv irgendein Gebäude ins Visier nimmt, von dem wir gar nicht annehmen würden, daß es eine militärische Bedeutung besäße. Ansonsten läßt er unser Team recht großzügig gewähren. Ist dieses trostlose Flachland der erwarteten Offensive bereits widerstandslos preisgegeben?

Dunkelheit senkt sich über die schmutzig-graue Ebene. Um so heller strahlen die Feuer der Abfackel-Anlagen. Sie lodern über den ungeheuerlichen Erdölvorkommen, die sich nach Süden über Kuweit bis zur saudischen Förderungszone von Dahran erstrecken. Im Halbdunkel glaube ich eine Raketenstellung zu entdecken. Vielleicht erliege ich einer optischen Täuschung, oder es wurde eine Attrappe in den Sand gesetzt. In Richtung Basra reihen sich die Masten einer Hochspannungsleitung. Die einzig lebenden Kreaturen sind Schafherden, die sich blökend gegen die nahende Nachtkälte zusammendrängen. In der Ferne färbt sich der Himmel rötlich. Allmählich glitzert das Lichtermeer von Basra auf. Das ist keine strahlende Metropole, aber ganz eindeutig wird hier die Behauptung widerlegt, der Irak sei von permanenten Elektrizitätspannen heimgesucht. In der sommerlichen Hitze, so belehrt mich der bärenstarke, sympathische Fahrer Abu Mohammed, wenn sämtliche Klimaanlagen eingeschaltet sind, sei die Stromversorgung allerdings unzureichend.

Nördlich der großen Hafenstadt haben sich die Flüsse Euphrat und Tigris zum mächtigen Strom Schatt-el-Arab vereint. Wir erreichen die ersten schäbigen Außenviertel und passieren eine Vielzahl stinkender Kanäle. Basra, so erfahre ich, war vor dem ersten Golfkrieg zwischen Irak und Iran eine überaus lebendige Anlegestelle für die Schiffahrt im Persischen Golf. Jede Form von Schmuggel, Drogen- und Waffenhandel gedieh hier im Schatten einer zutiefst korrupten Zollbehörde. Für fremde Seeleute standen zahlreiche Bordelle zur Verfügung. Doch die Zeit der Ausschweifungen und Sünde ist längst vorbei. Die trauernde Frömmigkeit, die den schiitischen Zweig des Islam kennzeichnet, hat sich wie Mehltau auf diese Ansammlung von schätzungsweise zwei Millionen Menschen und ihre schwarz verhüllten Frauen gelegt. Wer denkt noch daran, daß aus diesem Hafen Sindbad der Seefahrer zu seinen Abenteuern aufbrach? Da ich mir vorgenommen habe, den militärischen Perspektiven besondere Aufmerksamkeit zu widmen, kann ich nur feststellen, daß sich in dem heillosen Gassengewirr, wo die schönen alten Holzfassaden verfaulen, in den düsteren Wohnhöhlen, die in regelmäßigem Abstand mit dem Bild Saddam Husseins verklebt sind, ein ideales Terrain für Häuserkämpfe bietet. Eine hier vorstürmende feindliche Truppe müßte mit schweren Verlusten rechnen, falls die Einheimischen sich zum bewaffneten Widerstand entschlössen.

Vor allem durch seine Breite und rauschende Wucht beeindruckt der Schatt-el-Arab. Die Flut- und Ebbe-Bewegung des nahen Meeres macht sich durch den Salzgehalt spürbar. Der Strom ergießt sich schwarz und unheimlich wie ein orientalischer Styx nach Süden. Die einst gepflegte Uferpromenade wurde zur tristen Kulisse, seit ihre Palmenalleen durch Bomben zersplittert oder zur Schaffung freien Schußfeldes abgeholzt wurden. Der Betonklotz des Sheraton-Hotels nimmt eine zentrale Stellung am westlichen Ufer ein, wo eine Flottille prächtiger Dhows angetäut ist. Diese luxuriösen Holzboote im traditionellen Stil arabischer Schiffahrt wurden mit starken Motoren ausgestattet und stammen überwiegend aus den benachbarten Golf-Emiraten. Während in der gesamten Republik Irak die von den Amerikanern 1991 zerbombten Brücken wiederhergestellt wurden, verhindern die Trümmer der Flußübergänge am Schatt-el-Arab weiterhin die Schiffahrt in Richtung Norden. Zusätzlich erweisen sich die Wracks versenkter Frachter als Sperren und Hindernisse. Für den unentbehrlichen Fußgänger- und Autoverkehr behilft man sich mit einer Ponton-Konstruktion. Ganz offensichtlich soll die verminte Fahrrinne des Schatt-el-Arab unbenutzbar sein, falls eines Tages – von Kuweit einfallend – eine feindliche Panzerarmee auf Mesopotamien vorstoßen sollte.

Zumindest die britischen Kommandeure dieser potentiellen Invasionstruppe, die ihre Bereitstellung in Oman und Bahrein verstärken, dürften sich an ihren Landsmann, den General Maud, erinnern, der im Ersten Weltkrieg von Basra aus eine langwierige und verlustreiche Offensive mit Hilfe überwiegend indischer Regimenter gegen die Heerscharen des Osmanischen Sultans und Kalifen vortrieb. Das verästelte Irrigationssystem des Zweistromlandes verschaffte damals den Türken brauchbare Verteidigungspositionen. Dazu kam die Malaria, die zu jener Zeit die Gegend verseuchte. Im Umkreis der Ortschaft Kutt mußten die Engländer sogar eine schmerzliche Niederlage hinnehmen, und der Feldzug soll 70 000 Empire-Soldaten das Leben gekostet haben.

Wir schlendern zu einem ehemals renommierten Restaurant, dessen Nahrungsangebot sich jedoch als ungenießbar erweist, im Gegensatz zu den Raststätten der Lastwagenfahrer längs unserer endlosen Überlandstrecken, wo vorzügliches arabisches Essen serviert wurde. Wenn mir Basra an diesem Abend so tragisch und makaber erscheint, so liegt das wohl an der pathetischen Galerie von neunundneunzig Bronzegestalten gefallener Kriegshelden, die den Fluß säumt. Die überlebensgroßen Figuren sind als gespenstisches Memorial aufgereiht. Die uniformierten »Schuhada«, die Märtyrer, wie sie auch im offiziellen irakischen Sprachgebrauch heißen, stellen hohe irakische Offiziere dar, die im ersten, dem unerbittlichen Golfkrieg gegen den Iran und die schiitische Revolution des Ayatollah Khomeini den Tod fanden. Sie wurden unter hohen Kosten in Italien gegossen, und jeder »Schahid« ist – vermutlich anhand einer Fotovorlage – sehr individuell mit dem ihm eigenen Gesichtsausdruck und Körperumfang kopiert. Die stummen Zeitzeugen wirken auf mich wie ein beklemmender Spuk. Mit dem einheitlich ausgerichteten rechten Arm weisen sie nach Südosten und richten den anklagenden Zeigefinger auf das persische Gegenufer, auf jene Stadt Khorramshahr, wo die Armee Saddam Husseins im Jahr 1982 ihre vernichtendste Niederlage durch die Revolutionswächter und die Kindersoldaten Khomeinis erlitt.

Am folgenden Morgen sind wir bis zu dem strategischen Flecken Fao gefahren. Der Schatt-el-Arab geht dort bereits in den Persischen Meerbusen über. Im ersten Golfkrieg war Fao vorübergehend von den Iranern erobert worden. Die Gegend ist bis auf den heutigen Tag ein wüstes Schlachtfeld geblieben. Die Palmenhaine sind vernichtet, die Häuser durch Granaten aufgerissen und das Terrain beiderseits der Straße von Minenfeldern gesäumt. Auf dem Gegenufer sind die Ruinen von Khorramshahr vage im Morgendunst auszumachen. Da drängen sich mir persönliche Erinnerungen an das große Kräftemessen im Sommer 1982 auf, das an dieser Stelle ausgetragen wurde.

Was der damalige endlose Krieg zwischen Teheran und Bagdad, zwischen der schiitischen Mullahkratie und dem irakischen Despoten mit der heutigen Krisensituation zu tun habe, mag der eine oder andere fragen. Doch jene mörderische Auseinandersetzung, die acht Jahre lang dauerte und mehr als eine Million Opfer auf beiden Seiten forderte, gibt Hinweise auf künftige Konfrontationen und sollte in Washington als eindringliche Warnung verstanden werden. Präsident George W. Bush hat ja nicht nur die Arabische Republik Irak als sein nächstes Ziel im »Krieg gegen den Terrorismus« designiert und nicht nur Saddam Hussein zur Hinrichtung freigegeben.

In einer kaum begreiflichen intellektuellen Fehlleistung hat der amerikanische Präsident die »Achse des Bösen« auf die Islamische Republik Iran und die kommunistische Volksdemokratie Nordkorea ausgeweitet. Nun mag man im derzeitigen politisch-geographischen Kontext die Drohgebärden gegen das fernöstliche Willkürregime Kim Jong Ils bis auf weiteres ignorieren. Aber indem Bush Irak und Iran in einem Atemzuge nannte, sie gewissermaßen auf eine Stufe stellte, hat er diese Todfeinde von gestern in eine Zwangssolidarität hineingepreßt, die beiden zutiefst zuwider ist. Wenn das Weiße Haus tatsächlich auch Teheran in seine Strafaktion einzubeziehen beabsichtigt, hätte doch die elementare Klugheit geboten, zumindest eine zeitliche Staffelung vorzunehmen. So hat es also der rächende Texaner geschafft, innerhalb des persischen Regimes der harten, antiwestlichen Fraktion des höchsten geistlichen Führers, Ayatollah Ali Khamenei, Auftrieb zu geben, die moderaten Anhänger des Präsidenten Mohammed Khatami zu schwächen und die iranischen Kommandostäbe zur forcierten Rüstungsanstrengung – gerade auch auf nuklearem Gebiet – im Hinblick auf den angekündigten Zusammenprall mit dem »amerikanischen Satan« anzustacheln. Iran und Irak in einer gemeinsamen Achse des Bösen vereint, absurder ging es nicht. Die Feindschaft zwischen diesen beiden Nachbarvölkern reicht doch bis in die Nacht der Geschichte, bis ins babylonische Altertum zurück. Dieser ethnisch wie religiös begründete Haß hatte sich noch vor knapp zwanzig Jahren im grauenhaften Gemetzel am Schatt-el-Arab entladen.

Ich habe neben der prominentesten Bronzegestalt der Heldengalerie, einer Darstellung des ehemaligen Verteidigungsministers, einen kurzen Fernsehkommentar aufgesagt. In Wirklichkeit – so heißt es – sei dieser befähigte General, der beim Volk über beachtliche Popularität verfügte, gar nicht im Kampf gefallen. Der Hubschrauber des potentiellen Rivalen sei von den Schergen Saddam Husseins durch Sabotage zum Absturz gebracht worden. Auch der Finger des Ministers ist beschwörend auf das iranische Gegenufer gerichtet, präzis auf jene Stelle, wo ich im Sommer 1982 die vordersten Stellungen der iranischen Streitkräfte aufgesucht hatte. Diese Truppe war entgegen allen Erwartungen unter dem massiven Ansturm der weit überlegenen irakischen Panzerdivisionen nicht zusammengebrochen. Die Soldaten Saddam Husseins hatten zwar einen Fetzen der Provinz Khuzistan und die Stadt Khorramshahr im Handstreich besetzt und die Petroleum-Raffinerien von Abadan eingekreist. Doch dann richtete der Ayatollah Khomeini einen pathetischen Appell an seine schiitische Gefolgschaft, die zum verzweifelten, rabiaten Gegenangriff ausholte und die Anfangserfolge der Iraker zunichte machte.

# Der lange Schatten des Ayatollah Khomeini

*Rückblende: Bustan (Iran), Ende Juni 1982*

Die Landschaft hatte etwas Urweltliches. Die gelbe Wüste von Khuzistan war stellenweise mit grünem Schilf überwachsen. Die Iraker hatten die Nebenflüsse des Schatt-el-Arab gestaut und künstliche Überschwemmungen geschaffen, um das Vordringen der iranischen Sturmtruppen auf Khorramshahr aufzufangen. Das hatte ihnen nichts genützt, denn die Perser waren durch diesen Morast mitsamt den gewaltigen Verteidigungswällen, die die Soldaten Saddam Husseins aufgeschüttet hatten, nicht aufgehalten worden. Die Schlacht war längst abgeklungen, aber die Stimmung blieb unwirklich und beängstigend. Ich brauchte eine Weile, ehe ich merkte, woran das lag: Eine unabsehbare Zahl zerschossener irakischer Panzer und Kettenfahrzeuge lag in unregelmäßigen Abständen – manchmal waren sie zu Rudeln zusammengeballt – über die Ebene verstreut. Zwischen Schilf und Sand tauchten diese Ungeheuer des Krieges wie verendete Saurier auf. Ein gewaltiges Sterben hatte stattgefunden, als sei eine Naturkatastrophe hereingebrochen und eine ganze Tiergattung ausgelöscht worden. Dazwischen kampierten die Nomaden wie Überlebende.

Längs der Straße, die von Ahwas nach Westen zur irakischen Grenze führte, wurden wir immer wieder von bewaffneten Halbwüchsigen angehalten und streng kontrolliert. Sie spaßten nicht, diese Knaben mit der Kalaschnikow, die oft erst dreizehn Jahre alt waren und noch mit Kinderstimmen redeten. Selbst Oberst Kafei, der mir zur Begleitung beigegeben war, mußte diesen »Bassidschi«, wie man sie nennt – das Wort bedeutet soviel wie »Mobilisierung« oder »Aufgebot« –, umständlich seine Papiere zeigen. »Sie werden es nicht glauben«, sagte Kafei, »aber diese Jünglinge sind es, die die irakischen Panzerbrigaden zur Strecke gebracht haben. Sie melden sich freiwillig, werden einen Monat lang an der Panzerfaust oder zum Räumen von Minenfeldern ausgebildet. Sie tragen bei den Vorbeimärschen vor dem Fronteinsatz die weiße Schärpe der Selbstaufopferung, und ihr Kampfschrei lautet: ›Schahid – Märtyrer‹. Gegen die sowjetischen Tanks setzen wir sie in

Trupps von drei oder vier ein. Sie sickern bei Nacht hinter den feindlichen Linien ein und stiften Panik. Vier oder fünf solcher Teams bedarf es, um einen einzigen irakischen Panzer zu knacken. Sogar das modernste russische Modell, der T-72, hat ihren primitiven Bazookas nicht standgehalten. Die Verluste der Bassidschi sind natürlich hoch.«

Da stand einer dieser Knaben neben dem zerborstenen Ungeheuer aus Stahl. Er trug weder einen Helm noch eine ordentliche Uniform. Das Rohr der RPG-7 war viel zu lang für seinen schmächtigen Wuchs. So sahen sie also aus, diese Mammutjäger der Neuzeit. »Tank hunter« hießen sie im offiziellen Militärjargon. Sie wurden auch in unverantwortlicher Weise als »Minenhunde« vorgeschickt. Das Panzersterben in der Wüste von Khuzistan hatte solche Ausmaße angenommen, daß ich Oberst Kafei fragte, ob hier nicht vielleicht eine strategische Wende erreicht sei wie im ausgehenden Mittelalter, als die eisernen Rüstungen der Ritter der beweglichen Infanterie schutzlos ausgeliefert waren. Kafei blieb skeptisch. So schlecht seien die russischen Waffen auch wieder nicht, und es komme wohl darauf an, wer sie bediene.

Das Städtchen Susangerd sah aus, als sei der Straßenkampf erst vor ein paar Stunden abgeklungen. Wir bogen nach Süden ab, passierten eine künstliche Sumpflandschaft, wo bereits langschnäbelige, weiße Vögel heimisch waren. Die Iraker hatten hier ein Befestigungssystem von siebzehn Kilometer Länge aufgeschichtet. Alle hundert Meter richtete ein T-54 – bis zum Turm im Sand verscharrt – seine Kanone ins Leere. Die Pasdaran, dic unsere Führung übernommen hatten, wollten mir die Stadt Hovaiziyeh zeigen, die von den Irakern systematisch ausgelöscht und plattgewalzt worden war. 12 000 Menschen – meist Araber – hatten hier gelebt. Kein Stein war auf dem anderen geblieben, als habe Präsident Saddam Hussein diese Bevölkerung dafür strafen wollen, daß sie nicht gemeinsame Sache mit den arabischen Eindringlingen machte, sondern sich statt dessen – getreu ihrer schiitischen Religionszugehörigkeit – zu Khomeini bekannte. Inmitten der Ziegelhaufen und Betonklötze war lediglich die Moschee verschont geblieben. Deren Außenmauer war mit einem riesigen Porträt des Imam geschmückt. Hovaiziyeh, so schien mir, war mit seiner Atmosphäre der Verwüstung und Trauer so recht geschaffen für die persisch-schiitische Lust am Martyrium. Beschriftete Schilder waren wie Wegweiser in den Schutt gerammt. »Willkommen in Hovaiziyeh, der Stadt aus Blut und Heldentum«, stand dort sogar auf englisch zu lesen, und etwas weiter: »Wir exportieren unsere Revolution in die ganze Welt.«

In Teheran war in Ausländerkreisen endlos darüber diskutiert und sogar gewettet worden, ob die Iraner nach der Rückeroberung von Khorramshahr zum Stoß über die Grenze ins irakische Mesopotamien ansetzen würden. Hier in Frontnähe, längs der Straße, die nach Bustan führte, gab es keinen Zweifel mehr. Ich ließ den Wagen anhalten, um eines der Holzschilder zu filmen, die in regelmäßigen Abständen den Asphalt säumten. Die Umrisse einer Grabkuppel waren da auf grünem Hintergrund dargestellt, und darunter stand in arabischer und lateinischer Schrift »Kerbela« sowie die Entfernungsangabe bis zu dieser heiligsten Stadt der Schiia, die – mitten im Irak gelegen – von den iranischen Heeresspitzen noch durch knappe dreihundert Kilometer getrennt war. Wenn zwei Fahrzeuge mit Soldaten oder Revolutionswächtern sich begegneten, lautete der Begrüßungs- und Ermunterungsruf: »Kerbela, in scha' Allah – nach Kerbela, so Gott will«. Auf Mauerstümpfen las ich zwischen gemalten Blumensträußen den beschwörenden Satz: »Kämpfer, so weit ist es nicht mehr bis Kerbela!« Der Blick dieser Derwischtruppe, die sich nach den letzten Waffenerfolgen von Dezful und Khorramshahr unbesiegbar wähnte, war mit fiebrigem Glanz auf die goldene Kuppel gerichtet, unter der ihr Imam Hussein ruhte. In Kerbela, wo das Unheil, die Passionsgeschichte der »Partei Alis«, begonnen hatte, im mesopotamischen Herzland der Schiia, sollte die Schmach von dreizehnhundert Jahren der Verirrung und Verwirrung gelöscht werden.

Das Städtchen Bustan war von der Zivilbevölkerung verlassen. Dafür wimmelte es von unrasierten, kaum uniformierten, hohlwangigen Kriegern. Die Stimmung war exaltiert, immer noch begeistert. Von der zentralen Husseinyeh, der schiitischen Gebetshalle, die den programmatischen Namen »Tariq el Quds – Weg nach Jerusalem« – trug, warteten Bassidschi und Pasdaran auf die Essensausgabe. Es war Ramadan, und ein Mullah würde das Signal für den Fastenbruch geben, sobald ein weißer von einem schwarzen Faden nicht mehr zu unterscheiden wäre. Unsere Kamera schuf Ablenkung. Wieder schoben sich wilde, verzückte Gesichter vor die Linse. Man brüllte »Margbar Amerika!« Was nutzte da mein Einwand, daß die zerstörten irakischen Panzer, die in der Wüste von Khuzistan verstreut lagen, doch sowjetischer und nicht amerikanischer Fabrikation waren. Die jungen Leute, die teilweise ein ganz passables Englisch sprachen, verwickelten mich in eine lange politische Debatte. Zentrales Thema war stets der Abwehrkampf gegen die Supermächte, an dem Europa sich beteiligen solle. Mit Ungeduld warteten diese Todgeweihten, daß der Imam Khomeini ihnen die Weisung gebe, nach Westen zu stürmen. Hatte nicht der Prophet während des Ramadan den Sieg von »El Badr« davongetragen, und ging nicht jeder Schahid, der während des Fastenmonats den Tod fand, mit besonderen Ehren in die Gärten Allahs ein? Es war tiefe Nacht, als wir die Rückfahrt nach Ahwas antraten. Aus den Sümpfen stiegen Schwärme von Stechmücken auf. Die kriegerischen Derwische von Bustan drängten sich um unseren Wagen. »Kerbela, in scha' Allah!« schrien sie aus vollem Hals.

*

Nach unserem Ausflug zu den Pasdaran von Bustan hatten wir die Nacht in Ahwas verbracht. Das Hotel »Astoria« diente teilweise als Lazarett. Die Provinzhauptstadt von Khuzistan war zu Beginn der Feindseligkeiten wahllos bombardiert worden und blieb verstümmelt. Beim Morgengrauen rollten wir in Begleitung von Oberst Kafei nach Süden. Die Asphaltstraße war auch hier auf beiden Seiten von zerstörten Panzern gesäumt. Je mehr wir uns Khorramshahr näherten, desto eindrucksvoller türmten sich die nutzlosen Befestigungsanlagen und Stellungen der Iraker. Über weite Quadratkilometer hatten sie mit Eisenbahnschienen und Telefonmasten sogenannte »Spargelfelder« angelegt. Hatten die Generale Saddam Husseins tatsächlich mit einem persischen Luftlande-Unternehmen gerechnet? Hunderte von Automobilen waren auf die Schnauze gestellt und in Sandhügel gerammt worden, ein surrealistisches Bild, das Kafei mit den Worten quittierte: »All that was just for show.«

Wir kamen an Soldaten, Revolutionswächtern und halbwüchsigen Bassidschi vorbei, die in zerfetzten Uniformen herumlungerten und sehr mäßig bewaffnet waren. Aber die Kampfmoral war hoch. In den Botschaften von Teheran verglich man bereits diese äußerlich verwahrloste, aber sieghafte Truppe mit den hastig ausgehobenen Gelegenheitssoldaten der Französischen Revolution – »les soldats de l'An II« –, die einst gegen die perfekt gedrillten Regimenter der Fürsten Europas angetreten waren und das Heer des Herzogs von Braunschweig bei Valmy zum Rückzug gezwungen hatten. Kurz vor Khorramshahr bogen wir nach Westen ab und fuhren auf der Straße, die zum irakischen Hafen Basra führt, bis zur letzten iranischen Stellung. Ein persischer Major hielt hier ein Vorkommando in einem bunkerähnlich abgestützten Gebäude. Er bot uns kaltes Wasser und Trauben an. Ringsum dröhnte Artillerie. Die Iraner waren nicht nervös. Sie lauschten gerade den Radionachrichten aus Teheran. Die Belagerung von Beirut durch die Israeli des General Sharon stand im Mittelpunkt des Tagesgeschehens. In Kreisen der schiitischen Revolution hatte man damals keine hohe Meinung von den Kampfleistungen der Palästinenser, die sich im Herzen der libanesischen Hauptstadt verschanzt hatten.

Ein zweiter Colonel hatte sich zu uns gesellt. Er führte im Kartenraum nebenan intensive Besprechungen mit Kafei. Allem Anschein nach wurden die Pläne für einen militärischen Vorstoß nach Basra erörtert. Ich fragte Kafei nach den Chancen einer solchen Offensive. »Natürlich können wir Basra erreichen und erobern, sogar den Schatt-el-Arab überschreiten«, meinte der Oberst mit einem Optimismus, der sich nachträglich als trügerisch erweisen sollte. »Aber wir wollen Rücksicht auf die irakische Bevölkerung nehmen. Basra ist eine riesige Stadt, die zweitgrößte des Irak, und die Menschen in diesem Raum sind in der Mehrzahl Schiiten. Wir werden doch unsere Brüder nicht bombardieren und ihre Häuser vernichten.« Auch die Militärs machten sich wohl Illusionen über die Stimmung bei ihren Glaubensgenossen im südlichen Mesopotamien.

Ich überredete Kafei, mich mit dem Jeep bis in Sichtweite der ersten irakischen Stellungen längs der Straße nach Basra fahren zu lassen. Der Major setzte den Helm auf. Wir ließen ein paar zerstörte Bunker hinter uns und beschrieben im Abstand von etwa hundert Metern einen Halbkreis vor einem Palmenhain, wo die Iraker sich verschanzt hatten. Die Soldaten Saddam Husseins waren nicht zu erkennen und reagierten auch nicht. Nachdem wir gewendet hatten und wieder die persischen Stellungen erreichten, spendete der Major der Gnade Allahs Dank, der uns beschützt hatte, und die beiden Soldaten der Eskorte stimmten in diese Lobpreisung ein.

Unser Fahrer aus Ahwas, ein Bär von Mann, dem der Bart bis unmittelbar unter die Augenlider wucherte, drängte darauf, uns den Zollhafen von Khorramshahr zu zeigen. Hier bildete das breite Strombett des Schatt-el-Arab die Frontlinie. Die Iraner hielten uns an, hinter den Sandsäcken in Deckung zu bleiben, da auf dem Westufer Scharfschützen im Anschlag lagen. Der Hafen war ein Schauplatz der Verwüstung und des Todes. Die Iraker waren hier vor den vorrückenden Persern in wilder Flucht zum Strom gehastet. Ein Teil von ihnen konnte mit Pontons übergeholt werden, aber viele wurden von den Geschossen der Perser getroffen. Unmittelbar am Ufer lagen Schuhzeug und Ausrüstung zuhauf, die die Iraker von sich geworfen hatten, ehe sie ins Wasser sprangen, um sich schwimmend auf das westliche Ufer zu retten. Sämtliche Stellen, wo ein Iraker gefallen war, hatten die Pasdaran, die jetzt diesen Abschnitt hielten, mit einem Helm gekennzeichnet. Hunderte von Helmen waren zwischen den Schienen, Waggons und Lagerhallen verstreut. Unter den Trümmern lagen noch Leichen und verbreiteten süßlichen Gestank, was die Revolutionswächter nicht hinderte, seelenruhig ihren Reisnapf gleich nebenan zu leeren. Der bärtige Chauffeur stöberte unentwegt neue Kadaver auf. Die Iraker hatten tagelang in der Sonne gelegen. Sie waren teilweise zu Mumien ausgedörrt. Die Haut spannte sich wie schwarzes Leder. Die Gesichter waren zu grausigen Grimassen verzerrt.

Die Stadt Khorramshahr, wo bei Kriegsausbruch mehr als 200 000 Menschen gelebt hatten, sah aus wie nach einem Atomangriff. Lange vor der iranischen Gegenoffensive hatten die Pioniere Saddam Husseins Haus um Haus, Mauer um Mauer gesprengt. Die Hochbauten aus Beton waren dem Erdboden gleichgemacht, die Stahlgerüste zu wirren Knäueln verbogen worden. Hier war gewütet worden wie nach dem Sieg eines babylonischen Großkönigs. »Das sieht schlimmer aus als nach dem Mongolensturm«, sagte Oberst Kafei tonlos. »Tonnen von TNT müssen die Iraker für dieses absurde Vernichtungswerk verwendet haben. Was kann nur der Zweck einer solchen Barbarei sein?« Über die Schutthalden war ein denkwürdiges Plakat gespannt. Das Heer der schiitischen Märtyrer umringte darauf den Thron des Ayatollah Khomeini, der fast wie Gottvater erschien, während die Schuhada ohne Kopf, mit blutenden Hälsen, aber mit makellos weißen Gewändern dargestellt waren: »Martyrum candidatus exercitus ...«

Lediglich die Freitagsmoschee von Khorramshahr war von der Vernichtung ausgespart. Am Portal entdeckte ich eine seltsame Karikatur: Adolf Hitler – durch Schnurrbart und Hakenkreuz kenntlich gemacht – und Saddam Hussein, dem man den David-Stern wie ein Brandmal auf die Stirn gedrückt hatte, schüttelten sich als teuflische Komplizen mit abgefeimtem Lächeln die Hand. Im Innern des Gotteshauses türmten sich leere Bierflaschen. Angeblich hatten die Iraker die Moschee durch Alkoholgenuß zusätzlich entweiht, was mir jedoch wenig glaubwürdig erschien. Die Kuppel war geborsten, und das Sonnenlicht fiel grell auf ein Spruchband, das – persisch und arabisch beschriftet – quer über den Mihrab gehängt war: »ya Allah« entzifferte ich, »ahfaz lana Ruhollah Khomeini hatta el thaura el Imam el Mehdi – O Allah, erhalte uns Ruhollah Khomeini bis zur Revolution des Imam Mehdi!« – Für die Wiederkehr des Verborgenen Imams auf Erden war das Wort »thaura«, auf Persisch »enqelab«, verwendet worden. Als »Revolutionär« sollte der Zwölfte Imam Mehdi seiner mystischen Entrückung ein Ende setzen und die Herrschaft der göttlichen Gerechtigkeit antreten. Bis dahin, so hofften die Getreuen in ihrem himmelstürmenden Glauben, möge Khomeini ihnen als Statthalter und Sachwalter erhalten bleiben.

## Gaskrieg im Dienst des Westens

*Basra, im Februar 2002*

Zum ersten Mal ist unser Kamerateam in eine unangenehme Situation geraten. Stets von dem wachsamen Fellah eskortiert, hat es sich in eines jener schmuddeligen Viertel verirrt, wo die schwarze Abaya der Frauen, diese Verhüllung, die nur das Gesicht freiläßt, keine Ausnahme duldet. Immerhin hat der Kameramann einen kleinen Lunapark entdeckt, ein bescheidenes Karussell, an dem die buntgekleideten Kinder ihren Spieltrieb auszutoben suchen. Die Atmosphäre ist von Anfang an unerfreulich gegenüber den ausländischen Eindringlingen. Junge Männer rotten sich mit bedrohlichen Rufen zusammen, und schon fliegen die ersten Steine. Unsere Fahrer zeigen sich der Situation gewachsen. Mit einem Griff in den Handschuhkasten holen sie Pistolen stattlichen Kalibers heraus und richten sie auf die Unruhestifter. Das hilft, und niemand behindert mehr die Weiterfahrt. Unsere treuen Chauffeure sind also – wie sich das in dieser Region gehört – Mitglieder irgendeines Sicherheitsdienstes, Agenten des »Mukhabarat«. Damit wird auch klar, warum bei den gelegentlichen Straßensperren und Kontrollposten, wo Soldaten oder Polizisten mit rotem Barett die übrigen Autos nach Waffen durchsuchen und – in Ermangelung einer anständigen Besoldung – den obligatorischen Bakschisch kassieren, unsere beiden Landrover stets zuvorkommend durchgewinkt werden.

Die düstere Hotel-Lobby füllt sich mit neuen Gästen. Es sind überwiegend Offiziere mit ihren Familien. Sehr kriegerisch wirken diese Uniformierten nicht, die für ihr Alter viel zu korpulent sind und sich mit plattfüßiger Behäbigkeit bewegen. Die Frauen tragen sämtlich die düstere Nonnentracht. Da hatte beim Frühstück eine junge Küchenangestellte wie eine anstößige Sensation gewirkt. Das Kamerateam zeigte sich beeindruckt von dieser hübschen, grell geschminkten Person, die ihren prallen Busen provozierend darbot. Ihre runden Formen entsprechen zweifellos dem Fruchtbarkeits- und Schönheitsideal vergangener Epochen, und das üppige Hinterteil ist so eng in den seitlich geschlitzten Rock gepreßt, daß ein ferner Sumerer-Fürst seine Freude daran gehabt hätte. Wie sich denn eine solche Erscheinung unter die Bedienung des Sheraton verirrt habe, frage ich den biederen Chauffeur Abu Mohammed. »Es muß sich wohl um eine Christin handeln«, ist dessen gelassene Antwort.

Vor der Rezeption werde ich plötzlich auf französisch angesprochen. Ich brauche ein paar Sekunden, ehe ich Charles Lambroschini wiedererkenne, den stellvertretenden Chefredakteur des »Figaro«, den ich noch als jungen Korrespondenten in Erinnerung habe. Seinem Vater, einem authentischen »Maquisard« im Zweiten Weltkrieg, war ich häufiger begegnet. Dieser Widerstandskämpfer der ersten Stunde, der bei dem gescheiterten Versuch, im savoyischen Alpengebiet des Vercors ein Réduit der »Résistance« zu schaffen, noch gerade mit dem Leben davongekommen war, hatte sich später – als Beamter des Quai d'Orsay – in besonders exponierten Krisenpunkten bewährt. Während des Katanga-Feldzugs der Vereinten Nationen war er als Generalkonsul bei den Angelsachsen in den Verdacht geraten, die dort kämpfenden französischen Söldner – darunter einige »soldats perdus« des antigaullistischen Putsches von Algier – zu koordinieren und ihnen diskrete Aufträge zu übermitteln. Er war in Ausübung seiner Tätigkeit durch einen Heckenschützen schwer verwundet worden und schwor, daß der Attentäter im Auftrag der UNO gehandelt hatte. Ich hatte 1961 während der Belagerung von Elisabethville durch die Vereinten Nationen selbst erlebt, wie seine Amtsvilla von schwedischen Saab-Jagdflugzeugen unter Beschuß genommen wurde, und war mit dem inzwischen berühmt gewordenen amerikanischen Kollegen David Halberstam in volle Deckung gesprungen. In Saigon, wo Lambroschini senior in ähnlicher Funktion während des amerikanischen Vietnam-Krieges tätig war, hatte er mich stets mit vorzüglichen Informationen versorgt.

Sein Sohn hat aus den verschiedensten Hauptstädten, überwiegend aus Washington und Moskau, für den »Figaro« berichtet. Seine attraktive Frau, eine gebürtige Berlinerin, begleitet ihn jetzt auf seiner Irak-Reportage. In Ermangelung alkoholischer Getränke – das Verbot wird strikt eingehalten und überwacht – lassen wir in einer abgelegenen Nische, wo niemand zuhört, einen Orangensaft servieren. »Wann geht der Krieg los?« frage ich ohne Umschweife. »Bis zum Herbst werden wir mindestens warten müssen«, vermutet Charles; »da bahnt sich ein jämmerlicher Feldzug an. Die Divisionen Saddams werden im Bombenhagel der Amerikaner schnell pulverisiert werden. Als Befreier werden die GIs in Basra jedenfalls nicht begrüßt werden. Bei der zutiefst verbitterten schiitischen Bevölkerung hat sich neben heimlichem Haß auf den ›Rais‹ von Bagdad auch eine religiös motivierte Feindschaft gegen alle Ungläubigen, alle ›kafirin‹, angestaut. Die Amerikaner werden in Basra einen trügerischen, heimtückischen Boden betreten. Was bleibt den armen Kerlen hier auch schon übrig? Der arabische Nationalismus hat sich als Fata Morgana erwiesen; der Sozialismus ist gescheitert; da gibt es doch nur noch die Flucht in den Islam und die düsteren Mysterien der schiitischen Lehre.«

Während sich jenseits des Schatt-el-Arab in der Islamischen Republik Iran längst Ernüchterung eingestellt hat und vor allem die persische Jugend von Opfertod und Gottesstaat nichts mehr wissen will, eskaliert angeblich der religiöse Fanatismus bei den schiitischen Arabern im südlichen Mesopotamien. Er bewährt sich als letzter Anker in wogender Ungewißheit. »El Islam hua el hall – Der Islam ist die Lösung«, diese Leitlinie der Fundamentalisten findet immer mehr Widerhall.

Lambroschini hatte sich zwei Wochen zuvor in Rußland aufgehalten und war mit engen Beratern Wladimir Putins zusammengekommen. Welche außenpolitische Linie wohl der Kreml-Chef verfolge, wenn er den Amerikanern freien Zutritt zu den ehemals sowjetischen Teilrepubliken Zentralasiens – Usbekistan, Kirgistan – gewähre, frage ich ihn. Unlängst hat sich die Militärpräsenz der USA noch auf das kaukasische Georgien ausgeweitet, und überall entstehen stark befestigte, mit modernstem elektronischem Gerät ausgestattete Stützpunkte und Horchposten unter dem Sternenbanner, ganz zu schweigen von den Erdöl- und Erdgas-Ressourcen dieser Region, die nunmehr den amerikanischen Multis zur Ausbeutung offenstehen. »Es gibt zwei Hypothesen, die sich nur oberflächlich widersprechen«, meint der Franzose. Für seine weiterhin von russischem Nationalismus und sowjetischer Nostalgie geprägten Kritiker halte Putin das Argument parat, er warte nur darauf, daß die USA sich in dieser extrem schwierigen

Umgebung, wo das koranische Engagement weiter Bevölkerungsteile die postkommunistischen Regime der neuen »Groß-Khane« und »Emire« langsam, aber unaufhaltsam unterhöhle, in einen unbegrenzten Abnutzungskrieg, einen »war of attrition«, verwickeln. Demnach würden die globalen Hegemonialansprüche George W. Bushs am Ende eine Verzettelung der ungeheuren Kapazität Amerikas bewirken und dem geschwächten Rußland eine Last abnehmen, die seine eigenen Kräfte – siehe Tschetschenien – überfordere. Wenn US-Generale in Taschkent verkündeten, »we are here to stay«, so entsprächen sie ahnungslos diesem strategischen Kalkül, erweise sich doch schon in Afghanistan, daß die dominante Supermacht den sich anbahnenden Partisanen- und Stammesfehden nur bedingt gewachsen sei.

Gleichzeitig sei jedoch beim neuen Zaren Wladimir der Wunsch vorhanden, engen Schulterschluß mit dem Westen – mit Amerikanern und Europäern –, kurz gesagt, mit den Nationen »weißer Rasse« vorzunehmen. In Moskau lebe man weiterhin in der traumatischen Erinnerung an das »Tataren-Joch«, an die endlose Vasallisierung Rußlands durch die Mongolen und Türken der »Goldenen Horde«, deren Groß-Khane sich schon sehr früh zur Lehre Mohammeds bekehrt und die Heilige Orthodoxie dem Halbmond untergeordnet hatten. Der Blick in die Zukunft bereite dem Kreml böse Ahnungen. Als Folge von Geburtenrückgang, Alkoholismus und steigendem Drogenkonsum zeichne sich eine dramatische Verminderung des slawischen Bevölkerungsanteils der Russischen Föderation ab, die mit 140 Millionen Menschen ohnehin hoffnungslos unterbesiedelt sei. Gleichzeitig finde jedoch bei den überwiegend türkisch-islamischen Völkerschaften des zentralasiatischen Raums – nicht nur in den GUS-Republiken, sondern auch bei jenen 25 Millionen Muselmanen, die weiterhin innerhalb der russischen Grenzen leben – eine demographische Explosion statt.

Auf diese ethnische Erosion zu Lasten der europäischen Russen zwischen Kazan an der Wolga, Ufa im Südural bis zur Grenze der Mongolei hatte mich schon der inzwischen bei einem Hubschrauberunfall umgekommene General Alexander Lebed sorgenvoll aufmerksam gemacht. Noch beängstigender erscheint den Moskowitern offenbar das Erstarken des chinesischen Riesenreichs, das im Begriff stehe, die Mandschurei als vorgeschobene Schanze künftiger Unterwanderung der russischen Fernostprovinz und Ostsibiriens zu nutzen. Schon heute gerieten diese entlegenen, menschenleeren Besitzungen in den Schraubstock des Reichs der Mitte, ins Expansionsfeld der »gelben Gefahr«. Wir diskutieren darüber, wie sich die russisch-amerikanische Annäherung auf die Europäische Union auswirken werde, die sich in endlosen Geburtswehen quält. Die Gefahr eines Kondominiums der beiden Kolosse über das Abendland wäre nicht mehr auszuschließen im Rahmen einer neuen NATO-Struktur, die die weltumspannende Dimension der OSZE, der Organisation für Sicherheit und Zusammenarbeit in Europa, zwischen Vancouver und Wladiwostok annähme.

*

Die Kais am Schatt-el-Arab haben sich geleert. Ich schlendere allein am Ufer entlang, und die neunundneunzig Märtyrer aus Bronze wirken jetzt im Scheinwerferlicht, das sie von unten anstrahlt, wie erlahmte Raubvögel. Um ihren Opfergang rankte sich von Anfang an ein Geflecht aus Lug und Trug. Das Trauerspiel hatte im Sommer 1980 begonnen. Die Grenzziehung am Schatt-el-Arab war schon zu Zeiten des Schah Mohammed Reza Pahlevi umstritten. Zuletzt, im Jahr 1975, hatte man sich in Teheran und Bagdad auf den sogenannten »Talweg«, also die Mitte des Stromes, geeinigt. Doch die Kontroverse dauerte an, lieferte den Vorwand für die Großoffensive Saddam Husseins gegen die eben gegründete Islamische Republik des Ayatollah Khomeini. Gleichzeitig setzte eine massive propagandistische Irreführung ein, der die meisten westlichen Medien – auf eigene Recherche verzichtend – blindlings erlagen. Wer erinnert sich heute noch daran, daß der »neue Hitler« von Bagdad – Enzensberger dixit – nach dem Sturz des Schah und der Hinwendung Persiens zum antiamerikanischen Islamismus als Hätschelkind des Westens behandelt wurde und auch das Wohlwollen der Sowjetunion genoß? In Wirklichkeit ging es dem Diktator von Mesopotamien ja nicht um den freien Zugang zum Persischen Golf, sondern um die Eroberung der überwiegend arabisch bevölkerten Provinz Khuzistan und mehr noch um die Zerschlagung des schiitischen Gottesstaates Khomeinis.

Letztere Absicht entsprach exakt der Orient-Strategie der USA, die Saddam grünes Licht für sein kriegerisches Abenteuer gaben, ja mit Hilfe ihrer Trabanten in den Golfstaaten die Finanzierung seiner immensen Waffenkäufe garantierten.

In den ersten Wochen des Krieges wurde das Vordringen der Iraker in Bagdad mit Jubel gefeiert. Saddam hatte tatsächlich geglaubt, den uralten Konflikt zwischen Arabern und Persern, zwischen Semiten und Ariern, mit einem gewaltigen Faustschlag zu seinen Gunsten entscheiden zu können. Die Iraker witterten ihre Chance.

Die Attentate der oppositionellen Volks-Mudschahidin forderten täglich neue Opfer in Teheran und den persischen Provinzstädten. Die Mullahkratie und die herrschende »Islamisch Republikanische Partei« schienen in ihren Grundfesten erschüttert. Eine iranische Armee, die diesen Namen verdiente, gebe es nicht mehr, so hatten wohl westliche Experten den irakischen Stäben eingeredet, und die Revolutionswächter, die Pasdaran, seien ein chaotischer Haufen. Eine Anzahl persischer Emigranten – darunter der ehemalige Ministerpräsident Schapur Bakhtiar und General Oveissi –, die vor Ausbruch der Feindseligkeiten in Bagdad gesehen worden waren, hatten Saddam Hussein in seinen trügerischen Erwartungen bestätigt, und die CIA tat ein übriges. Kurzum, man glaubte an einen Blitzsieg der irakischen Panzerkolonnen, an den Zusammenbruch, ja an die interne Auflösung der Islamischen Republik Iran. Obwohl in Bagdad wie in Damaskus die »Sozialistische Partei der Arabischen Wiedergeburt« – die säkular ausgerichtete Baath – die Alleinherrschaft ausübte, trat Saddam Hussein jetzt in die Fußstapfen des Kalifen Omar und benannte seinen Feldzug gegen die Iraner als »neues Qadissiya«, nach jener Schlacht im Jahr 636, die das Ende des persischen Sassaniden-Reichs besiegelt hatte. Die Schiiten Khomeinis wurden somit durch den sunnitischen Präsidenten des Irak den in Qadissiya besiegten Ungläubigen der Zarathustra-Religion gleichgesetzt, eine schreckliche Verleumdung in den Augen der Mullahs von Teheran, die den »Tyrannen Saddam« seit langem schon als Instrument Satans, als »neuen Yazid«, identifiziert hatten.

Das Kriegsglück blieb jedoch den Irakern nicht lange hold. Nachdem sie Khorramshahr überrannt und den Erdölhafen Abadan belagert hatten, traten sie auf der Stelle. Das gewaltige sowjetische Material, das sie in der Wüste von Khuzistan aufboten, vermochte nicht viel gegen den Todesmut der Pasdaran. Ruhollah Khomeini, in seiner Eigenschaft als »Faqih« und als oberster Befehlshaber der Streitkräfte, hatte seinen Offizieren die Weisung erteilt, die Einkreisung von Abadan um jeden Preis zu sprengen. Tatsächlich gelang diese Operation. Die Iraker hatten andererseits mit einer Volkserhebung der Araber Khuzistans zu ihren Gunsten gerechnet. Auf ihren Landkarten hieß diese Provinz längst »Arabistan«. Aber die Araber von Ahwas, Bustan und Susangerd waren in der Mehrheit schiitische Muslime und solidarisierten sich wider Erwarten mit der Khomeini-Revolution. Sie setzten sich gegen die Iraker zur Wehr. Die Soldaten Saddam Husseins quittierten diesen Verrat an der gesamtarabischen Sache mit der totalen Vernichtung aller Ortschaften, deren sie sich in den ersten Wochen bemächtigt hatten.

Im Frühjahr 1982 dramatisierte sich der Krieg, trat eine fatale Wende ein. Bei Dezful waren ganze irakische Panzerbrigaden in einer einzigen Nacht aufgerieben worden. Ein schrecklicher, sinnloser Konflikt schwelte am Zusammenfluß von Euphrat und Tigris. Die Verluste an Menschen und Material ließen sich bereits an den großen europäischen Schlachten des Ersten und Zweiten Weltkriegs messen. In Bagdad war dieser Aderlaß auf Schritt und Tritt zu spüren. Von jedem Angehörigen der Baath-Bewegung erwartete der Staats- und Parteichef, daß er sich freiwillig zur Front meldete. Neben den regulären Streitkräften, deren Ausfälle nur schwer aufzufüllen waren – der Irak zählte damals etwa 13 Millionen Einwohner, heute sind es 25, während Persien über fast 40 Millionen Menschen verfügte, heute sind es 70 Millionen –, wurde eine sogenannte »Volksarmee« ausgehoben, eine Art Volkssturm, dessen Rekrutierung in den Mittelklassen der Gymnasien begann, auf ehrwürdige Greise nicht verzichtete und alle Männer zwischen 16 und 45 Jahren erfassen sollte. Tiefe Niedergeschlagenheit lastete in jenen Tagen auf dem Zweistromland. An zahllosen Häuserwänden von Bagdad waren schwarze Tücher angebracht. Sie trugen weiße Inschriften: erst den Namen des Gefallenen und darunter den stets wiederholten Satz: »As schuhada akbar minna jami'an – Die Märtyrer sind größer, als wir alle zusammen.«

Acht Jahre lang – von 1980 bis 1988 – wurde Saddam Hussein von US-Präsident Ronald Reagan und seinem Vize George Bush als Schwertträger der amerikanischen Golfpolitik geschätzt. Die CIA war bestens informiert über die brutale, ja mörderische Veranlagung des Diktators von Bagdad. Aber solche Bedenken pflegte man in Langley mit der Bemerkung abzuschütteln: »We know he is a son of a bitch, but he is our son of a bitch – Daß er ein Hurensohn ist, wissen wir, aber er ist unser Hurensohn.« Vom damaligen französischen Premierminister Jacques Chirac, der ihm modernste Waffen verkaufte, wurde der irakische Rais als »ami de la France« gepriesen. Niemand nahm seinerzeit Anstoß daran, daß der »neue Nebukadnezar« weit und breit bekannt und berüchtigt war für seine Brutalität, seine Menschenverachtung, für die fürchterlichen Methoden, mit denen er die Macht über Mesopotamien errungen und dann konsolidiert hatte.

Ursprünglich war Saddam als Verbündeter der Sowjetunion aufgetreten, die im Kampf gegen Khomeini regelmäßig seine aufgeriebenen Panzerdivisionen mit neuem Material auffüllte. Entscheidend war jedoch – nach dem Sturz des Schah – die Gunst der westlichen Führungsmacht, die in besonders kritischen Phasen der Schlacht mit eigenen Mitteln intervenierte. So verhängte die US-Navy de facto eine Blockade über die iranische Schiffahrt im Golf, und ihre schweren Granaten schlugen in den persischen Ölhäfen ein. Amerikanische und russische Ingenieure wirkten an der Weiterentwicklung der irakischen Boden-Boden-Raketen mit. Spezialisten aus den USA brachten den irakischen Offizieren bei, wie sich solche Trägerwaffen gegen iranische Luftangriffe in der Wüste tarnen ließen. Sie informierten Saddam Hussein mit Hilfe ihrer Satellitenbeobachtung über persische Truppenkonzentrationen am Schatt-el-Arab und deren offensive Bereitstellungen.

Dennoch war im August 1982, während ich mich in Bagdad aufhielt, die Befürchtung aufgekommen, die Streitkräfte Khomeinis – die schiitische Revolutionstruppe der Pasdaran und das jugendliche Volkssturm-Aufgebot der »Bassidschi«, die bereits das enorme Panzerpotential Husseins vernichtet hatten – seien nunmehr in der Lage, die irakischen Linien am Schatt-el-Arab zu durchbrechen. Wäre in jenen Tagen der Rat des mir gut bekannten Generals Zaher Nejad befolgt und der Vormarsch auf Basra ohne

Zögern vorgetragen worden, hätte er vermutlich die Kriegsentscheidung zugunsten Teherans davongetragen. Aber die hohen Mullahs befahlen ihm, auf der Stelle zu treten, in der irrigen Annahme, die überwiegend schiitische Bevölkerung Süd-Mesopotamiens werde sich wie ein Mann gegen die sunnitische Herrschaft Saddam Husseins erheben und weiteres Blutvergießen überflüssig machen. Der Aufstand der »Partei Alis« fand jedoch nicht statt. Die iranische Führung war einem verhängnisvollen Irrtum erlegen.

Als nämlich die persischen Pasdaran und Bassidschi nach einer Periode nutzlosen Wartens erneut zum Angriff antraten, auf Schnellbooten und schwankenden Behelfsstegen versuchten, die morastige Schilfwüste westlich von Ahwas und im Abschnitt der Majnun-Inseln zu überwinden, hatte der Gegner sich gefangen. In selbstmörderischem Ansturm gelang es den Iranern, die irakischen Hafenstäte El Fao und Umm-Qasr vorübergehend zu besetzen, ja vier Stunden lang behaupteten sie sich auf einem Abschnitt der Autobahn Bagdad – Basra. Aber Saddam Hussein verfügte über eiserne Nerven. Die unverhoffte Atempause hatte er genutzt. Aus der Sowjetunion waren Massenlieferungen von Panzern und Artillerie eingetroffen. Amerika koordinierte die Hilfe der Golfstaaten. Bei den Kriegern der schiitischen Revolution setzte die Losung des Ayatollah Khomeini: »Der Weg nach Jerusalem führt über Bagdad« zwar unvorstellbare Energien, hemmungslose Bereitschaft zur Selbstaufopferung frei, doch da brach ein entsetzliches Unheil über die Perser herein. Unter Mißachtung der Haager Kriegsrechtskonvention befahl Saddam Hussein den massiven Einsatz von toxischen Waffen. Tausende von Giftgasgranaten gingen über den »Revolutionswächtern« nieder. In dichten Schwaden breitete sich der chemische Tod über den Sümpfen aus. Die Gefolgsleute Khomeinis, die weder über Gasmasken noch Schutzanzüge verfügten, erstickten in dem mörderischen Nebel, ihre Haut wurde verätzt, sie erblindeten. Mehrere Jahre lang hat diese barbarische Kriegführung gedauert. Zehntausende wurden auf grausame Weise verseucht.

Im Westen regte sich keine einzige berufene Stimme des Protests. Keine Human-Rights-Organisation oder Friedensbewegung meldete sich zu Wort, um die flagrante Mißachtung des elementarsten Völkerrechtes anzuprangern. Die Verwendung von Giftgasen unterschiedlicher Zusammensetzung wurde von der internationalen Staatengemeinschaft geflissentlich ignoriert. Es kam zu keiner entrüsteten UNO-Debatte, denn es galt ja, das Übergreifen der schiitischen Gottesstaatsidee auf Mesopotamien mit allen Mitteln zu verhindern. Die Stabilität am Golf wäre durch einen Waffenerfolg Khomeinis erschüttert worden. Die reibungslose Petroleumproduktion der ganzen Region stand auf dem Spiel. Da drückte man allenthalben die Augen zu vor dem fürchterlichen Spektakel und ignorierte geflissentlich die Vergasung Tausender iranischer Soldaten. Die Granaten, mit Lost, Sarin, Tabun und anderen Kampfstoffen gefüllt, stammten ursprünglich aus der Sowjetunion, ehe Saddam seine eigene Produktion aufnehmen konnte. Auch deutsche Firmen und amerikanische Chemiker sollen am Bau irakischer C-Waffen-Fabriken maßgeblich beteiligt gewesen sein.

Gegen Ende des ersten Golfkrieges, als die Scud-B-Raketen immer häufiger in Teheran einschlugen, mußte Ayatollah Khomeini damit rechnen, daß deren Sprengköpfe demnächst auch toxische Stoffe freisetzen würden. Schon breitete sich Panik unter der Zivilbevölkerung der persischen Hauptstadt aus. Massenflucht setzte ein. Keine westliche oder östliche Staatsführung kann heute behaupten, von diesen mörderischen Vorbereitungen nichts gewußt zu haben. Für die Islamische Republik Iran schlug die schmerzliche Stunde des Einlenkens, der demütigenden Feuereinstellung, und Khomeini sagte dazu, er hätte lieber einen Becher mit Gift geleert.

Saddam Hussein hatte die Prüfung überlebt. Im ganzen Land ließ er sich in der Pose des kriegerischen Triumphators akklamieren. Nach einer Neugruppierung seiner Streitkräfte ging der Iraker mit 60 000 Soldaten gegen die aufständischen Kurden in den eigenen Nordprovinzen vor, und als dieses Unternehmen mehr Verluste forderte als erwartet, wendete er gegen die einheimischen »Peschmerga« die gleiche ruchlose Strategie an, die sich bei der Abwehr der persischen Pasdaran so glänzend bewährt hatte. Er beschoß im Frühjahr 1988 die Kurdendörfer und vor allem die Stadt Halabja mit seinen Giftgasgranaten. Mindestens 5000 Zivilisten – in der Mehrzahl Frauen und Kinder – kamen dabei unter schrecklichen Qualen ums Leben. Doch dieses Mal hatte der Diktator von Bagdad die Rechnung ohne die selektive Entrüstung und doppelte

Moral der amerikanischen und europäischen Öffentlichkeit gemacht. Im Gegensatz zu den Leichenhaufen vergaster Iraner, die niemand sehen wollte, wurden die Bilder der vergifteten Kurden-Familien in sensationeller Presse- und Fernsehaufmachung publiziert. Für Saddam Hussein, der das militärische Potential seiner persischen Todfeinde unter immensen eigenen Opfern auf einen bescheidenen Restbestand reduziert, der dem fundamentalistischen Drachen die Zähne gezogen hatte, galt nunmehr das Wort: »Der Mohr hat seine Schuldigkeit getan ...«

Die sowjetische Hegemonialmacht, die bisher – im Zuge eines ausgeklügelten Pendelspiels – ihre schützende Hand über Bagdad gehalten hatte, befand sich 1989 bereits in einem fortgeschrittenen Stadium innerer Zersetzung. Michail Gorbatschow dachte gar nicht daran, dem Präsidenten George Bush in den Arm zu fallen. Plötzlich wollte niemand mehr etwas zu tun haben mit dem »Killer von Bagdad«, zumal der Irak auf Grund seiner ungeheuren Rüstungsausgaben nicht einmal mehr in der Lage war, seine Verschuldungsraten fristgerecht abzutragen.

Am 3. Juni 1989 war Ayatollah Ruhollah Khomeini in tiefem Gram über das Scheitern seines »Heiligen Experiments« gestorben. Der iranischen Massen bemächtigte sich eine an Hysterie grenzende Welle der Trauer und Verzweiflung. Niemand stand jetzt mehr in Teheran zur Verfügung, um mit vergleichbarer Autorität »den Weg nach Jerusalem« zu weisen. Die »Neue Friedensordnung« im Nahen und Mittleren Osten, die George Bush propagierte und die als Kernstück eine israelisch-arabische Versöhnung enthalten sollte, konnte von der schwer angeschlagenen persischen Mullahkratie nicht länger in Frage gestellt werden. Statt dessen erhob sich nunmehr an den Ufern von Euphrat und Tigris das Gorgonen-Haupt einer unberechenbaren irakischen Herausforderung. Die Raketen und die chemischen Kampfstoffe, die Saddam Hussein so überaus nützlich zur Eindämmung des schiitischen Fundamentalismus eingesetzt hatte, wurden zur unerträglichen Bedrohung, falls sie sich eines Tages gegen den mit den USA aufs engste verknüpften Judenstaat oder gegen den saudischen Vorzugsalliierten richten sollten.

Angeblich war der Irak der Atomschwelle bedenklich nahe gerückt. Im Weißen Haus wurde man sich bewußt, daß man in der

Person Saddam Husseins ein orientalisches »Frankenstein-Ungeheuer« herangezüchtet hatte. Der Rais von Bagdad mußte seinerseits mit Verblüffung registrieren, wie die Stimmungsmache der amerikanischen Medien sich schlagartig und mit aller Wucht gegen den Irak und dessen furchterregendes Kriegspotential richtete. Diese Kehrtwendung wurde vollzogen, als von einem Konflikt um Kuweit noch überhaupt nicht die Rede war. Meine Gesprächspartner im Irak, mit denen ich im August 1997 immer wieder die Hintergründe der Operation »Desert Storm« aufzuhellen suchte, äußerten ausnahmslos die Überzeugung, daß der Feldzug gegen Saddam Hussein, zumindest dessen Reduzierung auf die Rolle eines gefügigen Satrapen der USA, beschlossene Sache war, lange bevor die irakische Annexion des Scheikhtums Kuweit der amerikanischen Machtentfaltung am Golf eine weltweit akzeptierte Rechtfertigung verschaffte.

*

Die Flüsse Babylons sind wohl der geeignete Platz, um Betrachtungen über den Zynismus der Mächte, über die Machenschaften der »kältesten aller Ungeheuer«, wie Friedrich Nietzsche die Staaten bezeichnete, anzustellen. Das »Reich des Bösen« hatte sich unter den sukzessiven US-Präsidenten und gemäß einer höchst opportunistischen Lageeinschätzung in extrem fluktuierenden Definitionen bewegt. Den Fahrer Abu Mohammed, den ich als zuverlässigen Weggefährten zu schätzenlernte, habe ich nach den Hintergründen des sich neu anbahnenden Unheils, des angekündigten Feldzugs Bush juniors befragt, ohne eine ungeschminkte Antwort von diesem Bürger eines unerbittlichen Polizeistaates zu erwarten. Aber der wie ein Catcher gewachsene Iraker zögert nicht. Damit ich ihn auch recht verstehe, bemüht er sich, seine Aussage auf hocharabisch zu formulieren: »El naft hua el sabab el sahih li nahsina – Das Erdöl ist der wahre Grund für unser Unglück.« Alle politischen, menschenrechtlichen und strategischen Argumente seien doch nur Vorwand und Lüge. »Die Leute erzählen, Petroleum sei ein Geschenk Allahs, aber in Wirklichkeit ist es ein Fluch des Teufels – wa fi el haqiqa el naft la'na min al scheitan.«

Die Stadt Basra ist ebensowenig vom manischen Personenkult des Rais verschont wie die übrigen Ortschaften des Irak. Von zahllosen Plakaten blickt Saddam auch hier auf seine gefallenen Heroen. »Dieser Mann ist übel«, hatte George W. Bush verkündet, um seine Nation auf den Feldzug gegen Bagdad psychologisch einzustimmen. Diese Beurteilung ist zwar durchaus realistisch, aber von welchem Potentaten, Militärdiktator oder Tyrannen, die an der Spitze der großen Mehrzahl der in der UNO vertretenen Staaten stehen und ihre Untertanen willkürlich knechten, ließe sich schon sagen »this man is good«?

## Zum Abschuß freigegeben

*Bagdad, im Februar 2002*

Die Hauptstadt Bagdad wartet auf den Krieg. Da herrscht keine Aufregung oder Panik bei der Bevölkerung. Man findet sich mit dem Schicksal ab. Ein Hauch von Resignation liegt über dem Tigris. Bei abendlichen Treffen mit Angehörigen des gehobenen Bürgertums und Akademikern ist nicht einmal mehr von Furcht die Rede. »Seit mehr als zwanzig Jahren befinden wir uns doch in unaufhörliche bewaffnete Auseinandersetzungen verwickelt. Es gibt keine Familie, die nicht mindestens einen Angehörigen verloren hat«, heißt es da. »Seit dem Abzug der UNO-Inspekteure werden unsere Luftabwehrstellungen fast täglich bombardiert. Wir wissen, daß es schlimmer kommen wird. Das staatliche Fernsehen führt uns ja täglich die Militärschläge der Israeli gegen die wehrlosen Palästinenser vor. Das gibt uns einen Vorgeschmack von dem, was uns erwartet.«

Dennoch hat seit meinem letzten Aufenthalt vor vier Jahren eine zaghafte Normalisierung eingesetzt. Die Geschäfte sind wieder mit Waren gefüllt. Die Ernährung der Bevölkerung mit Grundnahrungsmitteln ist – als Folge des Programms »oil for food« – im wesentlichen gesichert. Die notwendigsten Viktualien werden mit Hilfe streng kontrollierter Bezugskarten fast umsonst ausgegeben, und dieses System funktioniert. Fleisch ist allerdings in diesen Zuteilungen nicht enthalten und wird zu unerschwinglichen Preisen gehandelt. An Medikamenten besteht weiterhin Mangel auf Grund sehr willkürlich ausgelegter UN-Sanktionen, die die Belieferung mit allen denkbaren Chemikalien unter Hinweis auf eventuelle militärische Verwendung – »dual use« genannt – schikanösen Einschränkungen unterziehen. Wir sind der Aufforderung nicht nachgekommen, in den Hospitälern die dahinsiechenden Kinder zu filmen, die von dem Arzneimangel unmittelbar betroffen und in den vergangenen schlechten Jahren in unerträglicher Zahl – meist an verseuchtem Trinkwasser – gestorben sind.

Insgesamt geht es den Massen wieder besser. Die Raschid-Straße, der geschäftige Kern der Hauptstadt am Tigris, quillt über von Menschen und Fahrzeugen. Das Benzin ist billiger als immunisiertes Trinkwasser. Die eigentlichen Leidtragenden sind die Beamten und Bezieher fester Gehälter, die extrem niedrig sind. Die Rentner sind auf die Wohltätigkeit ihrer Großfamilien angewiesen. Nicht überall erscheint der Alltag so entspannt wie in Bagdad und in der arabisch-sunnitischen Zentralzone des Irak. Im nördlichen Kurdistan sorgt der intensive Schmuggel mit der Türkei und dem Iran für ein relativ hohes Lebensniveau, während im südlichen Mesopotamien, wo die Schiiten schon immer ein karges Dasein fristeten, die Armut oft zum Himmel schreit.

Von den Zerstörungen des arabischen Golfkrieges war schon 1997 nichts mehr zu sehen. In Windeseile hatte die Baath-Regierung alle Schäden repariert und auch die Brücken über den Tigris neu gespannt. Der irakischen Metropole fehlt zwar jeder orientalische Reiz. Dafür fügen sich die Monumentalbauten, die Saddam Hussein zur Zeit seines Petroleumreichtums, aber auch in den Jahren nach seiner Niederlage, als es an allem fehlte, unbeirrt zu seinem größeren Ruhm errichten ließ, relativ harmonisch in das moderne Stadtbild ein. Das Denkmal des unbekannten Soldaten, ein gigantisches Raumschiff aus Beton und Kupfer, verblüfft durch seine Häßlichkeit. Hingegen wird der Toten des Krieges gegen die Perser durch eine hochragende Schalenkonstruktion aus grünen Kacheln durchaus künstlerisch und eindrucksvoll gedacht.

Die modernen Wohnviertel rund um die Haifa-Straße sind vom Verfall bedroht, doch insgesamt bietet Bagdad ein Bild der Ordnung und Sauberkeit. Kriegerische Vorbereitungen sind nirgendwo zu entdecken. Allenfalls fallen die grünen Uniformen auf, in denen sich viele Aktivisten der Baath-Partei neuerdings bewegen. Sorge bereitet den Sicherheitsbehörden jene total verkommene Randsiedlung »Saddam-City« – ursprünglich hieß sie »Madinat-el-thaura – Stadt der Revolution« –, wo sich Kriminalität, Elend und heimliche Aufsässigkeit bei den überwiegend schiitischen Proletariermassen eingenistet haben. Die Geheimpolizei schlägt dort immer wieder mit großer Brutalität zu.

Mit meinen Gesprächspartnern, deren Namen ich nicht nennen werde, unterhalten wir uns über die vermutliche Programmierung des bevorstehenden amerikanischen Bombenkrieges. »Wieder einmal werden sie die Brücken zerstören«, seufzt ein Architekt, »auch die Ministerien für Verteidigung und Sicherheit. Vor elf Jahren waren sie relativ präzis dabei vorgegangen. Wenn Krankenhäuser getroffen wurden, so lag es meist daran, daß sie sich in der Nachbarschaft irgendeines berüchtigten Mukhabarat-Gefängnisses befanden. Beim Volltreffer in den Amariyeh-Bunker, dem damals Hunderte von Zivilisten zum Opfer fielen, waren die US-Geheimdienstler – schlecht unterrichtet wie üblich – wohl davon ausgegangen, tatsächlich eine Befehlszentrale Saddams auszumerzen. Aber das nächste Mal werden wir nicht so glimpflich davonkommen. Da wird die US-Air Force und auch die US-Navy mit ihren Bomben und Lenkwaffen jedes Amtsgebäude treffen, jede Kommunikationseinrichtung sowie die Paläste des Präsidenten platt walzen. Auf den leisesten Verdacht hin, es könnten sich in der Nachbarschaft geheime Laboratorien oder Waffenlager befinden, würden auch die dichtbevölkerten Wohnviertel nicht verschont. Es wird gewaltige ›Kollateralschäden‹ geben, wie die NATO-Behörden während des Kosovokonflikts in ihrem gräßlichen Jargon zu sagen pflegten.« Schon im Krieg von 1991 waren offenbar die Sprengköpfe der irakischen Scud-Raketen in geballten Siedlungen versteckt – was jedes Kind in Bagdad wußte, was dem US-Commando auf Grund mangelhafter »human intelligence« jedoch verborgen blieb.

Bei aller Freundlichkeit, die die Iraker dem westlichen Besucher entgegenbringen, fühle ich mich dennoch psychisch bedrängt bei meinen Fahrten durch Bagdad. »Big brother is watching me.«

Der Diktator Saddam Hussein entfaltet weiterhin einen Personenkult, der jeder Beschreibung spottet. Keine Straße, kein Platz, keine Hauswand wird von seinem Porträt verschont. In allen nur denkbaren Posen ist er dargestellt: Als Feldherr, als weiser Staatsmann, als Freund der Kinder, als Beduinen-Scheikh, als frommer Beter in Richtung Mekka kniend, als Schütze mit einer Art Tirolerhut auf dem Kopf, als wiedererstandener Herrscher Nebukadnezar, als Förderer des Aufbaus, als wohlwollender Landesvater – aber am häufigsten als furchteinflößender Despot mit strengem, unerbittlichem Blick. Immer neue Bildsäulen werden ihm geweiht, besonders eindrucksvoll eine Riesenstatue aus Bronze, wo sein breites Gesicht, das in jungen Jahren eine gewisse Ähnlichkeit mit dem Schauspieler Clark Gable aufwies, zur grausamen Maske erstarrt ist. Was kann in diesem Mann vorgehen, der sich einer so grotesken Politwerbung aussetzt? Ist er so realitätsfremd, oder hat er wirklich George Orwell gelesen und dessen Horrorvision entnommen, daß der gefürchtete Potentat – unter welcher Form auch immer – omnipräsent sein muß, um das Volk einzuschüchtern?

So hat er sich selbst zum Symbol des »Bösen« stilisiert. Jedenfalls hat er dem amerikanischen Präsidenten die Arbeit erleichtert und bietet sich als Zielscheibe an. George W. Bush hat aus Saddam Hussein, der bereits der Todfeind seines Vaters war, einen Gottseibeiuns gemacht und ihm eine ähnlich höllische Funktion zugewiesen wie dem anderen Fürsten der Finsternis, der den Namen Osama Bin Laden trägt. In Wirklichkeit ist der Despot von Bagdad alles andere als eine mythische Erscheinung. Er ist auch kein orientalischer Hitler. Nein, Saddam ist ein Polit-Gangster großen Stils, der es dem Zufall verdankt, daß er präzis aus jener kleinen Ortschaft Takrit nördlich von Bagdad stammt, in der auch der große Salah-ud-Din geboren wurde. Saladin, wie die Christen ihn nennen, war allerdings ein Kurde. Er hatte 1187 das Kreuzritterheer bei Hittin entscheidend geschlagen und ihm den Besitz des Heiligen Grabes entrissen. Aus Takrit stammen die erprobte Gefolgschaft, der Herrschaftsklüngel, die konspirative Zentrale der Staatsgewalt, die seit der Machtergreifung der sozialistischen Baath-Partei im Jahr 1963 an allen Schalthebeln der Republik hantiert.

Unter der haschemitischen Dynastie aus dem fernen Hedschas, die die britische Mandatsmacht 1920 in den Sattel gehoben hatte, und auch unter dem panarabischen Nationalisten-General Qassem, der die Monarchie 1958 auslöschte, hatte die Baath, die säkulare Bewegung der arabischen Wiedergeburt, im Untergrund operiert. Der Irak hatte während des langen und chaotischen Interregnums, das der Ermordung des Haschemiten-Königs Feisal II. folgte, den Ruf einer barbarischen Mordgrube erworben, wo die rivalisierenden Fraktionen ihre Führungskämpfe mit Maschinenpistolen und entsetzlichen Foltermethoden austrugen. In diesem Klima boxte sich der junge Saddam Hussein nach oben. Er kam aus kleinsten, ärmlichsten Verhältnissen, war als Waise aufgewachsen, tat sich schon sehr jung als gefürchteter »Gang-Leader« hervor, wie die vertraulichen Berichte der Israeli glaubwürdig schilderten.

Dieser irakische »Ali-la-Pointe« hatte schon als 22jähriger mit einem Attentat gegen General Qassem von sich reden gemacht. Saddam soll manchen Gegner eigenhändig mit der Pistole aus dem Weg geräumt haben und wäre beinahe selber in einer Folterzelle umgekommen, als sein erster Putschversuch im Jahr 1964 scheiterte. In der Illegalität vollzog sich der allmähliche Durchbruch des sunnitischen Takriti-Flügels gegen die schiitischen Führungsanwärter der Baath-Partei, die ursprünglich in der Mehrzahl waren. Am 17. Juli 1968 um drei Uhr nachts war es dann soweit. Mit Hilfe der Militärgarnison riß die Baath-Partei die Regierungsgewalt in Bagdad an sich und veranstaltete, wie das in Mesopotamien seit babylonischen Zeiten üblich war, ein Massaker unter den Unterlegenen. General Ahmed Hassan-el-Baqr ging aus diesem Umsturz als Staatschef, Saddam Hussein als Vizepräsident des Irak hervor. Beide gehörten dem gleichen Bu-Nasir-Stamm aus der Gegend von Takrit an. Familiäre oder zumindest regionale Bande schmiedeten diese mesopotamischen Mafiosi aneinander. Zum inneren Kreis gehörten Taha Yassin Ramadhan, ein ehemaliger Kebab-Händler, der als Vize-Premierminister im Krieg gegen den Iran das Kommando der Volksarmee übernehmen sollte, Barzan Ibrahim-el-Takriti, ein Halbbruder Saddam Husseins, der sämtliche Sicherheitsdienste koordinierte, und Verteidigungsminister Adnan Kheirallah. Ein gescheiterter Coup der verbleibenden Schiiten im obersten Baath-Gremium verschaffte den Takriti das

Monopol der Macht. Als Präsident Baqr schwer erkrankte und für das Regierungsgeschäft untauglich wurde, ließ sich Saddam Hussein zum Staatspräsidenten proklamieren.

Wir haben in unserer Bagdader Runde lange darüber diskutiert, wie dieser Revolverheld, der nicht zögert, beim geringsten Widerspruch sogar engste Vertraute im Ministerrat eigenhändig abzuknallen, bei den Amerikanern ein solches Wechselbad der Gefühle auslösen und jetzt zur Zielscheibe ihres Hasses werden konnte. Vermutlich war er brutaler, aber auch nicht viel schlimmer als so mancher seiner arabisch-islamischen Kollegen, die sich durch Unterdrückung, Ermordung und Folterung ihrer Opponenten an der Macht behaupteten. Der Vorwurf, daß er der El Qaida-Organisation nahestehe, der nach dem 11. September sofort aufkam, wurde selbst von der CIA als Unsinn bezeichnet, und das angebliche Treffen eines irakischen Diplomaten mit Mohammed Atta, der zentralen Attentäterfigur von New York, als Irreführung entlarvt.

Unter allen Todfeinden, die Saddam auflauerten, waren die islamischen Fundamentalisten zweifellos die bedrohlichsten. Also versteift sich Präsident Bush nunmehr darauf, den irakischen Staatschef als Produzenten von Massenvernichtungswaffen anzuprangern. Mit den Beobachtern der UNSCOM, jener Kommission, die die Herstellung von ABC-Arsenalen im Irak aufspüren sollte, hatte er lange genug Katz und Maus gespielt, ehe er sie 1998 völlig herausgeekelt hatte. Aber über welche heimlichen Potentiale verfügt Saddam Hussein nach jahrelanger Inspektion und den vernichtenden Bombenkriegen wohl noch? Daß er Giftgas verschießen kann, das hatte er auf den Schlachtfeldern der Majnun-Sümpfe und am Schatt-el-Arab gegen die Iraner, aber auch gegen die Kurden von Halabja bewiesen. Doch die Herstellung von chemischen Kampfstoffen kann auch in primitiven Werkhallen, sogar in Garagen bewerkstelligt werden unter der Voraussetzung – wie ein übler Witz besagt –, daß der Giftmischer selbst eine Gasmaske aufsetzt. Auch Syrien – um dieses Beispiel zu erwähnen – verfügt über die nötigen toxischen Substanzen und wäre sogar auf Grund der unmittelbaren Nachbarschaft zu Galiläa in der Lage, den Staat Israel mit seinen Raketen geringer Reichweite zu treffen.

Was nun die Trägerwaffen des Irak betrifft, so mögen zwei Dutzend unpräziser Scud-B-Raketen noch irgendwo versteckt sein. Für einen sinnvollen Einsatz wäre dieses Arsenal nicht ausreichend. Ohne Zweifel laborieren die Wissenschaftler des Irak auch an der Züchtung bakteriologischer Kulturen, und auf diesem Gebiet scheint man ziemlich weit vorangekommen zu sein. Doch die wenigsten Experten trauen den Arabern zu, den Durchbruch zur biologischen Kriegführung als Weltpremiere zu realisieren. Nur die japanische Aum-Sekte hat ja bisher bei ihrem U-Bahn-Attentat von Tokio auf diese Form des Terrors zurückgegriffen. Schließlich lag ein schlüssiger Bericht des früheren Chef-Inspektors der UNO, Hans Blix, vor, wonach der Irak auf absehbare Zeit nicht imstande sei, die einst weit gediehene nukleare Aufrüstung wiederaufzunehmen.

»Die Amerikaner sind offenbar unfähig, sich in die Psychologie ihrer Gegenspieler, in diesem Falle der islamischen Staatenwelt, zu versetzen«, referiert Dr. Farid, Professor für Maschinenbau der Universität Mossul; »da verkündet George W. Bush, daß die USA – entgegen ihren früheren feierlichen Zusicherungen – bereit seien, notfalls ihre miniaturisierten Nuklearwaffen auch gegen mißliebige Staaten einzusetzen, die über keinerlei atomares Potential verfügen. Gemeint ist vermutlich die Islamische Republik Iran. Aber offenbar macht sich kein Experte im Pentagon und auch im State Department eine Vorstellung davon, wie ein verantwortlicher persischer Politiker, dem das Überleben seines Landes am Herzen liegt und der sich keiner willkürlichen Erpressung durch Washington aussetzen will, auf eine solche Drohung reagieren muß. Mit allen Mitteln wird er versuchen, in den Besitz dieses absoluten Vernichtungsgeräts zu gelangen und ein Abschreckungspotential aufzubauen. Manches deutet darauf hin, daß der Bau der iranischen Atombombe, gekoppelt mit weitreichenden Raketen, den Wissenschaftlern von Teheran unter strengster Geheimhaltung bereits gelungen ist. Stellen Sie sich vor, Saddam hätte auch nur ein halbes Dutzend einsatzfähiger Kernwaffen besessen, er wäre heute noch der Herr von Kuweit. Wo kommen wir hin, wenn der allmächtige Mann im Weißen Haus all jenen Nationen mit der Apokalypse droht, die ihre eigene Souveränität und Würde zu wahren suchen. Es ist für einen Araber schon schlimm genug, unter der permanenten Nukleardrohung Israels zu leben, das über ein extrem entwickeltes Arsenal verfügt.«

Die Anwesenden kommen überein, daß es Bush junior um Einschüchterung gehe, um die Gefügigmachung all jener islamischen Staaten, die sich dem Willen Amerikas nicht bedingungslos unterwerfen. Am Irak wolle er ein fürchterliches Exempel statuieren und das Werk seines Vaters dort wiederaufnehmen, wo dieser kläglich gescheitert war – gemeint ist die Schaffung einer von Washington diktierten »Friedensordnung« für den gesamten Nahen und Mittleren Osten. An Saddam Hussein würde zudem eine sehr persönliche Familien-Vendetta ausgetragen. »Einen ganz wesentlichen Aspekt habt ihr ausgelassen«, mischt sich ein sehr urban und britisch wirkender Arzt aus Samara ein. Schon der Afghanistan-Feldzug könne nur vor dem Hintergrund einer Besitznahme der Erdöl- und Erdgasreichtümer Zentralasiens durch die Energiekonsortien der USA gesehen werden. »Die Begehrlichkeit der texanischen Petroleum-Lobby wird die ausschlaggebende Rolle spielen bei der unvermeidlichen Konfrontation, die uns bevorsteht. Dafür wird vor allem Vizepräsident Dick Cheney sorgen, der bereits in seiner Eigenschaft als früherer Verteidigungsminister der Gewinnung des ›Schwarzen Goldes‹ Vorrang eingeräumt hatte.«

Das Urteil war gefällt. Saddam Hussein war zum Abschuß freigegeben. »Erinnert ihr euch an jene dramatischen Stunden Ende Februar 1991«, nimmt der Arzt den Faden wieder auf, »als aus dem Süden die Nachricht von der Vernichtung, der Auflösung unserer Armee nach Bagdad drang. Drei Tage lang war nach Beginn der alliierten Bodenoffensive das Verwaltungsleben in Bagdad zum Erliegen und jede Ordnung abhanden gekommen. Ein Machtvakuum war eingetreten. Die lichtscheuen Elemente und Plünderer aus Saddam-City schickten sich zum räuberischen Überfall auf die Innenstadt an, als das Radio eine wichtige Sondersendung ankündigte. Neunundneunzig Prozent aller Zuhörer waren damals überzeugt, daß der Sturz, die Beseitigung Saddam Husseins bekanntgegeben würde. Statt dessen erfuhr die zutiefst geschockte und düpierte Bevölkerung, daß das US-Oberkommando nach nur hundertstündigem Kampf dem besiegten ›Rais‹ einen Waffenstillstand angeboten hatte. Wem sollen wir Iraker denn noch glauben? Nicht einmal auf unsere Feinde ist Verlaß.«

Wie oft ist mir die Frage nach diesem überstürzten Abbruch der Feindseligkeiten am Morgen des 28. Februar 1991 gestellt worden. General Schwarzkopf hätte doch höchstens zweier zusätzlicher Tage bedurft, um in Bagdad einzumarschieren. Aus der saudischen Wüste waren die Vorhuten – ohne auf Widerstand zu stoßen – bis auf hundertfünfzig Kilometer an die Hauptstadt herangerückt. Selbst die unzureichend gerüstete französische Brigade »Daguet« rollte nach vorn, was die Motoren ihrer Panhard-Straßenpanzer hergaben. Die Iraker leisteten keinen Widerstand mehr und flüchteten in hellen Scharen nach Norden. Der militärische Sieg der USA konnte nicht kompletter sein. Der Untergang Saddam Husseins schien besiegelt. Dennoch wurde das Unternehmen »Wüstensturm« zum großen Ärger des amerikanischen Oberbefehlshabers Norman Schwarzkopf voreilig abgeblasen.

Die Erklärungen sind vielfältig und oft widersprüchlich. Der damalige Stabschef der US-Streitkräfte, General Colin Powell, der heutige Außenminister, wollte bei einer Besetzung Mesopotamiens offenbar nicht in einen »protracted warfare«, in einen »Quagmire«, so hieß es in Vietnam, verwickelt werden. Häuserkämpfe in Bagdad hätten sehr blutig werden können, nachdem bisher nur 126 Soldaten gefallen waren, darunter 79 Amerikaner. Diese Verluste waren zudem noch überwiegend durch sogenanntes »friendly fire« oder Unfälle verursacht worden. Die Scud-B-Raketen Saddam Husseins wurden erst dann wirklich gefährlich, wenn sie von dem völlig unzureichenden Abfangsystem »Patriot« zufällig getroffen wurden und mit erhöhter Splitterkraft einschlugen.

Die offiziellen Sprecher des Weißen Hauses haben behauptet, der Krieg und vor allem die Luftangriffe gegen die flüchtenden Iraker seien eingestellt worden, um kein namenloses Gemetzel beim Gegner anzurichten. Diese Darstellung, die von manchen deutschen Kolumnisten nachgebetet wurde, kann niemanden überzeugen, der amerikanische Bombardements am 17. Breitengrad in Vietnam oder im Mekong-Delta miterlebt hat. Die Schätzungen über die im Krieg getöteten Iraker schwanken erheblich, variieren zwischen 85 000 und 150 000 Opfern. Aber sie beziehen sich fast ausschließlich auf das gewöhnliche Fußvolk, auf die Masse der schlecht ausgerüsteten Divisionen, die im südlichsten Abschnitt von Kuweit und Umgebung massiert waren und denen in den meisten Fällen kein Pardon gegeben wurde. Die Eliteeinheiten des Regimes, die »Republikanische Garde«, etwa 80 000 Mann mit ihren modernen T-72-Panzern, waren auf Anordnung Saddam Husseins in rückwärtigen Stellungen disloziert worden und wurden von der US-Air Force aus mysteriösen Gründen weitgehend verschont.

Eine andere offizielle Erklärung besagt, George Bush senior habe vom Sicherheitsrat der Vereinten Nationen lediglich den Auftrag zur Befreiung Kuweits und nicht zum Vormarsch auf irakisches Territorium erhalten. Doch wer wäre schon dem US-Commando in den Arm gefallen, als es um die Eliminierung des »Kriegsverbrechers« Saddam ging, und seit wann scherte Washington sich so skrupulös um UN-Resolutionen. Im Gegenteil, es kam weltweite Enttäuschung auf, als sich herausstellte, daß der Diktator von Bagdad sich an der Macht behaupten würde. Schon bekamen die amerikanischen Strategen den Vorwurf zu hören, den einst ein karthagischer Unterführer an den siegreichen Feldherrn Hannibal gerichtet hatte, als dieser sich nach einer Serie beispielloser Siege weigerte, ohne Verzug zur Eroberung Roms auszuholen: »Vincere scis, Hannibal, victoria uti nescis – zu siegen verstehst du, Hannibal, den Sieg zu nutzen verstehst du nicht.«

Die wirklichen Überlegungen, die dem plötzlichen Stillhalten der US-Streitkräfte zugrunde lagen, waren anderer Natur. Weder die USA noch deren saudi-arabische Verbündete besaßen irgendein Interesse an der staatlichen Auflösung der irakischen Republik. Eine entscheidende Schwächung der tyrannischen Zentralgewalt in Bagdad hätte diversen separatistischen Tendenzen freien Lauf gelassen. Die Bevölkerung des Zweistromlandes setzt sich bekanntlich zu sechzig Prozent aus Schiiten zusammen, die vor allem südlich der Hauptstadt und im Umkreis von Basra eine erdrückende Mehrheit bilden. Die Gründung eines schiitischen Gottesstaates im Südirak nach dem Vorbild der Khomeini-Revolution wäre in Teheran zwar mit Begeisterung aufgenommen worden, hätte jedoch beim saudischen Königshaus die Befürchtung genährt, nun werde diese religiöse Hochstimmung auch auf jene Schiiten übergreifen, die in der saudischen Erdölprovinz El Ahsa stark vertreten sind.

Im Norden wäre die Auflösung des Bagdader Staatsapparates von den Kurden genutzt worden, um im Raum von Mossul, Kirkuk, Suleimaniyeh eine souveräne Republik zu proklamieren, was wiederum die türkische Regierung in Ankara und die dortige Armeeführung, die in Ost-Anatolien einen sporadischen Partisanenkrieg gegen die Rebellen der PKK führen, zur militärischen Intervention, ja vielleicht zur dauerhaften Okkupation der irakischen Nordprovinzen bewogen hätte. Kurzum, die Erhaltung des territorialen Status quo erschien den geopolitischen Planern in Washington als das geringere Übel. Der Geheimdienst CIA ging im übrigen von der Gewißheit aus, daß Saddam Hussein nach seiner schmählichen Niederlage vom eigenen Offizierskorps gestürzt würde und daß man sehr bald in Bagdad mit einem neuen Machthaber verhandeln könne. Am Tigris ist mir versichert worden, der irakische Staatschef habe höchstpersönlich das Gerücht dieses unmittelbar bevorstehenden Militärputsches den amerikanischen Agenten zuspielen lassen, um George Bush senior in Sicherheit zu wiegen und sein eigenes Überleben zu ermöglichen. Der babylonische Präzedenzfall des Frevlers Belsazar, den die Bibel schildert und den Heinrich Heine in seiner Ballade popularisierte, hat sich nicht wiederholt: »... Belsazar ward aber in selbiger Nacht von seinen Knechten umgebracht.« Aus dem Blitzsieg von »Desert Storm« war ein Pyrrhussieg geworden. Daran konnte auch der römisch anmutende Triumphzug des General Schwarzkopf an der Spitze seiner Soldaten auf der Fifth Avenue von New York nichts ändern.

## Verrat und Mord in Bagdad

*Bagdad, im Februar 2002*

Chronik eines angekündigten Krieges. Dieses Mal redet niemand in Bagdad von der »Mutter der Schlachten«, wie Saddam Hussein 1990 seinen Zusammenprall mit der Weltmacht USA, deren Alliierten und Trabanten prahlerisch angekündigt hatte. Aber jedermann weiß, daß der neue Waffengang am Golf und in Mesopotamien längst beschlossene Sache ist. Wann Präsident Bush junior zuschlagen wird, ist nur eine Frage des Termins und der Opportunität. Er hat sich mit seinen martialischen Presseerklärungen selbst unter Zwang gesetzt. Würde er auf die Beseitigung Saddam Husseins verzichten und aus irgendeinem Grunde kneifen, wäre sein Drohpotential im »Krieg gegen den Terrorismus« entscheidend geschwächt, würde er schnell von den stets zur Übertreibung neigenden Massen des Orients als Papiertiger geschmäht.

Tariq Aziz hat sich seit dem erstickend heißen Augustabend 1997, als ich ihn das letzte Mal traf, kaum verändert. Der klein gewachsene Chaldäer mit dem dichten weißen Haarschopf, den buschigen schwarzen Augenbrauen und der dick gerandeten Brille war mir damals in einem eleganten dunklen Anzug begegnet. Jetzt trägt er die grüne Uniform, die Saddam Hussein in Zeiten der Bedrängnis seinen engsten Mitarbeitern vorschreibt. Sehr kriegerisch wirkt Tariq Aziz nicht in dieser Kostümierung. Offiziell ist er als stellvertretender Regierungschef der zweite Mann im Staat. Seine außenpolitische Erfahrung, seine Gewandtheit, sein vorzügliches Englisch kommen ihm dabei zugute wie auch der Umstand, daß er einer der christlichen Urkirchen des Zweistromlandes angehört und deshalb niemals den Anspruch erheben könnte, die Präsidentschaft in diesem islamischen Land anzustreben. Weiterhin üben die Angehörigen des sogenannten Takriti-Clans im Obersten Revolutionsrat mehr Einfluß aus als der agile Vizepremier. Das Gerücht, er sei in Ungnade gefallen, das auf Grund einer zweifelhaften Geschäftstransaktion seines Sohnes und dessen vorübergehender Verhaftung aufgekommen war, hat sich jedoch nicht bestätigt.

Unser Gespräch findet in einer jener pompösen Regierungsburgen mit imponierenden Marmorfassaden statt, an denen rastlos gearbeitet wird. Die riesige Eingangshalle ruht auf massiven Säulen und ragt hoch wie ein Kirchenschiff. Die kitschige Möblierung aus Samt und vergoldetem Holz kontrastiert mit der pharaonischen Monster-Architektur. »Die Amerikaner verkünden ja ganz ungeniert, daß sie den Sturz unserer Regierung betreiben«, so beginnt Tariq Aziz ohne Umschweife das locker geführte Interview. »Was bleibt uns denn anderes übrig, wir müssen uns auf Verteidigung einrichten und unsere Souveränität schützen.« Es gehe doch gar nicht um die Aufstöberung geheimer Waffenlager und Laboratorien zur Herstellung von Massenvernichtungswaffen. Die Aussagen George W. Bushs ließen ja keinerlei Spielraum mehr für Verhandlungen oder Zugeständnisse. Über die Zulassung einer neuen internationalen Beobachterkommission zur Abrüstungsprüfung könne man ja reden. Doch von vornherein stehe fest, daß die Amerikaner eine solche Mission zu Spionage- und Konspirationszwecken mißbrauchen, daß sie bei der ersten passenden Gelegenheit einen gravierenden Zwischenfall inszenieren würden, der ihnen das Argument und das Signal zum Auslösen der Feindseligkeiten böte. Im übrigen bestehe für den Irak keinerlei Anlaß zum Defätismus. Nicht einmal der Krieg in Afghanistan sei durch die USA siegreich beendet worden, und die vom Ausland eingesetzte Regierung Karzai kontrolliere nicht viel mehr als die Hauptstadt Kabul.

Vor fünf Jahren hatte für Tariq Aziz die Palästina-Frage nicht im Zentrum des Interesses gestanden. Das Abkommen von Oslo war immerhin partiell verwirklicht worden. Neben ständigen Rückschlägen waren auch Verhandlungsfortschritte zwischen Israel und der palästinensischen Autonomiebehörde zu verzeichnen gewesen. Man wollte wohl damals am Tigris nicht »palästinensischer sein als die Palästinenser« – so hieß es wenigstens – und hielt sich auf Distanz. Das hat sich jetzt grundlegend geändert. Die Intifada el Aqsa, die fast waffenlose Auflehnung der Westbank, stellt der stellvertretende Regierungschef fest, trotzt seit eineinhalb Jahren dem massiven Einsatz einer ungeheuren israelischen Übermacht. Dieses Mal sei allen Arabern vor Augen geführt worden, daß Washington sich ohne Einschränkung mit den expansionistischen Absichten, mit den »Eretz Israel«-Vorstellungen Ariel Sharons identifiziere, der den Judenstaat bis zum Jordan ausdehnen wolle.

Tariq Aziz versucht gar nicht, das erdrückende Schwergewicht der amerikanischen Streitkräfte im Konfliktfall mit dem Irak herunterzuspielen. Er scheint auf das Schlimmste gefaßt zu sein. Aber dann stellt er Betrachtungen an über die Vergänglichkeit der Imperien: »Wir leben hier auf einem Boden, der auf viertausend Jahre Geschichte zurückblickt, und ich kann sogar auf ein persönliches

Erlebnis zurückgreifen. Nach dem Ersten Weltkrieg war Großbritannien die weltweit dominierende Kolonialmacht und hatte auch den Irak als willfähriges Protektorat unterjocht. Es hat damals kaum dreißig Jahre gedauert, und sämtliche Herrschaftsstrukturen der Engländer sind eine nach der anderen zerbrochen.«

»Ich beabsichtige nicht im geringsten, den Staatsmännern Europas Lektionen zu erteilen«, fährt er fort. »Aber die USA sind von den Staaten des Orients sehr, sehr weit entfernt. Wenn die Amerikaner irgendein Unheil anrichten in Palästina, im Irak, in Nordafrika, in Regionen also, die unmittelbar an Europa grenzen, dann können sie sich im Falle eines Fehlschlags in ihre weit abgelegene Heimat zurückziehen. Blicken Sie nur auf den Balkan: Dort tragen schon jetzt die Europäer die Last. Die Amerikaner können sich beliebig exponieren mit harten Deklarationen, mit überlegener Technologie, mit schier unermeßlichen Finanzen. Sie können fast überall militärische Stützpunkte behaupten, die Wirtschaft steuern und die vitalen Petroleum-Ressourcen kontrollieren. Doch im äußersten Falle stände es ihnen offen, den Rückzug auf ihren eigenen Kontinent anzutreten. Die Europäer hingegen sind unmittelbar und dauerhaft involviert, falls die USA im Umkreis des Abendlandes chaotische Zustände schaffen. Nach Entstehen eines Abgrundes der Anarchie könnten sie sich dann hinter dem sicheren Schutz von zwei Ozeanen und ihren elektronischen Abwehrsystemen verschanzen.«

Bei der Heimkehr ins Hotel Raschid bin ich zwangsläufig auf das teuflisch grinsende Antlitz des Präsidenten George Bush senior getreten. Das Mosaik ist immer noch als Bodenbelag am Eingangsportal eingelassen und noch nicht durch die Abbildung seines Sohnes ersetzt worden. »Bush criminal« steht darüber geschrieben. Angeblich, wie mir der Portier versichert, ist die »Künstlerin«, die dieses anklägerische Machwerk entwarf, bei einem der britisch-amerikanischen Luftangriffe umgekommen. Ein Zufall hatte es gewollt, daß sie zu den »Kollateralschäden« zählte, die bei solchen Aktionen wohl unvermeidlich sind.

Als ich Tariq Aziz im August 1997 gegenübergesessen hatte, war es mir nicht gelungen, Licht in jene oft kolportierte Verschwörungstheorie zu bringen, der zufolge Saddam Hussein dem amerikanischen Präsidenten Bush 1990 in die Falle gegangen sei. Das hartnäckige Gerücht, das sich in hohen Regierungskreisen Bagdads zur Gewißheit verdichtete, besagte, die amerikanische Botschafterin April Glaspie, eine studierte Arabistin, habe vor der Besetzung Kuweits durch die irakischen Streitkräfte am 2. August 1990 ein ausführliches Gespräch mit dem Staatschef geführt. Wie denn Amerika auf eine solche Militäroperation reagieren würde, habe der Rais gefragt, und die Antwort Glaspies, die eine solche Erklärung ja nicht ohne Instruktionen aus dem Weißen Haus und dem State Department hätte abgeben können, sei eindeutig gewesen: Die Beziehungen zwischen Irak und Kuweit seien eine innerarabische Angelegenheit, und die USA würden sich – bei allen Vorbehalten gegen jede Expansionspolitik – aus diesem Konflikt herauszuhalten suchen.

George Bush senior, so hieß es, habe zu jenem Zeitpunkt längst die Entscheidung gefällt, die bedenklich anwachsende Regional-Hegemonie des Diktators von Bagdad mit allen Mitteln zu brechen. Das reichhaltige Arsenal der Iraker an chemischen und bakteriologischen Waffen und ihre Fortschritte bei der Entwicklung immer weiter tragender Raketen waren dem amerikanischen Nachrichtendienst seit dem achtjährigen Krieg Saddams gegen die Islamische Republik Khomeinis bestens bekannt. Nun kam die Befürchtung hinzu, der größenwahnsinnige Mesopotamier könne in den kommenden zwei Jahren auch eigene Atomsprengköpfe fabrizieren.

Dem galt es – so lautet die Mär vom amerikanischen Komplott, das so gut in die orientalische Vorstellungswelt vom »Mu'amara« hineinpaßt – mit List und Irreführung vorzubeugen. Saddam Hussein, dessen mangelnde Kenntnis der internationalen Zusammenhänge notorisch war – wo hätte er sie auch erwerben können? –, sollte veranlaßt werden, nach dem kuweitischen Köder zu schnappen und somit den Amerikanern die Rechtfertigung zu verschaffen, ihn als ruchlosen Eroberer und Aggressor zu brandmarken, den Irak vor das Tribunal der Vereinten Nationen zu zerren und einen Vernichtungsfeldzug gegen dieses neue »Frankenstein-Monster« am Tigris, an dessen Hochrüstung Amerika während des achtjährigen Krieges gegen die Mullahs von Teheran aktiv mitgewirkt hatte, in die Wege zu leiten.

Tariq Aziz war meiner Frage ausgewichen. Das Eingeständnis, daß der mit allen Gaben menschlicher Weisheit ausgestattete Prä-

1 und 2 Und wenn am Ende des amerikanischen Feldzugs gegen Saddam Hussein ein schiitischer Gottesstaat stünde? Die heiligste Stätte dieses islamischen Glaubenszweiges, das Grab Alis, befindet sich in Nedschef im Irak.

3 Einstimmung auf den Krieg. Uncle Sam beglückwünscht Präsident George W. Bush.

4 Saddam Hussein läßt sich als frommer Beter portraitieren.

5 Der Bodenkrieg der Amerikaner im Februar 1991 dauerte nur hundert Stunden; dann kapitulierte die Armee Saddam Husseins.

6 Rechts: Ein zerstörter irakischer Panzer im Fackelschein eines kuweitischen Ölfeldes – Symbol des dortigen Einsatzes.

7 und 8 Die Bronzestatuen hoher irakischer Offiziere, die im Kampf gegen den Iran gefallen sind, deuten auf den Schatt-el-Arab, wo die Leichen ihrer Soldaten während des ersten Golfkriegs verwesten. Damals war Saddam Hussein ein Verbündeter Amerikas.

Ethnische und konfessionelle Gestaltung des Irak
BAKU
JEREWAN
ASERBAIDSCHAN
Kaspisches Meer
TÜRKEI
Van-See
Van
Tabriz
Urimia-See
Urmia
Diyarbakir
Tigris
Zakhu
Dohuk
Mahabad
Kaswin
Mossul
Arbil
36°
SYRIEN
IRAN
Euphrat
Kirkuk
Suleimaniyeh
Halabjah
Sanandadsch
Takrit
Samarra
Kermanschah
BAGDAD
Syrische
Ramadi
33°
Rutbah
Wüste
IRAK
Babylon
Kerbela
Hillah
Amarah
Nedschef
Euphrat
Nasariyeh
Ur
Khorram-shahr
Bender Khomeini
Schatt-el-Arab
Basra
Abadan
KUWEIT
KUWEIT
Persischer Golf
SAUDI-ARABIEN
Dahran
Flugverbotszonen
Kurden
Schiiten
Sunniten
Staatsgrenzen
approximativer Grenzverlauf des autonomen Kurdengebietes
Erdölförderung
0
100
200
300
400
500 km

9 Ayatollah Khomeini, Gründer der Islamischen Republik Iran, eine biblische Rächergestalt. In den Augen Amerikas verkörpert er das »Böse«.

10 Und so stellt der »Spiegel« die »Guten« dar: Präsident Bush mit seiner engsten Mannschaft. Angeblich fand dieses Titelbild in Washington Gefallen.

11 In Bagdad führte der Autor ein Gespräch mit dem Vize-Regierungschef des Irak, Tariq Aziz.

12 Der Kurdenführer Jalal Talabani empfängt Peter Scholl-Latour in seiner Residenz bei Suleimaniyeh.

## Vorläufige Aufteilung der palästinensischen Autonomiegebiete auf dem West-Jordan-Ufer laut Oslo-Abkommen

**Zone A:** volle palästinensische Autorität inclusive Sicherheitsverantwortung (ca 4,6%)

**Zone B:** palästinensische Verwaltungsautonomie, ISRAEL übt Sicherheitshoheit aus (ca 25 %)

**Zone C:** voll unter israelischer Verwaltungs- und Sicherheitshoheit (ca 70 %)

13 bis 15 »Ich will Jerusalem zum Laststein machen für alle Völker«, klagte schon der Prophet Zacharias. Diese Voraussage trifft heute die Palästinenser, die ihre Toten begraben, die Juden, die an der Klagemauer verharren, und Yassir Arafat, der in seinem Amtssitz von Ramallah wie in einem Käfig eingeschlossen ist.

אנכי יהוה
לא תשא
זכור את
כבד את
לא תרצח
לא תנאף
לא תגנב

16 und 17 Haß und Begeisterung weltweit. Das Bild von Präsident George W. Bush mit dem Davidstern auf der Stirn wird im fernen Indonesien von eifernden Muslimen verbrannt. In der pakistanischen Stadt Quetta tragen jubelnde Koranschüler das Bild ihres Idols, Osama Bin Laden, mit sich.

18 Bis in das Herz Zentralasiens ist die amerikanische Offensive vorgedrungen, in eine Welt, die sich seit dem Eroberungszug Alexanders des Großen kaum verändert hat.

sident einer amerikanischen Diplomatin so plump auf den Leim gehen könnte, wäre für dieses hochgejubelte Idol der irakischen Massen nicht gerade schmeichelhaft gewesen. Zu einem klaren Dementi ist es dennoch nicht gekommen. Der gewandte Stellvertreter Saddams hatte in langen Jahren als »Foreign Minister« des Irak all jene persönlichen Erfahrungen mit der Außenwelt sammeln können, die seinem Chef fehlten. Er glaubte die Absichten des Vaters des heutigen Präsidenten ergründen zu können. »Sie müssen eines wissen«, hob er an, »George Bush was a political animal.« Bush senior habe einen bemerkenswerten, raubtierähnlichen Instinkt für die total veränderte Weltsituation nach dem Zusammenbruch der Sowjetunion besessen. Er hatte das machtpolitische Vakuum klar erkannt, das durch die Schwächung Moskaus entstanden war. Von einem Tag zum andern befand sich die Republik Irak ohne ihren traditionellen russischen Gönner völlig isoliert der Willkür der USA und der von ihnen gegängelten Vereinten Nationen ausgeliefert. Es half Saddam Hussein wenig, daß er sein gesamtes Volk – inklusive der meisten Opponenten – hinter sich wußte, als er das Scheikhtum Kuweit, diese Erfindung der britischen Imperialisten, zur 19. Provinz des Irak deklarierte.

George Bush hatte seine Stunde erkannt, betonte Tariq Aziz. »Der Weg war im Sommer 1990 frei für das ›great design‹ der USA im Nahen und Mittleren Osten. Der Iran war durch den extrem verlustreichen Krieg, den er gegen uns geführt hatte, ausgelaugt und geschwächt, es galt also nur noch, den Irak als Machtfaktor auszuschalten, und dann würden die Amerikaner im Rahmen der feierlich angekündigten ›Neuen Friedensordnung‹ die totale Kontrolle über die ungeheuerlichen Petroleum-Reserven dieser gesamten Weltzone ausüben. Die USA wären dann tatsächlich, wie es Präsident Clinton später formulieren sollte, zum ›indispensable state – zum unentbehrlichen Staat‹ geworden für ihre Gegner und für ihre Partner. Nach der Unterwerfung des Irak würde Washington, so spekulierte man, auch endlich in der Lage sein, den Frieden zwischen Zionisten und Arabern zu erzwingen, auf Kosten der Palästinenser natürlich. Die israelischen Streitkräfte wiederum, deren Schlagkraft niemand in Bagdad unterschätzte, böten sich als verläßliches Werkzeug der Pax Americana an.

In der letzte Phase vor dem Beginn des amerikanischen Bombardements am 17. Januar 1991 hatte der irakische Staatschef in fataler Selbstüberschätzung wie ein Dilettant taktiert. Sein Vize hatte mir das letzte Gespräch geschildert, das er selbst am 9. Januar in Genf mit dem damaligen US-Außenminister James Baker geführt hatte. Baker, der Mann mit dem Pokerface, muß wie ein unerbittlicher römischer Proconsul aufgetreten sein. »We are going to bomb you back into the preindustrial age – Wir werden euch in das vorindustrielle Zeitalter zurückbomben«, hatte er Tariq Aziz bedrängt. »Wir werden das jetzige Regime von Bagdad zu Fall bringen.« Die Äußerung erinnerte mich an einen ähnlich lautenden Kraftspruch des einstigen Stabschefs der US-Air Force, Curtis Le May, mit dem er zu Beginn des Vietnam-Krieges die Gefolgschaft Ho-Tschi-Minhs einzuschüchtern suchte: »We are going to bomb them back into the stone age.«

Tatsächlich wurden nach Ausbruch der Kampfhandlungen zwischen dem 17. Januar und dem 18. Februar 106 000 alliierte Luftangriffe gegen den Irak geflogen, während es den Soldaten Saddam Husseins lediglich gelang, 68 Scud-B-Raketen mit sehr mäßigem Erfolg gegen Saudi-Arabien und Israel abzufeuern.

*

Seit dem Desaster von 1991 hatte sich das Charakterbild des Diktators allmählich verändert. Für viele Iraker, die unter den Sanktionen stöhnten und den Boykott der UNO verfluchten, präsentierte er sich als fürchterlicher, aber unbezwingbarer Fels, der der Koalition von dreißig Feind-Nationen, angeführt durch den Koloß USA, erfolgreich die Stirn geboten hatte. Die Legendenbildung sprießt im Orient noch üppiger als andernorts. Jedenfalls trat Saddam nicht nur in den Augen seiner Untertanen, sondern auch in der Einschätzung vieler Beobachter des arabischen Auslandes nach und nach in der Rolle des »Batal« auf, des Helden, an dem alle Komplotte der amerikanisch-zionistischen Verschwörung unrühmlich zerschellten.

Die Versuche der CIA-Agenten, den Tyrannen vom Tigris auf die eine oder andere Weise zu liquidieren, sind nur zum geringsten Teil bekannt geworden. Jeder dieser Anschläge endete mit einer fürchterlichen Blamage. Die amerikanischen Volksvertreter hatten ganz offiziell Finanzmittel bewilligt, um einen oppositionellen »Nationalen Irakischen Kongress« aus disparaten Elementen zusammenzuzimmern. Da versuchte man in Washington, ein paar Exgenerale zu mobilisieren, die sich mit Saddam überworfen hatten. Die Namen des ehemaligen Stabschef Nizar Khazraji und des Generals Najib Salihi wurden in diesem Zusammenhang genannt. Niemand schien daran Anstoß zu nehmen, daß Khazraji höchstpersönlich im Auftrag seines Rais die Vergasung Tausender kurdischer Zivilisten bei Halabja zu verantworten hatte. Als ziviles Aushängeschild wurde hartnäckig der Name eines reichen Schiiten – Ahmed Chalabi – kolportiert, aber alle, die ihn kannten, gaben diesem im Exil lebenden Salonlöwen nicht die geringste Chance.

Extrem kritisch erwies sich hingegen die Verschwörung, zu der sich im August 1995 zwei enge Familienmitglieder, die Schwiegersöhne des Diktators, zusammentaten. In Begleitung ihrer Frauen, leibliche Töchter des Staatschefs, hatten sie sich in einer verräterischen Eskapade nach Jordanien abgesetzt, um dort den Amerikanern geheimste Rüstungsdaten und präzise Angaben über getarnte Labors des chemischen und bakteriologischen Krieges auszuhändigen. Sensationell war vor allem die Fahnenflucht Hussein Kamils, der als enger Vertrauensmann und als pathologischer Henker des Regimes gegolten hatte. Über dessen Desertion wurde von der Bevölkerung Bagdads erregt und amüsiert getratscht. Die öffentliche Verblüffung war total, als besagter Schwiegersohn, nachdem man ihm in Bagdad Straffreiheit zugesichert hatte, tatsächlich in die Höhle des Löwen zurückkehrte und dort – angeblich nicht von den zuständigen Staatsorganen, sondern von Mitgliedern des zutiefst entehrten Familien-Clans – schleunigst umgebracht wurde.

Auf meine Frage, wie eine solche psychologische Fehlleistung überhaupt zu erklären sei, hatte ich folgende Antwort erhalten: Hussein Kamil stammte aus kleinsten, ja erbärmlichen Verhältnissen. Er hatte durch Skrupellosigkeit und Grausamkeit die höchste Gunst des Serail erworben. In völliger Überschätzung seiner eigenen Bedeutung für die amerikanischen Spezialdienste hatte er wohl gehofft, seinen Schwiegervater an der Spitze des Staates ablösen zu können und selbst Präsident zu werden. Sämtliche irakischen Exilpolitiker jedoch – von den Schiiten bis zu den Kommunisten – wandten sich mit Abscheu von dieser Brutus-Gestalt ab. Angeblich hat Hussein Kamil – nun auch von seinen US-Betreuern mit Mißachtung gestraft – sich mit der Bedeutungs- und Mittellosigkeit im Exil nicht abfinden können. In seiner Verblendung redete er sich ein, sein ehemaliger Wohltäter würde doch noch Gnade walten lassen. Diesen monumentalen Irrtum hat er mit dem Leben bezahlt.

Damit waren die Gerüchte nicht zu Ende. Als im Dezember 1996 Udai, der älteste Sohn Saddam Husseins, bei einer abendlichen Vergnügungstour am Steuer seines Turbo-Porsche im Stadtkern von Bagdad durch ein Attentat schwer verletzt wurde, brachte man diesen Überfall mit dem Drama Hussein Kamils und einer Familien-Vendetta in Zusammenhang. Der verwöhnte Playboy Udai war sogar seinem Vater mit seiner Brutalität, seiner manischen Mordlust lästig geworden. Nach mehreren Operationen der Wirbelsäule zeigte sich der mißratene Sprößling, der seine Teillähmung durch wallende Beduinenkleidung zu verstecken suchte, wieder im Fernsehen, um seine fortschreitende Gesundung zu demonstrieren. Dem Zuschauer fiel selbst bei diesen Propagandaszenen die Vulgarität des Gesichtsausdrucks, das grausame, erzwungene Lächeln auf.

Udai befehligt heute zwar in Bagdad die Verfügungstruppe »Fedayin Saddam – Die sich für Saddam aufopfern«. Diese etwa zwei Regimenter starke Sondereinheit tritt bei Militärparaden nur maskiert in Erscheinung. Aber als Kronprinz ist offenbar sein jüngerer Bruder Qusai in den Vordergrund gerückt, dessen Ruf weniger lädiert ist und der mit der kleinen Leibgarde »Amn-el-khass« über das entscheidende Instrument der familiären Selbstbehauptung verfügt.

Die Armee ist längst nicht mehr so aufgebläht wie zu Zeiten des Generals Schwarzkopf. Sie wurde auf 300 000 Mann reduziert, und was ich von ihr zufällig zu sehen bekomme bei diversen Infanterie-Übungen oder beim unvermeidlichen Jogging-Ritual, entspricht keineswegs den Ansprüchen moderner kriegerischer Fitneß. Der deutsche Kommißausdruck »Sauhaufen« hätte zu diesen Muschkoten und auch zu deren beleibten Offizieren am besten gepaßt. Gewiß gibt es die »Republikanische Garde«, von jeher die politisch motivierte Elite der Streitkräfte, eine Art Waffen-SS, aber deren T-72-Panzer wären der gnadenlosen Präzision amerikanischer Laserbomben hilflos ausgeliefert. Zu erwähnen ist ebenfalls die vom Regime hoch gepriesene »Armee Jerusalems – Jaish-el-Quds«, eine Art Volkssturm, in dem sich auch die älteren Männer und resolut blickende Frauen bei den Aufmärschen martialisch gebärden. Ihre Mannschaftsstärke wird auf mindestens eine Million geschätzt. In einer konventionellen Schlacht müßten diese Hilfskräfte allenfalls als Kanonenfutter herhalten, es sei denn, diese klägliche »levée en masse« ergriffe gleich zu Anfang das Hasenpanier.

Aber während ich die Bilder militärischer Paraden visioniere, die uns der vorzügliche arabische Sender »Al Jazeera« aus Qatar in seinem Bagdader Studio zur Verfügung stellt, kommt mir der Gedanke, daß ja auch bei diesen scheinbar kampfuntauglichen Milizen in der Stunde der Bewährung und des kollektiven Wutausbruchs gegen die ungläubigen, alles zerstörenden Invasoren eine an Verzweiflung grenzende Tapferkeit aufkommen könnte. Seit die palästinensischen Straßenkämpfer der El Aqsa-Intifada den schier unbezwingbaren Staat Israel und seine Streitkraft »Zahal« in einer Anwandlung selbstmörderischer Rage, die man den Gefährten Yassir Arafats nie zugetraut hätte, mit ein paar hundert Kalaschnikows, mit Molotow-Cocktails und Steinen in eine politische Patt-Situation gedrängt haben, zu einem Aufgebot von Panzern zwangen, das fast der klassischen Tankschlacht von Kursk im Zweiten Weltkrieg würdig gewesen wäre, und dem Judenstaat einen schweren Prestigeverlust zufügten, zögert selbst der erfahrene Beobachter vor übereilten Urteilen. Die »Filistin« hatten bislang als lausige Krieger gegolten, und jetzt traten sie wider alles Erwarten als »Löwen« des Widerstands auf. Was sich auf dem winzigen Territorium der Palästinenser-Autonomie zwischen Hebron und Jenin abgespielt hat, das zudem in zusammenhanglose Fetzen unterteilt ist, könnte für den ganzen Orient eine Art Generalprobe sein. Schon werden übertriebene Vergleiche angestellt mit jener »Schlacht von Valmy«, die Goethe bekanntlich als Zeitenwende beschrieb.

In Zukunft werden auch die amerikanischen Strategen eventuell mit Suizid-Überfällen kleiner Fedayin-Gruppen rechnen müssen, die es auf exzessive Vergeltungsreaktionen der US Army anlegen und in Ermangelung durchschlagender eigener Erfolge die weltweite Öffentlichkeit propagandistisch für sich gewinnen möchten. Bei der Lektüre amerikanischer Analysen war mir die irreführende Behauptung aufgefallen, wonach der dilettantische Einsatz der US-Rangers in Mogadischu am Ende ein Erfolg gewesen sei, weil sich die Verluste der Eingeborenen im Verhältnis zu den amerikanischen Einbußen zehn zu eins verhielten. Aus der Sicht aufgebrachter Orientalen ließe sich ein solches Ungleichgewicht jedoch mühelos verkraften. Die GIs, die von der Tradition der Indianerkriege offenbar nicht loskommen, in denen die »soldiers blue« der US-Kavallerie mit ihren Winchester-Büchsen die nur mit Pfeil und Bogen bewehrten Rothäute mühelos abknallten, verkennen wohl, daß sie es im kommenden Kampf gegen ein weltweites islamisches Aufbegehren nicht mit einer zum Aussterben verurteilten, zahlenschwachen Urbevölkerung zu tun haben, sondern mit einer Milliardenmasse, deren demographischer Zuwachs in der Lage ist, die schlimmsten Hekatomben auszugleichen. Da klingt die Äußerung eines hohen amerikanischen Offiziers, die ich in einer CNN-Sendung vernahm, »der Tod eines einzigen amerikanischen Soldaten sei für ihn schlimmer als die Vernichtung von tausend Irakern«, nicht nur frevlerisch, sondern extrem töricht.

Vermutlich bereiten sich die Untertanen Saddam Husseins weder auf einen heroischen Opfergang à la Massada noch auf eine Nibelungenschlacht vor. Wenn es George W. Bush gelänge – nach einer monatelangen Bombardierung und systematischen Vernichtung aller staatlichen wie industriellen Einrichtungen des Irak –, mit Commando-Einheiten in Bagdad einzudringen und nach Liquidierung Saddam Husseins irgendeinen hochrangigen irakischen Militär als willigen Ersatz in den Präsidentensessel zu hieven, die leidgeprüfte Bevölkerung mit dem Segen von Petrodollars zu besänftigen und ein erträgliches Auskommen unter dem Protektorat des Sternenbanners in Aussicht zu stellen, könnte sich am Tigris immer noch eine Form prowestlicher Domestizierung einstellen. Es würde dann in Bagdad ein gefügiger, bestechlicher Potentat, ähnlich wie General Mubarak in Ägypten oder General Musharaf in Pakistan, sich in den Kampf gegen den »Terrorismus« – so wie man ihn in Washington definiert – einreihen und die eigene islamistische Volksbewegung mit Polizeigewalt in Schach halten.

Die Alternative zu dieser Form proamerikanischer Unterwerfung bliebe dann einzig und allein das Aufbäumen der religiösen Eiferer, der Aufruhr im Namen islamischer Würde. Noch sucht die Frömmigkeit der von neuer Bedrängnis eingeschüchterten Bevölkerung des Zweistromlandes Zuflucht bei dem augustinisch klingenden Koranvers: »Diejenigen, die glauben, deren Herzen ruhen in der Anrufung Gottes … – tatma'innu qulubuhum bi dhikr Allah«. Sehr bald könnten sie sich jedoch auf ein anderes Gebot ihres Heiligen Buches besinnen, das da lautet: »Denen gehört das Paradies, die auf dem Wege Allahs streiten, die töten und getötet werden; ihnen wird wahrhaft die Verheißung zuteil.«

*

An diesem Abend habe ich mich mit einer Gruppe französischer Diplomaten und Dozenten verabredet. Das Gespräch findet in einem angeblichen Luxusrestaurant von Bagdad statt, das den seltsamen Namen »Il Castello« trägt. Von Nachtleben kann in der Tigris-Metropole nicht mehr die Rede sein. Unendlich fern erscheint jene sündige Epoche zu Beginn der achtziger Jahre, als sich in den Casinos und anrüchigen Amüsierlokalen am Ufer des Stroms eine begüterte, dem Trunk ergebene Clique von einheimischen und ausländischen Kriegsgewinnlern tummelte, während überall an den Häuserfronten der Innenstadt die schwarzen Tücher mit der Lobpreisung der gefallenen Märtyrer aushingen. Auf dem Höhepunkt des Gemetzels an der persischen Front floß bei den Schiebern und Profiteuren der Alkohol in Strömen. Die fetten Genießer starrten gierig auf die zierlichen asiatischen Revuegirls aus Bangkok und Manila, die sich halbnackt auf der Bühne produzierten, ehe sie mit zahlungskräftigen Kunden in irgendeiner Absteige verschwanden. Dem Skandal dieses Vergnügungsrummels, der angesichts der fürchterlichen Verlustzahlen auf dem Schlachtfeld zum Himmel schrie, war mit dem Nahen der amerikanischen Gefährdung nach der Besetzung Kuweits abrupt ein Ende bereitet worden.

Unter den ersten Bombenschlägen der US-Air Force hatte der Rais, ein ehemals eingefleischter arabischer Nationalist und Anhänger säkularer Staatsformen, den Kampfruf »Allahu akbar« ins Mittelfeld der irakischen Flagge schreiben lassen. Gegen die weltweite Koalition, in der sich neben den europäischen Verbündeten der USA auch zahlreiche muslimische Staaten – darunter Ägypten, Saudi-Arabien und sogar Syrien – befanden, hatte er auf recht lächerliche Weise zum Heiligen Krieg aufgerufen. Seitdem vollzieht sich auch im Irak jener Prozeß der schleichenden Islamisierung, der für so viele korangläubige Länder heute charakteristisch ist und der sich dem Auge oberflächlicher Besucher nur entzieht, weil er fern der bürgerlichen Viertel der Hauptstädte bei den kleinen Leuten und vor allem in der Provinz stattfindet. Noch im Sommer 1997 konnten die Bessergestellten in idyllischen Restaurants am Tigris – während sie in der weißen Dischdascha ihre Wasserpfeife schmauchten und auf die Zubereitung schmackhafter Fische warteten – mit einem Minimum an Diskretion Whisky und Bier bestellen. Sie waren allenfalls der Beobachtung zahlreicher Ratten ausgesetzt, die die Böschung des Tigris erklommen. Das alles hat sich heute radikal geändert. Der Konsum von Alkohol in der Öffentlichkeit ist strikt untersagt, und dem Wirt, der dieser Weisung entgegenhandelt, droht die Schließung seines Lokals.

So gießen wir ganz heimlich unter dem Tisch den mitgebrachten Whisky in die bräunliche Pepsi Cola oder trinken Weißwein aus Teetassen. Das »Castello« ist als maurisches Kastell hergerichtet und befindet sich im Bagdader Vergnügungszentrum an der Arassat-Straße. Dort hat die koranische Zucht sich noch nicht in aller Konsequenz durchgesetzt. Die Glitzerfassaden blenden mit ihren bunten Neonlichtern. Die Reklame für Pepsi Cola, das trotz des amerikanischen Ursprungs zum Nationalgetränk der Iraker geworden ist, erscheint allgegenwärtig. Ganz ist die Globalisierung eben doch nicht an der Hochburg Saddam Husseins vorbeigegangen. Ein verblaßtes Schild wirbt für »Black and White« und erinnert an trinkfreudigere Zeiten. In einigen Gaststätten mit Swimmingpool, diskreten Nischen und rötlich-schummeriger Beleuchtung werden sogar nostalgische Schlager der bekanntesten »Crooners« aus den USA gespielt. Ein als Mickymaus verkleideter Spaßmacher vermittelt einen Hauch von Disney-Land. Das Essen ist übrigens abscheulich und für den gewöhnlichen Sterblichen unerschwinglich.

Es gibt immer noch – auch im Februar 2002 – eine Gruppe materiell Privilegierter. Die reichen Söhne der Nomenklatura fahren wie auf einem Corso mit ihren Luxuskarossen ihre Runden, während die auch bei Nacht hell strahlenden Boutiquen mit eleganten Modepuppen und exklusive Geschäfte für modernste Elektronik geradezu surrealistisch anmuten. Die jungen männlichen Protzen in ihren Mercedes- und Jaguar-Modellen halten mit hungrigem Blick Ausschau nach weiblichen Gespielinnen, aber die wenigen frivolen Mädchen ohne Kopftuch, die in kleinen Gruppen flüchtig auftauchen, sind schnell verschwunden. Die Prostitution, die als Folge von Not und Verarmung auch in bürgerlichen Kreisen, zumal bei Studentinnen, um sich greift, ist auf strikte Diskretion bedacht.

Dieses kümmerliche Mini-Las Vegas an der Arassat-Straße, wo gerade ein Sänger das Lied »Lady in Red« anstimmt, ist immerhin aufschlußreich. Bei allen Haßtiraden gegen die USA ahmen manche jungen Leute der irakischen Oberschicht den Lebensstil dieser satanischen Supermacht nach, soweit die Mittel dazu reichen. So mancher träumt davon, in die Neue Welt zu entkommen. Deshalb behaupten Landeskenner, daß ein versöhnliches Einlenken Washingtons, der Verzicht auf die kleinlichen, oft bösartigen Diskriminierungen und Sanktionen von gewissen Geschäftskreisen bis hinein in die Baath-Partei mit großer Erleichterung, ja möglicherweise mit Unterwerfungsgesten quittiert würden. Das »big business« der Supermacht, so hört man gelegentlich, käme im Falle eines solchen Kurswechsels sehr schnell auf seine Kosten, wäre der Vorzugspartner und Nutznießer eines gewaltigen Petroleum-Deals, bei dem Europäer und Russen plötzlich als überraschte Tölpel dastünden.

Im Gegensatz zu den Deutschen, die am Krieg von 1991 nicht aktiv teilgenommen hatten, weiterhin über ein eigenes Botschaftsgebäude verfügen, sich selbst jedoch aus Gefügigkeit gegenüber dem großen Verbündeten die Präsenz einer angemessenen diplomatischen Vertretung strikt versagten, sind die USA unter geschickter Tarnung weiterhin in Bagdad präsent. Ihre Schutzmacht ist Polen, und da es genügend Amerikaner polnischer Abkunft gibt, die ihre Muttersprache nicht verlernten, hat man eine Reihe von Wirtschafts- und Militärexperten – auch die CIA ist vor Ort –

kurzerhand durch die befreundete Regierung von Warschau mit polnischen Diplomatenpässen ausstatten lassen. Der Quai d'Orsay – stets auf eigenes Profil bedacht – hat die Botschaft Rumäniens, die ihm als Ersatz für die eigene Botschaft dient, zu einer rein französischen Bastion ausgebaut.

Seit Saddam Hussein um sein persönliches Überleben kämpfen muß, sind die Fronten wohl endgültig verhärtet. Diejenigen, die ihn kennen, sind überzeugt, daß dieser Gewaltmensch bis zum eigenen Untergang kämpfen wird. Er weiß, daß er von George W. Bush keine Gnade zu erwarten hat. Angeblich täuscht er die gedungenen Mörder, die ihm nach dem Leben trachten, durch ein halbes Dutzend Doppelgänger. Sein Typus ist im Zweistromland reichlich vertreten. Sein Bett wechselt er jede Nacht. Um einem Militärputsch vorzubeugen – die einzig ernst zu nehmende Umsturzgefahr –, bedarf jedes Regiment, bevor es einen Standortwechsel vornimmt, fünf verschiedener Unterschriften, von denen drei durch die mächtigen, sich gegenseitig überwachenden Geheimdienste ausgestellt werden. In Kriegszeiten dürfte eine solche vorsorgliche Bürokratie allerdings zur fatalen Lähmung der Truppe führen.

Seit die »internationale Staatengemeinschaft« mehr und mehr dazu übergegangen ist, besiegte Feinde der »freien Welt« an den Gerichtshof von Den Haag auszuliefern, sie – wie Slobodan Milošević – der weiblichen Unerbittlichkeit der Schweizer Anklägerin del Ponte zu überstellen, weiß auch der irakische Diktator, welches Schicksal ihm blüht, falls er den Untergang seines Regimes überleben sollte. Einer solchen Demütigung, der öffentlichen Käfig-Vorführung vor weltweitem Publikum, wird er sich auf keinen Fall aussetzen und den Tod mit der Waffe in der Hand vorziehen, so sagen seine Vertrauten. Mit dem Mann selbst ist zweifellos eine Veränderung vorgegangen. Die Gerüchte über einen leichten Schlaganfall sind wohl erfunden. Aber die bullige Kraft von einst ist ihm abhanden gekommen. Seine Hinwendung zum Islam dürfte nicht nur einem taktischen Manöver entsprechen. Im Herzen Bagdads wachsen die Mauern einer gewaltigen Moschee aus dem Boden, vergleichbar lediglich mit dem grandiosen Gebetshaus, das der verstorbene König Hassan II. von Marokko in Casablanca in Auftrag gegeben hatte.

Überall im Irak stößt man auf Neubauten von gleißenden Kuppeln und steilen Minaretten, teils aus Privatvermögen, teils aus der religiösen Hinterlassenschaft, dem »Wakf«, finanziert. Die offizielle Geschlechtertrennung wird in der Provinz fast ebenso rigoros praktiziert wie im schiitischen Iran. Die Vorstellung, daß im Schwimmbad des Hotel Mansur, das inzwischen erbärmlich heruntergekommen ist, arabische Schönheiten in knappen Bikinis ihre Reize präsentierten, mutet wie ein Märchen an. Die Studentinnen von Bagdad standen einst an der Spitze der weiblichen Emanzipation, und allenfalls fünf Prozent trugen ein Kopftuch. Heute verbergen schätzungsweise achtzig Prozent der angehenden Akademikerinnen ihre prächtige Mähne unter dem Hijab. Die Frauen aus dem Volk halten sich fast ausnahmslos an die schwarze Abaya. Selbst bei Hochzeiten, den großen Festen der arabischen Familien, die von der Oberklasse oft aufwendig im Hotel Raschid ausgerichtet werden, tritt die Braut in züchtig hochgeschlossenem weißem Kleid auf.

Wie hält Saddam es mit dem Islam? Vor gar nicht langer Zeit wurde er noch von den schiitischen Zeloten als Wiedergeburt des teuflischen Kalifen Yazid, des Mörders des Imam Hussein in Kerbela, verflucht, während die sunnitischen Muslim-Brüder, die stärkste religiöse Bewegung jener Tage, diesen häretischen Nationalisten und Anhänger eines anrüchigen Säkularismus als »'adu' Allah«, als »Feind Gottes«, geißelten. Das hat sich gründlich geändert. Als »Seif-ul-Islam«, als Schwert des Islam, wird er mit Sicherheit nicht in die Geschichte eingehen. Doch das Volk wird sich daran erinnern, daß der finstere Tyrann als einziger Staatsführer der arabischen Welt dem allmächtigen Druck aus Washington mehr als zehn Jahre getrotzt hat.

In dem Maße, wie der globale Feldzug Amerikas gegen den Terrorismus sich zusehends in eine Kampagne gegen alle Formen des militanten Islam auswächst, sucht auch Washington zwangsläufig nach einer mehr oder minder subtilen Differenzierung seiner religiösen Abneigung. Sogar der schärfste Stimmungsmacher, der Unterstaatssekretär im Verteidigungsministerium Paul Wolfowitz, der im Chor mit dem Präsidentenberater Richard Perle – von seinen Kollegen gelegentlich als »prince of darkness«, Fürst der Finsternis gehänselt – die Vernichtung des Bagdader Regimes wie ein

»ceterum censeo« unermüdlich anfordert, ist sich offenbar bewußt geworden, daß eine Pauschalverdammung der immensen koranischen Glaubensgemeinschaft sich auf Dauer auf die Strategie Amerikas verhängnisvoll auswirken würde. So belobigt er neuerdings jene moderaten, ja vertrauenswürdigen Staatswesen des Dar-ul-Islam, deren Überleben mindestens ebensosehr durch den Terrorismus der fanatischen Eiferer bedroht ist wie die Sicherheit ihrer westlichen Freunde und Gönner.

Daß es sich bei den positiv bewerteten Regierungschefs, Präsidenten oder Monarchen ausschließlich um Diktatoren, Tyrannen und Militärmachthaber handelt, die durch Armeeputsch an die Macht gelangten und sich in manipulierten Wahlen von fast hundertprozentigen Mehrheiten periodisch bestätigen lassen, daß diese Bevorzugung despotischer Vasallen allen demokratischen Spielregeln und Idealen der Freien Welt Hohn spricht und den Willen der muslimischen Völker permanent mißachtet, stößt weder in Washington noch in London, Paris oder Berlin auf nennenswerten Widerspruch. Aus dieser Diskrepanz nährt sich jedoch jene aufsässige Stimmung der Massen, die auf Grund der modernen und perfektionierten Überwachungstechnik von Polizei und Armee nicht die geringste Chance besitzen, sich auf legale Weise gegen die Obrigkeit durchzusetzen oder – wie die europäischen Revolutionäre des 19. Jahrhunderts – auf die Barrikaden zu gehen, um den Willen der Mehrheit durchzusetzen. Wenn der harte Kern dieser zur Ohnmacht verurteilten Oppositionellen dann in blindwütige Mordlust verfällt, kommt das nicht von ungefähr.

## Der Derwisch und die Neonröhre

*Bagdad, im Februar 2002*

Zu sehr früher Stunde haben wir uns zum höchsten Opferfest des Islam in jener Moschee von Bagdad eingefunden, die Scheikh Abd-el-Qadir-el-Keilani, dem Gründer eines weltweit bedeutenden Sufi- oder Derwisch-Ordens, gewidmet ist. Das Grab dieses Mystikers aus dem 12. Jahrhundert wird von den »Muriden« seiner Bruderschaft, seiner »Tariqa«, wie ein Reliquienschrein verehrt. Wir treffen an dem alten Gemäuer ein, während der Muezzin gerade zum Morgengebet aufruft mit der Mahnung: »As salat kheir min al naum – Das Gebet ist besser als der Schlaf.« Das Opferfest wird an dieser Weihestätte durch strenges Gebetsritual in der präzisen Ausrichtung der Gläubigen im »Soff« eingeleitet.

Noch im Sommer 1997 hatte ich diese Wallfahrtsstätte in einer ganz anderen Atmosphäre erlebt. Damals hatte ich den Eindruck, in die geistlichen Abgründe des Orients einzutauchen. Die Blumenornamente der Moscheekuppel glitzerten im erlöschenden Tageslicht. Die verzückten Jünger der Qadiriya sammelten sich zum Geburtstag ihres großen Lehrmeisters in feierlicher weißer Gewandung. Gleich nach ihrer Ankunft bildeten sie einen Doppelkreis, dessen Tänzer sich in entgegengesetzter Richtung bewegten. Die Pauken gaben den Rhythmus dieses zunehmend schnellen Reigens an. Über den Köpfen schwenkten die Muriden grüne Fahnen, und aus ihren Kehlen drang die unaufhörliche Beteuerung: »La illaha illa Allah – Es gibt keinen Gott außer Gott!«

Diese Übung des »Dhikr« hatte ich in fast identischer Form in ganz anderen Weltgegenden – auch in Schwarzafrika – bereits angetroffen. Doch die eindrucksvollste Begegnung hatte sich im Sommer 1996, während des Krieges der Tschetschenen gegen die Russen, im Umkreis von Grosny eingestellt. In den Dörfern Tschetscheniens waren die kaukasischen Krieger zum selben Ritual, zum Klang des gleichen Glaubensbekenntnisses und dröhnender Trommeln zusammengekommen, hatten den wirbelnden Ring zu Ehren Allahs geschlossen und die grüne Fahne des Propheten hochgehalten, die zusätzlich mit dem Totemtier der Tschetschenen, dem grauen Wolf, geschmückt war. In der westlichen Berichterstattung ist kaum einem Reporter aufgefallen, daß der Widerstand der Kaukasier gegen Rußland – wie schon zu Zeiten des Imam Schamil im 19. Jahrhundert – sich mehr noch aus dem Geist des Korans als aus einem nationalen Instinkt dieser Bergvölker nährt. Die Geheimbünde der Tariqat, die geistlichen Derwisch-Orden, hatten dem Islam erlaubt, die siebzigjährige, von den Kommunisten verordnete Gottlosigkeit zu überleben und nach dem Zerfall des Sowjetimperiums plötzlich wieder präsent zu sein. In der Türkei war die säkulare Islam-Feindlichkeit des Kemalismus auf den gleichen unterirdischen Widerstand gestoßen. Auch dort fanden die Muriden unmittelbar nach dem Tod Atatürks zur Religiosität der Väter zurück. Die Tschetschenen gehören mehrheitlich der »Qadiriya« an, so hatten sie mir versichert. Sie waren Gefolgsleute des Scheikh Abd-el-Qadir-el-Keilani aus Bagdad, vor dessen Grab ich mich nun befand.

Im Unterschied zu den relativ nüchternen Gebetsübungen im Kaukasus war hier gleich von Anfang an eine exaltierte Stimmung aufgekommen. Neben mir gerieten mehrere junge Männer in Trance, wanden sich wie Epileptiker, verfielen in krampfartige Zuckungen und wurden von ihren Gefährten festgehalten. »Je weiter die Nacht fortschreitet, desto intensiver wird sich dieser Zustand der Entrückung der feiernden Qadiri bemächtigen«, kommentierte damals mein Begleiter Saad Darwish.

Die deutschen Sufi-Bewunderer sind sich wohl nicht bewußt, zu welcher Scharlatanerie die mystische »Weltliebe« ihrer hehren islamischen Vorbilder bei den heutigen Derwischen allzuoft verkommen ist. Selbst das touristisch ausgerichtete Spektakel der tanzenden Derwische von Konya in der Türkei hat nur noch wenig mit der tiefgründigen Meditation des Meisters Dschallal-el-Din-el-Rumi zu tun. Wer ist schon zugegen, wenn die Drehübungen dieser »Mönche« sich – fern von fremden Blicken – zum unerträglichen Delirium steigern? Die nüchternen »Fundamentalisten« hingegen wollen mit diesen obskurantistischen Degenerationserscheinungen des Glaubens aufräumen und zur koranischen Reinheit zurückführen. Da ist das individuelle »Ruhen in Gott« nur im engen Rahmen der anerkannten Offenbarung erlaubt. Der »Idschtihad« wird auf die Interpretation des Koran und des Hadith begrenzt. »Alles steht im Koran«, so lautet die Losung, und das Treiben der Sufi gerät – wie zu Zeiten des Ibn Taimiya – in den Verdacht der sträflichen Glaubensabweichung.

Vermutlich ist diese rigorose Verwerfung des »Tariqa-Wesens« durch die Fundamentalisten und Integristen ein entscheidender Grund für die erstaunliche Toleranz, die Saddam Hussein und so manch anderes Staatsoberhaupt des Dar-ul-Islam – ich denke dabei besonders an Präsident Karimow in Usbekistan – den Aktivitäten der Derwisch-Bünde entgegenbringen. Mit Hilfe dieser volksverbundenen Wirrköpfe möchte der Rais von Bagdad das Hochkommen jener unerbittlichen Rigoristen verhindern oder zumindest hinauszögern, in deren Idealstaat kein Platz mehr wäre für sein bislang säkulares Baath-Regime und für die religionsfremde Willkür seiner Machtausübung. Für den Spezialisten eröffnet sich hier ein interessantes Beobachtungsfeld: Wird es den islamischen Puristen, den Anhängern der »Salafiya«, die in den streng koranischen Bewegungen Pakistans, Algeriens, Ägyptens, Afghanistans, Palästinas und der Türkei den Ton angeben, am Ende gelingen, mit den altehrwürdigen Erscheinungsformen des Volks-Islam – ich meine nicht dessen groteske Auswüchse – fertig zu werden? Wie wollen sie die weitverzweigten Männerbünde der Tariqat integrieren und auf ihre religiöse Linie bringen? Dieses Problem wird sich zumal in den jungen islamischen Republiken der einstigen Sowjetunion stellen.

*

Welche hintergründigen Absichten die Informationsbehörden Saddam Husseins bewogen haben, uns während des jetzigen Aufenthalts zu erlauben, eine extravagante Derwisch-Zeremonie zu erleben und sogar nach Belieben zu filmen? Jedenfalls finden wir uns am späten Abend in einer »Tekke«, einer Art Sufi-Kloster, ein, das sich hinter den unscheinbaren Mauern eines modernen, schmucklosen Gebäudes verbirgt. Zunächst werden wir in einen quadratischen Raum auf einem abgeschabten Teppich zum Essen eingeladen. Wir sind die einzigen Nichtmuslime in dieser Runde, die die Mahlzeit im Hocken mit den Händen verzehrt. Reis, Bohnen, ein Fetzen Hammelfleisch; das Menü ist bescheiden, aber die Geste der Gastlichkeit anerkennenswert.

Ein dicker, etwa vierzigjähriger Mann mit Turban und Bart, der wohl als Initiator auftritt, berichtet uns ausführlich über das Glaubensgut und die Bräuche seiner Tariqa. Er behauptet, seine Muriden würden der Qadiriya angehören, obwohl das angekündigte Folter-Schauspiel eher in die Bruderschaft der »Rifayi« passen würde. Sie seien rechtgläubige sunnitische Muslime und wichen in keiner Weise von der reinen koranischen Lehre ab, beginnt der Würdenträger seinen endlosen Vortrag. Nach Mohammed – Heil und Segen seinem Namen – gebe es keine Propheten mehr. Aber es habe stets heilige Männer gegeben, die – im Gegensatz zu Mohammed, der auf solche Berufungsbeweise verzichtete – Wunder vollbrachten. Laut Koran war zum Beispiel Jesus, auf arabisch Isa, der Sohn der Jungfrau Mariam, einer dieser Erwählten. Er habe Tote erweckt und aus Ton lebende Vögel geformt. Letztere Schilderung aus der Kindheit Christi entstammt einem apokryphen Evangelium, das von keinem Konzil anerkannt wurde.

»Sie werden jetzt Marter- und Folterszenen erleben«, verkündet der Zeremonienmeister. »Aber mißverstehen Sie uns nicht. Unsere Jünger haben sich so sehr in den Glauben an Allah und seinen Propheten vertieft, daß sie in der Lage sind, Verletzungen zu ertragen, körperliche Marter und Pein auf sich zu nehmen.« Solche Übungen seien für den normalen Sterblichen unerträglich. Aber die Muriden – wie die Heiligen durch innige Meditation und Konzentration auf Allah geübt – seien im Besitz einer seelischen Kraft, die sie gegen Schmerzen immun mache. Das sei kein abgefeimtes Zaubertreiben wie etwa bei den Fakiren oder Sadhus Indiens, sondern der Ausdruck göttlicher Gnade und Berufung.

Aus dem geräumigen Innenhof unter freiem Himmel dröhnen unterdessen die Trommeln. Die Derwische stimmen im Chor den »Dhikr« an, die unermüdliche Beteuerung der Einzigkeit Allahs. Etwa dreihundert Männer haben sich im Karree versammelt. Die Gemeinde steigert sich allmählich in psychische Erregung, schließlich in Trance. Wir nehmen mitten unter ihnen Platz. Das Kamerateam beginnt zu filmen. Mir wird ein Ehrensitz in der Nähe eines jungen Mannes zugewiesen, der mir als Sohn des Scheikhs dieser Tekke vorgestellt wird. Die Würde ist offenbar erblich. Mir fällt vor allem eine ekstatische Gruppe junger Männer auf, die das wirre Haar bis über die Schultern tragen und diese Mähne durch heftige Verbeugungen immer wieder wie einen Vorhang über das Gesicht fallen oder um den Schädel kreisen lassen. Ihr Anblick mutet tatsächlich hinduistisch an. Irgendwie wirken diese zotteligen Sufi befremdend, fast dämonisch und heidnisch. Nach endloser Inkantation eines Vorbeters, die der Einstimmung und geistigen Konzentration dienen soll, beginnen die Muriden mit ihren Darbietungen.

Das abstoßende Spektakel vollzieht sich unmittelbar vor meinen Augen. Der erste Derwisch reicht mir zur Untersuchung ihrer Echtheit eine lange Neonröhre und verschlingt sie dann Stück um Stück. Das ist unappetitlich genug. Aber dann drängt sich ein Besessener vor, der ein spitzes Eisenrohr tief in den Augenwinkel und dann durch den Rachen bohrt, so daß die Spitze unterhalb der Gurgel wieder zum Vorschein kommt. Ähnlichen Übungen wird von einem Assistenten mit groben Hammerschlägen nachgeholfen. Immerhin tropft dabei Blut auf die Hose des Kameramanns Alexander, der mit seinem Gerät auf engste Berührung gegangen ist. Ein anderer Muride bietet mir ein Päckchen Rasierklingen an, die ich aus ihrer Verpackung lösen und auf ihre Schärfe prüfen soll. Dann steckt er sie sich in den Mund, zerkaut und verschluckt sie. Auch ich sehe – auf zwanzig Zentimeter Entfernung – einige Blutspuren im weit geöffneten Rachen. Junge Männer durchbohren inzwischen den nackten Oberkörper mit langen Metallgeräten. Ein Feuerfresser führt sein Gewerbe vor, das auch auf europäischen Jahrmärkten anzutreffen ist. Am Ende treten zwei acht- bis zehnjährige Knaben auf die Empore und durchdringen beide Wangen mit einem Metallstab, ohne daß dabei ein Tropfen Blut fließt. Der dicke Sohn des Scheikh schließt die Jungen liebevoll in die Arme.

Uns ist unwohl bei diesem ekelhaften Exhibitionismus, der sich, wie der Arzt Saad Darwish versichert, als Folge einer hysterischen Übersteigerung medizinisch durchaus erklären lasse. Wir entdekken eine ungesunde Pseudomystik, die mit der betonten Nüchternheit der echten islamischen Frömmigkeit nicht das geringste zu tun hat. Die Regierung läßt diese exzentrischen Derwisch-Orden offenbar ohne jede Einschränkung gewähren, aber ich verstehe jetzt, warum sich die Erneuerungsbewegung des Islam, der vielverschriene »Fundamentalismus«, gegen eine derartige Pervertierung der reinen koranischen Lehre und ihrer Gebetsrituale energisch zur Wehr setzt, ja manche ihrer Auswüchse teuflischen Einflüssen zuschreibt.

Warum fühle ich mich auf einmal auf den Balkan versetzt? Sehr nachdenklich stimmt mich die Erinnerung an den Besuch einer diskreten »Tekke« in Prizren, in jener albanischen Stadt des Kosovo, wo sich der Stab des deutschen Regionalkommandos befindet. Durch heimliche Vermittlung war ich dort auf ähnliche religiöse

Sektierer gestoßen, die mit Stolz auf ihre Folterinstrumente verwiesen und uns durch ihren unheimlich röhrenden Gesang beeindruckten. Auch im nordalbanischen Shkodra, unweit der katholischen Kathedrale, hatte mich der Scheikh der dortigen »Rifayi«-Gemeinde – er bekannte sich offen zu dieser von ihm als schiitisch bezeichneten Tariqa – in seine Folterkammer eingeladen. Er hätte mir allzu gern die masochistischen Übungen seiner Jünger vorgeführt. In dieser kalten Nacht am Tigris wird mir plötzlich bewußt, welche seltsamen Brücken, welche bizarren religiösen Verirrungen sich von Mesopotamien zum Balkan und bis zum Kaukasus spannen.

War es nicht Tariq Aziz, der mit leicht bedrohlichem Unterton darauf verwiesen hatte, daß Europa sich in unmittelbarer Nachbarschaft, fast in Symbiose mit dieser undurchdringlichen islamischen Welt befinde? Zu dieser Feststellung schien der Stellvertreter Saddam Husseins besonders berufen. Im Verlauf unseres Gespräches hatte er sich völlig unbefangen als katholischer Christ zu erkennen gegeben. Er gehört der mit Rom unierten Konfession der Chaldäer an, kann sich also rühmen, von den Ureinwohnern Mesopotamiens abzustammen. Unter dem Namen Mikail Yuhanna wurde er in der Nähe von Mossul 1936 getauft. Für Saddam Hussein, der von Verrat und Meuchelmord umgeben ist, bleibt dieser Chaldäer, der von Anfang an seinen brutalen Aufstieg zur Macht begleitete, vielleicht der einzige verläßliche Gefährte, seitdem die eigenen Schwiegersöhne und andere Günstlinge zur amerikanischen CIA überliefen und Verrat übten. Psychologisch gesehen bildet der intellektuelle, verbindlich auftretende Stellvertreter einen Gegenpol zu seinem finsteren Herrn und Meister. Die beiden scheinen sich vorzüglich zu ergänzen.

Die Zahl der orientalischen Christen ist im Laufe der Jahrhunderte, vor allem aber seit Ende der britisch-französischen Mandatszeit, dramatisch geschrumpft. Sie dürfte heute in Mesopotamien noch knapp sechs Prozent der Bevölkerung ausmachen. Vom westlichen Abendland und auch von der amerikanischen Supermacht sind diese »Nasrani«, diese Nazarener, immer wieder im Stich gelassen worden. Sie geben weiterhin Kunde davon, daß vor dem Auftreten des Propheten Mohammed und den Eroberungszügen seiner Nachfolger und Kalifen der gesamte

Mashreq – vom Mittelmeer bis zum Euphrat –, das ganze südliche Ufer des Mittelmeers – vom Nil bis zum östlichen Maghreb – sich unter verschiedenen dogmatischen Abweichungen zum Glauben an die Dreifaltigkeit bekannte und erst durch die »Futuhat«, die blitzschnellen Feldzüge der arabischen Beduinenkrieger, mehr oder weniger freiwillig zur koranischen Lehre bekehren ließ, soweit sie nicht als sogenannte »Dhimmi«, als geduldete, aber auch geduckte »Schutzbefohlene«, an ihrem christlichen Bekenntnis festhielten.

Im Mittelalter sind die Sarazenen, die bereits an der Loire in Mittelfrankreich und vor den Pforten Roms kampierten, erst durch das Erstarken der fränkischen Karolinger Schritt um Schritt zurückgedrängt worden. Später brach jedoch der Sturm der seldschukischen und osmanischen Türken über Anatolien und den Balkan herein und ersetzte das Kreuz des byzantinischen Basileus durch den Halbmond des Sultans. Zweimal sollten die Janitscharen des Padischah die kaiserliche Stadt Wien, den »Goldenen Apfel«, wie man damals in Istanbul sagte, belagern. Angesichts der permanenten Selbstbeschuldigungen, die in europäischen Flagellanten-Kreisen, zumal auch bei manchen Orientalisten, über die Angriffswut und Grausamkeit der christlichen Kreuzzüge immer wieder vorgetragen werden, sollte die streitbare Expansion des Islam, der das gesamte Abendland beinahe erlegen wäre, gebührend erwähnt werden.

Bei meinen Begegnungen mit orientalischen Christen überkommt mich stets ein Anflug von Wehmut. Die meisten orthodoxen Gläubigen der byzantinischen Ost-Kirche haben sich resigniert, ja anpasserisch der koranischen Theokratie untergeordnet. Bei den Chaldäern hingegen, die nach der Absage an ihre ursprünglich monophysitische Lehre die Autorität des römischen Papstes akzeptierten, ist allen Rückschlägen ihrer leidvollen Geschichte zum Trotz Vitalität und Selbstbewußtsein erhalten geblieben. Darin ähneln sie den kämpferischen Maroniten des Libanon. Mit 800 000 Gläubigen bilden die Chaldäer, die aus der nestorianischen Konfession hervorgegangen sind, die weitaus stärkste christliche Gemeinde Mesopotamiens. Was immer man gegen das Regime von Bagdad vorbringen kann – die Unterdrückung der Freiheit, die Hinrichtung von politischen Gegnern, der vorherrschende Meinungsterror, der absurde Führerkult –, in einem Punkt muß Saddam Hussein Gerechtigkeit widerfahren: Der Irak verhält sich gegenüber seinen christlichen Minderheiten, die den Muslimen gesetzlich gleichgestellt sind, weit toleranter als viele islamische Länder, die aufs engste mit dem Westen verbündet sind, ganz zu schweigen von Saudi-Arabien, wo schon der Besitz eines Kruzifixes oder einer Bibel strafrechtlich geahndet wird und die Feier einer christlichen Messe – selbst in Privaträumen – als todwürdiges Delikt gilt. Auch die kemalistische Türkei, die mit Nachdruck ihren Beitritt zur Europäischen Union betreibt, verhält sich gegenüber ihren eigenen christlichen Gemeinden extrem intolerant. Wenn heute die Abwanderung der mesopotamischen »Massihi« – der Anhänger des Messias, wie die korrekte Bezeichnung für Christen lauten sollte – anhält, so geschieht das nicht auf Grund staatlicher Schikane, sondern aus Furcht vor der ungewissen Zukunft und unter dem Druck wirtschaftlicher Not. Die meisten Chaldäer emigrieren übrigens nach Nordamerika und haben dort im Umkreis der Stadt Detroit einen Schwerpunkt gebildet.

Im blühenden Innengarten eines umfangreichen Ziegelkomplexes leuchtet die weiße Statue der Jungfrau Maria aus dem Grün. Neben dem Eingang des Gebäudes ist ein Bronzeschild angebracht mit der Inschrift in arabischer und aramäischer, in englischer und französischer Sprache: »Chaldäisches Patriarchat von Babylon«. Im geräumigen Empfangssaal – die Bilder des Papstes Johannes Paul II. und des Präsidenten Saddam Hussein blicken von den Wänden – begrüßt uns seine Eminenz Rafael Badawi, der den ungewöhnlichen Titel »Patriarch von Babylon« trägt. Der gedrungene, beleibte Mann, der im Gegensatz zu den meisten orientalischen Geistlichen glattrasiert ist, trägt die knallrote Soutane der römischen Kardinäle. Zum ersten Mal hatte ich ihn beobachtet, als ich im Sommer 1998 zu einer christlich-islamischen Konferenz in Bagdad als einziger Nichtkleriker eingeladen worden war. Mich hatte damals die Vielzahl der widerstreitenden christlichen Bekenntnisse schockiert, die sich seit den frühen Konzilen des Oströmischen Reiches im Zwist um theologische Haarspaltereien entzweit hatten. Vor allem aber amüsierte mich die Farbenpracht der Amtsroben ihrer Äbte und Bischöfe, von Apfelgrün bis Azurblau. Kinderchöre hatten Litaneien angestimmt. Die Seminaristen und Nonnen der Chaldäer waren eindeutig in der Mehrzahl und gaben der Konferenz, an der auch ein paar muslimische Ulama teilnahmen, das Gepräge.

Aus der Ferne war mir Rafael Badawi bei seinem kirchenfürstlichen Auftritt wie ein orientalischer Borgia vorgekommen. Aber jetzt sitze ich dem unprätentiösen Mann unmittelbar gegenüber und bin durch seinen gütigen Blick beeindruckt. In perfektem Französisch erklärt er die Sonderposition seiner Kirche innerhalb der Katholizität. Die führt sich auf die Predigten des Apostel Thomas zurück, der später angeblich in Süd-Indien den Tod fand. Thomas, der Zweifler, der an die Auferstehung Christi nicht glauben wollte, ehe er seine Finger nicht in die Wunden des Heilands gelegt hätte, könnte für dieses von Ungewißheiten und Betrug zerrissene Land am Tigris einen vorzüglichen Schutzpatron abgeben, so scheint mir.

Mit seinen politischen Aussagen hält sich Rafael Badawi natürlich zurück. Aber über die Machtausübung der Baath-Partei will er sich nicht beschweren. Saddam Hussein persönlich hat dafür gesorgt, daß die uralten christlichen Kirchen und Klöster im Umkreis von Mossul auf Regierungskosten restauriert werden. Unterschwellig fürchten sich die Christen des Irak vor einem revolutionären Umschwung. Nirgendwo in der arabischen Welt werden die Regimewechsel so blutig und grausam ausgetragen wie im Zweistromland. Darüber hinaus ist der Patriarch sich wohl bewußt, daß jede Systemveränderung am Ende wohl einer militanten Form des Islam zugute käme, die sich gegenüber seiner Gemeinde weniger entgegenkommend verhielte. Als sich im Februar 1991 in Bagdad ein vorübergehendes Machtvakuum abzeichnete und bereits Horden von Plünderern und zwielichtigen Elementen aus den Armensiedlungen von Saddam-City auf die Innenstadt im Anmarsch waren, ließen sie ihre Wut unter anderem an christlichen Kirchen aus.

Am späten Nachmittag nehmen wir an einem chaldäischen Gottesdienst teil. Die Gebete werden auf arabisch und auf aramäisch rezitiert, jenem semitischen Idiom, das Jesus Christus gesprochen hatte. Es herrscht große Frömmigkeit bei den Gläubigen, die in großer Zahl zur Kommunion gehen. Bei der Rückfahrt ins Hotel fällt mir das hohe Kreuz über dem Turm eines armenisch-christlichen Gotteshauses auf. Sehr sichtbar, beinahe herausfordernd, zeichnet es sich vom Abendhimmel ab. Seltsame Kontraste im »Land des Bösen«.

## Die Löwengrube von Babylon

*Babylon, im Februar 2002*

Es ist kein langer Weg von Bagdad bis Babylon. Touristen und Besucher sind hier nicht mehr anzutreffen. Neben dem mißlungenen Wiederaufbau des blaugetönten Ishtar-Tores, dessen Original sich im Pergamon-Museum von Berlin befindet, sind historische Nachahmungen und Rekonstruktionen großen Stils hinzugekommen. Die Ziegelmauern längs der freigelegten Prozessionsallee sind mit furchterregenden Gottheiten, magischen Tieren und Schimären geschmückt. Hunderttausend Einwohner soll Babylon in seiner Blütezeit gezählt haben, so war mir bei einem früheren Besuch von einem irakischen Archäologen erklärt worden.

Außerhalb des eigentlichen Stadtkerns mit seinen Tempeln, Palästen und Kasernen, jenseits der Grundfesten jenes unvollendeten gigantischen Turms, »dessen Spitze bis in den Himmel reichen sollte«, erstreckte sich ein umfangreiches Sonderviertel, das durch einen Wall geschützt oder abgesperrt war. Hier hatten angeblich die Hebräer in der Verbannung gelebt, vergossen ihre Tränen an den Flüssen Mesopotamiens und gedachten des verlorenen Zion. Im Jahr 587 vor Christus hatte bekanntlich der babylonische Großkönig Nebukadnezar Jerusalem erobert und den Tempel Salomons zerstört. Die unterworfenen Juden – vierzig- bis fünfzigtausend Menschen insgesamt – hatte der selbstherrliche Despot, dessen Reich sich vom Persischen Golf bis zum Mittelmeer erstreckte, an das Ufer des Euphrat verschleppt. Diese vielbesungene babylonische Gefangenschaft des »auserwählten Volkes« sollte ein halbes Jahrhundert dauern.

Wir dürfen die Ruinenlandschaft ungestört filmen, auch die Vertiefung, die angeblich jene Löwengrube anzeigt, in die der Prophet Daniel auf Befehl des Meder-Königs Darius geworfen wurde, als er sich weigerte, dem Gott Abrahams und Moses abzuschwören. Der Bibel zufolge hat Daniel in der Löwengrube überlebt. »Mein Gott hat seinen Engel gesandt, der den Löwen den Rachen zugehalten hat, daß sie mir kein Leid getan haben«, berichtete der Prophet dem König Darius nach seiner wunderbaren Errettung. Den Juden, so hatte der Archäologe erzählt, sei am Rande Babels ihr erstes Ghetto zugewiesen worden, aber sie hätten diese Absonderung wohl auch selbst gewünscht, um ihren mosaischen Monotheismus vor allen heidnischen Anfechtungen zu bewahren. »So schlecht kann es den Hebräern im Zweistromland gar nicht ergangen sein«, fügte er hinzu; »denn nur ein Teil von ihnen trat die Rückkehr ins Gelobte Land Kanaan an, als die Eroberung Babylons durch den Perser Kyros den Großen diese Abwanderung erlaubte.«

Gibt es einen geeigneteren Platz als dieses Ruinenfeld am Euphrat, um über die aktuelle Situation im Heiligen Land, über die extrem gespannten Beziehungen zwischen dem zionistischen Staat und der Arabischen Republik Irak Meditationen anzustellen? Das Zweistromland wird von den Arabern »ard el anbia – Erde der Propheten« genannt, weil so viele der jüdischen Künder des Alten Testaments, die auch im Koran als Vorläufer Mohammeds geehrt werden, an Tigris und Euphrat lebten und dort bestattet sind, von Noah, der der Sintflut auf der Arche entkam, bis zu Jonas, den der Walfisch bei Aschkalon ausspie. Spielt sich nicht der heutige Diktator von Bagdad als Erbe Nebukadnezars auf und läßt sich als solcher darstellen?

Zu Beginn des Jahres 2002 kommen neue düstere Ahnungen auf. Würde der angekündigte Krieg Amerikas gegen Saddam Hussein auch auf Israel übergreifen? Im Golf-Konflikt von 1991 hatte der irakische Staatschef eine bescheidene Anzahl Scud-B-Raketen in Richtung Tel Aviv abgefeuert. Sie waren dort eingeschlagen, ohne nennenswerten Schaden anzurichten, lediglich ein alter Jude erlag einem Herzschlag. Präsident Bush senior hatte den damaligen Ministerpräsidenten Israels, Itzhak Shamir, einen beinharten Veteranen der radikalen »Stern-Gang«, tatsächlich zum Stillhalten bewegen können. Zähneknirschend hatte Shamir damals auf einen Vergeltungsschlag gegen Bagdad verzichtet, der der breitgefächerten Koalition Amerikas mit einer Reihe arabischer Staaten zum Verhängnis geworden wäre. Ich erinnere mich noch allzu gut an die aufgebrachte Stimmung im Königreich Jordanien. Zu jener Zeit, als wir vergeblich vom Dach unseres Hotels nach den über uns hinziehenden Raketen Saddams Ausschau hielten, hatten sich ganze Schulklassen von Araberkindern auf den Hügeln von Amman versammelt, und im Sprechchor schrien sie: »Ya Saddam, ya habib, udrub udrub Tel Abib – O Saddam, unser Liebling, hau doch drauf auf Tel Aviv!«

Eine ähnliche Zurückhaltung wie bei Itzhak Shamir wäre vom derzeitigen Ministerpräsidenten Israels, Ariel Sharon, nicht zu erwarten. Wenn es dem irakischen Machthaber tatsächlich gelänge, den Judenstaat zu treffen, dann wäre die Reaktion Zions fürchterlich. Falls es Saddam gar fertigbrächte, seine Sprengkörper mit chemischen Kampfstoffen aufzuladen, was entsetzliche Assoziationen mit den Gaskammern von Auschwitz heraufbeschwören würde, dann wäre Bagdad der totalen Vernichtung anheimgegeben. Schon munkelte man in »eingeweihten Kreisen«, daß Israel in diesem Extremfall Neutronenbomben einsetzen würde. Ein Strafgericht biblischen Ausmaßes bräche über das neue Babylon herein. Saddam Hussein, so schätzt man, weiß das Menetekel, die drohende Flammenschrift an seiner Wand, recht zu deuten. Aber niemand ahnt, wozu dieser neue Belsazar fähig wäre, wenn er das eigene Ende unerbittlich vor Augen hätte.

Nach Bagdad zurückgekehrt, werde ich am späten Abend zu einem Gespräch mit Abdulrazak el-Hashimi aufgefordert, der als Präsident der »Organisation für Frieden, Freundschaft und Solidarität« den außenpolitischen Kurs der regierenden Baath-Partei erheblich beeinflußt. Hashimi, ehemaliger Botschafter in Bonn und Paris und somit ein alter Bekannter, kann sich ungeschminkter ausdrücken als Tariq Aziz. Für ihn stehen Israel und das »internationale Judentum« im Zentrum der Verschwörung gegen den Irak. Abdulrazak Hashimi war – so betont er – früher lediglich davon ausgegangen, daß Amerika mit Rücksicht auf den Einfluß der jüdischen Lobby sich stets als aktiver Protektor Israels aufführen werde. Aber seit dem 11. September 2001 hätten sich die Gewichte total verschoben: »Heute herrscht Israel über die USA und diktiert die Außen-, zumindest die Nahostpolitik Washingtons«, entrüstet er sich. Der Vater des jetzigen Präsidenten und insbesondere dessen Außenminister James Baker hätten es ja noch gewagt, gelegentlich Druck auf die Regierung von Jerusalem auszuüben. Diese Mißachtung jüdischer Prioritäten habe Bush senior schließlich die Wiederwahl gekostet. Es sei zudem nicht auszuschließen, daß der demokratische Senator Joe Lieberman, ein orthodoxer Jude, der neben Al Gore für das Amt des Vizepräsidenten der Demokraten kandidiert hatte, nach den nächsten Wahlen seinen Einzug ins Weiße Haus halten werde.

Welche Absichten denn Bush junior im Hinblick auf den Irak verfolge, versuche ich abzulenken. »Natürlich können die Amerikaner uns mit ihrer überlegenen Luftwaffe platt walzen«, räumt der Baath-Politiker ein. »Vielleicht wollen sie dann den Irak in eine Vielzahl kleiner Scheikhtümer aufspalten, um den Petroleum-Konzernen, denen die Familie Bush und vor allem Vizepräsident Dick Cheney aufs engste verbunden sind, uneingeschränkte Verfügung und optimalen Profit zu verschaffen. Es geht doch letztlich immer nur um das ›Schwarze Gold‹. Das erlebt man heute in Afghanistan, wo der Feldzug gegen die Taleban nur ein Vorwand der US-Administration war, sich den Zugang zu den immensen Energiereserven Zentralasiens freizuschießen. Das Petroleum-Monopol, das Washington weltweit anstrebt, ist ein perfektes Herrschaftsinstrument. Damit lassen sich sowohl die Europäer als auch Russen und Chinesen, so meint man in Washington, auf Vordermann bringen und domestizieren. Aber der Schlüssel zu den allerletzten Entscheidungen Washingtons, der befindet sich nun einmal in Tel Aviv und Jerusalem.«

Ein junger, intellektuell wirkender Mitarbeiter Hashimis verweist auf die offiziell angekündigte Desinformations- und Verleumdungskampagne, die von Langley und vom Pentagon systematisch in Gang gesetzt werde. Mir seien doch einige dieser »dirty tricks« – etwa die schamlose Irreführung der Medien, wie sie von den amerikanischen Propagandisten und ihren NATO-Bütteln im Hauptquartier von Brüssel während des Kosovo-Krieges praktiziert wurde – sehr wohl bekannt. Er erwähnte in diesem Zusammenhang das Paradebeispiel geheimdienstlicher Abgefeimtheit, das zu Beginn des Golfkrieges den Irak zum Objekt internationalen Abscheus machen sollte. Leider handelt es sich bei dieser Horror-Story um eine authentische, objektiv nachgewiesene Fälschung, die von der CIA inszeniert worden war. In einem Krankenhaus von Kuweit, so wurde damals aus amerikanischer Quelle gemeldet, habe die erobernde irakische Soldateska die Brutkästen von Säuglingen zertrümmert. Die Babys seien dann von diesen Sadisten an den Wänden zerschmettert worden. Um diesen Behauptungen Glaubwürdigkeit zu verleihen, war eine englische TV-Produktionsfirma speziell beauftragt und bezahlt worden, das Gruselspiel – absichtlich verwackelt und leicht verzerrt – mit Schauspielern aufzuführen und den Säuglingsmord anhand von Puppen zu simulieren. Dazu gesellte sich die Tochter des Botschafters von Kuweit in den USA als angebliche Krankenschwester und Augenzeugin, um das Greuelmärchen mit tränenerstickter Stimme zu bestätigen.

»Sie werden im Irak, ja in der ganzen arabisch-islamischen Welt kaum noch Menschen finden, die der offiziellen amerikanischen Darstellung über die Vernichtung des World Trade Center von Manhattan Glauben schenken«, fügt der junge Baath-Funktionär hinzu. »Für uns deutet alles darauf hin, daß es sich in Wirklichkeit um ein zionistisch gesteuertes Komplott handelt. Vielleicht haben auch mafiöse Börsenspekulationen dabei eine Rolle gespielt. Die wirkliche Zielsetzung war jedoch strategisch. Das Atlantische Bündnis, dessen ursprüngliche Sinngebung mit Ende des Kalten Krieges erloschen war, mußte neu orientiert und motiviert werden. Es sollte für die globalen Interessen der USA eingespannt und zur Stärkung des Judenstaates in einen weltumspannenden Kreuzzug gegen den Islam verwickelt werden. Die tatsächlichen Akteure von Ground Zero werden ebenso im verborgenen bleiben wie die wahren Drahtzieher bei der Ermordung John F. Kennedys.«

Wir waren am Ende jeder Argumentation angelangt. Man könnte sich über solche Verdächtigungen achselzuckend hinwegsetzen und sie der typisch orientalischen Zwangsvorstellung permanenter Verschwörung, von »el mu'amara«, zuschreiben, wenn sich nicht eine gewaltige Masse von Muselmanen rund um den Erdball diese extravaganten Thesen zu eigen gemacht hätten.

## Die hohe Tugend der Trauer

*Nedschef und Kerbela, im Februar 2002*

Vor dem Aufbruch zu den höchsten Heiligtümern der Schiiten in Nedschef und Kerbela habe ich ein Foto eingesteckt, das mich im Gespräch mit dem Ayatollah Khomeini zeigt. Diese Nähe zum Gründer des iranischen Gottesstaates ist mir oft behilflich gewesen, wirkte geradezu wie ein »Sesam öffne dich«, wenn ich es mit gestrengen Anhängern der »Schiat Ali«, der »Partei Alis«, zu tun hatte. Aber bei unseren Filmarbeiten im abgeschirmten Innenhof, der die Grabstätten der hochverehrten Imame Ali und Hussein umgibt, bedarf es dieser Empfehlung nicht. Es kommt keine Spur von Feindseligkeit auf gegenüber den Ungläubigen aus dem Westen, die sich mit ihrer aufdringlichen Kamera unter die dichte Schar der Betenden drängen.

Aus Anlaß des islamischen Opferfestes sind die Pilger besonders zahlreich nach Nedschef und Kerbela gereist. Religiöse Freude oder gar fromme Heiterkeit – das »Id-el-adha« oder »Id-el-kebir« wird bei den Sunniten wie ein muslimisches Weihnachtsfest mit fröhlicher Kinderbescherung begangen – stellt sich bei den Schiiten nicht ein. Ihr Lebenselement ist die Trauer. Eine auffällige Gruppe einheitlich gekleideter Männer – alle tragen die braune Abayah zum schwarz-weiß gemusterten Keffiyeh und gehören wohl dem gleichen Stamm an – hat mit einer Vielzahl von Holzsärgen die Wallfahrt unternommen. Der Leichenzug umschreitet mehrfach das Mausoleum des Imam Ali Ibn Abi Talib, und die Trauergemeinde wendet sich dann der endlosen Bestattungsfläche zu, die sich bis zum Horizont erstreckt. Die Toten, die in dieser geweihten Erde ruhen, sind der Erlösung am Tag des Gerichtes gewiß.

Die Leichtigkeit, mit der uns in Bagdad die Drehgenehmigung in dieser Hochburg einer von vielen Ungewißheiten umwitterten Glaubensrichtung des Islam gewährt wurde, hat mich überrascht. In Bagdad stellen die Schiiten etwa die Hälfte der Einwohner. Saddam Hussein hingegen gehört der rechtgläubigen Sunna an, die weltweit in erdrückender Überzahl die koranische Lehre vertritt. Unter den arabischen Sunniten des Irak, nur ein Fünftel der

Staatsbürger, rekrutiert Saddam seine ergebensten Anhänger. Dennoch hat der Rais neben der Grabstätte Husseins eine Ahnentafel in Form eines Lebensbaums anbringen lassen, die ihn als authentischen Nachkommen des Dritten Imam ausweisen soll.

Der amerikanische Geheimdienst, der in Vorbereitung des geplanten Feldzugs gegen den Diktator von Bagdad angestrengt nach verbündeten Oppositionskräften Ausschau hält, beobachtet die politische Stimmungslage der örtlichen Schiiten mit brennendem Interesse. In Mesopotamien blicken sie auf eine lange Geschichte des Leidens und der Unterdrückung zurück. Die Prüfungen dieser Glaubensgruppe reichen bis in die frühesten Ursprünge des Islam. In dem idyllischen Städtchen Kufa am Euphrat hatte der Schwiegersohn und Vetter des Propheten, Ali Ibn Abi Talib, der Erste Imam der Schiiten, eine ideale islamische Gemeinschaft – durchaus vergleichbar mit dem Gottesstaat von Medina – gegründet, war jedoch durch den Usurpator Moawiya, Gründer der Omayyaden-Dynastie, aus seiner legitimen Kalifatswürde verdrängt und durch einen sektiererischen Fanatiker ermordet worden. Sein Sohn Hussein, der Dritte und erhabenste Imam der schiitischen Mythologie, geriet wenig später in den Hinterhalt des zweiten Omayyaden-Kalifen, des »teuflischen« Yazid, und wurde nach heldenhaftem Kampf in Kerbela mitsamt zweiundsiebzig seiner Gefährten ermordet und verstümmelt.

Seitdem verharren die Schiiten in Trauer und Klage um ihre Zwölf Imame, samt und sonders rechtmäßige Nachkommen und Erben des Propheten, die alle eines gewaltsamen Todes starben. Nur der Zwölfte Imam, El Mehdi genannt, entkam in der mesopotamischen Stadt Samara der Verfolgung seiner Häscher und wurde im kindlichen Alter in eine unterirdische Verborgenheit entrückt. Aus dieser Okkultation, so lautet der höchste schiitische Glaubenssatz, der zur Richtlinie des islamischen Gottesstaates Ruhollah Khomeinis wurde und im Artikel 5 der Verfassung verankert ist, lenkt der »Zwölfte Imam« die Geschicke der Welt. Khomeini selbst betrachtete sich als »Na'ib«, als Statthalter dieses Erwählten. Seine Aufgabe war es, dessen Ratschluß in die politische Tat umzusetzen bis zu jenem Tag, an dem dieser »Sahib el zaman«, der Herr der Zeiten, zurückkehren würde, um das Reich Gottes und der Gerechtigkeit zu errichten.

Die Geschichte der Schiiten des Zweistromlandes gleicht einer unendlichen Tragödie. Auch unter den Abbassiden-Kalifen, die in der sunnitischen Rechtgläubigkeit das unentbehrliche Instrument ihrer weltweiten Herrschaft sahen, wurde die »Partei Alis« diskriminiert, der Häresie bezichtigt, von allen Staatsämtern ferngehalten. Die Anhänger der Zwölf Imame bleiben im Irak bis heute eine geschmähte und gedemütigte Gemeinde, deren Gläubige meist den bescheidenen Schichten angehören, sich der Trauer um ihre Märtyrer, der Hoffnung auf die Parusie und die Erlösung durch den letzten Imam hingeben. Auch wenn Saddam Hussein seit dem amerikanischen Golfkrieg versucht hat, eine Anzahl ihm gewogener Schiiten mit hohen Funktionen zu betreuen, ist das Mißtrauen zwischen den beiden Konfessionsgruppen abgrundtief.

Die Februarsonne läßt das Gold der riesigen Moscheekuppeln von Nedschef und Kerbela wie eine paradiesische Verheißung erstrahlen. Ich habe mich – was Nichtmuslimen verboten ist – unter die dichte Menge der Betenden und Klagenden gemischt, die sich an den kostbaren Käfig aus massiven Silberstäben heranschieben. Neben dem Sarkophag Alis ruhen, dem Volksglauben zufolge, auch die sterblichen Überreste der Urpropheten Adam und Noah – auf arabisch Nuh. Das Volk klammert sich an die Gitterstäbe und küßt sie inbrünstig. Die mächtige Wölbung hallt wider von Anrufungen, von Schluchzen und Weinen. Die Gips-Stukkatur ist über und über mit Spiegelfacetten ausgelegt, so daß die massiven Goldtafeln und deren Koransprüche eine überirdische Dimension annehmen. Die Sakralwelt der Schia, diese architektonische Verzückung aus Gold, Silber, Kristall und Marmor, vermittelt der ärmlichen Masse ein Gefühl von Seligkeit, läßt sie teilhaben an jener Vision paradiesischer Herrlichkeit, die ihr einst die Rückkehr des Mehdi bescheren wird.

In unmittelbarer Nachbarschaft des Sanktuariums von Nedschef hatte der Ayatollah Khomeini, der wegen religiöser Aufwiegelei durch Schah Mohammed Reza Pahlevi aus Persien verbannt worden war, dreizehn Jahre lang im irakischen Exil gelebt. Er hauste in einer bescheidenen Kammer des Bazar, suchte jeden Morgen das Grab des Imam Ali auf, bis er auf Grund einer Vereinbarung zwischen Teheran und Bagdad nach Frankreich, in die

Fremde des französischen Dorfes Neauphle-le-Château bei Paris, abgeschoben wurde. Niemand hatte damit gerechnet, daß er von dort aus seinen Siegeszug als theokratischer Revolutionär und Gründer der Islamischen Republik Iran antreten würde.

Mir fällt eine Predigt des Ayatollah ein, in der er nach seiner triumphalen Rückkehr in den Iran die unaufhörliche mystische Trauer der Schiiten als ihre höchste Tugend gepriesen hatte. »Wir lesen in unserer Überlieferung«, so mahnte der »Na'ib«, »daß selbst eine einzige Träne, die über das Martyrium des Imam Hussein vergossen wird, unendlichen Wert besitzt. Gewiß, der ›Herr der Unterdrückten‹« – gemeint war Hussein – »bedarf der Trauernden nicht. Aber die Trauernden werden für ihre Anteilnahme am Schicksal des Dritten Imam belohnt werden ... Seit den frühen Zeiten der Verfolgung der Schiiten durch die Omayyaden und die Abbassiden haben die Trauerversammlungen der frommen Gemeinde stets als Mittel gedient, auch die politische Opposition gegen die gottesfeindlichen Unterdrücker zu motivieren ... Mögen die westlich beeinflußten Verleumder uns als Nation von Weinern und Heulern schmähen. Wir wissen, daß unser Weinen eine Brücke schlägt zwischen Gott und seinem Volk, daß das unermüdliche Klagen der Gläubigen unentbehrlich ist für die Erreichung der hohen islamischen Ziele ... Unsere islamische Revolution hätte nie stattgefunden, wenn sie nicht durch unzählige Trauerveranstaltungen zu Ehren des Imam Hussein vorbereitet worden wäre, wenn wir uns nicht vor Kummer an die Brust geschlagen hätten. Wir verdanken es dem vergossenen Blut unseres Imam Hussein, daß alle Verschwörungen der Supermächte gegen unsere islamische Erhebung fehlgeschlagen sind ...«

Unser Wunsch, die Kamera auch auf die endlosen Friedhöfe von Nedschef zu richten, wird nicht erfüllt. Speziell auf diese Bilder hätte ich großen Wert gelegt. Seit meinem ersten Aufenthalt an den heiligen Stätten der Schia, im Sommer 1982, war mir die Vision eindringlich haftengeblieben. Der Himmel hing schwül und düster über dem graubraunen Gräbermeer. Die Totentafeln aus Stein und Lehm – nach einheitlichem Muster behauen – standen in Reih und Glied. Aus der Ferne hätte man die nach oben abgerundeten Denkmale für erstarrte, verschleierte Frauen halten können oder für eine unheimliche Anhäufung von Sphinx-

Darstellungen, denen das Antlitz fehlte. »Der Kult des Todes, dem sich die Schia verschrieben hat«, so schrieb ich damals, »legt sich dem Besucher auf die Brust. Die Luft scheint von Verwesung und Klage erfüllt.«

In der Zwischenzeit ist der Wallfahrtsstätte mitsamt ihren Gräberfeldern ein fürchterlicher Fluch angetan worden. Als Folge der amerikanischen Bodenoffensive im Februar 1991, als die Schiiten des Süd-Irak sich gegen Saddam Hussein massiv erhoben, hatte die Prätorianergarde Saddams ihre Geschütze auf das Mausoleum des Imam Ali abgefeuert. Der Widerstand der verzweifelten Rebellen, die dem amerikanischen Appell zum Aufruhr gefolgt waren, erlahmte schnell. Sie waren kaum bewaffnet. Sie flüchteten in die riesige Nekropole, versteckten sich hinter den Grabsteinen, lieferten dort ihr letztes Gefecht. Damit diese undurchdringliche Totenwelt nicht noch einmal als Hort der Rebellion benutzt werden könne, hatte der irakische Präsident seitdem angeordnet, hohe Mauern um den Friedhof zu ziehen. Seine Pioniere schlugen breite asphaltierte Schneisen durch das Gewirr der Grabsteine und profanierten diesen Ort der Heilserwartung.

Nach der blutigen Unterwerfung hat der Diktator von Bagdad jedoch den Wiederaufbau der zerstörten Moscheen in Rekordfrist forciert. Schon 1997 hielt ich in Nedschef und Kerbela vergeblich nach Ruinen Ausschau. Die Kriegsschäden waren wie mit einem Magiertrick beseitigt worden. Tag und Nacht muß hier gearbeitet worden sein, um die Sakralwelt der Schia in Windeseile aus ihren Trümmern wiedererstehen zu lassen. Aber irgendwie ist die Entweihung zu spüren, fehlt dem renovierten Prunk die ehrwürdige Patina. Das Blutbad, das General Ali Hassan-el-Madschid anrichtete, lastet weiterhin wie eine Gotteslästerung auf den heiligsten Schreinen dieser Religion.

Im Februar 2002 herrscht hier immer noch eine gedrückte Stimmung, eine trügerische Normalität, hinter der sich viel Angst und Tücke verbergen dürften. Offiziell wird dem »neuen Yazid«, wie Khomeini ihn verfluchte, von den schiitischen Grabeswächtern, den »Kilidar«, für die eilige Restaurierung höchstes Lob gespendet und unterwürfig gehuldigt. Über dem Portal der Moschee ist das Bild des Staatschefs überlebensgroß in der knienden Haltung des Beters dargestellt. Aber wer mit den Bräuchen der »Partei Alis«

vertraut ist, weiß von der Übung der »Taqiya«, die es den Schiiten gestattet, ihre intimsten Überzeugungen, ja die Wesenszüge ihres religiösen Bekenntnisses zu verheimlichen, zu verleugnen, wenn die Situation eine solche Täuschung erfordert. Die Taqiya, die Kunst der Irreführung und der Lüge, hat es diesen »Ketzern« erlaubt, Jahrhunderte der Verfolgung und der Verfemung zu überleben.

Im benachbarten Kerbela können wir uns ebenso zwanglos bewegen wie in Nedschef, aber auch hier ist das riesige Bestattungsareal für Fremde gesperrt. Im dortigen Kuppelbau ruht die vorbildliche Heldenfigur, der perfekte Märtyrer der Zwölfer-Schiiten, der Dritte Imam, Sohn Alis und der Prophetentochter Fatima. Der Untergang und das heroische Leiden Husseins und seiner Getreuen werden von den Schiiten im Trauermonat Muharram inbrünstig nachempfunden und mit kollektivem Geißelungs-Zeremoniell geehrt. Nach dem Golfkrieg wurden diese mystischen Prozessionen und Bühnenspiele zu Ehren des großen Märtyrers von den irakischen Behörden strikt untersagt. Das Regime muß stets mit einer religiösen Aufwiegelung seiner Schiiten durch die iranischen Mullahs wie auch mit der subversiven Beeinflussung seiner Sunniten durch die saudischen Wahhabiten rechnen. Trotz des grellen Mittagslichts lastet über Kerbela, mehr noch als über Nedschef, eine gespenstische Atmosphäre. An dieser Stelle hatte die Republikanische Garde Saddams Tabula rasa gemacht, zur systematischen Zerstörung des Heiligtums und seiner Umgebung ausgeholt, alle Verdächtigen zu Tode gebracht. Doch auch diese Kultstätte ist bis in die letzten Einzelheiten wiederaufgebaut und renoviert worden. In den umliegenden Gassen sind ansehnliche Häuserzeilen aus dem Schutt der Vernichtung erwachsen. Die Gebeine des Dritten Imam Hussein sind wieder in Schatzkammern von Gold und Silber gebettet.

Jenseits des weiten Platzes, wo sich schwarze Frauenscharen wie Todesengel bewegen, erhebt sich das prächtige Grabmal des Rekken Abbas. Dieser Halbbruder Husseins hatte sich mit Löwenmut den Schergen Yazids in den Weg gestellt. Die Tapferkeit des Abbas bleibt legendär. Als die Überzahl der Feinde ihn entwaffnen wollte, ihm beide Arme abhackte, nahm er – so heißt es – den Säbel zwischen die Zähne und focht bis zum Tod weiter. Auch in Kerbela habe ich mich in die exaltierte Menge gezwängt, die den Schrein des Dritten Imam umkreist. Unter der goldstrotzenden, durch Spiegel-Stalaktiten vervielfältigten Herrlichkeit dieser Totenwelt wird die Dürftigkeit der menschlichen Natur, wird die unerträgliche seelische Misere der Gläubigen in eine Sphäre gottnaher Geistigkeit erhöht, erweist sich die Fixierung dieser meist in Armut und Geringschätzung lebenden Gemeinde auf ihre jenseitige Bestimmung als der wahre, unveräußerliche Trost. In aller Ruhe kann ich die ausgemergelten, verzückten Gesichter der bärtigen Pilger studieren, die sich in die Anrufung Allahs und seiner Imame versenken. Hier blüht eine Verinnerlichung auf, die sich nicht nur in den Tränen der vorgeschriebenen Trauer, sondern auch in der Bereitschaft zum kämpferischen Martyrium äußern könnte. Der Kult der Selbstaufopferung im Dienste Allahs droht sich eines Tages auch im Zweistromland zu entladen, das bislang von Selbstmordattentaten verschont blieb.

Die Hoffnung amerikanischer Strategen, die latente Feindschaft der Schiiten gegen Saddam Hussein könne sie demnächst zu Verbündeten der USA machen, mutet hingegen recht naiv an. Gewiß, dem Schlächter von Bagdad, diesem sunnitischen Frevler und Heuchler, gilt weiterhin der tief verwurzelte Haß der geschundenen Partei Alis. Aber der Zorn dieser Frömmler, die es heute bereuen mögen, im Jahr 1980 den vordringenden Revolutionswächtern Khomeinis nicht kämpferischer zur Seite gestanden zu haben, dürfte sich beim Vordringen von US-Soldaten mit ebensolcher Vehemenz gegen die ungläubigen Invasoren unter dem Sternenbanner entladen und ihnen den frevlerischen Zugang zu den Gräbern Alis und Husseins versperren.

Die »Heimtücke« Amerikas bleibt in dieser Region unvergessen. Unmittelbar vor Beginn der kurzen Bodenoffensive im Februar 1991 hatte der Vater des heutigen US-Präsidenten alle Regimegegner Saddam Husseins zum offenen Aufstand aufgerufen und sie dann ihrem tragischen Schicksal überlassen. Die Kurden, die im Westen über eine beachtliche Anzahl von Sympathisanten verfügten, kamen noch relativ glimpflich davon. Sie profitierten von den amerikanischen Schutzmaßnahmen, die im Stil der üblichen Schönfärberei mit dem Namen »Northern Shield« und »Provide Comfort« bezeichnet wurden. Eine schreckliche Untat wurde hingegen an den schiitischen Gegnern Saddam Husseins begangen. Bei ihnen war es zur bereits erwähnten Volkserhebung in den meisten Provinzen südlich von Bagdad gekommen. Die Anführer der bislang streng geheimen Untergrund-Organisationen, insbesondere der militanten Gruppe »El Dawa«, tauchten aus ihren Schlupflöchern und ihrer Anonymität auf. Die Geheimpolizei Bagdads hatte schon in den siebziger und achtziger Jahren zur erbarmungslosen Repression gegen die Mullahs und jene schiitischen Intellektuellen ausgeholt, die man als Feinde des säkularen Baath-Regimes und als heimliche Befürworter eines Gottesstaates à la Khomeini verdächtigte. Der oberste Würdenträger der »Partei Alis«, Ayatollah Uzma Mohammed Baqr Sadr, war 1980 hingerichtet worden. Der nächste hohe schiitische Geistliche des Irak, Mohammed Baqr-el-Hakim, entkam nach Teheran, wo er eine »Armee der islamischen Mobilisierung« unter den schiitischen Kriegsgefangenen aus Mesopotamien zu rekrutieren suchte. Viel effektive Hilfe haben die Aufständischen des Süd-Irak von ihren persischen Glaubensbrüdern dennoch nicht erhalten, als die Revolte sich im Februar 1991 in Windeseile ausbreitete. Teheran hatte sich noch längst nicht von den horrenden Verlusten des ersten Golfkriegs erholt.

Auch ohne nennenswerten äußeren Beistand hatten sich die schiitischen »Gotteskrieger« der südlichen Hälfte des Zweistromlandes bemächtigt. Nach heftigen Gefechten hatten sie die Großstadt Basra von den Anhängern Saddam Husseins befreit, die heiligen Pilgerstätten Nedschef und Kerbela für die »Schiat Ali« zurückgewonnen. Ihre Anführer vertrauten darauf, daß Präsident Bush die irakische Armee zumindest daran hindern würde, eine Gegenoffensive in Gang zu setzen und blutige Vergeltung zu üben. Doch in diesem Punkt hatten sich die Schiiten geirrt. Sie waren auf abscheuliche Weise getäuscht worden. Die Kern- und Verfügungstruppe des Saddam-Regimes, die Divisionen der Republikanischen Garde, stand unversehrt bereit, um mit schwerem Material gegen die Aufrührer vorzugehen. Amerika hatte die Volkserhebung gegen den »Hitler von Bagdad« mit allen Mitteln der Propaganda ermutigt. Aber als die Perspektive einer schiitischen Loslösung von der irakischen Zentralmacht sich abzeichnete und die Konturen eines islamischen Gottesstaates in Südmesopotamien Gestalt annahmen, rührten die Streitkräfte des Generals Schwarzkopf keinen Finger, um diesen Irregeleiteten zu Hilfe zu kommen. Sie sahen taten- und wortlos zu, wie die Elitetruppen des Generals El-Madschid die Straßen von Basra in Schutthalden verwandelten, die heilige Stadt Nedschef verwüsteten und das höchste schiitische Sanktuarium von Kerbela, das Grab des Imam Hussein, in Brand schossen.

Washington hatte – so vernimmt man in Kerbela – die rebellischen Schiiten ihrem Todfeind Saddam Hussein bewußt ans Messer geliefert. Zwar war von der US-Air Force ein Flugverbot für irakische Kampfflugzeuge verhängt worden. Aber über eine nennenswerte Luftwaffe verfügte Bagdad seit Kriegsbeginn ohnehin nicht mehr – die Maschinen waren nach Iran ausgeflogen worden –, und das Startverbot galt nicht für die Hubschrauber, die der Diktator durch geschickte Tarnung gerettet hatte. Die gepanzerten Helikopter stießen nunmehr wie mörderische Raubvögel auf die schlecht bewaffneten Schiiten nieder. Es fand ein entsetzliches Gemetzel statt. Letzte Zuflucht fanden die Aufständischen in jener malerischen Sumpflandschaft, wo sich das Leben der »Marsh«-Araber seit prähistorischen Zeiten nicht geändert hatte. Umgehend ordnete Saddam Hussein an, die potentiellen Widerstandsnester dieses einzigartigen Naturreservats durch Kanalbau und Drainage auszutrocknen und der Versteppung anheimzugeben.

Die amerikanische Orient-Politik hatte einen doppelten, zutiefst dubiosen Erfolg verbucht: Saddam Hussein war – mehr noch als bei der Besetzung Kuweits – als grausamer Unhold diskreditiert, und die Schiiten des Irak wurden als potentielle Verbündete des iranischen Gottesstaates ausgeschaltet. Die Vasallen der USA am Persischen Golf – Kuweiti und Saudi zumal – konnten aufatmen. Kein amerikanischer oder europäischer Medienkommentator wagte die Feststellung zu treffen, daß das US-Commando sich gegenüber den Schiiten des Irak ähnlich verhalten hatte wie die Rote Armee Josef Stalins, als deren Divisionen im Warschauer Stadtteil Praga östlich der Weichsel wie gelähmt, ohne auch nur eine Granate abzufeuern, zusahen, wie Wehrmacht und Waffen-SS den patriotisch und katholisch motivierten Aufstand des Oberst Bór-Komorowski zusammenkartätschten, die politische Widerstandselite füsilierten und Warschau in eine Mondlandschaft verwandelten. Ob ein solcher Zynismus sich am Ende auszahlt?

Seit dem Verrat von 1991 ist der heilige Zorn der Schiiten gegen Amerika nicht abgeklungen. Auf ein freundliches Umfeld dürften die vordringenden Divisionen George W. Bushs zwischen Basra und Bagdad jedenfalls nicht stoßen, es sei denn, es bereite sich dort unter der Tarnkappe der »Taqiya« nach anfänglicher, trügerischer Gastlichkeit eine schreckliche Revanche vor. Aus den bitteren Erfahrungen, dem militärischen Fiasko der Israeli im Süd-Libanon sollten die US-Stäbe gelernt haben, daß die schiitischen Hizbullahi weit mehr als die Sunniten in der Lage sind, als glaubensstarke, in modernster Kriegstechnik geübte Feinde auch einer modernen Armee erhebliche Verluste zuzufügen. Der Partei Alis im Irak mag es wenig nützen, daß im benachbarten Iran die Freiwilligen-Division »El Badr« – aus geflüchteten Landsleuten rekrutiert – zu ihrer Entlastung bereitsteht, falls das Pentagon am Schatt-el-Arab die stählernen Muskeln spielen läßt. Doch wie werden sich die amerikanischen GIs, diese braven »Boys« aus dem Mittelwesten – aufgewachsen in einer heilen Welt des Konsums, erzogen im Geist einer plakativ zur Schau gestellten »happiness« –, in einer Weltgegend zurechtfinden, deren makabre Grundstimmung durch folgenden düsteren Koranvers umschrieben wird: »Kullu nafsin zaikatu el maut – Alles Leben ist vom Geschmack des Todes durchdrungen«?

## »Die den Tod nicht fürchten«

*Suleimaniyeh, im März 2002*

Wie ein Partisanenführer sieht dieser Mann wirklich nicht aus, schon gar nicht wie jene Kurdenkrieger mit den weiten Pumphosen und dem Fransenturban, die sich voll Stolz »Peschmerga« nennen, das heißt: »Die den Tod nicht fürchten«. Jalal Talabani, Generalsekretär der Patriotischen Union Kurdistan (PUK), ist von Beruf Anwalt, entstammt einer hoch angesehenen Familie aus der

Erdöl-Stadt Kirkuk und könnte mit seinem soignierten grauen Schnurrbart auch ein genußfreudiger südfranzösischer Notar sein. Um zu ihm zu gelangen, sind wir zu später Stunde aus Suleimaniyeh eine lange Strecke nach Norden gefahren. Im Schein des Vollmondes zeichneten sich immer schroffere Felsen vor dem Sternenhimmel Kurdistans ab.

Jenseits von Dukan und seinem silbern spiegelnden See, gar nicht weit von der türkischen und iranischen Grenze entfernt, erwartet mich Talabani in einer großzügigen Residenz, wo er sich wohl besser geschützt fühlt als in seiner nach allen Seiten offenen, menschenwimmelnden »Hauptstadt« Suleimaniyeh. Seit Jahrzehnten kämpft dieser War Lord an der Spitze seiner anfangs marxistischen Aufstandsbewegung gegen die Regierung in Bagdad, gegen Türken und Perser und immer wieder gegen seinen mächtigen kurdischen Rivalen, Massud Barzani, der in der nordirakischen Ortschaft Arbil sein Hauptquartier aufgeschlagen hat.

Unser Antrag, das autonome Kurden-Gebiet aufzusuchen, war zunächst von Abdulrazak el-Hashimi unter Hinweis auf elementare Sicherheitsvorkehrungen kategorisch abgelehnt worden. Aber nach meinem Interview mit Tariq Aziz hatte ich die Frage noch einmal aufgeworfen, und der Stellvertreter Saddam Husseins hatte keine Sekunde gezögert. »Natürlich können Sie nach Suleimaniyeh reisen«, hatte er selbstbewußt gesagt; »ich werde die entsprechenden Anordnungen geben.«

In der Nordregion des Irak hat sich eine seltsame Situation entwickelt. Im Gefolge des amerikanischen Golfkriegs von 1991 war es zu Strafexpeditionen der irakischen Armee im kurdischen Siedlungsraum und zur Massenflucht der Bevölkerung über die türkische und iranische Grenze gekommen. Aber nach und nach hatten die »Peschmerga« der Kommandeure Barzani und Talabani ihre gebirgige Heimat mit amerikanischer Luftunterstützung freikämpfen können und die Republikanische Garde Saddam Husseins auf die Städte Mossul und Kirkuk zurückgedrängt. Eine regelrechte Grenze – oder ist es eine Front? – hat sich am Südrand der selbständigen Kurdengebiete etabliert. Unsere Landrover müssen drei Kontrollen passieren, zwei irakische und eine kurdische. Auf beiden Seiten der Asphaltstraße haben die Soldaten Saddams hinter Stacheldrahtverhauen Artillerie und Panzer in Stellung gebracht. Aber das sind keine Offensiv-, sondern Defensivstellungen. Die gewöhnlichen Grenzgänger müssen sich in zwei getrennten Wachstuben – eine für Männer, »Rijal«, eine für Frauen, »Nisa« – auf Waffen untersuchen lassen. Bei dieser Gelegenheit wird wohl auch eine Bestechungssumme von den rotbemützten Polizisten kassiert. Die Ortschaften ringsum sind durch frühere Kämpfe verwüstet. Auf kurdischer Seite werden wir von einem kleinen Empfangskomitee erwartet, und ein fließend Deutsch sprechender Beamter heißt uns willkommen. In Bagdad hatte man uns zwei Agenten irgendeines Geheimdienstes mitgegeben, die den reibungslosen Grenzübergang ermöglichen, mit Erreichen kurdischen Territoriums jedoch jede Autorität verlieren.

Warum ich so großen Wert auf diesen Abstecher in den aufsässigen Norden legte? Nicht nur in Bagdad geht das hartnäckige Gerücht um, die amerikanische Kriegführung gegen den Irak wolle sich auf die Kurden in ähnlicher Weise stützen – diese kampferprobten Partisanen als »proxies« einsetzen –, wie ihnen das in Afghanistan mit der sogenannten Nord-Allianz der Tadschiken und Usbeken gegen die Taleban so zügig gelungen war. Zur Klärung dieser Frage konnte Talabani besser noch als sein Gegenspieler Barzani beitragen, denn in der Vergangenheit hatte er mehrfach mit dem US-Geheimdienst konspiriert.

An diesem Abend werde ich in sein geräumiges, sehr europäisch wirkendes Arbeitszimmer geführt. Rings um das Haus sind bewaffnete Zivilisten postiert. Offenbar leidet der PUK-Chef an einer Gehbehinderung, denn er verharrt schwerfällig hinter seinem massiven Schreibtisch, ist aber ansonsten von ausgesuchter Höflichkeit. Im Hintergrundgespräch, das vor dem eigentlichen TV-Interview stattfindet, ist er besonders mitteilsam. Meine direkte Frage, ob es zum Krieg kommen wird, erwidert er mit einem eindeutigen »Ja«. Ob er denn bereit sei, eine ähnliche Rolle zu spielen wie die Norda-Allianz von Afghanistan? Da ist die Aussage kategorisch: »Wir sind keine Söldner, und wir werden uns nicht für einen Militärputsch in Bagdad mißbrauchen lassen. Was wir uns wünschen, ist eine demokratische Regierung des Irak und eine großzügige Autonomie für die Kurden.« Die volle Unabhängigkeit für seine Landsleute – das weiß der Generalsekretär nur zu gut – würde wohl den Vormarsch der türkischen Streitkräfte in Richtung Süden auslösen, denn ein freies Kurdistan würde unweigerlich den separatistischen Stammesbrüdern in Ost-Anatolien neuen Auftrieb geben. Ankara bereitet den irakischen Kurden wohl mehr Sorgen als Bagdad. Im übrigen hält er nicht viel von der auf türkischem Territorium operierenden PKK und noch weniger von deren inhaftiertem Führer Abdullah Öcalan.

Jalal Talabani ist natürlich fasziniert von der fast unbeschränkten Allmacht der USA. Es gehe den Amerikanern nicht um die Besetzung von Territorien, sondern um die Errichtung starker, mit allen Raffinessen modernster Elektronik ausgestatteter Stützpunkte rund um den Erdball. So würde Washington doch bereits zwischen Bosnien auf dem Balkan und Botswana im südlichen Afrika, zwischen Guantanamo auf Kuba und Basilan auf den Philippinen operieren. Von diesen Basen biete sich die Chance schneller Intervention und totaler Überwachung. »Nach dem Zusammenbruch der Sowjetunion«, so meint er, »sind die USA primär mit ihren Geschäftsinteressen überall vertreten. Nicht nur mit Hilfe seiner Wunderwaffen, mehr noch dank der Entfaltung seiner unvergleichbaren Wirtschaftspotenz könnte Amerika seine Weltherrschaft etablieren.« Der Krieg gegen den Terrorismus – in Wirklichkeit handelte es sich doch um einen Feldzug gegen den islamischen Fundamentalismus – biete den amerikanischen Interessen unabsehbare Entfaltungsmöglichkeiten. »Globalisierung bedeutet nichts anderes als Amerikanisierung«, fügt er lächelnd hinzu.

Man solle sich hüten, Mesopotamien mit dem Hindukusch zu verwechseln. Ein Militärputsch in Bagdad sei schwer vorstellbar, denn jede Truppenbewegung werde durch den dortigen Rais strengstens kontrolliert. »Ich kenne Saddam Hussein gut genug, um zu wissen, daß er nie kapitulieren wird«, sagt Talabani kategorisch. »Im übrigen sollen sich die Europäer keine Illusion im Hinblick auf eventuelle Teilhaberschaft am Ölgeschäft zwischen Mossul und Basra machen. Entweder kommt es zwischen Bagdad und Washington doch noch zu einem Arrangement – was ich nicht glaube; dann würden die Amerikaner die uneingeschränkte Ausbeutung der Petroleum-Vorkommen des Irak fordern. Oder der bereits angekündigte Krieg bricht aus. An dessen Ende stünde unweigerlich der Sieg der USA und die Einsetzung eines Marionettenregimes, das wiederum den Ölgesellschaften der regierenden Texaner hundert Prozent ihrer Ölförderung überschreiben müßte.«

»Dennoch ist es ein Abenteuer, auf das George W. Bush sich einläßt«, fügt der Kurdenführer nachdenklich hinzu. Wer sich die Geschehnisse in den winzigen Autonomiegebieten der Palästinenser vor Augen führe und die heillose Situation, in die die total überlegene israelische Armee dort gegenüber der El Aqsa-Intifada geraten sei, der mag sich vorstellen, wie sich ein zunehmend religiös angeheizter Häuserkampf in der Sechs-Millionen-Metropole Bagdad für die US-Army auswirken könnte. Von den arabischen Bruderstaaten habe Saddam Hussein keine nennenswerte Hilfe oder Solidarität zu erwarten. Hier trägt Talabani offene Verachtung zur Schau. »Die Araber haben untätig zugeschaut, wie die Palästinenser niedergeknüppelt und erdrückt wurden.« Im Falle Saddam Husseins würden die Vasallen der USA und auch deren angebliche Gegner wie die Syrer in die Knie gehen, sobald sich in Bagdad ein Regimewechsel abzeichne.

Wer könnte besser über die Haltung der Islamischen Republik Iran Auskunft geben als der Generalsekretär der PUK? Sein autonomes Territorium grenzt an die kurdisch bevölkerten Gebiete Persiens, wo die Sowjetunion unmittelbar nach dem Zweiten Weltkrieg einen kurzlebigen kurdischen Satellitenstaat kommunistischer Prägung in Mahabad ausgerufen hatte. Erst der massive Protest des US-Präsidenten Harry S. Truman – angeblich hatte er sogar mit Atomschlägen gedroht – bewog Josef Stalin damals zum Verzicht auf diese vorgeschobene Sprungschanze nach Süden.

Vorübergehend hatte Talabani gemeinsam mit Saddam Hussein gegen die Revolutionswächter Khomeinis Stellung bezogen. Ich erinnere mich sehr wohl an den Sommer 1982, als ich mit einer persischen Armeepatrouille in Sicht der vorgeschobenen irakischen Stellungen bei Tamatschin kampiert hatte. Bei Nacht waren die Iraner speziell vor den Peschmerga der PUK auf der Hut. Dann wiederum hatte Talabani sich auf die Seite der Iraner geschlagen, was der Despot von Bagdad mit dem mörderischen Giftgasangriff auf das Städtchen Halabja beantwortete. Seitdem, so heißt es, habe sich die PUK in eine partielle Abhängigkeit von Teheran begeben, was sie jedoch nicht hindere, immer wieder mit der CIA zu konspirieren. Kurzum, der urbane, lächelnde Mann, der mir in eleganter europäischer Kleidung gegenübersitzt, ist ein Meister der Intrige und des Frontwechsels. Er weiß, wovon er spricht.

Teheran werde im kommenden Konflikt neutral bleiben. Der Haß gegen Saddam Hussein sitze bei den dortigen Mullahs so tief, daß ein jüngster Annäherungsversuch aus Bagdad kein Echo gefunden habe. Aber Präsident Bush habe die Islamische Republik Iran gemeinsam mit Irak in eine »Axis of Evil« eingereiht und der schiitischen Mullahkratie zu verstehen gegeben, was sie nach Niederwerfung Saddams erwarte. Deshalb sei Teheran stark daran interessiert, daß das Baath-Regime sich möglichst lange behaupte und für Iran als eine Art Blitzableiter funktioniere. Im übrigen befinde sich das große Nachbarland in einer relativ komfortablen Situation. Iran würde sich zwar still verhalten, um der Türkei keinen Vorwand zur Intervention zu bieten, aber das dortige schiitische Regime wisse, daß es über zahlreiche Sympathisanten im Irak verfügt, insbesondere bei den schiitischen Glaubensbrüdern. Im Falle eines Durchbruchs zur Demokratie am Tigris würden die Freunde Irans auf Grund ihrer Überzahl eine beherrschende politische Beteiligung beanspruchen. Auf den Einsatz eigener bewaffneter Streitkräfte könne der jetzige geistliche Führer Irans, der Ayatollah Ali Khamenei, vorsichtig abwartend verzichten.

*

Die Stadt Suleimaniyeh ist im Verlauf der Wirren und Flüchtlingsströme der vergangenen Dekaden von 170 000 auf 650 000 Einwohnern angeschwollen. Irgendwie paßt diese Gegend gar nicht zum flachen, schwülen Zweistromland des Irak. Man fühlt sich in den Kaukasus, etwa nach Berg-Karabagh versetzt, oder sogar auf den Balkan, in die Umgebung des Sandschak von Novipazar. Vor allem fällt auf, daß in den geschäftigen Gassen der PUK-Hochburg kein einziges Bild von Saddam Hussein zu entdecken ist. Der babylonische Personenkult ist hier streng verpönt. Lediglich ein riesiges Porträt des Kurdenführers Scheikh Mahmud beherrscht den zentralen Platz. Dieser Rebellenführer hatte sich 1922 kurzfristig zum »König von Kurdistan« ausgerufen, ehe die Engländer ihre Mandatsherrschaft und die monarchischen Ansprüche ihres Günstlings Feisal aus der Haschemiten-Familie von Hedschas durchsetzten. Im Bazar sind Lebensmittel und Güter aller Art in Überfluß vorhanden. Der Schmuggel blüht in dieser Zone, zwar nicht so üppig wie im Einflußbereich Massud Barzanis, der die Übergänge zur Türkei kontrolliert, aber es mangelt an nichts. Sogar exklusive Luxusangebote – Champagner und Kaviar – sind überall zu finden, ebenso das modernste elektronische Equipment.

Diese kurdische Autonomieregion verfügt über eine eigene Währung, den alten irakischen Dinar, der – im Gegensatz zu dem in Bagdad kursierenden Geld, das auf primitive Weise fotokopiert und völlig entwertet ist – eine gewisse Kaufkraft bewahrt hat. Auch in Suleimaniyeh sorgt das UN-Programm »oil for food« für eine fast kostenlose Belieferung der Bevölkerung mit Grundnahrung. Zusätzlich werden die Kurden des Irak durch Zweigstellen der Vereinten Nationen und zahllose Nicht-Regierungsorganisationen (NGOs) mit Lebensmitteln geradezu überschüttet, was zum Ruin der einheimischen Landwirtschaft führte. Welcher Bauer oder Viehzüchter könnte mit den Gratisspenden aus dem Ausland konkurrieren? Unter der Tarnung karitativer Verbände, so heißt es, agieren zahlreiche ausländische Geheimdienste.

Eine andere Entdeckung überrascht mich zutiefst. Ich war es aus der Vergangenheit gewohnt, die kurdischen Frauen und Mädchen in malerisch bunten Kleidern und kaum verhülltem Kopfhaar anzutreffen – auch in ihrem irakischen Siedlungsraum. Inzwischen hat sich im Umkreis von Suleimaniyeh fast die gesamte Weiblichkeit in die deprimierende schwarze Abaya gehüllt, und die wenigen Ausnahmen, trotzige Repräsentantinnen des Mittelstands, sind so stark geschminkt, daß sie in dieser tristen Umgebung wie öffentliche Sünderinnen wirken. Der Verdacht kommt auf, daß auch hier die schleichende Islamisierung weit schneller und gründlicher um sich greift, als die mehrheitlich säkular und sozialistisch ausgerichteten Funktionäre der PUK zugeben wollen. Überall wird an neuen Moscheen gearbeitet. Die alten Gebetshäuser werden renoviert und auf Hochglanz gebracht. Diese Bautätigkeit soll sich verlangsamt haben, seit nach dem 11. September die finanziellen Zuwendungen aus Saudi-Arabien und den Golf-Emiraten für die religiösen Stiftungen stark gedrosselt wurden.

Der Einblick in die Strukturen der diskreten islamischen Erweckungsbewegung ist schwierig. Auch an dieser Stelle spielt sich ein Einflußkampf ab zwischen den alteingesessenen Derwisch- oder Sufi-Orden, den »Tariqat« mit ihrem Heiligen-Kult, ihrer Mystik, ihren obskurantistischen Zauberbräuchen und Amuletten auf der einen und jenem strengen Rigorismus der strikten und puristischen Offenbarung auf der anderen Seite, der nur die koranische Botschaft des Propheten gelten läßt und den Heiligen Krieg gegen die gottlosen Ausländer, mehr noch gegen die Heuchler in den eigenen Reihen, die »Munafiqun«, vorschreibt. Von ihren Gegnern werden diese Integristen hartnäckig als »Wahhabi« bezeichnet, obwohl sie sich durch ihre Tugendhaftigkeit von der Verderbtheit des frömmlerischen Regimes Saudi-Arabiens energisch distanzieren, ja die dortige »Prinzengarde« als Feinde Gottes schmähen.

Bei meinem Rundgang besichtige ich die Moschee der Naqschbandiya-Bruderschaft, die – aus Zentralasien stammend – unter den diversen Turkvölkern, aber auch bei den Kurden weit verbreitet ist. Als sich der Führer dieser Tariqa in Anatolien 1925 an der Spitze seines Reiterheeres unter dem grünen Banner des Propheten gegen die Säkularisierungspolitik Atatürks aufbäumte, ist er zwar vernichtend geschlagen worden; doch seine Gefolgschaft – wie die so mancher anderer Sufi-Orden – hat einen immensen politisch-religiösen Einfluß auf das Gemeinschafts- und sogar das Parlamentswesen im postkemalistischen Staat bewahrt. Auch die »Qadiriya« verfügt über ihre Kultstätte in Suleimaniyeh.

Wirkliche Sorge bereiten den PUK-Funktionären die sporadischen Überfälle einer islamistischen Guerilla, »Ansar-el-Islam« genannt. Von den in Suleimaniyeh operierenden Agenten der CIA werden diese Freischärler als Zweig von »El Qaida« bezeichnet, die in amerikanischer Vorstellung offenbar mit der Gabe der Ubiquität ausgestattet ist. In Wirklichkeit dürften die »Ansar« von den iranischen Pasdaran, den Revolutionswächtern Teherans, patroniert werden, die die Patriotische Union Kurdistan unter Druck setzen, um ihrem Abrutschen auf einen proamerikanischen Kurs vorzubeugen.

*

Einige Kilometer westlich von Suleimaniyeh erreichen wir das militärische Hauptquartier der PUK. Hier weht bereits eisige Luft. Die voralpine Landschaft mit satten Wiesen leitet zu welligen Höhen über. Die Schneegrenze ist nicht weit entfernt. Der Horizont wird durch eine steile Felsbarriere versperrt. Dort führen Maultierpfade durch abrupte Schluchten in die äußerste türkische Provinz Ostanatoliens, die einstige PKK-Hochburg von Hakkari, die mir wohlvertraut ist. Das Oberkommando der Peschmerga hat sich in einer ehemaligen irakischen Kaserne installiert. Über dem Portal steht in großen Lettern: »National Army of Kurdistan«.

Auf dem Manövergelände ist eine Kompanie Soldaten angetreten. Mehr und mehr wird die Peschmerga-Kluft durch die weltweit übliche Tarnuniform ersetzt. Stabschef Simko Dizayii, ein ehemaliger Offizier der irakischen Armee, der zum General aufrückte und gut Deutsch spricht, erklärt auf der Generalstabskarte die Positionen der Iraker. Ernst zu nehmen bei diesem feindlichen Aufgebot seien lediglich 9000 Soldaten der Republikaner-Garde, die rückwärtige Auffangposition bezogen hätten. Woher die Kurden ihre Waffen erhielten, frage ich, während ich ein paar Übungen von Scharfschützen und die Ausbildung an einer Katjuscha-Batterie beobachte. »Die stammen ausschließlich aus Beständen der irakischen Armee«, versichert der stellvertretende Oberbefehlshaber Mustafa Said Qadir, ein ergrauter, aber noch drahtiger Mann in Zivil. »Einen Teil haben wir erbeutet, anderes Material wurde uns heimlich verhökert. Wir warten zur Zeit auf die Lieferung von zwanzig zusätzlichen Panzern, die jenseits der ›Front‹ für uns parat stehen.« Die Mannschaftszahl dieser regulären Truppe wird übertrieben mit 15 000 angegeben, und im Ernstfall ständen 80 000 Reservisten, im Partisanenkrieg ausgebildete Peschmerga, zur Verfügung. Weiter westlich, im Herrschaftsgebiet des Kurdenführers Massud Barzani, soll die rivalisierende »Demokratische Partei Kurdistans« über stärkere Bataillone gebieten.

Zum Abschluß nehmen wir das Defilee einer weiblichen Truppe von etwa zwanzig Amazonen ab. Die Blicke dieser pummeligen Mädchen sind starr und resolut nach vorn gerichtet, während sie ihr Lied krähen. Angeblich singen sie vom Frieden, so behauptet unser Dolmetscher, in Wirklichkeit – so finden wir später heraus – preisen sie die Tugenden der Märtyrer, der im ganzen Orient unvermeidlichen »Schuhada«. Kurzum, die Feststellung drängt sich auf, daß im Norden des Irak, wo in den Schulen auf kurdisch unterrichtet wird – die Masse dieses Volkes in der Türkei kann davon nur träumen –, zwei völlig autonome Staatsgebilde entstanden sind mit je etwa 1,8 Millionen Menschen, denen zur vollen Souveränität nur der Segen und die Anerkennung der Vereinten Nationen fehlen. Dennoch würden die Amerikaner sich in einem Minenfeld bewegen, so warnt der Stabschef der PUK, falls sie bei ihrer geplanten »ground offensive« dieses Terrain als Ausgangsbasis benutzen sollten.

Am Abend bin ich im Hotel Sheraton, an dessen Fertigstellung noch gearbeitet wird, mit hochrangigen PUK-Funktionären zum Essen verabredet. Die stämmig gewachsenen Männer trinken zumindest in der Öffentlichkeit keinen Alkohol, und so greife auch ich zur Pepsi Cola-Flasche. Als Wortführer und Autoritätsperson gibt sich von Anfang an Saidi Ahmed Pira zu erkennen, der innerhalb des Politbüros der PUK – die sozialistischen Strukturen blieben erhalten – die Funktion eines Außenministers wahrnimmt. Pira dürfte zwischen vierzig und fünfzig Jahre alt sein, spricht fließend Deutsch mit einem leichten Wiener Akzent. Sein mächtiger kahler Schädel erinnert ein wenig an den Grünen-Politiker Rezzo Schlauch. In dieser Runde wird klein Blatt vor den Mund genommen.

Zu meiner Überraschung stelle ich fest, daß selbst in diesem weltabgelegenen Winkel der 11. September als ein historischer Wendepunkt eingeschätzt wird. »Eine neue Zeitrechnung hat mit der Zerstörung des World Trade Center begonnen«, behauptet Saidi Ahmed Pira; »so wie man bisher von der Ära vor und nach Christi Geburt gesprochen hat, kann man in Zukunft von der Epoche vor und nach ›Ground Zero‹ reden.« Das erscheint mir denn doch allzu dick aufgetragen. Aber in Suleimaniyeh lebt man wohl in der Überzeugung, daß dieser globale Feldzug der USA gegen das Phantom des Terrorismus erst in seiner Anfangsphase stecke und in kommenden Jahrzehnten unaufhörlicher kriegerischer Auseinandersetzung alle politischen und strategischen Verhältnisse über den Haufen werfen würde. Die Serie der Regionalkonflikte könnte sich am Ende zum apokalyptischen Showdown hochschrauben.

Es wird viel gemutmaßt in diesem Kreis, der sich mit einer im Orient seltenen Unverblümtheit artikuliert. Die Spekulationen kreisen immer wieder um die Türkei. Ahmed Pira nennt folgende Bedingungen, ohne deren Erfüllung Ankara zu einer aktiven Teilnahme am Feldzug gegen Bagdad nicht zu bewegen sei. Zunächst einmal sollen der Türkei, die in einer permanenten Finanzkrise stecke, sämtliche Schulden erlassen und neue Milliardenkredite bewilligt werden. Jede Restriktion im Hinblick auf Waffenlieferungen an die türkischen Streitkräfte sei aufzuheben. Ankara dürfe auch nicht länger durch ständige Hinweise auf Verletzung der Menschenrechte belästigt werden. Als conditio sine qua non wird die Aufnahme Kleinasiens in die Europäische Gemeinschaft gefordert, und zwar müsse Washington in dieser Frage alle Register seiner Beeinflussung in Brüssel und Berlin ziehen. Die Eingliederung der Türkei in die EU solle sich vollziehen, ohne daß die bisherige Prädominanz des Generalstabs auf die türkische Politik im Namen demokratischer Spielregeln angetastet werde.

Ein solches Programm beinhalte ja auch für die USA eindeutige Vorteile. Die Europäer gingen den Amerikanern ohnehin mit ihren ständigen Vorbehalten zusehends auf die Nerven. Der Euro solle mit allen Mitteln gehindert werden, sich als zweite Leitwährung zu behaupten, und die wirtschaftliche Konkurrenz der Alten Welt würde nachhaltig reduziert. »Eine Aufnahme der Türkei in die Europäische Gemeinschaft, hier spreche ich als Kurde«, betont ein junger PUK-Funktionär namens Suleiman, käme dem Verzicht auf den europäischen Anspruch gleich, im Rahmen der fortschreitenden Globalisierung als unabhängiger Faktor eine nennenswerte Rolle zu spielen.

Die Männer dieser Runde, die fast alle mehrere Jahre im Ausland verbracht haben, verweisen immer wieder auf die für sie unverzichtbare Rolle des Erdölreviers von Kirkuk. Die Stadt war bis 1991 überwiegend kurdisch bevölkert gewesen. Sogar in Bagdad leben ja eine Million Angehörige dieses zwischen diversen Staaten aufgespaltenen Volkes. Nach der Gründung der Republik von Ankara habe Atatürk Anspruch auf die beiden Vilayet Mossul und Kirkuk erhoben und sei 1922 erst durch die Briten zum Verzicht gezwungen worden. Im Umkreis von Kirkuk lebe jedoch seit Jahrhunderten eine ethnische Minderheit, die sogenannten Turkmenen oder Turkomanen, nur zwei Prozent der irakischen Gesamtbevölkerung, aber in dieser Region mit knapp einer halben Million präsent. Darauf könnten sich eventuelle Expansionsgelüste der türkischen Militärs stützen und unter Hinweis auf diese Stammesbrüder zu einem ähnlichen Überraschungsschlag ausholen wie seinerzeit zugunsten der türkischen Minorität auf Zypern. Saddam Hussein habe die Mehrzahl der in Kirkuk beheimateten Kurden in den vergangenen Jahren nach Norden vertrieben und ausgesiedelt, obwohl sein Vorgänger, General Baqr, die Stadt nach 1970 als Bestandteil eines kurdischen Autonomiegebietes anerkannt hatte. Der Anspruch der PUK auf diese Region und ihren Petroleumreichtum sei natürlich nicht erloschen.

»Warum sollten wir eigentlich nicht nach Bagdad marschieren, wenn uns die Amerikaner die nötige Garantie und Rückendeckung bieten?« mischt sich ein bislang schweigsamer Gast ein. Aber der Vorschlag findet wenig Zustimmung. Jeder weiß in Suleimaniyeh, daß sämtliche kurdischen Politiker – ob sie der PUK Jalal Talabanis oder der KDP Massud Barzanis nahestehen – von Beauftragten der CIA intensiv bedrängt werden, ihre abwartende Position aufzugeben und Rache an Saddam Hussein zu nehmen. Grund genug dafür gibt es ja. Seit 1975 sollen etwa 10 000 Kurden der irakischen Repression zum Opfer gefallen sein.

Der junge Suleiman ist offenbar fasziniert durch die sich anbahnende enge Kooperation zwischen den ehemaligen Todfeinden des Kalten Krieges. Amerikaner und Russen stünden gemeinsam in einer Front gegen den revolutionären Islam, doziert er; die Moskowiter sähen sich in der gesamten Region zwischen Kaukasus und Tadschikistan bedroht, die man früher einmal als den »weichen Unterleib der Sowjetunion« bezeichnet hatte. Die Yankees wiederum sähen sich im gesamten, weltumspannenden Gürtel des Dar-ul-Islam herausgefordert, mit Schwerpunkt Israel natürlich, ihrem engsten Verbündeten. Das Engagement in Afghanistan habe sie unweigerlich in diese Zone der Unberechenbarkeit hineingezogen.

Nun ist Suleimaniyeh wohl nicht der rechte Ort, um die Hintergründe orbitaler Kräfteverschiebungen zu analysieren. Wir befinden uns hier trotz aller Umgänglichkeit meiner Gastgeber am Rand einer extrem abgelegenen, lokalen Konfliktzone. Am späten Nachmittag hatte ich das Elendsviertel besichtigt, wo für die vertriebenen Kurden aus Kirkuk mit Hilfe von UNICEF und »Habitat« ärmliche Wellblechhütten errichtet wurden. Immerhin ist fast jede Behausung mit einer Satellitenschüssel ausgestattet, ein informativer Zugang zur Außenwelt, der im abgeriegelten Irak Saddam Husseins strikt verboten und unter schwere Strafe gestellt ist. Aus dem nördlichen Gebirge war kalter Sturm aufgekommen, der zahllose Plastiktüten hochwirbelte. Die Menschen wateten wie gehetzte Tiere durch den Schlamm. Die Frauen, denen weiße Gesichtstücher unter der schwarzen Abayah das Aussehen von Elstern verliehen, trieben ihre Kinder ins schützende Innere der Baracken. Plötzlich hatte sich Beklemmung und Angst über die öde Landschaft gelegt. Lediglich die grünen Kuppeln zweier funkelnagelneuer Moscheen, auf die ein fahler Lichtschein schien, ragten wie Trutzburgen der Zuversicht in die düsteren Wolken.

»Wie wird es denn ausgehen in Bagdad?« frage ich Saidi Ahmed Pira. Einer seiner Parteigenossen antwortet an seiner Stelle. »Wenn die Amerikaner versuchen, den geschlagenen Irakern eine politische Marionette aufzudrängen wie den Interimspräsidenten von Afghanistan, Hamed Karzai, dann werden sie böse Überraschungen erleben. Also werden sie versuchen, einen abtrünnigen irakischen General aufzutreiben. Diese Methode hat ja häufig funktioniert. In Washington versteht man sich auf Manipulationen der Nachfolge.« So sei der sterbende König Hussein von Jordanien, der sich schon im Koma befand, aus seiner Klinik in den USA überstürzt nach Amman transportiert worden, um mit Hilfe der halbamerikanischen Königin Nur den designierten Thronnachfolger Prinz Hassan, den Bruder Husseins, der im Verdacht des arabischen Patriotismus und islamischer Redlichkeit stand, durch den halbenglischen Sohn Abdullah auszubooten und diesen als »Malik« Abdullah II. zu inthronisieren. Ähnliches könne sich in Saudi-Arabien abspielen, wenn der jetzige Kronprinz Abdullah Ibn Abdulaziz, der für seinen Halbbruder, den gelähmten, handlungsunfähigen König Fahd die Regierungsgeschäfte führt, seinen dynastischen Anspruch geltend mache. Abdullah, der immerhin 75 Jahre alt ist, gilt bei seinen Untertanen als relativ unabhängiger, religiös motivierter Sachwalter der Herrschaft, und das genüge, um ihn in Washington in Mißkredit zu bringen. Ob der Allmacht

Amerikas im arabischen Raum überhaupt noch Grenzen gesetzt seien, das entscheide sich letztlich an den Flüssen Mesopotamiens, stellt Suleiman mit einem Unterton von Resignation fest.

Zum Abschluß unserer Debatte kommt noch eine heitere Note auf. »Kennen Sie den letzten Bagdader Witz?« fragt einer der Anwesenden. »Der amerikanische Vizepräsident Dick Cheney, ein notorischer Hardliner, kehrt nach seiner Orient-Tournee nach Washington zurück. Er hatte einen geheimen Emissär zu Saddam Hussein geschickt, um die dortige Stimmungslage zu erkunden. ›Wie verhalten sich die Iraker gegenüber unserer Forderung, die internationale Kommission für Waffenkontrolle wieder ins Land zu lassen und ihr dort bedingungslose Einsicht zu gewähren?‹ hatte George W. Bush gefragt. ›Die Antwort ist absolut negativ‹, erwiderte Cheney mit Nachdruck. ›Was hat Saddam Hussein denn gesagt?‹ fragt der Präsident weiter. – ›Er hat ‚Yes' gesagt.‹«

Erwähnt wird auch die Karikatur einer New Yorker Zeitung. Die Szene spielt sich in Bagdad ab. Neben einer Moschee, die mit dem üblichen Propagandaplakat Saddam Husseins beklebt ist, flüchten die Menschen in wilder Panik und suchen Schutz vor einem Geschwader amerikanischer Bombenflugzeuge. »Was kommt denn da auf uns zu?« fragt ein Kind seinen flüchtenden Vater. »Dort naht die ›Achse des Guten‹«, lautet die atemlose Antwort.

Wie es denn um den seit Jahrzehnten andauernden Konflikt zwischen der »Kurdischen Demokratischen Partei« Barzanis und der »Patriotischen Union Kurdistans« Talabanis bestellt sei, erkundige ich mich vor dem Aufbruch. Der »Außenminister« versichert, es sei eine positive Wende eingetreten. Von Verbrüderung könne zwar nicht die Rede sein, aber eine Normalisierung bahne sich an. Beide Seiten wüßten, daß sie sich in der gegenwärtigen Situation einen neuen Bruderzwist nicht leisten könnten. Es fänden sogar regelmäßige Begegnungen zwischen den beiden Führern statt. Ich hatte aus anderer Quelle erfahren, daß der amerikanische Nachrichtendienst, der an einer Aussöhnung zwischen PUK und KDP extrem interessiert ist, in diesem Sinne aktiv wurde. Wenige Wochen nach unserem Gespräch in Suleimaniyeh sollten sich sogar die beiden verfeindeten Kurdenchefs in Gegenwart hoher CIA-Beamter auf deutschem Boden treffen. Zu gemeinsamen Beschlüssen soll es dabei jedoch noch nicht gekommen sein.

In das modrige Gästezimmer des »Hotel Akshi« – das kurdische Wort für »Frieden« – zurückgekehrt, nehme ich meine Aufzeichnungen aus dem August 1997 zur Hand. Damals hatte ich dem Territorium Barzanis und seiner Stadt Dohuk eine kurze Visite abgestattet.

## »Schweinebucht« in Kurdistan

*Rückblende: Dohuk, im August 1997*

Jenseits von Mossul, der nördlichen Metropole des Irak, wurden die Dinge plötzlich kompliziert. Mein zuverlässiger Begleiter, der Arzt Saad Darwish, zweifelte, ob wir den Checkpoint der irakischen Armee passieren könnten. Wir schafften es dann doch, indem wir mit einem ersten Taxi bis zum äußersten Posten der Iraker fuhren. Der Grenzoffizier ließ mit sich reden, verlangte nur, daß wir unsere Pässe bei ihm hinterlegten. Wir mußten einen zweiten, klapprigen Mietwagen besteigen, um bis zur kurdischen Kontrolle zu gelangen. Von dort transportierte uns ein drittes Taxi in die Stadt Dohuk, unser Ziel.

Die Kurden der KDP hatten im Norden des Irak schon damals ein Stück Souveränität errungen. Sie konnten sich auf ein fest umrissenes Territorium stützen. Jedenfalls standen an der Schranke nach Dohuk kurdische Posten in der Peschmerga-Kluft. Sie musterten uns mit mehr Neugier als Mißtrauen. Da ich vergessen hatte, meinen Zweitpaß mit auf diese Reise zu nehmen, zeigte ich meinen Führerschein vor, und das genügte. Er sei »Yezide«, teilte mir der Behelfspolizist mit der Kalaschnikow freundlich mit, und zahlreiche seiner Familienangehörigen seien in Deutschland ansässig. Die Yeziden, eine kleine Geheimsekte, sind als »Teufelsanbeter« bekannt. Ihre Anhänger leben auch in Ost-Anatolien und im Kaukasus verstreut.

Die Straße zwischen Mossul und Dohuk führte am Saddam-Stausee vorbei. Sie war dicht befahren. Jede Form von Schmuggel spielte sich hier ab. Der Laderaum der riesigen Lastwagen war von den Transportfirmen zu quadratischen Kanistern umgebaut worden, um Erdöl aus Kirkuk an die Türkei zu liefern. Aus Anatolien gelangten Lebensmittel und alle nur denkbaren Gebrauchsartikel auf die irakischen Märkte. Die Kurden in der Gegend zwischen Dohuk, Zacho, Arbil und Salahuddin litten keine Not. Sie profitierten intensiv von dem halbillegalen Austausch, erhoben Transitgebühren und nahmen sich selbst, was sie brauchten. Der westliche Teil dieses zum Irak gehörenden Gebietsfetzens wird von der »Kurdischen Demokratischen Partei« kontrolliert, die dem Feudalherrn Massud Barzani untersteht. In Peschmerga-Uniform war der mächtige, wehrhafte Clan-Chef auf zahlreichen Plakaten abgebildet. Er lächelte freundlich und hielt die Kalaschnikow in der Hand.

Das autonome Territorium feierte gerade den 51. Jahrestag der KDP-Gründung. Anfangs hatte sie unter dem Befehl von Massuds Vater, Mustafa Barzani, gestanden, der religiöser sunnitischer Scheikh, Stammeshäuptling und sowjetischer General in einer Person war. Mustafa hatte sich nämlich vorübergehend in den Südkaukasus absetzen müssen und war dort auf Vorschlag des KGB befördert worden. Überall hatten die »Demokraten« ihre gelben Wimpel und Fähnchen aufgehängt. Transparente waren über die Hauptstraße von Dohuk gespannt. »Min ajli el salam«, entzifferte ich: »Für die Sache des Friedens«. Auch in Kurdistan war man um flagrante Lügen nicht verlegen.

Ich will nicht die extrem verworrenen Intrigen der diversen kurdischen Dissidenten und Separatisten schildern. Die Fronten und Loyalitäten wechselten ständig. Alles drehte sich hier stets um Geld und Verrat. Jalal Talabani, der kurdische Gegenspieler und Rivale Massud Barzanis, stand seit mindestens zwei Jahrzehnten im offenen Konflikt mit der KDP. Seine Einflußzone beschränkte sich neuerdings auf die östlichen und weniger einträglichen Gebiete im Umkreis von Suleymaniyeh und des Städtchens Halabja. Im Kontrast zur gelben Flagge Barzanis trat die PUK unter der grünen Farbe des Islam auf.

Felder von Sonnenblumen säumten unseren Weg nach Dohuk. Die Stadt am oberen Tigris war in normalen Zeiten ein belangloser Marktplatz von 60 000 Einwohnern. Aber in Krisenzeiten schwoll die Bevölkerung auf 300 000 Menschen an, wenn die türkische Armee nach Süden vordrang, um die marxistischen Partisanen der kurdischen Arbeiterpartei PKK des Kommandeurs Abdullah Öcalan, »Apo« genannt, zu jagen und zu liquidieren. Die meisten Männer im Straßenbild von Dohuk gingen in kurdischer Nationaltracht. Mir fielen blonde Kinder mit grünen Augen auf. Ein einziges Gebäude war während des Aufstandes zerstört worden, der hier nach dem Kuweit-Debakel Saddam Husseins von 1991 ausbrach, das Gefängnis des berüchtigten irakischen Mukhabarat. Die Läden waren prall gefüllt mit unterschiedlichstem Angebot, doch am Stadtrand duckten sich erbärmliche Flüchtlingslager. Wie diese Menschen es versäumten, am blühenden Handel und Tauschgeschäft teilzuhaben, und trotz des Überangebots an internationaler Hilfe im Elend verharrten, blieb mir schleierhaft. Die Europäische Union und vor allem Deutschland waren hier karitativ stark engagiert.

Doktor Darwish hatte einen alten Bekannten aufgesucht, einen reichen Kaufmann aus Mardin in der nahen Türkei, der elektronisches Gerät verkaufte und wohl auch andere diskrete Tauschaktionen tätigte. Dieser Kurde wirkte sehr bürgerlich und gesetzt, trug dunklen Anzug mit Krawatte. »Die Situation ist zur Zeit recht ruhig«, berichtete er, »die Transportkolonnen bewegen sich unbehindert in Richtung Zacho und werden auch jenseits der anatolischen Grenze nicht angegriffen. Das kann sich schlagartig ändern. Die Freischärler der Kurdischen Arbeiterpartei bewegen sich im Untergrund, aber sie sind noch überall präsent. Niemand weiß, wie bald die türkischen Panzer wieder nach Süden rollen. Bisher haben sich diese Säuberungsaktionen Ankaras auf die unmittelbare Nachbarschaft unserer Stadt beschränkt, doch wir müssen damit rechnen, daß auch Dohuk selbst in die Kampfhandlungen einbezogen wird.« Die Proteste aus Bagdad verhallten in Ankara ungehört. Kein türkischer General kümmerte sich im geringsten darum. Laut unserem Gewährsmann hatte jedoch die postkommunistische PKK ihren Zenit überschritten und verlor an Einfluß. Ihre ideologische Ausrichtung auf den Klassenkampf sei nicht mehr zeitgemäß. Wer etwas bewegen wolle in Kurdistan, der müsse am Ende auf irgendeine islamische Karte setzen. Zu jenem Zeitpunkt hatte die Entführung und Inhaftierung Öcalans, im Sommer 1999 durch den türkischen Geheimdienst, noch nicht stattgefunden.

Der Kaufmann aus Mardin zeigte sich sichtlich erheitert, als er über die blamable Fehlleistung berichtete, die sich die amerikanische CIA im Sommer 1996 geleistet hatte, ein »Flop«, der von der »International Herald Tribune« mit dem Fiasko John F. Kennedys in der Schweinebucht von Kuba verglichen wurde. »Provide Comfort – Beistand leisten«, so lautete der Plan des Pentagon. Den Kurden des Nord-Irak sollte ein fest umrissener Freiraum verschafft werden. Der Weltsicherheitsrat hatte die Zone jenseits des 36. Breitengrades für irakische Flugzeuge gesperrt. Nördlich von Mossul und Kirkuk nahm das bereits skizzierte autonome Kurden-Territorium Gestalt an.

Im Zeichen von »Provide Comfort« und »Northern Shield«, so hieß das andere Kennwort der US-Strategie, hatten alle nur denkbaren humanitären Hilfsvereine in dieser kurdischen Zwischenzone ihre Quartiere aufgeschlagen. Es waren etwa vierzig insgesamt, wenn man die NGOs mitzählt. Im Halbdunkel tummelten sich – wie früher einmal im indochinesischen Laos – die Tarngruppen der CIA. Systematisch verwandelten sie den strategischen Streifen zwischen Dohuk und Arbil in eine Drehscheibe geheimdienstlicher Tätigkeit, ja in eine Ausgangsbasis umstürzlerischer Komplotte gegen den verhaßten Despoten von Bagdad, den Überlebenden des Golfkriegs. Die Amerikaner hatten ihre Rechnung ohne die Wankelmütigkeit, die List, die Verschlagenheit ihrer neuen kurdischen Schützlinge gemacht. Als Massud Barzani gewahr wurde, daß die Hasardeure aus Langley ihn in eine höchst prekäre Situation manövrierten, suchte er in aller Heimlichkeit ein Auskommen mit Saddam Hussein. Mehr als eine weitgehende Autonomie konnte er ohnehin nicht für seine Landsleute herausschlagen. Als Gegenleistung würde die irakische Armee ihm einen großen Dienst erweisen, indem sie die Peschmerga seines Rivalen Talabani aus dem Verwaltungszentrum Arbil vertrieb.

Ende August 1996 drangen Verbände der »Republikanischen Garde« überraschend in Arbil ein. Etwa hundert notorische Gehilfen der CIA wurden auf der Stelle durch die Iraker erschossen. Die Soldaten aus Bagdad hielten sich nur ein paar Tage in Arbil auf. Sie übergaben die Kontrolle der Stadt an die KDP Massud Barzanis und rückten schleunigst nach Süden ab, um eine Konfliktausweitung zu vermeiden. Aus Langley war die Anweisung eingetroffen, sämtliche Kurden, die sich mit den amerikanischen Diensten allzu sichtbar eingelassen hatten und nun um ihr Leben fürchten mußten, zu »exfiltrieren«, wie es im Spezialjargon heißt. In einer Nacht-und-Nebelaktion wurden 5000 Kollaborateure von der US-Air Force ausgeflogen. Man beförderte dieses Strandgut des Golfkriegs – man höre und staune – auf die Insel Guam im Westpazifik. Ohne bei der UNO auch nur anzufragen, beschloß Präsident Clinton eine Strafaktion gegen den Irak. Die Schiffe der Fünften US-Flotte im Persischen Golf feuerten Marschflugkörper ab. Sie schlugen im Siedlungsgebiet der Schiiten ein und verfehlten meist ihre Ziele. »Um den Norden zu strafen, hat Clinton im Süden zugeschlagen«, hieß es seitdem in Dohuk. »Wer kann unter solchen Umständen noch Zutrauen zu den Amerikanern haben?«

In diesem Zusammenhang kann ich die Enthüllungen nicht auslassen, die der ehemalige Geheimdienstoffizier Robert Baer in seinem Buch »See no evil« – in deutscher Übersetzung unter dem Titel »Der Niedergang der CIA« erschienen – unlängst publik machte. Seine Schilderung der von ihm inszenierten Umsturzversuche, die mit Hilfe eines hochrangigen Überläufers der irakischen Armee, dann wieder mit der damals noch völlig unterentwickelten Peschmerga-Truppe Talabanis, im März 1995 stattfinden sollten und von seiner Zentrale in Langley ignoriert wurden, vermittelt einen erschreckenden Einblick in den Dilettantismus amerikanischer Spione und in den Zynismus ihrer Auftraggeber. Viel Menschenverachtung ist da im Spiel.

Da auch weiterhin als angeblich unverzichtbare Schlüsselfigur für alle gegen Saddam Hussein geschmiedeten Komplotte der Vorsitzende des »Irakischen Nationalkongresses«, Ahmed Chalabi, immer wieder genannt wird, lohnt es sich, die Beschreibung dieser schillernden Persönlichkeit durch Robert Baer, der engen Kontakt zu ihm pflegte, im Wortlaut wiederzugeben:

> »Chalabi stand dem Iraqi National Congress (INC) vor, dem oppositionellen irakischen Dachverband mit Sitz in Salah-ud-Din. Als ich ihm an einem schwülen Augustnachmittag des Jahres 1994 zum ersten Mal in Washington begegnete, konnte ich mir kaum jemanden vorstellen, dem ich weniger zugetraut hätte,

Saddam zu entmachten. Wie er so im eleganten Zweireiher mit italienischer 150-Dollar-Seidenkrawatte und handgearbeiteten Kalbslederschuhen durch die Lobby des Key Bridge Marriott stolzierte, sah er eher aus wie der erfolgreiche levantinische Banker, der er einmal gewesen war, denn wie jemand, der im Kommandantenstand eines Panzers in Bagdad einrollen würde. Klein und übergewichtig, legte seine Gestalt Zeugnis ab von den zahllosen ausgedehnten Geschäftsessen in den europäischen Restaurants der Spitzenklasse. Als wir uns die Hände schüttelten, stieg mir leichter Parfümduft in die Nase.

So unpassend Chalabis Erscheinung sein mochte, sein Werdegang ließ noch weniger hoffen, daß er eines schönen Tages einer erfolgreichen irakischen Opposition vorstehen würde. Zum einen gehörte er den Schiiten an, die den Irak noch nie regiert hatten und die es auch in absehbarer Zukunft nicht tun würden. Zudem war Chalabis Familie gezwungen gewesen, nach dem Sturz der haschemitischen Monarchie im Jahr 1958 aus dem Irak in den Libanon zu fliehen. Chalabi, seinerzeit acht Jahre alt, wuchs im Ausland auf und tauschte seinen irakischen Akzent gegen einen libanesischen ein. Einen weiteren Makel für seine Person bedeutete die Tatsache, daß er in den Vereinigten Staaten die Universität besucht hatte. In den Jahren dort, die ihm den Magister am Massachusetts Institute of Technology und den Doktortitel der University of Chicago mit einer Promotion zum Thema Zahlentheorie einbrachten, hatte er sich ein amerikanisch gefärbtes Englisch angeeignet. Wie sehr Chalabi sich auch als Iraker darzustellen bemühte, für seine ›Landsleute‹ war er ein Staatenloser im Exil. Und schließlich war im Jahr 1989 in Jordanien eine Bank pleite gegangen, die ihm gehörte, und viele hundert Kontoinhaber hatten ihre Einlagen verloren. Niemand wußte, wo das Geld geblieben war, und ein jordanisches Gericht verurteilte ihn in Abwesenheit wegen Veruntreuung.

Außerhalb des Irak mochte Chalabi als Verbrecher gelten, im Inland war er so gut wie unbekannt. Doch was ihm an Glaubwürdigkeit abging, machte er wett durch Intelligenz, Tatkraft und eine geübte politische Hand, lauter Qualitäten, die durch den Iraqi National Congress tagtäglich einer Prüfung unterzogen

wurden. Die Vertreter der Opposition, die den Congress stellten, glichen einem Haufen kampflustiger Streithähne: schiitische Geistliche, Beduinenfürsten, Angehörige des Königshauses, kommunistische Apparatschiks, ehemalige Militärbedienstete, abtrünnige Angehörige der Baath-Partei, kurdische Stammesführer, die einander nicht minder haßten als Saddam. Zu allem Übel hielt sich jeder einzelne von ihnen für weit qualifizierter als Chalabi, den Verein anzuführen.
Chalabi war 1992 auf einer Konferenz in Wien zum Präsidenten des INC gewählt worden und hatte es fertiggebracht, den Laden mehr oder weniger zusammenzuhalten. Zu dem Zeitpunkt allerdings, als ich ihm erstmals begegnete, war seine Autorität ernsthaft in Gefahr. Die einflußreichsten Schiiten-Gruppierungen waren in Teheran vor Anker gegangen, und dort galt Chalabi als schwanzwedelnder Schoßhund der CIA. Eine ernsthaftere Gefahr drohte von seiten des ›Iraqi National Acord‹, einer der wichtigsten Gruppen innerhalb des Kongresses. Ihre Mitglieder drohten unverhohlen, die Organisation zu verlassen, während sie gleichzeitig insgeheim versuchten, Chalabi zu stürzen. Anfang 1995 stand Chalabi nur noch einem kläglichen Überrest des vormaligen INC vor – den Kurden. Sollte Saddam im Norden einmarschieren, so würde Chalabi auch sie verlieren, von seiner eigenen Operationsbasis ganz zu schweigen. Mit größter Wahrscheinlichkeit würde er einmal mehr gezwungen sein, ins Exil zu gehen, und Chalabi wußte besser als jeder andere, daß Saddam bestimmt nicht von einem levantinischen Kaffeehaus-Revolutionär gestürzt werden könnte.«

Soweit die Beschreibung des CIA-Officers Robert Baer.

Bei meiner Erkundungsreise im Sommer 1997 litt ich an einer leichten Viruserkrankung. Die kahlen Höhen rings um Mossul erschienen mir in einem bedrohlichen Zwielicht. Wir schleppten uns – auch Saad Darwish war am Ende seiner Kräfte – zum chaldäischen Kloster des Antonianer-Ordens. Die Mönche mit ihren schwarzen Kutten erweckten den Eindruck, als seien sie von bösen Geistern geplagt. Dem modernisierten Monasterium war ein Knaben-Internat angeschlossen, und ein Geistlicher unterrichtete die aramäische Sprache, die Sprache Jesu. Ein buckliger Mönch belehrte mich, daß der Heilige Antonius, der als Namenspatron und Ordensgründer verehrt wird, im vierten Jahrhundert auf der Sinai-Halbinsel gelebt habe. Er überreichte mir eine Abbildung dieses Anachoreten, einen billigen Farbdruck, der mich zutiefst überraschte. Rund um den freundlich blickenden Antonius mit dem Rauschebart, der ein Vorläufer des Franz von Assisi gewesen sein mochte, waren alle möglichen Tiere der Schöpfung in friedlicher Harmonie versammelt. Darunter befanden sich an prominenter Stelle ein rosarotes Schwein und ein Hund, zwei animalische Gattungen also, die von den Koranglälubigen als »unrein« gemieden werden.

Bei dem Geistlichen hatte ich mich auch nach der seltsamen Sekte der Yeziden erkundigt, der »Teufelsanbeter«, wie sie gemeinhin genannt werden. Sie hatten in der gesamten Kurdenregion zahllose blutige Wirren und Verfolgungen überlebt. Viele von ihnen sind inzwischen ins westliche Ausland, vor allem auch in die norddeutsche Ortschaft Celle ausgewandert. Der Ausdruck »Teufelsanbeter« sei nicht wörtlich zu nehmen, so erfuhr ich, sondern es gehe dieser durch strenge Esoterik abgeschirmten Gemeinde darum, Luzifer und die Heerschar der gefallenen Engel mit dem großen Gotteslicht zu versöhnen. Ihre Vorstellungen nährten sich aus einem metaphysischen Dualismus, der auch die Lehren Zarathustras inspiriert und die Hebräer – während ihres babylonischen Exils – stärker beeinflußt habe, als es die Talmudisten wahrhaben wollten. Die Welt der guten und bösen Geister, der Engel und Dämonen, sowie gewisse Elemente der höllischen Verdammnis seien wohl aus dieser jüdischen Symbiose mit der mesopotamischen Geisteswelt hervorgegangen und an das Christentum, dann an den Islam weitergereicht worden. Die Yeziden, so erklärte der Pater, würden den »Herrn der Finsternis« nicht als Satan oder »Scheitan« bezeichnen und noch weniger dessen geflügelte Gefolgschaft als »Teufel«. Das ginge so weit, daß die Teufelsanbeter sich die Ohren verstopften, wenn im täglichen Gebetsritual der Muslime der »gesteinigte Satan – el scheitan el rajim« immer wieder geschmäht wird.

Bei unserer Weiterfahrt überkamen mich als Folge der leichten Erkrankung seltsame Halluzinationen, während wir am Rande von

Mossul den mächtigen Erdwällen folgten, die die assyrische Herrschaftsmetropole Niniveh umschlossen. Zwölf Kilometer lang waren diese Befestigungen, und ihre fünfzehn Tore waren fünfzehn verschiedenen Gottheiten geweiht. Teilweise hatte man die Mauern freigelegt und war dabei auf die berühmten Monumente mit geflügelten Stieren gestoßen. Die Ausschachtungsarbeiten waren weiterhin in Gang und wurden in der ersten Dämmerung von Scheinwerfern angestrahlt.

Wirkte das Gespräch über die Teufelsanbeter nach? Plötzlich drängten sich mir Szenen aus dem amerikanischen Gruselfilm »Der Exorzist« auf, dem ich seinerzeit mit amüsanter Spannung gefolgt war. Aber hier gewann dieses Spektakel eine ganz andere Dimension und Bedeutung. Rückblickend erschien mir die Anfangsszene des »Exorzisten« besonders einprägsam, und beim Blick auf Niniveh hatte ich sie schlagartig vor Augen: Der Archäologe, ein katholischer Priester, entdeckte bei seinen mesopotamischen Ausgrabungen das schreckenerregende Götzenbild des leibhaftigen Satans, das er zur Ausstellung in ein amerikanisches Provinzmuseum verschiffen ließ. Durch diese Freilegung des Bösen entfalteten sich die Kräfte der Unterwelt bis in jene harmlose amerikanische Middle-Class-Familie, wo ihm ein unschuldiges Mädchen zum Opfer fiel. Damit schlug die Stunde der unerschrockenen Teufelsaustreiber, der »Exorzisten«. – So fern war das ja alles nicht her. Noch in meinen Internatsjahren wurde uns die Abwehrformel gegen den großen Versucher beigebracht: »Vade retro Satana!«

*

An diesem kühlen Märztag 2002 gewinnen meine fünf Jahre alten Erinnerungen an Niniveh einen kuriosen, aktuellen Bezug. So wie der amerikanische Archäologe das Standbild des Teufels ausgegraben, in eine Ausstellungsgalerie seiner Heimat verpflanzt und damit den Spuk der Hölle, der Verdammnis in »God's own country« eingeschleppt hatte, so schien sich Amerika bei seinem Feldzug »Desert Storm« von 1991 in der mesopotamischen Umwelt lauernder Dämonen und verwirrter Propheten mit dem Virus des Bösen infiziert zu haben. Nach zehnjähriger Inkubation hatte diese

Ansteckung am 11. September 2001, am Tag der Katastrophe von Manhattan, als seuchenähnliche Terror-Psychose um sich gegriffen. Gegen die Anfechtungen der Unterwelt, so wußte man seit der Hinrichtung der »Hexen von Salem« durch die strengen Pilgerväter der ersten Pionierzeit, war die Neue Welt ja von Anfang an nicht gefeit gewesen. In Gestalt des heutigen Herrschers von Babylon, des wiedererstandenen Nebukadnezar des Irak, in Gestalt Saddam Husseins offenbarte sich – im diabolischen Reigen mit Osama Bin Laden und anderen Schurken – die jüngste Verkörperung des Bösen zum Schaden der »Freien Welt«.

»This man is evil« – mit diesen Worten hatte George W. Bush mit der Geste eines Teufelsaustreibers den Erzfeind geächtet und zur Exekution freigegeben. Mit seiner inquisitorischen Beschwörungs- und Verdammungsformel gab sich der Präsident der USA als politischer Exorzist zu erkennen.

# ISRAEL
# Verlorene Illusionen

## Aus Tauben werden Falken

*Tel Aviv und Jerusalem, im Juli 2002*

Der Himmel ist strahlend blau, und der Strand schimmert weiß. Das ist die schönste Aussicht – böse Zungen sagen, die einzig schöne Aussicht –, die Tel Aviv zu bieten hat. Die Mittagshitze hat die Jogger vertrieben, die in den Morgenstunden das Ufer belebten. Erst am späten Nachmittag würden sich Badegäste – überwiegend Kinder und Jugendliche – einfinden, um sich im flachen Salzwasser zu tummeln. Diese mediterrane Idylle wie auch die hektische Aktivität der Innenstadt Tel Avivs, die keine Pause kennt, deuten auf eine Normalität hin, die ich bei den sich überstürzenden Krisenmeldungen aus Israel nicht erwartet hatte.

Ich wende mich von meinem Aussichtsfenster im Dan-Hotel ab und schalte routinemäßig zur vollen Stunde den Fernsehapparat mit dem CNN-Programm ein. Auf dem Bildschirm leuchtet ein dikker Balken: »Breaking News«, und darüber sind Trümmer zu sehen, blutende, stöhnende Menschen, ein paar leblose Körper, die von Sanitätern eilig in Plastiksäcke gehüllt werden. Die Bombe ist in der Hebrew University von Jerusalem hochgegangen, teilt der Kommentator mit. Ich bestelle ein Mietauto, und wir fahren – das quirlige Verkehrsknäuel Tel Avivs hinter uns lassend – zu den Höhen Judäas hinauf.

Der israelische Taxifahrer bringt es mit beachtlicher Suada fertig, die Sicherheitssperren zu passieren, die den Ort des Unheils abschirmen. Etwa zwei Stunden sind seit dem Anschlag eines arabischen Selbstmordattentäters vergangen. Der Schauplatz des Terrors wirkt erstaunlich banal. Die Fernseh-Sequenzen, die auf Grund der ständigen Einsatzbereitschaft der Kamerateams unmittelbar nach der Mordtat gedreht wurden, vermittelten Blutlachen, geschockte Überlebende, Rabbiner, die den Boden nach Leichenfetzen absuchen. Doch blitzschnell hat eine routinemäßige, hoch professionelle Hilfs- und Aufräumaktion eingesetzt. Die Hebrew University imponiert durch ihre wuchtige Naturstein-Architektur. Die Kantine, wo sich die Tat ereignete, ist in einem Block der Juristischen Fakultät untergebracht, in einem Flügel, der die weithin lesbare Inschrift trägt: »Frank Sinatra International Student Center«. Der Spender wollte nicht anonym bleiben.

Die Sicherheitsbeamten sind kein bißchen nervös. Es habe sieben Tote und eine größere Zahl von Verletzten gegeben, berichtet ein junger Mann mit Kipa und Sturmgewehr. Handwerker sind dabei, die Selbstbedienungstresen abzustützen. Die zerfetzte Holzverschalung der Decke wird herausgerissen. Mein Fahrer David verweist auf ein paar dunkle Flecken auf dem Zementboden. »Das waren Blutlachen, die inzwischen abgewaschen wurden«, sagt er. Unter den Opfern befanden sich ein paar Ausländer. Jenseits der zersplitterten Glaswand, mit deren Reparatur auch schon begonnen wurde, erkenne ich die vertraute Gestalt des Israel-Reporters Jerrold Kessel von CNN. Er hat das Mikrofon in der Hand und beantwortet die Fragen einer Live-Sendung. Mit seinem zerfurchten Gesicht und dem weißen Vollbart würde sich der amerikanische Kollege für die Darstellung eines Propheten des Alten Testaments eignen.

Nie war die »Goldene Stadt« Jerusalem schöner als an diesem Abend. Immer wieder bin ich beeindruckt von dem mystischen Glanz, den die sinkende Sonne den Befestigungsmauern Suleimans des Prächtigen und dem Felsendom des Eroberer-Kalifen Omar verleiht. Die Straßen sind leer an diesem Tag der Trauer. Die meisten Geschäfte sind geschlossen zu einer Stunde, in der sich sonst die Einkäufer drängen. Lediglich ein paar bizarre schwarze Schatten bewegen sich in der Vereinsamung. Es sind orthodoxe Juden, und sie wirken in ihrer altmodischen Ghetto-Tracht wie Leichenbitter.

Ich bin mit Herrn und Frau Felsenstein zum Abendessen verabredet. Ihre Wohnung liegt in einer ruhigen Seitenstraße unweit des Hotels King David. Ich habe Erich Felsenstein nicht gefragt, in welchem Jahr er dem Rassenwahn Hitlers entkommen ist, aber mich überkommt ein Gefühl der Trauer beim Betreten des schmukken, anheimelnden Appartments, dessen Möblierung mich an das Deutschland meiner Kindheit erinnert. Die beiden Eheleute sind typische »Jecke«, wie man in Israel die Zuwanderer aus Berlin, Hamburg und Frankfurt nennt. Angeblich ist der Ausdruck von »Jacke« abgeleitet, die diese standesbewußten und soignierten Mitteleuropäer auch bei großer Hitze als Zeichen betonter Korrektheit anbehielten. Ida Felsenstein ist eine perfekte Dame geblieben in dem rauhen Land der »Kibbuznik« und Zeloten. Zu Fuß gehen wir zu einem italienischen Restaurant mit Ausblick auf die Altstadt. Wir sind die einzigen Gäste.

Die Familie Felsenstein ist mir durch gemeinsame jüdische Freunde in Berlin empfohlen worden. Der emeritierte Professor nimmt an regelmäßigen Runden eines »think tanks« teil, wie man das heute weltweit nennt, wo über die Zukunft Israels beraten wird. Ich nehme an, daß dieser liebenswürdige Gesprächspartner einmal zum liberalen Flügel gehört hatte, daß er der »Avoda«, der Arbeitspartei, nahestand. Vermutlich hatte er in einem Überschwang von Hoffnung das Abkommen von Oslo begrüßt und war über die Ermordung Itzhak Rabins erschüttert. Aber aus einer »Taube« ist heute ein »Hardliner« geworden, wie ich das bei fast allen Israeli feststellen kann, die sich noch vor fünf Jahren krampfhaft an die Utopie eines harmonischen Zusammenlebens mit den Arabern klammerten, ohne übrigens zu diesen »semitischen Vettern« je den geringsten gesellschaftlichen Kontakt gepflegt zu haben.

»Blicken Sie dort rüber auf das flache Dach hinter dem Haus mit roten Ziegeln«, fordert mich Felsenstein auf und deutet auf die Altstadt. »Dort leben Araber, und von dort aus kann jederzeit das Feuer auf uns eröffnet werden.« Er selbst, so versichert er, habe sich an die ständige Gefahr gewöhnt. »Schlimmer als der Holocaust kann es doch nicht werden, und dieses Mal schlagen wir zurück.« Seine Sympathien liegen eindeutig auf seiten Ariel Sharons. Von dem derzeitigen Außenminister Shimon Peres hat er noch nie viel gehalten. Ich erwähne gar nicht den Namen Jossi Beilin, jenen relativ jungen sozialistischen Abgeordneten und Exminister, der entscheidenden Anteil an dem Oslo-Kompromiß hatte und heute unbeirrt – als »Peacenik« beschimpft – den Ausgleich mit den Palästinensern sucht. Ich hatte Jossi Beilin zur Zeit der großen Friedenseuphorie im Haus Hubert Burdas in München kennengelernt und mich damals schon über seinen mangelnden Realitätssinn gewundert. Heute, so heißt es, wird er bei seinen unverzagten Vermittlungsbemühungen aus Berlin unterstützt.

Felsenstein überreicht mir zwei seiner jüngsten Veröffentlichungen. Die eine befaßt sich mit der derzeitigen »Verleumdungskampagne gegen den Judenstaat«, die andere stellt eine Beziehung her zwischen der passiven Haltung der niederländischen Blauhelme in Srebrenica, wo Tausende bosnischer Muslime erschossen wurden, und dem Massaker in den libanesischen Palästinenser-Lagern von Sabra und Schatila im Jahr 1982, wo Ariel Sharon den Mörderbanden des Kataeb-Chefs Elie Hobeiqa freie Hand ließ.

Die Unversöhnlichkeit dieses hochzivilisierten, ausgewogenen Mannes, seine Unfähigkeit, angesichts der eigenen Bedrohung durch fanatische Selbstmordattentäter auch die Leiden und Demütigungen der Palästinenser zur Kenntnis zu nehmen, verwundert mich. Natürlich befürwortet er die Beseitigung Saddam Husseins und den Krieg gegen den Irak. Er baut offenbar im ganzen Nahen und Mittleren Osten auf die Schaffung einer »Pax Americana«, gegründet auf militärische Überlegenheit und eine totale Umschichtung der dortigen Verhältnisse zugunsten des Judenstaats.

»Fragen Sie nicht nach einer Lösung in den Beziehungen zwischen Israeli und Arabern«, fährt er fort. »Es gibt keine. Bei der Behauptung, für alle Probleme dieser Welt müßte stets eine Lösung zu finden sein, handelt es sich um eine abendländische, aufklärerische Vorstellung, die im Orient keinen Sinn macht.« Es kommt wohl erschwerend hinzu, daß bei dem Gerede über eine Lösung bei den Überlebenden der »Shoa« die fürchterliche Reminiszenz der »Endlösung« mitschwingt. Der Ausrottungsplan Hitlers und Heydrichs hatte sein Ziel nicht erreicht, und am Ende stand die Gründung des Staates Israel.

Erich Felsenstein ist zutiefst davon überzeugt, daß nunmehr zwischen Jerusalem und Washington ein Trutz- und Schutzbündnis existiere, daß Präsident George W. Bush nicht die geringsten

Einwände gegen das »robuste« Vorgehen Ariel Sharons und der »Israeli Defense Force« in den Autonomiegebieten hegt, auch wenn er sich gelegentlich und mit Rücksicht auf die internationale Öffentlichkeit nuanciert für die Schaffung eines Palästinenser-Staates ausspreche. Dabei erinnere ich mich an ein Gespräch mit einem einflußreichen amerikanischen Senator der Republikanischen Partei, der mich schon vor fünf Jahren mit der »Enthüllung« überrascht hatte, die Außenpolitik, zumindest die Nahostpolitik Amerikas, werde in Jerusalem konzipiert. Er konnte eine solche Behauptung wohl nur wagen, weil er Träger eines angesehenen jüdischen Namens war.

Eines ist sicher, der Präsident der Vereinigten Staaten von Amerika stimmt seine strategischen Optionen aufs engste mit dem beinharten Ministerpräsidenten Sharon ab. Der Krieg gegen den Terrorismus, der zur Leitlinie amerikanischer Außenpolitik geworden ist, findet ja mehr noch als in der einmaligen Katastrophe des World Trade Center seine überzeugendste Rechtfertigung in den Bombenexplosionen, die den Judenstaat immer wieder heimsuchen. »Israel«, so beendet Felsenstein unseren politischen Austausch, bevor wir zur harmlosen Unterhaltung übergehen, »kann sich heute alles erlauben. Für uns geht es um Leben und Tod.« Der Verdacht kommt auf, daß das bislang streng verpönte, aus dem öffentlichen Diskurs sorgsam verbannte Projekt des »Transfers«, einer gewaltsamen Massenaustreibung der in Judäa und Samaria, also auf dem Westufer des Jordan lebenden Palästinenser, nunmehr für eine wachsende Anzahl bislang recht gemäßigter Israeli zum letzten plausiblen Ausweg aus der sich anbahnenden Katastrophe in Erwägung gezogen wird.

*

Die Dunkelheit hat sich gesenkt, als ich mit David nach Tel Aviv zurückfahre. Nur in schwachen Umrissen erkenne ich die Wracks der notdürftig gepanzerten Lastwagen und Traktoren am Straßenrand, die während des Gründungskrieges Israels im Jahr 1948 von den materiell überlegenen jordanischen Streitkräften zerschossen worden waren und seitdem als Mahnmale die Strecke säumen. Schon im Sommer 1951, also drei Jahre später, hatte ich die jordanische Kontrolle im geteilten Jerusalem passiert und war durch das Mandelbaum-Gate in den Judenstaat eingereist. Die Atmosphäre dieser entbehrungsreichen, exaltierten und wehrfreudigen Gründerjahre, die ich damals antraf, hatte ich in einer Zeitungsserie »Sparta im Heiligen Land« beschrieben. Der zweite Krieg, den Israel auf seiten Großbritanniens und Frankreichs im Herbst 1956 gegen den ägyptischen Rais Gamal Abdel Nasser führte, war zwar ein brillanter militärischer Erfolg. Die »Israelische Verteidigungskraft« – IDF oder »Zahal« in der Abkürzung – preschte in Rekordzeit zum Suez-Kanal vor, aber die Entente-Mächte wurden durch eine gemeinsame Einschüchterungsaktion Washingtons und Moskaus zurückgepfiffen.

Der wirkliche Triumph des Judenstaates über seine verbündeten arabischen Feinde war der Sechstage-Krieg von 1967, eine sensationelle Waffentat, die die Ägypter aus dem Sinai verjagte, die Syrer von den Golan-Höhen vertrieb und dem haschemitischen Königreich von Amman die Oberhoheit über Ost-Jerusalem und die West-Bank entriß. Da Jordanien nunmehr in ein Abhängigkeitsverhältnis gegenüber dem weit überlegenen jüdischen Nachbarn geriet, schien die Verheißung sich erfüllt zu haben, die der Gott Jahwe einst dem Stammvater Abraham gemacht hatte: »Deinen Nachkommen will ich das Land geben von dem Strom Ägyptens bis an den großen Strom Euphrat.« So überwältigend war die Vernichtung der Feinde Israels, daß viele bisher säkular eingestellte Zionisten zur Religiosität der Väter fanden und die Rückgewinnung des Moria-Berges, auf dem einst der Tempel Salomons geruht hatte, als einen Fingerzeig des Allmächtigen deuteten.

Vielleicht haben die sukzessiven Regierungen, die sich im wiedervereinigten Jerusalem ablösten, auf dem Höhepunkt ihrer Hegemonie über den Nahen Osten versäumt, die Palästinenserfrage in einem Sinne anzupacken, die den eigenen Interessen entsprochen und von den Unterworfenen halbwegs akzeptiert worden wäre. Eventuell – ich bin mir voll bewußt, daß diese eine zynische Hypothese ist – wäre im Jahr 1967 auch noch jener Transfer, die Vertreibung der Araber aus Judäa und Samaria – sie waren damals weniger als eine halbe Million – vorstellbar gewesen, die auf Grund des steilen demographischen Zuwachses der Palästinenser und einer kritischen internationalen Gemengelage heute nur unter der

Voraussetzung eines heillosen regionalen Chaos ernsthaft erwägt werden könnte, etwa dann, wenn Jordanien und der Irak vorübergehend ihre staatliche Existenz einbüßten.

Seit dem glorreichen Jahr 1967 ist es bergab gegangen mit der Allmacht Zahals und mit dem Ruf zionistischer Unbesiegbarkeit. Zwar bleibt die »Israeli Defense Force« die vielleicht beste Armee der Welt. Aber der Yom-Kippur-Krieg, die kombinierte Offensive der ägyptischen und syrischen Streitkräfte im Herbst 1973, hat es – auf Grund eines schier unerklärlichen Versagens des Nachrichtendienstes Mossad – den Divisionen Anwar es-Sadats erlaubt, die Bar-Lev-Linie am Suez-Kanal zu durchbrechen, während die Panzerspitzen des Syrers Hafez el-Assad bis tief nach Galiläa hineinstießen.

Ich hatte mich zu jener Zeit in Kairo aufgehalten und von dort aus beobachtet, wie der israelische Generalstab in einer ungeheuren Kraftanstrengung dann doch den Golan zurückeroberte, während die 3. Ägyptische Armee durch ein tollkühnes Einkesselungsmanöver des Generals Ariel Sharon am »Déversoir« bei Ismailia zur Kapitulation gezwungen wurde. Damals fragte man sich in der Nil-Metropole allen Ernstes, ob Zahal in Richtung Kairo vorrükken würde. Aber Sharon befand sich in der gleichen Situation wie sein britischer Vorgänger im Jahr 1956, als der Entente-Sieg über Nasser sich abzuzeichnen schien und der englische General sich die Frage stellte: »Falls ich wirklich in Kairo einmarschiere, was fange ich dann mit dieser Ballung von sechs Millionen Menschen an?« Ein ähnliches Dilemma stellt sich weiterhin den Israeli, wenn ihre Militärs darauf verweisen, daß die Straße in das nahe Damaskus ihnen fast ohne Gegenwehr offensteht. Wie sollen sie dann mit dieser wimmelnden Masse feindseliger Syrer verfahren?

Immerhin ist im Jahre 1976 der Friedensschluß zwischen Israel und Ägypten zustande gekommen, den Menachem Begin und Anwar es-Sadat zu Recht als diplomatischen Durchbruch feiern konnten. In den Augen der meisten Araber zählte die Verbrüderungsszene in der Knesset von Jerusalem jedoch weit weniger als die Tatsache, daß Israel nunmehr die Sinai-Halbinsel bis zum letzten Quadratmeter von Taba an die Ägypter zurückgeben mußte. Ein Mythos war zerbrochen. Präsident Sadat starb am 6. Oktober 1981 im Kugelhagel meuternder Offiziere.

Der wirkliche und irreparable Rückschlag für Zahal ereignete sich im Herbst 1982, als Regierungschef Begin dem Drängen seines Verteidigungsministers Ariel Sharon nachgab und seine Divisionen in Richtung Beirut in Bewegung setzte. Die Unterwerfung der kleinen Republik Libanon sollte den unaufhörlichen Nadelstichen der Fatah-Partisanen an der Nordgrenze Galiläas ein Ende setzen. Es ging auch um die Ausschaltung des verhaßten Verschwörers und »Terroristen« Yassir Arafat, der sich an der Spitze der »Organisation für die Befreiung Palästinas« ungeachtet aller Intrigen und Mordanschläge behauptete. Drei Tage vor der Offensive hatte ich mich noch in Ägypten befunden und im Wadi Natrun versucht, mich in die verkapselte Welt der koptischen Klöster einzufühlen. Die Nachricht vom Vordringen Zahals in das Zentrum von Beirut veranlaßte mich zum sofortigen Aufbruch nach Norden. Im Herzen Kairos bestieg ich beim Morgengrauen den Bus der israelischen Autobuslinie »Egged Tours«. Das Fahrzeug transportierte nur wenige Passagiere. Es wurde bis zur Sinai-Halbinsel von ägyptischer Polizei wachsam begleitet. Über die Grenzstation Rafah gelangte ich ohne Zwischenfälle nach Tel Aviv, mietete noch am gleichen Abend ein Taxi nach Jerusalem, um mir beim dortigen Informationsministerium eine Akkreditierung zu verschaffen, und rollte zu nächtlicher Stunde auf den neuen Kriegsschauplatz zu.

## »Und der Libanon weint«

*Rückblende: Beirut, im September 1982*

Hauptmann Schlomo gab sich durch sein rundes Käppchen, die Kipa, und seinen Vollbart als orthodoxer Jude zu erkennen. An der Grenze zwischen Israel und Libanon – wir bewegten uns längs der Küstenstraße nördlich von Akko – hatte es Schwierigkeiten gegeben. Stundenlang hatten wir im Kibbuz Gesher Haziv, einem blühenden Unternehmen aus der Pionierzeit des Zionismus, warten müssen, ehe uns die israelischen Presseoffiziere grünes Licht gaben. Am frühen Morgen hatte sich die Nachricht bestätigt, daß der neu gewählte libanesische Präsident Beschir Gemayel ermordet worden war, und unmittelbar darauf waren die israelischen Streitkräfte in West-Beirut eingedrungen. Schlomo lauschte jetzt unentwegt dem Autoradio. Das israelische Oberkommando hatte in dem von Zahal kontrollierten libanesischen Gebiet totale Ausgangssperre verhängt. Die Rundfunksprecherin aus Tel Aviv gab mit nervöser Stimme einen Bericht über die Lage in Beirut. Ich verstand nur ein einziges, alttestamentarisches Wort: »Tohuwabohu«. Das biblische Durcheinander des ersten Schöpfungstages war offenbar über Beirut hereingebrochen.

Jeder Zivilverkehr war im Libanon unterbunden. Nur Militärfahrzeuge der Israeli kamen uns entgegen. An den Kontrollpunkten von Zahal diskutierte Schlomo mit den Posten. Die Bevölkerung des Südlibanon versteckte sich in den Häusern. Wir hatten das Palästinenserlager von Raschidiyeh links liegenlassen und bewegten uns auf Tyr zu. Der Krieg hatte hier kein einziges Haus verschont. Jede Mauer war zumindest durch eine Maschinengewehrsalve gezeichnet. Die Außenbezirke von Tyr und Saida waren wie von einem Erdbeben heimgesucht. Automobilwracks säumten die Chaussee. »In dieser Gegend gibt es vereinzelte Snipers«, warnte Schlomo. »Ducken Sie sich, so tief Sie können, falls es zu einem Feuerüberfall der Terroristen kommt.« Die Spruchbänder, die noch den Wahlsieg des christlichen Präsidentschaftskandidaten Beschir Gemayel feierten, waren stellenweise mit Trauerflor umrandet. Über den Dörfern hingen weiße und schwarze Tücher. Immer wieder entdeckte ich dasselbe Propagandaplakat: Der Libanon war darauf wie eine verstümmelte Hand dargestellt, deren tropfender Zeigefinger auf ein Meer von Blut und auf ein Ruderboot wies, in dem Yassir Arafat – ein Messer zwischen den Zähnen – das Weite suchte. »Wa tabki Lubnan« stand auf dem Poster – »Und der Libanon weint.«

Die Leichen und Verwundeten des Krieges waren fortgeräumt worden, aber ein paar verwesende Hunde lagen noch am Wegrand. Die trostlose Leere lastete auf uns. Mit feierlicher Betonung holte Schlomo zu einem hebräischen Zitat aus. Er übersetzte mir die Klage des Propheten Jesaja: »Die Sendboten des Friedens weinen bitterlich; die Straßen sind verwaist; alle Menschen sind von den Pfaden verschwunden; die Erde trauert und stöhnt; der

Libanon ist zutiefst verwirrt und durch schwarze Flecken entstellt …«

Bevor wir Beirut erreichten, bogen wir nach Osten ins Vorgebirge ab. Die Dörfer waren hier überwiegend christlich. Die libanesische Zeder war überall als Symbol neu erhoffter Souveränität gehißt. Die Fahnen wehten auf halbmast. Ein paar Frauen standen an der Türschwelle. Neben den israelischen Militärs, die in voller Kampfmontur steckten, erkannte ich Milizionäre der christlichen Kataeb. In der Ausrüstung und Bewaffnung glichen sie den Soldaten von Zahal. Unweit des Präsidentenpalastes von Baabda war das israelische Pressezentrum installiert. Die Formalitäten waren kurz. Schlomo begleitete mich noch bis Aschrafieh, der maronitischen Hochburg in Ost-Beirut. Das Hotel »Alexandre« war fest in phalangistischer Hand und mit Journalisten überfüllt. Ich hatte Mühe, die Empfangsdame auf mich aufmerksam zu machen und einen Kofferträger zu finden. Das gesamte Hotelpersonal saß mit tränenüberströmten Gesichtern vor dem Fernsehapparat und verfolgte auf dem Schirm die feierliche Bestattung Beschir Gemayels in dessen Heimatdorf Bikfaya. Knapp 24 Stunden nach seinem Tod wurde der gewählte Präsident zu Grabe getragen.

Ich trat auf die Terrasse hinaus. Zu meinen Füßen lag Beirut. Seit wir uns der Hauptstadt genähert hatten, waren die Explosionen und Einschläge nicht verstummt. Im Westsektor wurde weiter gekämpft. Die israelischen Sturm-Commandos durchkämmten einen Straßenzug nach dem anderen. Der Widerstand war sporadisch. Nur ein paar halbwüchsige »Murabitun« oder verzweifelte Kommunisten feuerten noch ihre Kalaschnikows und Bazookas auf die vorrückenden Panzerkolonnen ab. Sie taten das eilig, fast ohne zu zielen, und flüchteten dann in den nächsten Wohnblock. Die Israeli gingen kein Risiko ein. Sie wollten die eigenen Verluste niedrighalten. Die schweren Tankgranaten rissen gewaltige Löcher in die Etagenhäuser, wo die Zivilbevölkerung – im Keller zusammengedrängt – das Ende des Alptraums herbeisehnte. Das Hotel »Alexandre« erhob sich wie ein Feldherrenhügel über der levantinischen Metropole. Rauchwolken verdunkelten den strahlenden Abendhimmel. Die gewaltigen Erschütterungen dröhnten bis Aschrafieh, wenn ein Munitionsdepot hochging. Nach Einbruch der Dunkelheit wurden die Westviertel taghell angestrahlt. Die Leuchtraketen pendelten an Fallschirmen langsam herunter.

Am nächsten Morgen verhielten sich die Presseoffiziere in Baabda abweisend und gereizt. Zum ersten Mal seit Gründung des Judenstaates war eine weltweite, feindselige Kampagne gegen die Kriegführung von Zahal in Gang gekommen. Die endlose Belagerung und Beschießung von Beirut – der erste TV-Krieg seit Vietnam – wirkte sich verheerend auf das Prestige Israels aus. Es bedurfte heftiger Reklamationen, ehe unser Kamerateam mitsamt dem drusischen Chauffeur Wajih und seiner libanesischen Limousine zur Begleitung der vorrückenden Truppe zugelassen wurden. Der Hauptmann Israel Schwartz wurde uns als Betreuer zugewiesen. In rasender Fahrt ging es nach einem Umweg über Sin-el-Fil zum Hafen. Hier standen die Panzer in Bereitschaft. Die dröhnende Kolonne setzte sich in Bewegung. Israel Schwartz legte die kugelsichere Weste an, rückte den Stahlhelm zurecht und entsicherte die Uzi-Maschinenpistole.

Die gespenstische Trümmerwelt des alten Stadtzentrums von Beirut nahm uns auf. Die israelischen Infanteristen, wachsam wie Großwildjäger, schwärmten aus. Die Tanks ließen ihre Kanonenrohre schwenken. Für unsere Limousine war die aufgewühlte Chaussee stellenweise kaum passierbar. Wir drangen in das Viertel Bab-el-Driss vor. In der Ferne hallten Detonationen und Schüsse. Die Place de l'Etoile – menschenleer und wüst – ließen wir links liegen. »Das ist die Avenue Georges Picot«, kommentierte Wajih, aber mir erschien diese wohlbekannte Geschäftsstraße wie die Landschaft eines fremden Sterns. Wir näherten uns der Strandpromenade, der Avenue des Français, mit dem früheren Vergnügungszentrum. Hier hatten sich bereits Squatter einquartiert, meist Schiiten aus dem Süden, wie die Maueranschläge mit dem Bild Khomeinis und Musa Sadrs zu erkennen gaben. Die Leute kamen vorsichtig aus ihren vergitterten Läden und Kellern heraus, gewöhnten sich schnell an die bewaffnete jüdische Präsenz. Das von Trümmern übersäte Gassengewirr weitete sich zum befreienden Ausblick aufs Mittelmeer. Wir hatten die im Bürgerkrieg heißumkämpfte Gegend der großen Luxushotels – »Phénicia«, »Holiday Inn«, »Saint-Georges« – erreicht. Die Zangenbewegung stand vor ihrem erfolgreichen Abschluß.

Vor dem Nasser-Denkmal, das den ägyptischen Rais im Straßenanzug auf dem Hintergrund einer Pyramide darstellte, lagerten die erschöpften Soldaten Zahals, ohne dem Standbild des Ägypters auch nur einen Blick zu schenken. Sie trugen schwer – oft zwanzig bis dreißig Kilo – an ihren Funkgeräten, Bazookas, Granatwerfern und Munitionsbehältern. Ich sah sie mir genau an, die Soldaten Israels, diese modernen Makkabäer. Der orientalische Typus der Sephardim war bei der Truppe stark vertreten. Was berührte mich so eigenartig an diesen jungen Kriegern? War es die plötzliche Disziplin, die straffe Befehlsgewalt, die raubtierähnliche Sicherheit der Kampfreflexe, die sich der in Etappe oder Ruhestellung recht verlottert wirkenden Truppe bemächtigte, sobald Gefahr und Tod in Erscheinung traten? Was hielt diese unterschiedlichen Männer, diese fast chaotischen Individualisten, die ihre Vorgesetzten ausnahmslos mit dem Vornamen anredeten, so straff zusammen? Sie wirkten aufeinander eingeschworen. Jede Panzermannschaft kannte sich auch im Privatleben. Die Commando-Spezialisten waren zur Brüderlichkeit verurteilt. Ein Gefallener wurde beklagt wie ein Verwandter. Zahal, so entdeckte ich auf der Küstenpromenade, der Corniche von Beirut, verkörperte einen tribalistischen Schmelztiegel, eine intime Stammesgemeinschaft, die bei aller Supertechnologie ihrer Waffensysteme in die Frühgeschichte der Menschheit, in die Legende der Philister-Kriege verwies. Jeder Außenstehende war ein Fremder, fast schon ein Feind.

Vom Leuchtturm aus Richtung Ras Beirut walzte ein Rudel dröhnender Ungetüme heran, Merkeva-Panzer mit dem unförmigen Stahlbauch. Der Merkeva hatte sich allen sowjetischen Modellen als glatt überlegen erwiesen. Vor der DDR-Botschaft vereinigten sich die beiden Kolonnen. West-Beirut war endgültig umklammert, der Kampf faktisch beendet. Die Israeli installierten sich im Hauptquartier der »Sozialistisch-Fortschrittlichen Partei« des Drusen-Fürsten Walid Dschumblat. Es war hoher Mittag. Vom Minarett der Moschee Ain-el-Mreisse, die dem Hotel »Saint-Georges« schräg gegenüberliegt, ertönte der Ruf des Muezzin: »Allahu akbar! – Gott ist größer!« Die verzweifelte Beteuerung ging im Rasseln und Scheppern der israelischen Panzerfahrzeuge unter.

*

Drei Tage später brach ich mit Wajih gegen zehn Uhr vormittags nach Fakahani, der früheren Hochburg der PLO, mitten in Beirut auf. Immer wieder wurden wir von israelischen Streifen kontrolliert. In Fakahani hatte die israelische Luftwaffe mit bemerkenswerter Zielsicherheit zugeschlagen. Durch einen einzigen Volltreffer waren achtstöckige Betongebäude platt gewalzt worden. Bei der Arabischen Universität waren die Verwüstungen am schlimmsten, aber durchaus nicht wahllos. Die Häuser, in denen wir Yassir Arafat und George Habbash, dem Führer der marxistisch geprägten Demokratischen Freiheitsfront, begegnet waren, existierten nicht mehr. Es sah nach Stalingrad aus. Seltsamerweise hatte sich hier – in Blickweite israelischer Panzerkonvois, die ruhelos das Gebiet absicherten – eine kleine Gruppe muselmanischer Zivilisten festgekrallt. Sie waren schon dabei, den gröbsten Schutt aus ihren Wohnungen zu entfernen. Ein Knabe ging mit weißer Fahne zwischen den Schutthalden spazieren, ein pathetisches Bild. Eine aufgeregte, grundlos lachende Frau überschüttete uns mit Reiskörnern, als ob wir Sieger oder Befreier wären. Wajih drängte mich beschwörend, weiterzufahren, einen kurzen Abstecher in das nahe Palästinenserlager Sabra zu unternehmen.

Auf dem Weg zum Camp rasten mit heulenden Sirenen und flackerndem Rotlicht ein Dutzend Ambulanzen an uns vorbei. Zu Fuß erreichten wir die einstöckigen Häuserzeilen von Sabra, und mit einem Blick spürte ich, daß etwas Ungewöhnliches, Schreckliches passiert sein mußte. Es waren keine Menschen zu sehen. Die Wohnungen waren aufgebrochen. Die Mittagssonne lag wie ein gnadenloser Scheinwerfer auf den verlassenen Hütten. Jetzt witterte ich den Geruch, den süßlich penetranten Gestank, der mir von Vietnam so vertraut war. Dann sah ich die ersten zwei Leichen liegen. Es waren sechzig- bis siebzigjährige Männer, denen die Schüsse klaffende Löcher ins Gesicht gerissen hatten. Wir stolperten fast über eine andere Gruppe Toter, die in der Bauchgegend durch eine Feuergarbe zerfetzt waren. Sie waren über und über mit Fliegen bedeckt. Das breite, gutmütige Gesicht Wajihs war versteinert. Unser Kameramann Michael wurde bleich. Er nahm die Kamera herunter. »Ich kann nicht weiterfilmen, mir ist übel«, sagte er tonlos. Ein Greis winkte uns weiter. »Go!« raunte er uns zu, »look!« Eine schreiende Frau wollte unsere Führung übernehmen. In den Häusern seien ganze Familien ausgerottet. Babys lägen dort bei ihren Müttern. Ihr Klagen ging in Schluchzen und Wimmern über. Am Ende der Gasse waren sie aufgehäuft, fünfzehn oder zwanzig Palästinenser. Man hatte sie buchstäblich an die Wand gestellt. Nun versperrten die Toten fast den Durchgang. Im Gegensatz zu den anderen Leichen waren sie von der Hitze noch nicht entstellt. Ihre Hinrichtung mußte in den frühen Morgenstunden stattgefunden haben. Wir sind dann nicht weiter nach Sabra hineingegangen, sondern kehrten nach Aschrafieh zurück. Ich legte keinen Wert darauf, Hunderte von Filmmetern mit ermordeten Zivilisten zu sammeln.

Über die Massaker von Sabra und Schatila kann ich folgende Aussage machen: Israelische Soldaten waren mit Sicherheit nicht unmittelbar an dem Gemetzel beteiligt. Sie hatten bewaffnete Christen – maronitische Phalangisten, die wie Wölfe aus dem Gebirge gekommen waren – in die Lager der Palästinenser hineingelassen. Die Israeli mußten dort mit letzter Gegenwehr und eigenen Verlusten rechnen. Deshalb hatten sie die Kataeb vorgeschickt. Es gab genügend maronitische Freischärler im Libanon, deren Familien von den Muselmanen und Palästinensern umgebracht worden waren. In den langen Jahren des Bürgerkriegs hatten Verrohung und Haß wie eine Seuche um sich gegriffen. Immer und überall finden sich Freiwillige, wenn es ums Abschlachten von Wehrlosen geht. Die Mörder sind wohl ohne präzise Weisungen in Sabra und Schatila eingedrungen. Die Israeli mußten dennoch voll auf dem laufenden gewesen sein. In West-Beirut bewegte sich kein Kamerateam, geschweige denn eine Rotte Bewaffneter ohne Genehmigung, ja ohne Order von Zahal. Irgendwelche israelische Befehlsstellen haben die Dreckarbeit anderen überlassen oder zuschieben wollen. Spätestens nach zwei oder drei Stunden, als die Schießerei in den Camps kein Ende nahm, hätte die IDF nach dem Rechten sehen und eingreifen müssen. Statt dessen verharrten die Israeli in knapp zweihundert Meter Distanz und warteten 36 Stunden, ehe sie der Agonie ein Ende setzten. Der jüdische Staat war in Beirut der grausigen Logik der Partisanenbekämpfung erlegen.

Warum sind in Damaskus, Kairo, in Amman und Bagdad die Massen damals nicht auf die Straßen geströmt, um die »zionistische Untat« anzuprangern? Dafür gibt es nur eine beschämende Erklärung. Die jeweiligen Regierungen und Machthaber hatten Angst vor jeder Volkskundgebung großen Stils, die sehr schnell ihrer Regie entgleiten und sich wie eine Sturmflut gegen die eigenen Potentaten richten konnte. Um so beeindruckter, ja geradezu sprachlos nahm die arabische Öffentlichkeit zur Kenntnis, daß sich in Tel Aviv viele Tausende Juden versammelten, um das Versagen, die Schuld der eigenen Führung anzuklagen. Verteidigungsminister Ariel Sharon mußte seinen Abschied nehmen.

Der unmittelbar verantwortliche Anführer der Mörderhorden, die über Sabra und Schatila hergefallen waren, der Phalangisten-Kommandeur Elie Hobeiqa, ein pathologischer Killer, wurde für sein Verbrechen nicht zur Rechenschaft gezogen, geschweige denn verurteilt. Er verstand es rechtzeitig, die Komplizenschaft mit den israelischen Eroberern abzuschütteln und sich bei den Syrern anzubiedern, die in der Auswahl der ihnen ergebenen Lakaien nicht wählerisch waren. Mit dem Segen von Damaskus fungierte Hobeiqa später sogar im libanesischen Kabinett Hariri als Minister für Wasser- und Elektrizitätsversorgung. So sah also die »Friedensordnung« von Beirut aus.

Erst zwanzig Jahre später wurde dieser Kataeb-Führer doch noch von der Vergeltung eingeholt. Als Ministerpräsident Sharon wegen Sabra und Schatila von einer obskuren belgischen Justiz-Instanz zur Rechenschaft gezogen und als »Kriegsverbrecher« angeklagt werden sollte, erhielt auch Elie Hobeiqa die Aufforderung, zur Zeugenaussage nach Brüssel zu kommen. Noch ehe er den Flug in die belgische Hauptstadt antrat, wurde er in Beirut von einem Scharfschützen abgeknallt. Der Täter wird wohl nie identifiziert werden.

# »Die Nacht des Schicksals«

*Tel Aviv, im Juli 2002*

Wir nähern uns dem Lichtermeer von Tel Aviv. Vor ein paar Jahren sind im Stadtzentrum riesige Wolkenkratzer hochgezogen worden, die den dunklen Himmel zerschneiden. Seit dem 11. September ist den Israeli nicht ganz wohl beim Betrachten dieser Ungetüme. Die orthodoxen Juden stellten von Anfang an den Vergleich mit dem frevlerischen Turmbau zu Babel an. Während das Taxi die industriellen Vororte erreicht, wo die hinter strahlenden Glas- und Chromfassaden residierenden Unternehmen der New Technology in den Strudel der weltweiten Börsenspekulation hineingerissen wurden, nehme ich in Gedanken die Chronik des Rückzugs wieder auf.

Der Libanon hatte dem Judenstaat nur Unheil gebracht, und Ariel Sharon trägt zweifellos schwere Schuld an einer Serie politischer Fehlentscheidungen, die törichter nicht sein konnten. Von den Schiiten, die zwischen Tyr und Süd-Beirut die Bevölkerungsmehrheit bilden, waren die Soldaten Zahals anfänglich recht freundlich begrüßt worden. Die palästinensischen Freischärler Yassir Arafats hatten sich während des Bürgerkriegs in dieser Küstenzone breitgemacht. Sie führten sich in »Fatah-Land« als überhebliche Besatzer und Plünderer auf. Mit ihren Katjuscha-Attacken auf jüdische Dörfer Galiläas und dilettantischen Infiltrationsversuchen, die stets fehlschlugen, hatten die PLO-Kämpfer immer wieder Strafaktionen der israelischen Luftwaffe ausgelöst, und deren Bomben gingen überwiegend in den Dörfern der Schiiten nieder. Es hatte sich viel Haß angestaut zwischen den Anhängern der »Partei Alis«, die sich militärisch zu formieren begann, und den palästinensischen »Fedayin«, deren Übergriffe und großmäulige Propaganda unerträglich wurden. Doch ein paar Wochen israelischer Truppenpräsenz sollten bewirken, daß die Stimmung radikal umschlug und die Schiiten zu den unerbittlichsten Feinden der Zionisten wurden.

Nach der Besetzung Beiruts im Herbst 1982 hatte Ariel Sharon es fertiggebracht, die einzig taugliche Fraktion, die sich in der konfessionell zersplitterten Zedern-Republik zur Zusammenarbeit mit dem Judenstaat bereitfand, die »Taifa« der christlichen Maroniten, durch überzogene Forderungen, durch Bestehen auf Unterwerfungsgesten zu verprellen. Als der junge Staatspräsident des Libanon, der charismatische und energische Maronitenführer Beschir Gemayel, auf das Friedensdiktat Menachem Begins nicht nur als christlicher Libanese, sondern auch als selbstbewußter Patriot reagierte, fiel er bei den israelischen Besatzern in Ungnade. Gemayel wurde Opfer eines Sprengstoffattentats, das vermutlich auf das Konto einer orthodox-christlichen, aber prosyrischen Fraktion im libanesischen Parteien- und Konfessionspuzzle ging, von vielen Christen jedoch den Israeli angelastet wurde.

Schließlich fiel dem Oberkommando von Zahal nichts Besseres ein, als ihre potentiellen Alliierten, Maroniten und Drusen – letztere gehören einer dem Islam verwandten Geheimsekte an –, gegeneinander auszuspielen und einen zusätzlichen Konflikt anzuzetteln. Unterdessen war die Situation im Ruinenfeld von Beirut auch für die Eroberer so desolat und riskant geworden, daß eine internationale Friedenstruppe, »Multilateral Force« genannt, mit starken amerikanischen und französischen Kontingenten an Land ging, um den immer noch schwelenden Bürgerkrieg einzudämmen und die Evakuierung der geschlagenen Palästinenser-Milizen ins arabische Ausland abzusichern, während die Israeli sich auf den Süd-Libanon mit Schwerpunkt um den Hafen Saida zurückzogen. Von nun an gab es keine Spur von Gemeinsamkeit oder Sympathie mehr zwischen den starrköpfigen Maroniten, die sich der katholischen Kirche zurechnen, und den militärischen Repräsentanten des Judenstaates.

*

Ich hatte mich im Frühjahr 1983 auf die Suche nach einem gewissen Hussein Mussawi gemacht, der mir in Beirut als geistlicher und militärischer Führer eines »Märtyrer-Trupps« schiitischer Extremisten benannt worden war. Das Hauptquartier der unerbittlichen »Gotteskrieger« hatte sich in Baalbek etabliert. Diese überwiegend schiitische Stadt der Bekaa-Hochebene, deren Kolossalruinen von römischer Pracht und Macht künden, war voll in den Taumel der Khomeini-Revolution geraten. Der greise Ayatollah blickte mit strengem Blick von sämtlichen Mauern. Andere Häuserwände in Baalbek waren mit bluttriefenden Märtyrerszenen und dem Todesreigen schwarz vermummter Frauen bemalt. Für einen Ausländer war dies ein höchst gefährlicher Platz. Schiitische Freischärler, mit Schnellfeuergewehren, Handgranaten und Panzerfäusten behängt, vermuteten in jedem Fremden einen CIA-Spion. In einem hochgelegenen Gebäude hatte sich ein Trupp von etwa hundert iranischen Revolutionswächtern einquartiert. Die Pasdaran verbreiteten ein dumpfes Gefühl der Furcht.

Der Befehlsstand Mussawis war schnell gefunden. Die Ziegelmauer ringsum war mit den Namen der Zwölf heiligen Imame beschriftet. Feindselige Ablehnung schlug unserem Kamerateam entgegen, als wir eintraten. Die Haltung der stoppelbärtigen, bleichgesichtigen jungen Männer entkrampfte sich erst, als ich mein bewährtes »Sesam öffne dich« herausholte, jene Fotografie, die mich an der Seite des Ayatollah Khomeini zeigt. »Hussein Mussawi ist abwesend«, wurde ich vertröstet. Wir sollten uns gedulden. Unterdessen befahl ein etwa vierzigjähriger Mann, dessen merkwürdig durchdringender Blick mir auffiel, daß man uns Reis und Hammelfleisch serviere. Ich wurde nach der Lage in Beirut ausgefragt. In den Augen dieser fanatischen Muslime waren die US-Marines und französischen Paras in die Fußstapfen der Kreuzzügler getreten. Das Gespräch zog sich schleppend hin, als ganz unvermittelt der Mann mit dem bohrenden Blick erklärte: »Ich bin Hussein Mussawi. Von nun an befinden Sie sich unter meinem Schutz.«

An jenem Tag ahnte ich nicht, daß der eine oder andere unserer Gastgeber bereits mit dem Leben abgeschlossen hatte. Sie waren es nämlich, die im Oktober 1983 ihre mit Sprengstoff vollgepfropften Lastwagen in die amerikanischen und französischen Quartiere in Beirut steuerten und sich als »Schuhada« mitsamt ihrer tödlichen Ladung in die Luft jagten.

242 US-Marines und 68 französische Paras wurden unter den Trümmern ihrer Unterkünfte begraben. Nun gab es kein Halten mehr. Amerikaner und Franzosen traten den Rückzug auf ihre Schiffe an. Als einzige Repressalie feuerte die US-Navy ihre mächtigen Schiffsgranaten auf ein paar verdächtige Schiiten-Dörfer der

Bekaa ab. Die Israeli wurden in Saida auf ähnliche Weise heimgesucht. Auch ihnen fügten die schiitischen Attentäter schwere Verluste zu, so daß Zahal sich von nun an darauf beschränkte, einen zehn bis zwanzig Kilometer breiten Gürtel auf libanesischem Staatsgebiet zur Sicherheitszone für Galiläa auszubauen. Die führende Weltmacht USA, so notierte ich vor zwanzig Jahren, hatte nach Vietnam ihre Strategie darauf ausgerichtet, die eigenen Verluste extrem niedrigzuhalten. Seit die Forderung »to save American life« und die Weisung »no dead« zur obersten Maxime ihrer Kriegsführung erhoben wurde, waren die USA extrem anfällig gegenüber terroristischen Anschlägen geworden. Die Zeit der Generale Patton und MacArthur, die hohe Verluste ihrer GIs in Kauf nahmen, um kriegerischen Ruhm zu ernten, gehörte der Vergangenheit an.

Schon 1983 schrieb ich: »Im gesamten Orient wird es dem Weißen Haus schwerfallen, eine Pax Americana imperialen Ausmaßes fest zu etablieren, solange ihnen keine Legionäre zur Verfügung stehen, die sich ›römischer Tugenden‹ rühmen. Hier befindet sich zweifellos ein Schwachpunkt dieses Kolosses, der ansonsten vor Selbstbewußtsein strotzt. Sogar die Israeli scheinen – spätestens seit ihrem Libanon-Abenteuer – aufgehört zu haben, das Sterben für das Vaterland als ›dulce et decorum‹ zu preisen. Sie können sich auf Grund ihrer geringen Bevölkerungszahl von fünf Millionen einfach keine hohen Mannschaftsverluste leisten.« Niemand hätte sich damals vorstellen können, daß einige Jahre später die Praxis des selbstmörderischen Kamikaze-Anschlages auch von jungen palästinensischen Eiferern übernommen würde, um in den Straßen von Tel Aviv und Jerusalem Panik zu säen. Diese Form der Aufopferung, die der schiitischen Todesfaszination stets innewohnte, war den Korangläubigen der Sunna bisher fremd gewesen und entsprach nicht deren theologischen Richtlinien.

Immerhin konnte Zahal mit Genugtuung zur Kenntnis nehmen, daß Yassir Arafat, der schließlich in den palästinensischen Flüchtlingslagern rund um den nordlibanesischen Hafen Tripoli durch syrische Truppen seines Intimfeindes Hafez el-Assad belagert wurde, im Dezember 1983 mit viertausend seiner Gefolgsleute auf französischen und amerikanischen Transportern nach Tunis ins Exil verfrachtet wurde. In Tunesien hätte der PLO-Chef möglicherweise seine politische Karriere und sogar sein Leben beendet, wenn nicht neun Jahre später Geheimverhandlungen mit Itzhak Rabin und Shimon Peres aufgenommen worden wären. An deren Ende stand das Autonomie-Abkommen von Oslo, das es diesem Todfeind des Zionismus am 1. Juli 1994 erlaubte, in der Pose des Triumphators seine Heimkehr nach Gaza zu zelebrieren.

Was hatte den Vorsitzenden der Arbeitspartei, Itzhak Rabin, der zu diesem Zeitpunkt die Regierungsgeschäfte führte, bewogen, sich auf eigene Faust und ohne Befragung des amerikanischen Verbündeten unmittelbar mit Arafat zu verständigen und ihm Konzessionen anzubieten, die ihm als Generalstabschef der siegreichen Eroberungsarmee des Sechstage-Krieges unvorstellbar erschienen wären? Die für den Judenstaat fatale Wende kündigte sich ab 1987 in den besetzten Palästinensergebieten, im Gaza-Streifen und auf dem Westufer des Jordan an. Es handelte sich um eine scheinbar spontane Auflehnung gegen die israelische Okkupation, die vor allem von Halbwüchsigen, ja von Kindern getragen wurde. Die jungen Palästinenser begehrten mit Steinschleudern, bestenfalls mit ein paar Molotow-Cocktails gegen die unbesiegbare Staatsmacht Israels auf und lösten die erste »Intifada« aus, ein arabisches Wort, das man mit »Aufrütteln« übersetzt. Der überlieferte biblische Zweikampf zwischen dem Philister-Riesen Goliath und dem kleinen Hebräer-Hirten David hatte sich ins Gegenteil verkehrt, die Rollen waren vertauscht.

Zu Beginn der Intifada hatte Itzhak Rabin noch gedroht, den Aufrührern »die Knochen zu brechen«. Er stattete seine Soldaten mit Gummi- und Plastikgeschossen aus, was nicht verhinderte, daß in diesem Kleinkrieg, der sechs Jahre dauern sollte, 1162 Palästinenser getötet wurden. In der gleichen Zeitspanne kamen 174 Israeli ums Leben, was statistisch eine Proportion von 6,7 zu 1 ergab. Ich habe zu jener Zeit in einem Krankenhaus von Gaza die jugendlichen Kämpfer besucht, die stolz ihre Narben zeigten und durch die Repression überhaupt nicht eingeschüchtert waren.

Yassir Arafat hatte an der neuen Entwicklung keinen Anteil. Auf Kosten der säkularen und nationalistisch ausgerichteten PLO war im Halbdunkel eine islamistische Parallel-Bewegung herangewachsen, die unter dem Namen »Hamas« in einer ersten Phase als soziale und karitative Organisation bemüht war, Krankenhäuser und Schulen zu bauen, sich der Waisen und Witwen anzunehmen, wie es der Koran vorschreibt. Im politischen Bereich hing sie jedoch der Idee eines kämpferischen Gottesstaates an.

Ich will hier nicht ausführlich das Abkommen von Oslo und den »Friedensprozeß«, der sich damals abzuzeichnen schien, kommentieren. Mit all meinen Bedenken kam ich mir zu jener Zeit sehr isoliert vor angesichts der Begeisterungsstürme, die der Händedruck Itzhak Rabins und Yassir Arafats im Rosengarten des Weißen Hauses von Washington in der internationalen Medienwelt ausgelöst hatte. Nur diese Passage aus einem Beitrag sei zitiert, den ich – der »political correctness« trotzend – in der »Frankfurter Allgemeinen Zeitung« veröffentlichen konnte:

> »Die PLO hat sich zur Niederhaltung der Intifada und zur Bekämpfung der nationalistischen oder religiösen Gewalttätigkeit in den von ihr kontrollierten Gebieten verpflichtet. Die jüdischen Sicherheitsdienste und die neu entstehenden Fatah-Commandos sollen gemeinsam operieren, um die Hamas-Bewegung zu neutralisieren. Dennoch besteht kein Grund, Arafat als Verräter anzuprangern. Seine Strategie läuft auf die Aushöhlung des Judenstaates hin, und seine besten Verbündeten sind jene friedenshungrigen Bewohner von Tel Aviv und Haifa, die der Belastung des ewigen Kriegszustandes nicht mehr gewachsen zu sein scheinen. Israel ist nun einmal dazu verurteilt, im Feuerofen zu leben. Wenn es diese Prüfung nicht mehr erträgt, wäre es zum Untergang verurteilt. In Gaza, das anläßlich der jüdischen Feiertage wieder militärisch abgeriegelt wurde, soll der Versöhnungsprozeß beginnen, ausgerechnet in der Hochburg der islamistischen Hamas, auf dem blutigsten Schlachtfeld der Intifada. Man unterschätze die ›Fundamentalisten‹ nicht! Es könnte durchaus sein, daß sie ihren langfristigen Vorteil erkannt haben. Jede Veränderung des Status quo vollzieht sich zugunsten der Palästinenser und – auf Dauer – des militanten Islam. Der Staat Israel hingegen bewegt sich Schritt um Schritt – es sei denn, er reißt das Steuer brutal herum – auf sukzessive Zugeständnisse hin. Nicht umsonst kommt das Wort ›Palästina‹ den israelischen Unterhändlern so schwer über die Lippen. Auf Arabisch heißt es ›Filistin‹, das ›Land der Philister‹, der histori-

schen Erzfeinde der Hebräer. In Gaza, so meint Shimon Peres, werde ein ›neues Singapur‹ entstehen. Der Vergleich mit Soweto in Südafrika wäre vermutlich angebrachter. Unter dem Jubel der Medien und der Politiker läuft der Judenstaat Gefahr, das Schicksal des biblischen Helden Samson zu erleiden – geblendet zu sein in Gaza.«

Die Prämissen stimmten einfach nicht. Israel wollte ein Maximum an Sicherheit erreichen, und die Palästinenser volle Souveränität. Durch das von Arafat geforderte »Filistin« mit Staatsgrenzen entlang der »Grünen Linie« von 1967 wäre der Judenstaat in seinem Mittelstück auf einen Schlauch von vierzehn Kilometern zusammengepreßt. Würden die Ansprüche der PLO erfüllt, die Altstadt Jerusalems den Muslimen überlassen, die hermetische Sperrung der Jordan-Grenze aufgehoben und eine PLO-Armee toleriert, die – ähnlich wie die Reichswehr der Weimarer Republik oder die französische Waffenstillstandsarmee von Vichy – unweigerlich um zusätzliche Rekrutierung und Bewaffnung bemüht wäre, dann hätte sich Israel selbst in eine extrem prekäre Lage manövriert, sein Überleben in Frage gestellt. Falls jedoch jene »Essentials« realisiert würden, die die meisten Israeli für sich beanspruchten – Beibehaltung massiver Siedlungsblocks jenseits der »green line«, Oberhoheit über ganz Jerusalem, weitgehende Entwaffnung der Fatah-Milizen, freier Durchgang zum Jordan, Beibehaltung der dortigen Grenzkontrollen –, dann wäre für Arafat nur ein dreigeteilter Torso, ein Protektorat Israels übriggeblieben.

Dennoch hatte sich große Hoffnung eingestellt zwischen Haifa und Aschkalon. Bei der israelischen Jugend hatte sich ein grundlegender psychologischer Wandel vollzogen. Die heroischen Tugenden der Väter und Großväter standen nicht mehr hoch im Kurs. Zumindest in den Küstenstädten wollte man Abstand nehmen von der permanenten Kriegsbereitschaft, von der Dauerkonfrontation mit den arabischen Nachbarn. Wie zu Zeiten Christi, als ein bitterer Streit tobte zwischen der hellenistisch orientierten Elite der »Herodianer« und den strenggläubigen jüdischen Eiferern, den »Zeloten«, tat sich ein Abgrund auf zwischen den orthodoxen »Haredim«, verstärkt durch die auf Expansion bedachte

Masse der National-Religiösen einerseits und einer hedonistisch gestimmten Konsum- und Genußgesellschaft, die sich in ihren Discos und auf ihren Strandpromenaden der Illusion eines großen »Club Méditerranée« im Heiligen Land hingab.

Die »Rache Gottes«, wie Gilles Kepel sagte, ließ nicht auf sich warten. Die Verhandlungen über die Gestaltung der palästinensischen Autonomiegebiete, über die absurde Aufteilung winziger Geländefetzen in A-, B- und C-Zonen, kamen sehr bald ins Stokken. Das Mißtrauen auf beiden Seiten blieb abgrundtief. Auf diesem orientalischen Bazar wurde nicht nur gefeilscht, sondern handfest betrogen. Während der Rais Yassir Arafat auf dem roten Teppich in Gaza die Parade seiner malerisch kostümierten Leibgarde abnahm, ging die Ausweitung jüdischer Siedlungen in Judäa und Samaria pausenlos weiter. Unter dem vielgeschmähten Likud-Politiker Benjamin Netanjahu, der nach der Ermordung Itzhak Rabins durch einen jüdischen Fanatiker Regierungschef wurde, hatte Jerusalem sich noch ein Minimum an Zurückhaltung auferlegt. Als dieser jedoch durch den früheren Generalstabschef Ehud Barak von der Avoda-Partei abgelöst wurde, gab es kein Halten mehr, und die israelische Kolonistenzahl auf der West-Bank steigerte sich um schätzungsweise fünfzig Prozent.

Dennoch wurde zur gleichen Zeit unter der Ägide des US-Präsidenten Bill Clinton unermüdlich um einen Kompromiß gerungen, der bei den dramatischen Sitzungen von Camp David angeblich in dem sensationellen Angebot Baraks gipfelte, neben der Räumung jüdischer Landnahme im übervölkerten Gaza-Streifen auch 97 Prozent des gesamten Westjordan-Ufers den Arabern zu konzedieren und – horribile dictu – sogar die Plattform des Tempelberges von Jerusalem, wo sich der Tempel Salomons erhoben hatte, preiszugeben. Der jüdische Kultanspruch wäre also faktisch wieder auf die Klagemauer reduziert worden. Man fragte sich, ob denn Ehud Barak, der sich bisher als »Falke« hervorgetan und diverse Exekutionsunternehmen hinter den feindlichen Linien bis nach Tunis befehligt hatte, den drohenden Vers des Psalmisten aus seinem Gedächtnis verdrängt hatte: »Vergesse ich Dein, o Jerusalem, so verdorre meine Rechte!«

In Wahrheit wissen wir nicht genau, was in Camp David auf den Tisch gelegt und was verworfen worden war. Die israelische

Seite hatte einen klaren informativen Sieg in der Weltöffentlichkeit davongetragen. Yassir Arafat wurde als heimtückischer Falschspieler dargestellt, der die großzügigsten Angebote des israelischen Ministerpräsidenten mit der absolut inakzeptablen, für Israel selbstmörderischen Forderung nach Rückkehr der palästinensischen Vertriebenen erwiderte und die Konferenz zum Scheitern brachte. Nachträglich wurde von amerikanischer Seite behauptet, das Thema der »Refugees« sei überhaupt nicht erwähnt worden, und ein schriftliches Protokoll liegt nicht vor.

Wie so oft in seinem Leben hatte der palästinensische Rais sträflich falsch taktiert. In der Knesset, im israelischen Parlament, wäre das Barak-Angebot, wenn es denn wirklich soweit ging, mit Sicherheit gescheitert, hatte doch sogar die Witwe Itzhak Rabins, die sich in den letzten Lebensjahren als Friedenskämpferin profilierte, diesen »Ausverkauf« abgelehnt. Inzwischen war die Lage im Heiligen Land ohnehin wieder unerträglich geworden. Im September 2000 besuchte der Likud-Politiker Ariel Sharon, umringt von einem großen militärischen Aufgebot, den Tempelberg von Jerusalem, jenen Ort, den die Muslime als »Haram el Sharif« verehren. Dort befindet sich neben dem Felsendom die »Masjid el Aqsa«, die nach Mekka und Medina zu den höchsten Heiligtümern des Islam zählt.

Folgendermaßen schildert der »Hadith«, die Überlieferung aus dem Leben des Propheten, die »Nacht des Schicksals«, die sich kurz vor der Flucht von Mekka nach Yathrib, dem späteren Medina, vollzog: Mohammed schlief nahe dem Heiligtum der Kaaba, da erschien der Erzengel Gabriel, auf arabisch »Dschibril«, spaltete ihm die Brust und wusch sie mit dem Wasser der Zem-Zem-Quelle aus. Dann bestieg der Prophet das Fabelwesen Buraq, ein geflügeltes Pferd mit dem Kopf einer Frau, und wurde über Hebron und Bethlehem nach Jerusalem entführt. Dort auf dem Hügel Moria, wo sich einst das Allerheiligste der Juden befand und heute neben dem goldenen Felsendom die silbern verblichene Kuppel der El Aqsa-Moschee glänzt, wurde Mohammed zum Siebten Himmel erhoben, um seinen illustren Vorläufern zu begegnen. Er besprach sich mit Ibrahim, Musa und Isa, anders gesagt, mit Abraham, Moses und Jesus. Dabei spürte er die unmittelbare Nähe Allahs wie »eine eisige Kälte und eine verzückte Auflösung«.

Sharon wollte eindeutig den jüdischen Anspruch auf die unverzichtbare Stätte demonstrieren, die einst die Bundeslade beherbergt hatte. Dieser rauhe Feldherr und überzeugte Zionist, der sich bislang nie sonderlich für die Mystik des Judentums interessiert hatte, schien sich – so sahen es die Muslime – auf die Weisung des Propheten Zacharias zu berufen: »Also hat der Herr der Heerscharen gesprochen: Ich bin von großem Eifer für Jerusalem und Zion erfüllt ... Ich habe mich Jerusalem voll Erbarmen wieder zugewandt. Mein Tempel soll dort wieder aufgebaut werden, denn der Herr wird Zion aufs neue trösten und Jerusalem wieder erwählen.«

## Ein asymmetrischer Krieg

Das zweite »Aufrütteln«, das nun losbrach, trug sehr beziehungsreich den Namen »Intifada el Aqsa«. Die Ausgangsbedingungen hatten sich seit Oslo gründlich verändert. Die Autonomiebehörde verfügte über bewaffnete Sicherheitskräfte. An etwa 30 000 uniformierte Palästinenser waren Kalaschnikows ausgehändigt worden. Zudem standen acht Städte der West-Bank – der A-Zone zugeordnet – unter ausschließlicher Kontrolle der offiziellen PLO-Administration und deren Fatah-Milizen. Dennoch verschob sich während der ersten sechs Monate der Intifada el Aqsa das Verhältnis der Verluste auf beiden Seiten nur unwesentlich. Zwischen September 2000 und März 2001 kam ein toter Israeli auf 5,1 tote Palästinenser. Die grausame Präzision dieser Statistik stammt aus den Unterlagen der israelischen Regierung und diverser Menschenrechtsorganisationen.

Der fürchterliche Wandel trat ein, als die arabischen Selbstmord-Attentäter zuschlugen und von nun an ihre jüdischen Feinde das Fürchten lehrten. Hunderte, wenn nicht Tausende jugendliche Palästinenser waren plötzlich bereit, das eigene Leben zu opfern, um den zionistischen Staat in seinen Grundfesten zu erschüttern. Bei diesen Tätern handelte es sich in der ersten Phase fast ausschließlich um männliche Freiwillige zwischen 17 und 22 Jahren, die einer radikalen islamistischen Ideologie anhingen und von ihren geistlichen Beratern in strenger Isolation psychisch und technisch auf ihren Einsatz vorbereitet wurden. Wie konnte es zu dieser unglaublichen Radikalisierung der zweiten Intifada kommen? Noch in meinem Buch »Lügen im Heiligen Land« hatte ich geschrieben, daß die Israeli sich glücklich schätzen könnten, daß sie es bei ihrer Expansionspolitik auf der Gegenseite nicht mit Tschetschenen oder Afghanen zu tun hatten. Im Gegensatz zu diesen wilden Kriegerstämmen seien die Palästinenser relativ verträgliche Levantiner, die für den unerbittlichen Partisanenkrieg nicht taugten. Beim »Schwarzen September« von Jordanien, als König Hussein 1970 die gegen ihn revoltierende Gefolgschaft Yassir Arafats zusammenkartätschte, und mehr noch im libanesischen Bürgerkrieg hatten die PLO-Milizen ein recht klägliches Bild abgegeben.

Und plötzlich, im März 2001, waren aus den kindlichen Steinewerfern der ersten Intifada wütende Löwen geworden, exaltierte Märtyrer und »Gotteskrieger«, die das arabische Wort »Fedayin« – es bezeichnet diejenigen, die sich selbst aufopfern – nunmehr zu Recht beanspruchten. Man erzähle uns nicht, daß diese Todeskandidaten ja nur die vom Propheten versprochenen Jungfrauen des Paradieses im Auge hätten, wenn sie sich den Sprengstoffgürtel um die Hüfte binden, oder daß die Prämie von 25 000 Dollar, die ihren Familien nicht nur durch Saddam Hussein, wie immer behauptet wird, sondern auch von vermögenden Saudis oder Bewohnern der Golf-Emirate ausgezahlt werden, ihre Suizidbereitschaft motiviert hätte. Bei diesen jungen Palästinensern mußte sich eine schreckliche Traumatisierung vollzogen haben. Unter dem Deckmantel eines in seiner konkreten Anwendung stets verzögerten und sabotierten Autonomie-Abkommens hatten die Israeli ja nicht nur ihre zusätzliche Landnahme in Judäa und Samaria forciert. Sie bauten ein Netz strategischer Straßen aus, die die entlegensten jüdischen Vorposten mit dem eigentlichen Staatsgebiet verbanden und deren Benutzung den Arabern verboten war. Das ohnehin winzige PLO-Gebiet wurde vollends zerstückelt. Dazu kamen permanente Kontrollen und Schikanen, Gehässigkeiten und Flegeleien von seiten einer Minderheit jüdischer Wehrpflichtiger, die oft unerträglicher waren als brutale Gewalt. Die bei den Arabern unverzichtbare Schamhaftigkeit wurde bei den Leibesvisitationen immer wieder verletzt. Die Demütigungen häuften sich.

Die jüdische Unfähigkeit, mit den »arabischen Vettern« umzugehen, sich in deren Mentalität zu versetzen, war verblüffend. Seltsamerweise waren die früheren europäischen Kolonialmächte geschickter und einfühlsamer mit den von ihnen unterworfenen Völkern des »Dar-ul-Islam« umgegangen. Mich hat in diesen Tagen ein in fast allen Zeitungen abgedrucktes Foto aufmerken lassen, das von den westlichen Redaktionen als hoffnungsvolles Zeichen einer immer noch vorstellbaren Versöhnung gedeutet wurde: Ein junger israelischer Soldat reicht einem vom Alter gebeugten Palästinenser die Hand, gewiß eine Geste des Friedens. Aber besagter Soldat behält dabei die Zigarette im Mund. Wer die Sitten des Orients und seine Vorstellungen von Würde kennt, sollte wissen, daß man einem anderen Menschen und schon gar einem Greis nicht rauchend entgegentreten darf, daß diese angebliche Freundschaftsgeste in Wirklichkeit als schlimme Beleidigung empfunden wird. Niemals würde sich in einer traditionellen arabischen Familie der Sohn erlauben, in Gegenwart seines Vaters – oft sogar in Gegenwart seines älteren Bruders – den Glimmstengel im Mund zu behalten.

Mit den lebenden Bomben des politischen Widerstands hat sich ein unkontrollierbarer Terror im Heiligen Land eingenistet. Plötzlich veränderte sich das Zahlenverhältnis der Verluste zuungunsten Israels. In zwei Jahren der Intifada el Aqsa sind annähernd 1700 Palästinenser umgebracht worden und 600 Israeli. Dieser Aderlaß war für den Judenstaat fatal, während der rasante Bevölkerungszuwachs der arabischen Seite die eigenen Einbußen mühelos ausglich. Zu Recht hat man sich im Westen darüber entrüstet, daß den Sprengstoffanschlägen überwiegend jüdische Zivilisten anheimfallen, daß Restaurants, Discos und Autobusse die bevorzugten Ziele der Attentäter sind. Aber in diesem ungleichen, zutiefst »asymmetrischen« Krieg hat der arabische Bombenträger ja nur eine minimale Chance, militärische Einrichtungen Zahals mit seiner tödlichen Ladung zu erreichen oder Schläge gegen die stählerne Phalanx Zahals zu führen. Im übrigen verweisen die Palästinenser auf die sich häufenden »Kollateralschäden«, die bei der gezielten Tötung von prominenten »Terroristen« durch israelische Kampfflugzeuge verursacht werden.

Seit ein paar Monaten macht eine neue, zusätzliche Kategorie arabischer Kamikaze von sich reden. Ältere Männer befinden sich darunter, Familienväter, gut situierte Mittelständler und sogar Frauen. Die »Israeli Defense Force« ist sich ihrer Zwangslage voll bewußt. Der Armeesprecher Olivier Rafowicz beschreibt sie wie folgt: »Dieses ist ein neuer Krieg. Das Schlachtfeld liegt nicht in einer offenen Hügellandschaft, sondern in Städten und Dörfern. Vom Oberkommandierenden bis zum Zugführer befinden wir uns in einer abscheulichen Situation, und wir werden ihr nicht mit der klassischen Kriegführung einer regulären Armee entgegenwirken können.« Zahal verfügt über 2800 Tanks, darunter die angeblich unverwundbaren Merkeva-Panzer, und etwa 2000 Kampfflugzeuge. Was die Bodentruppe betrifft, deren Einsatz den Reservisten immer längere Dienstperioden auferlegt – mit extrem negativen Auswirkungen auf die Wirtschaft des Landes –, so ist sie durch die Guerilla-Bekämpfung und mehr noch durch die Verzettelung zum Schutz jüdischer Siedlungen so sehr auf statische Bewachung und Polizeiaufgaben ausgerichtet, daß ihre Eignung für operatives Zusammenwirken im offenen Konflikt mit einem arabischen Nachbarstaat darunter leidet.

Nur die kurzen Entfernungen und der Ausbau immer neuer, exklusiv jüdischer Verbindungswege erlauben überhaupt noch die Sicherung der sinnlos verstreuten Wehrdörfer auf der West-Bank. Zum Schutz von 400 jüdischen Zeloten, überwiegend aus den USA zugewandert, die sich unmittelbar am Grab Abrahams in Hebron eingebunkert haben, stehen 5000 israelische Soldaten in ständigem Einsatz. Im schmalen Gaza-Streifen, wo 1,2 Millionen Araber zusammengepfercht leben, haben sich ausgedehnte zionistische »Moshavim« mit höchstens 5000 Menschen seit langem etabliert und erfordern die schützende Präsenz einer ganzen Division. Der Militärsprecher Rafowicz findet eine eigene Definition für das palästinensische Potential: »Man nehme 9 bis 14 Kilogramm TNT-Sprengstoff und aktiviere diese Masse durch das menschliche Gehirn eines Attentäters, dann haben wir das Äquivalent zu einer ›smart bomb‹, zu einer mit perfektionierter Technologie ins Ziel gesteuerten Flugzeugbombe.«

Der Fahrer David hat mich am Dan-Hotel abgesetzt. Vorher hatte er noch an einem Kiosk in der Dizengoff-Straße ein Päckchen Zigaretten gekauft. »Ich habe eben von dem Händler gehört, daß über Internet die Infiltration von neun arabischen Terroristen gemeldet wurde«, sagt er ohne jede Aufregung. »Das mag stimmen oder nicht. Manchmal speisen auch die Palästinenser solche Meldungen ein, um bei uns Unruhe und Angst zu stiften.«

Die Hitze hat sich gelegt, und vom Meer kommt eine Brise auf. In meinem Zimmer entnehme ich einer lokalen Zeitung, daß die islamischen Kampfgruppen nach einem präzisen Plan handeln. »Wir haben keine hochmodernen Kampfflugzeuge vom Typ F-16, keine Apache-Hubschrauber oder Lenkwaffen«, hatte Abdelaziz Rantisi, ein Sprecher der Hamas, gedroht. »Die Israeli griffen uns bislang mit Waffen an, gegen die wir keine Abwehr hatten. Jetzt verfügen wir jedoch über eine Waffe, gegen die es für sie keinen Schutz gibt. Diese Waffe« – er meinte die Selbstmord-Bomber – »schafft eine Art Gleichgewicht, denn sie ist unsere Version des Kampfflugzeuges F-16.«

*

Ein paar Tage später verabrede ich mich mit Uri, einem alten Bekannten aus dem Jahr 1982, in einem Strandrestaurant unweit von Herzliya. Uri arbeitete seinerzeit als Korrespondent einer Jerusalemer Zeitung und war auch Nachrichtenoffizier im galiläischen Städtchen Metulla unmittelbar an der Grenze zum Libanon. Inzwischen ist er pensioniert worden. Ich erkenne den bärtigen massiven Mann gleich wieder. Die Tische ringsum sind dicht besetzt, obwohl es Freitagabend ist und der Sabbat bereits begonnen hat. Es geht zu wie bei einem großen Familienfest, von Angst oder gar Panik keine Spur. Zwar scheint der Durchschnitts-Israeli nach dem Verlust seiner Friedenshoffnungen nicht zu der kriegerischen Überlegenheitsattitüde zurückzufinden, die nach dem Sechstage-Krieg weit verbreitet war. Er hat auch das sorglos-lockere Auftreten abgestreift, die Betonung einer artifiziellen Normalität, die in der ersten euphorischen Phase nach Oslo an die Stelle des ebenso romantischen wie martialischen Zionismus der Väter getreten war. Seit die Bedrängnis jedoch von allen Seiten auf den Judenstaat einstürmt und fast täglich die Bomben der neuen Fedayin explodieren, hat sich eine Stimmung grimmiger Selbstbehauptung durchgesetzt, die Gewißheit, daß die Stunde eines erbarmungslosen Überlebenskampfes geschlagen hat.

Wie das in Israel unvermeidlich ist, wendet sich das Gespräch mit Uri sofort der Politik zu. »Wir dürfen uns nichts vormachen«, sagt der gealterte, aber noch kräftige Mann; »seit 1967 haben wir einen Rückschlag nach dem anderen erlitten. Unser Lebensraum wurde Stück um Stück eingeengt, und jetzt steht der Feind mitten unter uns. Ich meine nicht nur die Mörder der El Aqsa-Brigaden und die Fanatiker von Hamas, sondern auch jene 1,2 Millionen Araber, ein Fünftel der Gesamtbevölkerung, die offiziell Bürger Israels sind und die zu einem unerträglichen Sicherheitsrisiko werden. Ich hege nicht mehr die geringste Illusion, daß wir mit den Arabern zu einem Modus vivendi kommen.« Er verweist darauf, daß nur ein paar Dutzend Kilometer südlich unserer Ausflugsstätte zu biblischen Zeiten der Prophet Jonas vom legendären Walfisch ausgespien wurde. Mit dieser Errettung war der Auftrag Jahwes verbunden, nach Niniveh aufzubrechen, in den Norden des heutigen Irak, denn – so zürnte der Herr – »die dort lebenden Menschen haben gefrevelt. Ihre Bosheit ist vor mich gekommen«. Auch heute, so meint Uri, bestehe für Israel die Notwendigkeit, in Mesopotamien die Gefahr nicht weiter anwachsen zu lassen. Er vermutet sogar, daß im Hinblick auf diese kriegerische Auseinandersetzung die palästinensischen Attentate aus taktischen Gründen reduziert werden könnten, um am Tage der Entscheidungsschlacht gegen Bagdad neu aufzulodern.

Auch mit Uri ist eine tiefgreifende psychische Veränderung vorgegangen. In jener kalten Nacht des Frühjahrs 1982, als wir die Chancen einer israelischen Offensive in Richtung Beirut diskutierten, hatte er kluge und nuancierte Meinungen zum jüdisch-arabischen Verhältnis geäußert. Nachdem das Konzept der arabischen »Umma«, der arabischen Nation, im Sechstage-Krieg kläglich gescheitert sei, so hatte er damals argumentiert, seien die Söhne Ismails auf die ewigen koranischen Werte zurückverwiesen worden. Aber, so fuhr er zu meiner Verwunderung fort, den aufgeklärten Zionisten ergehe es im Grunde doch ähnlich wie den Arabern. Was motiviere denn die Präsenz der nach Jahrtausenden an den Strand von Palästina und auf die Höhen von Judäa heimgekehrten jüdischen Diaspora, wenn nicht der Glaube an die eigene Auserwähltheit und das göttliche Gebot, im Gelobten Land zu siedeln? Der Zionismus, hatte er hinzugefügt, habe die Araber gewissermaßen in die Theokratie zurückgetrieben.

Heute würde er eine solche Aussage wohl nicht wiederholen. Selbst für verbale Konzessionen ist kein Raum mehr. »Den verhängnisvollsten Fehler hat Ehud Barak als Regierungschef begangen, als er die Sicherheitszone im Südlibanon, die sich vom Meer südlich von Tyros bis zum Rand der Bekaa-Ebene erstreckte, im Mai 2000 preisgab und die israelischen Truppen auf die Grenze von Galiläa zurücknahm. Gewiß, Barak hat damals viel Zustimmung gefunden, und die Soldaten Zahals jubelten, als sie in die Heimat zurückkehren durften. Die schiitischen Hizbullahi waren ja solche Meister der Guerilla und in der Fernzündung von perfekt getarnten Minen so erfahren, daß unsere Verluste angeblich nicht mehr durch den Verbleib in der Pufferzone zu rechtfertigen waren. Aber Barak, unser höchst dekorierter General, hat die erste offene Schlacht gegen einen muselmanischen Gegner verloren. Die Evakuierung von Merjayoun und Bent Jbeil sowie die Preisgabe der an unserer Seite kämpfenden libanesischen Miliz haben bei den arabischen Nachbarn die Zuversicht gemehrt, daß sie uns nunmehr Stück um Stück zurückdrängen können. Die Intifada el Aqsa wäre in der heutigen Virulenz überhaupt nicht zu erklären, wenn die libanesischen Jünger des Ayatollah Khomeini nicht vorgeführt hätten, wie selbst Araber zu kämpfen, zu sterben und eventuell zu siegen verstehen.«

Wir haben halbwegs genießbaren Thunfisch gegessen und eine Menge Weißwein getrunken. Irgendwie kommt mir dieses Strandleben, die recht plebejisch wirkende Versammlung mediterraner Menschen mit ihrer vitalen Sippenbindung bekannt vor. Ich fühle mich nach Algerien zurückversetzt, das ich bereits vor dem Aufstand gegen die französische Fremdherrschaft bereist hatte. Ähnlich wie diese Israeli am Strand von Herzliya hatten einst die Algier-Franzosen – überwiegend einfache Leute aus den Stadtvierteln Belcour, Bab-el-Oued oder Saint-Eugène – ihre Ferienabende am Mittelmeer verbracht. Es lebten ja seinerzeit mehr als eine Million Europäer in den nordafrikanischen Départments, und darunter hatte sich eine starke jüdische Gruppe befunden, der das Gesetz Crémieux schon 1870 die volle französische Staatsbürgerschaft eingeräumt hatte. Unter den anderen »Colons« befanden sich viele Spanier und Malteser, die – im Falle der Hafenstadt Oran – schon seit Jahrhunderten, seit Karl V., in ihrer christlichen Schutzburg den maghrebinischen Wirren standgehalten hatten.

Immer mehr fasziniert mich die Parallele zwischen gewissen Aspekten des französischen Algerienkrieges, der von 1954 bis 1962 dauerte, und der neuen Phase des zionistischen Überlebenskampfes. Auch in den Europäer-Vierteln von Algier explodierten damals die Bomben der »Befreiungsfront«, und die französischen Zivilisten wurden in diesen Attentaten der Rue d'Isly oder der Rue Michelet, bei der Sprengung der »Milk Bar« und des Stadions Saint-Eugène, ebenso heimgesucht wie die heutigen Bürger Israels. Nur gingen die maghrebinischen Terroristen, deren gefürchtetste Kämpfer aus dem kriminellen Milieu der osmanischen Altstadt hervorgingen, aber im Freiheitskampf als islamische Märtyrer bis zum letzten Atemzug kämpften, mit ganz anderen Methoden gegen die koloniale Übermacht vor. Von Selbstmordattentätern war dort nicht die Rede, sondern sie schickten hübsche junge Araberinnen der Kasbah, die militärisch abgeschnürt war, mit ihren tödlichen TNT-Paketen los. Die Mädchen schäkerten ein wenig mit den französischen Posten, wurden ohne Leibesvisitation durchgelassen, suchten stark frequentierte Lokale der Europäer-Stadt auf, versteckten ihre mörderische Ladung und entkamen meist unerkannt. Unter diesen Todesengeln hatte sich vor allem Jamila Bouhired hervorgetan.

Die »Bataille d'Alger« ist in einem eindrucksvollen Film des Regisseurs Pontecorvo nachgestellt worden. Bei den damaligen Kampfszenen stürmten französische Paras wie jetzt die israelischen Fallschirmjäger durch das arabische Gassengewirr. Sie trieben die jungen Männer zu Massenverhören zusammen, und immer häufiger wurden Verdächtige durch Folterungen zum Sprechen gebracht. Ein Teil der französischen Offiziere hatte in der »Résistance« gegen die deutsche Besatzung selbst die Tortur durch die Gestapo erlitten, jetzt wandten sie deren grausame Methoden – »la gégène«, den Elektroschock, oder »la baignoire«, die Badewanne – gegen ihre algerischen Gefangenen an. General Massu, der diese Polizeiaktion in der Kasbah widerwillig befehligte, sollte diese Verrohung seiner Truppe später eingestehen: »Nous avons glissé dans le sang et dans la merde – Wir sind ins Blut und in die Scheiße hineingerutscht.«

Die Bekämpfung des Terrorismus – eine Auseinandersetzung, in der die Begriffe »Freiheitskämpfer« und »Mörder« sich oft verwischen – führt unweigerlich zu solchen Exzessen, zu unerträglichen Verstößen gegen die Menschenwürde. Das galt für Vietnam, insbesondere bei der amerikanischen Aktion »Phoenix«, das galt in Belfast beim Vorgehen britischer SAS-Einheiten gegen die Untergrundkämpfer der Irish Republican Army. Das wiederholt sich heute in Afghanistan, in Tschetschenien und zwangsläufig auch bei der Niederschlagung der Intifada el Aqsa.

Ich hüte mich, den ohnehin verbitterten Uri zusätzlich mit meinen nordafrikanischen Visionen zu belasten. Mit einer gewissen Verbohrtheit kommt er auf die Situation an der israelischen Nordflanke zu sprechen, wo die schiitischen »Gotteskrieger« nunmehr Gewehr bei Fuß buchstäblich an der Schwelle seiner damaligen Unterkunft von Metulla stehen. »In der ›Partei Alis‹ sind uns die gefährlichsten Gegner erstanden«, wiederholt er beharrlich. Seit dem mißlungenen Beirut-Feldzug von 1982 hat er keine hohe Meinung von den politischen Gaben des jetzigen Regierungschefs Ariel Sharon. »Dieser dicke Mann wird uns Unheil bringen. Manchmal kommt er mir vor wie der ›Golem‹, wie der artifizielle Gigant der jüdischen Ghetto-Legende, dieses Produkt kabbalistischer Magie.« Die Figur des Golem war von gelehrten Rabbis als Emanation einer heimlichen jüdischen Sehnsucht beschrieben worden, nach den endlosen Epochen wehrloser Diaspora eines Tages über ein Instrument der Gewaltausübung gegen die fremdgläubigen Peiniger zu verfügen, ja mit Hilfe dieses sakralen Ungeheuers den Weg frei zu machen für die Ankunft des Messias.

Vor unserem späten Abschied erzähle ich Uri von meinem letzten Ausflug in die unmittelbare Umgebung von Metulla, den ich – aus Damaskus kommend – vor zwei Jahren unternommen hatte.

# Der »böse Zaun« von Metulla

*Rückblende: Süd-Libanon, Ende Oktober 2000*

Die Fahne Israels mit dem blauen Davidstern und die gelbe Fahne der libanesischen Hizbullah mit dem Sturmgewehr flatterten fast auf Tuchfühlung nebeneinander. Dazwischen aber verlief die neue, bedrohlichste Frontlinie des Nahen Ostens. Hier stieß der Judenstaat auf seinen gefährlichsten Gegner, auf die kampferprobte Miliz der schiitischen »Partei Gottes«. Auf israelischer Seite herrschte hektische Tätigkeit. Die Stacheldrahtsperren wurden verstärkt, Minenfelder angelegt. Auch Bunker wuchsen aus dem felsigen Boden. Eindeutig waren hier die Soldaten Ehud Baraks in die Defensive gedrängt.

Auf libanesischer Seite der Grenzbefestigungen ging es gemächlich zu. Vergeblich hielt ich nach Einheiten der offiziellen Armee der Zedern-Republik Ausschau. Nicht einmal deren Flagge war gehißt. Hingegen waren – diskret stationiert und als zivile Dorfbewohner mit bunten Hemden getarnt – die Wachposten der Hizbullah überall zugegen. Sie überblickten mühelos von den Flecken Kfar Kila und Hula aus jenen äußersten Zipfel Galiläas, der weit und ungeschützt nach Norden ragt. Nach kurzen Verhandlungen mit UNO-Beauftragten und den Behörden aus Beirut wurde die Räumung des Sicherheitskorridors im Süd-Libanon durch eine zusätzliche Grenzberichtigung auf Kosten Israels ergänzt. Jetzt entsprach die Trennungslinie der ehemaligen Demarkation zwischen dem französischen und dem britischen Mandatsgebiet der Levante. Die Israeli bauten neue Verbindungsstraßen im Tal, die weit verwundbarer waren als die bisherigen Zugangswege ihrer vorgeschobenen Stellungen.

An diesem Tag war nur eine geringe Anzahl libanesischer Touristen angereist, um sich die neue Situation anzusehen. Da keine Kamera auf sie gerichtet war, verzichteten sie auf die sonst üblichen Steinwürfe und Verwünschungen gegen die israelischen Vorposten, die vorsichtshalber durch hohe Stahlgitter abgeschirmt waren. Es war ein zutiefst beklemmendes Schauspiel, wie die arabischen Gaffer sich an die Sperre drängten und die jüdischen Soldaten, die kaum drei Meter entfernt postiert waren, wie Tiere im Käfig eines Zoos bestaunten.

Für die jungen Männer dort drüben in Israel mußte diese Beobachtung, die oft in Haß umschlug, eine schwere psychische Belastung darstellen. Zu handgreiflichen Zwischenfällen war es bei Hula gekommen, als ein paar hundert Palästinenser aus dem südlibanesischen Flüchtlingslager Raschidiyeh den Weg zum Stein-Sarkophag des Sheikh Abbad antreten durften, der durch Stacheldraht in zwei Hälften geteilt ist. Die gewalttätige Demonstration hatte eine Schießerei ausgelöst, und seitdem schirmte die libanesische Armee die Refugee-Camps wieder unerbittlich ab. An dieser kritischen Stelle am Grab des Sheikh Abbad hatte nun eine Kompanie Blauhelme aus Ghana ihre Zelte aufgeschlagen, freundliche Afrikaner, die die vorherrschende Todfeindschaft mit kopfschüttelndem Unverständnis verfolgten. Im Ernstfall dürften die Ghanaer, ebenso wie die patrouillierenden Inder der UNO, nicht einmal mit der Waffe intervenieren.

Jenseits der hastig verstärkten Befestigungen lag das Dorf Metulla, die äußerste Pioniersiedlung Israels, zum Greifen nahe. Die sauberen weißen Häuser mit den roten Ziegeldächern, die so gar nicht in diese orientalische Landschaft und ihre Olivenhaine paßten, entbehrten jeglichen Schutzes gegen böswillige Heckenschützen, geschweige Katjuscha-Einschläge. Das tägliche Leben mußte dort ziemlich unerträglich sein, selbst wenn die Keller längst zu Bunkern ausgebaut waren. Aber auch das Städtchen Kiryat Shmoneh, die bedeutendste jüdische Ortschaft Nordgaliläas, die überwiegend von marokkanischen, sephardischen Zuwanderern bevölkert ist, lag unterhalb der libanesischen Hügelkette frei einsehbar und offen wie auf einem Präsentierteller. Hier bedurfte es keinerlei artilleristischer Präzision, um – bei eventueller Konfrontation – ins Ziel zu treffen und Verwüstungen anzurichten. Frappierend war übrigens, wie kraß sich die Aufforstung und landwirtschaftliche Intensivnutzung auf israelischer Seite von den karstig ausgedorrten Höhenzügen der arabischen Nachbarzone unterschieden.

Die Dörfer auf libanesischer Seite hatten noch nicht zum normalen Leben zurückgefunden. Die Christen waren meist abgewandert, teilweise geflüchtet, weil sie mit den Israeli kollaboriert hatten. Viele Geschäfte waren geschlossen. Um so erfreulicher wirkte ein geöffneter Modesalon mit dem Namen »Chez Nicole«. Die wirkliche Verwaltung dieses ehemals von den »Zionisten« besetzten Streifens wie auch des Hinterlandes in Richtung Mittelmeerküste lag in den Händen der Hizbullah, auch wenn sich deren Repräsentanten kaum zu erkennen gaben. Ein schiitischer Gottesstaat »en miniature« war hier entstanden, und er hat sich zur Verblüffung aller Experten als äußerst tolerant erwiesen. Keine maronitische oder orthodoxe Kirche wurde geschändet, und sogar die christlichen Heiligenstatuen am Wegrand blieben unversehrt. Unter der Leitung der religiösen Schuyukh wurde ein durch und durch soziales System gegründet, das sich der Bedürftigen, Waisen und Alten fürsorglich annahm.

In dieser Zone hatte Israel eine »Südlibanesische Armee« von etwa 1500 Mann rekrutiert, in der auch Muslime dienten. Die Söldner hatten teilweise wegen ihrer Grausamkeit gegen gefangene Partisanen einen schlimmen Ruf erworben. Aber soweit es sich nicht um berüchtigte Folterknechte handelte, sind die Angehörigen der prozionistischen Miliz keiner rabiaten Rachejustiz zum Opfer gefallen. Die durch die Mullahs verhängten Strafen – oft nur Geldbeträge oder einige Monate Gefängnis – waren so mild, daß viele Soldaten der sogenannten »Lahad-Armee«, die überstürzt mit ihren Familien nach Galiläa geflüchtet waren, die riskante Rückkehr in ihre Heimat angetreten haben.

In Hula hatte ich mich in einer Imbißstube, die den anspruchsvollen Namen »Mat'am Hilton« trug, zu zwei stoppelbärtigen Einheimischen an den Tisch gesetzt. Im Hintergrund lief ein Fernsehprogramm. Es wurden Falafel und Coca Cola serviert. Die beiden Schiiten waren in Verschwiegenheit, in der religiös begründeten »Taqiya«, geübt. Wortkarg zeigten sie mir am Fuß des Hermon-Berges, etwa zehn Kilometer entfernt, die Stelle, wo sich die Shebaa-Farm befindet, die einzige Stelle am Grenzdreieck des Golan, wo noch libanesische Gebietsansprüche gegenüber Israel bestehen. Es handelt sich um einen belanglosen Zipfel Weideland, aber dort waren unlängst drei israelische Unteroffiziere von der Hizbullah gekidnappt worden, als sie es bei ihrem Patrouillengang an der elementaren Vorsicht fehlen ließen. Zu diesen Gefangenen hatte sich noch jener Oberst Tannenbaum – wohl ein Mitarbeiter des Mossad – gesellt, der in einem Thriller-Szenario, das den Romanen John Le Carrés Ehre gemacht hätte, mit ausgeklügeltem »Spielmaterial« von schiitischen Agenten nach Beirut gelockt worden und dort in einem Verlies der »Gotteskrieger« verschwunden war. Die vier Israeli werden inzwischen als Tauschware gehandelt gegen neunzehn schiitische Partisanen, darunter der Hizbullahführer Sheikh Obeid, die ihrerseits schon vor Jahren von einem Mossad-Commando aus dem Südlibanon entführt wurden.

Der Herbsttag war mild und sonnig. Aber über dieser Region lastete tragische Vorahnung. Die Nordgrenze Galiläas ist zur Schwachstelle des wehrhaften Judenstaates geworden. Bei meinem ersten Besuch im Dorf Metulla, von dem uns jetzt nur der Drahtverhau trennt – es war im Februar 1982 –, herrschte noch fröhliche Zuversicht bei den jüdischen Kibbuznik. Fast bis zum Litani-Fluß hatte Israels Armee den Grenzraum mit Hilfe der verbündeten libanesischen Christenmiliz unter Kontrolle gebracht. Deren uralte Sherman-Panzer waren mit Herz Jesu- und Marienbildern geschmückt. Zwar waren damals die beiden Nachbarländer durch Sperren getrennt, aber man nannte das zu jener Zeit den »guten Zaun«. Die Feriengäste kamen aus Haifa und Tel Aviv und kauften sich T-Shirts, auf denen Davidstern und Libanon-Zeder brüderlich vereint waren. Sogar ein Denkmal semitischer Versöhnung war am Nordrand von Metulla errichtet worden, mit der weithin bekannten Verheißung des Propheten Jesaja: »Sie werden ihre Schwerter zu Pflugscharen machen und die Speere in Sicheln verwandeln.« Wenige Monate später stießen die Panzerdivisionen Ariel Sharons bis Beirut vor und eroberten die libanesische Hauptstadt.

Dank meiner iranischen Verbindungen hatte ich im Herbst 1997 engen Kontakt zur Hizbullah aufgenommen und vor allem im Gespräch mit deren oberstem Befehlshaber, Scheikh Nasrallah, die Kernfrage aufwerfen können, ob seine schiitischen Kämpfer sich denn mit der Wiederherstellung der alten Grenze zu Galiläa zufriedengeben würden. Der hohe Geistliche mit dem schwarzen Turban der Propheten-Nachkommen, der von Ausländern mit »Eminenz« angeredet wird und zu diesem Zeitpunkt erst siebenunddreißig Jahre alt war, hielt eine düstere Antwort parat: »Für einen frommen Muslim hat der zionistische Staat keine legale Existenz ... Gewiß, es sollen jene Juden als gleichberechtigte Bürger im Land bleiben, die dort seit Generationen ansässig sind, aber alle anderen müssen in ihre Ausgangsländer zurückkehren.« Wenige Wochen zuvor war Hadi, ein Sohn Nasrallahs, im israelischen Minenfeld als »Märtyrer«, als »Schahid«, verblutet. Die Delegationen, die zu dem Vater wallfahrteten, kamen nicht, um zu kondolieren, sondern um ihn zu beglückwünschen, daß Hadi die höchste Auszeichnung Allahs zuteil geworden sei.

In jenem Oktober 1997 hatte mir Scheikh Nabil Qaouq, ein mönchisch wirkender Hizbullah-Kommandeur, im alten phönizischen Hafen Tyros, der heute Sur heißt, die ungewöhnliche Erlaubnis erteilt, die vordersten Positionen seiner »Mudschahidin« bei Majdel Selm aufzusuchen. Am Morgen des gleichen Tages waren fünf israelische Soldaten durch die ferngezündete Explosion einer als Felsbrocken getarnten Sprengladung bei dem Flecken Markaba getötet worden. In den Dörfern, die ich mit dem Partisanenführer Abu Hussein durchfuhr, wetteiferten die grün-roten Wimpel der prosyrischen Schiiten-Partei »Amal« mit den gelben Fahnen der Hizbullah.

Ich empfand jetzt – drei Jahre später – ein seltsames Gefühl, dieses Partisanengelände unter ganz anderen Vorzeichen wieder zu betreten. Einer der beiden Schiiten, denen ich mich im »Restaurant Hilton« von Hula beigesellt hatte, wandte endlich den Blick vom Fernsehgerät, auf dem ununterbrochen Bilder von aufgebahrten Palästinensern, jungen Steinewerfern und wie Roboter auftretenden Israeli gezeigt wurden – und in ständiger Wiederholung die Todesszene des kleinen Mohammed ed-Dara in den Armen seines Vaters. Es mußte sich bei dem stämmigen Mann im karierten Hemd um einen Hizbullah-Offizier handeln.

»Welche Optionen stehen den Israeli denn noch offen?« fragte er rhetorisch. »Sie können den Libanon mit einer Feuerwalze heimsuchen, wie das der Friedensnobelpreisträger Shimon Peres seinerzeit bei der sogenannten Operation ›Trauben des Zorns‹ befahl. Aber daran sind wir gewöhnt. Und was nutzt es den Juden, wenn sie Beirut noch einmal in Schutt und Asche bombardieren? Theoretisch könnten sie binnen zwei Tagen in Damaskus sein, doch was würden sie in dieser Millionen-Metropole schon ausrichten?«

*

Jenseits der häßlichen Zweckbauten aus Zement und nackten Backsteinen, die die frühere Lieblichkeit des Libanon verschandeln, wird die Fels- und Hügellandschaft durch die kolossalen Ruinen der Kreuzritterburg Beaufort beherrscht. Während ihres jahrelangen Abnutzungskrieges hatten israelische Piloten und Artilleristen unermüdlich versucht, dieses Bollwerk, in dem sich anfänglich palästinensische »Fedayin« verschanzt hatten, dem Erdboden gleichzumachen. Die Türme und Zinnen haben sie zwar zerstört, aber der monströse Rumpf der Festung ist erhalten geblieben und versperrt wie eine Gralsburg den Zugang zum Mittelmeer.

Wie oft habe ich aus arabischem Mund die Beteuerung vernommen: »Zweihundert Jahre lang haben sich die Kreuzritter in der Levante festgekrallt, aber am Ende mußten sie sich nach Westen einschiffen. Ähnlich wird es eines Tages den Juden ergehen.« Ein kurzer historischer Rückblick ist hier angebracht. Angesichts der zahlreichen Selbstmordanschläge, die von palästinensischen »Schuhada« verübt werden, redet heute jedermann – meist ziemlich konfus – vom Alten vom Berge und seinen Jüngern. In Persien hatte man mir bereits von einem »Scheikh-el-Djebl« erzählt, der von seiner Gebirgsfestung Alamut aus Schrecken gesät hatte. Hassan es-Sabah hieß der fanatische Schiitenführer, den die iranischen Regimegegner von heute gern mit dem Ayatollah Khomeini vergleichen. Hassan es-Sabah war im elften Jahrhundert in der heiligen Stadt Qom geboren, wechselte von der Zwölfer-Schia zur Siebener-Schia über, sammelte fanatische Anhänger um sich, die er in einer klösterlichen Kaserne ausbildete und die als Terroristen ausschwärmten, um im Namen Allahs und einer angeblich im Koran vorherbestimmten Gerechtigkeit die Mächtigen und die Reichen dieser Welt heimzusuchen und umzubringen. Fünfunddreißig Jahre lang hatte ganz Persien vor diesem Wüterich gezittert, dessen blutrünstige Erfolge sich auf den Volksaufstand der Entrechteten stützten, der Leibeigenen, der Geschundenen, der »Mustazafin«, so hatte Khomeini sie genannt.

Der wahre »Scheikh-el-Djebl«, so beteuern die Historiker von Damaskus hingegen, habe bei ihnen, im syrischen Ansariyeh-Gebirge gelebt und dort seine uneinnehmbare Festung besessen. Sinan Ben Salman war sein Name, und er hatte zu jener Zeit die Kreuzritter heimgesucht und das damalige muselmanische Establishment das Fürchten gelehrt. Auch er war Siebener-Schiite, also ein »Ismailit«, aus Mesopotamien gebürtig. Dieser Terroristenführer des Mittelalters soll seine verzückten Gefolgsleute, die sich – nur mit dem Dolch bewaffnet – unter Preisgabe der eigenen Person auf ihre Opfer stürzten, durch den Genuß von Haschisch und die Vorspiegelung paradiesischer Visionen in Trance versetzt haben. Deshalb habe man diese Attentäter als Haschischin bezeichnet, woraus die Kreuzritter das Wort »Assassinen« gemacht hätten. Eine andere Deutung besagt, der Ausdruck »Assassinen« leite sich von dem arabischen Wort »assas« ab, das mit Grundlage, Basis oder Fundament übersetzt wird. Dadurch entstünde eine seltsame verbale Verwandtschaft mit den »Fundamentalisten« von heute, zumal man im Arabischen auch die Vokabel »el assas« durch das Wort »el qa'ida« ersetzen könnte.

Im zwölften Jahrhundert wurden der Fatimiden-Kalif El Amir in Kairo und der Abbassiden-Kalif El Mustarshid in Bagdad, die beiden Statthalter Allahs auf Erden, von den Haschischinen erdolcht, aufwühlende Ereignisse, die sich allenfalls mit der Ermordung des ägyptischen Präsidenten Sadat vergleichen lassen. Unter den christlichen Fürsten fielen König Konrad von Jerusalem und Prinz Raimund von Antiochia den Assassinen zum Opfer. Sogar der sieghafte Sultan Saladin, Herrscher über Syrien und Ägypten, hatte sich nur mit knapper Not einem Anschlag entzogen und hinfort seine Nächte in einem streng bewachten, transportierbaren Holzturm verbracht. Die Monarchen des Abendlandes sollen Erpressungsgelder an den »Alten vom Berg« gezahlt haben, um ihre Sicherheit zu erkaufen. Es hatte erst der Mongolenstürme bedurft, um die unheimliche Sekte der Haschischin auszurotten. Im persischen Alamut hatte Hülagü, der Enkel des Dschingis Khan, diese Aufgabe besorgt. Im syrischen Ansariyeh räumte der Welteroberer Tamerlan erst Ende des 14. Jahrhunderts mit dem Spuk des »Scheikh-el-Djebl« auf. Die Steppenreiter Timurs des Lahmen verstanden sich bestens auf ihr mörderisches Handwerk.

*

Zurück in das Jahr 2000. Ich verabschiedete mich in Hula von dem wortkargen, mürrischen Schiiten. Über den Fernsehschirm flackerten gerade Bilder des US-Zerstörers »Cole«, der im Hafen von Aden gesprengt worden war. Gewiß, die tugendhaften, frommen »Hizbullahi« bedürfen weder der Betäubung durch Haschisch noch der Inkantation eines grausamen Magiers, um für die Sache Allahs zu sterben. Doch auch auf sie könnte das Heldenlied der Assassinen zutreffen. »Ein einziger Krieger zu Fuß«, so hieß es da, »wird zum Entsetzen des Königs, auch wenn dieser über hunderttausend bewaffnete Reiter verfügt.«

Im Umkreis der Festung Beaufort hat Israel sein »Mini-Vietnam« erlitten, und diese Erfahrung wird traumatisch nachwirken, zumal der Judenstaat jetzt nur noch durch einen schmalen Minengürtel und ein Drahtgeflecht, das man als »bösen Zaun« bezeichnen möchte, von seinem grimmigsten Gegner getrennt ist. Die wirklichen Entscheidungen würden nicht im Umkreis von Metulla und Kfar Kila, sondern in Damaskus gefällt, so lauteten die Analysen der westlichen Nachrichtendienste.

Die Rückfahrt zur Omayyaden-Hauptstadt führte an verwahrlosten syrischen Abwehrstellungen in der Bekaa-Hochebene vorbei. Im Straßenbild von Damaskus hatte ich schon bei meiner Ankunft vor vier Tagen nach Zeichen der Veränderung gesucht, die sich nach dem Tod des Präsidenten Hafez el-Assad – dreißig Jahre lang hatte er seine unumschränkte Macht ausgeübt – und der Amtseinführung seines Sohnes und Nachfolgers Bashar el-Assad eingestellt haben mochten. Zweifellos ist der maßlose Personenkult des Vaters abgeklungen, und die Porträts des neuen »Zaim« zeigen einen hoch aufgeschossenen, etwas linkischen Mann, der bemüht ist, einen unnahbaren und martialischen Eindruck zu verbreiten. Wie stets empfand ich in Damaskus jenes Gefühl absoluter persönlicher Sicherheit, die durch die allgegenwärtige Observierung durch zahlreiche miteinander rivalisierende Geheimdienste, die ominösen »Mukhabarat«, gewährleistet wird. Seit meinem letzten Besuch vor drei Jahren hatte die Zahl der verschleierten Frauen, auch in den bürgerlichen Vierteln, stark zugenommen, und der Gebetsruf des Muezzin hallte gebieterischer denn je über die Dächer.

Adnan Omran, bei meinem letzten Besuch stellvertretender Außenminister, jetzt mit der Funktion des Informationsministers betraut, hatte mir schon 1997 eine sehr präzise, wahrheitsgetreue Schilderung jener Geheimgespräche über die Golan-Höhen anvertraut, die seinerzeit unter der Ägide Bill Clintons in der »Wye-Plantation« geführt worden waren. Hafez el-Assad und Itzhak Rabin waren sich fast einig geworden über die integrale Rückgabe dieses strategisch wichtigen Plateaus an die Syrer und über dessen konsequente Entmilitarisierung unter internationaler Überwachung. In den chaotischen Zuständen, die sich im Heiligen Land eingestellt haben, sah Adnan Omran, ein britisch geprägter, eleganter Diplomat, keinen Hinderungsgrund, mit dem Judenstaat neue Verhandlungen anzubahnen. Syrien stelle nur eine Vorbedingung, so betonte der Minister: Der ganze Golan bis auf den letzten Quadratmeter – inklusive des winzigen Uferzipfels am See Genezareth – müsse der Autorität von Damaskus unterstellt werden. Im übrigen schien man in Syrien dem hier seit je verpönten Yassir Arafat jedes faule Zugeständnis, fast jeden Verrat zuzutrauen.

Es war Freitag, und nach der feierlichen Predigt, der »Khutba«, hatten die in Damaskus lebenden Exil-Palästinenser – meist Nachkommen der zweiten oder dritten Generation – zu einer Protestkundgebung aufgerufen. Ein paar hundert Männer und Frauen sammelten sich in ihrer Siedlungszone »Yarmuk« – kein Ghetto mehr, aber auch kein normales Stadtviertel –, um zum Friedhof der »Märtyrer« zu marschieren. Es war eine recht müde Veranstaltung. Die radikalen linken Kampfgruppen waren wohl in der Mehrzahl, und es war kein einziges Bild Arafats zu sehen. Statt dessen wurde eine Maquette des Felsendoms zum klagenden Laut von Dudelsäcken als Mahnung mitgeführt. Zwei Fahnen mit dem Davidstern wurden rituell verbrannt. Dann löste sich unter den wachsamen Blicken zahlreicher Geheimagenten die Versammlung auf. Vielleicht gehörte dieses ernüchternde Bild der Exil-Palästinenser zur Vervollständigung meiner Eindrücke, zur Relativierung der Untergangsvision, die sich mir an der Grenze zu Galiläa aufdrängte.

## Fundamentalismus im »Bibel-Belt«

*Tel Aviv, im Juli 2002*

Um ein Interview mit Ariel Sharon habe ich mich nicht bemüht. Große Erleuchtung wäre mir nicht zuteil geworden, und der Ministerpräsident hat – dafür habe ich volles Verständnis – Wichtigeres zu tun als sein ramponiertes Ansehen im Ausland publizistisch aufzubessern. Wichtig sind für ihn nur die Vereinigten Staaten von Amerika. Dort verläßt man sich auf die jährliche Zuwendung des US-Haushaltes in vielfacher Milliardenhöhe, die für Israel offiziell genehmigt wurde. Eine noch weit bedeutendere Rolle spielen in den USA die starke mosaische Gemeinde und die jüdische Lobby, deren Einfluß in den transatlantischen Medien beachtlich und die mit den reichen Spenden der Diaspora für den Zionismus unentbehrlich geworden ist. In der Vergangenheit verfügte Israel vor allem bei den Demokraten im Washingtoner Kongreß über starken Rückhalt.

Neuerdings, seit Bush junior im Weißen Haus regiert und sich rückhaltlos mit Ariel Sharon solidarisiert, sind die konservativsten Abgeordneten der Republikaner die aktiven Befürworter einer strategisch definierten Interessengemeinschaft mit dem Judenstaat geworden. Die Existenzgarantie Israels und sogar dessen Ausweitung bis zum Jordan wurden bei den protestantischen »Evangelikanern« des sogenannten »Bibel-Belt«, die sich an die wörtliche Interpretation der Heiligen Schrift und somit auch an die Verheißung einer eschatologischen Rückkehr des auserwählten Volkes in das Gelobte Land halten, zu einem politisch-religiösen Credo verfestigt, und dabei handelt es sich immerhin um eine beachtliche Millionenzahl engagierter Christen. Aus Gründen des Takts wird dabei meist verschwiegen, daß diese »protestantischen Fundamentalisten« früher im Ruf des Antisemitismus und rassischer Intoleranz standen. So definierten sie die »Neger« als verworfene Nachfahren jenes schamlosen Sohnes Ham des Propheten Noah, der sich über die Nacktheit seines trunkenen Vaters lustig gemacht hatte. Jede Erwähnung der Entwicklungstheorie Darwins, die dem strikten Zeitablauf der Genesis widersprach, wurde aus dem Schulunterricht verbannt. Die Ankunft des Messias konnte bei diesen Sektierern natürlich nur in Gestalt des Jesus von Nazareth stattfinden, und die Bekehrung der Juden zum Christentum war Bestandteil ihrer endzeitlichen Heilserwartung.

Wer kennt sich besser in den israelisch-amerikanischen Beziehungen aus als Zalman Shoval, ehemaliger Botschafter in Washington, der dieser Tage – unter Beibehaltung einer florierenden geschäftlichen Tätigkeit – als außenpolitischer Berater Ariel Sharons tätig ist? Ich kenne diesen kultivierten Mann schon aus der Zeit Benjamin Netanjahus. Er ist sehr viel eleganter gekleidet als die meisten seiner Landsleute, sein höfliches, vornehmes Auftreten wirkt wohltuend. Seine deutschen Sprachkenntnisse sind perfekt. In seinem opulenten Büro, auf der oberen Etage eines geschäftigen Hochhauses der Innenstadt, überrascht Shoval mich mit der Erklärung, daß »die Situation besser sei als vorher«. Eine militärische Lösung sei nicht vorhanden, aber dafür sei die Zeit der Zweideutigkeit vorbei. Was von der Erklärung Sharons zu halten sei, der widersinnige Kibbuz Netzarim im Gaza-Streifen sei ebenso wichtig wie Tel Aviv, frage ich, und der erfahrene Diplomat antwortet mit einem Lächeln: »Wir befinden uns vor einer Verhandlung auf einem orientalischen Bazar. Da macht man keine voreiligen, einseitigen Zugeständnisse, und im übrigen wird von den Arabern jedes Nachgeben als Schwäche interpretiert.« Mit dieser Feststellung hat er zweifellos nicht ganz Unrecht.

Seine Ausführungen über Innenpolitik sind ergiebiger. Shoval hegt nicht den geringsten Zweifel daran, daß aus den nächsten Wahlen zur Knesset, die vermutlich zu einem vorgezogenen Termin im kommenden Frühjahr stattfinden werden, der Likud-Block wieder als stärkste Partei hervorgehen wird. Dann werde sich auch entscheiden, ob Sharon in der Führung bleibe oder den Parteivorsitz an Benjamin Netanjahu abgeben müsse. Das sei nicht sonderlich wichtig, sagt der Berater Sharons, der ja auch schon eine ähnliche Funktion bei »Bibi« Netanjahu ausgeübt hatte. Die Arbeitspartei hingegen sei durch interne Querelen gelähmt. Der ehemalige General und jetzige Verteidigungsminister Ben Eliezer dürfte kaum einen Stimmungsumschwung zugunsten von Avoda zustande bringen. Zum Zeitpunkt meines Gesprächs mit Shoval hatte ein anderer Exgeneral, der Bürgermeister von Haifa,

Amram Mitzna, noch nicht seine Absicht kundgetan, in offene Opposition zur jetzigen Regierungspolitik zu gehen, die dem Abgrund zusteuere. Mitzna tritt dafür ein, daß die Verhandlungen mit der palästinensischen Autonomiebehörde wiederaufgenommen werden. Falls das zu nichts führe, müsse Israel sich auf eine solide geographische Basis zurückziehen und diesen erweiterten Besitzstand militärisch abschotten.

Zalman Shoval hingegen lehnt – getreu der Sharon-Linie – jeden weiteren Kontakt mit Yassir Arafat ab, und damit entspricht er wohl der verbitterten Grundhaltung der verängstigten Massen und der zusehends messianisch gestimmten National-Religiösen. Wenn Amram Mitzna sich mit seiner versöhnlichen Linie überhaupt soweit ins Getümmel wagt, so nur, weil er auf seine kriegerische Laufbahn und seinen Generalsrang verweisen kann. Eine erfolgreiche Karriere als Soldat ist wohl zum jetzigen Zeitpunkt die beste Voraussetzung für den Anspruch auf politische Spitzenpositionen, was die arabischen Intellektuellen israelischer Nationalität veranlaßt, von einer »Offiziersjunta« in Jerusalem zu sprechen, die in Wirklichkeit die Zukunft Israels bestimme. Außenminister Shimon Peres, der eine zunehmend klägliche Figur abgibt, ist einer der ganz wenigen, der nie Uniform getragen hat, und da nutzt es ihm nicht viel, daß er sich darauf berufen kann, die hochqualifizierte israelische Rüstungsindustrie in den sechziger Jahren angekurbelt zu haben und Vater der israelischen Atombombe zu sein.

Nicht bei dem weltläufigen Gentleman Shoval, sondern bei anderen Vertrauenspersonen, deren Namen ich nicht nennen kann, habe ich mir eine begrenzte Einsicht in die strategischen Absichten Zahals verschafft. Nirgendwo findet ein Losschlagen Amerikas gegen Saddam Hussein glühendere Befürworter als im Oberkommando der Israeli Defense Force. Deren wichtigste Interessenvertreter in Washington sind der Vize-Verteidigungsminister Paul Wolfowitz und der außenpolitische Experte Richard Perle. Vor allem von Verteidigungsminister Donald Rumsfeld – die Karikaturisten stellen ihn gern als jenen »Doctor Strangelove« eines Hollywood-Films dar, der »lernte, die Bombe zu lieben« – wird in Jerusalem »robustes« Vorgehen gegen den Irak erwartet. In der Person der nationalen Sicherheitsberaterin Condoleezza Rice, dieser hochintellektuellen farbigen Vertrauten des Präsidenten, die nicht nur eine vorzügliche Pianistin ist, sondern auch als diplomierte Slawistin bei den Verhandlungen über die deutsche Wiedervereinigung George Bush senior beriet, hat der Clan der »Bellizisten«, wie die Liberalen sagen, wohl die wirksamste Fürsprecherin eines Regimewechsels in Bagdad gefunden.

An einen Ausweg aus dem Konflikt im Heiligen Land – sei er militärisch oder politisch – glaubt in der Armeeführung kaum noch jemand. Also strebt man den totalen Bruch mit dem derzeitigen Status quo an, der als unerträglich empfunden wird. Es geht um eine Umgestaltung des gesamten Orients, und viele hohe Offiziere warten ungeduldig auf den amerikanischen Feldzug gegen den Irak, weil man sich von seinem Ausgang einen Neubeginn auf radikal veränderter Grundlage verspricht.

Der Generalstab von Zahal ist über die Pläne des Pentagon besser informiert als die europäischen NATO-Verbündeten. Die israelische Armee wäre bereit, an den Kampfhandlungen teilzunehmen. Saddam Hussein, so ist man in Tel Aviv überzeugt, wird alles daransetzen, Israel in die Schlacht um Bagdad einzubeziehen, denn nur ein solches Engagement könnte jene große islamisch-arabische Massenexplosion in den Nachbarländern verursachen, auf die der Diktator von Bagdad und auch Yassir Arafat bislang vergeblich warteten.

Die Zahl der irakischen Raketen, die in der Lage wären, Tel Aviv oder Haifa zu erreichen, dürfte laut israelischen Erkenntnissen höchstens zwei Dutzend betragen. Das neue Abwehrsystem »Arrow«, den amerikanischen »Patriots« weit überlegen, wäre befähigt, diese isolierten Trägerwaffen rechtzeitig abzufangen, zumal US-Truppen sich neuerdings im schützenden Vorfeld Jordaniens zu »Manöverzwecken« bereits entfaltet haben.

Die israelischen Militärs haben bei dem Versuch, die Intifada der kaum bewaffneten palästinensischen Freischärler mit erdrükkender Übermacht zu ersticken, die Erfahrung gemacht, daß diese Stadt-Guerilla eine extrem moderne Armee vor schier unlösbare Probleme stellt. Sehr viel schwerer könnten sich die amerikanischen Angriffstruppen mit dem Häuserkampf tun, der ihnen in der Metropole Bagdad mit sechs Millionen Einwohnern eventuell bevorsteht. In gewissen Kreisen wird sogar darüber diskutiert, ob man die sich ausweitenden Konvulsionen des Irak-Konfliktes nutzen sollte, um Yassir Arafat, dem man seltsamerweise eine geradezu dämonische Bedeutung zutraut, physisch auszuschalten.

## Wo Satan an Jesus herantrat

*Jericho, im August 2002*

Der Weg von Tel Aviv nach Jericho führt über Jerusalem. Um zur Stadt Davids zu gelangen, haben wir dieses Mal nicht die sichere Straße gewählt, die auf rein israelischem Gebiet verläuft, sondern jene breite Asphaltbahn, die jenseits der »Grünen Linie« El Quds erreicht. Auf beiden Seiten alternieren die roten Dächer jüdischer Neusiedlungen mit den platten Terrassen der umzingelten arabischen Dörfer. Schußwechsel finden hier gelegentlich statt, und Zahal hat mehrere verbunkerte Kontrollposten eingerichtet.

Ich wollte eine Stadt im palästinensischen Autonomiegebiet der West-Bank aufsuchen. Aber der Kollege Alexander von Sobeck, der sich gastlich und landeskundig erweist, hat mir die Realität vor Augen geführt. Von den acht arabischen Städten Judäas und Samarias, die im Zuge der zögerlichen Implementierung des Oslo-Abkommens der vollen Autorität Yassir Arafats unterstellt wurden, haben sieben ihren Sonderstatus der A-Zone längst verloren. Sie wurden durch die Panzer Zahals eingekreist, die immer wieder bis in das Zentrum der Ortschaften hineinrasseln. Der palästinensischen Bevölkerung ist für die notwendigsten Besorgungen oft nur eine Ausgangserlaubnis von zwei Stunden pro Tag gewährt. Fremden wird der Zutritt zu diesen umstrittenen, das Scheitern von Oslo dokumentierenden Abschnitten generell untersagt.

Sogar die Verbindungsstraßen der West-Bank sind für palästinensische Autos, die an den weißen Nummernschildern zu erkennen sind, gesperrt. Soweit sie sich überhaupt noch zwischen Ramallah und Jenin, Hebron und Bethlehem bewegen, müssen die Einheimischen Feldwege einschlagen, wo sie auch im Blickfeld unserer Zugangsroute nach Jerusalem immer wieder zu Fuß oder auf Eseln reitend auftauchen. Mit unserem gelben, also israelischen Kennzeichen werden wir von den Soldaten problemlos durchgewunken. Mit ihren massiven Helmen und panzerähnlichen Schutzwesten ähneln sie mittelalterlichen Kriegern.

Am Hotel »American Colony« – schon im Ostsektor Jerusalems gelegen – nehmen wir den palästinensischen Mitarbeiter Ahmed in unseren Landrover auf, der das Privileg besitzt, neben seiner offiziellen israelischen Staatsangehörigkeit Bürger eines europäischen Landes zu sein. Ich kenne Ahmed seit 1997, aber es ist kein unbeschwertes Wiedersehen. Damals konnte ich vor dem »American Colony«, das glücklicherweise seinen orientalischen Charme bewahrt hat, einen arabischen Taxifahrer anheuern und in Richtung Ramallah oder Nablus durchstarten. Davon kann heute nicht mehr die Rede sein. Bei der Fahrt ins Jordan-Tal passieren wir ein paar ärmliche Beduinenlager. Die zerzausten Zelte ducken sich neben Kanisterhütten, und das Ganze wirkt deprimierend. Jericho – vierhundert Meter unter dem Meeresspiegel gelegen – empfängt uns mit einer Hitze von 47 Grad. Es ist die letzte palästinensische Stadt der West-Bank, die bisher von den Einfällen und Durchsuchungen Zahals verschont blieb.

In diesem Rest des Autonomiegebietes wachen noch palästinensische Polizisten über die innere Ordnung. Israeli begeben sich nicht mehr in die feindlich gestimmte Enklave. Nach Passieren des Zahal-Checkpoints bringen wir eine arabische Beschriftung auf der Windschutzscheibe an, die uns als ausländische Journalisten zu erkennen gibt. Es geht sehr schläfrig zu in den Gassen dieser Oase. Über den Palmenhainen und Citrusplantagen ragt die klotzige Silhouette des Intercontinental-Hotels. Vor Ausbruch der El Aqsa-Intifada hatten dort jüdische Unternehmer ein riesiges Spielcasino eingerichtet. Da Black Jack, Roulette, Poker und andere frivole Veranstaltungen in Israel aus religiösen Gründen verboten sind, wurde das arabisch-muslimische Jericho als Treffpunkt unermüdlicher israelischer Zocker ausgesucht. Die mosaische Kundschaft kam in Scharen dorthin, und der Rubel rollte. Jetzt ist das Interconti mitsamt Casino geschlossen. Die neue große Freitagsmoschee scheint über die lästerliche Intrusion des Bösen gesiegt zu haben. Demnächst soll allerdings das Oasis-Casino von der CIA übernommen werden, angeblich zur Ausbildung palästinensischer Agenten.

Ahmed macht mich auf das Felsmassiv aufmerksam, das die Jordan-Senke nach Westen überragt. »Dort sehen Sie den Berg der Versuchung, wo Satan an Jesus herantrat und ihm die Welt zu Füßen legte«, erklärt er. Aber auch die Pilger kommen nicht mehr nach Jericho. Die palästinensische Fahne – Schwarz-Weiß-Grün mit rotem Dreieck – hängt schlaff am Mast. Auf einem Freigelände lagern mehrere Dutzend Araber. Sie schlafen seit Tagen im Freien – manche haben Zelte aufgeschlagen – und warten mit orientalischer Geduld und tiefer Verbitterung auf die endlose Abwicklung ihres Reiseantrags über die Allenby-Brücke ins Haschemitische Königreich Jordanien. Ob es sich um Familien- oder Geschäftsbesuche in Amman handelt, der Übergang über den Jordan wird von den israelischen Behörden schikanös in die Länge gezogen.

Ich muß an jenen arabischen Journalisten von »El Quds« denken, der mir vor Jahren versichert hatte, statt auf die Gründung eines palästinensischen Staates steuere das Oslo-Abkommen auf die Schaffung eines »orientalischen Bantustans« hin. Schon sei das Autonomiegebiet zerfetzt wie Bophutatswana, ja die Schwarzen Südafrikas seien zur Zeit der Apartheid in mancher Beziehung bessergestellt gewesen. Bei der weißen Herrenschicht – in den Goldgruben, auch in den Haushalten – hätten ihnen wenigstens zahlreiche Verdienstmöglichkeiten offengestanden. Jeder beruflichen Tätigkeit von Palästinensern in Israel sei hingegen seit Ausbruch der Unruhen ein Riegel vorgeschoben. Auch in den südafrikanischen »Homelands« wie Transkei und vor allem in Bophutatswana waren übrigens seinerzeit Spielhöllen und andere Lasterstätten zugelassen worden, wo die calvinistischen Buren den prüden Vergnügungsverboten der eigenen Republik heuchlerisch entweichen konnten. Die träge Stadt Jericho hat sich wohl nie zum Sündenpfuhl geeignet. Jetzt herrscht ohnehin – neben der notorischen Korruption und Anmaßung der palästinensischen Behörden – eine Form resignierter koranischer Sittlichkeit vor.

Von einer Anhöhe über den Lehmruinen eines ehemaligen Flüchtlingslagers blicke ich auf den schmalen Vegetationsgürtel des Jordan-Ufers. Dieser Grenzstreifen wurde wohlweislich nicht der

Autonomiezone A oder B zugeschlagen, sondern verbleibt in der ausschließlich israelischen Sicherheits- und Siedlungszone C. Den ganzen Fluß entlang – vom See Genezareth bis zum Toten Meer – dehnt sich eine Sperrzone, die mich wiederum nach Nordafrika zurückversetzt. Das schmale Bett des Jordan ist im Westen durch ein tief gestaffeltes Sicherheitssystem hermetisch abgeschirmt. Es beginnt in Ufernähe mit ausgedehnten Minenfeldern. Dann kommen zwei hohe Stacheldrahtverhaue, die mit Starkstrom aufgeladen sind. Dazwischen verläuft eine sandige Spur, auf der Patrouillen in kürzester Frist zur Einbruchstelle preschen können. Spürhunde sind dort angesetzt und die Fußabdrücke eventueller Eindringlinge im weichen Boden leicht zu erkennen. Die Höhen von Judäa sind in regelmäßigem Abstand mit Radarstationen und Artilleriestellungen bestückt. Das System gleicht in allen Punkten jener »Ligne Morice«, die die französische Armeeführung im algerischen Grenzgebiet zu Tunesien von der Mittelmeerküste bis tief in die Sahara ziehen ließ, um die Infiltration der sogenannten algerischen Grenzarmee des Oberst Boumedienne zu vereiteln. Die Morice-Linie war übrigens eine der wenigen militärischen Maßnahmen der Generale Salan und Challe, die sich im französischen Algerien-Krieg vollauf bewährte. Verständlicherweise werden die Offiziere von Zahal nur ungern auf diesen Präzedenzfall angesprochen.

Diese Grenzbefestigung soll bestehenbleiben, selbst wenn am Ende doch noch ein palästinensischer Staat auf den verbleibenden Gebieten der Autonomiebehörde ausgerufen würde. Denn über den Jordan – wenn man ihn freigäbe – fände eine unvermeidliche Infiltration israelfeindlicher Elemente und die Versorgung der islamistischen Kampforganisationen mit modernen Waffen statt. Einerseits läßt die Sicherheit des Judenstaates die Preisgabe dieses Schutzwalls nicht zu, andererseits bleibt hier jede palästinensische Selbstverwaltung durch die gravierende Souveränitätsbeschränkung auf den Status eines Protektorats reduziert.

*

Auf der Rückfahrt rasten wir in der Altstadt von Jerusalem. Die meisten Souvenirläden rund um die Via Dolorosa sind geschlossen. Die Händler sitzen müßig an ihren Ständen, wo neben allen möglichen Devotionalien auch T-Shirts mit der Abbildung Yassir Arafats aushängen. Alexander von Sobeck kennt im nahen Armenier-Viertel ein recht gutes japanisches Restaurant, wo sogar Tempura von Schalentieren angeboten wird. Mit Ahmed und dem Kamerateam, das multikulturell zusammengesetzt ist, kommen wir auf die politischen Zustände zu sprechen. »Wenn ein Plebiszit über die Präsidentschaft der Autonomiebehörde stattfände, wie das in der Knesset gefordert wird, dann würde Yassir Arafat haushoch wiedergewählt«, stimmen alle überein; bei einer Neuwahl des Parlaments würden die Anhänger des Rais hingegen starke Verluste einstecken. Die Sympathisanten der islamistischen Hamas brächten es auf fünfzig Prozent der Abgeordneten nicht nur in Gaza, sondern auch auf der West-Bank.

Seit Ariel Sharon und sogar Shimon Peres sich strikt weigern, irgendeinen Kontakt zu Arafat aufzunehmen, und seit George W. Bush in gewohnter Konkordanz den Präsidenten der Autonomiebehörde für irrelevant erklärte, dürfte die Ausschaltung des Rais beschlossene Sache sein. Aber was würde das bringen? Das Rätselraten über die Nachfolge bleibt höchst unbefriedigend. Da wird der Name Abu Mazen genannt, der zu den Gründern der Fatah zählt und in Moskau mit einer Dissertation über den Zionismus promoviert hat. Doch er leidet, wie so manche seiner Rivalen, unter der üblen Reputation der sogenannten »Tunesier«, jener Exilanten, die aus dem Libanon nach Nordafrika flüchteten und dort das Gespür für ihre palästinensische Heimat verloren. Den Tunesiern haftet zudem der Geruch von Bestechlichkeit an. Es ist nicht gerade ein Beweis von Klugheit, daß diese späten Heimkehrer – neben den Geheimkonten, über die sie im Ausland verfügen – ausgerechnet im trostlosen Gaza-Streifen prachtvolle Villen erworben haben. Erwähnt wird auch Ahmed Qurei alias »Abu Ala«. Er war auf arabischer Seite der entscheidende Mann der Oslo-Verhandlungen, entstammt einer wohlhabenden Familie aus Abu Dis. Abu Ala, der zum Sprecher des Gesetzgebenden Rates in Ramallah gewählt wurde, hat gegen die Korruption in den eigenen Reihen Stellung genommen, aber da er sich vom bewaffneten Widerstand stets fernhielt, bleibt sein Einfluß auf ein paar Distrikte in der West-Bank beschränkt.

Wir befänden uns nicht im Orient, wenn nicht auch über die Möglichkeit einer militärischen Machtergreifung nach der Eliminierung Arafats spekuliert würde. Dafür käme Oberst Jibril Radjub in Frage, ein alter Kämpfer, der siebzehn Jahre in israelischen Gefängnissen verbrachte. Radjub kommandierte bis zu seiner plötzlichen Abberufung durch Arafat die allmächtigen Sicherheitsdienste des West-Jordan-Ufers. Sein Counterpart, Oberst Muhammad Dahlan, verfügt weiterhin in Gaza über beachtlichen Einfluß. Doch es spricht nicht zugunsten der »Mukhabarat«, daß der einfache Palästinenser seine eigenen, willkürlich agierenden Polizisten fast unterwürfig mit dem Wort »Sidi« – das heißt »mein Herr« – anredet, wozu er sich bei den jüdischen Ordnungshütern niemals bereitfand. Im übrigen halten sich hartnäckige Gerüchte, wonach Radjub und Dahlan für ihre zwielichtige Tätigkeit einen Spezialkurs bei der CIA absolvierten und daß die Kontakte dorthin nie abgerissen seien. Als wahrer Volksheld ist Marwan Barghouti in den Vordergrund gerückt. Dieser energische, eloquente Anwalt, der die »Tanzim«-Gruppe der PLO anführte und beim israelischen Geheimdienst als Inspirator der El Aqsa-Brigaden gilt, agierte als wackerer, populärer Streiter für ein unabhängiges »Filistin«. Die Regierung von Jerusalem hat ihn verhaften lassen und will ihn – was ganz ungewöhnlich ist – in einer offenen Gerichtsverhandlung verurteilen.

Woher die Palästinenser denn ihre Waffen und vor allem ihre Munition erhielten, die sie bei jedem Anlaß, bei Beerdigungen wie Hochzeiten, so verschwenderisch verschießen, erkundige ich mich. Schweres Gerät besitzen die verschiedenen Kampfgruppen zwar nicht, allenfalls ein paar leichte Granatwerfer. Der Nachschub durch sandige Tunnel, die unermüdlich aus dem ägyptischen Grenzgebiet bei Rafah bis in den Gaza-Streifen gebuddelt werden, ist extrem verwundbar und gibt nicht viel her. Zu meiner Verblüffung wird mir bestätigt, daß jüdische Siedler größere Mengen Munition, gelegentlich auch M-16-Gewehre, an ihre Todfeinde verhökern und daß die sogenannte »russische Mafia« aus dem Küstenstreifen bei Aschkalon maßgeblich an den selbstmörderischen Geschäften beteiligt sei.

Ein junger Araber, wohl ein Bekannter Ahmeds, wir wollen ihn Nuri nennen, gesellt sich zu uns. Er hat einen Artikel des israelischen Journalisten Gideon Samet der Zeitung »Ha'aretz« mitgebracht, der in der »International Herald Tribune« abgedruckt wurde. Es geht darin um jene »Smart Bomb« vom Gewicht einer Tonne, die ein paar Tage zuvor über dem Häusergewirr von Gaza von einer israelischen Kampfmaschine mit bemerkenswerter Präzision abgeworfen wurde. Sie hat den seit langem gesuchten Terroristenführer der Hamas, Salah Shehada, ausgelöscht. Aber dabei sind auch sechzehn unbeteiligte Zivilisten, darunter elf Kinder, ums Leben gekommen. Gideon Samet äußert ganz offen den Verdacht, daß dieser von Sharon persönlich befohlene Einsatz neben der Beseitigung Shehadas die Torpedierung einer begrenzten Waffenruhe bezweckte, der der oberste geistliche Inspirator von Hamas, Scheikh Ahmed Yassin, bereits zugestimmt hatte. »Was unterscheidet einen solchen Bomberpiloten, der sogenannte Kollateralschäden in Kauf nimmt, von einem arabischen Selbstmordattentäter, der jüdische Zivilisten und sich selbst in die Luft sprengt?« fragt Nuri und gibt selbst die Antwort: »Der eine kehrt nach seiner Tat zu seinen Fliegerkameraden oder zu seiner Familie zurück, der andere geht als Leichnam – in scha' Allah – in die Gärten des Paradieses ein.«

»Haben Sie noch Kontakt zu Scheikh Yassin?« wende ich mich an Ahmed. Er hatte im November 1997 meinen Besuch bei dieser rätselhaften Gestalt des palästinensischen Widerstands vorbereitet und mich auch in das armselige Sabra-Viertel von Gaza begleitet, wo der oberste Hamas-Führer in einem, kaum geschützten Haus lebte. Es sei kaum noch möglich, den Checkpoint Erez zu passieren, lautet die Antwort, und der »heilige Mann« stehe unter Hausarrest. Wir gedenken gemeinsam der merkwürdigen Begegnung, während der Scheikh Ahmed Yassin regungslos in seinem schlichten Rollstuhl saß. Ein Dutzend bärtiger Islamisten hielt sich in dem schmucklosen Raum auf. Aber ich sah nur noch die zerbrechliche, querschnittsgelähmte Figur, in der allein die Augen zu leben schienen. Yassin war nicht einmal in der Lage, den Kopf zu wenden oder die arthritisch deformierte Hand zur Begrüßung zu heben. Unmittelbar an seiner Seite wurde mir ein Stuhl zugewiesen. Ich sah auf sein Profil, das an ein Heiligengemälde El Grecos erinnerte. Doch aus seinem Blick sprach eine unglaubliche Präsenz und wache Energie. Der Gründer der Hamas, die als Terrororganisation aufgelistet ist, strahlte, so schien mir, gottergebene Gelassenheit aus, und das lag nicht nur an seiner mitleiderregenden körperlichen Gebrechlichkeit. Seine Glieder, ja sein Rumpf, wirkten unter dem Gewand, das ihn einhüllte, geschrumpft, fast aufgelöst, so daß ich den Eindruck gewann, als hätte ich es mit einem frei schwebenden Patriarchenkopf zu tun, über dessen Silberhaar ein weißes leichtes Tuch gebreitet war.

Unter welchen Bedingungen seine Hamas-Bewegung bereit sei, mit den Israeli einen Waffenstillstand zu vereinbaren, hatte ich damals geforscht. Seine Forderungen waren bekannt, aber ich wollte sie aus seinem Munde hören. Die israelische Militärpräsenz in den besetzten Gebieten müsse beendet und alle dortigen Siedlungen aufgelöst werden. Die Gefangenen müßten freigelassen werden. Der palästinensische Staat solle volle Souveränität erhalten. Das waren die elementaren Voraussetzungen für eine Waffenruhe, eine »Hudna«. Von Frieden, von »Salam« mit den Zionisten war überhaupt nicht die Rede. Das Waffenstillstandsangebot, das viele westliche Kommentatoren bereits als bedeutsames Zugeständnis werteten, entsprach einer präzisen koranischen Leitregel, der Vorschrift der Scharia: Mit den »Schriftbesitzern« lassen sich temporäre Vereinbarungen über Waffenruhe treffen, wenn sie denn den Rechtgläubigen zum Vorteil gereichen und solange der Gegner über eindeutige Überlegenheit verfügt. Mit Versöhnung ist ein solches Zugeständnis keineswegs gleichzusetzen.

Mit seiner leisen Stimme schloß Scheikh Yassin kategorisch aus, daß er die Rechtmäßigkeit des Judenstaates jemals anerkennen werde. »Ich empfinde keine Feindschaft gegen die Juden«, sagte er; »sie werden in einem unabhängigen palästinensischen Staat mit vollen Rechten neben uns leben. Aber wir können doch nicht auf unser Land verzichten. Selbst wenn mein Bruder käme und wollte mir mein Haus wegnehmen, würde ich mich dagegen verwahren. Wieviel mehr, wenn es sich um Fremde handelt.« – Auf der Rückfahrt nach Tel Aviv – wir hatten Erez hinter uns gelassen – waren wir an dem Dorf vorbeigefahren, in dem Scheikh Ahmed Yassin geboren und das später von der jüdischen Kolonisation eingeebnet worden war.

## Arafat sagt »Welcome!«

Ob denn eine Chance bestehe, Yassir Arafat in seiner belagerten Wohnung von Ramallah aufzusuchen, erkundige ich mich bei den Gästen im armenischen Viertel von Jerusalem. Das sei so gut wie ausgeschlossen. Sogar den diplomatischen Bevollmächtigten der Europäischen Union, Xavier Solana, hätten die israelischen Posten erst einmal abgewiesen. Jedenfalls bedürfe es langer und komplizierter Vorbereitungen. Auch in diesem Falle kommt die Erinnerung hoch. Meine eindrucksvollste Begegnung mit dem Palästinenserführer hatte im April 1982 zu nächtlicher Stunde in der libanesischen Hauptstadt Beirut stattgefunden. Ich schildere meinen Zuhörern die Szene.

Arafat traf seine Verabredungen meist nach Mitternacht. Ich hatte mich bei Mahmud Labadi, dem damaligen Sprecher der PLO, in dessen chaotischem Informationsbüro aufgehalten, und wir unterhielten uns über die israelische Offensive aus dem Süden, die nun von einer Woche zur anderen fällig war. Das Telefon unterbrach uns. Es mochte zwei Uhr nachts gewesen sein. Yassir Arafat erwarte uns und sei zum Gespräch bereit, wurde uns mitgeteilt. Die Fahrt war kurz. Die Etagenhäuser glichen sich alle im Umkreis der Arabischen Universität von Beirut. Die bewaffneten Männer in Uniform und in Zivil waren besonders zahlreich. Man führte uns in Begleitung Mahmud Labadis in einen großen Sitzungssaal. An der Wand hingen eine Landkarte Palästinas und Fotos der Städte Jaffa und Hebron. Überflüssig, Arafat zu beschreiben. Er kam durch die Tür wie seine eigene Legende mit schwarz-weißem Keffiyeh, Stoppelbart und leicht geröteten Basedow-Augen, trug olivgrüne Uniform und den Revolver an der Hüfte. Ein paar Tage zuvor hatte ein amerikanischer Kollege ihn noch als »Mensch gewordenes Reptil« bezeichnet und sich über die wenig einladende Erscheinung dieses Mannes mokiert, der sich spätestens seit seinem ersten UNO-Auftritt mit viel Geschick und Geschmeidigkeit um die Sympathie der westlichen Öffentlichkeit bemühte.

In Wahrheit und aus der Nähe wirkte der Palästinenser ganz anders. Er strahlte sogar eine gewisse Wärme aus. In dem fahlen, übernächtigten Gesicht blickten traurige, fast fiebrig glänzende Augen, und das stereotype Lächeln erschien als Gemisch von lauernder List und Scheuheit. Der Händedruck war lasch. Jedenfalls war dieser Mann ein Überlebenskünstler, der zahllosen Attentaten und Verschwörungen entkommen war, ein Meister des Kompromisses und der Täuschung, ein Widerstandstaktiker, dessen allzu betonter Sinn für die Realität ihm zwar erstaunliche Erfolge auf dem Feld der Diplomatie einbrachte, seine tatsächliche Glaubwürdigkeit jedoch fatal beeinträchtigte. Wie er als Guerillaführer im mörderischen und tückischen Schlangenknäuel der PLO zwanzig Jahre lang seine Position behaupten konnte, grenzte an ein Wunder.

Weder das lange Gespräch noch das anschließende kurze TV-Interview brachte irgendeine Neuigkeit. Menachem Begin habe die Annektion des West-Jordan-Ufers längst beschlossen, betonte Arafat, und die Jerusalemer Regierung sei nichts anderes als eine Junta. Die Palästinenser müßten die Rechnung für jene Verbrechen zahlen, die Europa an den Juden begangen habe. Andererseits seien sie das Gewissen und die Vorhut der arabischen Nation. Der angekündigten Offensive der Israeli sehe die PLO mit Gelassenheit entgegen. »Wir sind wie ein Schwamm, der sich unbegrenzt vollsaugen kann«, sagte Arafat. »Wir haben nichts zu verlieren, und es ist nicht leicht, uns zu knacken. Wenn die Dunkelheit am tiefsten erscheint, dann ist die Morgendämmerung nahe. Manche Libanesen mögen zu uns sagen: Arafat go home; nichts anderes verlange ich.«

Ich hatte ihm – wie das üblich ist – meine Fragen zum Fernsehinterview vor der Aufnahme genannt. »Einverstanden«, hatte Yassir Arafat gesagt, »bis auf den letzten Punkt. Da wollen Sie meine Meinung zur islamischen Revolution, zum religiösen Fundamentalismus hören. Doch hierzu werde ich mich nicht äußern.« Auch vor der Kamera bewahrte er seine provozierende Selbstsicherheit: »Wenn die Israeli mit ihren Divisionen zu uns kommen wollen, dann erwarten wir sie in aller Ruhe, und wir sagen: ›Welcome!‹«

Soviel habe sich in den vergangenen zwanzig Jahren wohl nicht geändert, beende ich meine Erzählung aus Beirut. Arafat, den seine palästinensischen Kritiker nach der Rückkehr aus Tunis als »rajul min al barra – den Mann von draußen« bezeichneten, befindet sich in seiner belagerten Wohnhöhle von Ramallah in einer ähnlich bedrängten Situation wie in der letzten Phase seiner unseligen Libanon-Präsenz. Der Rais ist plötzlich wieder ein gehetzter Untergrundkämpfer. Was kann diesem verbrauchten alten Mann, der sichtlich an Parkinson erkrankt ist, Besseres passieren, als durch eine feindliche Kugel zu sterben? Über Einfluß auf die »Terroristen« seiner diversen Organisationen verfügt er in seiner erzwungenen Isolation ohnehin nicht mehr.

Es fällt schwer, die exzessive Stimmungsmache nachzuvollziehen, die die israelischen Informationsbehörden und Medien gegen diesen gestrandeten Rebellen mit dem Keffiyeh unermüdlich anheizen. Ich denke an seinen Fernsehauftritt ein paar Wochen zuvor, der unter widrigsten Umständen zustande gekommen war. Die Verwaltungsgebäude der Autonomiebehörde von Ramallah waren durch die Panzer Zahals, die im Innenhof lauerten, verwüstet worden. Eine israelische Patrouille hielt sich unmittelbar vor Arafats Büro auf. Bei Kerzenlicht sah man ihn – von einer kleinen Gruppe Getreuer umringt – an seinem Tisch sitzen. Der Kampfgeist war ihm nicht abhanden gekommen, aber es klang doch ein wenig pathetisch, ja lächerlich, als er gegenüber seinen israelischen Verfolgern fast die gleiche Formel fand wie seinerzeit in Beirut: »If the Israeli want to enter this room, I do not fear them. – Wenn die Israeli in diesen Raum eindringen wollen, ich fürchte sie nicht. – I say welcome!«

*

Mit Alexander von Sobeck bin ich zur Grabeskirche gegangen. Die Umgebung dieser heiligsten Stätte der Christenheit, die als besonders gefährlich gilt, ist menschenleer. Wir sind die einzigen Besucher, die am Grab Christi zu einem kurzen Gebet verweilen. Unter den drei monotheistischen Religionen ist im Heiligen Land von der Verkündung des Jesus von Nazareth am wenigsten die Rede. Für die abendländischen Kartographen des Mittelalters hingegen war das Grab Christi in Jerusalem der Mittelpunkt der Welt. Als die Kreuzritter dorthin aufbrachen, taten sie das nicht nur aus Mordlust und Raubgier, wie heute so oft behauptet wird, sondern um dem gebieterischen Aufruf des Papstes zu folgen, der die Verwüstung und Schändung der Grabeskirche durch den geistesgestörten Fatimiden-Kalifen Hakim bi Amrillah nicht tatenlos hinnehmen konnte. Die Stadt Jerusalem war durch Gottfried von Bouillon im Jahr 1099 im ersten Ansturm erobert worden. Die Sieger schreckten vor einem fürchterlichen Gemetzel nicht zurück. Hundert Jahre später schlug der Ayyubiden-Sultan Salah-ud-Din – von den Christen Saladin genannt – das Kreuzritterheer des christlichen Königs Konrad von Jerusalem in der Ebene von Hittin und entriß ihm die Heiligen Stätten. Noch ein zusätzliches Jahrhundert sollte es dauern, ehe die »Franken«, wie sie von den Orientalen bezeichnet wurden, in ihren kolossalen Trutzburgen zwischen Galiläa und Syrien dem Ansturm des Mameluken-Sultans Baibars erlagen. In ihrer Hafenfestung Saint Jean d'Acre, von den Israeli heute Akko genannt, bestiegen die letzten christlichen Streiter im Jahr 1238 die Schiffe, um in ihre abendländischen Besitzungen zurückzukehren.

Bekanntlich vergleichen die Araber die Gründung des Judenstaates immer wieder mit dem Abenteuer der Kreuzzüge. In einem Punkt zumindest mag diese Parallele zutreffen. So wie die Eroberung des Grabes Jesu in Jerusalem durch die Mohammedaner dem christlichen Anspruch auf das Heilige Land die »raison d'être« entzog, so würde eine Preisgabe der Stadt Davids und des dortigen Tempelberges die Existenz Israels ihres sakralen Sinnes berauben. Was wäre schon der Zionismus ohne Zion? Dennoch bleibt die Parallele trügerisch. Der Rückzug in eine ferne Heimat stünde den Israeli im Gegensatz zu den Franken nicht offen. Deshalb würde ihre Selbstbehauptung, ihr Festkrallen am Gelobten Land – so versichern sie – kein Nachgeben dulden bis zum mythischen Zeitpunkt von Armageddon.

Ob die Strategen des Pentagon wohl eines Tages entdecken werden, daß der Judenstaat – statt eine solide strategische Bastion der USA im Orient zu bilden – zur Achillesferse Amerikas zu werden droht? Wer vermag am Potomac die warnende Klage des Propheten Zacharias zu begreifen, der da im Namen seines Herrn verkündete: »Siehe, ich will Jerusalem zum Taumelbecher zurichten allen Völkern, die umher sind. Zur selben Zeit will ich Jerusalem machen zum Laststein allen Völkern; alle, die ihn wegheben wollen, sollen sich daran zerschneiden.«

# INDIEN – PAKISTAN
## Fanatismus in Grün und Safrangelb

### Erstarrt in Schnee und Eis

*Gulmarg, im Januar 2002*

In den Reiseführern der frühen achtziger Jahre wurde die kleine Ortschaft Gulmarg – »Blühende Wiese« – noch als Gebirgsidylle für Wintersport und Trekking in Kaschmir angepriesen. Skiausrüstung sei zu niedrigen Preisen zu mieten. Jenseits des Golfplatzes wurde das Tourist-Hotel empfohlen, dessen bizarre Holzfassade an eine Phantasiekonstruktion aus der Zauberwelt des »Herrn der Ringe« erinnere. Da sich der Flecken Gulmarg in etwa 3000 Meter Höhe befindet, wird die schneidende Kälte im Winter erwähnt. Man versäume bei klarem Wetter nicht den Blick auf die weißen Klippen des Nanga Parbat, des höchsten Himalaya-Gipfels nach dem Mount Everest, der sich über düsteren Kiefernwäldern in den türkisblauen Himmel bohrt.

Die Guide-Books, die zehn Jahre später gedruckt wurden, preisen zwar weiterhin die Attraktivität dieses Ausflugsortes, schicken jedoch eine dringliche Warnung voraus. Kaschmir wird seit etwa 1990 von politischen Unruhen heimgesucht. Ein paar ausländische Feriengäste wurden von Terroristen entführt und ermordet. Der sich ausweitende Partisanenkrieg verunsichert vor allem jene Gebirgsgegend westlich der Hauptstadt Srinagar, wo sich eine gewundene Straße auf die sogenannte »Line of Control« zubewegt. Diese Demarkierung trennt seit 1948 den indisch beherrschten Teil Kaschmirs von dem westlichen Streifen dieses einstigen Fürstenstaates, den Pakistan an sich gerissen hat. Von Gulmarg aus sind die schwerbefestigten Stellungen der beiden verfeindeten Armeen des Subkontinents und die heißumkämpfte Schlucht des Jhellum-Flusses nur sieben Kilometer Luftlinie entfernt.

An diesem frostigen Januartag 2002 halte ich auf der »Blühenden Wiese« vergeblich Ausschau nach der Gastlichkeit vergangener Jahre. Die Holzbauten zu Füßen des ausrangierten Ski-Lifts sind vermodert. Bunt schreiende, häßliche Reklameschilder sind an den Bohlenwänden befestigt, man fragt sich, für welche Kunden. Ganz bestimmt nicht für die ausgemergelten, stoppelbärtigen Einheimischen, die sich dem seltenen Besucher neugierig nähern, ihm eine Tasse heißen Tee anbieten und sich in ein einsilbiges Gespräch einlassen. Die »Line of Control« zum pakistanischen Teil Kaschmirs habe sich seit zehn Jahren in eine regelrechte Front verwandelt. Alle Versuche Islamabads, den territorialen Status quo zugunsten seiner Streitkräfte gewaltsam zu korrigieren, seien von der indischen Armee abgewiesen worden. Die zerklüftete Gebirgsgegend eignet sich nicht für Offensiven, allenfalls für Infiltrationen von Freischärlern. Gegen diese koranisch motivierten Mudschahidin hätten auch die »Border Special Forces« der Inder nur unzureichende Sperren errichtet, berichten die Männer von Gulmarg, die samt und sonders Muslime sind. Sie tragen fast alle die gleiche Winterkleidung, »Phiran« genannt, einen kuttenähnlichen Umhang in trister grauer oder brauner Farbe. Darunter haben sie auf dem Bauch einen geflochtenen Strohkorb befestigt, den »Tanjri«, ihre tragbare Heizung, dessen glühende Holzkohle Wärme spendet. Da dieses Gerät unter dem Kaftan verborgen ist, entsteht auf den ersten Blick der Eindruck männlicher Schwangerschaft. Die Inder hegen den Verdacht, daß da auch Granaten und sogar eine Kalaschnikow versteckt sein könnten.

Die Kaschmiri vermeiden den Kontakt zu den zahlreichen indischen Soldaten, die in dem Winter-Kurort Gulmarg präsent sind. Die Krieger der Regierung von Delhi werden als Besatzungsmacht empfunden, und man mustert sie mit abweisenden Blicken. Diese Landesfremden, die zu Füßen des Himalaya recht verloren wirken, tragen stets Helm und kugelsichere Weste. Sie trennen sich nicht von ihrer Waffe. Viele stammen aus den heißen, tropischen Regionen des Subkontinents – aus Tamil-Nadu oder West-Bengalen – und leiden sichtlich unter dem klirrenden Frost. Man hat ihnen nicht einmal wetterfeste Stiefel verpaßt, so daß sie krampfhaft bemüht sind, sich die Füße warm zu treten.

Die rauhen Gebirgsbewohner hingegen sind seit Generationen akklimatisiert. Sie fordern ganz offen den Abzug der hinduistischen Besatzungsmacht. Wenn sich hier auch keiner traut, für den Anschluß Kaschmirs an das konfessionell verwandte Pakistan einzutreten – was vielleicht auch gar nicht die allgemein gewünschte Option wäre –, so plädieren sie doch ganz ungeniert für die Unabhängigkeit dieses peripheren Teilstaates der Indischen Union, für eine Art »asiatische Schweiz« am Fuße des Himalaya, so unrealistisch eine solche Forderung auch klingen mag. Das Thema der islamistischen Bandentätigkeit in Kaschmir ist kein Tabu. Von Terroristen will hier allerdings niemand reden, und da der Ausdruck »Freiheitskämpfer« von den indischen Polizeibehörden als Provokation empfunden würde, reden sie von »islamic militants«. Die bewegen sich offenbar in den Dörfern von Kaschmir und den Gassen von Srinagar wie »der Fisch im Wasser«. Die Mudschahidin genießen – allen gegenteiligen Beteuerungen aus Neu-Delhi zum Trotz – breite Sympathie, ja Komplizenschaft.

Die im Westen vielerörterte Frage, ob es zu einem Krieg um Kaschmir kommen wird, erübrigt sich an Ort und Stelle. Er ist längst im Gange. Indien ist mit einer halben Million Bewaffneten in dieser einst so lieblichen Landschaft rund um den Dal-See und das fruchtbare Jhellum-Tal präsent. Wohl in keinem anderen Partisanengebiet habe ich je eine vergleichbare Massierung von Streitkräften erlebt. In den Ortschaften liegen die indischen Infanteristen hinter Sandsäcken mit ihren Maschinengewehren im Anschlag. Selbst längs der von Pappeln gesäumten Landstraßen bilden sie ein fast durchgehendes Spalier. Auf der Strecke zur Kontrollinie ist der Verkehr immer wieder durch endlose Militärkonvois blockiert. Die Überfälle der Mudschahidin finden meist bei Nacht statt, und man hat errechnet, daß ihnen täglich fünf oder sechs Soldaten zum Opfer fallen. Die Vergeltungsaktionen der hinduistischen Truppe sind ihrerseits unerbittlich. Die Zahl der Toten wird auf 70 000 geschätzt, und bei den Polizeiverhören soll es zu schrecklichen Folterszenen kommen. Die hinduistische Minderheit, die hier einst lebte, ist unter Morddrohungen geflüchtet. Auch die kaschmirischen Kollaborateure der indischen Staatsgewalt müssen ständig um ihr Leben fürchten.

Die Presse der indischen Hauptstadt Delhi berichtet nur selten und ungern über diese blutige Auseinandersetzung, die seit mehr als zehn Jahren andauert. Ein besonders scheußlicher Vorfall wurde immerhin in der »Times of India« erwähnt, vermutlich, weil ihm keine politische Absicht zugrunde lag. Ein indischer Besatzer war in ein isoliertes Kaschmiri-Haus eingedrungen, hatte einen jungen Einheimischen mit Benzin übergossen und verbrannt. Dann legte er die eigene Waffe und verschiedene Identifizierungsmerkmale neben den verkohlten Leichnam, um den Eindruck vorzutäuschen, er selbst sei einem Hinterhalt der Terroristen erlegen. Die Anerkennung seines gewaltsamen Todes hätte der indischen Witwe erlaubt, die für solche Fälle vorgesehene Prämie und Pension zu kassieren, und irgendwie hätte der heimtückische Täter unter neuer Identität zu ihr zurückgefunden. Ich erwähne diese Episode nur, weil sie einen krassen Eindruck von der Verrohung vermittelt, die auf beiden Seiten um sich gegriffen hat.

Unterdessen werden längs der endlosen Grenze zwischen Indien und Pakistan, die fast über 3000 Kilometer zwischen Himalaya und Indischem Ozean verläuft, Bunkerstellungen ausgebaut, Panzergräben ausgehoben, Minenfelder angelegt, Geschütze und sogar Raketen in Stellung gebracht. Allein auf dem Flugplatz Srinagar starten alle zehn Minuten Patrouillen indischer MIG oder Mirage-Jäger, die wohl allzugern die Positionen des muslimischen Feindes unter Beschuß nähmen. Aber so weit ist es noch nicht. Die beiden Parteien begnügen sich mit Scharmützeln und Artillerieduellen, die allerdings ausreichen, um Zehntausende von flüchtigen Dorfbewohnern ins jeweilige Landesinnere zu vertreiben. Die Voraussetzungen für den großen frontalen Zusammenprall wären längst gegeben, und der Generalstab von Delhi beteuert, daß es sich keineswegs um Manöver, sondern um die Bereitstellung für eine eventuelle Entscheidungsschlacht handele.

Dennoch glaubt keiner der in Islamabad oder Neu-Delhi akkreditierten Diplomaten ernsthaft an die Auslösung des großen Gemetzels. Jeder weiß doch, daß die pakistanische Armee den indischen Streitkräften weit unterlegen ist. Immerhin steht hier eine gigantische, auf eine Bevölkerung von einer Milliarde überwiegend hinduistischer Einwohner gestützte Regional-Großmacht gegen einen Separatstaat von nur 140 Millionen Koranglӓubigen. Besondere Brisanz erhält diese latente, propagandistisch hochgeputschte Konfrontation durch die Tatsache, daß zum ersten Mal in der sogenannten Dritten Welt zwei Atommächte aufeinanderstoßen. Die nukleare Apokalypse ist auf dem südasiatischen Subkontinent kein bloßes Hirngespinst mehr, und die Versuchung besteht für Pakistan, seine konventionelle Unterlegenheit durch den Einsatz von Massenvernichtungswaffen auszugleichen, zumindest die Trumpfkarte der atomaren Abschreckung bis zum Rand des Abgrundes auszureizen.

Der weltweite Krieg gegen den Terrorismus, den Präsident George W. Bush zu seiner außenpolitischen und strategischen Leitlinie machte, hat in den Bergen und Tälern von Kaschmir ein zusätzliches Operationsfeld gefunden, auf das die Planer im Pentagon vermutlich gern verzichtet hätten. Die Unterstützung, die Pakistan der hiesigen Aufstandsbewegung gewährt, wird von Indien als terroristische Aggression bezeichnet. Es trifft sich gut für den Ministerpräsidenten Atal Behari Vajpayee, der der militant-hinduistischen BJP-Partei vorsteht, daß er diese Freischärler und Separatisten, die seinen nördlichsten Bundesstaat heimsuchen, als Komplizen und Waffenbrüder der afghanischen Taleban oder El Qaida-Attentäter anprangern kann.

Mit einem Freund aus der deutschen Botschaft von Delhi habe ich die Ufer des Dal-Sees und die Mogul-Gärten aufgesucht, die an diesem Wintertag im Nebel ertrinken. Da kommen Erinnerungen auf, als Kaschmir noch mit dem imaginären Himalaya-Paradies Shangri-La verglichen wurde. In jenem Sommer 1973 hatte ich es in dieser damals recht friedlichen, wenn auch keineswegs problemlosen Region mit den imperialen britischen Vorgängern gehalten. Ich genoß den herrschaftlichen Komfort eines Hausbootes und ließ mich als »Sahib« von einer exotisch gekleideten Dienerschar betreuen. Auf dem Dal-See war ich Wasserski gelaufen, ungeachtet der Verschmutzung, die damals schon eingesetzt hatte. Auf den Kissen eines gondelähnlichen Nachen ausgestreckt, ließ ich mich zu den Sommerquartieren der muslimischen Mogul-Kaiser rudern, deren braunes Mauerwerk von der untergehenden Sonne in roten Purpur getaucht wurde.

Aus journalistischer Gewissenhaftigkeit hatte ich dem bedeutendsten Politiker Kaschmirs, dem muslimischen Unabhängigkeitsführer Scheikh Abdullah, einen Besuch abgestattet. Ich traf auf einen grauhaarigen, alten Gentleman in orientalischer Kleidung, der mich stark an den Gründer der modernen indischen Nation, Jawaharlal Nehru, erinnerte. Die Familie des Premierministers Nehru stammt ja ebenfalls aus dieser Region und gehörte der exklusiven Kaste vornehmer Kaschmir-Brahmanen an. Scheikh Abdullah hingegen vertrat die Interessen der muslimischen Mehrheit und war wegen separatistischer Agitation ein paarmal zu Haftstrafen verurteilt worden, wobei zu bemerken ist, daß auf dem Subkontinent die Kerkerprüfung für angesehene politische Opponenten einer komfortablen Sequestrierung mit eigener Dienerschaft und individuell zubereiteten Speisen entspricht. Ein »Mudschahid« war dieser distinguierte Scheikh jedenfalls nicht. Wie der versöhnlich und auch bestechlich wirkende Widerstandskämpfer seinen Beinamen »Löwe von Kaschmir« verdient hatte, blieb mir bei dem höflichen Teegespräch in seinem blühenden Garten unergründlich. Doch Abdullah genoß das Vertrauen eines großen Teils seiner muslimischen Landsleute, und das reichte damals aus, um den Bundesstaat Kaschmir vor allzu blutigen Krawallen und revolutionärem Aufruhr zu bewahren. Die Kaschmiri, so hieß es, seien zutiefst friedfertige Menschen und allen kriegerischen Abenteuern abhold. Ihre Bindung an den koranischen Glauben sei durch die mystische Weltentrücktheit der Sufi-Orden geprägt. Hier böte sich kein Nährboden für die Prediger des Heiligen Krieges.

*Srinagar, im Januar 2002*

Über der Stadt Srinagar liegt eine seltsame Beklommenheit. Es ist später Nachmittag. Die Nebel haben sich verzogen. Am Eingang des Dal-Sees sind die Hausboote, oft mehrstöckige schwimmende Hotels, aneinandergetäut. Der Generalstreik, den die muslimische Sammlungsbewegung »Hurriyat Conference« vor zwei Tagen ausrief und der massiv befolgt wurde, ist beendet. Er ist einer mißmutigen Geschäftigkeit gewichen. Eine Anzahl Läden und Verkaufsschuppen haben wieder geöffnet. Wir sind mit dem angesehenen Kaufmann Abdul Wahid ins Gespräch gekommen. Trotz der harten Krisenjahre hat er seine angeborene Jovialität bewahrt. Ja, auch er sei ein Gegner des derzeitigen Chief-Ministers, Faruq Abdullah, ein Sohn des inzwischen verstorbenen »Löwen von Kaschmir«. Faruq genieße selbst bei seinen indischen Schutzherren keinerlei Ansehen, gelte als Faulpelz, der meist – auch aus Sicherheitsgründen – außer Landes weile und nur durch massive Wahlfälschung in seine Führungsposition gelangt sei. Der Mann sei durch und durch korrupt. Der Sohn des »Löwen« hat seine Unterwürfigkeit so weit getrieben, daß er – als Muslim und Kaschmiri – zum Feldzug gegen Pakistan im Namen der von Amerika angeordneten Terrorismus-Bekämpfung aufgerufen und sich damit auf die radikalsten Hinduisten ausgerichtet hat.

Abdul Wahid verzieht den vollippigen Mund unter dem breiten Schnurrbart zu einem verächtlichen Lächeln: »Jeder kleine Despot glaubt heute mit dem Segen des US-Präsidenten gegen seine politischen Widersacher vorgehen zu können, selbst wenn diese in demokratischer Wahl über die eindeutige Mehrheit verfügen und keinerlei Gewalttätigkeit im Sinne haben«, beschwert er sich. »Man braucht sie nur als Terroristen abzustempeln, und – wenn sie zudem noch Muslime sind – dann geraten sie ganz automatisch ins Visier des amerikanischen Geheimdienstes und seiner Fahnder.« In der oppositionellen Sammelbewegung, die sich offiziell zur »non violence« bekennt, haben sich die Gegner Faruq Abdullahs zusammengeschlossen. Das Urdu-Wort »Hurriyat« ist dem Arabischen entliehen und bedeutet »Freiheit«.

Auch die Gassen von Srinagar sind durch grelle Werbeschilder verunstaltet. Dennoch hat die Altstadt ihr exotisches Flair bewahrt. Die Holzhäuser sind hier hochgieblig gebaut, die Dächer leider durch Wellblech entstellt. Am Flußufer verschachteln sich die Wohnhütten und Boote, ein Durcheinander, wie es mir aus dem Indochina-Krieg am Saigon-Fluß vertraut war. Hier wie dort bildet dieses faulige Gewirr ideale Verstecke und Fluchtwege für Partisanen. Jenseits des trägen, grünen Jhellum-Wassers erhebt sich das weißgetünchte Parlament des Teilstaates Jammu-Kaschmir. Unlängst wurde die Volksvertretung, die diesen Namen bei einer Wahlbeteiligung von nur zehn bis fünfzehn Prozent gar nicht verdient, durch eine Gruppe todgeweihter islamischer »Fedayin« überfallen. Ein paar Dutzend Regierungsanhänger, darunter zahlreiche Abgeordnete, wurden getötet. Seitdem ist der Bau wie eine Festung abgeschirmt.

Überall lauern schwerbewaffnete indische Posten. In den oberen Etagen vieler Häuser, die ohnehin im Winter oft ungeheizt und unbewohnt sind, haben sich die Okkupanten hinter Sandsäcken verschanzt. Die Gelassenheit dieser Abendstimmung täuscht nicht über die latente Spannung hinweg, die beim geringsten Zwischenfall in wilde Schießerei umschlagen kann. Mein deutscher Begleiter, der sich in der Gegend auskennt, hat sich mit einem Gewürzhändler in ein endloses Gefeilsche um den Preis kostbarer Safran-Blüten eingelassen. Der kaschmirische Händler genießt diesen Schacher um Rupien und strahlt über das breite orientalische Gesicht. Nur gelegentlich wirft er einen prüfenden Blick auf die indischen Patrouillen. Ihm zur Seite hält sich eine mongolisch wirkende Bedienstete oder Nebenfrau, ein noch junges Mädchen, das den Rock bis zum Boden, aber die straffen, schwarzen Haare offen trägt. Über den vom rauhen Klima geröteten Wangen sprüht Schalk aus den schmalen Schlitzaugen. Unvermittelt verwandelt sich der Ausdruck zu extremer Wachsamkeit, und die Tochter der Steppe wirkt wie eine Raubkatze. Jetzt entdecke ich, was mir diese Gegend am Jhellum-Fluß so fremd und vertraut zugleich macht. Das nördlich gelegene Kaschmir-Tal mit seinen Pappelalleen, den zu dieser Jahreszeit trockenen Reisfeldern und seiner Holzarchitektur ist bereits ein Stück Zentralasien, hat wenig gemeinsam mit den dampfenden, schwülen Niederungen des Subkontinents.

Auf der Höhe, die Srinagar nach Westen abriegelt, haben die Mogul-Herrscher, die Nachfahren des fürchterlichen Welteroberers Tamerlan, eine klotzige Burg hinterlassen, in der jetzt die indische Armee Quartier bezogen hat. An diesen Hang schmiegt sich auch der Palast der diversen Herrscher und Groß-Khane, die sich noch immer auf Dschingis Khan beriefen, aber längst dem Schamanismus dieses legendären Ahnen zugunsten der koranischen Offenbarung Mohammeds entsagt hatten. Im Gegensatz zu den rauhen afghanischen Eroberern, die aus ihrer Zitadelle von Ghazni nach Indien einfielen und – wo immer sie konnten – die Hindu-Tempel durch Moscheen ersetzten, waren die späten Mogul-Dynasten, deren imperiale Oberherrschaft erst durch das Vordringen der britischen Kolonisatoren abgelöst wurde, recht duldsam mit den unterworfenen Völkern, mit den zahllosen Anhängern des Hinduismus umgegangen. Vielleicht konnten sie sich gegenüber dieser ungeheuren Menschenmasse mit ihrer Botschaft vom einzigen Gott auch gar nicht durchsetzen, obwohl es im Koran gebieterisch heißt: »wa laisa lil muschrikin 'ahdun 'inda Allah wa 'inda rasulihi – Mit den ›Spaltern‹, mit den Götzenverehrern kann es keinen Pakt geben vor Allah und seinem Propheten«. Der siegreiche Islam hat damals angesichts der wuchernden Vielfalt des hinduistischen Pantheons seine strikten Bekehrungsregeln zurückstecken müssen. Es entstand jene märchenhafte Mischkultur, die sich vor allem in den Palästen, Moscheen und Grabmälern von Rajastan und Punjab verewigt hat. In Srinagar verfügten die Sultane über zwei getrennte Harems, einer für die rechtgläubigen Konkubinen, der andere für ihre hinduistischen Gespielinnen. Ob die Inderinnen – unter Rückgriff auf die oft akrobatischen Liebeskünste des Kamasutra – ihren muslimischen Rivalinnen überlegen waren?

Die Epoche grandioser Duldsamkeit gehört in Kaschmir einer fernen Vergangenheit an. Zwar werden die Hindu-Tempel nicht verwüstet, aber sie stehen leer oder werden von indischen Soldaten geschützt. Das Zentrum der Altstadt lebt im Schatten der riesigen Freitagsmoschee. Das ganze Bauwerk mit seinen gelben Ziegeln und seinem spitzen Turm gleicht mehr einer Pagode als den traditionellen Kuppelgewölben der islamischen Ursprungsarchitektur. Das hohe Dach wird durch runde, massive Holzsäulen getragen. Beim Gang zur Gebetsnische, die die Richtung Mekkas anzeigt, fühlt man sich in einen erstorbenen Wald mit gewaltig ragenden Stämmen versetzt. Wir haben, wie die Vorschrift es gebietet, die gefütterten Schuhe ausgezogen. Aus den Steinfliesen des Innenhofes, wo die rituellen Waschungen stattfinden, zieht eisige Kälte die Beine hoch.

Mit Abdul Wahid haben wir uns in einer der wenigen noch geöffneten Imbiß-Stuben verabredet, einem kunstvoll verschalten Gästeraum, der früher viele Touristen anzog und jetzt verwaist ist. Die Dienerschaft ist mit großer Freundlichkeit um uns bemüht, läßt sich die stets präsente Gefahr nicht anmerken. Ich verweise auf meinen früheren Aufenthalt in den siebziger Jahren und die dramatischen Veränderungen, die seitdem stattgefunden haben.

Wie kam es denn eigentlich, daß etwa um das Jahr 1990 die bis dahin angespannte, aber durchaus erträgliche Situation plötzlich in rasende Feindschaft umschlug, daß die relativ harmlosen Protestkundgebungen des Scheikh Abdullah durch einen fanatischen Partisanen- und Glaubenskrieg abgelöst wurden?

Dafür gebe es verschiedene Erklärungen, meint der kaschmirische Kaufmann. In den siebziger Jahren habe Pakistan noch unter dem Schock seiner Niederlage in Ost-Bengalen gestanden. Der östliche Landesteil Pakistans an der Mündung des Brahmaputra, diese hoffnungslos übervölkerte Reisebene, die durch mehr als 2000 Kilometer vom eigentlichen Staatsgebiet am Indus getrennt war, hatte sich damals mit militärischer Unterstützung Indiens losgelöst und die neue Nation Bangla Desh gegründet. Das Grundkonzept muselmanischer Gemeinsamkeit und Solidarität war auf demütigende Weise widerlegt worden. Die sukzessiven Regierungen von Islamabad hätten Jahre gebraucht, um sich von dieser Niederlage zu erholen. Die Separation, der Abfall von Bangla Desh, war weit schwerer zu verkraften als die beiden Kaschmir-Konflikte, die zuvor mit einem unbefriedigenden Patt geendet hatten.

Das erste Mal hatten die beiden Nachfolgestaaten des britischen Empire, Indien und Pakistan, unmittelbar nach der »Partition« von 1947 ihren bewaffneten Disput im unwegsamen Hochgebirge am Rand des Himalaya ausgetragen und sich am Ende, zutiefst frustriert, längs der heutigen »Line of Control« festgebissen. Das zweite Mal – im Sommer 1965 – hatte die pakistanische Generalität den Konflikt um den Besitz Srinagars in die südliche Ebene von Rajastan verlagert und die Entscheidung in offener Feldschlacht gesucht. In dieser wüstenähnlichen Region war es zum frontalen Zusammenprall, zu einer für dortige Verhältnisse aufwendigen Materialschlacht gekommen. Beide Parteien warfen ihre Panzerbrigaden in die Bataille und suchten den Gegner durch das Trommelfeuer ihrer Artillerie zu zermürben. Am Ende einer mehrtägigen Panzerschlacht blieben die eingesetzten Tanks zerschossen oder durch Materialschäden gelähmt in der Steppe liegen. Die Artillerie hatte ihre Granaten verfeuert. Die Treibstoffversorgung kam nicht nach. Auf Grund ihrer katastrophalen Logistik standen sich die beiden Armeen ausgelaugt gegenüber. Das Unternehmen wurde kläglich abgebrochen. Im Januar 1966 übernahm

– zur großen Verwunderung des Westens – die Sowjetunion die Initiative zur Schlichtung. Leonid Breschnew, flankiert vom Regierungschef Kossygin, brachte in Taschkent Inder und Pakistani an einen Tisch, und man setzte der absurden Kraftprobe ein Ende.

Anfang der achtziger Jahre, so wußte ich aus eigener Anschauung, sah sich die Regierung von Islamabad durch den sowjetischen Einfall in Afghanistan und die zügige Okkupation dieses verwandten Nachbarstaates in eine völlig neue Bedrohungssituation gedrängt. Pakistan, insbesondere sein einflußreicher Geheimdienst ISI (Inter Services Intelligence), engagierte sich voll auf seiten des afghanischen Widerstands und verbündete sich – von der CIA tatkräftig unterstützt – mit den Mudschahidin am Hindukusch. Der anfängliche Siegeszug der Russen, die sämtliche Ortschaften Afghanistans blitzartig besetzt hatten, verwandelte sich nach und nach in einen unerträglichen Abnutzungskrieg, der sich neun Jahre hinschleppte. Die Belieferung der afghanischen Freischärler mit den zielgenauen Boden-Luft-Raketen vom Typ Stinger oder Blow-Pipe gab schließlich den Ausschlag und veranlaßte die Rote Armee am 15. Februar 1989 zum unrühmlichen Rückzug über den Amu Daria.

Nach diesem sensationellen Erfolg, der zum Zerfall des Sowjetimperiums wesentlich beitragen sollte, fühlten sich die pakistanischen Militärs stark genug, auch die muslimischen Glaubensbrüder von Kaschmir im Partisanenkrieg zu schulen und die dort stationierte indische Armee ähnlich zu bedrängen, wie ihnen das mit den Russen am Hindukusch gelungen war. Abdul Wahid bestätigt, daß sehr wohl ein Zusammenhang bestehe zwischen dem Zerfall des Sowjetblocks, dem Ende der Ost-West-Konfrontation und andererseits dem Aufflammen eines aufs Ganze zielenden Heiligen Krieges der kaschmirischen »Dschihadi«. So nannte man von nun an die dortigen Widerstandskämpfer, die opferbereit gegen die Unterdrückung durch die hinduistischen »Kafirin«, die Tier- und Götzenanbeter, antraten. Die staatlichen Grenzen, so hoffte man, würden sich zusehends verwischen zugunsten der großen Brüderlichkeit der islamischen Umma. Die Untergrundkämpfer Kaschmirs, denen die massive indische Repression schwere Verluste zufügte, erhielten sehr bald Verstärkung durch siegestrunkene Veteranen des Afghanistan-Krieges und auch durch jene gesamt-islamische Freiwilligen-Legion, die sich zum Kampf gegen die gottlosen »Schurawi«, die Sowjets, mit amerikanischer und saudischer Hilfeleistung am Hindukusch gesammelt hatte und erst sehr viel später unter dem Namen El Qaida zu weltweiter Berühmtheit gelangte. Von einem gewissen Osama Bin Laden war in jener Phase des nun einsetzenden dritten Kaschmir-Krieges nicht die Rede.

Wer interessierte sich 1990 schon für Kaschmir? Allenfalls die europäischen Touristen, die sich idyllische Ferien auf den Hausbooten des Dal-Sees erhofft hatten und von ihren Reisebüros nunmehr dringend vor jedem Ausflug in Richtung Srinagar gewarnt wurden. Denn jetzt machten auch die Inder ernst, verlegten starke Heeresverbände in die Krisenzone und gaben kein Pardon. Der deklarierte Separatismus Kaschmirs drohte zentrifugale Strömungen in weiten Teilen der Union zu ermutigen. War nicht schon Indira Ghandi von ihrem Leibwächter umgebracht worden, einem Angehörigen jener religiösen Sikh-Gemeinde, die rund um Amritsar einen eigenen Staat Kalistan forderte und der Regierungschefin den Granatbeschuß ihres Heiligtums, des Goldenen Tempels, nicht verzeihen konnte? In Tamil Nadu, dem dichtbevölkerten Flächenstaat des Südens, der bis in die unmittelbare Nachbarschaft Ceylons reicht, regten sich ebenfalls separatistische Kräfte. Aus Tamil Nadu waren die Attentäter gekommen, die den Premierminister Rajiv Ghandi, den Sohn Indiras, ermordeten, weil er gegen die tamilischen Tiger-Rebellen von Sri Lanka Stellung bezogen hatte.

»All diese Ereignisse haben im Westen niemanden sonderlich aufgeregt«, beschwert Abdul Wahid sich resigniert. Hinter seiner gespielten Heiterkeit verbirgt sich offenbar eine starke konspirative Begabung. Die blutigen Schandtaten der Inder in Kaschmir habe keiner zur Kenntnis nehmen wollen. Indien gelte ja bei den westlichen Politikern als »größte Demokratie der Welt« und werde von den hauptberuflichen Menschenrechtsverfechtern weiterhin wie eine »Heilige Kuh« geschont. Offenbar solle kein düsterer Schatten auf die erlauchte Heimat des Mahatma Ghandi und anderer Gurus fallen, denen so viele westliche Exzentriker zu Füßen lagen. Das Blutvergießen – die Überfälle der Mudschahidin, der Terror des indischen Polizeiapparates – dauert nun schon seit Jahren an. Einer jener konfessionell motivierten Regionalkonflikte verewigt sich am Südrand des Himalaya, vergleichbar mit all den Kulturfehden, die sich rund um den Erdball von Nordirland bis Ost-Timor ranken und ständig multiplizieren. In Wirklichkeit sei die Globalisierung des Terrors doch längst in Gang gewesen, als der 11. September 2001 lediglich eine spektakuläre Wendemarke setzte.

Dieser 11. September hatte selbst in Neu-Delhi einen psychologischen Schock ausgelöst, wenn auch aus sehr spezifischen Gründen, so hatte ich in Botschaftskreisen vernommen. Die dröhnenden Ankündigungen aus Washington ließen die ganze Region aufhorchen. Als der Militärmachthaber Pakistans, Pervez Musharaf, von den Amerikanern so nachhaltig unter Druck gesetzt wurde, daß er seine ehemaligen Verbündeten in Afghanistan, die Taleban, fallenließ und den USA gegen die überwiegende Stimmung der eigenen Bevölkerung Militärstützpunkte zur Verfügung stellte, schien es, als würde Islamabad plötzlich vom ewigen Prügelknaben, den man mit Sanktionen belegte, zum Vorzugsverbündeten Amerikas auf dem Subkontinent aufrücken. Der Verdacht kam sogar auf, Präsident Bush könne sich auch in Kaschmir – als Belohnung gewissermaßen für die Willfährigkeit Musharafs in Afghanistan – auf die Seite der Pakistani schlagen. Aber weder auf Washington noch auf General Musharaf sei Verlaß, meinen die Kaschmiri. Sonst hätte doch längst von jener Resolution Nummer 47 die Rede sein müssen, die die Vereinten Nationen 1948 verabschiedet hatten und die eine Volksabstimmung über die politische Zukunft und staatliche Zugehörigkeit dieses indischen Teilstaates in Aussicht stellte.

Die Dunkelheit senkt sich über Srinagar, und Abdul Wahid verabschiedet sich hastig. Es ist nicht ratsam, zu später Stunde von einer indischen Patrouille aufgegriffen zu werden.

*

In kleiner europäischer Runde plaudern wir am späten Abend im Foyer des »Grand Hotel«. Angeblich war es einmal der Palast des Maharadscha Hari Singh. Hier ist die Zeit stehengeblieben, nicht die der extravaganten indischen Fürsten, sondern die des britischen

Empire. Wir sind die einzigen Gäste. Zwei hastig aufgestellte Gasöfen verbreiten einen Hauch Wärme in diesem riesigen, prunkvollen Eisschrank, wo es immer noch – wie in einem Geisterschloß – von ergeben lächelnden Dienern wimmelt. Das Hotel ist über dem Dal-See mit herrlicher Aussicht gelegen. Indische Soldaten starren am Eingang hinter Schutzwällen in die feindliche Nacht. Ihre Kameraden durchkämmen zur gleichen Stunde verdächtige Häuser nach den »Dschihadi«, nehmen willkürlich Verdächtige fest. Es soll dabei häufig zu Vergewaltigungen von Frauen kommen. Bei den Verhören, so heißt es, wird oft ein Eisenstab in den Anus gestoßen, eine fast ebenso fürchterliche Prozedur wie die Pfählung, die auf dem Balkan unter den Osmanen üblich war.

Der indischen Regierung, kommen wir überein, wurde am 13. Dezember 2001 eine unverhoffte Trumpfkarte zugespielt. Ein Trupp von fünf Selbstmordattentätern hatte versucht, das Unionsparlament in Neu-Delhi zu stürmen. Nur einem Zufall war es zu verdanken, daß sie schon beim Eindringen in diesen Rundbau erschossen wurden. Sie konnten kein Blutbad unter den Abgeordneten anrichten, wie das ihren Komplizen von Srinagar gelungen war. Ministerpräsident Vajpayee machte sofort den Präsidenten und den Geheimdienst Pakistans für diesen Überfall verantwortlich. Zwei islamistische Kampforganisationen – »Jaish-e-Mohammed« und »Lashkar-e-Tayeba«, »Armee Mohammeds« und »Soldaten des Guten« – wurden angeblich als Anstifter identifiziert, und deren Befehlsstellen waren in Rawalpindi, Lahore und Karatschi beheimatet. Dieser »ungeheuerliche Anschlag« auf die indische Volksvertretung – angestiftet durch einen fremden Staat, ausgeführt durch eine Bande islamistischer Fanatiker – sei ein nicht minder abscheulicher Akt des Terrors als das Kamikaze-Unternehmen gegen die Türme des World Trade Center von Manhattan, tönte es jetzt aus indischen Regierungskreisen. Man habe es zudem mit dem gleichen Feind zu tun. Indien verfüge nunmehr über das heilige Recht, ja über die patriotische Verpflichtung, gegen die barbarischen Drahtzieher in Pakistan ebenso rigoros vorzugehen wie Präsident Bush gegen die Taleban in Afghanistan, die Komplizen der Verbrecherbande El Qaida. Mag man im Westen darüber diskutieren, ob der 11. September eine historische Zäsur darstellt; in Neu-Delhi wurde die Gelegenheit beim Schopf ergriffen, nun in eigener Sache die gleiche unerbittliche Vergeltung zu beanspruchen, wie sie die Streitkräfte der USA am Hindukusch eingeleitet hatten. Daß in Indien »nur« fünfzehn Menschen inklusive der Attentäter ums Leben gekommen waren, änderte nichts an der offiziellen Entrüstung.

Bei seinen Fernsehauftritten in Islamabad, Washington und London mochte Präsident Musharaf sich noch so nachdrücklich von dieser verzweifelten Bluttat in Neu-Delhi distanzieren. Dort erinnerte sich jeder Politiker daran, daß dieser General, der in den Commando-Einheiten gedient hatte, vor dem 11. September zu den engagiertesten Anwälten des Anschlusses Kaschmirs an Pakistan zählte. Als Oberkommandierender des Heeres hatte er seinerzeit den Befehl zur Eroberung von Kargil erteilt, einer kleinen, aber strategisch bedeutsamen Gebirgsposition jenseits der »Line of Control«, die den Zugang zum tibetisch besiedelten, aber indisch beherrschten Hochland von Ladakh abriegelt. Als Musharaf am 12. Oktober 1999 gegen den korrupten Regierungschef Nawaz Sharif geputscht hatte und diesen Führer der stets zwischen den Fronten lavierenden »Moslem League« inhaftieren ließ, enthielt das Sündenregister, das ihm vorgehalten wurde, unter anderem die Anklage, er habe sich gegenüber Indien viel zu nachgiebig verhalten und das im Handstreich eroberte Kargil ohne Gegenleistung geräumt.

Die Medien Amerikas und Europas lobten indessen den Militärdiktator Pakistans hoch, der die opportunistische Wende zugunsten der USA unter Preisgabe seiner afghanischen Verbündeten vollzogen hatte. Er verkündete seine Kampfbereitschaft gegen den Terrorismus, löste die Organisationen »Jaish-e-Mohammed« und »Lashkar-e-Tayeba« auf, sperrte deren Rädelsführer ein, stellte zahllose Koranschulen unter Kontrolle und erteilte den Imamen der Moscheen zwischen Pundschab und Belutschistan die Anweisung, bei ihrer »Khutba«, der Freitagspredigt, die üblichen Aufrufe zum Heiligen Krieg zu unterlassen. Bei den Widerstandskämpfern von Kaschmir machten sich Wut und Verzweiflung breit über diesen Verrat Musharafs an ihrer heiligen Sache. Infolge des Einmarsches der Nord-Allianz in Kabul hatte Islamabad jeglichen Einfluß auf die Geschicke Afghanistans verloren. Jetzt schien der General – auch wenn er das Gegenteil beteuerte – jede realistische

Chance preiszugeben, jemals für Kaschmir das Selbstbestimmungsrecht der dortigen Muslime oder gar ihre Angliederung an Pakistan zu ertrotzen. Bei einem Treffen der südasiatischen Staatengruppe in der nepalesischen Hauptstadt Katmandu war Musharaf, militärisch straff, auf seinen Gegenspieler, den Inder Vajpayee, zugegangen und hatte ihm demonstrativ die Hand gereicht. Der Brahmane hatte sich dieser Anbiederung nicht entziehen können. Doch er blickte kaum auf und vertiefte sich verächtlich, ja abweisend, in die Lektüre der Tagesordnung. In Washington und Berlin mochte man diesen Handschlag als mutige und souveräne Geste des pakistanischen Generals feiern; in Kaschmir sprach man von einem Akt der Unterwerfung.

Die indische Television hatte über die Hetzjagd der pakistanischen Polizei gegen die plötzlich verfemten Islamisten ausführlich und genüßlich berichtet, obwohl der Verdacht sich verstärkte, die wirklichen Verschwörer seien längst in den Untergrund abgetaucht. Keiner der Kommentatoren stellte Betrachtungen darüber an, daß die amerikanische Anti-Terror-Kampagne, die allmählich neurotische Züge annahm, von der manichäischen Zwangsvorstellung eines Kampfes zwischen Gut und Böse ausging. Wie war es denn um die »Gotteskrieger« der islamischen Gegenseite bestellt, die ihrerseits beanspruchten, »Soldaten des Guten« – »Lashkar-e-Tayeba« – zu sein? Ebensowenig wollte die Weltöffentlichkeit sich an den Ursprung des Staatsnamens »Pakistan« erinnern. Angeblich ist er mit »Land der Reinen« zu übersetzen, aber es gibt eine andere, plausiblere Deutung, die auf die frühe Unabhängigkeitsbewegung des schiitischen Gründers dieser artifiziellen Nation, Mohammed Ali Jinnah, zurückreicht: P stand da für Punjab, A für Afghanistan, K für Kaschmir. Was war von dieser Schimäre übriggeblieben?

*

Auf meinen Reisen pflege ich stets meine Aufzeichnungen aus vergangenen Jahren mit mir zu führen. So blättere ich auch im viel zu geräumigen Hotelzimmer von Srinagar in alten Notizen, ehe ich unter der Daunendecke Schutz vor der eisigen Nachtluft suche. Da stellt sich vor dem Einschlafen skeptische Nachdenklichkeit ein über den Fortgang des einzigartigen »war against the evil«, den der amerikanische Präsident so resolut geschultert hat.

Die plötzliche Einbeziehung des seit einem halben Jahrhundert schwärenden, halb vergessenen Konflikts um den abgelegenen Hochlandzipfel Kaschmir eröffnet Perspektiven, deren man sich in vielen Kanzleien des Westens offenbar nicht voll bewußt ist. Hier stoßen immense Kulturkreise aufeinander, die insgesamt drei Milliarden Menschen betreffen. Die pantheistische Glaubenswelt und die rigide Kastenordnung des Hinduismus prallen an dieser Stelle auf die Botschaft Mohammeds, der die Einzigkeit Gottes, den »Tauhid«, zum Zentrum seines Gesellschaftskonzepts erhoben hatte. Andererseits hatte in unmittelbarer Nachbarschaft, in den nördlichsten Gletscher-Vorposten rund um Aksu, auch die chinesische Volksbefreiungsarmee einen Gebietsfetzen Kaschmirs besetzt und pocht unter Berufung auf Mao Zedong, Konfuzius und uralte Kaiser-Dynastien auf die unvergleichliche Sonderstellung des Reiches der Mitte.

Zum ersten Mal hatte ich im Februar und März 1951 meinen Fuß auf den Boden des Subkontinents gesetzt. Ich befand mich auf dem Flug nach Indochina, war in Paris mit einer DC-4 der Air France gestartet, deren Passagiere fast ausschließlich französische Offiziere in Zivilkleidung waren. Die altertümliche Maschine war für einen Direktflug bis Saigon nicht geeignet, so daß sie diverse Zwischenlandungen, unter anderem in Karatschi und Kalkutta, einlegen mußte, wo man übernachtete. Ich hatte diese Unterbrechungen um jeweils zehn Tage verlängert, ehe ich die Weiterreise antrat. In Kalkutta wurde ich geradezu betäubt von dem unsäglichen Elend der wuchernden Massen. Die Todesgöttin Kali hatte dieser ehemaligen Verwaltungsmetropole des Empire ihren Namen geliehen und genoß in den Slums der Unberührbaren eine beziehungsreiche Vorzugsverehrung. Karatschi wiederum, zu jener Zeit provisorische Hauptstadt der eben gegründeten islamischen Republik Pakistan, war von Flüchtlingen überschwemmt. In den überfüllten Amtsstuben der Ministerien standen die Beamten vor schier unlösbaren Aufgaben. Im Rückblick erscheint vor allem die Tatsache beängstigend, daß der westliche Landesteil Pakistans – von dem sich Ost-Bengalen noch nicht abgespalten hatte – zu jener Zeit 35 Millionen Einwohner zählte und inzwischen auf 145

Millionen hochgeschnellt ist. In dem dürftigen Mitteilungsblatt »Civil and Military Gazette« war mir ein Leitartikel aufgefallen, der mit einem Abstand von fünfzig Jahren noch der heutigen Situation entspricht. »Der Parlamentarismus«, so hieß es da, »muß so weit gewandelt werden, daß er sich den Überlieferungen des Islam anpassen kann; sonst hat der Parlamentarismus in Pakistan nichts zu suchen.«

Aufschlußreicher als diese kurzen Reminiszenzen aus der Gründerzeit und erhellender für die Beurteilung der heutigen Lage erscheinen mir meine späteren journalistischen Eintragungen aus dem Februar 1972, die ich im Wortlaut wiedergebe. Vor dreißig Jahren hatte ich im Geleit der pakistanischen Armee die andere Seite der Kaschmir-Front besichtigt.

## Pakistan – die langen Jahre der Demütigung

*Rückblende: Muzafarabad (Azad Kaschmir), im Februar 1972*

»Ya Ali! Ya Ali!« schrien die ausgemergelten, kleinen Milizsoldaten, die in Kompaniestärke angetreten waren. Vier Mann rannten nach vorn und stürzten sich mit vorgehaltenem Gewehr mitten in den Stacheldrahtverhau, der zu Übungszwecken vor ihnen ausgerollt worden war. Wie Fakire auf einem Nagelbrett hatten sich die vier islamischen Freiwilligen dieser Prüfung unterzogen. Ihre Kameraden benutzten die liegenden Körper als menschliche Brücke, um den Stacheldraht unverletzt zu überwinden. Der pakistanische Hauptmann, der uns begleitete und den »Stick« nach britischer Art unter dem Arm geklemmt trug, lächelte zufrieden. »Unsere Mudschahidin aus dem Freien Kaschmir machen zwar nicht viel her, aber sie sind wackere Kämpfer.« Diese Methode, erklärte der Captain, habe sich bereits bei den englischen Truppen während des Ersten Weltkriegs am Frontabschnitt von Ypern bewährt. »Ya Ali!« brüllten die Milizionäre wieder, während sie getreu dem Exerzierdrill der früheren Kolonialmacht wie Hampelmänner abgehackte Bewegungen ausführten und sich zur Marschkolonne zusammenschlossen. Die altertümlichen Enfield-Gewehre reichten den schmächtigen Gebirgskriegern bis zur Schulter. Der Kriegsruf »Ya Ali« wies sie als gläubige Schiiten aus.

Wir befanden uns hoch im Gebirge von »Azad Kaschmir«, in jenem Teil der indischen Nordprovinz am Himalaya, die bei der Spaltung des Subkontinents im Jahr 1947 dem neu geschaffenen islamischen Staatsgebilde Pakistan zugefallen war. Der Jhellum, ein dunkelgrüner, reißender Nebenfluß des Indus, schäumte in der Tiefe. Die schneebedeckten Berghöhen waren in Wolken gehüllt. Die pakistanische Armee hatte gerade den Krieg um Ost-Bengalen ruhmlos verloren. In »Azad Kaschmir«, im »Freien Kaschmir«, gebärdeten sich ihre Offiziere, als hätten sie noch Aussicht auf Revanche. Aber die Demütigung saß ihnen tief in den Knochen. Bei unserer Fahrt durch die verschneiten Ortschaften bei Murree hatten wir die peinlichen Plakate »Crush India – Zerschmettert Indien!« gesehen. Vor ein paar Wochen noch hatte es in Rawalpindi geheißen, ein pakistanischer Soldat sei zehn Inder wert.

Wir waren im Jeep bis zur äußersten Spitze des pakistanisch beherrschten Kaschmir gerollt. Die Schotterpiste, die durch die Jhellum-Schlucht in Richtung Srinagar führte, war hier durch eine befestigte Höhenstellung der Inder versperrt. Durch den Feldstecher waren die Sikh-Soldaten der anderen Seite mit ihren grünen Turbanen und gepflegten Bärten klar auszumachen. Es schien mir, als blickten die Vorposten dieser kriegerischen Mischreligion mit Geringschätzung auf ihre muselmanischen Erbfeinde im Tal. Die Sekte der Sikh war vor etwa vierhundert Jahren im Pundschab gegründet worden und im Kampf gegen die Mogul-Herrschaft sofort zu einem verblüffenden militärischen Machtfaktor geworden. An Kasten-Arroganz standen die Sikhs selbst den Brahmanen nicht nach.

Bei den Pakistani herrschte Ohnmacht und Wut. Die Regierung von Islamabad hatte ihr volkreichstes Staatsgebiet mit damals 75 Millionen Muslimen, das von nun an »Bangla Desh« heißen sollte, in die Unabhängigkeit entlassen müssen. Vier pakistanische Divisionen hatten in Dakka ziemlich schmählich kapituliert. 95 000 Gefangene warteten in den indischen Lagern, bis die neue Regierung Bhutto nicht nur den Verlust Ost-Bengalens quittierte, sondern auch ihren De-facto-Verzicht auf den indisch verwalteten Teil von Kaschmir bescheinigte. Seit 1947 wurde sporadisch in diesen Bergen gekämpft, und immer wieder war es den muslimischen Truppen mißlungen, in das fruchtbare Tal von Srinagar mit seinen Seen und Mogul-Schlössern einzubrechen. Jede Hoffnung auf eine Rückeroberung Kaschmirs schien jetzt endgültig geplatzt.

Dem Präsidenten von »Azad Kaschmir«, den die Pakistani eingesetzt hatten, merkte man an, daß er ein Kämpfer war. Er residierte zwar nur in einem lehmigen Bazarflecken namens Muzafarabad, doch diesem bärtigen Sardar Abdul Quyyum Khan traute man zu, daß er 1947 mit ein paar wilden Stammeskriegern die ersten Schüsse auf die indischen Doghras abgefeuert hatte. Auf seinem Schreibtisch verwahrte er ein Fähnchen von Azad Kaschmir, das mit dem Blut der Märtyrer getränkt war.

Die Niederlage von Ost-Bengalen hatte Pakistan in eine Existenzkrise gestürzt. Dieses künstliche Staatsgebilde unterschied sich vom übrigen indischen Subkontinent ja nur durch das koranische Bekenntnis, lebte von seiner islamischen Besonderheit, und nun hatte sich in Bangla Desh erwiesen, daß dieses fundamentale religiöse Band nicht ausreichte, die divergierenden Regionalinteressen zu überbrücken. Die dunkelhäutigen Muslime von Ostbengalen waren es satt gewesen, sich von den hellhäutigen Pundschabi aus dem Westen bevormunden und schikanieren zu lassen. In Scheikh Mujibur Rahman hatten sie einen, wie es schien, charismatischen Führer gefunden, der nach einer Vielzahl von Demütigungen durch die Zentralregierung in Islamabad sogar die Hilfe der hinduistischen Erbfeinde in Anspruch nahm, um die Sezession von Bangla Desh zu erzwingen. Das Konzept des islamischen Gottesstaates war gescheitert. Die pakistanische Führungsschicht hatte diese Auflösung mit Bestürzung und Hilflosigkeit registriert. Staatschef Yahia Khan, der der damaligen Militärjunta vorstand, griff schon frühmorgens zur Whiskyflasche. Das Eingeständnis der Niederlage gab er über das staatliche Fernsehen bekannt, doch er schämte sich, in Person auf dem Bildschirm zu erscheinen, so daß nur seine Stimme zu hören war. Niemand wollte in dieser tragischen Stunde, in der die Generale total versagt hatten, die Regierungsgewalt in Islamabad übernehmen mit Ausnahme von Zulfikar Ali Bhutto, der nunmehr zu retten versuchte, was zu retten war.

Bhutto, ursprünglich aus Bombay stammend, einer der reichsten Grundbesitzer aus dem südlichen Sind, war ein sehr umstrittener Politiker. An der Spitze seiner straff organisierten »Pakistan People's Party«, die er alsbald mit einer Schlägertruppe, der »People's Guard« versah, stürzte er sich in ein demagogisches Reformprogramm, das an den tatsächlichen Herrschaftsverhältnissen der »Zweiundzwanzig Familien« wenig ändern sollte. Hingegen erging sich »Bhuttolini«, wie ihn die Militärs nannten, in endlosen sozialistischen Erneuerungserklärungen, zerschlug mit harter Hand jene islamischen Volkskundgebungen, die sich gegen Alkoholkonsum und mangelnde Frömmigkeit der Privilegierten richteten, und zeigte sich gern mit der blauen Mao-Mütze auf dem Kopf, um seine enge Verbundenheit mit der Volksrepublik China und deren Gründer zu bekunden. In Wirklichkeit stand Bhutto der englischen »Fabian Society« des 19. Jahrhunderts weit näher als den Gedanken Mao Zedongs.

Bhutto hatte ein gerüttelt Maß Schuld an der ostbengalischen Tragödie auf sich geladen. Als Sonderbeauftragter Islamabads nach Dakka entsandt, war er nicht gewillt gewesen, irgendwelche Konsequenzen aus dem totalen Wahlsieg der Awami-Bewegung Mujibur Rahmans zu ziehen. Als die Armee von Islamabad zum erbarmungslosen Schlag gegen die Separatisten des Ostens ausholte, hatte Bhutto frohlockt: »Allah sei Dank. Nun ist Pakistan gerettet.«

*

Im Cantonment von Rawalpindi – niedrige Backsteinbauten aus der Zeit imperialer britischer Größe – sah ich mir mit einer Gruppe pakistanischer Offiziere die letzten Bilder aus Dakka kurz vor dem Einmarsch der Inder an. Es war ein TV-Bericht der BBC, der etwa ein Jahr alt war. Er vermittelte meisterhaft die Stimmung der Niederlage, die Auflösungserscheinungen bei den pakistanischen Truppen, auch wenn die gefilmten Kriegshandlungen sich im wesentlichen auf die Bombenangriffe der indischen Luftwaffe beschränkten.

Anschließend wurde ein ganz anderes Stück »news-reel« eingelegt, das ursprünglich in unserem Projektionsprogramm gar nicht vorgesehen war: die Siegesparade in Delhi. Indira Ghandi genoß ihren Triumph. In perfekter Ausrichtung zogen die Elitetruppen – Sikhs, Doghras, Gurkhas – an dieser Frau vorbei, Tochter des Pandit Nehru, Sproß einer uralten Sippe von Kaschmir-Brahmanen. Sie verkörperte Stolz und unbändigen Herrschaftswillen. Die pakistanischen Offiziere im verdunkelten Vorführungsraum gaben keinen Laut von sich. Für diese Muslime war es doppelt schmerzhaft, ausgerechnet durch eine Frau gedemütigt worden zu sein. Sie blickten gebannt auf das überlegene, moderne Kriegsmaterial – meist sowjetischer Fabrikation –, das auf der Leinwand vorbeirollte und das, wie sie sich einredeten, den Ausgang des Feldzugs entschieden hatte.

Nach dem Militär-Défilé entfaltete sich eine Prozession bunt aufgeputzter Festwagen, auf denen die Figuren des hinduistischen Pantheons überdimensional dargestellt waren. Tänzerinnen in durchsichtigen Saris bewegten sich zu Füßen dieser Götzenbilder. Nackte, spindeldürre »Sadhus« mit verfilztem Haar und struppigem Bart – die Gesichter mit Kuhexkrementen beschmiert – begleiteten die Nachbildung eines »Jaggernaught«, jenes sakralen Tempelgefährts, von dessen gewaltigen Rädern die frommen Hindus sich früher zu Hunderten zermalmen ließen, um der Gottheit wohlgefällig zu sein. In historischen Trachten, mit Lanzen und Schuppenpanzern, trabten nun berittene Rajputen und Mahraten an der Ministerpräsidentin vorbei. Sie versinnbildlichten den unbeugsamen Widerstand der hinduistischen Krieger- und Ritterkasten, die sich trotz der langen muselmanischen Fremdherrschaft der Mogul-Kaiser über den Subkontinent nie unterwarfen und noch weniger zum koranischen Glauben bekehren ließen.

Nach der Filmvorführung kam das Gespräch im Offizierskasino nur langsam in Gang. Niemand hatte eine Erklärung dafür, daß die hehre Botschaft des Propheten Mohammed an der Götzenwelt des Hinduismus trotz jahrhundertelanger Bemühung der frommen Eroberer aus dem Norden und dem Westen, trotz ihrer robusten Einschüchterungsmethoden, verpufft war. Einem wahren Muslim mußte diese Verherrlichung des tanzenden, weltzerstörenden Shiva, des Ganesch-Gottes mit dem Elefantenkopf, der finsteren, schwarzen Kali mit ihren Schädel-Attributen ein Greuel sein. Und dennoch hatte die Lehre vom einzigen Gott angesichts dieses mythischen Dschungels versagt. Das Schwert des Islam, das die verwandte und geduldete »Familie des Buches« im Orient mühelos vasallisiert hatte, war an der indischen Urreligion, an der krassesten Form des Heidentums, des »Kufr« und des »Schirk«, stumpf und schartig geworden.

»Wir haben vor der Partition von 1947 so lange mit den Hindus koexistiert«, ereiferte sich der Presseoffizier, ein diplomierter Soziologe, als er mich zum Wagen begleitete, »und die Verstocktheit dieser Ungläubigen, ihr Festhalten an ihren teuflischen Bildern bleibt uns unerklärlich. Dabei vertreten wir nicht nur das Wissen von dem einzigen Gott, wir boten ihnen die Verkündigung der Gleichheit aller Menschen, einer gerechten Gesellschaft. Dennoch verkapselten sich diese Hindus in einer Kastenwelt, die letztlich die Herrschaftsstrukturen der arischen Erobererrasse verewigt.« Der Offizier schwieg, und dann sagte er wie zu sich selbst: »Das Licht unseres Propheten ist vergeblich über dem Ganges aufgegangen.«

## Der faule Atem der Vielgötterei

*Rückblende: Islamabad, im Frühjahr 1981*

Neun Jahre waren seit dem Desaster von Dakka ins Land gegangen. Im März 1981 hatte ich in Islamabad Station gemacht, um meinen Aufbruch in das Grenzgebiet zu Afghanistan vorzubereiten. In Peshawar, dem Verwaltungssitz der Nordwest-Territorien, war eine Zusammenkunft mit Mudschahidin der »Hezb-e-Islami« des Aufstandsführers Gulbuddin Hekmatyar geplant. Es ging um eine verbindliche Absprache für die Kriegsreportage im Hindukusch, die im kommenden Sommer stattfinden sollte.

Mit Pakistan war seit meinem letzten Aufenthalt eine bemerkenswerte Veränderung vorgegangen. Das dortige Fernsehprogramm war für westliche Begriffe nie sehr heiter gewesen. Jetzt wurde es vollends unerträglich. General Zia-ul-Haq hatte 1977 im Namen eines engstirnigen Islam, gestützt natürlich auf gewisse Militärs, aber vor allem auf die integristischen Muslim-Parteien, die Regierungsgewalt an sich gerissen. Seinen Vorgänger Bhutto hatte er einkerkern und nach einem dubiosen Prozeß hängen lassen. Auf dem Bildschirm lösten sich seitdem erbauliche theologische Diskussionen mit den Koran-Rezitationen der Maulanas ab. Pakistan war nach den Vorstellungen seines Gründers Mohammed Ali Jinnah 1947 als islamischer Separatstaat ins Leben gerufen worden. Das einzige Bindeglied zwischen den konstituierenden Völkerschaften war das koranische Bekenntnis. Jinnah, der der schiitischen Glaubensrichtung angehörte, war bei aller religiösen Überzeugung Anhänger des Westminster-Parlamentarismus geblieben. Diese utopische Kombination zwischen Ost und West wurde jetzt beiseite gefegt, die angelsächsische Rechtsprechung systematisch durch die »Scharia«, die islamische Jurisprudenz, verdrängt, deren Strafmaß die Abschreckung ist. Inzwischen hatte man in Islamabad eingesehen, daß die öffentliche Auspeitschung von Trunkenbolden und Sexualdelinquenten, die man bereitwilligst filmen ließ, zwar eine Volksbelustigung für die einheimischen Massen darstellte, dem internationalen Image des Muslim-Staates jedoch schweren Schaden zufügte. Die Hände von Dieben wurden in Pakistan ohnehin nie abgehackt, wie überhaupt das Militärregime vor den extremen Formen des Obskurantismus zurückschreckte.

Der Oberlehrer Jaafar saß neben mir im Hotelzimmer des »Holiday Inn« von Islamabad, als auf dem Bildschirm das Psalmodieren eines frommen Mannes durch aktuelle Berichterstattung unterbrochen wurde. Die pakistanischen Geiseln einer politisch motivierten Flugzeugentführung waren nach Zwischenstationen in Kabul und Damaskus glücklich wieder in Rawalpindi gelandet. Zia-ul-Haq selbst begrüßte die Heimkehrer in strömendem Regen. Mir war von Anfang an der faszinierende, runde Katzenkopf des Generals aufgefallen, das erfrorene Lächeln seiner makellosen Zähne, der starre Blick. Jaafar war zutiefst irritiert. »Diese Oppositionellen der Zulfikar-Gruppe haben der Junta Zias einen unschätzbaren Dienst erwiesen«, bemerkte er. »Mu'tazar Bhutto, der Sohn des gehängten Präsidenten, war töricht genug, die Flugzeugentführung mit den Kommunisten Afghanistans zu koordinieren und sich sogar in Kabul Waffen aushändigen zu lassen. Jetzt ist er in den Augen des Volkes als Sowjetfreund diskreditiert, und Zia-ul-Haq hat gut Lachen. Überhaupt: Wenn der Afghanistankrieg nicht wäre und diese Stimmung des Heiligen Krieges an der Nordgrenze, dann wäre die Militärjunta längst gestürzt. Die Intervention der Russen am Hindukusch war für unseren General-Präsidenten ein Geschenk des Himmels.«

Der Lehrer Jaafar, der mir aus Kollegenkreisen empfohlen war, berichtete, daß Zia – Sohn eines Mullahs – ursprünglich ein recht lebensfroher Offizier und ein kräftiger Trinker gewesen sei. Aber dann habe er sich nach einer Reihe familiärer Tragödien der Religion zugewandt und sei unter den frömmelnden Einfluß des Maulana Maududi und seiner »Jamiat-e-Islami« geraten. Seitdem steuere Pakistan auf die islamische Theokratie zu. Bisher hätte die starke Gemeinschaft der Schiiten diese Entwicklung noch gebremst. Sie stelle immerhin 25 Prozent der Bevölkerung. Der schiitische Klerus, der in Pakistan zahlenmäßig nicht in der Lage sei, den Staat zu beherrschen, sei deshalb auf die eigene Unabhängigkeit vom sunnitischen Machtapparat bedacht. Es war sogar zu heftigen Auseinandersetzungen zwischen den Rechtsschulen beider Konfessionen, der »Fikh-e-Hanafia« und der »Fikh-e-Jafaria« gekommen. Dabei sei es vor allem um die karitative »Zakat«-Steuer auf Bankguthaben gegangen, die Zia-ul-Haq einführen wollte. Am Ende habe der General sich jedoch erstaunlich flexibel gezeigt, und die Schiiten seien vollwertig im »Pakistanischen Rat für islamische Ideologie« vertreten, ein Privileg, das der Sekte der »Ahmadiya«, die schon 1974 – unter Bhutto also – aus der Gemeinschaft der Gläubigen offiziell ausgeschlossen worden sei, verweigert wurde. »Wie die Wirtschaft zurechtkommen wird mit dem theologischen Verbot des Zinssystems, weiß ich nicht«, meinte Jaafar, »aber das Unterrichtswesen ist bereits schwer angeschlagen, der Darwinismus ist aus dem Lehrprogramm verbannt, und die historische Wissenschaft darf sich nicht länger mit präislamischen Studien befassen. Die Zeit der Unwissenheit, der »Dschahiliya«, die gesamte Historie vor der Geburt des Propheten, ist so gut wie gelöscht, und das passiert in einem Land, wo die älteste Ziegelkultur am Indus bei Mohenjo Daro mit den legendären Sumerern wetteifern kann.«

Auf dem Bildschirm küßte General Zia-ul-Haq – immer noch durch einen Regenschirm vor dem Wolkenbruch geschützt – die strahlenden Passagiere der rückgeführten PIA-Maschine ab. Sein seltsamer, grinsender Kopf erschien jetzt in Großformat. Jaafar schaltete das Fernsehgerät ab. »Haben Sie es gemerkt?« fragte er. »Dieser Mann ist wie die Cheshire-Katze aus ›Alice in Wonderland‹. Sein Antlitz verflüchtigt sich, aber sein Lächeln bleibt im Raum zurück.« – »Was ist die Alternative zu Zia-ul-Haq?« fragte ich. Jaafar zuckte traurig die Schultern: »So wie die Dinge stehen, ist er noch eine Weile im Amt, und dann folgt ein anderer General.« Wer hätte damals geahnt, daß die Karriere dieses Militärmachthabers am 17. August 1988 abrupt durch eine mörderische Explosion seiner Präsidenten-Maschine enden würde. Ein obskurer »Terrorist« hatte den Sprengstoff in einer Orangenkiste an Bord des Flugzeugs geschmuggelt.

*

»National Day« in Rawalpindi. Die Armee paradierte vor dem Staatschef. Die Uniformen waren bunt und prächtig. Die Lanzenreiter leuchteten knallrot. Die schmetterlingsähnlichen Turbane des »Frontier-Corps« flatterten im Wind. Die Marine defilierte ganz in Weiß, die Commandos gesprenkelt wie Leoparden. Die britische Tradition des »Grand Tattoo« hat hier überlebt. Wenn die Truppen die Tribüne des Staatschefs erreichten, schrien sie: »Allahu akbar«. Aber das Material, das hier vorgeführt wurde, war altmodisch. Die von China gelieferten Panzer T-52 und T-54 waren kein »match« für die Sowjetmodelle des indischen »Armoured Corps«. Neben ein paar französischen Mirages älteren Datums brausten zwei Staffeln chinesischer F-6, der MIG-19 nachgebaut, über die Zuschauer. Die Franzosen hatten auch Crotale-Raketen geliefert. Die Militärattachés – der Chinese erhielt den Ehrenplatz – fotografierten wie wild, obwohl sich das gar nicht lohnte.

Auf einem abendlichen Botschaftscocktail begegnete ich dem Mir von Hunza, dem Feudalherrn über das nördlichste Gebirgstal Pakistans in unmittelbarer Nachbarschaft des Pamir. Über Hunza führt die chinesische Allwetterstraße, die Pakistan mit Xinjiang wie durch ein Nadelöhr verbindet. Der Mir von Hunza ist – wie seine

Untertanen – ismaelitischer Schiit, gehört also der Gemeinschaft des Aga Khan an. So hätte man sich den Herrscher über dieses ferne Shangri-La zu Füßen des Himalaya nicht vorgestellt. Der Mir ist hoch elegant nach westlicher Mode gekleidet und klein gewachsen. Bemerkenswert sind sein hellblondes Haar und die blauen Augen. Der britische Gesandte, der lange in Paris gelebt hat, zwinkerte mir zu. »Sieht der mit seinem Haarschopf und den lustigen Augen nicht aus wie ›Tintin‹?« Der Kinderheld ›Tintin‹, der mit seinem Hund Milou und dem zerstreuten Professor Nimbus die Welt nach Abenteuern durchstreift, ist jedem französischen Schüler als Comic-Held bekannt und hat auch in Deutschland seine Fans. Ein anderer Cocktail-Gast erklärte mir, daß die Einwohner des Hunza-Tals einem versprengten Zweig der »Weißen Hunnen« angehören. Ich beobachtete das Profil des Mir mit der blonden Tolle, der mächtigen Nase, den sinnlichen Lippen und etwas vorstehenden, verwunderten Augen. Plötzlich kamen mir die Legenden in den Sinn über die Nachkommen, die Alexander der Große in diesem gebirgigen Teil Asiens hinterlassen habe. Der erobernde Makedonier ist im Volksmund von Nuristan als »Iskandar« lebendig geblieben, und der Mir von Hunza sah ihm auf erstaunliche Weise ähnlich.

Das Gespräch auf dem Botschaftsempfang kreiste natürlich um Afghanistan und Indien. Mit allen Mitteln versuchte die Regierung von Delhi, die bereits an ihrer eigenen Atombombe arbeitete, das Zustandekommen einer pakistanischen oder »islamischen« Bombe zu vereiteln. Nicht alles war so verlaufen, wie Indira Ghandi es sich 1972 erhofft hatte. Nach einer Reihe von blutigen Militärcoups hatte sich Bangla Desh aus der allzu engen Umklammerung durch Indien gelöst und seinerseits den Weg der islamischen Rückbesinnung beschritten. »Die Inder haben uns die Waffe der Propaganda voraus«, sagt ein pakistanischer Martial-Law-Administrator. »This woman«, so nennt man hier Indirajee, »versteht es, die westlichen Medien zu manipulieren. Die Inder sind Meister darin. Denken Sie nur an Mahatma Ghandi, diese ›große Seele‹, diesen listigen, bigotten Hindu-Anwalt aus Südafrika. Wissen Sie, was Ghandi den deutschen Juden geraten hatte, als die antisemitischen Verfolgungen der Hitler-Zeit einsetzten? Sie sollten in den Hungerstreik treten.«

Es entsteht betretenes Schweigen in der Runde. Nur der Pakistani lacht über seinen Witz und läßt sich nicht beirren. Der gleiche Ghandi, ein eingefleischter hinduistischer Traditionalist, habe wenig ausgerichtet zugunsten der Parias, der Kastenlosen, der »Sweepers«, deren Lebenszweck laut hinduistischer Vorstellung darin besteht, Exkremente wegzuräumen, und denen man früher Blei in die Ohren träufelte, wenn sie zufällig den heiligen Text der Veda vernahmen. Aber er habe diesen Unseligen den schönen Namen »Harijan«, Kinder Gottes, verliehen.

Es war fast Nacht, als ich zum Grab des Bari Imam pilgerte, eines islamischen Heiligen und Wundertäters, dessen Wallfahrtsstätte unmittelbar neben den Betonklötzen von Islamabad in einer idyllischen Talmulde verborgen liegt. Bari Imam hatte, der Überlieferung zufolge, als Sufi und Eremit in einer Höhle des Margalla-Gebirges unter wilden Tieren gelebt. Durch sein Beispiel habe er viele Hindus zum Islam bekehrt. Der fromme Mann war unter einer Kuppel bestattet, deren Stilelemente sehr hinduistisch wirken. Dieser muselmanische Sufi war Opfer einer fast heidnischen Verehrung geworden. Die Pilger versprachen sich Wunder von seiner Fürbitte bei Allah, befestigten als »ex-voto« Schnappschlösser am Gitter seiner Gruft. Der Wächter, der allzu gierig die Hand zum Bakschisch ausstreckte, bedeckte den Sarg mit schnell verwelkender Blütenpracht. Er war ganz in Grün gekleidet. Vermummte Frauen knieten vor dem Sarkophag oder krochen um ihn herum. Das Grab des Imam Bari war ein Sammelplatz für Bettler und Krüppel. Verstümmelte Kinder gaben sich hier ein Stelldichein. Sogar Transvestiten, grell kostümiert, grotesk geschminkt, hatten den Schrein als esoterische Kultstätte auserkoren. Der faulige Atem der Vielgötterei wehte über dem Grab.

## Der indische Standpunkt

*Delhi, im Januar 2002*

Eine Tatortbesichtigung in Neu-Delhi erbringt nicht viel. Ich bin so nahe wie möglich an das indische Unionsparlament herangefahren, »Sansad Bhavan« genannt, um nach den Spuren des Anschlags zu suchen. Aber die Polizeisperren, die zur Zeit des Überfalls am 13. Dezember 2001 so bitter fehlten, verhindern jede Annäherung. Der Rundbau erscheint relativ niedrig und geduckt, gemessen an den monströsen, aber imponierenden Verwaltungspalästen jenseits des »India Gate«, die das britische Empire hinterlassen hat. Sie waren erst zwischen 1913 und 1933 zur beherrschenden Silhouette beiderseits der Paradeallee, des Königswegs oder »Rajpath«, emporgewachsen. Alles wird überragt durch die monumentale Residenz des ehemaligen Vizekönigs aus London, wo heute der indische Staatspräsident amtiert. Der französische Politiker Georges Clemenceau, den man den »Tiger« und nach 1918 »le père de la victoire – Vater des Sieges« nannte, hatte die Engländer ebensowenig gemocht wie die Deutschen. Jedenfalls soll er beim Besuch in Neu-Delhi gesagt haben, hier entstünden wohl die schönsten Ruinen der Zukunft.

Das Wetter ist grau und dunstig. Von tropischer Hitze ist nichts zu spüren. Zwischen den Wohnquartieren und Villen der einstigen britischen Kolonialbeamten, längs der breiten Baumalleen, die immer wieder durch Traffic-Circles unterbrochen sind, wirkt die Hauptstadt an diesem Morgen nicht sonderlich exotisch. Nicht einmal die im Lande allgegenwärtigen heiligen Kühe behindern den Verkehr, und die paar Elefanten, die gelegentlich über den Asphalt schwanken, sollen wohl, wie mir der Fahrer erklärt, eine bescheidene Attraktion für die wenigen Touristen bieten.

Ein Dinner findet dank Vermittlung der Botschaft mit zwei renommierten indischen Publizisten statt; Thema: Kaschmir und Pakistan. Mohran Raja, zuständig für strategische Fragen bei der »Times of India«, gilt als inoffizielles Sprachrohr des Ministerpräsidenten Vajpayee. Der andere Gesprächspartner, Manoj Joshi, ist politischer Redakteur der »Times of India«, ein hervorragender

Islam-Kenner, und hat gerade über die Zustände in Kaschmir das Buch »Die verlorene Rebellion« veröffentlicht. In diesem kleinen Kreis legen die Hindus die sonst übliche Zurückhaltung gegenüber Ausländern weitgehend ab. Die beiden Gäste kennen sich aus frühen Studienjahren und erinnern sich lachend daran, daß sie gemeinsam ins Gefängnis gesperrt wurden, als sie allzu heftig gegen den Staatsbesuch des persischen Schah Mohammed Reza Pahlevi protestiert hatten. Die anwesenden deutschen Diplomaten verweisen auf ähnliche Demonstrationen, die seinerzeit aus gleichem Anlaß in West-Berlin stattfanden. Wie denn die Haftbedingungen gewesen seien, fragen wir. Die beiden Inder haben in ihrer geräumigen Zelle nicht gelitten. Auf Grund ihres gehobenen Status und wohl auch ihrer exklusiven Kasten-Zugehörigkeit fielen sie unter die Kategorie, die der englische Schriftsteller Graham Greene als »non torturable kind« bezeichnete. Gewöhnliche indische Sträflinge standen ihnen als Bedienung zur Verfügung. Durch Verwandte seien sie vorzüglich verpflegt worden.

Mohran Raja merkt man eine gewisse Autorität in nationalen Fragen an. Er steht wohl der hinduistischen »Bharatiya Janata Party« nahe und vertritt den von den Briten übernommenen Standpunkt: »Right or wrong my country«. Nachgiebigkeit gegenüber Pakistan komme nach dem terroristischen Überfall auf das Parlament überhaupt nicht in Frage. Seitdem sei sich der indische Regierungschef bewußt, daß die Inder in Washington eine Vorzugsstellung genießen. Da könne der pakistanische General Musharaf noch so flammende Erklärungen gegen den islamischen Fundamentalismus abgeben. Die Amerikaner hätten bereits die Lagerung der pakistanischen Atomsprengköpfe geortet, und von den Basen, die ihnen der dortige Staatschef zur Verfügung gestellt hat, hielten sich die US-Special Forces in ständiger Einsatzbereitschaft, um der Gefahr notfalls vorzubeugen und das Nuklearpotential zu neutralisieren.

Der Sachbuch-Autor Manoj Joshi trägt seine Argumente mit mehr Temperament vor als sein Kollege. Er trägt einen Bart, obwohl er vermutlich kein Sikh ist. Dabei wundert man sich immer wieder, daß diese hochgebildeten Inder, für die das Englische nicht nur akademische Bildungssprache, sondern auf Grund der diversen Idiome des Subkontinents auch als offizielle Amtssprache weit verbreitet ist, sich von ihrem starken Akzent nie frei machen können. Beide kommen überein, daß es nach dem Blitzfeldzug der Amerikaner in Afghanistan bereits zwei große Verlierer im neuen »Great Game« gebe. Pakistan habe jeden Einfluß auf die politische Gestaltung in Kabul verloren, zumal in der auf dem Petersberg bei Königswinter eingesetzten Regierung drei Schlüsselstellungen – Außenminister Abdullah, Verteidigungsminister Fahim, Innenminister Qanuni – mit Tadschiken besetzt seien, die zudem aus dem engbegrenzten und früher heißumkämpften Pandschir-Tal stammen. Für Gesamt-Afghanistan seien diese Vertreter der Nord-Allianz und ehemaligen Freunde des ermordeten Feldherrn Ahmed Schah Massud keineswegs repräsentativ. Die spektakuläre Hinwendung Musharafs zu den USA habe ihm in der Kaschmir-Frage, der eigentlichen Herzenssache Islamabads, keinerlei Vorteile gebracht. Im Gegenteil. Von einer Loslösung dieses indischen Bundesstaates könne überhaupt nicht mehr die Rede sein. Neu-Delhi sei nicht im geringsten geneigt, die muslimischen Rebellen am Jhellum-Fluß als »Freiheitskämpfer« oder auch nur als »Dschihadi« anzuerkennen, sondern nehme sie als ganz gewöhnliche Terroristen wahr. In dieser Beurteilung wüßte man Präsident Bush auf seiner Seite, da die Untergrund-Organisationen der Kaschmiri als Gesinnungsgenossen der El Qaida gelten.

Als zweiter Verlierer wird Rußland genannt. Die Inder haben mit Erstaunen zur Kenntnis genommen, wie ungeniert die US-Streitkräfte sich in den GUS-Staaten Usbekistan, Kirgistan und Tadschikistan breitmachten und ihre militärischen Basen ausbauen. »We are here to stay«, haben die amerikanischen Militärs in Taschkent und Bischkek verkündet, sehr zur Genugtuung der dortigen Staatschefs Karimow und Akajew, die das transatlantische Vordringen nutzen möchten, um die immer noch erdrückende Prädominanz Rußlands abzuschütteln. Was Putin sich wohl dabei gedacht habe, als er die Präsenz Amerikas in Zentralasien widerspruchslos hinnahm? Dabei müsse man im Kreml doch wissen, daß es Bush in der breiten Zone zwischen Kaspischem Meer und Pamir-Gebirge um mehr gegangen sei als um die Beseitigung der Taleban. Der wirkliche Einsatz ziele auf die Inbesitznahme oder zumindest Vorzugsnutzung der immensen Öl- und Erdgasvorkommen der Region ab. Das Projekt einer afghanischen Pipeline, die von der texanischen Firma Unocal bereits vor 1998 mit dem berühmt-berüchtigten Mullah Omar ausgehandelt und chiffriert worden war, könne nunmehr – mit Zustimmung des Kabuler Vasallen Hamed Karzai – unter günstigeren Bedingungen neu in Angriff genommen werden, vorausgesetzt allerdings, daß die Ausschaltung der Koranschüler nicht in neue Anarchie am Hindukusch einmünde.

Vajpayee habe nach der Vernichtung des World Trade Center sehr schnell die Gunst der Stunde erkannt. Er habe den USA unverzüglich drei Stützpunkte in Indien zur Bekämpfung der afghanischen Islamisten angeboten. Da habe General Musharaf gar keinen Verhandlungsspielraum mehr gehabt und sich dem Druck aus Washington beugen müssen. Seit dem Auseinanderbrechen Pakistans im Jahr 1972 hat sich Indien offenbar nicht mehr so dominant gefühlt auf dem Subkontinent. Schon werden drakonische Forderungen an das Militärregime von Islamabad gerichtet. Vor deren Erfüllung sei an eine Verminderung der indischen Truppenkonzentration zwischen Himalaya und Indischem Ozean – insgesamt wohl eine Million Soldaten und Grenzschützer – gar nicht zu denken. Drei kategorische Konditionen seien Voraussetzung für eine Normalisierung der Beziehungen: Rigoroses Vorgehen der pakistanischen Sicherheitsdienste gegen die islamistischen Fundamentalisten und deren militante Kampfbünde; die totale Sperrung der »Line of Control« in Kaschmir, das heißt drastische Unterbindung feindlicher Infiltration; die Auslieferung von zwanzig notorischen »Terroristen«, die für den Überfall auf das Parlament verantwortlich seien.

Im Verlauf des Gesprächs ergibt sich, daß Pervez Musharaf diesem Diktat schon so erstaunlich weit entgegengekommen ist, daß seine Feinde ihn als »Busharaf« verspotten. Es lag wohl in seinem eigenen Interesse, daß die religiösen Extremisten, die dem Präsidenten die Preisgabe der Taleban und das Paktieren mit den Ungläubigen nicht verzeihen konnten, unter scharfe Überwachung gestellt wurden. Die Verhaftungen zwischen Karatschi und Rawalpindi haben weit über tausend Regimegegner hinter Schloß und Riegel gebracht. Auch die genannten Verbände der »Gotteskrieger« sind verboten worden. Ob die pakistanische Armee und der militärische Geheimdienst ISI tatsächlich gegen die eigene Guerilla in Kaschmir, gegen die eigenen Mudschahidin mit Nachdruck vorgehen würden, erscheint hingegen zweifelhaft. Seit die einheimischen Angehörigen der »Kalaschnikow-Kultur«, die muslimischen »Dschihadi«, extrem geschwächt, fast ausgeblutet waren, habe sich – den Angaben des 15. Indischen Armeekorps in Srinagar zufolge – die Einschleusung ausländischer, überwiegend pakistanischer »Terroristen« intensiviert. Diese Infiltranten hätten die Kontrolle über die Aufstandsbewegung längst an sich gerissen. Zwischen drei- und viertausend »militants« befänden sich zur Zeit im Gebirgsland rund um Srinagar, so schätzt der indische Nachrichtendienst. Viele von ihnen blieben als gut getarnte »Schläfer« in Wartestellung. Erst bei Nachlassen der eisigen Wintertemperaturen, wenn die Maultierpfade nach der Schneeschmelze wieder begehbar werden, könne ernsthaft überprüft werden, ob Islamabad seinen beschwichtigenden Einfluß auf diese Fanatiker ausüben könne und wolle. Was nun die Überstellung der zwanzig »Top-Terroristen« betrifft – dabei handelt es sich offenbar um eine sehr heterogene, fast willkürliche Auswahl –, so riskiere Musharaf, in den Augen seiner Landsleute zum Erfüllungsgehilfen Delhis, ja zum Verräter zu werden.

Nach der Verabschiedung der beiden Inder frage ich die anwesenden Deutschen, ob Vajpayee es nicht darauf anlege, seinen pakistanischen Kontrahenten so konsequent zu demütigen, ihn in den Augen seiner Glaubensbrüder so stark zu diskreditieren, daß sich über kurz oder lang das islamistische Aufbegehren geradezu zwangsläufig einstellen müsse. Als wirksames Instrument eines solchen Kurswechsels käme in Pakistan einzig und allein das Offizierskorps in Frage; schließlich war ja der zutiefst religiöse Machthaber Zia-ul-Haq aus diesen Kreisen hervorgegangen und dürfte dort weiterhin über Anhang verfügen. Ob eine Rückwendung Pakistans zur koranischen Frömmigkeit und die damit verbundenen Turbulenzen die Amerikaner nicht zur Räumung ihrer dortigen Militärstützpunkte und zur rückhaltlosen Begünstigung Indiens veranlassen würden? Meine Theorie findet wenig Anklang. Sie sei zu westlich, zu rational konzipiert, heißt es. Aber alle stimmen überein, daß die Psychose, die sich seit dem 11. September der USA bemächtigt hat, von Delhi ganz pragmatisch und konsequent genutzt wird, um die eigene Hegemonialstellung in Südasien zu konsolidieren.

*

»Schon wieder der Islam! Eine gewisse Ermattung oder sogar ein Überdruß mag sich beim Leser einstellen, wenn unentwegt von bärtigen Mullahs und Steine werfenden Palästinensern, von koranischer Wiedergeburt und fundamentalistischer Rückbesinnung auf die Lehre des Propheten Mohammed, von der Revolution im Namen Allahs die Rede ist.« Dieses Eigenzitat stammt aus dem Jahr 1991. Damit begann ich mein Buch, das erste seiner Art zu diesem Thema, über die Rückwendung der Muslime in der zusammenbrechenden Sowjetunion zum alt angestammten Glauben – von Kazan an der Wolga bis Baku am Kaspischen Meer, von Ufa im Südural bis Alma Aty am Tian-Shan-Gebirge. Der Titel lautete – dem Koran entnommen – »Den Gottlosen die Hölle – a laisa fi jahannam mathuan lil kafirin«. Damals mußte ich mir noch den Vorwurf gefallen lassen, im Hinblick auf den Islam und dessen militante Erneuerung einer Zwangsvorstellung, einer Obsession zu erliegen. Inzwischen ist der Chor dieser Kritiker verstummt, von den Ereignissen zum Schweigen gebracht worden. Ich bleibe bei dem, was ich damals hinzufügte, nämlich daß man gewissen Schicksalszwängen nicht entrinnt, daß die Chronistenpflicht nicht nur darin besteht, akute Vorgänge gewissenhaft zu beschreiben. Der wirkliche Anreiz bei der Schilderung des Zeitgeschehens, so empfinde ich es weiterhin, ist in der Aufspürung neuer Strömungen, in der Deutung des Kommenden zu suchen.

Da sitze ich also im vorzüglichen französischen Restaurant des Hotel Oberoi von Delhi mit dem indischen Politologen Manoj Joshi zusammen. Wir haben uns zu einem separaten Lunch verabredet, um intensiv über die Rolle des Islam auf dem Subkontinent zu diskutieren. Dabei beurteilt mein Gesprächspartner die muslimischen Einflüsse in seiner Heimat mit bemerkenswertem historischem Abstand. Im Hinblick auf Kaschmir schließt er jede Sezession aus. Von der »Hurriyat-Conference« hält er gar nichts. Für Indien sei es einfach eine Frage der Staatsräson, in Srinagar präsent zu bleiben. Wer dort nachgäbe, müsse auch den weniger spektakulären Separatisten-Bewegungen in Assam, im Naga-Land oder in Sikkim nachgeben und damit das gesamte südliche Himalaya-Glacis gegenüber China entblößen.

Ich bin angenehm berührt, bei Joshi nicht jene Geringschätzung des Islam vorzufinden, die ästhetisierende und herablassende

Feindseligkeit, die bei den oberen Kasten der Hindus oft anzutreffen ist und die bei dem großen Schriftsteller Naipaul – selber ein Brahmanen-Sprößling, auch wenn er unter ärmlichen Verhältnissen auf den Antillen zur Welt kam – in seinem Buch »The Believers« zum Ausdruck kommt. Gewiß, im zehnten Jahrhundert sind die ersten Afghanen-Einfälle in das Indus- und Ganges-Tal mit barbarischer Vernichtungswut und primitivem Glaubenseifer einhergegangen. Mahmud von Ghazni bleibt bis heute in schlimmer Erinnerung. Immer wieder sind die pathanischen Krieger aus dem Hindukusch tief in den Süden vorgestoßen, aber ihrem Sultan, der sich in Delhi niederließ, sollte es nie gelingen, den hinduistischen Widerstand der Rajputen zu brechen.

Natürlich fehlt uns die Zeit, jene widersprüchliche Kohabitation gründlich zu analysieren, die zwischen der erdrückenden Hindu-Mehrheit und den wechselnden muslimischen Eroberern nolens volens entstanden war. Wir unterhalten uns vor allem über die Epoche der Mogul-Kaiser, der Nachkommen des Welteroberers und Weltzerstörers Tamerlan, die mit dem Emir Baibar 1526 begann und zwei Jahrhunderte lang, bis zur Übernahme Indiens durch die Briten, andauerte. Schon in der einsamen Nacht im eiskalten Hotelzimmer von Srinagar hatte ich ja vergeblich das Rätsel zu ergründen versucht, wie das verwirrende Pantheon des Hinduismus, das einem frommen Muslim monströs und ausschweifend erscheinen mußte, sich gegen die strenge, puritanische Lehre vom einzigen Gott Allah behauptet hatte. Diese Götzendiener, die in das unentrinnbare Dharma ihrer Kaste eingezwängt waren, durften ja nicht wie Juden oder Christen den Anspruch erheben, als Angehörige der »Familie des Buches – Ahl el kitab«, als »Schutzbefohlene«, als »Dhimmi« eine halbwegs erträgliche Toleranz zu genießen. Für die »Muschrikin«, für die »Spalter« der Einzigkeit Gottes, für diese Anbeter von Tieren und Monstern – so sahen es die eifernden Koranglӓubigen – gab es keinen Raum, keine Duldung in einer gottgefälligen Gesellschaft, sondern nur die kategorische Verdammung. Die verabscheuungswürdige Kategorie der Polytheisten besaß keine Daseinsberechtigung vor Allah und seinem Propheten. Die letzte, rigide Folgerung wäre die Zwangsbekehrung, die Versklavung oder die Vernichtung der »Feinde Gottes« gewesen.

Zumindest unter dem größten Mogul-Herrscher Akbar war es im 16. Jahrhundert zu dem ganz ungewöhnlichen Versuch gekommen, eine Symbiose zwischen den beiden schier unvereinbaren Geisteshaltungen zu finden. Akbar bemühte sich um eine utopische Annäherung und verfügte die Gleichstellung von Muslimen und Hindus. Schon unter seinem Nachfolger gewannen die strengen Korangelehrten wieder die Oberhand, und der späte Mogul-Dynast Aurangzeb, den die Franzosen – damals in Indien noch mit ihren Kontoren und Faktoreien stark präsent – mit Ludwig XIV. verglichen, unterwarf zwar den gesamten Subkontinent, doch die Ausrottung des Hinduismus, falls er sie ernsthaft angestrebt hätte, mißlang ihm gründlich. Unmittelbar nach seinem Tod begann auch schon der Niedergang seines Reiches und der erfolgreiche Aufstand der im Hinduismus verwurzelten Marathen-Krieger.

»Sie sollten dieses Experiment der Mogul-Zeit nicht an westlichen Maßstäben bemessen«, belehrt mich Manoj Joshi. Bemerkenswert sei doch vor allem die einzigartige kulturelle Blüte, die aus dieser Verschmelzung hervorgegangen ist. Aus dem Amalgam einer asketischen Wüstenreligion mit der üppigen, tropisch wuchernden Mythenwelt des Hinduismus stammen tatsächlich die herrlichsten Paläste, Festungen und Grabmäler im »indo-sarazenischen Stil«, wie die Engländer sagen. Während der Islam unweigerlich in den Sog pantheistischer Mystik geriet, was sich in den esoterischen Praktiken zahlreicher Sufi-Gemeinschaften äußerte, fand gleichzeitig eine spirituelle Vertiefung und Straffung des Hinduismus statt, die in der Gründung der kriegerischen Religionsgemeinschaft der Sikh gipfelte. Eine systematische Zwangsbekehrung zum Islam habe nirgendwo stattgefunden, behauptet mein indischer Mentor. Aus politischem Opportunismus sei es gelegentlich zu Übertritten gekommen, doch die große Mehrzahl der heute in Indien lebenden Muslime – sie werden auf 150 Millionen geschätzt, mehr als ihre Glaubensbrüder in Pakistan selbst – stamme aus den untersten Shudra-Kasten oder gar aus dem Gewimmel jener Unberührbaren – der »Dalit«, der »Erdrückten«, wie man heute sagt –, die in der Hinwendung zur koranischen Lehre ihrem unerträglichen Dharma, der totalen Erniedrigung zu entrinnen suchten. »Blicken Sie nach Ost-Bengalen, auf das heutige Bangla Desh, das inzwischen auf 120 Millionen Menschen angeschwollen ist«, erklärt Joshi, »dort haben achtzehn Koranprediger ausgereicht, um ohne Druck oder Gewalt eine Massenkonversion zu bewirken.«

Warum verschweigt er die unduldsame Spätepoche des bedeutendsten Mogul-Herrschers Aurangzeb? Dieser Despot hatte in einem gewaltsamen religiösen Aufbäumen der koranischen Lehre doch noch zum Durchbruch verhelfen wollen. Dort, wo die nachhaltige Aufforderung zur Bekehrung nicht ausreichte, hatte er die Zwangssteuer, die »Dschiziya«, für die Götzendiener eingeführt. Am Ende war auch er am amorphen Widerstand der hinduistischen Massen erlahmt.

Mir fällt in diesem Zusammenhang ein, wie mein Islam-Lehrer im libanesischen Bikfaya, der Jesuiten-Pater d'Alverny, den rasanten Glaubenserfolg der muslimisch-arabischen Eroberer im siebten Jahrhundert bei den bislang christlichen Völkern des Maschreq und des Maghreb, in der Levante und in Nordafrika, erklärt hatte. Unter den dortigen Christen lieferten sich zu jener Epoche die schismatischen Richtungen – meist ging es um die widersprüchliche Deutung der Dreifaltigkeit – einen so unerbittlichen Bruderkampf, daß sie die neue, vereinfachende Botschaft, die Mohammed vortrug, lediglich als eine zusätzliche Häresie betrachteten, zumal ihr Künder der Person Jesu oder Isa sowie seiner jungfräulichen Mutter Mariam hohe Verehrung zollte. Der Islam gewann dort überdies an Zuspruch, weil er die Erstarrung der byzantinischen Staatskirche und deren verkrustete Gesellschaftsordnung durch eine egalitäre Theokratie ersetzte. Auf dem südasiatischen Subkontinent hingegen ließ sich bei bestem Willen keinerlei Anknüpfungspunkt entdecken zwischen dem tausendköpfigen Pantheon des Hinduismus und dem »Tauhid«, dem Einzigkeitsanspruch, den Allah durch den Mund seines Propheten erhob.

Der indische Publizist verweist auf die Widersprüchlichkeit seiner Heimat. Da haben sich seit zehn Jahren die Kaschmir-Unruhen zu einem extrem blutigen Aufstand ausgeweitet. Doch dieser religiös motivierte Partisanenkrieg habe bisher in den übrigen Staaten der Union, wo die Muslime oft in dichter Zusammenballung leben, keine nennenswerten Ausschreitungen provoziert. Es sei wohl der langen Regierungszeit der Congress-Partei zu verdanken, die sich offiziell zum Säkularismus bekennt, daß der zündende

Funke religiöser Auflehnung nicht auf die Masse der indischen Korangläubigen übersprang. Vielleicht wirke auch die Erinnerung an die entsetzlichen interkonfessionellen Massaker bei der Spaltung des Subkontinents im Jahr 1947 nach. Jawaharlal Nehru und seine Tochter Indira Ghandi – auch sie in ihrer Anglophilie den Ideen der Fabian Society nahestehend – hatten über die offizielle Trennung von Staat und Religion gewacht. Wenn es zu Zwischenfällen kam, dann hatten wohl fanatische Hindus durch Schweinekadaver irgendeine Moschee geschändet oder militante Muslime ein paar heilige Kühe geschlachtet.

Spätestens seit dem Attentat auf das indische Parlament am 13. Dezember 2001 brechen jedoch alte, unversöhnliche Gegensätze wieder auf. Mit dem Ende der Nehru-Dynastie bröckelte Stück um Stück die Fassade angelsächsisch geprägten Wohlverhaltens ab. Das britische »Raj« hatte bei den gehobenen Kasten eine Anpassung an die Ordnungsvorgaben der Kolonialherren, einen bemerkenswerten Nachahmungstrieb – nicht frei von Snobismus –, ja eine Art Mimikry hinterlassen, die nach und nach zu verblassen drohte. Die hinduistische Reaktion gegen diese Verwestlichung äußert sich erst allmählich, am heftigsten in jenem »Kuh-Gürtel« des Nordens, wo die arische Hindi-Sprache exklusiv vorherrscht, und in dem Unionsstaat Gujarat.

Ich versuche vergeblich, Professor Joshi zu Aussagen über das einheimische Kastenwesen zu verleiten, das weiterhin die indische Gesellschaft sehr viel intensiver prägt als der Firnis des aus London importierten Westminster-Parlamentarismus. Aber die Inder sind selten geneigt, über dieses heikle Thema Auskunft zu geben. Heute stellt sich die Frage, inwieweit der Hinduismus, der erfolgreicher als das orientalische oder gar das nordafrikanische Christentum der Islamisierung getrotzt hat, von der victorianischen Nachfolge-Zivilisation, von der weltweit expandierenden Anpassung an den »American way of life« verwandelt wird. Was den globalen Einfluß der USA betrifft, der sich in zahllosen Coca Cola- und anderen Konsumplakaten kundtut, stößt zumindest die Werbung für MacDonalds im Lande der heiligen Kühe und der vegetarischen Brahmanen auf starke Ablehnung. Die verführerische Filmwelt Hollywoods wiederum, die für Europa weiterhin richtungweisend bleibt, entspricht nicht dem Lebensgefühl der indischen

Massen. Die Inder geben eigenen Darbietungen endloser, für unsere Begriffe schmalziger Tanz- und Singspiele den Vorzug, die dem in Armut lebenden Kinobesucher eine prüde Folklore-Idylle vorzaubern, eine kitschig verlogene Scheinwelt. Die autochthone indische Kinoproduktion von »Bollywood« – wie man Bombay und Hollywood zum Neologismus verschmolz – hat sich zu einem höchst lukrativen Wirtschaftszweig entwickelt. Seit dem Publikumserfolg von »Monsun Wedding« in New York stößt sie sogar bei westlichen Filmkritikern auf exotisch versnobte Bewunderung. »Wenn es demnächst zum Schulterschluß zwischen Delhi und Washington kommen sollte«, bemerkt mein Gegenüber, »dann ergibt sich das bestimmt nicht aus irgendeiner kulturellen Affinität oder aus dem Bekenntnis zu vergleichbaren Menschenrechtsbegriffen, sondern aus handfestem strategischem Interesse.« Für die beiden ungleichen Partner geht es prioritär darum, den brodelnden Islamismus einerseits, den beeindruckenden Machtzuwachs Chinas andererseits einzudämmen.

## Brahmanen und Parias

*Delhi, im Januar 2002*

Im grauen Smog dieses Wintertages erscheint die Altstadt von Delhi häßlich, armselig, dennoch faszinierend und auf beklemmende Weise fremd. Wir ertrinken förmlich im Menschenbrei, der uns umgibt, in einem unbeschreiblichen Verkehrsgewühl. Die indische Metropole hat ihre Einwohnerzahl seit meinem ersten Indienbesuch – und das war immerhin nach der »Partition« und dem damit verbundenen Flüchtlingszustrom – von einer auf zehn Millionen Menschen gesteigert. Im unsäglich verschachtelten Gewirr der Gassen und Notunterkünfte – stets durch die weltweite Plage schreiender Publicity verschandelt – sind nur noch selten die einstmals typischen alten Holzfassaden mit vergitterten Balkonen zu sehen. »Wie unterscheidet man den Übergang von Neu-Delhi nach Alt-Delhi?« frage ich meinen Chauffeur, einen

Sikh mit rosarotem Turban. »In Neu-Delhi müssen die dreirädrigen Fahrrad-Rikschas motorisiert sein«, lautet die Antwort, »in Alt-Delhi treten die Kulis noch mit der Muskelkraft ihrer Beine auf die Pedale.«

Zwei Gebäude beherrschen diesen menschlichen Ameisenhaufen, das Rote Fort und die große Freitagsmoschee, die »Jama Masjid«, beides Überbleibsel aus der Glanzperiode der Mogul-Kaiser und von jenem Herrscher Schah Jehan im 17. Jahrhundert erbaut, der das strahlend weiße Mausoleum von Agra schuf, den Taj Mahal, heute das touristische Symbol Indiens. Die Jama Masjid bietet 20 000 Betern Raum und gilt als das größte islamische Heiligtum. Der steile Aufstieg der Steintreppen hebt sie wohltuend vom marktschreierischen Überlebenskampf des Bazars ab, wo sich im starren, intensiven Augenausdruck der Eingeborenen vieltausendjährige Existenzangst spiegelt. Angeblich stoßen Besucher aus dem Westen in diesen Tagen des amerikanischen Feldzugs gegen die Taleban Afghanistans bei den muslimischen Wächtern der gigantischen Moschee auf feindselige Ablehnung. Aber davon merke ich nichts. Der unentbehrliche, recht sympathische »Guide« führt mich sogar zu jener Kammer, wo ein angeblich echtes Barthaar des Propheten Mohammed in einem kleinen Silberkasten aufbewahrt wird. Ein Fußabdruck des Gottgesandten in Stein gehört ebenfalls zu den Sehenswürdigkeiten dieses Ortes. Die koranische Botschaft ist hier von Aberglauben durchdrungen, und der Rigorismus der Fundamentalisten hat sich noch nicht durchgesetzt. So überwältigend die kolossalen roten Sandstein-Quader aus der Mogul-Zeit auch sein mögen – die Freitagsmoschee von Lahore steht ihrem Zwilling von Delhi in nichts nach –, so vermitteln sie mir doch ein irgendwie verzerrtes Bild. Die riesigen Kuppeldome, die Arkaden-Galerie, die vierzig Meter hohen Minarette verweisen in ihrer Maßlosigkeit auf eine dem indischen Subkontinent innewohnende Hybris.

Aber ich bin nicht nach Delhi zurückgekehrt, um architektonische Vergleiche anzustellen. Den Fremdenführer habe ich mit einem kräftigen Bakschisch dazu gebracht, Bettler und Souvenir-Händler fernzuhalten. Einem mißtrauisch blickenden Maulana mit weißer Haube habe ich ein »bismillah rahman rahim« zugeflüstert und mich dann unter den schwarz-weißen Marmorwänden des roten Gewölbes in respektvollem Abstand zum Mihrab niedergekauert, vor der Gebetsnische, die die Richtung Mekkas angibt. Zu einer »prière sur l'Acropole« eignet sich dieser Platz nicht. Wohl aber zu Meditationen über die Vergänglichkeit der Imperien und die Beständigkeit der Mythen. Ich werde mich hüten, tiefsinnige Betrachtungen über den Hinduismus anzustellen. Aber in einer Epoche, die sich an der Vorstellung der kulturellen Globalisierung berauscht und weiterhin den amerikanischen Professor japanischer Abkunft Francis Fukuyama als Propheten ihrer »brave new world«, als Künder des »Endes der Geschichte« zu Wort kommen läßt, zwingt sich in Indien mehr noch als anderenorts die Frage nach der Übertragungsfähigkeit des amerikanischen Gesellschaftsmodells, vor allem seines Postulats der »pursuit of happiness« auf.

Ich hätte ja auch zu dem riesigen Tempelkomplex Lakshmi-Naraya pilgern können, einem für meine Begriffe geschmacklosen Ungeheuer, das die Milliardärsfamilie Birla wohl als Gegenpol zur mohammedanischen Trutzburg der Jama Masjid erbauen ließ und das im Jahr 1938 durch Mahatma Ghandi, einen engen Freund dieser Finanzdynastie, eingeweiht wurde. Aber zur Bewahrungskraft Vishnus und seiner Gattin Lakshmi, zu den tausendfältigen Avataren der indischen Götter- und Dämonenwelt bleibt mir der Zugang versperrt, während der islamische Monotheismus – allen Entrüstungsstürmen nach dem 11. September 2001 zum Trotz – von unserer abendländischen Vorstellungs- und Glaubenswelt, von unserer »civilisation judéo-chrétienne«, wie die Franzosen sagen, ja gar nicht sonderlich weit entfernt ist. Warum ich dennoch zu einer summarischen Betrachtung des hinduistischen Kultur-Kosmos aushole? Das Gerede von der zwangsläufig gleichmacherischen Ausrichtung auf das amerikanische Modell ist so penetrant geworden, daß wir nicht der widersprüchlichen Thesen Samuel Huntingtons bedürfen, um die fortdauernde, ja sich vertiefende Disparität der Kulturen festzustellen. Die Wiedergeburt eines hinduistischen Exklusivitätsanspruchs auf dem Subkontinent, die sich die Anhänger der »Indischen Volkspartei« und deren Kampforganisationen zum Ziel gesetzt haben, richtet sich ja nicht nur gegen die islamischen Mitbürger, sondern auch gegen die verschwindende Minderheit der christlichen Diaspora.

Im Zuge der arischen Völkerwanderungen, die vor viertausend Jahren aus den Steppen Zentralasiens über den Subkontinent hereinbrachen, hatte der Kontakt mit einer ungewohnten, tropisch wuchernden Kultur, mit exotischen, dunkelhäutigen Urbevölkerungen eine einmalige rassisch-religiöse Überlagerung bewirkt, aus der am Ende – auf die Epen des Mahabaratha und des Ramayana gestützt – die noch heute gültige Sozialordnung des Hinduismus hervorgegangen ist. Alles Leugnen gewisser Schöngeister oder schwärmerischer Indien-Fans, alle Verweise auf erstaunliche Modernisierungserfolge und oberflächliche Anpassungsreflexe der Gegenwart ändern nichts an der Tatsache, daß das Kastensystem – der übernatürlichen Ordnung des Dharma entsprechend – die religiöse und soziologische Basisstruktur Indiens geblieben ist, aus der sich kein Hindu lösen kann. Eine raffinierte, geradezu diabolisch wirkende Herrschaftspyramide war hier entstanden, die sich in letzter Analyse auf rassische Zugehörigkeit zurückführen ließe. Ich will hier nicht die diversen Schichten – Brahmanen oder Priester, Kshatriya oder Krieger, Vaishya oder Händler als kollektive Oberschicht, dann die verachtete niedere Dienstleistungsgruppe der Shudra, etwa fünfzig Prozent aller Hindus, oder die »Unberührbaren«, die unglücklichen Paria oder Dalits – in ihren Attributen beschreiben, zumal mindestens 3000 Unterkasten dieses verwirrende Mosaik vervollständigen. Bezeichnend ist immerhin, daß der Begriff »Kaste«, eine portugiesische Vokabel, die bei uns gebräuchlich ist, auf Hindi mit dem Wort »Varna«, das heißt Farbe, bezeichnet wird. Selbst innerhalb der genormten Gemeinschaften spielt die Hautfarbe weiterhin eine wichtige Rolle. Bei den Brahmanen zumindest ist es üblich, nach der Geburt eines Kindes die bange Frage zu stellen: »Is he fair – Ist er hellhäutig?«

Nur wer den Gesetzen des Dharma, des von Ewigkeit auferlegten Existenz-Kodex seiner Kaste entspricht, sich ihm bedingungslos unterordnet, darf die Hoffnung nähren, bei der nächsten Wiedergeburt durch Aufnahme in eine gehobene Gesellschaftsklasse belohnt zu werden, in eine höhere Kaste aufzusteigen. Für die untersten Kategorien bedeutet das zu Lebzeiten die willenlose Akzeptanz unerträglicher gesellschaftlicher Erniedrigung. Die kosmisch wirkende Kraft des »Karma« wiederum belohnt den Menschen für sein Wohlverhalten und bestraft seine Verfehlungen, das heißt die Abweichungen von dem ihm auferlegten Kodex. Eine ursprünglich wohl ethnisch determinierte Ordnung hatte unter Berufung auf das Weltgesetz die Unterwürfigkeit der Niederen, die angeborene Würde der Höheren mit religiöser Argumentation untermauert. Daran gemessen war die »Apartheid«, wie sie von den Buren Südafrikas praktiziert wurde, eine recht grobschlächtige Unterdrückungsmethode von Schwarzen und Farbigen, die eine Auflehnung der Mißachteten geradezu herausforderte.

Gewiß, es haben in Indien Verschmelzungen stattgefunden. Bei den südindischen Draviden finden sich dunkelhäutige Brahmanen, was vielleicht auf das freundschaftliche Bündnis des erobernden Hindu-Gottes Rama mit dem in dieser Legendenwelt hochgeachteten schwarzen Affenkönig Hanuman sowie regionale Osmose zurückzuführen ist. Dort im Süden, vor allem in Tamil Nadu, bin ich durch die extravaganten Tempeltürme, die Gopuram, mit ihren tausendfältigen Göttern, ihrer sakralen Tierwelt, den Dämonen und Fabelwesen, die in endloser Überlagerung wie Kaskaden in Stein gemeißelt sind und sich bis zu fünfzig Meter erheben, stärker beeindruckt worden als durch die klassische und weit weniger ausschweifende Hindu-Architektur des Nordens.

Zwar wird den Unberührbaren heute kein Blei mehr in die Ohren geträufelt, wenn sie die geheimen Verse der Veda vernehmen. Sie werden auch nicht mehr bestraft, wenn auch nur ihr Schatten auf einen Brahmanen fällt, aber die Gegensätze, die Abgründe bleiben bestehen. Warum diese in sich hermetisch abgeschlossenen Gesellschaftsgruppen, die unter dem Zwang der ewigen Wiedergeburt wie unter einem fürchterlichen Fluch leiden, die diversen Gelegenheiten nicht wahrgenommen haben, diesem unerträglichen Kreislauf zu entrinnen, bleibt für den Außenstehenden ein ewiges Geheimnis. Dabei hatte doch Gautama Buddha schon fünfhundert Jahre vor Christus mit seiner Verwerfung des Kastenwesens und der Relativierung der Wiedergeburt einen entsagenden, mystischen Weg in die erhabene Auflösung des Nirwana gewiesen. Der Buddhismus hatte sich unter Kaiser Ashoka im dritten Jahrhundert vor Christus als Staatsreligion Indiens durchgesetzt. Seltsamerweise hatte sich die Lehre Gautamas – in den politischen Alltag übertragen – zunehmend autoritär ausgewirkt.

9 Wenn Indien seinen Unabhängigkeitstag feiert, ist die prachtvolle Parade berschattet von Erinnerungen an die Mogul-Herrscher und an das Britische Empire.

20 Die Front des Heiligen Krieges in Kaschmir ist auf den Höhen des Himalaya in Schnee und Eis erstarrt.

21 Als »Soldaten des Guten – Lashkar-e-Tayeba« bezeichnen sich die islamischen Kämpfer, die Kaschmir den hinduistischen Ungläubigen entreißen wollen.

22 Mit der Entwicklung neuester Raketen und Atomwaffen suchen sich Indien und Pakistan zu überbieten und lösen weltweite Besorgnis aus.

3 Immer wieder findet der Islam seine kämpferische Inspiration in der heiligen Schrift es Koran, wie hier in einer pakistanischen Medressa.

24 Die gewaltigen Ausmaße der Badshahi-Moschee von Lahore erinnern die Pakistani schmerzlich an die verflossene Mogul-Herrschaft des Islam über ganz Indien.

## Der indisch-pakistanische Konflikt um Kaschmir

25 Der Welteroberer und Weltzerstörer Tamerlan wurde zum Nationalhelden der Republik Usbekistan.

26 Die unvergleichlichen Sakralbauten des Registan von Samarkand hat der usbekische Präsident Karimow in alter Pracht restaurieren lassen.

7 Die heilige Stadt Buchara ist wieder, wie im Mittelalter, eine hohe Stätte koranischer ;elehrsamkeit.

28 Sinnbild Afghanistans: der einsame Mudschahid vor der Schneekette des Hindukusch.

Ethnische Gruppen in Afghanistan
TURKMENISTAN
USBEKISTAN
KASACHSTAN
KIRGISTAN
TADSCHIKISTAN
IRAN
AFGHANISTAN
PAKISTAN
INDIEN
PAMIR
HINDUKUSCH
BELUTSCHISTAN
ARABISCHES MEER
ASCHGABAT
TASCHKENT
DUSCHANBE
KABUL
ISLAMABAD
Buchara
Tschardschou
Samarkand
Mary
Karshi
Kokand
Fergana
Osch
Syr Daria
Pjandsch
Mashhad
Kerki
Denau
Termes
Kudara
Sheberghan
Meymaneh
Mazar-e-Scharif
Kunduz
Faisabad
Choroq
Baghlan
Taloqan
Herat
Qala Nau
Shindand
Farah
Gilgit
Skardu
Jalalabad
Kudara
Tarin Kut
Ghazni
Gardez
Girischk
Peshawar
Srinagar
Kandahar
Laschkar Gah
Lurath
Helmand
Jammu
Ravi
Jhelum
Indus
Zahedan
Quetta
Lahore
Multan
Sutlaj
Bahawalpur
Sukkur
Gwadar
Hingol
Karachi
Hyderabad
Indus
Paschtunen
Tadschiken
Mischgebiete der Paschtunen und Tadschiken
Usbeken
Hazara
Belutschen
Turkmenen
0 100 200 300 400 500 km

29 Im Regierungspalast von Kabul traf der Autor Verteidigungsminister Marschall Fahim.

30 Die amerikanischen Soldaten in Afghanistan scheuen die Öffentlichkeit und konzentrieren sich auf ihre Basen.

31 Der ermordete Tadschikenführer Ahmed Schah Massud wird in Kabul von seinen Anhängern wie ein Nationalheiliger verehrt.

32 Die Taleban – hier noch vor ihrer Niederlage vor dem zerstörten Königspalast in Kabul betend – sind inzwischen zu ihren Stämmen ins Gebirge geflüchtet.

33 Noch sind die deutschen Fallschirmjäger in Kabul die Lieblinge der Afghanen. Aber die dortigen Gefahren sollten nicht unterschätzt werden.

34 Entgegen allen euphorischen Behauptungen ist die Burqa, die Totalverschleierung der Frau, weiterhin die vorherrschende Tracht in Afghanistan.

35 Bei den muslimischen Uiguren in der chinesischen Provinz Xinjiang verbergen sich die Frauen der Gläubigen hinter besonders häßlichen Tüchern.

·6 Im Oktober 2001 trafen sich die Staatschefs der asiatisch-pazifischen Gemeinschaft ı Shanghai. Neben Putin und Bush trat der chinesische Staatschef Jiang Zemin als riumphierender Gastgeber auf.

37 »Gottes ist der Orient ...
Die Freitagsmoschee in Jakarta. Im fernen Südostasien wird die Masse der Muslime Indonesiens – etwa 200 Millionen Gläubige – ein zunehmend ernstes Problem für die Weltstrategie George W. Bushs.

₍8 ... Gottes ist der Okzident«
König Mohammed VI. von Marokko, Befehlshaber der Gläubigen, beim Ausritt zum Freitagsgebet.

## Die zentralasiatischen GUS-Republiken

Weite Teile Ost- und Zentralasiens wurden durch ihre Missionsarbeit geprägt. In seinem Ursprungsland, in Indien jedoch, unterlag der Buddhismus der unwiderstehlichen Rückwendung zum Hinduismus und zur uralten Brahmanen-Tradition.

Wir haben bereits das Scheitern der diversen islamischen Bekehrungswellen erwähnt. Noch weniger konnten das Christentum und seine überwiegend portugiesischen Missionare an dem unerbittlichen Zwangsrahmen des Dharma rütteln. Deshalb mutet es etwas morbide an, wenn sich in unseren Tagen so mancher Intellektuelle des Abendlandes – in paradoxer Umkehr des Zivilisationsgefälles und in Abkehr von der eigenen Religion – durch die hinduistischen Rituale magisch angezogen fühlt. Gerade bei den Gebildeten und Begüterten bilden sich kleine Sektenkreise von »Auserwählten«, die im »Avatar« einen Ausweg aus ihren existentiellen Ängsten suchen. Die ewige Wiedergeburt mag da als Zuflucht vor der Gewißheit des Todes erscheinen.

Zivilisationsmüdigkeit und Übersättigung dürften zu dieser Abschweifung beigetragen haben. Unlängst war es ja noch Mode, in diversen Ashrams, unter der Anleitung dubioser Gurus, esoterische Exerzitien vorzunehmen und Erleuchtung anzustreben. Insbesondere unter den »happy few« – Damen fortgeschrittenen Alters, die ihren Wohlstand zwischen Mougins und Monaco an der Côte d'Azur genießen sollten, aber sich mit der Endlichkeit menschlichen Daseins nicht abfinden können – bin ich häufig Anhängerinnen hinduistisch inspirierter Jenseitigkeit begegnet. In vergangenen Existenzen hatten sie angeblich eine elitäre Rolle gespielt, und nun bereiteten sie sich darauf vor, in noch prächtigerer Daseinsform neu zu erstehen. Mein Hinweis, daß – laut authentischer Brahmanen-Lehre – ein Mensch, bei Mißachtung seines Dharmas und frevelhaftem Verstoß gegen das Karma, auch als Wurm im Darm eines Hundes wiedergeboren werden könne, wurde als Geschmacklosigkeit empfunden.

Der Fremdenführer der Jama Masjid hat wachsam und schützend an meiner Seite ausgeharrt. Ich gehe mit ihm quer über den riesigen Innenhof bis zu der Balustrade, wo man den besten Ausblick auf das Rote Fort genießt. Sein Name sei Mohammed, sagt mir der junge, in einen weißen Kaftan gekleidete Mann. Sein Bart sprießt spärlich. »In Wirklichkeit bin ich ein Talib, ein Koranschüler«, gesteht er. Er benutze die Tätigkeit als Guide, um Geld für sein Studium zu verdienen. Es gäbe schlechtere Jobs. Als er merkt, daß ich mit seiner Religion vertraut bin, taut er auf und wird gesprächig. Er wolle mir ja gern eine Begegnung mit dem Imam der Jama Masjid vermitteln, aber das lohne sich nicht, seit der wackere, von der Gemeinde respektierte Vorsteher der Moschee, ein junger Korangelehrter namens Sayed Mohammed Bukhari, durch die indischen Behörden verhaftet wurde. »Sayed Bukhari hatte in den Freitagspredigten seiner Bewunderung für Osama Bin Laden freien Lauf gelassen und die Aktion der Amerikaner in Afghanistan verflucht«, berichtet der Talib. »Lassen Sie sich von Ihren hinduistischen Freunden nicht einreden, es gäbe nur gelegentliche und oberflächliche Spannungen zwischen den Götzendienern und den ›Mu'mimin‹. Ich führe zwar die Besucher zum Barthaar des Propheten, aber ich bin mir voll bewußt, daß der wahre koranische Glaube solcher Reliquien nicht bedarf.« Er sei in der Lehre der sogenannten Deobandi-Schulen unterrichtet worden, und da hänge man einer Form der Religionsausübung an, die man im Westen oft als »fundamentalistisch« bezeichne. Eine muslimische Elite Indiens habe als Vorläufer gewirkt, als sie sich schon um 1900 in der »Jamiyat-el-Ansar« um den frommen Maulana Mahmud Hassan scharte. Der habe in der nördlich von Delhi gelegenen Ortschaft Deoband gepredigt und der Einheit der islamischen Umma den Vorzug vor allen anderen antikolonialistischen Parolen jener Zeit gegeben. Mit der Versicherung, daß der große Glaubenskampf in Indien erst noch bevorstehe, und einem koranischen Friedensgruß hat sich Mohammed von mir verabschiedet. Ich solle doch nicht versäumen, einen Abstecher nach Deoband zu machen.

*

Der Chauffeur mit dem rosa Turban vollbringt akrobatische Kunststücke, um seine Limousine zwischen den Lastwagen, Rikschas, Händlerkarren, gelegentlich auch Kamelen, und durch die aneinanderklebende Menschenmenge herauszubugsieren. Wir finden mühsam zu den breiten Alleen des ehemals britischen Verwaltungsdistrikts zurück. Zur Rechten erkenne ich den Golfclub von Neu-

Delhi, der wohl weiterhin als exklusive Domäne der klassen- und kastenbewußten Oberschicht gilt. Dort hatte ich mich während des amerikanischen Vietnam-Krieges, wann immer ich in Indien eine Zwischenstation einlegte, mit meinem Freund Hans Walter Berg, dem langjährigen Indien-Korrespondenten der ARD, zum »Sundowner« eingefunden. Hans Walter trat in dieser exotischen Umgebung als »Sahib« auf. Ohne diese herrschaftliche Allüre konnte man auf dem Subkontinent kaum überleben. In Kollegenkreisen hatte man ihm den ehrenhaften Titel »Maharadschah von Whisky-pur« verliehen, und er machte diesem Rang alle Ehre. Zum Verständnis des hinduistischen Gesellschaftssystems, das heißt der Kastenstruktur, hatte er mir das aufschlußreiche Buch »The twice borne« empfohlen.

Was denn aus der vielgerühmten Liebeskunst, aus der sexuellen Besessenheit geworden sei, die das frühere Indien einmal ausgezeichnet habe, fragte ich den »Guru« Berg. Von den erotischen Initiationsriten des Kamasutra, von der Tempel-Prostitution und der krassen Obszönität der Steinreliefs von Khajuraho sei doch offenbar wenig oder nichts übriggeblieben. Natürlich waren mir die erbärmlichen Käfige bekannt – in Bombay zumal –, wo die beruflichen »Liebesdienerinnen« ihr Gewerbe ausübten und die Huren einer streng abgesonderten, erblichen Unterkaste angehörten. Sogar die Transvestiten unterlagen einer solchen kollektiven Segregation. Waren es angelsächsische Prüderie und Überfremdung, victorianische Strenge oder Heuchelei, die sich der Heimat Vishnus und Shivas bemächtigt hatten?

Ich solle nicht vergessen, daß den drei angesehenen Vorzugskasten – Brahmanen, Kshatriya und Vaishya – nur etwa dreißig Prozent der gesamten Hindu-Bevölkerung angehörten, belehrte mich der erfahrene Kollege. Die Brahmanen brachten es allenfalls auf fünf Prozent. Innerhalb dieser Elite habe sich schon zu Zeiten der späten britischen Kolonisation, vor allem aber unter dem Einfluß der Congress Party nach der Unabhängigkeit eine tiefgreifende soziale Umschichtung vollzogen. Die Kaste der Händler, der Vaishya – auch begüterte Landbesitzer und »Zamindar« gehören dazu –, habe sich immer mehr in den Vordergrund gedrängt, die politischen und auch religiösen Schlüsselstellungen besetzt. Diese Umschichtung habe sich wohl auf Kosten der kriegerischen Kaste, der Kshatriya, vollzogen, der Rajputen und Mahraten, die den muslimischen Eroberern so lange und erfolgreich getrotzt hatten. Diese streitsüchtige Ritterschaft, die dem Lebensgenuß und der Prunksucht zugewandt war, sei durch eine neue Gruppe von Aufsteigern verdrängt worden, deren wuchernde Geschäftstüchtigkeit, deren penetrante Profitsucht in mancher Beziehung der amerikanischen Business-Mentalität entspreche.

Mahatma Ghandi beispielsweise entstammte – im Gegensatz zu dem Brahmanen Nehru – einer gutsituierten Vaishya-Familie. Das Dharma dieser erfolgreichen Kaufleute und »Zamindar« sei nach und nach zur allgemeingültigen Regel der indischen Gesellschaft auch in Fragen der Sittlichkeit geworden. Sie habe sich gegen die Weisheit der Brahmanen und die ausschweifende Lebenslust der Kriegerkaste durchgesetzt. Worin besteht nun die Besonderheit dieser Vaishya? Von Natur aus sind ihre Angehörigen voll und ganz auf geschäftlichen Erfolg, auf Bereicherung ausgerichtet. Das materielle Gelingen, die Anhäufung von Wohlstand und Reichtum, der sorgsam gehütet und gemehrt werden muß, ist das untrügerische Zeichen dafür, daß die Betroffenen den Ansprüchen ihrer Gattung gerecht werden, daß sie sich auf dem rechten Weg befinden. Das Sexualleben spielt in diesem Zusammenhang eine geringe Rolle. Der vermögende Ehepartner wird ohnehin von den Eltern ausgesucht. Dann obliegt es dem Familienvater, so schnell wie möglich für zahlreiche männliche Nachkommenschaft zu sorgen und die heranwachsenden Söhne in die Gesetze ihres Dharma, das heißt den Kommerz einzuweisen. Im reifen Alter ziehen sich diese Händler, soweit sie zusätzliche Vervollkommnung erlangen wollen, von den irdischen Belangen nach und nach zurück, wenden sich der konfusen Spiritualität ihrer Religion zu, steigern sich oft in mystische Askese.

»Die romantische Vorstellung der Europäer von der Märchen- und Zauberwelt Indiens ist heute reines Phantasieprodukt«, hatte mein Kollege resigniert festgestellt. »Die Herrlichkeit und die Sinneslust der Maharadschahs, die verlockenden Haremsintrigen ihrer Paläste, wie sie auf der Leinwand im ›Tiger von Eschnapur‹ dargestellt wurden, gehören einer imaginären Vergangenheit an. Was übrigbleibt, ist ein unergründliches, aber auch spießiges und langweiliges Land.«

Hans Walter Berg hat sich längst auf sein idyllisches Anwesen am Bodensee zurückgezogen. Aber unter heutigen Prämissen und unter dem Konformitätsdruck der Globalisierungsgläubigkeit stelle ich mir die Frage, ob man in dem strengen Sittenkodex der Vaishya – Geschäftssinn plus Puritanismus – nicht eine kuriose Verwandtschaft mit dem calvinistischen Prädestinationsglauben der frühen nordamerikanischen Einwanderer entdecken kann, die ja ebenfalls im geschäftlichen Erfolg ein Zeichen göttlicher Auserwähltheit erblickten. Jedermann kennt die Thesen Max Webers über den Einfluß der Pilgerväter auf die heute noch maßgebliche Grundhaltung vieler US-Bürger gegenüber dem Geld und die dortigen Auswüchse der Plutokratie. Doch da handelt es sich wohl um eine höchst zufällige und oberflächliche Analogie, hatte sich doch das Kastenverhalten mindestens zweitausend Jahre vor Landung der »Mayflower« an der amerikanischen Ostküste in das kollektive Bewußtsein des Subkontinents eingegraben. Für die Glücksverheißung im Diesseits, »pursuit of happiness«, ist im Hinduismus ohnehin kein Raum. Es liegen eben doch Welten zwischen Babbitt und dem Yoghi.

Harmlos ist dieses riesige Land zwischen Himalaya und der Coromandel-Straße mitnichten. Die Engländer hatten das einst übliche Religionsritual der Witwenverbrennung untersagt und weitgehend verdrängt. Wer sich über das traurige Schicksal verschleierter muslimischer Frauen entrüstet, sollte jedoch zur Kenntnis nehmen, daß das »zweite Geschlecht« im hinduistischen Umfeld allzuoft einer weit schlimmeren Willkür ausgeliefert ist. Laut amtlichen Polizeiangaben erleidet eine erschreckende Vielzahl indischer Frauen einen grauenhaften Flammentod. Wenn die bei Abschluß der Ehe vereinbarte Mitgift nicht voll ausgezahlt wird, oft auch aus reiner Raffgier, passiert es immer wieder, daß der skrupellose Gatte seine Lebensgefährtin mit Kerosin oder Benzin übergießt, sie in eine lodernde Fackel verwandelt, um dann routinemäßig einen tödlichen Unfall im Haushalt anzumelden. Hunderttausend solche Fälle wurden innerhalb von sieben Jahren allein in Delhi registriert. Die Dunkelziffer dürfte weit höher liegen. Der Tod der legalen Ehefrau bietet dem Mörder die Möglichkeit, durch Neuheirat in den Besitz einer zusätzlichen Brautgabe zu gelangen. Wenn er überführt wird, kommt er meist mit einer relativ leichten Strafe davon. Wegen dieses »Kavaliersdeliktes« wurde noch niemand zum Tode verurteilt. Dem Täter geht es bei seinem Verbrechen meist darum, sich jene Statussymbole des »American way of life« zuzulegen, die ihm für moderne »Lebensqualität«, für das Gefühl der »wellness« unentbehrlich erscheinen, vom Kühlschrank über das knatternde Motorrad bis zum Personalcomputer. – Auch eine Form gelungener Globalisierung.

*

Meine erste Wahrnehmung Indiens geht auf meine Kindheit zurück, versetzt uns also um siebzig Jahre in die Vergangenheit. Ich begeisterte mich damals für die Lektüre des »Dschungelbuchs«. Ich hatte dessen Autor, Rudyard Kipling, nicht als Barden des britischen Imperialismus kennengelernt, sondern als Märchenerzähler aus einer tropischen Tierwelt, nach der man heute in Indien vergeblich suchen würde. Zu jener Zeit – so lernte ich in der Schule – lebten auf dem gesamten Subkontinent, das heutige Pakistan inbegriffen, etwa 240 Millionen Menschen. Inzwischen ist allein die Indische Union auf eine Milliarde Staatsbürger angeschwollen. Im Gegensatz zur Volksrepublik China, wo seit der Kulturrevolution im Zuge der »Ein-Kind-Kampagne« strenge Geburtenbeschränkung eingeführt wurde, hat die Regierung von Delhi das Erreichen dieser Rekordzahl als nationalen Triumph gefeiert. Die ökologischen Folgen der Bevölkerungsexplosion sind katastrophal. Das Land versinkt in den Exkrementen und im Abfall seiner überzähligen Einwohner. »Ils s'enfoncent dans la merde«, hatte ein Lehrer der Alliance française aus Delhi schonungslos festgestellt. Die Kastenlosen, deren Lebenszweck darin bestanden hätte, diesen Unrat beiseite zu schaffen, fanden keine Müllhalden mehr, um ein Minimum an Hygiene zu gewährleisten, trugen ja selber zur pestilenzialisch Verseuchung der Slums in den Riesen-Metropolen bei.

Und dennoch ist es diesem extravaganten Staatsgebilde gelungen, mit den kühnsten Fortschritten moderner Technologie Schritt zu halten. Indien ist Nuklearmacht, und wenn Pakistan, dessen wissenschaftliche Qualifikation dem Widerpart in Delhi weit unterlegen ist, ebenfalls ein paar Atomsprengköpfe explodieren ließ – angeblich hatten die Chinesen mit ihrem »know how« dazu beigetragen –, dann ist das ein eindeutiger Hinweis auf die bevorstehende weltweite Proliferation von Massenvernichtungswaffen. Die redselige Entschlossenheit, mit der Präsident Bush durch Benennung immer neuer »Schurkenstaaten« dieser apokalyptischen Entwicklung entgegensteuern will, dürfte der »internationalen Gemeinschaft« noch einige Schweißausbrüche bereiten. Wenn man die extrem perfektionierte Atomrüstung des Staates Israel bewußt ignoriert, wie das in Washington geschieht, sollte man sich nicht darüber wundern, daß die arabischen Konfrontationsstaaten das gleiche Recht für sich beanspruchen und die pakistanische Bombe insgeheim als »islamische Bombe« feiern.

Die Erinnerung an ein Gespräch, das ich vor zwanzig Jahren an der Universität Tel Aviv mit einem jüdischen Professor, damals schon Spezialist für Terrorbekämpfung, geführt hatte, kommt mir dabei in den Sinn. Welchen existentiellen Gefahren der Staat Israel auf Dauer ausgesetzt sei, hatte ich damals gefragt. Da gebe es zwei düstere Perspektiven, wurde mir offen geantwortet. Auf der einen Seite die maßlos anwachsende Bevölkerungsmasse der arabischen Staatenwelt, mit der Israel auch bei forcierter Einwanderung zusätzlicher Diasporagruppen keineswegs Schritt halten könne. Der Professor verwies auf die Palästinenser, aber auch auf die Ägypter, Syrer und Iraker. Letztere wären zwischen 1950 und 2000 von fünf auf 25 Millionen hochgeschnellt. Ich könnte das Beispiel Algeriens hinzufügen, wo ich bei meinem ersten Besuch 1953 knapp acht Millionen Muselmanen angetroffen hatte. Heute ist die Zahl der Algerier auf etwa 35 Millionen gestiegen.

Die zweite Gefährdung sah der Professor von Tel Aviv in der schier unvermeidlichen Proliferation von ABC-Waffen. Es sei unrealistisch, den diversen islamischen Regimen die Fähigkeit zur Entwicklung nuklearer Sprengsätze für alle Zukunft abzusprechen. Der Vernichtungsschlag, der der israelischen Luftwaffe bei der Zerbombung des irakischen Kernreaktors Osirak im Jahr 1981 gelungen ist, lasse sich nicht beliebig wiederholen. Eine regionale Mittelmacht wie die Islamische Republik Iran habe es gar nicht nötig, Interkontinentalraketen zu bauen, um die Supermacht USA zu beeindrucken. Bis Tel Aviv und Haifa reichten die

Lenkwaffen Teherans auf jeden Fall, und zwei atomare Explosionen in diesen Küstenstädten würden praktisch den Staat Israel auslöschen. In den Vereinigten Staaten würde ein solcher Vernichtungsschlag in Nahost einen psychologischen Schock auslösen, als seien die New Yorker Stadtteile Queens oder Brooklyn getroffen.

Auf den Subkontinent übertragen, bedeutet eine analoge Betrachtung, daß hier die Koppelung der beiden »apokalyptischen Reiter« – unkontrollierbare Demographie plus nukleare Aufrüstung – bereits vollzogen wurde. Zwar hat Indien beteuert, daß es – seiner konventionellen militärischen Überlegenheit bewußt – nicht als erste Kriegspartei auf sein Atomarsenal zurückgreifen werde. Was Pakistan betrifft, so ist diese Gewähr nicht gegeben. General Musharaf weigert sich, dieses Abschreckungselement, dessen Fabrikation die westlichen Geheimdienste den Wissenschaftlern von Islamabad bis zuletzt nicht zugetraut hatten, als »ultima ratio« seiner Strategie auszuschließen. In Islamabad sind die amerikanischen Pläne wohlbekannt, durch blitzschnellen Zugriff das pakistanische Nuklearpotential präventiv auszuschalten. In Voraussicht einer solchen Aktion sind die gefährdeten Sprengköpfe angeblich in den äußersten Norden, in die Region von Hunza und Gilgit unweit der chinesischen Grenze ausgelagert worden. Die »islamische Atombombe«, diese Schreckensvision so vieler westlicher Planer, existiert also bereits, und wessen die pakistanischen Forscher fähig sind, das meistern die Perser allemal.

*

Im Februar 1951 hatte ich bei der Lektüre einer Indien-Studie des renommierten Politologen Tibor Mende eine Passage unterstrichen. In Neu-Delhi, so hatte der englisch-ungarische Autor damals bemerkt, habe die neue unabhängige Regierung von einem der beherrschenden Verwaltungsgebäude die britische Krone entfernen wollen, die über der mächtigen Kuppel prangte. Es habe sich jedoch ergeben, daß dieses Symbol imperialer Macht den Schlußstein bildete und daß bei seiner Entfernung das gesamte Gewölbe in sich zusammengebrochen wäre. So sei es in absehbarer Zeit auch um die Indische Union bestellt, schrieb Tibor Mende. Der einigenden Kraft der fremden Kolonialherrschaft beraubt, werde diese disparate Konstruktion schon bald auseinanderfallen.

Allen Intellektuellen, mit denen ich in Delhi sprach, schien im »Clash of Civilizations« ein indischer Sonderweg vorzuschweben. Ob sie da nicht einer tragischen Fehldiagnose erlagen? Das traumatische Erlebnis, das die »größte Demokratie der Welt« heute mehr noch als die Kaschmir-Frage belastet und stets neues Unheil gebiert, liegt etwa zehn Jahre zurück. Das Massaker von Ayodhya im Dezember 1992 dürfte die Verhältnisse auf dem Subkontinent weit stärker destabilisieren als der aus politischem Opportunismus hochgespielte Anschlag gegen das Parlament von Delhi im Dezember 2001. Noch mag der religiös motivierte Terrorismus für eine gewisse Zeit in die grüne Farbe des militanten Islam getaucht werden, doch schon kleidet sich zwischen Kalkutta und Bombay die politische Gewalt zunehmend auch in das safrangelbe Gewand des Hinduismus.

Alle Zeichen deuten auf Blutvergießen, sobald der Blick sich auf die Ortschaft Ayodhya im nördlichen Unionsstaat Uttar Pradesch richtet. Dort war die fünfhundert Jahre alte Babri-Moschee von einem fanatisierten Hindu-Mob bis auf die Grundfesten zerstört worden. Das Gebetshaus war nach einem frühen Mogul-Herrscher benannt. Angeblich hatte sich vor der muslimischen Eroberung präzis an dieser Stelle ein Hindu-Tempel befunden, der der Geburt des Gottes Ram, zentrale Figur des Ramayana-Epos, geweiht war. Es war zu Straßenschlachten mit den in Ayodhya ansässigen Mohammedanern gekommen. Die Zahl der Getöteten wurde auf 3000 geschätzt. Seitdem hat die Konfrontation bundesweite Dimensionen angenommen. Die stark religiös orientierte »Bharatiya Janata Party« war nämlich zur stärksten politischen Bewegung der Union angewachsen. Hinter der konzilianten Brahmanen-Maske ihres führenden Politikers, des derzeitigen Ministerpräsidenten Vajpayee, dem man dichterische Neigungen nachsagt, verbirgt sich der unbeugsame Wille zur Schaffung eines reinen Hindu-Staates. Der Regierungschef war aus der militanten Kaderorganisation RSS hervorgegangen. Im Verbund mit seinem resoluten Innenminister und designierten Nachfolger Lal Krishna

Advani steht er dem radikalen »Welt-Hindu-Rat« nahe, der seit langem die konfessionellen Gegensätze schürt.

Noch ist die Übermacht der Hinduisten-Partei im Parlament längst nicht konsolidiert. Die BJP erfaßt nur ein Drittel der indischen Wählerschaft, und ein Wiedererstarken der Congress Party ist nicht auszuschließen. Diese säkulare Massenbewegung der großen Gründergeneration sammelt sich heute hinter der Witwe des ermordeten Regierungschefs Rajiv Ghandi, des Sohns von »Indirajee«, und es gehört zu den seltsamen Paradoxien dieses Landes, daß die Italienerin Sonia Ghandi, von Geburt Katholikin, sich in das eherne Kastensystem einzufügen vermochte.

Ich greife an dieser Stelle auf Ereignisse voraus, die sich kurz nach meiner Abreise abspielten. Am 15. März 2002, so hatten die Hindu-Extremisten beschlossen, sollte mit dem Aufbau des Ram-Tempels in Ayodhya an der Stelle der zerstörten Babri-Moschee begonnen werden. Aus allen Landesteilen, vor allem aus der westlich gelegenen Provinz Gujarat, die an Pakistan grenzt, machten sich die Jünger Shivas, mit dem Dreizack als mörderischer Waffe ausgestattet, auf den Weg, um dem Gott Ram Genugtuung zu verschaffen. Die Steinblöcke für das Säulenportal waren schon gemeißelt. Radikale Muslimbanden, die sich provoziert fühlten, setzten in Ahmadabad, der Hauptstadt Gujarats, Eisenbahnwaggons, die mit »Kafirin«, mit eifernden Jüngern Ramas, gefüllt waren, in Brand, als der Zug nach Norden ausrollte. Die Hindus wiederum rächten sich auf fürchterliche Weise, und seitdem reißen die Übergriffe nicht ab und eskalieren schier unaufhaltsam. Die »Indische Volkspartei« erblickt in der Aufwiegelung ihrer Anhänger wohl ein probates Mittel, die hinduistische Mehrheit so stark anzuheizen, daß bei kommenden Wahlen ihre Rivalen vom »Congress« den kürzeren ziehen.

Der dravidisch geprägte Süden ist vor dieser gärenden Unruhe bisher verschont geblieben. Dort hat stets größere Toleranz geherrscht als im nördlichen Kuh-Gürtel der »Arier«. Hingegen ziehen Sturmwolken über dem von Pakistan abgespalteten Muslim-Staat Bangla Desh auf, wo sich die religiöse Minderheit von knapp zehn Prozent Hindus zunehmenden Schikanen ausgesetzt sieht. In Dakka, der Hauptstadt von Bangla Desh, gewinnt eine islamistische Grundstimmung an Boden, seit die in religiösen

Fragen neutrale »Awami League« durch eine Koalition abgelöst wurde, in der die konservative »Bangla Desh National Party« den Ton angibt. Die Hinwendung zur reinen koranischen Lehre, die zunehmend feindselige Abgrenzung gegenüber den Hindus im eigenen Land und im angrenzenden Unionsstaat West-Bengalen, wo kurioserweise eine kommunistische Partei sich noch an der Regierung hält, schüren gleichzeitig das antiamerikanische Ressentiment. Ein Attentat auf das »American Center« von Kalkutta blieb bislang eine isolierte Gewalttat, aber die CIA schließt eine Ausweitung des islamistischen Terrorismus auf die östliche Randzone des Subkontinents nicht mehr aus.

Der Streit um Ayodhya ist längst nicht beendet. Er könnte das Signal geben für tiefgreifende politisch-religiöse Unruhen innerhalb der Union. Noch ist es zu früh, die aufgeklärten Vordenker wie Jawaharlal Nehru, Vallabhai Patel, Indira Ghandi und – als Vermittler toleranter Spiritualität – Mahatma Ghandi auf die Rolle von Epigonen einer verflossenen Epoche zu reduzieren. Aber schon die Ermordung Ghandis, der »großen Seele«, im Jahr 1948 war nicht etwa das Werk eines muslimischen Eiferers. Der Mahatma fiel vielmehr der Wut eines Hindu-Fanatikers zum Opfer. Das Attentat fand auf dem Areal des Lakshmi-Naraya-Tempels von Delhi statt, im Hof eines Gästehauses der Unternehmer-Dynastie Birla. Es mutet schicksalhaft an, daß Ghandi, als ihn der Dolch des Mörders durchbohrte, den verzweifelten Hilferuf »Heh Ram!« ausstieß. Er beschwor die zentrale Götterfigur, die Wiedergeburt Vishnus, den Gott Rama, dem heute in Ayodhya so kontrovers und blutig gehuldigt wird. Im Umkreis der Babri-Moschee ist die Kluft zwischen 800 Millionen Hindus und 150 Millionen Muselmanen neu aufgerissen.

Beim kosmischen Feldzug gegen das »Böse«, dem George W. Bush sich verschrieben hat, droht sich ein zusätzliches Schlachtfeld im brodelnden Menschengewimmel des Subkontinents aufzutun, dem weder durch Entsendung von »Special Forces« noch durch Einsatz ultrapräziser Wunderwaffen beizukommen wäre. Sollte Tibor Mende mit fünfzig Jahren Verspätung doch noch recht behalten? Schon scheint die Stunde Shivas zu schlagen, seit seine rasenden Verehrer mit dem Dreizack des Weltzerstörers ihren muslimischen Gegnern in zahllosen Pogromen nachstellen. Die schwarze Todesgöttin Kali, auf dem Schädel ihrer Feinde thronend, erteilt die Weisung zu dieser konfessionellen Zerfleischung. Die internationalen Medien hatten bislang von dieser aufkommenden Gewitterstimmung kaum Notiz genommen.

## Kaderschule des Fundamentalismus

*Deoband, im Januar 2002*

In der Nacht sind stürmische Regenfälle über den endlosen Zukkerrohrfeldern niedergegangen. Das Land zu beiden Seiten der brüchigen Asphaltstraße ist in einen grau-gelben Morast verwandelt. Die Dörfer kauern unansehnlich längs der Straße, die von Delhi nach Norden führt. Verschnörkelte Hindu-Tempel, ärmliche Moscheen bringen kaum Abwechslung in die Ödnis. Sie künden von unterschwelligen Spannungen. Die Männer haben sich gegen die Kühle in weiße Laken gehüllt, aus denen dünne braune Beine herausragen. Der Verkehr wird durch ächzende Lastwagen und Ochsenkarren behindert. Nur einmal bietet sich ein farbenprächtiges Schauspiel. Eine Schar von Nomaden – die Frauen in knallbunte Tücher gewandet – begegnet uns mit ihren Eseln und schwerbepackten Kamelen. Aber mein Fahrer mit dem rosa Turban, den ich mit Mr. Singh anrede – alle Angehörigen der Sikh-Gemeinde tragen diesen Namen, der »Löwe« bedeutet –, blickt mit Verachtung auf das fahrende Volk. »They are Gypsies, Sir«, sagt er angewidert. »Das sind Zigeuner.«

Der Koranschüler Mohammed, mit dem ich mich in der Jama Masjid von Delhi ein wenig anfreundete, hatte mir den dringenden Rat gegeben, nach Deoband zu fahren, etwa hundertzwanzig Kilometer nördlich der Hauptstadt gelegen, wo eine hochrangige muslimische Lehrstätte – »Dar-ul-Ulum«, »Haus der Wissenschaften« genannt – seit fast hundertfünfzig Jahren die reine Lehre des Propheten auf dem Subkontinent verbreitet. »Wenden Sie sich nicht an die offiziellen Maulanas«, schärfte mir Mohammed ein; »gehen Sie nicht zu Margub-u-Rehman, der zwar große Autorität ausübt, aber sich aus Gründen der Klugheit allzu versöhnlicher Töne gegenüber der gottlosen Regierung von Delhi befleißigt.« Andere Professoren, die sich in den westlichen Medien sehr kämpferisch zu Wort gemeldet hatten, weichen neuerdings ausländischen Besuchern aus und lassen sich verleugnen, denn der sich anbahnende Religionskrieg verpflichtet auch sie zu größter Vorsicht, wenn sie nicht die Existenz des Dar-ul-Ulum und seine bisherige Unabhängigkeit gefährden wollen. »Fragen Sie nach Ustaz Abd-el-Karim, der noch recht jung an Jahren ist, aber an der ehrwürdigen El Azhar-Universität von Kairo studiert hat, der einzigen islamischen Hochschule, die unser ›Haus der Wissenschaften‹ an Bedeutung übertrifft.«

Gemessen am britischen Stil der Nehru-Universität von Delhi bietet die koranische Bildungsanstalt von Deoband ein recht orientalisches Bild. Beherrscht wird das weite Gelände von der Kuppel der Raschid-Moschee, an deren Kachel- und Marmorwänden seit Jahrzehnten gearbeitet wird. Etwa 3500 »Taleban«, so lautet der persische Plural von »Talib« oder Koranschüler – auf arabisch würde man »Tullab« sagen –, folgen den Kursen in Arabistik, Theologie und koranischem Recht. Wie in mittelalterlichen Blütezeiten islamischen Wissens memorieren die Studenten ihre Lektionen, indem sie, wenn das Wetter es erlaubt, auf Rasenflächen liegen und die Texte rezitieren. Die Vorlesungen, die oft in Form eines lebhaften Dialogs stattfinden, werden auf urdu, später auf arabisch gehalten. Zu zehnt wohnen die Internatsschüler in kargen Schlafräumen. Ihr Unterhalt wird durch Spenden finanziert. Deoband befindet sich in dem Flächenstaat Uttar Pradesch, einem Teilgebiet der Indischen Union, dessen Bevölkerung von hundertfünfzig Millionen die Einwohnerzahl Rußlands übertrifft. In diesem Teil des Kuh-Gürtels – auch die zerstörte Moschee von Ayodhya ist hier gelegen – prallen die konfessionellen Gegensätze bereits unversöhnlich aufeinander.

Ich brauche eine Weile, bis mich ein ganz in Weiß gekleideter »Talib« zu dem »Ustaz«, dem »Meister«, geleitet. Abd-el-Karim trägt die gehäkelte Kappe seiner Zunft. Ein üppiger Bart umrahmt das jugendlich wirkende, hell getönte Gesicht. Er ist durch einen Anruf aus Delhi auf mein Kommen vorbereitet. Als ich ihm Bilder von meinem afghanischen Streifzug mit den Mudschahidin der »Hezb-e-Islami« des Partisanenführers Hekmatyar zeige, stellt sich Vertrauen ein. »Wir gehen schweren Zeiten entgehen«, beginnt der Ustaz, »denn wir bilden den geistlichen Rückhalt für eine riesige muslimische Gemeinde in Indien, denen die rechtgläubige Gesinnung abhanden zu kommen droht. Ohne die 40 000 Madrassen, die wir zwischen Himalaya und Coromandel betreuen, ohne die 65 000 Imame und Ulama, die bei uns ausgebildet wurden, wäre der Islam innerhalb der Indischen Union einem unaufhaltsamen Erosionsprozeß ausgeliefert. Bei der Partition von 1947 wurden wir unserer Eliten weitgehend beraubt. Die bessergestellten und gebildeten Muselmanen wanderten massenhaft in die neu gegründete Republik Pakistan ab. Die Zurückbleibenden waren meist unwissende Angehörige der unteren Schichten, und ich verhehle Ihnen nicht, daß eine verhängnisvolle Anpassung an das hinduistische Kastensystem auch auf uns abzufärben drohte.«

Auf Pakistan ist Abd-el-Karim, dem sich ein halbes Dutzend Studenten zugesellt, nicht sonderlich gut zu sprechen. Von Anfang an hätten die »Deobandi« gegen diese Abspaltung, die von Mohammed Ali Jinnah, dem geistigen Vater der gesonderten Staatsidee, mit britischer Unterstützung durchgesetzt wurde, opponiert. Jinnah sei ein Anhänger der »Partei Alis«, also ein Schiite, gewesen, was man heute in Islamabad nicht gern erwähne. Ein anderer Inspirator des pakistanischen Staatskonzepts, Mohammed Iqbal, habe sich zwar als großartiger Dichter hervorgetan, aber seine mystische Hinwendung zur »Sufiya«, seine kosmischen Verbrüderungsvorstellungen seien allzusehr beeinflußt gewesen durch pantheistische Visionen und von dem, was man in Deutschland die »Weisheit des Brahmanen« nenne. Mein Gesprächspartner gibt zu erkennen, daß er hoch gebildet ist.

Die Gründung des »Dar-ul-Ulum« hatte unmittelbar nach dem großen Sepoy-Aufstand stattgefunden. Die durch die Briten besiegte Bewegung der »Ulama«, der Korangelehrten, die die islamischen Regimenter zur Revolte von 1857 aufgewiegelt hatte, war damals in die strenge Abgeschiedenheit von Deoband ausgewichen, um eine Erneuerung des Glaubens, eine Rückbesinnung des indischen Islam auf die ursprüngliche koranische Reinheit in die Wege zu leiten. Heute würde man diese Tendenz als »Salafiya« oder »Usuliya« bezeichnen. Es gehe vor allem darum, dem Einfluß jener Derwisch-Orden und Sufi-Bruderschaften entgegenzuwirken, die sich durch hinduistisch orientierten Heiligenkult, durch Amulett-Unwesen und Trance-Rituale der gesellschaftlichen und politischen Grundausrichtung der wahren Lehre entfremdet hätten. Abd-el-Karim verheimlicht nicht den Zwiespalt, in dem sich die indischen Muslime weiterhin bewegen. »Die relative Toleranz, die ihnen die Congress-Partei gewährt hat, geht dem Ende zu«, erklärt er. »Der sektiererische Fanatismus der Hindutva-Ideologie und ihrer Kampfbünde heizt sich am blutigen Konflikt um Kaschmir auf, und es fällt unseren jungen, frommen Muslimen von Deoband immer schwerer, nach außen jene Versöhnlichkeit gegenüber gewissen indischen Thesen zu simulieren, die von den Älteren noch eingehalten wird.«

Auch in Deoband bahnt sich ein Generationskonflikt an. Die ungeduldigen Taleban wollen Schluß machen mit gewissen extrem intoleranten Praktiken, wie sie hier – ähnlich wie bei ihren afghanischen Namensvettern – dem tribalen Sittenkodex des »Paschtunwali« entliehen wurden. In Deoband sind zwar Computer, Radiosendungen und Zeitungen in den Studienräumen zugelassen, aber alle Vergnügungen – sei es Sport, weltliche Musik oder Fernsehen – bleiben verpönt. Den seltenen Frauen, die das Areal der Universität von vierzig Hektar Ausdehnung betreten, wird das Tragen der total verhüllenden Burqa auferlegt. Andererseits sind die Neuerer nicht bereit, wie gewisse Lehrer es ihnen nahelegen, sich auf eine indisch definierte, multikulturelle Gemeinschaft auszurichten. Seit der Verwüstung von Ayodhya und den sich häufenden Pogromen gegen die Muselmanen ist die Bruchstelle fast erreicht. Wenn sogar der kommunistische Chef-Minister des Bundesstaates West-Bengalen, Buddhadev Bhattacharya, gegen die Gründung illegaler Koranschulen an den Grenzen von Bangla Desh und des Königreichs Nepal zu Felde zieht, ist von seiten der militanten Hinduisten das Schlimmste zu befürchten, zumal alle Loyalitätserklärungen nichts fruchten und die Deobandi in Delhi unwiderruflich als »Fünfte Kolonne« Pakistans, als potentielle Landesverräter gelten.

»Es wird Sie interessieren«, lenkt Abd-el-Karim lächelnd ein, »daß sich einer unserer angesehensten Maulanas, Ubaid Ullah Sindhi, während des Ersten Weltkriegs der sogenannten Seiden-Brief-Verschwörung anschloß, daß er aus Indien nach Afghanistan auswich, um von dort den Dschihad gegen die britischen Kolonialisten zu führen. Er gehörte sogar als Innenminister einer provisorischen Exilregierung mit Sitz in Kabul an. Sindhi hatte allerdings nicht so sehr aus Sympathie für das Wilhelminische Kaiserreich gehandelt, sondern stellte sich vor allem in den Dienst des Osmanischen Sultans und Kalifen, der auf seiten der Mittelmächte kämpfte und zum Heiligen Krieg gegen die ›Inglesi‹ aufgerufen hatte. Tragisches Ende dieses aufrührerischen Muslim: Er mußte 1918 nach Moskau flüchten, wo er wohl von den ›Schurawi‹ liquidiert wurde.«

Ein Student mischt sich mit glühenden Augen in das Gespräch ein. »Es wird nicht lange dauern, dann werden auch wir als Terroristen verleumdet. Unsere geistlichen Führer ermahnen uns immer wieder zur Mäßigung. Wir dürfen dem Repressionsapparat der Regierung von Delhi angeblich keinen Vorwand bieten. Doch die Hardliner des ›Hindu-rashtra‹ warten ja nur auf einen Anlaß, um zum Gemetzel an den Rechtgläubigen aufzurufen.« Jetzt gibt es unter den anwesenden Taleban kein Halten mehr. Es bricht ein Chor von Verwünschungen aus, der sich in erster Linie gegen Amerika richtet. General Musharaf von Pakistan habe nicht nur einen unverzeihlichen Frevel gegen die Religion begangen, er habe auch töricht, ja vielleicht selbstmörderisch gehandelt, als er George W. Bush Militärstützpunkte in Pakistan zur Verfügung stellte und den afghanischen Taleban in den Rücken fiel. Bei diesen jungen Leuten von Deoband gilt Osama Bin Laden als großer Held des Islam, als »Saladin der Moderne«. Sie alle, das sagen sie ganz offen, betrachten sich als Opfer einer zionistisch-amerikanischen Konspiration. Die Legende von den viertausend jüdischen Angestellten des World Trade Center, die angeblich am Tag der Katastrophe nicht an ihrem Arbeitsplatz erschienen, wird hier bedenkenlos als Beweis für ein satanisches Komplott akzeptiert. »Der Westen redet von einem weltweiten Feldzug gegen den Terror«, sagt auch Abd-el-Karim abschließend; »in Wirklichkeit geht es doch um die Unterjochung von einer Milliarde Muslime, um die Plünderung ihrer Rohstoffe, um die Errichtung der amerikanischen Weltherrschaft. Es schlägt die Stunde des ›gesteinigten Satans‹!«

*

Seltsame und beängstigende Parallelen. Auf meiner Rückfahrt von Deoband nach Delhi habe ich das Standardwerk über Hindu-Nationalismus des französischen Indologen Christophe Jaffrelot zur Hand genommen. Der erwähnt ausführlich eine ganz andere und doch ähnlich geartete Ausbildungsstätte für junge militante Hinduisten, die sich durchaus mit dem fundamentalistischen Eifer des muslimischen »Dar-ul-Ulum« von Deoband vergleichen läßt. Die Institution von Mandoli am nordöstlichen Stadtrand von Delhi dient der Organisation »Rashtriya Swamamsebal Sangh« (RSS) – auf deutsch »Nationales Freiwilligenkorps« – zur Instruktion von Kindern und Jugendlichen im Geiste einer streng brahmanischen Weltanschauung. Das RSS steht der »Bharata Janata Party« (BJP) des jetzigen Ministerpräsidenten Indiens, Atal Behari Vajpayee, nahe, der sich in dieser ideologisch orientierten Truppe einst bewährt hatte. Die »Sewa Dham«-Schule von Mandoli, wo etwa dreihundert Zöglinge ausgebildet werden, ist nur ein Glied in der ganz Indien umfassenden Erweckungsbewegung des Hinduismus, die sich im Verbund mit Wohltätigkeitsvereinen der religiösen Indoktrinierung und Missionierung der benachteiligten Gesellschaftsschichten und Kasten verschrieben hat.

Bekanntlich sind die »Unberührbaren«, die Dalit, von Jawaharlal Nehru ganz bewußt in das »Nation Building« Indiens nach der Unabhängigkeit einbezogen worden. Er stützte sich auf die »Republic Party« des Juristen Ambedkar, der als offizieller Wortführer der »Zerbrochenen«, der »Getretenen« auftrat und als erster Justizminister der Union dafür sorgte, daß die Verfassung die theoretische Gleichberechtigung aller Staatsbürger, unabhängig von Kaste, Ethnie oder Religion, stipulierte. Hier sollen nicht die diversen Erfolge oder Niederlagen der politischen Emanzipationsbewegungen geschildert werden, die es den untergeordneten Massen der Shudra und Paria sogar vorübergehend erlaubt hatten, die Posten von Chief-Ministers in den übervölkerten Nordprovinzen von Uttar Pradesch und Bihar zu besetzen. Ambedkar wird weiterhin in zahllosen Darstellungen als große Symbolfigur des sozialen Aufstiegs verherrlicht. Vor seinem Tod im Jahr 1956 war er dennoch – an der Verkrustung der Hindu-Strukturen verzweifelnd – zum Buddhismus übergetreten. Er bleibt als politische Leitfigur präsent, weit mehr übrigens als der im Westen allseits verehrte Mahatma Ghandi.

Doch die »Republic Party« der Dalit und deren Anführer verstrickten sich ihrerseits in Clan-Wirtschaft und Korruption, bevorteilten systematisch die Angehörigen ihrer eigenen Kategorie, zeichneten sich oft durch krasse Inkompetenz aus. Eine Aktionsgemeinschaft der niedrigen Kasten scheiterte an der eingefleischten Verhaftung der Shudra in den eigenen Dharma-Vorstellungen und an ihrer Überheblichkeit gegenüber den vollends verachteten »Sweepers«, wie die Parias auch genannt werden. Kurzum, die so hoffnungsvoll begonnene Angleichung jener Unglückseligen, die Ghandi verharmlosend als »Kinder Gottes« bezeichnet hatte, führte zu einer zusätzlichen Verhärtung der existierenden Trennungslinien.

In der »Sewa Dham«-Schule von Mandoli und allen jenen Institutionen, die von den Brahmanen, den »Schnur-Trägern« der RSS-Gruppe, ins Leben gerufen wurden, herrscht ein ganz anderer, unkonventioneller Geist. Für die Rekrutierung ihrer jungen Gefolgschaft greift man vorzugsweise auf Kinder aus dem sogenannten »tribal belt«, den Stammesregionen in Zentral- und Nordostindien zurück, die bisher völlig außerhalb der hinduistischen Gemeinschaft lebten und Naturreligionen oder dem Schamanismus anhingen. Bislang hatten sich westliche Missionare um ihre Bekehrung zum Christentum bemüht. Dem treten die Hindu-Propagandisten jetzt energisch entgegen. Wie sich die Integration dieser Fremdlinge mit dem sakrosankten Dharma-Bewußtsein der Oberschicht verträgt, bleibt für Außenstehende unbegreiflich, zumal auch Söhne der niedrigsten Klasse, die ihrer Umgebung entrissen wurden, dort eingereiht werden. Ein englischer Beobachter verglich die Rekrutierungsmethoden des »Freiwilligenkorps« mit der im Islam höchst umstrittenen »Knabenlese« oder »Devshirme«, die es den osmanischen Sultanen erlaubt hatte, ihre Elitetruppe der Janitscharen mit geraubten Christenkindern aus dem Balkan aufzufüllen.

Das Lehrprogramm der Zöglinge des militanten Hinduismus, das einer Gehirnwäsche nahekommt, ist aufschlußreich. Die Knaben üben Hindu-Gesänge in der alten arischen Sanskrit-Sprache. Sie werden von Fleischessern zu Vegetariern umprogrammiert. Die Taten hinduistischer Helden der Vergangenheit sollen ihnen als Vorbild dienen, während die erobernden Muslime aus Zentralasien, Afghanistan und Persien als Unholde und Verursacher allen Unheils geschildert werden. An den Wänden der Schulräume hängen die Bilder jener Maharashtra-Krieger, die den Moguln erfolgreich die Stirn boten. Seit 1952 betreut eine Parallelorganisation zur RSS, die »Vidya Bharata«, immerhin 20000 Privatschulen für 2,4 Millionen unterprivilegierte Kinder. Sogenannte »barfüßige Ärzte«, der Ausdruck ist dem Revolutionsjargon der chinesischen Maoisten entliehen, sind in den Dörfern als Künder der religiös-nationalistischen Wiedergeburt unterwegs. Seltsamerweise finanzieren sich diese Mammutprojekte im wesentlichen durch Zuwendungen indischer Auslandsorganisationen, mit Schwerpunkt in den USA. Dennoch rufen sie zum Boykott westlicher Waren auf, und darunter befinden sich so typisch amerikanische Standardprodukte wie Icecream oder Blue Jeans. Fernsehen ist übrigens bei diesen heranwachsenden Hindus ähnlich verpönt wie bei den Muslim-Fundamentalisten von Deoband.

Die Ursprünge dieser Bewegung, so Christophe Jaffrelot, gehen auf das Jahr 1925 zurück. In der Folge sollen sich die »Volunteers« zunächst am italienischen Faschismus, später und viel intensiver an der rassistischen Weltanschauung Adolf Hitlers orientiert haben. Wird in diesen »Ordensburgen« tatsächlich das Fußvolk eines hinduistischen Religionskrieges der Zukunft herangezüchtet? Jedenfalls zählt das Studium uralter vedischer Texte, die den Parias einst aufs strengste verwehrt waren, zum gehobenen Unterricht. Daraus leiten sich esoterische Erkenntnisse der Astrologie und einer altüberlieferten Mathematik ab. Yoga-Meditationen und klassische Kampfübungen gehören zu den Pflichtfächern. Den Schülern wird eingetrichtert, daß indische Zivilisation und Wissenschaft der westlichen Bildung von Anfang an weit überlegen waren. Die Weltkultur sei das Produkt indischer Arier, die nicht als fremde Eroberer von Westen und Norden in den Subkontinent eingedrungen seien, sondern von Anfang an die Urbevölkerung bildeten.

Die goldene Zeit des Hinduismus wird auf die Mohendjo Daro-Epoche im dritten Jahrtausend vor Christus zurückdatiert, deren gewaltige Ruinenstädte im Indus-Tal relativ spät entdeckt wurden. Die Backstein-Architektur dieser Siedlungen, darin stimmen alle seriösen Historiker und Archäologen überein, läßt sich auf keinerlei indogermanischen Ursprung zurückführen. Eine ganz besondere Verehrung widmen die Hindu-Nationalisten dem mythischen Krieger und Eroberer, dem »blauhäutigen Lord Ram«, eine Wiedergeburt des alles erhaltenden Gottes Vishnu. Die epischen Taten Ramas wurden laut vedischer Berechnung vor 886 000 Jahren vollbracht und gelten weiterhin als erhabene Quelle indischen Wesens. Es wundert da nicht, daß das »Freiwilligenkorps«, gestützt auf seine »Janitscharen«, in der vordersten Front stand, als es 1992 galt, die Babri-Moschee von Ayodhya, dieses Schandmal muslimischer Anmaßung, niederzureißen und die angebliche Geburtsstätte Rams für den Bau eines Hindu-Tempels freizumachen.

## Empire-Nostalgie

*Delhi, im Januar 2002*

Vergeblich habe ich in den Ramschläden der Altstadt von Delhi nach einer halbwegs künstlerischen Darstellung aus der hinduistischen Götterwelt gesucht. Solche Souvenirs, soweit sie mehr als hundert Jahre alt sind, unterliegen einem strengen Exportverbot. Die modernen Reproduktionen, meist in grellen Farben ausgeführt, entsprechen dem zweifelhaften Geschmack eines exotisch-pseudoreligiösen Disneylands. Es ist ein schwacher Trost, daß die christlichen Devotionalien, die in Lourdes oder Fatima feilgeboten werden – rosarote Herz-Jesu- und himmelblaue Marien-Bilder im sulpizianischen Stil –, kaum weniger kitschig sind. Vor fünfzig Jahren hatte ich in Kalkutta eine gruselige Darstellung der schwarzen Göttin Kali mitsamt ihrer makabren Schädelornamentik erstanden. Die wertlose Tongestalt der Todesdämonin, der die elende Metropole am Brahmaputra-Delta geweiht ist, ging bei irgendeinem Umzug verloren. Ich habe sie seitdem durch einen herrlichen Vishnu-Kopf aus Marmor ersetzt, wie man ihn heute auf keinem indischen Markt mehr entdecken würde.

Ich betrete einen abscheulichen, modernen Bazar. Die bizarren Phantasmen dieser Religion – oft in gigantischem Ausmaß und in wertvollem Material höchst aufwendig ziseliert – hinterlassen einen zutiefst verwirrenden Eindruck. Für die grazilen weiblichen Angestellten – in bunte Saris gekleidet und mit dem Kastenzeichen auf der Stirn – stellen diese kommerziellen Exponate weiterhin Objekte einer tiefen kultischen Verehrung dar. Am Ende entscheide ich mich für den Kauf einer wertlosen Ganesch-Darstellung aus Holz, weil mich die Legende dieses seltsamen Gottes stets besonders erfreut hat. Ganesch war aus der Vereinigung des großen Weltschöpfers und -zerstörers Shiva mit dessen Gattin Parvati hervorgegangen, die auch als Kali in Erscheinung tritt. Nach langer Abwesenheit kehrte Shiva zu seiner Frau zurück und traf sie in Gesellschaft eines stattlichen jungen Begleiters, dem er unverzüglich den Kopf abschlug, nicht ahnend, daß es sich bei diesem vermeintlichen Nebenbuhler um seinen inzwischen zum Mann herangewachsenen Sohn handelte. Die Allmacht Shivas, der sich über die eigene Untat entsetzte, war um keinen Ausweg verlegen. Er setzte dem enthaupteten Ganesch kurzerhand einen Elefantenkopf auf die Schultern, und in dieser Form – halb Mensch, halb Elefant – wird er heute als besonders liebenswertes und glückbringendes Mitglied der hinduistischen Götterfamilie verehrt. War es da ein Wunder, daß mir die Mahabharata und das Ramayana als undurchdringliche Märchenwelt erschienen? Auf dem Subkontinent hat mich die einfältige Frömmigkeit der überwiegend schwarzen Bevölkerung des Südens stets positiver angerührt als die Kasten-Arroganz des Nordens, die sogar bei den sakralen Baderiten im verseuchten Ganges-Strom und bei den Leichenverbrennungen von Benares vorherrscht, ungeachtet der räudigen Hunde, die an bereits verkohlten Knochen nagen.

Ins Hotel zurückgekehrt, blättere ich in meinen Artikeln aus Kalkutta, die vor fünfzig Jahren in der »Saarbrücker Zeitung« erschienen waren. Wie sehr man sich in dieser fremden Umgebung doch vor eiligen Urteilen hüten muß! Da hatte ich im Februar 1951 – gestützt auf die Analysen kompetenter Indologen – über das Hochkommen des Kommunismus auf dem Subkontinent spekuliert. Im Dekkan war in dem Ort Telengama ein kommunistischer Dorfsowjet gegründet worden. Von diesem »indischen Yenan«, wie man damals unter Bezug auf Rot-China sagte, drohte angeblich die marxistische Aufstandsbewegung bettelarmer Bauern sich auf weite Regionen auszuweiten. In gewissen Intellektuellenkreisen Ost-Bengalens war man schon dabei, Mao Zedong, der eben in Peking an die Macht gekommen war, als eine Art panasiatischen Nationalhelden zu glorifizieren. Am Rande eines Slumviertels von Kalkutta war ich selbst in eine Massenversammlung geraten, die unter roten Fahnen mit Hammer und Sichel die Bilder Lenins, Stalins und Mao Zedongs hochhielt. Von den USA hieß es zu jener Zeit, deren »way of life« befände sich an den Antipoden des indischen Gesellschaftsbewußtseins, da sei überhaupt keine kulturelle Kommunikation vorstellbar.

Den grünlich schimmernden Ganesch habe ich auf dem Nachttisch des Hotelzimmers aufgestellt. Da liegt der Sohn Shivas mit fettem Bauch und mächtigen Schenkeln in einer Pose großen Wohlbehagens dahingestreckt. Sein Elefantenhaupt ruht auf einem Brokatkissen. In Abermillionen Häusern und Hütten Indiens wird diesem skurrilen Produkt sakraler Phantasie weiterhin innige Verehrung entgegen gebracht. Die Abstrahierung des Hinduismus zu einer grandiosen pantheistischen Metaphysik bleibt einer exklusiven geistigen Oberschicht vorbehalten.

Die Spiritualität der »arischen« Veden gilt nicht für das gemeine Volk. Und dennoch hat die Verstrickung des Subkontinents in die abstruse Vorstellungswelt stets ineinander zerfließender Gottheiten eine junge Elite von Wissenschaftlern nicht daran gehindert, in der modernsten Technologie verblüffende Spitzenpositionen zu erringen. Vor allem im Süden, im Umkreis der Boom-Städte Bangalore oder Hydarabad, haben die Angehörigen der gehobenen Kasten eine ganz ungewöhnliche Begabung für Elektronik, Computer-Programmierung, Software-Gestaltung und Kybernetik an den Tag gelegt. Die auf Meditation und Wahrnehmung virtueller Vorgänge, auf abstrakte Spekulation ausgerichteten Denkstrukturen der Brahmanen zumal waren wohl besonders geeignet für diese originäre Form technisch-spielerischer Weiterentwicklung. So wurden die Hindu-Ingenieure der Postmoderne zu den bevorzugten und begehrtesten Spezialisten ihres Fachs, entwickelten oft mit der experimentellen Methode des »learning by doing« Fähigkeiten, die den Abendländern und auch den Amerikanern abgehen. Die indischen Einwanderer erwiesen sich in den USA als Spezialisten dieser Zukunftsbranche, qualifizierter als die sogenannten WASP – »White Anglo-Saxon Protestants« –, oder die intellektuell führenden Juden. Sie besetzten dort mindestens vierzig Prozent der einschlägigen Spitzenpositionen. Gemeinsam mit Chinesen und Koreanern bewähren sich die Asiaten aus den hinduistischen oder konfuzianischen Kulturkreisen im freien Wettbewerb als Wegweiser der kybernetischen Revolution.

Ähnliches vollzog sich in Großbritannien, wo die indischen Immigranten, die bereits an anglophonen Hochschulen ausgebildet wurden, unter den zahlreichen bereits in England etablierten Landsleuten eine ihnen vertraute »Community« vorfanden. Deutschland, das sich erst sehr spät darauf besann, diesen exotischen »whiz kids« eine »green card« anzubieten, hatte das Nachsehen. In Kontinentaleuropa leiden die privilegierten Neueinwanderer aus Asien unter Entfremdungs- und Vereinsamungserscheinungen. Hieß es nicht von den erfolgreichen Kaufleuten Ostafrikas, die dort zur Zeit der britischen Kolonialherrschaft als Plantagen-Kulis oder Schwellenarbeiter der Eisenbahn rekrutiert worden waren und es später zu Wohlstand, oft zu riesigen Vermögen gebracht hatten: »My job is in Kenia, my heart is in India, my bank-account is in London«?

An der Westküste Amerikas, wo im vergangenen Jahrhundert nach der massiven Immigration deutscher Juden die Studios Hollywoods zur führenden Illusionsfabrik des Erdballs heranwuchsen, wo durch andere israelitische Flüchtlinge aus Europa die Nuklearenergie und die Atombombe entwickelt wurden, wo mit Hilfe deutscher Raketenwissenschaftler, die dem Dritten Reich gedient hatten, der Vorrang Washingtons in der Erforschung des Weltraums realisiert wurde, steht offenbar ein neuer Sprung nach vorn bevor. Gestützt auf die verblüffende, angeborene Begabung indischer Praktikanten für jede Form von Computersystemen, Elektronik und Software-Programmierung konsolidieren die USA ihre Führungsrolle als technologischer Gigant und schier unerreichbarer Vorläufer auch auf diesem Gebiet. Ganesch plus Elektronik – könnte so die Formel einer verheißungsvollen und originären Neu-Dynamisierung für das indische Mutterland lauten?

*

Was ist aus den alten Gefährten der späten Kolonialzeit geworden? Ich habe es längst aufgegeben, nach Überlebenden des französischen Indochina-Kriegs Ausschau zu halten, und jene Kollegen, die über das amerikanische Vietnam-Unternehmen berichteten, sind heute allenfalls in ihren Heimatgefilden anzutreffen, wo sie ihre Pension verzehren. Um so freudiger überrascht bin ich, als mir der Portier des Oberoi-Hotels eine Message überreicht, in der mich Michael Ashton zum Drink auffordert. Er habe ganz zufällig erfahren, daß ich mich in Delhi befände.

Wir haben uns seit Ewigkeiten nicht gesehen. Ashton ist mir als Sohn Englands in Erinnerung, dem man die Erziehung der Public Schools und den vorübergehenden Dienst in einem Garderegiment Ihrer Majestät anmerkt. Ob er wirklich nur Free-lance-Journalist war, wie er vorgab, habe ich nie ergründen wollen. Man neigt ohnehin dazu, in jedem abenteuernden Engländer einen Beauftragten des MI-6 zu wittern und ihn unter »Smiley's People« einzureihen. Wir hatten uns in Kambodscha kennengelernt, als sich der Ring der Roten Khmer immer enger um die Hauptstadt Phnom Penh schloß.

In der Bar des Oberoi setzen wir uns zum Whisky, den Michael ohne Eis und Soda trinkt. Er hat sich gut gehalten. Er sei längst in den Ruhestand abgetaucht. Sein kurzfristiger Aufenthalt in Delhi gelte seiner Tochter, die mit einem Diplomaten beim dortigen britischen High-Commissioner verheiratet ist. Aber er ertrage die dortige Bürokraten-Atmosphäre nur schlecht. Das Niveau des Foreign Office – darin gleiche es wohl vielen Außenministerien – habe empfindlich nachgelassen.

Unvermeidlich wendet sich unser Gespräch der kriegerischen Aktualität zu. Bei allem Wohlwollen, das wir für den amerikanischen Verbündeten empfinden, gibt uns die ideologische, fast religiöse Kreuzzugsstimmung der Bush-Administration gegen die weltweite »Macht des Bösen« einige Rätsel auf. Trotz des angeblich gelungenen Blitzkriegs in Afghanistan erinnert eben doch so manches an den unglückseligen Vietnam-Feldzug des General Westmoreland. »Wenn ich die Verbissenheit betrachte, mit der unsere amerikanischen ›Vettern‹ die angeblichen Befehlszentralen der El Qaida im Tora-Bora-Massiv bombardieren und durch ihre afghanischen Hilfstruppen durchkämmen lassen«, kommentiert Michael, »muß ich an COSVN, das versteckte Hauptquartier des Vietcong, denken, das die GIs 1970 im kambodschanischen Grenzgebiet ausräuchern wollten.« Die ominöse COSVN-Zentrale hatte sich vor dreißig Jahren als ein Phantasieprodukt der CIA erwiesen, es sei denn, sie war so perfekt verbuddelt, daß sie auch mit modernstem Gerät nicht aufzuspüren war.

Es war wohl die verhängnisvollste und total überflüssige Kriegserweiterung des zu jenem Zeitpunkt schon aussichtslosen Vietnam-Engagements der USA gewesen, als Nixon und Kissinger 1970 die Entscheidung trafen, das Königreich Kambodscha zu destabilisieren und Prinz Sihanuk durch den Militärmachthaber Lon Nol zu ersetzen. Bislang war es der listigen Diplomatie Sihanuks gelungen, einen akrobatischen Kurs der Neutralität zu steuern. Erst jetzt schlug die Stunde der Roten Khmer, jener grauenhaften Steinzeit-Marxisten, die sich nunmehr als kambodschanische Patrioten gebärdeten, aus ihren Dschungelverstecken vorrückten und eine Provinz nach der anderen unter ihre Kontrolle brachten. Am Ende standen die »killing fields«, und daran trug Washington ein gerüttelt Maß Schuld. Die verfehlte Strategie Richard Nixons hatte dazu beigetragen, der schrecklichen Mörderbande Pol Pots in Phnom Penh die Herrschaft zuzuspielen.

Warum wir dieser indochinesischen Episode an diesem Abend so intensiv gedenken? Weil sich in Afghanistan ein Parallelfall konstruieren ließe. Dort hatte Bill Clinton in den neunziger Jahren im Verbund mit texanischen Öl-Interessen dafür gesorgt, daß die Taleban, die man später als »Schwarze Khmer« bezeichnen sollte, im Namen eines pervertierten Islamismus das Heft in die Hand bekamen. Zur Zeit des Vietnam-Kriegs war Prinz Sihanuk – »Snookie«, wie die Amerikaner ihn verächtlich nannten – mit seinem Balancespiel zwischen Peking, Washington, Moskau und Paris den amerikanischen Ideologen des unversöhnlichen Ost-West-Konflikts als aufsässiger Zwerg furchtbar auf die Nerven gegangen. Schon seit den Tagen des Außenministers John Foster Dulles galt Neutralität zwischen Kommunismus und »Freier Welt« als eine zutiefst unmoralische Option. Und jetzt, nach dem 11. September 2001, klingt es wieder ähnlich aus dem Weißen Haus: »Wer nicht mit uns ist, ist gegen uns«, verkündet George W. Bush, ein recht simplizistischer Aufguß der uralten manichäischen Lehre aus Persien und dem Zweistromland, die im Mittelalter über die Bogumilen des Balkans, die Albigenser oder Katharer Südfrankreichs schließlich im calvinistischen Puritanismus ihren reformatorischen Niederschlag fand. Gewisse sittliche Grundwerte der Neuen Welt bleiben wohl bis auf den heutigen Tag von dieser Simplifizierung gezeichnet.

Die Bar des Oberoi ist kein amüsanter Aufenthaltsort. Delhi bietet ohnehin wenig Zerstreuung und neigt zur Tristesse. Der Klavierspieler klimpert altmodische Weisen. Indische Geschäftsleute stecken tuschelnd die Köpfe zusammen. Auffallend sind lediglich zwei hochgewachsene Amerikanerinnen fortgeschrittenen Alters, die sich ganz in Weiß gekleidet haben und einen Turban mit Pfauenfedern auf dem Kopf tragen. Sie fühlen sich wohl als Maharanis. »Es gibt mehrere Ladys dieser exzentrischen Kategorie«, meint Michael achselzuckend; »nicht einmal Lady Mountbatten, die als letzte Vizekönigin Britanniens für diese Kolonie und ihren bedeutendsten Sohn, Jawaharlal Nehru, eine so starke Zuneigung empfand, hätte je daran gedacht, sich ähnlich grotesk zu kostümieren.«

Unwiderstehlich führen die Reminiszenzen mit Michael Ashton nach Indochina zurück. Zu Beginn der amerikanischen Strafaktion in Afghanistan hatten wir beide eine Parallele zum Vietnam-Krieg Lyndon B. Johnsons konstruiert. Als dann am Hindukusch alles ganz anders verlief als in den Reisfeldern des Mekong-Deltas, kam vielfältiger Spott über diesen trügerischen Vergleich auf. Die Veteranen hatten angeblich nichts dazugelernt. »Aber die Schlacht um Zentralasien hat doch gerade erst begonnen«, warnt der englische Kollege; »wer hätte denn bei der Tet-Offensive des Vietcong Anfang 1968 auch nur den leisesten Zweifel daran aufkommen lassen, daß die Weltmacht USA mit ihrem Aufgebot von 500 000 GIs Südostasien anders denn als strahlender Sieger verlassen würde?«

Der Whisky-Konsum hat seine Wangen leicht gerötet. Mit dem gepflegten Schnurrbart hat er irgendwie die Allüre eines Empire Builders bewahrt. Was unserer Generation gut anstehe, sei nicht Altersmilde, sondern Alterszorn, meint er; besser ausgedrückt – eine grimmige Heiterkeit sei geboten. Da sei doch dieser Tony Blair in Delhi und Islamabad aufgetaucht und habe den verblüfften Kontrahenten allen Ernstes erklärt, sie sollten sich an seiner Regierung ein Beispiel nehmen, die im Begriff stehe, den katholisch-protestantischen Konflikt in Nordirland durch gutes Zureden beizulegen. Wann der Premier wohl das letzte Mal in Belfast gewesen sei und was man ihm dort gezeigt habe?

Michael ist zu gut erzogen, um sich in ähnlicher Schärfe auszudrücken wie der Labour-Dissident Galloway. Tony Blair, so sollte dieser Abgeordnete schmähen, habe auf schändliche Weise Großbritannien »zum Schwanz des amerikanischen Hundes gemacht, und der Kopf dieses Hundes gehöre auch noch einem Schwachsinnigen«. Die Sonderbeziehung Londons zu Washington sei vergleichbar mit der Liaison, die Präsident Clinton mit Monica Lewinsky unterhielt. Sie sei einseitig, sie sei unmoralisch und könne aufgekündigt werden, wann immer es dem mächtigen Partner gefiele. Von solchen Verbalexzessen hält Ashton sich fern.

Wir sprechen über die Faszination, die der indische Subkontinent auf seine sukzessiven Eroberer ausgeübt hat. Ich erwähne in diesem Zusammenhang, daß Mitte des 18. Jahrhunderts die Franzosen unter ihrem wackeren Gouverneur Dupleix den Briten als Rivalen gegenübergestanden und ebenfalls das Erbe des Mogul-Reiches beansprucht hatten. Doch ähnlich wie in Kanada hatte Ludwig XV., »le bien aimé«, unter dem Applaus einer dekadenten Hof-Kamarilla und aufklärerischer Ignoranten seinen weltweiten Anspruch auf den Schlachtfeldern des Siebenjährigen Krieges in Europa verspielt und den merkantilen Argumenten der Defätisten stattgegeben. Nach ihren europäischen Vorgängern standen jetzt auch die Amerikaner im Begriff, in den Bann dieser unergründlichen Weltgegend zu geraten. Aber so leicht sei es nicht, in die Fußstapfen des britischen Empire zu treten, wendet Ashton ein. »Die USA sehen sich hier mit Kolossen konfrontiert, mit menschlichen Milliarden-Ballungen, an denen alle transatlantischen Vorstellungen vom nation building zum Gespött werden.« Er zitiert eine offizielle Verlautbarung aus dem Büro des indischen Premierministers Vajpayee. Demnach gebe es einen immanenten Kausalzusammenhang zwischen Militärdiktatur, religiösem Totalitarismus und Terror, und diese fatale Kombination – gemeint war in erster Linie Pakistan – stelle eine tödliche Bedrohung für die »multikulturelle Demokratie« dar, wie sie sich in Indien und in den USA entfaltet habe.

Bush laufe Gefahr, so warnt Michael, zur Geisel seiner eigenen Doktrin über die genuine Einheit von Islam, Despotie und Gewalt zu werden. Wie trügerisch dieser riesige Subkontinent war, sei den Engländern immer wieder vor Augen geführt worden. Im 19. Jahrhundert wäre die Fremdherrschaft Londons beinahe zusammengebrochen, als die bislang als loyal geltenden einheimischen Regimenter plötzlich von religiösem Taumel erfaßt wurden. Der Sepoy-Aufstand konnte nur durch harte Repressionen niedergeschlagen werden. Er hatte sich an dem für Europäer grotesken Umstand entzündet, daß man die eingeborenen Soldaten mit neuen Gewehren ausgestattet hatte, deren Pulverkartuschen mit Schweine- oder Kuhfett eingerieben und mit dem Mund zu öffnen waren. Diese rituelle Verunreinigung war unerträglich für die Muslime, die das Schwein als unreines Tier verabscheuen, und für die Hindus, die die Kuh als heiliges Wesen verehren. Das ganze Kolonialgefüge war damals ins Wanken geraten.

Plötzlich fällt mir eine Szene aus meiner Schulzeit während des Zweiten Weltkriegs ein. Am Kasseler Wilhelm-Gymnasium hatte uns der Englischlehrer, ein ansonsten völlig harmloser Mann, dem nationalsozialistischen Lehrplan entsprechend, die düsteren Machenschaften des »perfiden Albion« beizubringen gesucht. Der absolute Tiefpunkt sei damals in London erreicht worden, als unter der Queen Victoria der jüdische Prime Minister Disraeli eine geradezu »diabolische Kombination« von arroganter Expansion im Zeichen des Union Jack und den Umtrieben des internationalen Judentums verkörperte. So hatten wir es damals gelernt. Die heute im arabischen Orient vorherrschende Überzeugung, die islamischen Völker, die Palästinenser zumal, seien Opfer einer finsteren Verschwörung von Yankees und Zionisten, nimmt dieses Thema in zeitgemäßer Form wieder auf. Das gefälschte Traktat der »Weisen von Zion« aus dem verflossenen Zarenreich erlebt ständige Neuauflagen.

Ich erwähne einen Satz aus Adolf Hitlers »Mein Kampf«, der mir haftengeblieben ist. Der »Führer« hatte sich wohl in seinem Rassenwahn von der Besitznahme des indischen Subkontinents durch arische Völker, deren Hakenkreuz er übernommen hatte, zutiefst inspiriert gefühlt. Er hatte, falls ich ihn richtig zitiere, halb resigniert bemerkt, er sähe lieber die Engländer am Indus und am

Ganges als irgendeine andere Kolonialmacht. Hitler habe wohl später seine Meinung revidiert, wendet Michael ein. Als das Dritte Reich 1939 überraschend seinen Pakt mit Stalin schloß, hätten die britischen Stäbe allen Ernstes einen gemeinsamen Vorstoß sowjetischer und deutscher Truppen über Afghanistan in das Indus-Tal befürchtet. Tatsächlich waren mir bei der Auffahrt zum legendären Khyber-Paß stets neben den Marmor- und Bronzetafeln, die den Ruhm glorreicher britischer Regimenter verewigen, jene gezackten Panzersperren aus Beton im Stil des Westwalls aufgefallen, die dem slawisch-teutonischen Ansturm einen Riegel vorschieben sollten. Nun, dieser britische Alptraum verflüchtigte sich, als die deutsche Wehrmacht im Sommer 1941 zum »Unternehmen Barbarossa« ausholte und jede Allianz-Perspektive mit dem Kreml zunichte machte.

Doch die Fixierung auf Indien war damit für Hitler wohl nicht erloschen. Nach dem Kriegseintritt Japans und dessen Siegeszug in Südostasien hatten die Soldaten des Tenno Burma überrannt und bei Chittagong das Grenzgebiet Britisch-Indiens erreicht. Die ungleichen Bündnispartner in Berlin und Tokio planten im Frühjahr 1942 tatsächlich eine großangelegte Zangenbewegung in Richtung auf den Subkontinent. Dieses wahnwitzige Projekt schien während der kurzen Erfolgsphase der Wehrmacht im Sommer 1942, als Rommels Afrikakorps auf Kairo und die Heeresgruppe Süd auf Baku am Kaspischen Meer vorstießen, Gestalt anzunehmen. Die Niederlagen von El Alamein und Stalingrad setzten diesem Hirngespinst ein jähes Ende. Mir waren aber noch kurz vor Kriegsende dunkelhäutige Soldaten in Wehrmachtsuniform und Sikh-Turban aufgefallen – Kriegsgefangene oder Überläufer –, die am Ärmel ein grün-weißes Tiger-Wappen mit der Aufschrift »Jai Hind«, freies Indien, trugen.

Es hatte zu jener Zeit in Indien selbst eine militant antibritische Bewegung gegeben, die mit Deutschen und Japanern zu paktieren suchte und in der Person Subhas Chandra Boses über einen durchaus renommierten Politiker verfügte. Bose hatte in Verneinung des passiven Widerstands, zu dem die Congress-Partei sich unter dem Einfluß Nehrus und Ghandis bekannte, den gewaltsamen Aufstand gegen die Kolonialmacht gepredigt. Dieser radikale Nationalist war kurz vor Kriegsende bei einem Flugzeugabsturz ums

Leben gekommen, doch seine Legende lebte bei seinen Jüngern fort. Das Bild des »Netaji Bose«, des »Führers Bose«, war 1951 während meines ersten Aufenthalts in Bengalen auf den Plakaten der indischen Patrioten stärker präsent als die großen Männer der ersten Unabhängigkeitsregierung. In Kalkutta wurde damals die zentrale Avenue, die nach dem britischen Feldherrn Lord Clive benannt war, in Netaji-Bose-Straße umgetauft. Dort war ich auch auf konspirative Zirkel von Unentwegten gestoßen, die ihrem entschwundenen Helden nachtrauerten und an seinem kämpferischen Ideal festhielten.

Was Bundeskanzler Schröder bewogen habe, seine »uneingeschränkte Solidarität« mit George W. Bush zu proklamieren, fragt Michael unvermittelt. Irgendwie mutet es ihn wie ein postwilhelminisches Relikt an, wenn die rot-grüne Koalition von Berlin, diese ehemaligen Pazifisten und Renegaten der 68er Bewegung, im Schlepptau der USA überall militärisch Flagge zeigten. »Afghanistan hat der Berliner Republik als kriegerischer Auftrag wohl nicht gereicht?« stichelt mein englischer Freund. »Jetzt steht die Bundeswehr mit ihren Fuchs-Panzern in Kuweit und mit Marinefliegern in Kenia, während deutsche Zerstörer vor der Küste Somalias kreuzen. Euer Außenminister hat vor ein paar Jahren sogar eine deutsche Sanitätseinheit in Richtung Ost-Timor losgeschickt.« Wer dächte da nicht an den »Panther-Sprung von Agadir«, diese mißglückte kaiserliche Flottendemonstration vor den Gestaden Marokkos im Jahr 1913? Michael entschuldigt sich sogleich. »Ich gehöre eben noch der Generation an, der man im College beibrachte: ›Tastes salty must be British‹« – gemeint war das Wasser der Ozeane – »schmeckt salzig, muß britisch sein«. Heute hat sich ein anderer Ausspruch durchgesetzt: »Smells oily, must be American – riecht nach Öl, muß amerikanisch sein«.

Wir sind also wieder beim alles überschattenden Thema, bei der Kampagne des Präsidenten Bush gegen die terroristische Weltverschwörung angelangt. Und schon sind wir uns des Vorwurfs bewußt, dem sich jeder Europäer aussetzt, sobald er die selbstverschuldete Schwäche seines Kontinents, die Unterlegenheit gegenüber dem transatlantischen Partner, durch Kritik oder Spott zu kompensieren sucht. Seit dem 11. September wird in gewissen exaltierten Kreisen sogar jeder berechtigte Zweifel an der Weisheit amerikanischer Staatsführung mit Verrat gleichgesetzt. Die Entfaltung extrem perfektionierter Militärtechnologie in Afghanistan, von der die Europäer nur träumen können, hat den Abstand zwischen den Bündnispartnern noch vergrößert. Dazu gesellen sich als Element der Entfremdung die zunehmend rauhbeinigen Methoden des US-Business, die den wirtschaftlichen Konkurrenzkampf unter Alliierten kennzeichnen. Aber war denn der Triumph über die Taleban so grandios, so definitiv, wie die stets irregeführten und irreführenden Medien suggerieren, fragen wir uns. Der Afghanistan-Einsatz Amerikas, der globale Kampf gegen den Terrorismus, der mit den Akzenten eines »dies irae« intoniert wurde, quält sich doch schon durch eine Nebelwand, deren exotische Imponderabilien die Vorstellungskraft des forschen Präsidenten Bush überfordern dürften.

Wir blicken auf unsere eigenen Erfahrungen als Kriegskorrespondenten zurück. Seit ihrem phänomenalen Sieg von 1945, den die amerikanischen Streitkräfte in Europa, mehr noch im Pazifik bravourös und opferbereit errangen, hatten sie doch einen militärischen Rückschlag nach dem anderen eingesteckt. Im Korea-Krieg wurden sie 1951 von den »human waves« der chinesischen Volksbefreiungsarmee, die bei klirrendem Frost ihre nächtliche Gegenoffensive am Yalu einleitete und in Ermangelung ausreichender Bewaffnung zum schauerlichen Ton ihrer Kriegshörner nach Süden brandete, auf die Ausgangsposition am 38. Breitengrad zurückgeworfen. In Vietnam war der Gigant USA gegen den Zwergstaat von Hanoi trotz Einsatz unglaublicher Mittel – dazu zählten damals schon die Bombenteppiche der B-52 – zum schmählichen Rückzug gezwungen worden. Dabei muß festgehalten werden, daß selbst eine solche Demütigung, die eine innenpolitische Erschütterung sondergleichen auslöste, den Status der USA als Supermacht nicht ernsthaft beeinträchtigen konnte.

In Iran war das Commando-Unternehmen »Blue Strike« zur Befreiung der Geiseln in der US-Botschaft von Teheran schon bei der ersten Zwischenlandung in der Tabas-Wüste total fehlgeschlagen. In der Karibik wurden zwar die kubanischen »Internacionalistas« von der Insel Grenada vertrieben, aber dort hatten die US-Eliteeinheiten nach einer Serie technischer Pannen ihren Sieg doch lediglich über kriegsuntaugliche Gefolgsleute Fidel Castros, über Bauarbeiter, errungen, die kaum mit der Kalaschnikow umzugehen wußten. Der propagandistisch aufgebauschte Coup gegen den verbrecherischen Diktator Noriega in Panama wiederum zeichnete sich durch sträflichen Dilettantismus aus. Die Festnahme des als Drogenhändler berüchtigten Caudillo – man hatte ihn in seiner Zuflucht beim apostolischen Nuntius durch ohrenbetäubende Musikübertragungen mürbe gemacht – rief den kritischen Beobachtern ins Gedächtnis, daß dieser sinistre Potentat lange Jahre auf der pay-roll der CIA gestanden hatte, ehe er seinen Gönnern lästig wurde.

Ohne nennenswertes amerikanisches Zutun war 1990 die Sowjetunion, der Gegenpol einer spannungsgeladenen, aber auch stabilisierenden Doppel-Hegemonie, in sich zusammengebrochen. Michail Gorbatschow hatte weit mehr dazu beigetragen als Ronald Reagan. Der Golfkrieg gegen Saddam Hussein, den George Bush senior im gleichen Jahr ohne Einspruch aus Moskau an der Spitze einer umfassenden Allianz als strahlende Trophäe an seine Fahnen zu heften glaubte, erwies sich als Pyrrhussieg, nachdem die Bodenoffensive nach hundert Stunden jäh abgebrochen wurde. Das unglückselige Abenteuer in Somalia, wo drei Jahre später achtzehn US-Rangers auf abscheuliche Weise ums Leben kamen, wird zwar nachträglich in dem bombastischen Film »Black Hawk down« zu einem modernen Los-Alamos-Epos hochgejubelt. Aber dieses Hollywood-Produkt wirkt ebenso irreführend, ja verlogen wie die zahllosen Helden-Stories, die nachträglich über den Vietnam-Krieg projiziert wurden. Wir beide wissen aus eigener Anschauung, daß nur ein geringer Bruchteil jener GIs, die mit der Beteuerung »Vietnam was hell« in die Staaten zurückkehrten, wirkliche Feindberührung mit dem unfaßbaren Vietcong erlebt hatte.

Da sitzen wir skeptischen Veteranen in der Hotelbar von Delhi und scheuchen die Gespenster der Vergangenheit auf. Die falschen Maharanis sind davongerauscht, ohne daß jemand von ihnen Notiz nahm. Der indische Pianist hat als letzte Zugabe das nostalgische Lied vom »Way to Mandaley, where the flying fishes fly« zum besten gegeben und sein Klavier zugeklappt. Er verneigt sich kurz mit gefalteten Händen vor Michael, bevor er in der Lobby verschwindet. Wir rätseln weiter über den brüsken psychologischen

Umschwung in »God's own country«, der durch den ominösen 11. September bewirkt wurde. George Bush junior hat geschworen, nicht nur die Attentäter von El Qaida und die Phantomgestalt Osama Bin Laden bis in die entferntesten Schlupfwinkel zu verfolgen. Es gilt auch, der Arroganz des Erbfeindes Saddam Hussein ein Ende zu setzen und die Scharte von Mogadischu auszuwetzen. Zwischen der Insel Basilan auf den Philippinen und den Balkan-Verstecken Bosniens wird in quasi religiösem Auftrag eine gigantische Gespensterjagd in Gang gesetzt. Ein Strafgericht biblischen Ausmaßes ist angekündigt, wobei offenbleibt, ob die islamischen Fanatiker und Kamikazeflieger auch nur über einen Bruchteil jenes verbrecherischen »know how«, über eine annähernde Finanzkraft verfügen wie etwa die krakenähnliche Drogenmafia, die zwischen Kolumbien und Florida operiert.

»Mich beunruhigt dieser Mann im Weißen Haus«, beendet Ashton unseren zunehmend düsteren Tour d'horizon. »Meine Tochter, die wohl schon zu lange in Indien lebt und Kontakt zu einem hiesigen Guru hält, hat sich einreden lassen, die tief gefurchten Stirnfalten des amerikanischen Präsidenten würden die Präsenz jenes unsichtbaren Dritten Auges verhindern, das den Menschen – laut tantrischer Lehre – überdurchschnittliche Klarsicht verleiht.« Ihm selbst komme eine ganz andere Assoziation aus der literarischen Legendenwelt Nordamerikas in den Sinn. Bei der obsessiven Verfolgung des »Bösen« erscheine ihm George W. Bush als Nachfahre des Kapitän Ahab, jenes Romanhelden Herman Melvilles, der rastlos die Ozeane durchpflügt und keine Ruhe finden kann, ehe er nicht den weißen Monster-Wal Moby Dick, Verkörperung allen Unheils auf dieser Welt, mit seiner Harpune erlegt hat. »Du weißt, wie Melvilles Saga endet.«

Die Nacht ist fortgeschritten. Wir geben uns einen Ruck und erheben uns kerzengerade, aber mit schmerzenden Gliedern aus den tiefen Ledersesseln. Beim Abschied stellen wir lachend fest, daß wir erheblich über den Durst getrunken haben.

# USBEKISTAN
## Amerika in der Tataren-Steppe

### Ernüchterung im Fergana-Tal

*Namangan, im Juni 2002*

So sehr hat der Westen sich auf Osama Bin Laden fixiert, daß die anderen »Helden und Märtyrer« der islamischen Auflehnung gegen die Gottlosigkeit nur geringe Beachtung finden. Aber bei den Völkern Zentralasiens kennt und verehrt man Rufer und Rächer, die ähnlich wie der saudische Inspirator von El Qaida mehrfach totgesagt wurden und dennoch in einer Art mystischer Verborgenheit auf ihre Stunde warten. Ich bin mit einer ganz präzisen Absicht in Richtung Fergana-Tal aufgebrochen. Ich wollte das Städtchen Namangan aufsuchen, das als Hort islamischen Eifers und als Geburtsstätte des berühmtesten der dortigen Mudschahidin, Juhaboy Ahmadjanowitsch Khojaev, unter scharfer Beobachtung der Sicherheitsbehörden der Republik Usbekistan steht, auch wenn sich die Vermutung verstärkt, daß er bei einem amerikanischen Flächenbombardement in Nord-Afghanistan umgekommen ist.

Die Karriere Khojaevs als »Gotteskrieger« hatte ein knappes Jahr nach dem sowjetischen Rückzug aus Afghanistan begonnen. Der junge, charismatische Mullah hatte mit ein paar Dutzend Anhängern den Bau einer neuen Moschee in Namangan erzwingen wollen. Das örtliche Büro der Kommunistischen Partei Usbekistans, das sich diesem Vorhaben widersetzte, wurde gewaltsam okkupiert. Usbekistan hatte seine Loslösung von der zerbröckelnden Sowjetunion noch nicht vollzogen, und in Taschkent stand der bisherige Parteisekretär der KPdSU, Islam Karimow, im Begriff, sich zum traditionellen asiatischen Despoten, Groß-Khan oder Emir zu wandeln.

Dieser frühere Günstling des Kreml muß die fundamentalistische Revolution im Fergana-Tal als bedrohliche Herausforderung empfunden haben, denn der zweiundzwanzigjährige Khojaev, der inzwischen den Namen Juma Namangani angenommen hatte, forderte nicht mehr und nicht weniger als die Ausrufung eines islamischen Gottesstaates. Auf seine Anweisung wurden in Namangan die Männer zur regelmäßigen Gebetsübung angehalten. Die Frauen mußten ihre buntgestreiften Usbeken-Kleider gegen die Verschleierung unter einem weißen »Tschadri« eintauschen. Zur Bekämpfung der Kriminalität wurden Überwachungskomitees gegründet, und die Preisgestaltung der Händler unterlag strenger Kontrolle. Etwa fünftausend Jünger hatte Juma Namangani um sich gesammelt, und er war dabei, eine Madrassa für zweitausend Koranschüler einzurichten.

Zu jener Zeit traten in Zentralasien noch die wahhabitischen Eiferer aus Saudi-Arabien mitsamt ihren Stiftungen als großzügige Spender auf. Diese »Missionare« befanden sich in einem merkwürdigen psychologischen Zwiespalt: Einerseits wurzelte ihr Fanatismus in der extrem strengen wahhabitischen Glaubensrichtung, die dem Entstehen des Königreichs Saudi-Arabien zugrunde lag; andererseits richtete sich ihr heiliger Zorn gegen die eigenen Dynasten, die sich an dieser offiziellen koranischen Staatsdoktrin durch lasterhaften Lebenswandel und Paktieren mit den prozionistischen USA versündigten, kurzum sich als »Heuchler – munafiqun« – zu erkennen gaben. Namangani, so berichten seine Mitkämpfer, sei weder ein Intellektueller noch ein Korangelehrter gewesen. Er wurde als furchtloser Mudschahid berühmt. Nach Entstehen einer unabhängigen usbekischen Republik stemmte er sich als gefährlichster Gegner dem Altkommunisten Karimow entgegen, dessen eiserne Faust über allen oppositionellen Kräften erbarmungslos niederging.

Sein Saulus-Erlebnis hatte Juma Namangani in der späten Phase des sowjetischen Afghanistan-Feldzugs erfahren. Als junger Wehrpflichtiger diente er 1987 bei den Fallschirmjägern der Roten Armee, war jedoch vom Lebensstil und dem Opfermut seiner afghanischen Gegner, die er bekämpfen sollte, so beeindruckt, daß er sich ihrer radikalen islamischen Erneuerung verschrieb. Aus dem Elitesoldaten eines gottlosen kommunistischen Regimes war über

Nacht ein »Ansar« des Propheten Mohammed geworden, der in den modernsten Methoden der Guerilla-Bekämpfung bei den russischen »Spetznaz« geschult worden war.

Um es gleich vorwegzunehmen, die diversen Kampagnen und Partisanenüberfälle, die Namangani im Namen der »Islamischen Bewegung Usbekistans« auch in den Nachbarrepubliken Tadschikistan und Kirgistan gegen die ehemaligen kommunistischen Machthaber führte, haben nicht jene Umwälzung bewirkt, die er erhoffte, haben sich niemals auf das Niveau des Tschetschenien-Aufstands hochgeschraubt. Die neuen Staatschefs Zentralasiens warfen ihre marxistischen Überzeugungen blitzschnell über Bord und verwandelten sich über Nacht in glühende Lokalnationalisten. Dem traditionellen Islam wollten sie aus guten Gründen nicht frontal entgegentreten, sondern sie versuchten, diese zutiefst politisch veranlagte Religion als gefügiges Anhängsel für ihre eigene Autokratie zu nutzen.

Ein Mann wie Islam Karimow, der noch im August 1991 mit jenen reaktionären Putschisten in Moskau sympathisierte, die Michail Gorbatschow während dessen Ferienaufenthalts auf der Krim stürzen wollten, war in allen Schlichen des KGB und der Kreml-Intrigen geübt. Nachdem er gewittert hatte, daß er weder bei Gorbatschow noch bei Jelzin mit Unterstützung, geschweige denn Wohlwollen rechnen könne, hatte er resolut die Flucht nach vorn angetreten. Ungeachtet der Tatsache, daß sein Land bislang bei den Moskauer Reformern als Hort des starren Immobilismus und der unverbesserlichen Stagnation galt, war er vor den Obersten Sowjet von Taschkent getreten und hatte die alte lokale Parteigarde, die sich seit Jahrzehnten als Befehlsempfängerin bewährte, am 31. August 1991 durch die einseitige Unabhängigkeitsproklamation seiner Republik überrumpelt. Kurz zuvor hatte er seinen Austritt aus der KPdSU vollzogen und die Kommunistische Partei Usbekistans in eine »Demokratische Volkspartei« umgewandelt. Die Deputierten von Taschkent waren darüber so verblüfft, daß sie den üblichen rituellen Applaus vergaßen, worauf Karimow, der ohnehin wie ein strenger Zuchtmeister auftrat, sie eine Weile schweigend musterte und dann provozierend fragte: »Wo bleibt euer Beifall, oder habt ihr etwa Angst?«

Mit einem solchen Mann war nicht gut Kirschen essen, und die radikalen Muslim-Krieger sollten das zu spüren bekommen. Sehr schnell war die ursprünglich im Fergana-Tal beheimatete Revolte in den Sog eines grenzüberschreitenden zentralasiatischen Dschihad geraten. Ein junger Koranlehrer namens Tohar Yuldashev, dessen geistliche Studien ausgereifter waren als die seines Weggefährten Namangani, verfügte über Verbindungen zu den vielfältigen integristischen Gruppen, die sich in den neunziger Jahren im nordpakistanischen Peshawar trafen. Er nahm Beziehungen zum pakistanischen Geheimdienst auf und kooperierte auch mit jener arabisch-afghanischen »Grünen Legion«, die nach Vertreibung der Sowjets aus Kabul nach neuer kriegerischer Betätigung im Namen Allahs dürstete. Von El Qaida war damals wenig die Rede, und die amerikanische CIA hatte noch nicht den Stab über einen gewissen Osama Bin Laden gebrochen, der ihr bei der Aufstellung der internationalen Islamisten-Brigade im Kampf gegen die Russen wertvolle Dienste geleistet hatte. Gleichzeitig suchten Agenten aus Iran, der Türkei und Saudi-Arabien den Kontakt zu ihren Glaubensbrüdern in den neu gegründeten GUS-Republiken. Sogar von einigen Mitgliedern der saudischen Dynastie wurde die Gruppe Yuldashev/Namangani finanziell unterstützt. Besondere Gunst erwies ihr der dortige Intelligence Chief, Prinz Turki el Feisal. In Mekka und Riyadh betrachteten die wahhabitischen Frömmler den usbekischen Staatschef Karimow weiterhin als einen verkappten Kommunisten und »Feind Gottes«.

Tohar Yuldashev hatte einen Appell an die Gläubigen gerichtet, der an Deutlichkeit nichts zu wünschen übrigließ. »Wir haben den Heiligen Krieg ausgerufen, um einen religiösen Staat zu gründen«, hieß es da; »wir wollen das koranische Recht, die Scharia, einführen. Wir wollen das Modell des Islam befolgen, das uns der Prophet hinterlassen hat, und nicht irgendeine afghanische, iranische, pakistanische oder saudische Abart des Islam, die dem wahren Glauben in keiner Weise entspricht. Bevor wir unser islamisches Regime aufbauen, müssen wir uns von jeder Unterdrückung befreien. Zu diesem Zweck sind wir bereit, Blut zu vergießen. Wir werden hunderttausend Kämpfer versammeln. Es bedarf ja nur eines Funkens, um die ganze Welt in Brand zu setzen. Wir sind stark genug, um mit Karimow fertig zu werden, und wenn Gott will, werden zahllose Mudschahidin unseren Traum teilen.« Der junge Prediger berief sich auf die muslimische Widerstandsbewegung der »Basmatschi«, die der frühen Sowjetunion bis in die dreißiger Jahre – mit Schwerpunkt im Fergana-Tal und in Tadschikistan – Widerstand geleistet und der Roten Armee mit ständigen Überfällen zugesetzt hatte.

Angesichts der realen Situation, die ich im Juni 2002 im Fergana-Tal und in dem Städtchen Namangan antreffe, scheint die lodernde Botschaft der jungen Aufrührer längst verhallt, klingen diese Appelle rückblickend wie anmaßende Wahnvorstellungen.

*

Jenseits der schwarzen Felsschluchten ragen schneebedeckte Hochgebirgszüge auf, die in Nebelschwaden getaucht sind. Wir haben die Ebene des Syr Daria hinter uns gelassen. Unser Auto müht sich eine Kurvenstrecke hinauf, die von allen Seiten durch Erdrutsch bedroht ist. Weit häufiger als durch die grün uniformierten Sicherheitsorgane Usbekistans werden wir durch Bulldozer der Straßenbauer aufgehalten. Das Nummernschild irgendeines Ministeriums, das unseren Wagen kennzeichnet, erspart uns langwierige Kontrollen. Nach einer letzten steilen Schwelle erreichen wir das Fergana-Tal. Die Hochebene, deren gebirgige Umrandung nicht zu erkennen ist, dehnt sich flach bis zum Horizont. Reizvoll ist die Landschaft nicht mit ihren endlosen, durch starke Regenfälle graugefärbten Baumwollfeldern. Nur selten ist diese Monokultur durch Einsprengsel von Getreide- oder Reispflanzungen unterbrochen. In den Ortschaften ducken sich niedrige, schmucklose Gehöfte. Die Plattenhochhäuser, die der Kommunismus hinterließ, sind von deprimierender Häßlichkeit. Vergeblich halte ich nach den 2500 Moscheen Ausschau, die angeblich in der ersten Phase frommer Euphorie aus dem Boden schossen. Sehr stattlich können diese Gebetshäuser nicht gewesen sein, von denen 1500 inzwischen durch die wachsamen Politkommissare Präsident Karimows zur Verhinderung religiöser Aufwiegelei geschlossen wurden.

In Kokand machen wir halt, um die Residenz des ehemaligen Emirats zu filmen, das im Gegensatz zu den Fürstentümern von Buchara und Khiva schon im 19. Jahrhundert auf Grund permanenter Aufsässigkeit von den Truppen des Zaren verwüstet und jeder Autonomie beraubt worden war. Das verspielte rosa Schlößchen, im zeitversetzten russischen Rokoko-Stil, erscheint als krasser Fremdkörper neben dem verwahrlosten Friedhof und den Grabkuppeln irgendwelcher heiliger Männer des Naqschbandiya-Ordens. Noch enttäuschender ist die Ortschaft Namangan, die im Nordosten bereits nach Kasachstan überleitet. Wir brauchen eine Weile, bis wir entdecken, daß wir am Ziel unserer Erkundungsreise angelangt sind, denn die Behörden von Taschkent haben mit architektonischer Umgestaltung nicht gespart, vermutlich um diesen finsteren Hort des religiösen Obskurantismus in ein Schaufenster trügerischer Modernität zu verwandeln. Längs der breiten Allee, die sich auf das orientalische Zentrum zubewegt, wurden Neubauten mit spiegelnden Fassaden hochgezogen, die tristen Plattenwände in greller Farbe gestrichen oder durch verschnörkelte Stilelemente aufgelockert. Wie eine Festung empfängt uns an der Einfahrt ein klotziges Teehaus oder Restaurant, das ich anfangs für die Freitagsmoschee halte. Davor entfaltet sich ein riesiges Plakat mit dem in dieser Umgebung programmatisch wirkenden Werbespruch für Coca Cola.

»Das sind doch ›Potemkinsche Dörfer‹«, dämpft unser usbekischer Begleiter, der Politologe Timur, unsere Überraschung. »Hier soll der Eindruck erweckt werden, daß in Zukunft das amerikanische Modell auch für Zentralasien gilt. Aber diese Verkleidung kann nichts daran ändern, daß nur neunzehn Prozent der Jugendlichen, die hier die Mehrzahl der Bevölkerung ausmachen, einer geordneten Arbeit nachgehen. Die Inflation bleibt unkontrollierbar, und die Einkünfte der Baumwollernte sind drastisch gesunken.« Immerhin hat Islam Karimow auf die grotesken Auswüchse des Personenkultes verzichtet, den sein Kollege und Nachbar Saparmurad Njasow den Untertanen der Republik Turkmenistan zumutet. Er läßt sich dort als »Turkmenbashi« – Herr aller Turkmenen – feiern und hat Unsummen in den Bau von Denkmälern und Monumentalpalästen zu seinem höheren Ruhm investiert. Der usbekische Staatschef ist allenfalls auf ein paar Riesenplakaten dargestellt, wo er sich mit alten, weisen Männern, mit Akademikern und Kindern leutselig unterhält.

Jenseits der Glitzerwelt des modernen Geschäftsviertels kommt der orientalische Stadtkern von Namangan zum Vorschein. Der

Bazar versetzt uns wieder nach Zentralasien. Ein paar Straßenzüge weiter hüllen sich die Frauen in weiße Verschleierung, und längst nicht alle Männer haben sich aus politischer Opportunität den Bart abrasieren lassen. Man geleitet uns zum Portal einer Moschee, wo wir von den Betern freudig begrüßt werden, als böte selbst die flüchtige Präsenz von westlichen Beobachtern einen prekären Schutz vor der antireligiösen Willkür der Behörden. Eine gedrückte Stimmung herrscht bei diesen Muselmanen. Von revolutionärer Aufsässigkeit fehlt jede Spur.

Das sei nicht immer so gewesen, belehrt mich Timur. Nach der Unabhängigkeit und einer vorübergehenden Welle islamischen Überschwangs sei jedoch der Präsident – gestützt auf die Repressionserfahrung, die er als höchster kommunistischer Parteifunktionär in enger Zusammenarbeit mit dem KGB gesammelt hatte – resolut gegen jede Form von Fundamentalismus vorgegangen. Ähnlich wie in der heutigen Türkei habe man zwecks Überwachung des geistlichen Personals ein staatliches Amt für religiöse Angelegenheiten eingerichtet, das den Imamen und Mullahs jede politische Aktivität untersagen und sie streng überwachen sollte. Natürlich habe diese Ausrichtung auf den Kemalismus – die Ersetzung des kyrillischen durch das lateinische Alphabet gehört dazu – erbitterte Gegenwehr herausgefordert. In einer ersten Phase sei Karimow jedoch vor allem damit beschäftigt gewesen, die schon zu sowjetischen Zeiten allgegenwärtigen Mafiastrukturen niederzuhalten. Diese Untergrund-Organisationen von Trafikanten und Kriminellen hatten das Land in drei große Ausbeutungsbezirke aufgeteilt, die Hauptstadt Taschkent, die Region Samarkand und das Fergana-Tal. Bei der Disziplinierung dieser Banden, die nur oberflächlich gelang, sei es unter Ausnutzung interner Rivalitäten der Drogenhändler zu gezielten Hinrichtungen gekommen.

In dem Maße jedoch, wie im benachbarten Afghanistan die Taleban, die einer finsteren, fehlgeleiteten Form der Koranauslegung anhingen, sich der Hauptstadt Kabul bemächtigten und die islamistische Bewegung »Nahda« in Tadschikistan weite Bergregionen verunsicherte, konzentrierte Karimow seine ganze Energie auf die Bekämpfung der islamischen Sturmflut. Die Partisanen Juma Namanganis waren zu planmäßigen Attacken auf die Polizeistationen im Fergana-Tal übergegangen, da verabschiedete das Parlament von Taschkent das Gesetz über »Gewissensfreiheit und Überwachung religiöser Institutionen«. Der sporadische Terrorismus hatte so weit um sich gegriffen, daß Karimow im Mai 1998 vor dem Parlament erklärte: »Diese Leute müssen durch eine Kugel in den Kopf beseitigt werden, notfalls werde ich selber schießen.«

Mein usbekischer Begleiter vermittelt mir einen Eindruck von der Unerbittlichkeit der Verhör- und Foltermethoden jener turbulenten Epoche. Die Mutter Tohar Yuldashevs, des einflußreichen »Alim« und Gefährten Namanganis, wurde zu folgender Verdammung ihres eigenen Sohnes gezwungen: »Was kann ich dafür, daß dieser Taugenichts, dieser Dämon mein Sohn ist. Die Erde soll ihn verschlingen, und dort soll er mit seinen Komplizen verfaulen. Ich erröte vor Scham vor unserem Präsidenten und unserem ganzen Volk wegen meines Sohnes Tohar, und ich wünsche den Tod dieses Rebellen, der mir Schande bereitet.« Man kann sich kaum vorstellen, welch entsetzlicher Zwang dieser usbekischen Mutter angetan wurde, ehe sie sich in aller Öffentlichkeit zu einer solchen Verfluchung des eigenen Kindes bereitfand.

Nicht weniger gefährlich für das Regime als die »Gotteskrieger« Namanganis, so erfahre ich, erscheine die »Partei der Islamischen Befreiung – Hizb-e-Tahrir-al-Islam«, obwohl sie, in der Gewißheit ihres von Allah vorgezeichneten Sieges, auf Gewalttaten verzichtet. Ihre Führung, ein Amalgam von Wahhabiten und Deobandi, verlangt die Wiedereinsetzung eines Kalifen. Seine Berufung obliege einer allislamischen »Schura«. In ihrer religiösen Orientierung sind die Anhänger der Hizb-e-Tahrir, die vor allem in Kirgistan an Boden gewinnen und sich in winzigen Verschwörungszellen von höchstens sieben Mann gruppieren, zwar der technischen Modernisierung des täglichen Lebens positiv zugewandt, ansonsten jedoch durch ihre buchstabentreue Befolgung von Koran und Hadith der »Salafiya«-Tendenz zuzurechnen. Die Mystik der Sufi-Orden und Tariqat lehnt die »Befreiungspartei« vehement ab. Viele ihrer Anhänger wurden – noch ehe Amerika zum engen Partner Karimows wurde – in Kerkern und Konzentrationslagern zu Tode gequält.

Am 16. Februar 1999 war es zu einer Serie mörderischer Bombenattentate im Zentrum von Taschkent gekommen. Dem autoritären Regime Karimows wurde damit eine Handhabe geboten, gegen jede Form von Opposition mit härtesten Mitteln vorzugehen. Ob die Mudschahidin Namanganis hinter diesen Explosionen standen, die mit äußerster Professionalität durchgeführt wurden, wird allseits bezweifelt. Die Verantwortlichen seien in der engsten Umgebung des Präsidenten zu suchen, so heißt es. Kenner der russischen Verhältnisse unterstellten sogar eine Parallelität zwischen den Autobomben von Taschkent und jener Sprengung von zwei Wohnblocks im fernen Moskau, die – mit chirurgischer Präzision durchgeführt – Wladimir Putin im Jahr 1999 den Vorwand zur Auslösung des zweiten, bis heute andauernden Tschetschenien-Feldzugs lieferten.

Wie dem auch sei, es bedurfte in Usbekistan nicht des Vernichtungsspektakels von Ground Zero und des 11. September in New York, um eine Antiterror-Kampagne zu aktivieren, die keinerlei oppositionelle Regung gegen die Allmacht Islam Karimows duldete. Mit Begeisterung reihte sich Usbekistan in die Einstimmigkeit der »International Community« ein, als es galt, dem Aufruf George W. Bushs zu folgen und den globalen Kampf gegen das »Böse« aufzunehmen. Ohne Zögern wurde den amerikanischen Streitkräften der ehemals sowjetische Stützpunkt Chamabad bei Karshi in Südusbekistan zur Verfügung gestellt, wo etwa dreitausend Soldaten der 10. US-Gebirgsdivision sich auf ihren Einsatz in Nord-Afghanistan vorbereiteten. Das Pentagon bewegte sich hier ja nicht auf unbekanntem Terrain. Schon 1999 wurden in Usbekistan – in völligem Einklang mit Karimow und mit widerstrebender Billigung Moskaus – Luftlandemanöver der NATO im Rahmen der sogenannten »partnership for peace« unter Teilnahme deutscher Soldaten durchgeführt, was seinerzeit schon bei aufmerksamen Beobachtern einige Verwunderung wachrief.

Die Aufmerksamkeit Washingtons hatte sich längst auf Zentralasien gerichtet. Die offizielle Feststellung, der Anschlag von Manhattan sei in Afghanistan, in den Ausbildungslagern von El Qaida ausgeheckt worden, verschaffte den US-Streitkräften eine glaubhafte Rechtfertigung, sich in dieser Zone militärisch zu etablieren. Doch schon unter Clinton war das Thema hoch akut. Im Juli 1997 hatte dessen Vize-Außenminister Strobe Talbott, einer der erfahrensten Experten des State Department, darauf verwiesen, daß Amerika in Zentralasien nicht an einer Neuauflage jenes »Great Game« interessiert sei, das an die Rivalität zwischen Rußland und Großbritannien im späten 19. Jahrhundert anknüpfe. »Die GUS-Republiken haben jetzt die Gelegenheit«, so erklärte Talbott mit entwaffnender Offenheit, »die Epoche hinter sich zu bringen, in der sie Schachfiguren waren und die Großmächte sich auf ihre Kosten um den Reichtum und den Einfluß der gesamten Region stritten. Die Konsolidierung freier Gesellschaften zwischen Schwarzem Meer und Pamir-Gebirge wird einen wertvollen Handelskorridor entlang der alten Seidenstraße zwischen Europa und Asien schaffen. Aber das Gegenteil könnte ebenfalls eintreffen. Wenn die politischen und ökonomischen Reformen fehlschlagen, wenn die internen Konflikte überhandnehmen, könnte diese Weltgegend zur Wiege des Terrorismus, zur Brutstätte des religiösen und politischen Extremismus, ja der Schauplatz eines wirklichen Krieges werden. Die Vereinigten Staaten wären extrem besorgt, wenn solche Unruhen in einer Zone ausbrächen, unter deren Boden etwa 200 Milliarden Barrel Erdöl auf ihre Erschließung warten. Dieses ist ein zusätzlicher Grund für Amerika, der Lösung der dortigen Konflikte Priorität einzuräumen.«

Ohne jeden Zwischenfall haben wir unseren Ausflug ins Fergana-Tal beendet. Während wir uns den düsteren Schluchten und Haarnadelkurven nähern, die zum Syr Daria abfallen, erscheinen uns die überhängenden Felsbrocken und der glitschige Asphalt weit bedrohlicher als die mit Kalaschnikows und auch schon mit M-16-Gewehren bewaffneten Armee-Patrouillen, die nach Einbruch der Dunkelheit auf verdächtige Gestalten das Feuer eröffnen.

## Vom Parteisekretär zum Groß-Khan

*Taschkent, im Juni 2002*

Wenn es nach Usbekistan ginge, hätten die USA den Krieg um Zentralasien bereits gewonnen. Seit meinem letzten Aufenthalt im März 1995 hat sich die Hauptstadt Usbekistans auf merkwürdige, karikaturale Weise amerikanisiert. Das liegt nicht allein an der allgegenwärtigen Coca Cola-Werbung. Im Zentrum ist ein Golfplatz angelegt worden, und das neue, prächtige Hotel Intercontinental, das endlich den abscheulichen Kasten des Intourist-Hotels überflüssig macht, kann jeden Besucher aus Übersee zufriedenstellen. Außer einer Anzahl undurchsichtiger Business-Geier und asiatischer Parteibonzen sind die Gäste rar in dieser Luxusherberge. Wenn sich hier Amerikaner einfinden, dann nur in Zivil. Washington hat Usbekistan mit seiner stattlichen Einwohnerzahl von 25 Millionen Menschen als zuverlässigsten Alliierten in dieser entlegenen Weltgegend auserkoren. Aber den Stäben der US-Army ist »low profile« auferlegt. In ihrer Basis von Chamabad haben sie eine Art »Little America« eingerichtet, verschaffen den GIs die Illusion, einige Annehmlichkeiten ihrer Heimat in dieser recht trostlosen Umgebung wiederzufinden. So wird es ja rund um den Erdball auf den zahlreichen Stützpunkten gehandhabt, die die Omnipräsenz der Supermacht demonstrieren.

Präsident Karimow war schon früh auf Distanz zu Moskau gegangen, seit dort der starre KP-Kurs seltsame Aufweichungssymptome aufwies. Er brachte es sogar fertig, jede militärische Zusammenarbeit mit den Russen aufzukündigen. Die slawische Minderheit, die in dieser Teilrepublik zahlreich vertreten war – Taschkent war zu Sowjetzeiten zu mehr als fünfzig Prozent von Russen bevölkert –, hat die Zeichen der Zeit begriffen. Hier ist kein Platz mehr für fremde Kolonisten. Aus den Provinzstädten sind sie fast ganz verschwunden. Dort bekommen sie nicht nur die Ablehnung durch den turko-usbekischen Nationalismus zu spüren, sondern empfinden auch die eigene Unverträglichkeit mit einem zunehmend muslimischen Lebensstil. Insgesamt ist der Anteil der allogenen früheren Sowjetbürger auf fünf Prozent geschrumpft. Die Fähigsten sind gegangen, und wer zurückbleibt, lebt oft in ärmlichen Verhältnissen, duckt sich unter die Autorität der neuen Behörden.

Was mir auffällt, ist die weite Verbreitung von Lunaparks, die in sämtlichen Stadtvierteln, auch in entlegenen Provinznestern, anzutreffen sind. Überall drehen sich Riesenräder, kreisen Karusselle. Als Dekoration vermitteln Mickymaus und Donald Duck einen Abklatsch von Disney-World. Der überfüllte abendliche

Treffpunkt der Jugend von Taschkent wird »Broadway« genannt. Hämmernde Klänge westlicher Rockmusik dröhnen durch die einst idyllischen Parkalleen. Zwischen den Ramschläden und Imbißbuden, wo blonde Mädchen die Passanten eindringlich zum Genuß von Schaschlik und Kebab einladen, können die Miniröcke der Lokalschönheiten kürzer nicht sein. Natürlich kassieren auch hier irgendwelche Dunkelmänner ihre Anteile ab, aber im Gegensatz zu früheren Jahren kann sich der Fremde zu später Stunde ohne Gefahr um Gut und Leben recht unbekümmert bewegen.

Der robuste amerikanische Verteidigungsminister Donald Rumsfeld hat in der Person des verschlossenen, steinharten Staatschefs Usbekistans einen ihm genehmen Partner gefunden. Manche spotten bereits über eine Art Seelenverwandtschaft. Seit Karimow die Islamisten in die Zucht genommen hat und deren Bandentätigkeit im Fergana-Tal fast zum Erliegen brachte, ist er ein wertvolles Mitglied der Allianz gegen den Terror geworden. Amerikanische Special Forces haben begonnen, eine moderne Armee Usbekistans von etwa 80 000 Mann aufzustellen. Ob diese asiatischen Verbündeten auf Dauer verläßlich sein werden, steht auf einem anderen Blatt. Die CIA dürfte sich daran erinnern, daß der berüchtigte Partisanenführer Juma Namangani seine Ausbildung als Elitesoldat einst in der Roten Armee erhielt.

Für Rumsfeld und andere Schlüsselfiguren der Bush-Administration, die ihr Vermögen im Erdölgeschäft erwarben, böte Usbekistan unter der strengen Fuchtel Karimows die ideale Plattform für eine ertragreiche Förderungs- und Vermarktungsstrategie, sobald das schwarze Gold dieser weiten Region zwischen Kaspischem Meer und Pamir-Gebirge durch amerikanische Pipelines fließt. Karimow kommt ferner zugute, daß er gegenüber Israel nicht die geringsten Vorurteile empfindet und mit dem Judenstaat aufs engste zusammenarbeitet. Daran hat auch die El Aqsa-Intifada mit ihren schockierenden Fernsehbildern nichts geändert. Israelische Offiziere haben die Leibgarde des Staatschefs ausgebildet, und wenn die jüdische Diaspora-Gemeinde von Buchara, deren Präsenz angeblich auf die babylonische Gefangenschaft zurückgeht, sich mehrheitlich zur Auswanderung entschließt, so liegt das nicht an irgendwelchen Schikanen der usbekischen Ministerien, sondern am Streben der Israeliten nach einem besseren Leben in den USA oder in Deutschland. Der Staat Israel ist als Ziel dieser »Alyia« gar nicht sonderlich gefragt. Die Beziehungen zwischen Taschkent und Tel Aviv gedeihen offenbar prächtig, auch auf wirtschaftlichem Gebiet. Das amerikanische Business und der Internationale Währungsfonds zeigen sich weniger begeistert von der zögerlichen Hinwendung Usbekistans zur Marktwirtschaft. Hier offenbart sich, daß Karimow seine marxistische Erziehung doch nicht ganz abgestreift hat und den Spekulanten eines hemmungslosen Kapitalismus mit Mißtrauen begegnet.

Von Kommunismus ist offiziell nicht mehr die Rede, auch wenn usbekische Regimekritiker – meist sind es junge, emanzipierte Frauen, die über einen trotzigen asiatischen Charme verfügen – der alten Sowjetzeit ein wenig nachtrauern und sie im Rückblick verklären. Zwar hatten die Bonzen der KPdSU das Sagen; unter dem früheren Parteisekretär Raschidow hatten die Betrügereien so zum Himmel gestunken und sogar die Familie Breschnew kompromittiert, daß der Usbeke bei einem Moskaubesuch diskret liquidiert wurde. Das hat jedoch seinen Nachfolger Karimow nicht gehindert, ihm eine ehrende Denkmalsbüste zu errichten. Damals, so hört man immer wieder, habe immerhin die Möglichkeit bestanden, gegen die Exzesse der Lokalfunktionäre bei den höchsten Instanzen des Moskauer Kreml Einspruch zu erheben und schlimmste Willkür zu bremsen. Im übrigen habe das sowjetische System, das nunmehr durch eine skrupellos ausbeutende Schicht von kriminellen Mafiosi abgelöst worden sei, den kleinen Leuten ein dürftiges, aber sicheres Auskommen garantiert, für Beschäftigung gesorgt und vor allem auf dem Gebiet der Erziehung Beachtliches geleistet. Daß die Profiteure von heute mit den Oligarchen von gestern oft identisch sind, nimmt man in diesen Breiten mit einem Achselzucken zur Kenntnis.

Ganz nahe am »Broadway« befand sich einst eine eindrucksvolle Marmorbüste von Karl Marx. Sie ist dem Bildersturm zum Opfer gefallen. Der Künder des Kommunistischen Manifests schien noch 1991, im Jahr der Unabhängigkeit, den Anfechtungen der Wende wie ein »rocher de bronze« zu trotzen. Wenig später war er verschwunden, was nicht weiter verwunderlich ist in einer Weltregion, die mit diesem Heilsbringer aus der Moselstadt Trier nicht mehr viel anzufangen weiß. Sensationell ist der Ersatz, der Islam Karimow eingefallen ist. Anstelle des Propheten der Arbeiterklasse ragt nun die Reiterstatue eines durch und durch asiatischen Helden aus ferner, furchterregender Vergangenheit in den Himmel. Timur Lenk, Timur der Lahme, den die Europäer Tamerlan nennen, ist hier zu höchsten nationalen Ehren gelangt. Das Pferd bäumt sich auf unter den Sporen des Gewaltmenschen, der knapp zwei Jahrhunderte nach seinem Vorläufer Dschingis Khan die damals bekannte Welt mit Feuer und Schwert unterwerfen wollte. Das Imperium Tamerlans, das zwischen 1370 und 1405 von der Schwelle Ägyptens bis zur großen Chinesischen Mauer reichte und das in fünfunddreißig Feldzügen auf den qualmenden Trümmern, auf den gigantischen Schädelpyramiden des ganzen Orients errichtet wurde, hat sich als grauenvolle Erinnerung in das Gedächtnis der Menschheit eingegraben. Aber in Taschkent wird Timur der Lahme als Symbol einer zentralasiatischen Wiedergeburt gefeiert, die an die imperiale Tradition der Märchenmetropole Samarkand anknüpfen möchte.

Ein überzeugendes Kunstwerk ist dem usbekischen Bildhauer nicht gelungen. Wie sollte er auch einen Herrscher darstellen, der nur auf wenigen Miniaturen verewigt ist und in dessen finsterem Antlitz sich das Erbe mongolischer, türkischer und tadschikischer Vorfahren mischte? Der Emporkömmling aus der Sippe eines unbedeutenden Stammesführers der Tschagatagai, der durch List und Mord die Nachfolge der mongolischen Groß-Khane an sich riß, hat diesen Titel nie für sich beansprucht, sondern begnügte sich mit der Rolle des »Amir el Kabir«, des Großen Fürsten. So steht auf seinem Denkmal von Taschkent lediglich die arabische Inschrift »Amir Timur« und darunter in englischer und russischer Übersetzung ein Leitwort, das sich wohl auch der usbekische Präsident zu eigen machen möchte: »Strength in justice – Stärke in Gerechtigkeit«. Das Schwert des Tyrannen ist bedrohlich gezückt.

Unlängst ist eine riesige Gedenkhalle für diesen rabiaten Schutzpatron Usbekistans hinzugekommen. Deren blaue Kuppel ermahnt die frivole Jugend am »Broadway« zu orientalischen Begriffen von Zucht und Ordnung. Karimow hat seine Bewunderung für Tamerlan auf die Spitze getrieben. Es gibt nicht nur einen Spielfilm – in vorzüglicher Regiearbeit und mit großem Aufwand produziert –, der dessen Heldentaten verherrlichen soll. In der Oper von Taschkent wurde sogar eine Tamerlan-Oper inszeniert, wo die Abgesandten des Kaisers von China dem Steppenkrieger ihre kniefällige Huldigung darbringen.

Natürlich habe ich auch das gigantische Forum aus grauem Marmor aufgesucht, dessen Name »Lenin-Platz« in »Platz der Freiheit« umgeändert wurde. Auch hier hat der Sturm des Wandels gewirkt. Wladimir Iljitsch Lenin, der Gründer der Sowjetunion, hatte einst in den kolossalen Ausmaßen eines Pharaos das weite Areal beherrscht. Er ist einer Weltkugel gewichen, auf der sich die Republik Usbekistan, überdimensional verzerrt, zwischen Westeuropa und Südostasien ausweitet. Der metallene Globus ist von einem Wald usbekischer Fahnen umringt. Deren drei Farben haben ihre besondere Bedeutung: Blau wie der endlose Steppenhimmel war das Banner des Mongolen Dschingis Khan und seiner Nachfolger; das weiße Mittelfeld symbolisiert den Reichtum der Baumwollernte, die Haupteinnahmequelle dieses Staates; der untere grüne Streifen mit dem blassen Halbmond verweist auf die Verwurzelung Usbekistans im Islam.

Wie haben die Dinge sich doch gewandelt! Schlitzäugige hübsche Kinder veranstalten jetzt Fangspiele auf dem riesigen Platz. Im September 1980 hatte ich noch der Wachablösung russischer Jungpioniere zugeschaut, die mit rotem Halstuch dem großen Lenin ihre Reverenz erwiesen und zu Ehren der Toten des Zweiten Weltkriegs Kränze niederlegten. Die blonden Jungen und Mädchen waren in extrem knappen kurzen Hosen angetreten – ein anstößiger Anblick in den Augen der einheimischen Muselmanen. Sie stolzierten im Parademarsch einher und absolvierten ein Grußzeremoniell, das an rheinischen Karneval erinnerte. Der Spuk dieser klassenbewußten »Funken-Mariechen« von Taschkent ist verflogen. Anstelle der roten Banderolen in kyrillischer Schrift, die die strahlende Zukunft des Kommunismus verkündeten und die Weisheit des Generalsekretärs der KPdSU, Leonid Breschnew, rühmten, sind jetzt blaue Transparente gespannt. Auf Weisung Karimows wird das Usbekische wieder in lateinischen Buchstaben geschrieben, wie das in einer Zwischenphase der zwanziger Jahre nach der Abschaffung der arabischen Schrift schon einmal der Fall gewesen war, ehe Stalin die Einführung des kyrillischen Alphabets verfügte. Die neuen Losungen, die Staatschef Karimow ausgibt, glänzen nicht durch Originalität. »Stabilität« ist das oberste Gebot. Einheit und Friede werden gepredigt, und immer wieder wird eine glückliche Zukunft beschworen.

*

Noch bevor die Unabhängigkeit Usbekistans am 31. August 1991 offiziell verkündet war, hatten die Kommunisten dafür gesorgt, daß weder der fundamentalistische Islam noch irgendein Ableger westlicher Demokratie die Alleinherrschaft Karimows in Frage stellten. Damals gerieten die Künder des parlamentarischen Pluralismus und ungehemmter Meinungsfreiheit ebenso rücksichtslos ins Visier der staatlichen Repression wie die Befürworter eines koranischen Gottesstaates. Ich komme nicht umhin, ein Gespräch wiederzugeben, das ich vor mehr als zehn Jahren mit einem führenden prowestlichen Politiker geführt hatte.

In einem bescheidenen Café, unmittelbar am Karl-Marx-Park, war ich mit dem Wortführer der damals schon geächteten Oppositionspartei Birlik zusammengetroffen. Abdurrahim Pulatow, Professor für Kybernetik, der mittlerweile ins Ausland geflüchtet ist, wurde bereits von den Häschern des Karimow-Regimes gehetzt. Ausgerechnet bei einem GUS-Treffen in der kirgisischen Hauptstadt Bischkek, wo Liberalisierung und internationale Öffnung auf der Tagesordnung standen, war einer seiner engsten Verwandten und Parteigänger von usbekischen Agenten unter krasser Mißachtung der kirgisischen Souveränität verhaftet und verschleppt worden. Im August 1991 fühlte sich die Birlik – »Einheit« – noch sicher genug, um Pressekontakten nicht ganz auszuweichen. Diese Bewegung hatte sogar den Anstoß zur großen Wende gegeben, als sie im März 1989 etwa 12 000 ihrer Anhänger zu einer Protestkundgebung im Zentrum von Taschkent zusammentrommelte. Bei seinem Gründungskongreß im November 1988 hatte der Vorstand von Birlik einen Katalog umstürzlerischer Forderungen formuliert: staatliche Unabhängigkeit, wirtschaftliche Souveränität, Wiederzulassung des Privateigentums, Begünstigung des Usbekischen als offizielle Amtssprache. Pulatow und seine Gefährten konnten nicht ahnen, daß ausgerechnet Islam Karimow dieses Programm mit einem Gemisch aus Sturheit und Flexibilität gegenüber den Moskowitern durchsetzen würde. Lediglich die Privatisierung ließ auf sich warten.

Abdurrahim Pulatow – bei unserem Treffen 1991 von einem Universitätskollegen der Rechtsfakultät begleitet – hatte sich einen Bart wachsen lassen. Das war zweifellos ein Fehler, denn die Behörden von Taschkent haben versucht, ihm den Ruf eines »islamischen Fundamentalisten« anzuhängen. In Wirklichkeit war die Einheitsbewegung ein Sammelbecken demokratischer Dissidenten der örtlichen Intelligenzija, der nichts ferner lag als die Errichtung einer koranischen Theokratie. Professoren und Schriftsteller nahmen in dieser Partei, die vergeblich auf ihre Registrierung wartete, die leitenden Positionen ein. Mit ihrer elitären Grundeinstellung war natürlich auf Dauer kein Widerhall bei den politisch unerfahrenen Massen zu erzielen. Pulatow und seinesgleichen waren auf dem Umweg über den wissenschaftlichen Sozialismus so eng an das westliche Gedankengut herangerückt, daß sie mit der Menschenrechtsdoktrin und dem parlamentarischen Pluralismus des Okzidents liebäugelten. Für den Islam hingegen hatten sie nichts übrig. Sie unterstellten Karimow sogar, daß er gelegentlich an den religiösen Obskurantismus der Massen appellierte, um die aufgeklärte und reformerische Opposition an die Wand zu spielen.

Schon im August 1991 äußerte er mit sicherem Instinkt den Verdacht, daß jede opportunistische Tyrannei der Moskauer Zentrale wie auch der amerikanischen Diplomatie als Garant der Stabilität Usbekistans lieber wäre als die Regierungsübernahme durch turbulente, unberechenbare Demokraten oder Bürgerrechtler. Das Schicksal Saddam Husseins in Bagdad sei ein aufschlußreicher Präzedenzfall. Als der Irak nach der Operation »Wüstensturm« in Chaos und territoriale Auflösung zu versinken drohte, so analysierte Pulatow, hätten die beiden Weltmächte die Beibehaltung des Kriegsverbrechers Saddam der drohenden Ungewißheit und dem unkalkulierbaren Staatszerfall vorgezogen.

Karimow wurde von seinen Gegnern als hemmungsloser Opportunist dargestellt, der neuerdings seine Ansprachen mit der koranischen Anrufung »Bismillah rahman rahim – Allahs, des Erbarmers, des Gnädigen« einleitete und die Ausschreitungen der stalinistischen Ära mit Nachdruck geißelte. Tatsächlich war bei den

Säuberungswellen des Jahres 1937 fast die gesamte usbekische Bildungsschicht ausgerottet und dem Volk das Rückgrat gebrochen worden. Der Birlik-Führer spürte wohl, daß sich das Netz der Sicherheitsorgane immer enger um seine Gefolgschaft zusammenschnürte. Bei unserem Gespräch befürchtete er, daß wir abgehört würden. Bei einer zweiten Verabredung ließ er sich verleugnen. Er war bereits untergetaucht. Heute hat Pulatow angeblich in Kanada Asyl und Zuflucht gefunden. Ein Jahr nach dieser Begegnung verfügte Islam Karimow das Verbot von »Birlik« und auch jener rivalisierenden Partei »Erk«, deren Führer, der Dichter Mohammed Solih, trotz vorübergehender Anpassungsversuche überstürzt nach Norwegen ausreisen mußte.

In der Dekade, die seitdem vergangen ist, wurde die Republik Usbekistan von keinem Hauch demokratischer Liberalität mehr gestreift. 1995 lasteten Angst und Unsicherheit über der Hauptstadt. In jenen naßkalten Vorfrühlingstagen war zwar kein Ausnahmezustand verhängt, aber bei Einbruch der Dunkelheit leerten sich die Straßen. Die Patrouillen schwerbewaffneter Milizionäre waren allgegenwärtig. Die wenigen Passanten wurden mißtrauisch angehalten, die einheimischen Autos nach Waffen durchsucht. Zu dieser Zeit regten sich im westlichen Ausland gelegentlich liberale Proteste gegen die sich verschärfende Diktatur, die der kommunistischen Praxis in nichts nachstand. Diverse Presseorgane in den USA forderten eine minimale Respektierung der »human rights«. Die Gefängnisse und Lager waren mit politischen Häftlingen überfüllt, und im Falle ernsthafter Konspiration war der Mordanschlag vorprogrammiert.

Vorübergehend versuchten sich die Experten des US-State Department noch mit der Theorie herauszureden, Usbekistan befinde sich eben in einer Phase des Übergangs. Das kemalistische Beispiel der Türkei wurde immer wieder zitiert. Der dortige Staatsgründer Atatürk sei ja auch vor rauhen Methoden nicht zurückgeschreckt. Am Ende habe dennoch eine durchaus vertretbare türkische Variante des parlamentarischen Systems gestanden. Ich hatte damals das Glück, in der Person des Europa-Referenten im Außenministerium von Taschkent, Akat Agzamow, einen weltoffenen Beamten anzutreffen, der sich heute vermutlich nicht mehr mit der gleichen Freimütigkeit äußern dürfte. Agzamow versuchte gar nicht zu vertuschen, daß er seine Urbanität, seine Sprachkenntnisse, seine Welterfahrung den russischen Ausbildern verdankte. Er war für den sowjetischen diplomatischen Dienst im frankophonen Afrika tätig gewesen. Der gewandte Mann im eleganten marineblauen Blazer sprach ein fast akzentfreies Französisch. Der Kontakt verlief spontan und heiter.

Natürlich huldigte auch dieser etwa Vierzigjährige dem obersten Prinzip Usbekistans, dem Bekenntnis zur Stabilität. Deshalb plädierte er für eine sehr vorsichtige Wirtschaftsliberalisierung. Ich befragte ihn nach seiner Einstellung zum angeblichen »türkischen Modell« und wurde über das geringe Ansehen aufgeklärt, das die Republik von Ankara bei den Usbeken – wie übrigens auch bei den anderen Turkvölkern Zentralasiens – genießt. Da hatten die westlichen Turkologen einen Mythos aufgebauscht, als sie über die brüderliche Verbundenheit, über eine panturanische Grundstimmung zwischen Bosporus und Baikalsee dozierten. Auch die amerikanische Diplomatie hatte sich dadurch irreführen lassen. Natürlich wird die Kalifen-Metropole Istanbul, die weit mehr Prestige besitzt als die Neuschöpfung Ankara, weiterhin als kultureller Magnet empfunden, wohin man vorzugsweise usbekische Schüler und Studenten zur Ausbildung schickt. Schließlich sind die Sprachen eng verwandt, und man gehört der gleichen ethnischen Familie an.

»Doch was können uns die Türken schon bieten?« fragte Agzamow, und seine Argumente sollte ich bei Politprofessoren und Mitgliedern der Akademie beinahe wortwörtlich wiederfinden. »Wir haben doch den höheren Bildungsstand. Bei uns gibt es keine Analphabeten. Wir möchten uns auf die Spitzentechnologie Westeuropas ausrichten. Die türkischen Baufirmen arbeiten zwar gut und kostengünstig, aber die Investoren aus Ankara haben uns allzu häufig das Fell über die Ohren gezogen, uns Fabriken verkauft, die in Anatolien bereits ausrangiert waren. Zudem treten die Nachfolger der Osmanen oft mit dem Gehabe des älteren, erfahrenen Bruders auf. Diese Art von Bevormundung, die wir früher von den Russen zu spüren bekamen, sind wir endgültig leid. Wie die übrigen GUS-Republiken Zentralasiens ist Usbekistan doch niemals Bestandteil des Osmanischen Reiches gewesen.«

Agzamow begegnete auch dem Werben Amerikas damals noch mit Zurückhaltung. Er durchschaute sehr wohl die Absichten, die das State Department und die CIA zur Begünstigung türkischer Einflußnahme in Zentralasien motivierten. Für Washington gehe es gar nicht so sehr darum, die Russen aus dieser Weltregion zu verdrängen. Im Gegenteil, zwischen Moskau und Washington bestehe eine heimliche Komplizenschaft, so analysierte der usbekische Diplomat mit erstaunlicher Weitsicht schon im Jahr 1995. Die Türken genössen den Segen Washingtons bei ihrer versuchten Einflußnahme zwischen Kaspischem Meer und Tian-Shan-Gebirge, weil die »Experten« der Clinton-Administration das kemalistische Modell der strikten Trennung von Staat und Religion, weil sie die Vorstellung eines westlich orientierten, voll säkularisierten Staates in die Steppen Asiens verpflanzen wollten. Der laizistische Kemalismus solle hier ein Bollwerk bilden gegen das neue »Reich des Bösen« – auch dieser heute so geläufige Begriff wurde damals schon zitiert –, gegen jenen islamischen Fundamentalismus, dessen originäre Brutstätte fälschlich in der Mullahkratie von Iran geortet wurde und dem man unterstellte, er wolle nunmehr die koranische Revolution auf ganz Zentralasien ausdehnen.

Zu deutlicher Kritik an den neuen Kreml-Zuständen, geschweige denn zu antirussischen Ausfällen ließ man sich im Außenministerium von Taschkent nicht hinreißen. Trotz aller Phasen des Terrors und der Unterdrückung war hier – gerade bei den Intellektuellen – eine organisch gewachsene Gemeinsamkeit entstanden, die in ihrer schizophrenen Widersprüchlichkeit an das Verhältnis zwischen Algeriern und Franzosen erinnerte. Natürlich belastete der brutale Feldzug Moskaus gegen die Tschetschenen diese ohnehin brüchige Beziehung. Schon 1980 hatte mir ein usbekischer Offizier der Sowjetstreitkräfte, den ich auf seine kulturelle Zerrissenheit ansprach, geantwortet: »Wir Usbeken sind seit sechzig Jahren Kommunisten, aber seit einem Jahrtausend sind wir Muselmanen.« In unmittelbarer Nachbarschaft wirkte zudem der abscheuliche Bruderkrieg in Tadschikistan wie ein Menetekel. »Eine pluralistische Parteienlandschaft«, so beteuerte der Diplomat Agzamow, »wie sie manchen westlichen Missionaren der Menschenrechte vorschwebt, endet in diesem Teil Asiens nur in Stammeszersplitterung, in blutigen Konvulsionen. Deshalb ist meine Befürwortung der von Karimow gepredigten Stabilität durchaus kein Lippenbekenntnis.«

*

George W. Bush kann mit den bisherigen Auswirkungen des amerikanischen Afghanistan-Feldzuges in den nördlich angrenzenden GUS-Republiken durchaus zufrieden sein. Die Bombenteppiche der B-52 haben in der ganzen Region ihre abschreckende Wirkung nicht verfehlt. Die »Islamische Bewegung Usbekistans« des Rebellenführers Namangani, die sich neuerdings »Hizb-i-Islami Turkistan« nennt, und auch die weit gemäßigtere »Hizb-i-Tahrir« sind in den Untergrund abgetaucht. Die von den Bolschewiki ererbten Sicherheitsstrukturen funktionieren mit erprobter Effizienz. Islam Karimow war klug genug, sich nicht frontal in einen Kulturkampf mit der Lehre des Propheten einzulassen. Das islamische Grundprinzip einer organischen Einheit von »Religion und Staat« – Din wa daula – hat er in dem Sinn interpretiert, daß der Staat beziehungsweise er selbst der konfessionellen Gemeinde vorzuschreiben habe, wie sie – in gefügiger Anpassung an die säkulare Gewalt – ihre frommen Rituale beibehalten und pflegen darf. Atheismus steht nirgendwo auf seinem Programm.

Aber wie ist es bei diesen neuen Freunden und Verbündeten der USA in Zentralasien um Freiheit und Demokratie bestellt, die der weltweiten Globalisierung »à l'américaine« ihre hehren moralischen Weihen verleihen sollen? Ein imperiales Unternehmen, wie die USA es sich vorgenommen haben, muß, um erfolgreich zu sein, pragmatisch vorgehen und darf sich nicht im utopischen Idealismus verlieren. Doch am Beispiel Usbekistans erweist sich einmal mehr, daß die amerikanische Strategie in der arabisch-islamischen Welt darauf angewiesen ist, ausschließlich auf Despoten, Diktatoren und Militärjunten zurückzugreifen. Diese Staaten befinden sich am Gegenpol jener Toleranz und Liberalität, die die westliche Staatengemeinschaft als ihre Grundwerte erachtet. Der pakistanische Präsident Musharaf hat eindeutig vorgeführt, wie die Ausschaltung aller oppositionellen Kräfte und die totale Machtkonzentration in seiner Hand dem Wohlwollen der Bush-Administration nicht im Wege stehen, wenn die staatliche Repression sich nur radikal genug gegen jedes Aufbegehren islamistischer Strömungen bewährt.

Ähnlich verhält es sich ja seit mehr als zwanzig Jahren in Ägypten, wo General Mubarak sich in regelmäßigen Abständen als einziger Kandidat mit einem Traumergebnis von 97 Prozent der Stimmen zum Staatschef plebiszitieren läßt. Die durchaus demokratische Regierungsübernahme der »Islamischen Heilsfront« Algeriens (FIS) hingegen, die sich im Dezember 1991 absolut legal auf Grund freier Entscheidung der Bevölkerungsmehrheit abzeichnete – die »Front Islamique du Salut« hatte bis zu diesem Zeitpunkt durch soziale Fürsorge die Gunst der Massen erworben und keinerlei Gewalt ausgeübt –, wurde bekanntlich durch einen brutalen Putsch der seit der Unabhängigkeit herrschenden Militärkaste verhindert. Niemand im Westen hatte damals Anstoß genommen an dieser Vergewaltigung des Volkswillens, der sich im Sinne einer koranischen Weltanschauung entschieden hatte und deshalb verwerflich erschien.

In Zentralasien, in den ehemaligen Teilrepubliken der Sowjetunion, wie übrigens auch im Kaukasus, hatte eine orientalisch gefärbte Despotie den Marxismus-Leninismus abgelöst. Es waren stets die vormaligen Satrapen Moskaus, die sich mit rüden Methoden gegen jede demokratisch-oppositionelle Anfechtung behaupteten. Das gilt für Usbekistan, Kasachstan und Turkmenistan ebenso wie für Aserbaidschan und auch Georgien. In Kirgistan, so hatten ein paar naive Beobachter geglaubt, habe der dortige Präsident Askar Akajew, der ausnahmsweise nicht zur höchsten Nomenklatura der KPdSU gehört hatte, einen liberaleren Kurs eingeschlagen. Bis es auch in Bischkek zu politischen Unruhen kam und Akajew ohne Zögern das Feuer auf die Demonstranten eröffnen ließ. In Tadschikistan hat sich tatsächlich eine fragile Koalition extrem divergierender Kräfte konstituiert.

Kurzum, die heiligsten Prinzipien der im Atlantikpakt vereinten Nationen – Demokratie, Meinungsfreiheit, politischer Pluralismus und Toleranz – werden dort von den zuverlässigsten und begünstigten Partnern der »Freien Welt« mit Füßen getreten. Die islamistischen Propagandisten können zu Recht darauf verweisen, daß die Hegemonie der USA sich eines Geflechts von Lügen und

Heuchelei bediente, daß jeder Potentat – unter der Voraussetzung, daß er den wirtschaftlichen und strategischen Interessen der Supermacht entsprach und sich in die weltweite Front gegen den »Terrorismus« einreihte – mit Wohlwollen, Schonung, ja mit aktiver Konsolidierung seines Regimes belohnt wird. Die Methode hat sich offenbar bewährt, denn mit Ausnahme der Islamischen Republik Iran, die auf Grund ihrer schiitischen Ausrichtung ohnehin einen Sonderfall darstellt und zudem durch die Aufsässigkeit der eigenen Jugend zunehmend erschüttert wird, hat sich eine koranische Theokratie nirgendwo durchsetzen können. Der französische Politologe Gilles Kepel schrieb in seiner jüngsten Studie »Le Jihad« über den unvermeidlichen Niedergang des revolutionären Islamismus.

Die offizielle Ausübung der Regierungsgewalt zwischen Marokko und Malaysia liegt also weiterhin in den Händen von Staats- und Regierungschefs, die die militärische Zusammenarbeit mit den USA bejahen, die Geheimzellen fundamentalistischer Verschwörung ausmerzen und die Existenz des Staates Israel akzeptieren. Gleichzeitig jedoch vollzieht sich in fast allen muslimischen Ländern – von den bürgerlich geprägten Vierteln Kairos, Algiers, Damaskus, Rabats et cetera abgesehen, wo die ausländischen Touristen sich durch den westlichen Lebensstil der Begüterten und Gebildeten täuschen lassen – eine schleichende Islamisierung der Massen. In den bescheidenen Quartieren der Metropolen, in den Provinzstädten, auf dem flachen Land zumal, hat sich eine stillschweigende Ausrichtung aller Aspekte des täglichen Lebens auf die vom Koran vorgeschriebenen Kult- und Verhaltensformen durchgesetzt. Die koranische Rechtsprechung braucht dort gar nicht offiziell vorgeschrieben zu werden, sie wird – abgesehen von gewissen Exzessen der Strafordnung – längst als sittliche Richtlinie angewandt.

In Untersuchungen des amerikanischen Nachrichtendienstes wurde schon lange festgestellt, daß in fast allen muselmanischen Staaten, zumal in Ägypten, falls wirklich freie Wahlen stattfänden, islamische Parteien sich als stärkste politische Kraft durchsetzen würden. Es ist ein Fehler, diesen religiös motivierten, auf soziale Gerechtigkeit pochenden Meinungsströmungen a priori fanatische Verblendung, rabiate Christenfeindlichkeit oder blutrünstigen

Terrorismus zu unterstellen. Diese Generaltendenz wird von Land zu Land, von Gegend zu Gegend durch konträre historische Entwicklungen und ethnische Partikularismen stark differenziert und schließt keine Widersprüchlichkeit aus. Zwischen Usbekistan und Marokko, um nur dieses Exempel zu zitieren, liegen Welten. Es bedürfte eines neuen Propheten – nicht nur eines Osama Bin Laden –, um die Harmonie der »Umma«, die ideale Gemeinschaft der Gläubigen, neu zu schmieden. Doch bei allen Kontroversen dieser permanenten »Fitna« bleibt ein zwingendes, einigendes Band, ein unverrückbarer Kern: der Text des Heiligen Koran, der keine beliebige Interpretation duldet, sondern als »ungeschaffenes Wort Gottes von Ewigkeit an« die unverrückbare Richtlinie vorgibt.

## »Die Kanzeln weinen in Samarkand«

*Rückblende: Samarkand, im Dezember 1958*

In jenen Tagen stöhnte Samarkand in Tragik und Trauer. Mit einer gewissen Ergriffenheit denke ich an jenen Wintertag vor annähernd einem halben Jahrhundert zurück, als eine klapprige Iljuschin mich über ein Schachbrett frisch gepflügter Baumwollfelder in die verfallene Metropole Timur Lenks transportierte. In die gelbe Landschaft fraßen sich tiefe Erosionsschluchten. Ein grellblauer Himmel ruhte auf der schneebedeckten Tschezak-Kette. Über den flachen Dächern der Usbeken- und Russenviertel ragten geborsten, aber gewalttätig, ja erdrückend die Palastruinen aus den großen Tagen Tamerlans und seiner Erben; daneben die bunt glasierten Minarett der verfallenen Moschee Hazrati Hizr. Die uralte Stadt Samarkand hielt, was ihr geheimnisvoller Name versprach. Hier herrschten die Toten über die Lebenden. Hier schien der zukunftsbesessene Sozialismus bereits zum Epigonentum verurteilt.

Der Flugplatz von Samarkand war ein platt gewalzter Ackerboden. Vor der Ankunftsbaracke mit der Lenin-Statue erwarteten mich der Intourist-Dolmetscher Sergej und die russische Archäologin Sonja neben der unvermeidlichen Zim-Limousine. Ich wunderte mich wieder einmal, durch welchen Zufall ich in der Pariser Botschaft der Sowjetunion ein Visum für diese asiatische, damals noch streng abgeschirmte Teilrepublik Usbekistan erhalten hatte. Meine Eigenschaft als Journalist hatte ich wohlweislich verschwiegen. Das erste Ziel, das Sergej mir vorschrieb – seine Zugehörigkeit zum KGB stand außer Zweifel –, war die Sternwarte des Ulug Beg, eines Enkels des großen Tamerlan, der die Wissenschaft pflegte und deshalb von den islamischen Eiferern seiner Zeit des Abfalls bezichtigt und ermordet wurde. In der sowjetischen Sprachregelung stand Ulug Beg am Anfang der usbekischen Geschichte als Vorläufer des materialistischen Fortschritts. Mein mangelndes Interesse für diese Galionsfigur usbekisch-sozialistischen Schulunterrichts wurde von Sonja mit Mißbilligung quittiert.

Schon beim Museumsbesuch in Taschkent war mir aufgefallen, daß die Geschichte Turkestans von den sowjetischen Altertumsforschern mit kritischer Einschränkung behandelt wurde, als scheuten sie sich vor der verwirrenden Mannigfaltigkeit dieses uralten Kulturbodens. So wurde eigenartigerweise in der offiziellen Geschichtsschreibung Alexander der Große nur am Rande erwähnt. Für die usbekischen Historiker, so hieß es, war der Zug des Makedoniers, der die persische Herrschaft im heutigen Turkestan ablöste, ein Abenteuer ohne weitreichende Folgen. Daß Alexander die Stadt Samarkand neu gründete und ihr seinen Namen vererbte, daß seine Diadochen das ferne Baktrien lange genug regierten, um hier eine einmalige Verschmelzung buddhistischer und hellenistischer Kunst zu erlauben, wurde von den Dozenten der Universität Taschkent gering erachtet. Auch die alles beherrschende Religionsgeschichte in Trans-Oxianien, die vom Lichtglauben Zarathustras über das nestorianische Christentum bis zum erobernden Islam reicht, wurde in jenen Tagen kurz abgetan.

Erdbeben hatten die Kuppeln Tamerlans gesprengt, und die gottlose Revolution ließ die bunten Fayencen verkommen. Trotzdem beherrschten die Ruinen die Stadt. Der silberne Lenin am Kolchosmarkt stand wie ein kitschiger Zwerg zwischen den erhabenen Trümmern der Gebetshäuser. Der Dolmetscher Sergej strebte den schiefen Türmen des »Registan« zu, die sich wie gekachelte Schornsteine über die Lehmdächer neigten. Das Registan, die verfallene Koranschule und islamische Universität, erschütterte durch seine Verlassenheit. Die wenigen Passanten huschten wie in einem Angsttraum über den weitgestreckten Vorhof. Die leeren Balkonnischen, die sich einst auf Lehrsäle und Studentenstuben öffneten, klafften wie Löcher einer Katakombe. Selbst das halbherzige Restaurierungswerk an den bunten Ziegelwänden, an den schiefen Minaretten, die man mit gewaltigen Kabeln aufzurichten suchte, wirkte wie Einbalsamierungsarbeiten an einem halb verwesten Leichnam. Das Hauptportal zum großen Gebetshaus war durch ein häßliches großes Propagandaplakat verunstaltet.

Das Klagelied des maurischen Dichters Ar Ranadi, der zur Zeit der christlichen Reconquista Spaniens den Verlust Andalusiens an die Katholischen Könige beweinte, fand in den öden Hallen des Registan von Samarkand tragischen Widerhall. »Jedes Unglück enthält einen Trost«, hatte Ar Ranadi geschrieben; »aber es gibt keinen Trost für die Schmach, die hier den Islam heimsuchte ... Wo ist Córdoba, die Heimstätte der Wissenschaften? Wieviel Gelehrte ließen hier ihren Geist leuchten! ... Öde ist dieses Land geworden, dem Islam wurde es entfremdet, und mit Ungläubigen hat es sich gefüllt ... Hier klagen die Gebetsnischen, obwohl sie aus Stein sind, und die Kanzeln weinen, als wären sie nicht aus Holz.«

Die Zim-Limousine fuhr uns über holpriges Kopfsteinpflaster zur Moschee »Schah-e-Zindar« am Ausgang von Samarkand. Gleich hinter ihr begann damals die öde gelbe Steppe. Am Rande richteten sich unzählige, kaum behauene blaue Steine auf, die Gräber der Muselmanen, die hier im Schatten des »Unsterblichen« dem Tage des Gerichts entgegenharrten. Das Ruinenfeld, dessen Kuppel immer noch wie ein riesiger Smaragd in der Sonne strahlte, dessen verfallene Wandelgänge mit grünen, blauen und gelben Kacheln leuchteten, dieses verlassene Heiligtum barg – man wußte nicht wo – das geheime Verlies, in dem der »lebende Schah«, der »Schah-e-Zindar«, über die Reinheit des Islam wachte.

Khusan-Ibn-Abbas, ein Vetter des Propheten, habe den Glauben Mohammeds bis nach Samarkand getragen. Dort hätten ihn die Ungläubigen erschlagen und in einen tiefen Brunnen geworfen. Der Legende zufolge wurde Khusan von einem heiligen Mann,

Hazrati Hizr, dem Schutzpatron der Schafhirten, von den Toten erweckt, und so lebte er in der Tiefe des Brunnens und des Glaubens weiter, obwohl sein Grab unter einer unscheinbaren »Kubba« – keine zweihundert Meter von der Smaragdkuppel entfernt – von unzähligen Pilgern verehrt wird.

Sonja vermutete hinter dieser eigenartigen Sage einen Rückgriff auf hinduistisches Gedankengut und brahmanische Seelenwanderungsmythen. Mir schien es eher, als habe die schiitische Lehre mit ihrem Glauben an den Verborgenen Imam, der bis zum Jüngsten Tag in der Verborgenheit weiterlebt, um dann als Mahdi die Herrschaft Allahs auf Erden zu errichten, bei der Überlieferung vom lebenden Schah Pate gestanden. Die Moschee Schah-e-Zindar war nur noch Museum. Auf den Gerüsten wirkten usbekische Arbeiter im Auftrag des Staates an ihrer Wiederherstellung. Quer über das öde Leichenfeld gingen immer wieder malerische Trupps von Frauen und Männern, die Männer vorn, die verschleierten Frauen hinten nach. Sie verschwanden in dem Gewölbe, wo die Gebeine des »Unsterblichen« paradoxerweise verehrt wurden und das weiterhin als Kultstätte geöffnet blieb. Gleich am Eingang saßen zwei Mullahs mit weißen Turbanen und traurigen Geierköpfen. Sie hielten die Hände unter einer bunten Decke verborgen. Flache usbekische Brotfladen waren darauf ausgebreitet.

Sergej und die Archäologin zogen die Schuhe aus, und wir gingen in die halbdunkle Moschee, wo hinter einem Holzgitter der Sarg des Heiligen mit gestickten Teppichen verhüllt war. Pilger lagen auf den Knien und beugten die Stirn zum Boden. Zum ersten Mal sah ich auch Frauen neben den Männern das islamische Gebetsritual verrichten. Es mußte ein ländlicher, mit Aberglauben und Sufi-Bräuchen durchsetzter Islam sein, der sich in Samarkand erhalten hatte. Neben den Betern waren Handwerker damit beschäftigt, die ursprünglichen Wanddekorationen mit dünnen Feilen freizulegen. Ein Russe leitete die Arbeit und kam mit uns ins Gespräch. Die Grundmauern der Kubba gingen schon auf vorislamische Zeiten zurück, behauptete er, und sie seien dabei, nacheinander vier verschiedene Farb- und Tüncheschichten wie auf einem Palimpsest abzutragen. Unter den Arabesken und Koransprüchen kämen bäuerliche Feldmotive, Anemonen, Klatschmohn und Margeriten zum Vorschein. Nicht den Ornamenten der arabisch-persischen Eroberer spürten die staatlichen Restaurateure nach, sondern der urwüchsigen, schamanistisch anmutenden Blumenmalerei der frühen Türkvölker. Der Russe hatte uns bis zum Ausgang zurückbegleitet. »Ein eigenartiger Mann«, sagte Sonja. »Er hat sich so intensiv mit der orientalischen Kunst befaßt, daß er vor zwei Jahren zum Islam übergetreten ist.« – »Und da sagen Sie noch«, warf ich halb im Scherz ein, »der Schah-e-Zindar vollbringe keine Wunder mehr.«

Im Jahr 1958 lag das Grab Tamerlans in einem verträumten, abseitigen Viertel versteckt. Die engen Gassen hallten wider vom Geschwätz grell gekleideter Usbekinnen. Die Kuppel des Mausoleums, die in farbige Melonenscheiben zerschnitten schien, übte seltsame Faszination aus. Der lahme Mongolenherrscher, der die halbe Welt verwüstet hatte, war recht einfach bestattet worden. Neben den Onyx-Blöcken, die die sterblichen Reste zweier Söhne und des bedeutenden Enkels Ulug Beg bedeckten, nahm sich der schmale Sarkophag aus grünem Nephrit bescheiden aus. Seinem geistlichen Präzeptor, Sayid Baraka, hatte er einen weit stattlicheren Katafalk zugewiesen. Tamerlan ruhte gewissermaßen zu dessen Füßen. Ich war ganz allein in dieser halligen Marmorgruft, deren höchste Wölbung sich in goldenen Stalaktiten verjüngte.

Als der Abend fiel, bin ich allein durch das Geschäftsviertel mit den einstöckigen Kauf- und Caféhäusern gebummelt. Lampionähnliche Beleuchtung flackerte zu beiden Seiten der Straße. Autoverkehr gab es um diese Stunde nicht. So schlenderten die Käufer und Spaziergänger gemächlich schwatzend auf der asphaltierten Fahrbahn. Wie eine Kurpromenade wirkte die europäische Hauptstraße von Samarkand, wenn man von der Kleidung der Passanten und der Dürftigkeit der Auslagen absah. In den entblätterten Bäumen raschelten unzählige Vögel.

Das usbekische Theater war in einem gelb-weißen Pavillon des Kulturparks untergebracht. Das Tor mit dem Maxim Gorki-Porträt öffnete sich auf das Gipsstandbild eines Fliegers und eines Athleten. Zwischen zwei Trauerweiden war noch ein verregnetes Transparent vom Schriftstellerkongreß der Bandung-Staaten gespannt. Ich war der einzige Europäer im überfüllten Zuschauerraum. Die erste Reihe war für Honoratioren freigehalten, die mit Verspätung eintrafen. Unterdessen fand ein erbittertes Geplänkel zwischen der Platzanweiserin mit dem platten Mongolengesicht und einer Gruppe usbekischer Lausbuben statt, die sich auf die vordersten Plätze drängten. Der muntere Streit sollte sich die ganze Aufführung hindurch fortsetzen.

Der Vorhang ging über einem altorientalischen Herrenpalast auf. Das Theaterstück spielte im Mittelalter. Der Emir hatte die junge Bäuerin Saada am Tag ihrer Verlobung mit dem sympathischen Landburschen Furkhad durch seine Häscher entführen lassen. Das propagandistische Leitthema klang schon im ersten Akt an: unversöhnliche Gegenüberstellung der brüderlichen, glücklichen Lebensart der usbekischen Bauern auf der einen, der habgierigen Lüsternheit und Verworfenheit der herrschenden Feudalkaste auf der anderen Seite. Vier Stunden lang kämpften Furkhad und seine ländlichen Freunde gegen die Arglist des Emirs, seine Haremswächter und Mullahs, wobei am Ende natürlich das brave Volk den Sieg davontrug. Das Drama wurde von heiteren, dann wieder schwermütigen turanischen Weisen begleitet, und die hübschen Usbeken-Mädchen wiegten die Hüften zum Fächertanz.

Das Publikum war ganz bei der Sache. Als der tapfere Furkhad von den Schergen des Emir vergiftet werden sollte, schrien die Zuschauer laut auf und warnten ihren Helden. Über das traurige Schicksal Saadas im Harem vergossen die Fabrikmädchen bittere Tränen. Das Thema des Klassenkampfes war in einen mittelalterlich-exotischen Rahmen übertragen worden. Von der turanisch-islamischen Eigenart schien lediglich folkloristische Verharmlosung übriggeblieben zu sein.

Bevor das Stück zu Ende ging, war ich ins Hotel zurückgewandert. Die Menschen wirkten hier ungehobelter und aufsässiger als in Taschkent. Zeitweilig hatte der Theaterraum einer brodelnden Massenkundgebung geglichen. Wie gelang es nur den Russen, dieses kraftvolle, eigensinnige, undurchdringliche Volk vor den Wagen des Sozialismus zu spannen? In Samarkand lagen die Straßen bei Nacht ohne Bewachung. Wirkte der stalinistische Terror der Vergangenheit so eindringlich nach, daß sich kein Widerstand zu regen wagte? Lastete das Netz der Partei so lähmend über dem Land, daß jedes Aufmucken sofort erkannt und niedergeschlagen wurde? Im Schein der Lampions entzifferte ich das arabische Spruchband der Bandung-Konferenz zwischen den Trauerweiden: »Friede und Willkommen den Völkern Asiens und Afrikas, die die Freiheit lieben.« Das hochexplosive Wort »Freiheit« wurde hier von den Behörden mit einer Leichtfertigkeit angefaßt, als gäbe es keinen Aufstand der Farbigen, kein Erwachen des Islam jenseits der Sowjetgrenzen. Der Schrei »Hurriya«, wie »Freiheit« auf arabisch heißt, war im ganzen Orient zum Kampfruf aufbegehrender Volksmassen geworden. Und hier vermoderte das magische Wort ungelesen auf dem Transparent des Parks für Kultur und Erholung.

Noch immer flatterten die Vögel in den Baumkronen. Das Hotel »Registan« war von Schwärmen betrunkener Russen umlagert, die keinen Einlaß mehr fanden. Der Speisesaal des Hotels glich um Mitternacht einem orientalischen Wildwest-Saloon. Von fünfzig Gästen – überwiegend Usbeken – waren die meisten dem Wodkagenuß erlegen. Nur die Kellnerinnen verhielten sich brav und energisch zurückhaltend. Von Zeit zu Zeit klirrte ein Glas, leerte sich ein Teller über die Tischdecke, fiel sogar ein Gast vom Stuhl. Dann kam eine rührige weißhaarige Dame, die so aussah, als hätte sie einmal bessere Tage erlebt, und wies den Ruhestörer mit strenger Miene zurück. »Towarischtsch«, redete sie ihn an und sagte dann etwas über »Kultura«, was ich nicht verstand. Als ein betrunkener Unteroffizier eine dralle Kellnerin auf seinen Schoß ziehen wollte, trat der am Eingang wachhabende usbekische Milizionär in Erscheinung, ohne Heftigkeit, mit beinahe brüderlichem Tadel.

Am folgenden Morgen, bevor ich das Flugzeug nach Taschkent bestieg, unternahm ich einen Ausflug zur Moschee Hodscha Aschrur am Stadtrand. Die drei Mullahs mit den weißen Turbanen waren in ein einsilbiges Gespräch vertieft. Das kleine Gebetshaus mit blauem Mauerwerk und reichgeschnitzten Pfeilern spiegelte sich in einem runden Teich. Gleich hinter den zerbröckelnden Stufen begann der verwilderte Friedhof mit verwaschenen arabischen Inschriften.

An jenem Wintertag 1958 stand das Sowjetimperium auf dem Höhepunkt seiner Macht und ließ seine Sputniks um den Erdball kreisen. Seit der Ausrufung der Volksrepublik China durch Mao

Zedong auf dem Platz des Himmlischen Friedens und dem Sieg Ho-Tschi-Minhs über die Franzosen in Indochina hatte sich die marxistisch-leninistische Ideologie eines immensen Territoriums zwischen Südchinesischem Meer und der Elbe im Herzen Deutschlands bemächtigt. Wer hätte sich damals vorstellen können, daß vierzig Jahre später ein usbekischer Statthalter Moskaus sich das Erbe des lahmen Timur aneignen, die Sakralbauten der inzwischen durch häßliche Betonklötze verschandelten Stadt Samarkand unter großem Aufwand restaurieren, diesen Hort nostalgischer muslimischer Frömmigkeit in das globale Strategiekonzept der Vereinigten Staaten von Amerika einordnen würde?

## »Tod wünsche ich dem Mullah!«

*Taschkent, im Juni 2002*

Endlich haben die Behörden sich aufgerafft, die Freitagsmoschee von Taschkent, Mia Muhmin Khan, prächtiger zu gestalten als in den Zeiten stalinistischer Verwahrlosung. Arbeiterkolonnen sind dabei, die brüchigen Ziegelmauern neu zu fügen und die zerbröckelnden Kacheln zu ersetzen. Das schiefe Minarett, das bislang von einer verbeulten Blechhaube gekrönt war, wird hoffentlich völlig neu erstehen. Mein Ziel ist das hohe orientalische Portal, das vom Gebetshaus durch die Chaussee Zarqaynar Kuchasi getrennt ist. Dahinter befindet sich der Gebäudekomplex des Muftiats Usbekistans, Khazret Imam genannt, der selbst zu Zeiten der Sowjetmacht eine kleine Koranschule beherbergte. Der Innenhof mit den Rosenbeeten ist mir wohlvertraut.

Hier ist nichts verändert worden seit jenem grauen Wintertag 1958, als mich ein Mullah mit weißem Turban, graumeliertem Bart und listigem Mongolenblick empfangen und sich als Stellvertreter des Mufti, als »Naib«, vorgestellt hatte. »Sie kommen gerade rechtzeitig zum Mittagsgebet«, hatte er gesagt, und schon erscholl von der Höhe der Jami der schleppende Ruf des Muezzin. Es haben sich nur ein paar Dutzend überwiegend alter, verhutzelter Männer zum »salat-el-dhuhr« versammelt. Zur Freitagspredigt, so wurde mir versichert, fülle sich das Gebetshaus mit dreitausend Gläubigen aller Altersklassen.

Ich will nicht im einzelnen meine Begegnung mit dem damaligen Mufti für Sowjetisch-Zentralasien, Ziauddin Babakhanow, schildern, die 1958 zwiespältige Gefühle bei mir geweckt hatte. Babakhanow leitete zu jener Zeit die Geistliche Direktion für ganz Zentralasien, war also zuständig für die fünfzehn Millionen Muslime, die sich in Usbekistan, Kasachstan, Kirgistan, Turkmenistan und Tadschikistan zum sunnitischen Glaubenszweig bekannten. Am Rande sei vermerkt, daß sich die muslimische Bevölkerung dieser weitgestreckten Region inzwischen vervierfacht hat. Babakhanow war ohne Zweifel ein willfähriges Instrument der sowjetischen Kultusbehörden und wurde trotz einer neu entfachten Gottlosen-Kampagne unter Nikita Chruschtschow als Alibifigur für angebliche religiöse Toleranz vorgeführt. Seine primäre Aufgabe bestand darin, die Überreste koranischer Gläubigkeit zu kontrollieren und zu kanalisieren.

Mit Babakhanow hatten die Islam-Experten des KGB offenbar eine gute Wahl getroffen. Der Mann entstammte einer alten, angesehenen Sippe von Hodschas und Imamen. Er beeindruckte durch sein Selbstbewußtsein, seinen mächtigen Wuchs und die farbenprächtige Seidentracht, in die er sich nach usbekischer Sitte hüllte. Beim Gastmahl kam mein russischer Betreuer Pawlow, ein überaus sympathischer Sicherheitsagent, der auch als Sportlehrer tätig war und vorzüglich Französisch sprach, aus dem Staunen nicht heraus. Für ihn war dieses letzte islamische Bollwerk an der Khazret Imam und der Mia-Muhmin-Khan-Moschee eine unerwartete Entdeckung. Plötzlich befanden wir uns in einer fremden Welt, waren von bärtigen Turbanträgern umgeben, die sich fließend in der Sprache des Korans ausdrückten und über eine beachtliche theologische Bildung verfügten. Mein Diplom in Hocharabisch lag damals nur einige Monate zurück. Meine Sprachkenntnis war noch frisch, so daß ich mich – unverständlich für die wachsamen Ohren Pawlows – ungehemmt informieren konnte.

Große Enthüllungen wurden mir nicht zuteil. Ähnlich wie die Russisch-Orthodoxe Kirche und ihr Patriarchat wurde die Geistliche Direktion in Taschkent als Instrument der Weltrevolution mißbraucht und vor allem zum Kampf der Länder der Dritten Welt gegen den westlichen Imperialismus eingesetzt. Immerhin ist es dem Kreml jahrzehntelang gelungen, diesen »Islam des Schweigens«, der sich von den Tataren der Wolga bis zu den Aserbaidschanern des Kaukasus, von den Hirten Kasachstans bis zu den versprengten Ismailiten des Hochlandes von Pamir erstreckte, von all jenen national und religiös motivierten Befreiungsbewegungen zu isolieren, die sich in anderen Teilen des Dar-ul-Islam gegen die bestehende koloniale Unterdrückung gewaltsam auflehnten.

Mir blieb ein anderes Erlebnis aus dem Dezember 1958 in Erinnerung. Bei der Besichtigung des Muftiats hatte der Naib eine Doppeltür geöffnet, und plötzlich erblickte ich eine Gemeinschaft bärtiger junger Männer mit weißen Turbanen. Als einer der ersten Ausländer hatte ich Zutritt zum Unterricht einer Madrassa in der Sowjetunion. Der Raum diente auch als Versammlungslokal für die islamische Kultverwaltung und wurde von einer plüschdrapierten roten Tribüne beherrscht. Darunter, an einem langen grünbespannten Tisch, saßen die Koranschüler, die künftigen Ulama, die das feierliche lange Obergewand trugen. Die meisten mochten zwischen 25 und 35 Jahre alt sein. Sie stammten aus sämtlichen Republiken Zentralasiens. Die Gesichter waren ernst, oft asketisch.

»Sie studieren zu dieser Stunde den Hadith, die Überlieferung aus dem Leben des Propheten«, erklärte der Naib-el-Mufti, der die Ausbildung leitete. »Alle Fächer der koranischen Schulung, arabische Grammatik, muselmanische Rechtsprechung, ›Tadschwid‹, das fehlerfreie und rhythmische Psalmodieren, aber auch persische Sprachlehre stehen auf dem Programm.« In dem aufgeschlagenen Überlieferungsbuch lasen die »Tullab« jene hochbedeutende Begegnung nach, von der der fromme Muslim berichtet. Sie erfuhren von dem geheimnisvollen Besucher in strahlend weißer Kleidung, der den Propheten nach den »Fünf Säulen des Islam« befragte. Als die »Ansar« sich nach dem Fortgang des Weißgekleideten wunderten, daß der von Allah gesandte Prophet einem Unbekannten Rede und Antwort stand, sagte Mohammed: »Kein anderer war dieser Besucher als Dschibril, als der Erzengel Gabriel.« Aus dem Lichtschacht der Kuppel fiel ein schräger Sonnenstrahl auf die geneigten Turbane. Vom Komsomolzen-Platz tönte der Lärm der Lautsprecher mit sozialistischen Parolen und Marschmusik. Aber hier, in die gekräuselte Schrift der Offenbarung versenkt, meditierten die Koranschüler über die Begegnung Mohammeds mit dem Engel.

Auch Pawlow wirkte verstört. »Da lebe ich jahrelang in Taschkent und wußte gar nicht, was in der Usbeken-Stadt vor sich geht«, sagte er. Aber an eine Zukunft, an eine Wiederbelebung des Islam in Zentralasien wollte er nicht glauben. Er war überzeugter Kommunist. »Sie haben doch den Dichter Niazi gelesen«, fügte er etwas irritiert hinzu und blätterte in dem kleinen Versband, den ich am Vortag erstanden hatte. »Tod wünsch ich dem Mullah, dem Bey, dem Imam und ihren vergifteten Zungen. Tod allen, die den Turban tragen. Der Tag unseres Aufbruchs ist da ...« Ich dämpfte seine Begeisterung. »Sie wissen, wie Ihr Poet Hamza Hakim Zadeh Niazi geendet ist«, wandte ich ein. Er war am 29. März 1929 von islamischen Rächern ermordet worden. Ich blätterte meinerseits in der kleinen Anthologie und fand den Spruch des ehrwürdigen Barden Alischer Nowai, den die Sowjets als Ahnen der modernen Literatur Usbekistans annektiert hatten. »Puste so stark du kannst«, hatte Nowai vor fünfhundert Jahren geschrieben. »Können Kinder das Licht der Sterne ausblasen?«

Zwei Tage zuvor hatte mich der Dolmetscher zum Besuch eines offiziellen Partei-Museums aufgefordert, wo die Greueltaten früher muslimischer Widerstandskämpfer anhand von vergilbten Fotografien dargestellt wurden. »Basmatschi« war das offizielle Schimpfwort für diese Kämpfer des Heiligen Krieges. Basmatschi hieß übersetzt soviel wie Banditen und Wegelagerer. Ähnlich haben die Franzosen in Algerien die Partisanen der »Nationalen Befreiungsfront« als Fellaghas diffamiert. Die zentralasiastischen Mudschahidin hatten gegen die Übermacht der Rotarmisten und Tschekisten bis in die frühen dreißiger Jahre einen Verzweiflungskampf geführt. Am Ende wurden sie durch die russische Übermacht erdrückt.

Die Bilder im Museum zeigten ermordete Kollaborateure des Sowjetsystems – usbekische Parteifunktionäre, emanzipierte, entschleierte Frauen, anpassungsfreudige Studenten russischer Institute, die die Basmatschi wie Hammel abgeschlachtet hatten. Ob ihre Legende nicht doch im Volk weiterlebte? »Laßt Feuer die betenden Banden der Basmatschi vernichten«, hatte der bereits erwähnte Dichter Niazi gewettert, der sich rückhaltlos in den Dienst der sowjetischen Überfremdung gestellt hatte. »Wie sollten wir die Sturmtage vergessen, da glückliche Freiheit uns geschenkt. Kein anderer als unsere redlichen Sowjetfreunde konnten uns zu solchen Zielen führen. Wach auf, geliebtes Usbekistan!«

Der »rasende Reporter« Egon Erwin Kisch, nach dem heute noch einer der angesehensten deutschen Journalistenpreise benannt ist, hatte im Jahr 1932, voll Begeisterung über die erstarkende Sowjetmacht, die Kapitulation des letzten islamischen Widerstandsführers Ibrahim Beg berichtet und die Aufstellung bewaffneter asiatischer Milizionäre, der sogenannten »Roten Stöcke«, anerkennend erwähnt. Hätten die Gefährten Ibrahim Begs fünfzig Jahre später im Grenzgebiet Afghanistans gegen die sowjetische Invasionsarmee gekämpft, würde man sie im Orient als Mudschahidin, im Westen als Freiheitskämpfer gerühmt haben. Heute werden ähnliche »Gotteskrieger«, die sich in Usbekistan unter Führung Juma Namanganis der Diktatur Islam Karimows und dem zunehmenden amerikanischen Einfluß entgegenstemmen, in die weltweite Gespensterarmee heimtückischer »Terroristen« eingereiht.

An meine früheste Erkundungsreise in Zentralasien denke ich mit heimlicher Genugtuung zurück. Wenige Monate zuvor hatte ich die Kriegssituation in Algerien, die durch die Machtergreifung de Gaulles eine schicksalhafte Wende erfahren hatte, im Aurès-Gebirge und in der Kabylei intensiv beobachtet. Mich beschäftigte die zu jener Zeit absurd klingende Überlegung, ob nicht auch das sowjetische Imperium in Zentralasien eines Tages zwangsläufig einem vergleichbaren Zersetzungsprozeß ausgesetzt sein könnte wie zur damaligen Stunde die französische Militärpräsenz in Nordafrika. Beim deutschen Botschafter Kroll, der als Kenner der Sowjetunion und wohlgelittener Gesprächspartner Nikita Chruschtschows über hohes Ansehen verfügte, war ich im pistaziengrünen Moskauer Botschaftsgebäude an der Grusinskaja mit solchen Spekulationen auf lebhaften Widerspruch gestoßen. Das Nationalgefühl der Usbeken sei vom kommunistischen Internationalismus auf eine bescheidene folkloristische Rolle reduziert worden, und was den Islam betreffe, so sei er endgültig gestorben in diesem Vaterland der Gottlosen. Kroll stand mit seiner Überzeugung nicht allein. Noch 1980 – ich produzierte für das ZDF eine Dokumentation unter dem Titel »Zwischen Marx und Mohammed« – begegneten mir die in Moskau akkreditierten Kollegen mit schmunzelnder Skepsis. »Du hast zu viel Bennigsen gelesen«, hieß es da. Gemeint war der schwedische Islamologe, der in akribischer Unermüdlichkeit den Überbleibseln koranischer Frömmigkeit in Zentralasien nachgegangen war.

*

Während meines zweiten Aufenthalts in Taschkent, im Sommer 1980, habe ich gar nicht erst versucht, meine Kontakte von 1958 wiederaufzunehmen. Dieses Mal wurde ich weder zum Pilaw in die Geistliche Direktion eingeladen, noch standen mir die Türen zum Hadith-Unterricht der Madrassa Mia Muhmin Khan offen. Die Rote Armee war ein halbes Jahr zuvor in Afghanistan eingefallen. Ziauddin Babakhanow, vom Schlaganfall halb gelähmt und von mancherlei Gebrechen heimgesucht, schreckte nicht davor zurück, die rebellischen »Banditen« des Hindukusch, die neuen Basmatschi, als Feinde des Völkerfriedens, ja als schlechte Muslime anzuprangern. An jenem Abend sammelten sich im Intourist-Hotel »Usbekistan« die aus Afghanistan herangekarrten Kollaborateure Moskaus – bestechliche Stammesführer und Mullahs. Sie wurden von muskulösen Schlägergestalten der kommunistischen Khalq-Partei bewacht und saßen wie traurige Geier im Restaurant dieser für sie luxuriösen Absteige. Während der Mahlzeit füllten sie ihre weiten Manteltaschen mit Fleisch und Brot.

So unauffällig wie möglich habe ich mich an einem erdrückend heißen Freitag unter die Gläubigen gemischt, wurde offenbar für einen ausländischen, möglicherweise türkischen Glaubensbruder gehalten und von zwei bärtigen Hünen in eine Reihe der Betenden verwiesen. Drei Stunden habe ich es mit schmerzenden Gliedern in gekauerter Stellung in der Masse ausgehalten, die den riesigen Vorraum der Moschee in exakter Ausrichtung füllte. Es war eine eindrucksvolle Kundgebung, eine Demonstration kollektiven Trotzes, denn im Gegensatz zu 1958 waren jetzt die Jugendlichen und die Männer im besten Alter zahlreicher als die Greise. Mochte die Khutba sich behutsam jeder polemischen Anspielung enthalten und der sieche Babakhanow wachsam neben dem Prediger verharren, an jenem Tag habe ich physisch gespürt, daß es um die Sache Allahs und des Propheten wieder besser bestellt war in Usbekistan, daß »Gott auf seiten der Standhaften, der Geduldigen, der Ausdauernden steht«, wie der Koran verkündet. In jenen Tagen waren die Russen noch vom Erfolg ihres afghanischen Durchbruchs in Richtung Belutschistan und Indischer Ozean überzeugt, und mit dieser Meinung standen sie nicht allein.

*

Am 13. September 1991 – es war mein dritter Pilgergang zur »Geistlichen Direktion Zentralasiens« – war es dann so weit. Zwei Jahre zuvor hatte sich die Sowjetarmee unter dem Druck der Mudschahidin aus Afghanistan zurückziehen müssen. Das ganze imperiale Gebäude Moskaus kam ins Wanken. Noch ehe die große Unabhängigkeitswelle anbrach, hatte kein Geringerer als Michail Gorbatschow 1986 die usbekische Hauptstadt aufgesucht, um vor den dortigen Parteihierarchen eine Brandrede gegen den Islam und das Vordringen des Fundamentalismus zu halten. Zu Beginn des Jahres 1989 gingen die Gläubigen jedoch auf die Straße, forderten vor der Moschee Khazret Imam in Sprechchören den Rücktritt des Kommunistenfreundes Schamsuddin Babakhanow, eines Sohnes meines früheren Gastgebers Ziauddin Babakhanow, und erzwangen die Berufung eines neuen Mufti. Die religiösen Zwistigkeiten waren damit nicht beendet. Der Nachfolger, Mohammad Sadiq Mamajussupow, war heftig umstritten. Angeblich hatte er hunderttausend Koranexemplare, die aus Saudi-Arabien kostenlos zur Erbauung der Gläubigen nach Usbekistan geliefert worden waren, in den Handel gebracht und sich an diesen Geschäften bereichert. Vorübergehend wurde der Mufti abgesetzt, doch dann mischte sich Islam Karimow, damals noch Erster Sekretär der Kommunistischen Partei, persönlich ein und erzwang seine Rehabilitierung.

An jenem Freitag herrschte eine gespannte Stimmung rund um die Moschee Khazret Imam. Es bedurfte langwieriger Verhandlungen mit dem örtlichen Imam, einem kämpferisch wirkenden Eiferer, bis wir für unser Fernsehteam eine Drehgenehmigung erwirkten. Nach einem einleitenden Koranspruch, den er auf arabisch vortrug, teilte der Khatib der andächtigen Gemeinde mit, daß ein Teil der usbekischen Geistlichkeit sich von der derzeitigen Direktion des Muftiats losgelöst und nunmehr in religiösen Dingen ihre Autonomie zurückgewonnen habe. Offenbar hatten die Sicherheitsbehörden Karimows mit tätlichen Unruhen gerechnet. Das Milizaufgebot vor dem Gebetshaus war beachtlich. Der Kulturkampf war eingeleitet.

In Taschkent geschahen seltsame Dinge. Da hatte sich unmittelbar neben der »Geistlichen Direktion« des regimetreuen Mufti eine weibliche Koranschule eingerichtet. Am Vormittag beobachteten wir dort weißverhüllte Frauen und Mädchen, die die arabische Sakralsprache studierten und sich mit den Suren der Offenbarung vertraut machten. Aus den jungen Gesichtern, die der strenge »Hidschab« freigab, sprach keine schamhafte Schüchternheit, sondern viel Selbstsicherheit und der Stolz, als erste unter so vielen Abseitsstehenden den Weg der religiösen Rechtschaffenheit zu beschreiten.

Es wäre dennoch eine groteske Übertreibung gewesen, die Riesenmetropole Taschkent in der Stunde der usbekischen Unabhängigkeit als Hochburg islamischer Wiedergeburt darzustellen. Dafür war die Stadt viel zu kosmopolitisch, zu lebendig und genußfreudig. Dafür hatte sich auch die weibliche Bevölkerung in siebzig Jahren kommunistischer Erziehung, die durchaus positive Aspekte aufwies, zu stark emanzipiert. Seit die Rotarmisten des General Frunse die abscheulichen Roßhaar-Umhänge, die »Parandschah«, zu Haufen türmten und verbrannten, legten in Taschkent viele junge Frauen eine resolute, säkular gefärbte Energie und Tüchtigkeit an den Tag, die den meisten usbekischen Männern abging.

Rund um den Zentralpark tummelten sich – die Ungewißheiten des Übergangs nutzend – Schwarzhändler, Drogendealer, Zuhälter und andere zwielichtige Elemente. Die Baumwoll-Mafia – von der Regierungsspitze bis in die unterste Kolchose durchorganisiert und in jeder Form der Veruntreuung geübt – schien sich nach dem Erlöschen des Kommunismus zum Machtfaktor ersten

Ranges zu entwickeln. Staatschef Karimow sah sich an mehreren Fronten bedroht.

*

Wieder sind fünf Jahre vergangen. Im März 1995 heißt der Mufti von Usbekistan – die Zuständigkeit für die übrigen GUS-Staaten Zentralasiens ist ihm inzwischen entzogen worden – Muchtanow Hadsch Abdullah. Islam Karimow war es unterdessen gelungen, seine Widersacher, seien sie nun gewalttätige Mafiosi oder islamistische Eiferer, in ihre Schranken zu verweisen. Der zur Anpassung neigende Hadsch Abdullah ging ihm dabei wohl zur Hand. Die Trennung von Staat und Religion stieß bei ihm auf keinerlei Widerspruch. Hingegen war der Mufti voll des Lobes für seinen Vorgänger, den listigen Mufti Ziauddin Babakhanow. »Er hat sich große Verdienste um das Überleben des Islam erworben, und das in schwierigster Zeit«, beteuerte er. »Verhaftungen, Deportationen nach Sibirien, ja Hinrichtungen standen damals auf der Tagesordnung für die Diener Allahs.« Wenn das religiöse Erwachen so schnell nach dem Zusammenbruch der Sowjetmacht habe einsetzen können, so sei das zu einem guten Teil der Begabung Babakhanows für den Kompromiß, der klugen Einschätzung seiner extrem begrenzten Möglichkeiten zu verdanken.

Abdullah verwies auf die entscheidende Rolle, die die islamischen Bruderschaften, die Tariqat, die Derwisch-Orden oder Sufi-Gemeinden – wie immer man sie nennen will – gerade in den ländlichen Gebieten gespielt hätten. Insbesondere die Gemeinschaft der Naqschbandiya habe die Kolchosen- und Sowchosen-Strukturen unterwandert. Deren einfältige, aber gottgefällige Inbrunst habe allen Propagandaparolen der marxistischen Agitatoren getrotzt. Unter der kommunistischen Knute war offenbar das Clan- und Sippenwesen unterschwellig die weiterhin bestimmende Gesellschaftsform geblieben. Die familiäre, teils tribale Abschirmung, die nach außen bei der Knabenbeschneidung, bei der Eheschließung, beim Begräbnis in Erscheinung trat, hatte wie ein schützender Mantel die nationale, das heißt die religiöse Eigenart der Usbeken vor der radikalen Selbstentfremdung bewahrt. Selbst der damalige Parteisekretär Raschidow, der von den Russen wegen seiner Unterschlagungen gigantischen Ausmaßes am Ende umgebracht wurde, habe sich als wirksamer Protektor dieser bodenständigen Eigenart bewährt.

Das Thema der Tariqat ließ mich aufhorchen. Den sowjetischen Kultusbehörden waren diese Orden, die sich ihrer Autorität und Kontrolle entzogen, zutiefst suspekt. Bei den Naqschbandi zumal, so hieß es, handele es sich um obskurantistische Formen des Aberglaubens, die nicht frei von Überresten des Schamanismus seien. Seit Usbekistan unabhängig wurde, hatten sich die Gewichte offenbar verlagert. Mufti Hadsch Abdullah äußerte sich so positiv über die frommen Ikhwan oder Muriden, daß mir der Verdacht kam, er sei selber einer von ihnen. Vor allem der Gründer der größten Tariqa, Baha-ud-Din Naqschband, der im 14. Jahrhundert in der heute usbekischen Stadt Buchara seine Jünger um sich versammelt hatte – das Wort Naqschband soll mit »Goldschmied der Seelen« zu übersetzen sein –, hatte es dem Mufti angetan. Von diesem Mystiker und Sufi stammen die Worte: »Dein Herz soll Gott gewidmet sein, aber die Hände und Arme sollen dem Fortschritt des Volkes dienen.« Das klang in der Tat sehr modern und ließ sich in das Gesamtkonzept des ersten Präsidenten der Republik Usbekistan trefflich einordnen. Ich erwähnte, daß die Gefolgsleute der Naqschbandiya in der heutigen Türkei wieder starken Zulauf fänden, nachdem Atatürk vergeblich versucht hatte, sie auszuschalten. Sogar der verstorbene Staatspräsident Turgut Özal, so hatte ich in Ankara erfahren, gehörte dieser Bruderschaft an.

Meine Erinnerung schweifte zurück zu jenem glühendheißen Augusttag 1991, als wir die Heiligtümer rund um die legendäre Stadt Buchara gefilmt hatten. Nur wenige Kilometer von diesem historischen Zentrum islamischer Wissenschaft entfernt war ich zum mächtigen steinernen Sarkophag des »Goldschmieds der Seelen« gepilgert, der in Wirklichkeit Mohammed Ibn Dschallaluddin geheißen hatte. Mehrere hundert Gläubige hatten sich zur Verehrung ihres Heiligen eingefunden. Es war eine durchweg ländliche und bescheidene Gefolgschaft. Die Männer trugen den buntgestreiften usbekischen Tschapan und die Tupeteika. Die Schleier der Frauen waren mit Blumenstickereien verziert. Die Muriden bewegten sich rund um den Sarg, küßten den Stein und murmelten Segenssprüche. Eine Runde hatte sich zum »Dhikr«, zur pausenlosen Anrufung Gottes und zur Beteuerung der Einzigkeit Allahs, gruppiert. Die Freitagszeremonie an der Ruhestätte des heiligen Gründers zeichnete sich durch kuriose Abweichungen vom strengen koranischen Kultritus aus. Die Familien versammelten sich bunt gemischt nach Absolvierung ihrer religiösen Pflichten zum fröhlichen Festschmaus auf dem flachen Tschepoj, der geflochtenen Lagerstätte, die in ganz Zentralasien heimisch ist. Noch seltsamer ging es bei einem uralten, vom Blitz gefällten Baum zu, dem wundersame Heilungskräfte zugeschrieben wurden. Alle Rückenleiden, auch rheumatische Schmerzen, wurden hier angeblich behoben, und so beobachteten wir Männlein wie Weiblein, die ihre Körper an der Borke rieben.

Hadsch Abdullah war von der überragenden Figur Ismail el-Bukhari weniger begeistert, obwohl dieser ferne Sohn Usbekistans bis auf den heutigen Tag als der wohl bedeutendste islamische Wissenschaftler gerühmt wird. Bukhari hat im 9. Jahrhundert die Überlieferung aus dem Leben des Propheten, den Hadith, gesammelt, geordnet und auf Echtheit geprüft, und er gilt deshalb zwischen Marokko und Indonesien als unangefochtene theologische Autorität. Die strenge Gelehrsamkeit dieses unermüdlichen Forschers und Sammlers hatte die Seele der einfachen Leute weniger berührt und verzaubert als die schwärmende Mystik Naqschbands. Vielleicht lag das auch daran, daß Bukhari dem in seiner Epoche vorherrschenden persischen Kulturkreis angehörte. Ismail el-Bukhari, so räumte der Mufti ein, sei ein leuchtendes Symbol. Er habe vor aller Welt deutlich gemacht, daß Zentralasien, weit mehr als die Länder Arabiens, ein Born höchsten geistlichen Wissens gewesen sei. »Die Araber machen doch nur zehn Prozent unter den Muslimen aus, und schon im Koran steht geschrieben: »Ich habe Dich als Propheten geschickt, nicht für die Araber allein, sondern für alle Völker.« Er knüpfte noch ein anderes Zitat an: »Sobald Du geboren bist, beginne mit dem Studium der heiligen Quellen; bist Du Student, dann suche die Wissenschaft bis hin nach China!«

Hadsch Abdullah hielt nicht viel von den anmaßenden Besserwissern und Fanatikern aus Saudi-Arabien, den Wahhabiten, wie man damals schon sagte, die in ihrer extrem rigorosen Schriftauslegung drauf und dran waren, die Gemeinschaft der Gläubigen zu spalten und Unfrieden zu stiften. Als ob er die verhängnisvolle Rolle Osama Bin Ladens und der »grünen Legion« El Qaida im benachbarten Afghanistan vorausgesehen hätte. Im Fergana-Tal waren ja ähnliche Kräfte bereits aktiv geworden und hatten in dem legendären Mudschahid Namangani ihr Vorbild gefunden. Die jungen »fundamentalistischen« Eiferer rekrutierten sich weniger unter den unwissenden Bauernmassen als bei der akademischen Elite, vorzugsweise bei Absolventen der technischen Fakultäten, und verdeutlichten somit ein gesamtislamisches Phänomen.

Plötzlich fiel mir die Landkarte auf, die hinter dem Schreibtisch des Muftis die halbe Wand bedeckte. Sie stellte die islamische Welt dar. Die Verbreitung der koranischen Botschaft war in äußerst extensiver Weise veranschaulicht. Zu meiner Verwunderung waren nicht nur die Länder, in denen es eine nennenswerte mohammedanische Minderheit gab, kurzerhand dem Dar-ul-Islam zugeschlagen. Auch die sogenannten »Missionsländer« wurden aufgeführt und durch grüne Schraffierungen kenntlich gemacht. Zu diesen Territorien hoffnungsvoller künftiger Bekehrung zum Koran zählten unter anderem Deutschland, Frankreich und – die USA.

*

Wieder werde ich einem anderen Mufti in Taschkent vorgestellt. Im Juni 2002 steht ganz Zentralasien noch unter dem Schock der amerikanischen Afghanistan-Offensive. Die expansionistische Landkarte ist hinter dem Schreibtisch Abdulraschid Bachromonows, des neuen islamischen Würdenträgers, verschwunden. Hingegen nimmt das Porträt Präsident Karimows zwischen diversen Koransprüchen einen Ehrenplatz ein. Vom Kamerateam habe ich erfahren, daß das Grab des Mystikers Naqschband bei Buchara zu einem prächtigen Kultgebäude ausgebaut wurde. Der eigentliche Charme des Ortes, der Hauch naturverbundener Ursprünglichkeit, ist seitdem abhanden gekommen. Das Regime von Usbekistan versucht offenbar, die historischen Interpreten der koranischen Offenbarung für seine Zwecke einzuspannen, ihr Potential politisierender Frömmigkeit zu verharmlosen oder zu integrieren.

Das Gespräch mit dem Mufti dauert nicht lange. Seine Ergebenheit gegenüber dem Staatschef grenzt an Unterwürfigkeit. Aber damit steht er ja nicht allein unter so vielen »Shuyukh-ul-Din« und »Ulama« der gesamten Umma, die ihren jeweiligen Herrschern und Despoten nach dem Munde reden. An Abdulraschid Bachromonow gemessen, diesem kleinen, schüchternen Mann mit dem weißen Turban, hätte sogar der vom KGB patronierte Babakhanow eine stattliche Figur abgegeben. Beinahe fühle ich mich zurückversetzt in jenen Winter 1958, als der Islam Zentralasiens von den gottlosen Natschalniks aus Moskau gedemütigt und mißbraucht wurde.

## Schädelpyramiden als Säulen der Macht

*Taschkent, im Juni 2002*

Es ist Freitag, also ein normaler Arbeitstag in Taschkent. An der Kukeldasch-Moschee, wo ebenfalls eine gründliche Renovierung im Gange ist, sammeln sich die Gläubigen. Mir fällt die Zahl der jungen Männer auf, die sich bis weit auf den Vorhof zum Gebet versammeln. Vorsichtshalber tragen sie keinen Bart, das Erkennungszeichen der Fundamentalisten. Allmählich stellt sich bei mir angesichts der Undurchdringlichkeit der religiösen Kräfte- und Spannungsverhältnisse ein gewisser Überdruß ein.

Die Hitze läßt am späten Nachmittag ein wenig nach, und nach einem Spaziergang über den »Broadway« finde ich mich vor dem Reiterstandbild Tamerlans wieder. Unter der leuchtendblauen Kuppel des Museums, das dem Nationalhelden Usbekistans gewidmet ist, sind die Darstellungen des mittelalterlichen Kriegsherrn und des heutigen Despoten Karimow in brüderlicher Folge vereint. Die Rockmusik des »Broadway« klingt nur gedämpft bis zur Parkbank, auf der ich mich zu entspannen suche. An solcher Stelle geziemt sich historische Nachdenklichkeit.

Mit der Person Tamerlans, Sohn eines relativ unbedeutenden Tschagataiden-Häuptlings, habe ich mich eingehend befaßt, obwohl die Historiker und Orientalisten sich nur widerstrebend dieses türkisch-mongolischen Emporkömmlings angenommen haben. Seine Einwirkung auf die Geschichte der gesamten islamischen Welt wird sträflich unterschätzt. Zwischen 1370 und 1405 hat dieser an Beinen und Armen behinderte Mann eine unvorstellbare Serie von Feldzügen bestanden. Seine siegreichen Kriegerhorden haben im immensen Raum zwischen Indus und der Ägäis, zwischen Sinai und der Großen Mauer Chinas wie die Reiter der Apokalypse gewütet. Der Amir-el-Kabir, wie er sich nennen ließ, war noch zutiefst von den schamanistischen Bräuchen der Steppe durchdrungen; und dennoch betrachtete er sich als frommer, eifriger Muslim. Seine Raubzüge rechtfertigte er mit dem Aufruf zum Heiligen Krieg. Das größte Paradoxon erblicken die Historiker in der Tatsache, daß dieser Eroberer, der sich der universalen Ausbreitung des Islam durch Feuer und Schwert verschrieben hatte, mit der systematischen Vernichtung aller muselmanischen Machtstrukturen, die sich ihm in den Weg stellten, einen dauerhaften Niedergang des koranischen Kulturbereiches bewirkte. Nur einmal, ganz am Ende, ist Tamerlan gegen Nichtmuslime zu Felde gezogen, nämlich als er die Unterwerfung Chinas plante. Inmitten der Vorbereitungen zu dieser letzten Expedition ist er gestorben. Seine Nachfahren, die Timuriden, waren der Erhaltung des gewaltigen Imperiums nicht gewachsen, aber sein Enkel Babur, der im heutigen Usbekistan des Präsidenten Karimow hohe Ehren genießt und nach dem eine breite Allee in Taschkent benannt ist, eroberte Indien und gründete jene strahlende Mogul-Dynastie, die erst durch die britische Kolonisation abgelöst wurde.

Als letzter Nomadenfürst hatte Timur Lenk mit seiner rasenden Kavallerie und seinen agilen Pfeilschützen über alle Widersacher mühelos triumphiert. Nach seinem Tod schlug die Stunde einer epochalen strategischen Wende. Mit der Erfindung der Artillerie – Bombarden, Feuerschlangen, Kanonen – war zumindest Europa gefeit gegen jene unheimlichen Überfälle aus den Tiefen der asiatischen Steppe, in denen die entsetzte Christenheit eine teuflische Kraftentfaltung, ein von oben verfügtes Strafgericht zu erkennen glaubte. So ist der Hunnenkönig Attila als »Geißel Gottes« in die Überlieferung eingegangen, und die Mongolen des

Dschingis Khan, die »Tartaren«, verdienten sich ihren Namen, so wird überliefert, weil sie ja nur aus der Hölle, »ex tartaro«, hervorgegangen sein konnten.

Den Lauf der Geschichte hat Tamerlan in einem höchst negativen Sinn beeinflußt. Seltsamerweise haben die Russen diesem Wüterich am meisten zu verdanken. Wer weiß denn schon von dem Krieg der Giganten, den Timur, der Herrscher von Samarkand, und ein anderer Mongolenfürst, Tochtamysch, Groß-Khan der Goldenen Horde, sich über zwanzig Jahre geliefert haben? In der ersten Hälfte des 13. Jahrhunderts – Kiew ging 1240 in Flammen auf – war ganz Rußland von den Mongolen Dschingis Khans und dessen Enkel Batu erobert worden. Dieses Tatarenjoch, das sich tief in das Unterbewußtsein der Ostslawen eingegraben, ihre Erinnerung geradezu traumatisiert hat, dauerte mehr als zwei Jahrhunderte.

Das Khanat der Goldenen Horde hatte in Saraij an der unteren Wolga unweit des späteren Stalingrad seine ständige Residenz und seinen militärischen Schwerpunkt etabliert. Die russischen Fürsten – an ihrer Spitze der Nationalheld und Nationalheilige Alexander Newski, der die Ritter des Deutschen Ordens auf dem zugefrorenen Peipus-See vernichtend geschlagen hatte – unterwarfen sich zähneknirschend den asiatischen Herrschern und zahlten pünktlich ihre hohen Tribute. Mit dem Übertritt des Groß-Khans Berke zum Islam gewannen die Einfälle der Tataren, wie man sie nunmehr zu nennen pflegte, eine religiöse Dimension. Die nomadischen Raubzüge, die permanente Demütigung der russisch-orthodoxen Fürstentümer gerieten mehr und mehr in den Schatten einer schicksalhaften Auseinandersetzung zwischen Halbmond und Kreuz. Erst der Moskauer Großfürst Dmitri Donskoi konnte dem muselmanisch-mongolischen Emir Mamaj am oberen Don eine schwere Niederlage zufügen. Doch schon der Nachfolger Mamajs, Groß-Khan Tochtamysch, in dessen Heeren allenfalls noch sechstausend reine Mongolen, hingegen eine Vielzahl türkischer Stämme dienten, stellte die tatarische Vorherrschaft wieder voll her. Er brannte Moskau nieder und erzwang vom russischen Vasallen Dmitri die Zahlung vermehrter Tribute.

Ausgerechnet ein asiatischer und muslimischer Feldherr, nämlich der große Emir Tamerlan, hat entscheidend – weit mehr als die latente Aufsässigkeit der unterworfenen slawischen Christenheit – zum Verlust des Machtmonopols beigetragen, das die Goldene Horde bis zur Schwelle Mitteleuropas ausübte. Dieses lockere Imperium löste sich nach seiner Zerschlagung durch Timur Lenk in diverse, sich befehdende Khanate auf. Der Weg war nunmehr frei für eine slawisch-orthodoxe Wiedergeburt, die 1552 in der Eroberung der Tatarenfestung Kazan an der mittleren Wolga durch Iwan den Schrecklichen gipfelte. Am Rande sei vermerkt, daß dieser frühe russische Zar, der sich in Moskau als Imperator des »Dritten Roms« feiern ließ, den besiegten tatarischen Adel, so er sich zum Christentum bekehren ließ, in seine gefürchtete Leibgarde und Terrorgruppe, die »Opritschnina«, integrierte und daß seitdem ein Großteil der russischen Aristokratie – berühmte Heerführer und Künstler – dieser Verschmelzung Europas mit Asien entstammt. Der tragische Zar Boris Godunow, der sich als willfähriger Gefolgsmann Iwans des Schrecklichen bewährt hatte, war reiner Tatare. Die Mutter Peters des Großen, eine Naryschkina, führte ebenfalls ihren Stammbaum auf ein Mongolengeschlecht der Goldenen Horde zurück. Das Wort des Rußlandreisenden Marquis de Custine: »Grattez le Russe et vous trouvez le Tartare – Kratzt den Russen an, und Ihr findet den Tataren« – ist durchaus keine bösartige Witzelei eines durch die Zustände des Zarenreiches angewiderten Franzosen.

Zurück zu Tamerlan und zu seiner endlosen Folge von Feldzügen gegen Tochtamysch, den letzten bedeutenden Groß-Khan der Goldenen Horde. Zu welchen Leistungen dieser Mongolenfürst fähig war, der sich im Gegensatz zum lahmen Timur in direkter Erbfolge von Dschingis Khan ableitete, läßt sich daran ermessen, daß er bei einer seiner frühen Kampagnen gegen den Emir von Samarkand die Strecke von 1700 Kilometern bei klirrendem Winterfrost in nur vierzehn Tagen bewältigte. Eine gespenstische Verfolgungshatz – vor allem zwischen 1391 und 1395 – hat sich zwischen den beiden Todfeinden abgespielt. Ihre Reiterhorden galoppierten vom sibirischen Tobolsk bis zum ukrainischen Kiew, vom Terek nördlich des Kaukasus bis zum Syr Daria im heutigen Usbekistan. Am Ende behielt Tamerlan die Oberhand, und der geschlagene Tochtamysch suchte Zuflucht beim litauischen Großfürsten.

Der Amir-el-Kabir hatte – ohne es im geringsten zu ahnen – den Weg freigekämpft für die Auferstehung des Heiligen Rußland. Von nun an würde von Moskau aus auf den Trümmern der Goldenen Horde die slawische Expansion in Richtung Osten gehen, die Wolga und den Ural überwinden, sich ganz Sibirien im Kosaken-Handstreich unterwerfen und das Kreuz der Heiligen Orthodoxie bis in die zentralasiatischen Emirate von Khiva, Buchara und Kokand tragen. Über dem Grab Tamerlans wehte schließlich der Zarenadler, später die rote Flagge mit Hammer und Sichel. Im Jahr 1868 hat der russische General Kaufmann die einstige islamische Hochburg Samarkand zum Verwaltungszentrum seines Generalgouvernements Turkestan gemacht. Es sollten dann wiederum hundertzwanzig Jahre verstreichen, ehe die sowjetische Niederlage in Afghanistan wie ein Urknall das rote Moskauer Imperium erschütterte und das erste Signal zu dessen Zerfall setzte.

Es ist nicht nur eine persönliche Marotte – von Kind an war ich von den geheimnisvollen Steppen und Wüsten Zentralasiens fasziniert –, die mich zu diesem historischen Rückblick veranlaßt. Auch in Deutschland hatten allzu viele gemeint, das »Ende der Geschichte« vermelden zu können. Nun holt die Vergangenheit uns unerbittlich ein, in Asien wie auf dem Balkan, wo die fehlgeleitete Interpretation der bosnischen Tragödie ein griffiges Beispiel für das Unvermögen der Medien bot. Noch versteift man sich ja auf die Ausblendung der fortwirkenden Bedeutung des Osmanischen Reichs in Südosteuropa, wo dieses doch nach einem halben Jahrtausend türkischer Herrschaft im Zeichen des Halbmondes den Schlüssel allen Begreifens in sich trägt.

Jawohl, auch das Schicksal der Osmanen ist von Tamerlan mit Blut und Feuer gezeichnet worden. In der Schlacht auf dem Amselfeld, dem Kosovo Polje, hatten die türkischen Janitscharen des Sultans Murad I. gerade das serbische Großreich vernichtet und annektiert, das von Stephan Dušan kurz zuvor gegründet worden war. Da sah sich der Nachfolger des ermordeten Murad, Sultan Bayazid, den die Türken Yildiz, den Blitz, nennen und der sich anschickte, Konstantinopel zu erobern, mit dem fürchterlichen Einfall der Horden Tamerlans in Anatolien konfrontiert. Die Schlacht von Ankara, die zwischen zwei überwiegend türkischen Heeren, den Osmanen und den Tschagataiden, entbrannte, lebt zumindest im Bewußtsein der orientalischen Völker als episches Drama fort. Vor dem Zusammenprall, der sich am 28. Juli 1402 ereignete, war angeblich der Prophet dem lahmen Timur im Traum erschienen und hatte sein Unterfangen gesegnet. Am Ende siegte der große Emir aus Samarkand. Bayazid, der heute noch in den türkischen Schulbüchern als strahlender Held porträtiert wird, überlebte seine Gefangennahme nur um ein Jahr.

Es spricht für den gespaltenen Charakter des Mordbrenners Tamerlan, der zahllose Ortschaften ausradiert und deren Bevölkerung geschlachtet hatte, daß er seinen bedeutendsten Gegnern Tochtamysch und Bayazid mit verblüffendem Großmut begegnete. Zu Tochtamysch soll er sogar eine widersprüchliche Freundschaft empfunden haben. Jedenfalls ließ er den toten türkischen Padischah Bayazid im damaligen osmanischen Regierungssitz Bursa mit hohen militärischen Ehren bestatten. Der Nachfolger des »Blitzes«, der junge Sultan Suleiman, hatte sich dem Zugriff der Tschagatai-Armee entziehen können. Diese wunderbare Rettung verdankte er, das klingt heute unglaublich und absurd, der Bravour eines serbisch-christlichen Truppenkontingents, das sich unter Fürst Lazarewitsch – dreizehn Jahre nach der Niederlage und Unterjochung des serbischen Balkanstaates auf dem Amselfeld – als harter Kern des osmanischen Heeres in der Schlacht von Ankara bewährte. Die Eroberung der Hafenstadt Smyrna, des jetzigen Izmir, durch den blutigen Tyrannen aus Samarkand ließ damals das ganze Abendland erzittern. Daß die Geschichte der Osmanen in diesem Jahr 1402 nicht endete, daß der Traum osmanischer Größe nicht im Ansatz erstickt wurde, ist nur durch den Umstand erklärbar, daß Suleiman sich in seine balkanischen Besitzungen nach Europa absetzen konnte. Tamerlan war über Anatolien wie ein vernichtender Steppenbrand hinweggefegt. Außer Trümmern hinterließ er nichts. Er hat lediglich das Ende des byzantinischen Kaiserreichs, die Erstürmung Konstantinopels durch Sultan Mehmet II. Fatih, um ein halbes Jahrhundert hinausgezögert.

Der Vorläufer Tamerlans, Dschingis Khan, hatte allein in der turkmenischen Stadt Merw am Amu Daria 70000 Menschen massakrieren lassen. Seine zerstörerische Wut entsprach dem Raubtierinstinkt eines Steppennomaden. Der Haß dieses berittenen Jurtenbewohners galt dem Glanz und dem Luxus städtischer

Zivilisation, dem seßhaften Wohlstand, der künstlerischen Verweichlichung. Timur Lenk hingegen, der sich in Samarkand als einer der größten Bauherren der Menschheitsgeschichte erwies, kann nicht zugute gehalten werden, daß er in heidnischer Ignoranz, in barbarischer Wildheit groß geworden wäre. Er betrachtete sich ja selbst als frommen Muselmanen, führte in Damaskus erbauliche Gespräche mit dem berühmten maghrebinischen Geographen und Weltreisenden Ibn Battuta, ließ sich von Künstlern und Gelehrten begleiten. Die Verbrechen Timurs erscheinen deshalb viel monströser, sind beinahe unerklärlich. Von den rauchenden Opfer- und Schädelstätten dieses Wahnwitzigen seien nur die wichtigsten erwähnt: die einst blühenden Städte Urgentsch am Oxus, Saraij an der Wolga, Isfahan in Persien, Aleppo in Syrien, Delhi in Indien und – Bagdad. Mehr als eine Million wehrloser Menschen sind auf seinen Befehl erschlagen und erdolcht worden. Niemand hat die Zahl der Verstümmelten, der Vergewaltigten, der Versklavten auch nur annähernd errechnet.

So groß war das Entsetzen, das er verbreitete, daß sogar die Mörderbande der Haschischinen, jener ismailitischen, schiitischen Derwische des Scheikhs Sinan Ben Salman, der aus dem syrischen Dschebl Ansariya als »Alter vom Berge« operierte und vor dem alle Fürsten des Orients zitterten, sich wie ein Spuk auflösten, als Timur gegen sie losschlug. Ähnlich hatte Hülagü, der Enkel des Dschingis Khan, den aus Qom gebürtigen »Alten vom Berge«, Hassan es-Sabah, mitsamt seinen Fedayin ausgelöscht. Fünfunddreißig Jahre lang hatte dieser ganz Persien terrorisiert und sich in seiner Adlerfestung Alamut jeder Verfolgung entzogen. Die Mongolen haben mit ihm kurzen Prozeß gemacht. Seit dem 11. September 2001, als die neuen »Assassinen« ihre selbstmörderische Wut an den Türmen des World Trade Center von New York austobten, seit der Intifada el Aqsa in Palästina, wo man die Selbstaufopferung der Bombenattentäter von Hamas mit den Anschlägen des »Alten vom Berge« vergleicht, hat das Thema eine beklemmende Aktualität gewonnen.

Die Namen Hülagü und Tamerlan stehen noch in einem anderen, gewichtigen Zusammenhang. Der Enkel Dschingis Khans, der als Ilkhan-Herrscher die Macht über Persien an sich gerissen hatte und sich – tief im Schamanismus verwurzelt – dem Buddhismus zuwandte, holte im Jahr 1258 zur Eroberung Bagdads aus. Er ließ die reiche Hauptstadt Mesopotamiens verwüsten und bemächtigte sich der Person des degenerierten Abbasiden-Kalifen. Er ließ den »Statthalter Allahs auf Erden« in einen Teppich wikkeln und durch die Pferdehufe seiner Krieger zertrampeln. In einer oberflächlichen Geschichtsdarstellung wird diese Hinrichtung als das Ende der Abbasiden-Dynastie interpretiert. In Wirklichkeit flüchteten die überlebenden Angehörigen dieser Scherifen-Familie nach Ägypten, wo sie sich dem Schutz der Mamelucken anvertrauten. Von nun an seien die Abbasiden nur noch »Schein-Kalifen« gewesen, so liest man. Aber waren ihre Vorgänger in Bagdad, insbesondere nach dem Tod des bedeutenden Kalifen Ma'mun, denn je etwas anderes gewesen als Geiseln in den Händen ihrer stets zur Meuterei aufgelegten türkischen Söldnergarde? Was hatten denn diese arabischen Herrscher von Bagdad gegen die Kreuzritter bewirkt? Hatte sich nicht die abendländisch-christliche Dominanz über das Heilige Land im Abnutzungskrieg gegen die Seldschuken, im Abwehrkampf gegen den Kurden Saladin, der Jerusalem an sich riß, im verzweifelten Widerstand gegen die Mamelucken-Sultane erschöpft, die meist kaukasischen Ursprungs waren? Welche Rolle haben die eigentlichen Araber in dieser Auseinandersetzung zwischen Kreuz und Halbmond gespielt, deren tatsächliches Ausmaß an Zerstörung und Blutvergießen im Vergleich zu dem Weltuntergangs-Szenario der Mongolen sekundär, fast harmlos erscheint?

Unmittelbar vor der Schlacht von Ankara hatte Timur Lenk sich auch im irakischen Zweistromland auf entsetzliche Weise verewigt. Seit der Heimsuchung durch den Ilkhan Hülagü wagte Bagdad zwar nicht, die Abbasiden-Kalifen zurückzurufen, aber die alte Metropole am Tigris hatte überlebt und sich mit starken Festungsmauern umgeben. Ahmed Dschelair, der wohl einer Sippe türkischer Söldnerführer entstammte und sich als regierender Fürst behauptete, hatte einen Kreis von Künstlern und Wissenschaftlern um sich versammelt. Acht Jahre lang war Bagdad, das durch Tamerlan mehrfach bedroht wurde, der Vernichtungswut des Amir-el-Kabir mit List und Schläue entronnen. Ahmed Dschelair unterhielt sogar enge Verbindungen zu den Mamelucken des Niltals, denen es als einzigen gelungen war, den Vormarsch der Mongolen erfolgreich abzuwehren.

Am 9. Juli 1401, einem Tag unerträglicher Hitze, schlug die Stunde des endgültigen Untergangs. Timur, der inzwischen fünfundsechzig Jahre alt war und dennoch von einem Feldzug zum anderen hetzte, fühlte sich durch Ahmed Dschelair verraten. Dieses Mal gab es kein Pardon. Bagdad wurde dem Erdboden gleichgemacht, die Einwohnerschaft – soweit sie nicht rechtzeitig geflohen war – bis auf das letzte Kind niedergemetzelt. Der Tiger von Samarkand hatte sich für solche Strafaktionen eine entsetzliche Technik zu eigen gemacht. Aus den Kadavern seiner erschlagenen Feinde ließ er – mit Lehm und Mörtel gemischt – Türme und Minarette errichten. In Bagdad registrierten seine Amtsschreiber 120 Schädelpyramiden aus je 750 abgeschlagenen Köpfen. Das ergab insgesamt eine Zahl von 90 000 Ermordeten, die auf diese grauenhafte Weise verarbeitet wurden. Bagdad war nur noch ein leerer Schlachthof, der pestilenzialischen Gestank und Seuchen verbreitete. Tamerlan verließ eiligst diese Trümmerstätte, für die er nicht einmal einen Gouverneur ernennen mußte. Es gab kein Leben mehr am Ufer des Tigris.

Seit diesem Sommer 1401 war an eine eventuelle Rückkehr der Abbasiden, die in Ägypten pro forma weiterhin die höchste Würde des Islam repräsentierten, überhaupt nicht mehr zu denken. Die Mamelucken-Herrschaft sollte erst hundert Jahre später unter den Schlägen des Osmanischen Sultans Selim I. zerbrechen, der das Niltal seinem Reich einverleibte. Er setzte auch dem fiktiven Anspruch der Abbasiden ein Ende und usurpierte ohne viel Aufhebens den glorreichen Titel eines »Statthalters Gottes auf Erden«. Von nun an – bis zum Jahr 1924, als Kemal Pascha dieser ehrwürdigen Institution ein Ende setzte – residierten Sultan und Kalif in Istanbul am Goldenen Horn. Rückblickend wird diese Abschaffung des Kalifats von gewissen Turkologen als verhängnisvollster politischer Fehlgriff Atatürks gewertet.

## Das vergeudete Erbe der Zaren

*Taschkent, im Juni 2002*

Das kleine Streichorchester beginnt wie auf Kommando zu musizieren, als wir das eleganteste Restaurant Taschkents betreten. Es heißt wegen seiner italienischen Küche »Allegro«. Während der ganzen Mahlzeit werden wir mit Vivaldi und Albinoni unterhalten. Fjodor Iwanowitsch und ich sind die einzigen Mittagsgäste. Bei der Beschreibung meines russischen Gesprächspartners zögere ich, denn aus Gründen der Diskretion fühle ich mich zur Tarnung dieser gewichtigen Person veranlaßt, die mit ihrer Meinung nicht hinter dem Berg hält. Sagen wir, ich hätte es mit einem hohen Repräsentanten des russischen Petroleum-Konzerns Lukoil zu tun und daß sein Vertrauen zu mir auf die gemeinsame Bekanntschaft eines guten Freundes, Juri Fedjaschin, zurückgeht, den ich vor vielen Jahren als TASS-Korrespondenten in Afrika kennengelernt hatte. Zum Vizedirektor der Medienagentur Novosti avanciert, war Juri mir stets behilflich gewesen, wenn es galt, ein Visum für die Sowjetunion zu erhalten oder hochrangige Informanten zu treffen. Fedjaschin stand nebenbei – so sagte man – im Rang eines Generals des KGB, und es störte ihn nicht im geringsten, daß irgendeine Moskauer Sicherheitsbehörde – vermutlich nach meiner Afghanistan-Expedition auf seiten der Mudschahidin – mich ein paar Jahre lang auf die schwarze Liste gesetzt hatte, meine Einreise also theoretisch hätte verhindert werden müssen.

Fjodor Iwanowitsch spricht fließend Englisch, ist graumeliert und hochgewachsen. Er tritt mit der Allüre eines adligen Offiziers aus »Krieg und Frieden« auf. Zudem hat er Sinn für Humor. Was er von mir erfahren will, bleibt schleierhaft, habe ich ihm doch allenfalls Angaben über die Stimmungslage in Europa und relativ bescheidene Insiderkenntnis über Zentralasien zu bieten. Schon beim Hors d'œuvre kommt er zur Sache. »Sie glauben doch auch nicht, daß der Anschlag auf das World Trade Center in New York sich so abgespielt hat, wie man uns erzählt«, fragt er unvermittelt und lächelnd. »Wir wissen fast nichts über die Hintergründe dieser Aktion, die einer geradezu generalstabsmäßigen Planung bedurfte und die Fähigkeiten dieses Dutzends saudischer Dilettanten weit überstieg.« Die russischen Dienste gingen nicht soweit, den Spitzen der Bush-Administration eine dubiose Rolle in dieser Angelegenheit zuzuweisen. Aber man sei in Moskau mit Desinformationspraktiken vertraut genug, um die aufgestöberten Dokumente, die angeblich den Hauptattentäter Mohammed Atta entscheidend belasteten, als plumpe Fälschung einzustufen. »Sie haben, wie ich höre, in Deutschland einen Herrn von Bülow, der schwerwiegende Zweifel geäußert hat, und ich rate Ihnen, das Buch des CIA-Agenten Robert Baer ›See no evil‹ zur Hand zu nehmen, der sich übrigens auch in dieser Gegend, in Tadschikistan, herumgetrieben hat. Lesen Sie aufmerksam den letzten Satz seines Prologs.«

Da er schon so offen mit mir redet, bitte ich Fjodor Iwanowitsch, mir zu erklären, was Wladimir Putin dazu bewogen habe, den Amerikanern den Hinterhof Rußlands in Zentralasien so großzügig zu öffnen, die Einrichtung von US-Militärbasen in dieser Krisenregion zuzulassen, sich im Kampf gegen den Terrorismus voll mit George W. Bush zu solidarisieren und den großen texanischen Ölfirmen den Zugriff auf die dortigen Energiereserven der Zukunft zu gestatten. Sehr begeistert scheint der Lukoil-Direktor von der derzeitigen Situation auch nicht zu sein. Aber die islamistische Bedrohung existiere für Rußland in weit stärkerem Maße als für Amerika. Moskau sei mit einer motorisierten Infanteriedivision und starken Grenzschutz-Einheiten in Tadschikistan präsent. Da wolle man auch bleiben, denn eine der ernstesten Gefährdungen russischen Überlebens resultiere aus dem ständig anwachsenden Schmuggel von Opium und Heroin. Afghanen und Tadschiken seien die erfolgreichsten und skrupellosesten Drogenproduzenten. Zum Alkoholismus, der seine Heimat stets heimgesucht habe, geselle sich jetzt die Heroinsucht, die vor allem bei den Jugendlichen zunehme und auf Grund von Nadelinfektionen zu einer rapiden Verseuchung durch das HIV-Virus geführt habe. »Unsere Bevölkerung verringert sich jährlich um 800 000 Menschen«, beklagt Fjodor, »wo doch die derzeitige Population der riesigen Rußländischen Föderation mit 140 Millionen schon unzureichend ist. Erschwerend kommt hinzu, daß sich darunter immer noch 25 Millionen Muselmanen befinden – Tataren, Baschkiren und andere Turk-Völker –, deren Demographie, im Gegensatz zum slawischen Staatsvolk, steil nach oben zeigt.«

Ähnlich hatte sich schon im Juli 1994 der Fallschirmjäger-General Alexander Lebed geäußert, als ich ihm in Tiraspol am Dnjestr gegenübersaß. Er wäre damals bereit gewesen, den Tschetschenen die gewünschte Unabhängigkeit zu gewähren. Hingegen betrachtete er Georgien als unentbehrliches Glacis Rußlands gegenüber Vorderasien, und was die riesige GUS-Republik Kasachstan betraf, teilte er die Meinung Alexander Solschenizyns, der für eine Aufteilung dieses zentralasiastischen Steppenstaates plädiert hatte. Der überwiegend slawisch bevölkerte Norden wäre an Rußland gefallen. Damit hätte sich Moskau auch den unmittelbaren Zugriff auf den Petroleum-Reichtum von Tengis am Kaspischen Meer sichern können, der nun den amerikanischen Multis ausgeliefert war. Alexander Lebeds politische Karriere ist an den Kreml-Intrigen gescheitert. Am Ende mußte er sich mit dem Posten des Gouverneurs der westsibirischen Region Krasnojarsk zufriedengeben, und sein tödlicher Absturz im Hubschrauber wird von argwöhnischen Geistern auf einen Sabotageakt der dortigen Aluminium-Mafia zurückgeführt.

Bis zuletzt hatte Lebed mit dem Alptraum der explodierenden asiatischen Massen, auch innerhalb der Grenzen der russischen Föderation, gelebt. Ich erzähle Fjodor Iwanowitsch von den düsteren Ahnungen des Generals, der während des sowjetischen Afghanistan-Krieges an der Spitze seiner Spetznaz die verlustreichsten Kämpfe gegen die Tadschiken des Mudschahidin-Führers Ahmed Schah Massud im Pandschir-Tal ausgetragen hatte, dabei mehrfach verwundet und einmal totgesagt wurde. »Ich habe Lebed gekannt«, sagt Fjodor Iwanowitsch; »für die Kreml-Politik war er eine zu ehrliche Haut. Aber im Prinzip hatte er natürlich recht. Wir dürfen jedoch nicht vergessen, daß Präsident Putin bei seinem Machtantritt einen Zustand extremer Destabilisierung vorfand, daß er nicht aus der Luftlandetruppe kam, sondern aus dem KGB. Schließlich will der aus Leningrad gebürtige, im heutigen Petersburg verwurzelte Putin dem Vorbild Peters des Großen nacheifern. Er ist vom Westen fasziniert, wozu sein langer Aufenthalt in Dresden zusätzlich beigetragen hat. Lebed hingegen war ein Nachfahre von irgendwelchen Don-Kosaken aus Rostow.«

Welches die wirklichen Absichten Wladimir Putins im »großen Spiel« mit den Amerikanern sind, hat wohl noch niemand entschlüsselt. Mein Einwand, der russische Staatschef habe sich dem US-Präsidenten allzu gefügig zur Seite gestellt und sei im Kampf gegen den Terrorismus bestenfalls als »brillant second« die Allianz mit den USA eingegangen, stößt bei Fjodor auf Widerspruch. Moskau profitiere doch auch von der Massenhysterie, die der 11. September ausgelöst habe. Die ewigen Anklagen gegen die brutalen Methoden der russischen Streitkräfte im Kaukasus und deren Menschenrechtsverletzungen seien fast verstummt, und sogar der deutsche Bundeskanzler habe erklärt, man müsse diese Revolte der Tschetschenen »differenzierter« beurteilen als bisher. Vor der amerikanischen Intervention in Afghanistan habe die Gefahr bestanden, daß die kombinierte Aktion von Taleban und El Qaida weiter an Terrain gewinne. Die Nord-Allianz Afghanistans habe vor dem Zusammenbruch gestanden, und die Republik Tadschikistan drohte im Chaos unterzugehen. Immerhin habe Präsident Putin es geschafft, eine De-facto-Einbeziehung Rußlands in das Atlantische Bündnis, eine weitgehende Beteiligung an den NATO-Beschlüssen zu erwirken. Seitdem könne ihm die sogenannte »Osterweiterung« dieser Allianz ziemlich gleichgültig sein. Vielleicht habe ihm sogar – den Vertragsrahmen der »Organisation für Sicherheit und Zusammenarbeit in Europa« zwischen Vancouver in Kanada und Wladiwostok in Russisch-Fernost strategisch umstrukturierend – eine weltumspannende Aktionsgemeinschaft der »weißen Menschheit« vorgeschwebt, deren Weisungszentralen sich in Washington und Moskau befänden.

Ob in Moskau eventuell auch die Absicht bestanden habe, durch die Öffnung des Zugangs nach Zentralasien den amerikanischen Streitkräften nicht nur die Chance strategischer Entfaltung zu bieten, sondern sie auch in eine unabsehbare Kette von Regionalkonflikten zu verstricken, suche ich zu erfahren. Dabei ginge es wohl nicht so sehr um die Abnutzung des ungeheuren militärischen Potentials der USA als um die langfristige Zermürbung der nicht übermäßig stabilen Psyche der amerikanischen Wählerschaft. »Sie unterstellen uns, was unseren Experten zufolge dem ehemaligen Staatssekretär Zbigniew Brzezinski bei unserem Vordringen auf Kabul vorgeschwebt hat«, erwidert der Russe. »Dieser gebürtige Pole und Vertraute Jimmy Carters, ein notorischer Rußlandfeind, hatte systematisch darauf hingewirkt, die damals noch relativ intakte Sowjetmacht in die Schluchten des Hindukusch zu locken in der Erwartung, daß wir uns von diesem Abenteuer nicht erholen würden. Gewiß hat es in Moskau seinerzeit eine Kriegspartei gegeben, die nicht nur im Namen des sozialistischen Internationalismus den überraschend an die Macht gelangten afghanischen Kommunisten beistehen wollte. Es gab auch Befürworter eines Vorstoßes in Richtung Belutschistans und die Absicht, die Lufthoheit an der Straße von Hormuz zu erlangen, ja den lang ersehnten Zugang zu den warmen Gewässern des Indischen Ozeans. Aber die Entscheidung Leonid Breschnews, sich in das afghanische Hornissennest zu begeben, ist ihm bestimmt nicht leichtgefallen und war von Anfang an heftig umstritten.«

Mein russischer Gast enthüllt mir, daß er ein paar Jahre in offizieller Mission in Afghanistan tätig gewesen sei, daß er noch vor dem sowjetischen Einmarsch in ständigem Kontakt zu dem damaligen Staatschef Hafizullah Amin gestanden habe, einem afghanischen Marxisten der Khalq-Partei, der gerade seinen kommunistischen Vorgänger, der der roten Partscham-Bewegung angehörte, den poetisch und schöngeistig veranlagten Präsidenten Mohammed Nur Taraki, eigenhändig erschossen hatte. Zu jenem Zeitpunkt des blutigen ideologischen Bruderzwistes hatte auch ich mich in Kabul umgesehen. Hafizullah Amin, ein brutaler Paschtunen-Intellektueller, war so sehr Afghane, daß er sich auch mit seinen sowjetischen Gönnern überwarf. Beim blitzartigen Eintreffen der Roten Armee im Dezember 1979 wurde er von einem russischen Sonder-Commando liquidiert und durch den gefügigen Partscham-Politiker Babrak Karmal ersetzt.

»Immerhin habe ich von Hafizullah Amin einiges gelernt«, erklärt Fjodor Iwanowitsch mit einem breiten Grinsen; »die Afghanen, so hat mir der damalige Machthaber erklärt, würden nur dann kämpfen, wenn sie sich ihrer Sache sicher seien; falls sie sich wirklich unterlegen fühlen, suchen sie das Weite. Unter diesem Aspekt müssen wir vielleicht die jüngste Niederlage der Taleban bewerten. Im übrigen kann jedoch Afghanistan für die USA zu einem ähnlichen Krebsgeschwür werden wie das palästinensische West-Jordan-Ufer für den Staat Israel.« Wir diskutieren über die unberechenbare Expansion dieses Konflikts, der von den Islamisten auf der Sparflamme geführt wird. »Es wird andere, zwingende Prioritäten geben«, meint der Lukoil-Direktor. »Der Irak-Krieg ist angekündigt, der Kaschmir-Konflikt hält Überraschungen bereit. Nehmen wir unsere Situation im Kaukasus einmal unter die Lupe: Wir wissen, daß in Daghestan das Schlimmste erst bevorsteht. Aber wir verlieren die Übersicht. Da gibt es die traditionellen Derwisch-Orden, die Tariqat – in Tschetschenien überwiegend die Qadiriya, in Daghestan die Naqschbandiya. Deren Mentalität ist bereits von Leo Tolstoi in seiner Kaukasus-Novelle ›Hadschi Murad‹ erstaunlich aktuell beschrieben worden. Aber hinzu kommen neuerdings jene jungen, eiskalten Fanatiker, die man zu Unrecht als ›Wahhabiten‹ bezeichnet. Denken Sie an den geheimnisvollen ›Jordanier‹ Khattab, der schon mehrfach totgesagt wurde, der aber mit seinem Bekenntnis zum islamischen Gottesstaat bei der kaukasischen Jugend zunehmend Anklang findet und die einfältigen Derwische der Sufi-Orden in Erklärungsnot bringt. In Daghestan haben wir es zudem mit religiös getarnten Mafiabanden zu tun.«

Aus eigener Erfahrung, die ich im Juni 1996 auf seiten der tschetschenischen Partisanen sammelte, kann ich seine These nur bestätigen. Nachdem ich mit den Muriden der Qadiriya nach der Ermordung zweier junger Dorfbewohner durch betrunkene russische Plünderer die »Fatiha«, die Eröffnungssure des Koran, rezitiert hatte, wurde unser Kamerateam brüderlich aufgenommen, und wir durften ihre kultischen Rituale unter dem grünen Banner mit dem grauen Wolf in aller Ruhe filmen. Mißtrauen hingegen verspürten wir bei einer kleinen Anzahl jugendlicher Ulama, die an den koranischen Hochschulen des Orients – vom Geist der eifernden »Salafiya« inspiriert – gerade in ihre kaukasische Heimat zurückgekehrt waren, um sich dem Dschihad anzuschließen.

Auf die »Seelenverwandtschaft« zwischen Bush und Putin angesprochen, hebt Fjodor die Hände zum Himmel. Als Reibungspunkt zwischen den beiden Kumpanen gebe es angeblich nur noch die unterschiedliche Beurteilung der Islamischen Republik Iran, die in Moskau als nützlicher, verantwortungsbewußter Partner angesehen und reichlich mit Waffen beliefert wird, während der amerikanische Präsident die Mullahkratie von Teheran weiterhin als Schurkenstaat bezeichnet. Von einem stabilen Vertrauensverhältnis zwischen Washington und Moskau sei man noch weit entfernt. Putin sei bekanntlich Judoka, Träger des »Schwarzen Gürtels«, und versuche, seinen Widerpart durch geschmeidiges Nachgeben zu überwinden. Es stünden sich auf amerikanischer Seite ein Pokerspieler, auf russischer Seite ein Schachspieler gegenüber. Jederzeit könne ein Streitpunkt in Fragen der Menschenrechte oder der Meinungsfreiheit hochgespielt werden. Bei Teilwahlen zum Kongreß dürften sich Meinungsverschiebungen ergeben, und niemand wisse, ob nicht obskure Drahtzieher drauf und dran seien, ein paar Senatoren zu kaufen, um neues Mißtrauen gegenüber Rußland zu schüren.

»Wir durchschauen die amerikanischen Verhältnisse nicht«, betont der Lukoil-Chef. »Zu viele Leute bei uns fragen anläßlich der Folgen des 11. September: ›cui bono‹. Was ist das überhaupt für eine gewaltige, mit diabolischen Fähigkeiten ausgestattete Terroristenbande, die sich seit der Katastrophe von Ground Zero nicht mehr zu einem einzigen sensationellen Anschlag gegen Amerika oder dessen Verbündete aufraffen kann? Alles, was inzwischen an lokalen Attentaten geschah, entspricht doch nur der kriminellen Routine, geht über engbegrenzte Zwischenfälle nicht hinaus. Nicht nur die Amerikaner leben in der Erwartung des nächsten großen Schlages aus dem Dunkel.« Wenn es wirklich dazu käme, wäre wieder niemand in der Lage, den Urheber eindeutig festzunageln. Wer habe denn die Hintergründe des Kennedy-Mordes geklärt? Nicht einmal für den Flugzeugabsturz über Lockerbie oder das Disco-Attentat von »La Belle« in Berlin besäße man eine wirklich befriedigende Analyse. Was solle man von jener Serie von Anthrax-Briefen halten, die in den USA aufgegeben wurden, die auf amerikanische Experimente für bakteriologische Kriegführung hinweisen und für deren Anstifter eine Personenbeschreibung vorliegt, der niemand ernsthaft nachgeht? Aus irgendeinem Grunde sei dem FBI in diesem Punkt der Zugriff verwehrt. »Glauben Sie mir«, insistiert Fjodor, »wir trauen in Moskau den weitverzweigten Drogenkartellen und Organisationen von Kokain-Dealern, die zwischen Kolumbien und Florida mit ungeheuerlichen Profiten operieren und erheblichen politischen Einfluß ausüben, ein weit größeres Potential und mehr Finanzmittel zu als den schätzungsweise fünfzig islamistischen Geheimbünden, die nach Aussage der CIA unter dem willkürlichen Sammelbegriff ›El Qaida‹ firmieren.«

Ich erkundige mich nach den Quoten, die den russischen Erdöl-Unternehmen bei der Aufteilung der zentralasiatischen Beute immerhin zugeteilt wurden. Da stünden Lukoil und Konsorten nicht sonderlich günstig da, lautet die Antwort. Das Petroleum sei das zeitgenössische Instrument absoluter Hegemonie. In dieser Hinsicht sei Europa besonders benachteiligt. Die EU möge ein ökonomischer Gigant sein, aber sie habe es nie fertiggebracht, eine nennenswerte Erdöl-Förderungs- oder Erdöl-Vermarktungsgesellschaft auf die Beine zu stellen, wenn man von dem krampfhaften Versuch der Franzosen mit Total-Elf-Fina absieht. Die Europäer müßten wohl erst aus amerikanischen Pressekommentaren erfahren, daß die NATO tot ist, daß den Streitkräften des alten Kontinents nach der globalen Umorientierung der Allianz unter amerikanischem Diktat nur noch die Rolle von schlechtbewaffneten Hilfskräften und humanitären Lückenbüßern offenstehe. »Der Artikel V der Atlantischen Allianz ist seit dem 11. September 2001 in Kraft«, fährt der Russe fort; er trägt sein Argument mit höflicher Gelassenheit vor. »Seitdem befinden sich die Europäer – ohne es wirklich zu wissen – im Kriegszustand gegen das Phantombild des ›islamistischen Terrorismus‹, das heißt gegen den halben Planeten. Wie lange soll diese passive Einbindung in einen ausufernden Konflikt denn noch andauern, wo George W. Bush doch von einer jahrelangen, eventuell jahrzehntelangen Auseinandersetzung zwischen Gut und Böse predigt?«

Hinter allem stecke eine geradezu manische Gier nach Petroleum. Nicht von ungefähr hätten die führenden Männer der USA – Bush, Rumsfeld, vor allem Dick Cheney als ehemaliger Chief-Executive bei Halliburton – am großen Öl-Business teilgehabt und ihr Vermögen gemehrt. Es handele sich um eine Art Besessenheit, vergleichbar mit den Wachträumen der spanischen Konquistadoren, als sie auf der Suche nach dem »El Dorado«, den sagenhaften Goldschätzen Montezumas und der Inkas, an Bord ihrer Karavellen Kurs auf die Neue Welt nahmen. »Sie werden bald keinem Asiaten und kaum noch einem Russen weismachen können, daß der Afghanistan-Feldzug der USA nicht vorrangig durch Petroleum-Interessen motiviert wurde.« Fjodor unterbricht sich. »Am Ende meinen Sie noch, Sie hätten es hier mit einem zu kurz gekommenen Konkurrenten im Energiegeschäft zu tun«, beendet er das Kapitel. »Entscheidend für uns ist jedoch die Geographie und die Demographie. Dadurch wird Rußland zur Umorientierung gezwungen. Vielleicht haben Sie bei Ihrer Besichtigung des Schlachtfeldes von Stalingrad festgestellt, daß die gigantische ›Mutter Heimat‹, die ›Matj Rodina‹, die über dem Mamaj-Hügel ihr gewaltiges Schwert – Symbol des Sieges über Hitler-Deutschland – schwingt, nach Osten blickt, als käme aus den Tiefen Asiens neue Bedrängnis, ein neuer Tatarensturm auf das heilige Rußland zu.«

Wir plaudern noch ein wenig über trivialere Dinge. Mit einem Auguren-Lächeln gehen wir auseinander. Das Orchester hat zu unserer Verabschiedung das Menuett von Boccherini intoniert.

*

Schon am folgenden Tag habe ich mir das Buch des CIA-Officers Robert Baer »See no evil« beschaffen können, dessen Lektüre Fjodor Iwanowitsch mir empfahl. Ohne langes Suchen fand ich die ominöse Passage, mit der Baer seinen »Prolog« beendet: »Neulich hat mir ein befreundeter Reporter erzählt, daß einer der ranghöchsten CIA-Beamten ihm gegenüber in einem privaten Gespräch behauptet habe, wenn der Staub sich endlich gesetzt habe, würden die Amerikaner erkennen, daß der 11. September ein Triumph für die Geheimdienst-Gemeinde gewesen sei – und keine Niederlage. Wenn das die offizielle Denkweise innerhalb der Organisation sein sollte, die damit beauftragt ist, im Kampf gegen alle Osama Bin Ladens dieser Welt die Verteidiger zu stellen, dann bin ich mehr als wütend: Ich bin zu Tode erschrocken und habe Angst vor dem, was auf uns zukommt.«

No comment.

# Die deutschen Enkel des Zarathustra

*Termes, im Juni 2002*

Die Eisenbrücke über den Amu Daria ist scharf bewacht und darf nicht gefilmt werden. Jenseits des graubraunen Stroms beginnt Afghanistan. Die Grenze ist durch Stacheldraht, Minengürtel und Wachtürme lückenlos abgeschirmt, als ob nicht auch dort Usbeken lebten, die dem Befehl des nordafghanischen War Lords Abdurraschid Dostom unterstehen. »Brücke der Freundschaft« heißt dieser Übergang weiterhin. Mit ihr verbindet sich das tragische Bild des Generals Boris Gromow, der an dieser Stelle als letzter sowjetischer Soldat im Februar 1989 den Rückzug aus Afghanistan vollendete – die rote Fahne der Weltrevolution auf den Armen tragend – und den Schwur leistete, niemals werde er sich nötigen lassen, ein zusätzliches Territorium Moskauer Herrschaft preiszugeben. Inzwischen ist Rußland aus ganz Zentralasien verdrängt. Lediglich im Norden Kasachstans haben sich ein paar Kosakenverbände zusammengetan, um sich mit dem Segen der Heiligen Orthodoxie weiteren Gebietsverzichten entgegenzustemmen.

Wir fahren eine kurze Strecke entlang der Befestigungslinie in Richtung Westen. Die Hitze ist auf 42 Grad gestiegen. Mächtige Erdwälle aus ferner Vorzeit haben der Erosion durch den glühenden Steppenwind standgehalten. Ähnliche verfallene Lehmkonstruktionen waren mir bei früheren Reisen auf dem Gegenufer in der Provinz Balq aufgefallen. Die Afghanen behaupten, sie gingen auf Alexander den Großen zurück, als der mazedonische Welteroberer im hiesigen Baktrien seine Paläste errichtete und die schöne Roxane aus dem Geschlecht der Sogdier zur Frau nahm.

In dieser Umgebung, die zu Sowjetzeiten für alle Ausländer gesperrt war – unmittelbar am Rand der freudlosen Stadt Termes –, hat die Luftwaffe der Bundeswehr für ihr Transportgeschwader, das den Nachschub für das deutsche ISAF-Truppenkontingent in Kabul wahrnimmt, ihren Fliegerhorst eingerichtet. Drei Transall-Maschinen sind auf der Rollbahn geparkt, die früher Teil einer Sowjetbasis war. Die Atmosphäre auf diesem fernen deutschen Außenposten wirkt entspannt und sympathisch. Das mag auch an dem Kommandeur Oberst Abromeit liegen, gemäß dem alten römischen Leitsatz: »qualis rex, talis grex«. Bisher hatte ich Zweifel gehegt hinsichtlich des Einsatzes weiblicher Soldaten. Aber die heiteren jungen Frauen, die in dieser Einöde Dienst leisten, vermitteln den Eindruck von Professionalität und beachtlichem Ehrgeiz. Der Umgang mit den Usbeken, die die deutsche Präsenz ohne Diskussion akzeptieren, verlaufe reibungslos, versichert der Oberst. Der Kontakt zu den amerikanischen Verbündeten, die etwa 200 Kilometer entfernt bei Karshi einen umfangreichen Allzweck-Stützpunkt ausbauten, ist hingegen distanziert. Die US-Stäbe haben wohl Weisung, sich nach allen Seiten abzukapseln. Das erinnert mich an den Verdruß eines deutschen Generals im mazedonischen Tetovo, als die amerikanische Aufklärung während des Kosovo-Feldzuges den NATO-Partnern, mit Ausnahme der Briten, die Einsicht in ihre Satellitenaufnahmen der serbischen Stellungen verweigerte. Die deutsche Luftwaffe darf in Afghanistan auch nicht die gut ausgebauten Landepisten von Bagram südöstlich von Kabul benutzen, die der US-Air Force vorbehalten bleiben. Sie muß sich mit dem kleineren Flugplatz der Hauptstadt begnügen, wo immer wieder verdächtige Luftabwehrpositionen der Taleban oder anderer Kriegshaufen geortet werden, so daß vor der Landung flammende »flares« zur Ablenkung von »heat seeking« Missiles abgefeuert werden.

Es kommt nur zu einem kurzen Gespräch mit den Landsleuten. Zu großen geschichtlichen Exkursen ist hier niemand aufgelegt. Mir kommt eine seltsame Assoziation in den Sinn. Die Urgroßväter dieser jungen Soldaten, die Notabiturienten und Studenten von 1914, waren in ihrer patriotischen Begeisterung mit dem Buch Friedrich Nietzsches »Also sprach Zarathustra« im Tornister dem vernichtenden Artilleriefeuer der Sommeschlacht entgegengezogen. Die Ankündigung des »Übermenschen« mag damals für manchen einen fast religiösen Klang gehabt haben. Doch wer von diesen Bundeswehr-Deutschen in Termes hat Nietzsche gelesen, und wer ist sich bewußt, daß er sich hier in der Heimat des Religionsstifters Zarathustra befindet, der in der Provinz Balq etwa sechshundert Jahre vor Christus zur Welt kam? Ich hatte Nietzsches biblisch stilisiertes Werk vor der Abreise nach Zentralasien noch einmal überflogen. Zwei Passagen hatten sich mir eingeprägt.

Als hätte er unsere exhibitionistische »Spaßgesellschaft«, deren krampfhaften, läppischen Hedonismus vorausgesehen, hatte Nietzsche das Urteil gefällt: »Wir haben das Glück erfunden, sagen die letzten Menschen, und blinzeln.« Von den deutschen Militärs in Termes und Afghanistan, die sich am Rande der »Tatarenwüste« physischen Strapazen und manchen Entbehrungen aussetzen, kann man wirklich nicht behaupten, sie seien Repräsentanten dieser blökenden Ausgelassenheit. Die in den heimatlichen Medien grassierenden »Hanswurstiaden« finden wohl stärkeren Zuspruch bei gewissen Zirkeln des deutschen Polit-Zirkus als bei den karg lebenden, sträflich unterfinanzierten und deshalb gefährdeten Streitkräften in Zentralasien. Die akuten Spannungen, die im Umkreis des Hindukusch andauern, und der Entfremdungsprozeß, der sich innerhalb der Allianz abzeichnet, entlarven die euphorisch mißbrauchten Begriffe wie »Internationale Gemeinschaft«, »family of nations«, »Partnerschaft für den Frieden« oder »Allianz gegen den Terror« als gezielte Irreführung. Im Schatten monumentaler Gegensätze werden am Amu Daria die Bruchstellen gegensätzlicher Kulturen deutlich sichtbar. Die deutschen Offiziere in Zentralasien sollten aus dem Zarathustra Nietzsches die Mahnung beherzigen, daß »die Staaten die kältesten aller kalten Ungeheuer sind«.

*

Wie geheimnisvoll und paradox diese ferne Lehre Zarathustras sich doch in die heutige internationale Situation einfügt, wo wieder einmal die »Kräfte des Bösen und des Guten« – Präsident George W. Bush dixit – unversöhnlich aufeinanderprallen! Von den Schriften dieses Propheten sind nur Bruchstücke erhalten. Die Auswirkungen dieser verschütteten Religion, die erst im 19. Jahrhundert – durch Nietzsche literarisch glorifiziert – ins Bewußtsein der Europäer getreten ist, bleiben dennoch phänomenal. »Also sprach Zarathustra«, so beginnen tatsächlich die Kapitel der »Avesta«, deren intime Verwandtschaft mit den Veda-Schriften des Hinduismus in Fragmenten durchschimmert. Im Westen ist kaum bekannt, welche Fülle mythischer Vorstellungen, die wir als integralen Bestandteil des Judentums und der aus ihm abgeleiteten Lehren Christi und Mohammeds betrachten, auf die Visionen dieses frühzeitlichen Künders aus Baktrien zurückgeht. Während der babylonischen Gefangenschaft, als die Stämme Israels – von Nebukadnezar an die Flüsse Mesopotamiens verschleppt – die dualistischen Vorstellungen der »Feueranbeter« entdeckten, verstärkte sich auch bei den Hebräern die Kunde vom ewigen Widerstreit zwischen Jahwe und Satan, zwischen Himmel und Hölle, kam bei ihnen der Begriff des Jüngsten Gerichts auf, das die Lämmer von den Böcken scheidet.

Die Spuren des zoroastrischen Kults finden sich im Zeremoniell der Freimaurer wieder und beeinflussen sogar unsere politische Gegenwart. Das gilt nicht nur für Persien, wo ich im Jahr 1974, zur Zeit der Pahlevi-Dynastie, eines der letzten authentischen Zentren der Zarathustra-Anhänger in der abgelegenen Stadt Yazd aufsuchte. Etwa 30 000 »Zarduschti« leben heute noch in der Islamischen Republik Iran. Der Ayatollah Khomeini betrachtete die verstreuten Sektierer, gemäß einer schiitischen Koranauslegung, als Monotheisten, als Angehörige der »Familie des Buches«. Schah Mohammed Reza war der arischen Urgemeinde mit besonderem Wohlwollen zugetan, suchte er doch eine Kontinuität zu den Gott-Königen der Achäminiden – zu Kyros dem Großen, zu Xerxes, zu Kambyses – herzustellen. Deren Frühreich hatte bereits dem Zarathustra gehuldigt, wenn auch mit Vorbehalt und unter Beibehaltung zahlreicher anderer Kulte.

Erst unter den Sassaniden, also zwischen dem 3. und 7. Jahrhundert unserer Zeitrechnung, sollten die »Magi«, die Priester der »Feueranbeter«, wie man sie fälschlich nennt, Einfluß auf den Staat gewinnen und ihm eine unduldsame hierarchische Sakralstruktur auferlegen. Die Magi oder Magier waren sich ihrer ursprünglichen Verwandtschaft mit den hinduistischen Brahmanen wohl noch bewußt. Wenn sie schon den Persern und Mesopotamiern nicht das unerbittliche Kastensystem aufzwingen konnten, das auf dem indischen Subkontinent bis auf den heutigen Tag die Vorrangstellung der indogermanischen Erobererrasse verewigen soll, so wachten sie doch über eine strenge Trennung zwischen Klerus und Adel einerseits, dem einfachen Volk und den rechtlosen Parias andererseits. Die Blütezeit der Sassaniden im 6. Jahrhundert trug bereits den Stempel des Untergangs, obwohl Schah Chosru I. einer höfischen Kultur, einem Feudalsystem und einem ritterlichen Ehrenkodex anhing, sogar eine Minnedichtung förderte, die auf dem Umweg über die Araber das christliche Abendland nachhaltig beeinflussen sollte.

Gleichzeitig vertiefte Chosru jedoch die krassen sozialen Spannungen zwischen den Privilegierten seines Hofes und der Masse der Unterdrückten. Er ordnete die schlimmsten Massaker unter jenen verelendeten Bauern an, die sich in einem orientalischen »Bundschuh« dem Sozialrevolutionär Mazdak anschlossen. Dieser obskure Erneuerer hatte den Tagelöhnern und Sklaven ein Paradies absoluter Gleichheit und Gerechtigkeit, eine idealkommunistische Gesellschaft vorgegaukelt. Mit zweieinhalb Jahrhunderten Abstand war er in die Fußstapfen des prophetischen Vorläufers Mani getreten, der sich als Träger der letzten Offenbarung bezeichnet hatte. Besagter Mani verwob die Glaubenselemente Zarathustras mit den Heilsempfehlungen Jesu und Buddhas. Folgerichtig endete er am Kreuz. Doch der »Manichäismus« ist seitdem ein Begriff geblieben, der die Menschheit nicht mehr losgelassen hat.

Die Jünger des Ayatollah Khomeini haben gegenüber den Resten des Feuerkults Toleranz walten lassen. Nach Auskünften, die ich in Teheran erhielt, ist in der zentralpersischen Stadt Yazd der Tempel Ahura Mazdas weiterhin geöffnet. Die Gläubigen, unauffällige Menschen, die meist einem bescheidenen Handwerk nachgehen, versammeln sich dort unbehindert zu ihren Zeremonien. Zur Zeit meines Besuches 1974 amtierte dort ein einfacher Tischler als Priester oder »Mobed«. Der schmächtige Mann trug Brille und Schnurrbart. Er erlaubte uns, sein Heiligtum zu betreten, dessen Portal durch eine Darstellung des Lichtgottes mit weit ausgebreiteten Flügeln dekoriert war. Das Innere war nicht frei von religiösem Kitsch. So fiel mir ein Farbdruck mit der Abbildung Zarathustras auf. Ein blondbärtiger, blauäugiger Mann war porträtiert, einer Herz-Jesu-Darstellung nicht unähnlich. In weißem Gewand schritt er durch die felsige Landschaft in Begleitung eines Löwen und eines Adlers. Der Mobed – ganz in Weiß gekleidet – war aus einer Art Sakristei in den Kultraum gekommen. Er stand vor dem Altar mit der Heiligen Flamme, Sinnbild alles Reinen und Guten. Der Opferherd war durch ein Eisengitter abgeschirmt. Mit seiner weißen Kappe und dem weißen Mundschutz wirkte er wie ein Chirurg. Vor dem offenen Feuer, in das er aromatische Zweige warf, rezitierte er in der uralten Zend-Sprache der arischen Früheroberer Persiens die heiligen Texte der Avesta.

Recht verblüffend waren die Thesen, die der Priester vertrat. Sie kreisten fast ausschließlich um die Reinheit der arischen Rasse. Dabei entsprach er in keiner Weise dem Idealbild des »nordischen« Menschen, sondern weit eher einer gehässigen, judenfeindlichen Karikatur aus dem Dritten Reich. Der Magierstand ist bei den Zarduschti erblich wie bei den hinduistischen Brahmanen. Den Frauen dieser Religionsgemeinschaft ist es bei Todesstrafe verboten, einen Andersgläubigen zu heiraten. »Sollten wir uns mit fremdem Blut vermengen, dann würden die nachfolgenden Generationen minderwertig sein. Wer denkt schon daran, einen edlen Baum mit Dschungelgewächs zu paaren?« beteuerte der Mobed vor laufender Kamera.

*

Die dualistische Lehre des Zarathustra, die geheimnisvoll überlieferten Thesen des Manichäismus, so sinnierte ich am Ufer des Amu Daria, hatten in der europäischen Geistesgeschichte einen eminenten Platz eingenommen. Die Manichäer hatten noch im ausgehenden römischen Imperium und lange nach dem Märtyrertod ihres Verkünders dessen Botschaft bis nach Indien und China getragen. Die Sekte fand einen Schwerpunkt in Nordafrika. In Europa sei die Irrlehre spätestens im 6. Jahrhundert ausgelöscht worden, so heißt es. In Wirklichkeit vollzog sich auf der Höhe des Mittelalters eine phänomenale Wiedergeburt. Der Dualismus des Zarathustra und des Mani fand sich in jener großen häretischen Welle wieder, die von Bulgarien aus den Balkan überschwemmte und über Italien nach Südfrankreich, nach Okzitanien gelangte. Die Katharer, die Albigenser, hatten beim Grafen von Toulouse und der dortigen Ritterschaft starke Unterstützung gegen einen allzu weltlichen und anmaßenden Klerus der Römischen Kirche gefunden. Ihre Prediger, die »Vollkommenen«, »les parfaits«, gewannen dank der Verurteilung priesterlicher Hoffart und Bereicherung so viel Einfluß beim Volk, daß Papst Innozenz III. den eben gegründeten Dominikaner-Orden mit ihrer Ausmerzung beauftragte und zu diesem Zweck die Heilige Inquisition ins Leben rief.

Auf dem Balkan hatten die Bogumilen, eine dualistische, manchmal auch paulikianisch inspirierte Sekte, in der unzugänglichen Gebirgswelt Bosniens ein Bollwerk und Refugium gefunden. Mit Hilfe des streitbaren Fürsten Ban Kuli hatten diese »Manichäer« sich dort – viel länger als die ihnen verwandten Katharer Frankreichs – gegen den Bannfluch des Papstes, das Anathema des orthodoxen Patriarchen von Konstantinopel, den Kreuzzug des ungarischen Königs Andreas behauptet. Als die Osmanen bei ihrem Siegeszug auf dem Balkan weit nach Norden vorstießen, wurden sie von den bedrängten bosnischen Bogumilen als Verbündete, ja als Befreier begrüßt. Der Übertritt zum Islam war eine natürliche, fast spontane Folge dieser Verbrüderung. Im Rahmen der neuen Ordnung des Sultans sprangen die ehemals bogumilischen Feudalherren mit ihren christlichen Leibeigenen, ihren slawischen Brüdern, oft härter um als die lässigen türkischen Sipahi, die »Pfründenverwalter« des Padischah. Es hat lange gedauert, ehe das Wissen über die Entstehung des bosnischen Islam in den Berichten deutscher Balkan-Korrespondenten seinen Niederschlag fand.

»Der Calvinismus wiederum, dieser puritanische Sonderweg des Protestantismus, hatte seinerseits die manichäische Grundauffassung einer totalen Unvereinbarkeit von Gut und Böse, von der Prädestination der Erwählten, aufgegriffen. Die Zweiteilung spiegelt sich heute in gewissen Affekten der amerikanischen Diplomatie, wenn politisch-ideologische Gegenkräfte als ›Empire of Evil‹ verdammt werden.« – Diesen Satz setze ich absichtlich in Anführungszeichen. Ich hatte ihn bereits im Frühjahr 1996 formuliert, als von Osama Bin Laden, von Selbstmordterroristen und El Qaida-Verschwörern noch überhaupt nicht die Rede war.

## »Frontier School of Character«

*Rückblende: Pamir-Gebirge (Tadschikistan), im Sommer 1991*

Wer redet heute nicht alles vom »Great Game«, das – anknüpfend an die alte Rivalität zwischen dem zaristischen Rußland und dem britischen Empire – auf dem »Dach der Welt«, dem Pamir-Gebirge, um hundert Jahre versetzt und mit anderen Partnern neu ausgetragen wird? Als ich im Sommer 1991 zu diesem Block aus Fels und Eis aufbrach, der etwa 42 Prozent des tadschikischen Staatsgebiets mit nur 120 000 Menschen umfaßt, und dort bereits nach dem »Schlachtfeld der Zukunft« Ausschau hielt, wurde mir von manchen Kollegen und Experten blühende Phantasie vorgeworfen. Seitdem ist der Spruch vom »großen Spiel« jedoch zum Gemeinplatz geworden.

Die Kontrahenten der Gegenwart, die sich im Wettstreit um die Hochgebirgszugänge zum indischen Subkontinent und diese einmalige strategische Schlüsselstellung gegenüberstehen, sind nicht mehr dieselben. Nach dem Zusammenbruch der expansiven Sowjetmacht scheint Rußland nur noch Rückzugsgefechte in Zentralasien zu liefern. An die Stelle Großbritanniens ist sein früheres Kronjuwel Indien getreten, und die besten Regimenter Delhis behaupten am Rande des Karakorum vorgeschobene Gletscherstellungen gegen die Islamische Republik Pakistan, die allzu gern an die Tradition des Mogul-Reiches anknüpfen und sich als Speerspitze der gesamten islamischen Umma in dieser Region darstellen möchte. Die Vereinigten Staaten von Amerika wären zweifellos in der Lage, alle Kontrahenten mit ihrer globalen Allmacht an den Rand der hier zahlreichen Abgründe zu drängen, wenn ihnen nicht – seit der Osten sich unter Mao Zedong rot färbte – ein formidabler Gegenspieler in der Drachengestalt der Volksrepublik China erwachsen wäre. Aus der halbkolonialen Erniedrigung, in die die späte Mandschu-Dynastie von Peking herabgesunken war, ist das gigantische Gemeinwesen von 1,3 Milliarden Menschen zur radikalen Modernisierung aufgebrochen. Das wiedererstandene Reich der Mitte ist sich seiner Unbesiegbarkeit bewußt. »China ist ein schlafender Riese«, so hatte einst Napoleon auf seiner Verbannungsinsel Sankt Helena im Südatlantik prophezeit; »wenn China erwacht, wird die Welt erbeben – le monde tremblera.« Hundertachtzig Jahre nach dem Tod des großen Korsen hat sich diese Erkenntnis wohl auch in den trägen Kanzleien Europas durchgesetzt.

In Duschanbe habe ich den amtierenden Außenminister Talbak Nazarow nach dem Verhältnis seiner winzigen Republik zu dem Koloß im Osten gefragt. Tadschikistan wie auch Kirgistan hatten gerade ein paar kleine Grenzberichtigungen zugunsten des chinesischen Nachbarn konzediert, was bei den Kirgisen Demonstrationen gegen die Nachgiebigkeit des eigenen Präsidenten Akajew ausgelöst hatte. Talbak Nazarow, einer der wenigen kultivierten Akademiker in der Umgebung des grobschlächtigen tadschikischen Staatschefs Rachmonow, empfindet keine solchen Bedenken. Er betont im Gegenteil, daß die Beziehungen Duschanbes zu Peking ausgezeichnet seien und hoffentlich vertieft würden. »Es ist schade«, sagt der Minister, »daß ich Ihnen nicht die Transportmittel für Dreharbeiten in unserem Pamir-Territorium zur Verfügung stellen kann, das wir Berg-Badaghshan nennen. Es ist einer der schönsten und interessantesten Flecken der Erde.« Aber da kann ich ihn beruhigen. Im Sommer 1991, unmittelbar vor der Unabhängigkeitsproklamation, hatte ich Gelegenheit gehabt, die schwer zugängliche Region zu besuchen, und ich stehe heute noch unter dem Eindruck dieser grandiosen Reise.

*

Als unsere Yak-40 fast im Sturzflug auf die winzige Rollbahn von Chorog niederging, hatte ich das Gefühl, die beiden Enden der Tragflächen berührten die schroffen Felswände. Wir erreichten einen Winkel Asiens, der bis zum Zerfall der Sowjetunion rigoros abgeriegelt war. Chorog war das bescheidene Zentrum der Autonomen Region Berg-Badaghshan. An diesem Septembertag 1991 hatten die revolutionären Ereignisse von Duschanbe noch nicht auf das zerklüftete Flußtal des Pjandsch und das Pamir-Massiv übergegriffen. An dem Verwaltungsgebäude klebten schreiend bunte Plakate, die im dümmlichen Stil des sozialistischen Realismus die Triumphe der Sowjetmacht verherrlichten.

Immerhin hatte in Chorog technische Modernisierung Einzug gehalten. Der Ort war voll elektrifiziert. Das rustikale Gästehaus besaß fließendes Wasser. Sogar ein kleiner Kinosaal stand zur propagandistischen Aufklärung im Sinne des verflossenen Regimes zur Verfügung. Jenseits der reißenden Wasser des Pjandsch, der stellenweise nur zwei bis zehn Meter breit war, ist eine andere Welt erhalten geblieben. Dort hatte sich seit den Zeiten des Eroberers Tamerlan nicht viel verändert. Die Hänge der afghanischen Nachbarprovinz, die ebenfalls den Namen Badaghshan trägt, fallen schwindelerregend zur Talsohle ab. Trotzdem hatten dort Gebirgsbauern ihre Gerstenfelder so steil an den Berg geklebt, daß man meinen konnte, sie müßten sich zu deren Bebauung anseilen. Es gab nur ein paar erbärmliche Lehmhütten, zwischen denen bärtige Männer in der schlotternden Landestracht mit Heu beladene Esel vor sich hertrieben, sofern sie nicht die schwere Last auf die eigenen Schultern packten. Hinter dem kahlen gelben Kamm, der sich scharf vom strahlenden Himmel abhob, lauerten die tadschikischen Mudschahidin des »Löwen von Pandschir«.

Im Landrover kurvten wir kurz nach unserer Ankunft die Gebirgsstraße empor. Wir näherten uns dem strategischen Kajtezek-Paß, der in mehr als 3000 Meter Höhe in östlicher Richtung auf die Grenze von Chinesisch-Xinjiang überleitet und kurz davor nach Norden zum kirgisischen Umschlagplatz Osch abzweigt. Die ockerfarbenen Gebirgszüge preßten sich wie riesige Löwen gegen den Horizont. Das Plateau war zunächst unbewohnt. In dieser Steinwüste gedieh kein Leben. Aber dann sichteten wir neugierige Kinder, die Schafe und schwarze Ziegen weideten. Ein Bach sprudelte längs der Chaussee, und auf winzigen Feldern quälten sich ärmlich gekleidete Menschen – meist Frauen mit Kopftüchern und weiten Pluderhosen. Mit ihren Sicheln schnitten sie den Trokkenreis.

Ein Treffen mit einer Gruppe Dorfältester war für uns arrangiert, die uns mit Saft aus Maulbeerfrüchten bewirteten. Die Greise traten trotz ihrer Armut wie würdige Patriarchen auf. Wir wußten längst, daß diese versprengten Tadschiken der ismailitischen Religionsgemeinschaft angehörten, einer Variante der Schia, der »Partei Alis«, die jedoch im Gegensatz zu den persischen Glaubensbrüdern, die zwölf Nachkommen Mohammeds als Imame verehren, nur die ersten sieben anerkennt. Ihre spezielle, an Anbetung grenzende Verehrung gilt dem Siebenten Imam Ismail, mit dem die Kette der Auserwählten abreißt oder, besser gesagt, sich in der Person des Aga Khan stets von neuem offenbart.

Durch einen Zufall gewannen wir das Vertrauen, ja die herzliche Zuneigung dieser ansonsten argwöhnischen Außenseiter. Unser Kameramann hatte vor ein paar Jahren an einer Reportage über das derzeitige Oberhaupt der Ismailiten-Sekte – Karim Aga Khan – mitgewirkt und von dem überaus verwestlichten »Heiligen« ein Foto mit Widmung erhalten. Jetzt zeigte er das Bild vor. Feierliche Ergriffenheit bemächtigte sich der schlichten Gläubigen. Mit zitternden Fingern reichten sie das Foto des »Unsterblichen« im Kreis herum, küßten es innig und drückten es huldigend gegen die Stirn. Der herbeigerufene »Khalifa«, das geistliche Oberhaupt der kleinen Gemeinde – ein ausgemergelter Gebirgsbauer wie die anderen, doch durch einen grünen Turban hervorgehoben –, schloß uns in die Arme.

Eine seltene Gunst wurde uns zuteil. Auf verschlungenen Pfaden wurden wir zu dem Refugium geführt, wo der Fünfte schiitische Imam Mohammed Baqr Schutz vor seinen sunnitischen Verfolgern gefunden hatte. Normalerweise wäre zu der Weihestätte, die im Zuge der kommunistischen Gottlosen-Kampagne verwüstet, dann aber als Holzbaracke wiedererrichtet wurde, kein Andersgläubiger zugelassen. Unter den frommen Sektierern, die uns zu einem ärmlichen Pilaw einluden – für diese Hungerleider war es wohl ein üppiges Gastmahl –, herrschte eine tiefe, religiös fundierte Harmonie. Wer könnte sich in unserer Runde vorstellen, daß es Angehörige der Siebener-Schia, der Ismailiten waren, die – als Haschischin – unter der Anleitung des Alten vom Berge und unter Aufopferung ihres Lebens den Abbassiden- und Fatimiden-Kalifen sowie den fränkischen Fürsten der Kreuzritter im Heiligen Land gnadenlos nach dem Leben trachteten?

Die Vorstellung wirkte schockierend, daß die darbenden Menschen von Berg-Badaghshan den Lebemann Karim Aga Khan als geistliches Vorbild, fast als »lebenden Gott« verehrten, einen Gentleman vornehmen britischen Zuschnitts, der dem Müßiggang der Jet-set-Gesellschaft zwischen der Costa Esmeralda und seinen Gestüten in Irland nachgeht. Seitdem, so sollte ich jedoch später erfahren, hat Karim Aga Khan, der seinen Gläubigen weltweit zur Seite steht, auch diesen versprengten Außenseitern im Pamir-Gebirge tatkräftige Hilfe zukommen lassen. Die Sunniten von Duschanbe waren auf die ismailitischen »Ketzer« schon damals nicht sonderlich gut zu sprechen, die sich in einer »Lale« – das heißt Edelstein-Bewegung – politisch organisierten.

Nach dem Essen hatte ich mich abgesondert, war auf einen Felsbrocken geklettert und ließ die einsame Gebirgswelt, die funkelnde Himmelskuppel auf mich einwirken. Die Gletscherdome schimmerten feierlich, als würde sich hinter ihrer feindseligen Barriere das Wunderland Shangri-la, das Tal ewiger Jugend, öffnen. Plötzlich fühlte ich mich in meine Kindheit zurückversetzt, als ich mit Begeisterung die Novellen Rudyard Kiplings, des Barden des Empire, verschlungen hatte, wo von wagemutigen Offizieren Ihrer Britischen Majestät die Rede war, die in scharlachroter Uniform davon träumten, als Eroberer in die Geschichte einzugehen. Hier war die Legende entstanden vom »Mann, der König sein wollte – the man who would be king«. In dieser Umgebung war Kipling vielleicht auch die Idee zu der kuriosen Erzählung »Kim« gekommen, die zu Unrecht als Kinderlektüre gilt.

Kim, das war jenes Findelkind englischer Abstammung, das sich in die hinduistische und buddhistische Mysterienwelt des Subkontinents integriert hatte, dann durch einen Zufall – immer noch der Weisheit der Brahmanen, der Sadhus, auch der muslimischen Sufi verhaftet – seine europäischen Ursprünge wiederentdeckte und nun begeistert teilnahm an den Ränken, Intrigen und handfesten Abwehrmaßnahmen, die die Täler von Ganges und Indus gegen die Infiltrationsabsichten zaristischer Kundschafter abschirmen sollten. Nach Norden richtete sich damals der besorgte Blick des Vizekönigs von Delhi, nämlich auf den russischen Expansionsdrang in Zentralasien. Gegen diese Herausforderung hatte der kleine Kim, in Begleitung seines vom Nirwana besessenen Lamas und zum Spion des Empire avanciert, das Gelöbnis angestimmt: »Gen Norden werde ich aufbrechen, weiter und weiter gen Norden, und das ›Große Spiel‹ will ich spielen. – Now I shall go far and far to the north, playing the ›Great Game‹.«

Aus den Londoner Archiven wissen wir, wie es bei diesem gegenseitigen Abtasten und Kräftemessen zugegangen ist. Bei ihren systematischen Explorationen in Zentralasien hatten sich die zaristischen Vorhuten auf bedenkliche Weise an exponierte Außenposten von Britisch-Indien herangepirscht. Sankt Petersburg schickte seine besten Offiziere, als Forscher getarnt und von unerschrockenen Kosaken eskortiert, in diese Wüste aus Fels und Eis, um nach Pässen und Übergängen zu suchen. Die Armeen des Zaren warteten nur auf eine günstige Gelegenheit, um über schwindelerregende Yak-Pisten in die Ebenen des Indus und des Ganges vorzustoßen. Die Engländer ihrerseits boten erfahrene Offiziere auf, die sich bei vornehmen Garde-Regimentern in der »Frontier School of Character«, wie Lord Curzon es nannte, gestählt hatten. In Begleitung von Gurkha-Söldnern, jenen unermüdlichen Bergsteigern und furchtlosen Kriegern aus Nepal, traten sie, als Mitarbeiter der Royal Geographic Society ausgewiesen, der russischen Spionage entgegen. Wo immer sich ihnen die Möglichkeit bot, stifteten sie gleichzeitig Unruhe in jenen muslimischen Zonen Turkestans, die der Zar bereits unterworfen hatte.

Sehr weit konnte ich an diesem Abend von der Lehmburg Shadidula nicht entfernt sein, die im Jahr 1890 Schauplatz einer bemerkenswerten Begegnung war. Es lohnt sich, das Verhalten der beiden Repräsentanten potentiell feindlicher Mächte in der gottverlassenen Wildnis zu schildern. Auf den ersten Blick fällt die Ritterlichkeit des Umgangs innerhalb der damaligen Oberschicht Europas auf, eine Form antiquierter Gesittung, die in den barbarischen Vernichtungskriegen des 20. Jahrhunderts unterging. Dem britischen »Explorer« Captain Francis Younghusband war durch eine Stafette aus Simla avisiert worden, daß ein russischer Hauptmann namens Gromtschewski mit sieben Kosaken in unmittelbarer Nähe von Shadidula seine Zelte aufgeschlagen hatte. Mit seiner kleinen Gurkha-Begleitung rückte der Engländer stracks auf den Sendboten des Zaren zu. Aber zitieren wir Younghusband im Wortlaut: »Während ich heranritt, trat ein gutaussehender Mann mit Bart in russischer Uniform aus seinem Zelt, um mich herzlich zu begrüßen.« Der Brite folgte der Einladung seines Gegenspielers. Das Dinner war eine sehr üppige Mahlzeit, die mit Wodka reichlich begossen wurde. Bei Begegnungen ähnlicher Art haben sich die jeweiligen Emissäre, Gott weiß wie, mit Champagner und Bordeaux bewirtet. Ganz unverblümt kam das Gespräch auf die russischen Eroberungsabsichten. »Würdet Ihr gern nach Indien marschieren?« fragte Gromtschewski seine Kosaken, und die antworteten mit einem dröhnenden Hurra. Die beiden Offiziere diskutierten sehr freimütig über die Chancen einer russischen Offensive in diesem extrem widrigen Gelände. Gromtschewski rühmte die schier unbegrenzte Leidensfähigkeit seiner Soldaten. Younghusband seinerseits verwies auf die Verwundbarkeit der Nachschubwege, mit denen die zaristischen Armeen in den unsicheren Weiten Zentralasiens rechnen müßten. So debattierte man bei Wodka und Blinis. Am folgenden Tag tranken die beiden noch eine letzte Flasche Brandy leer, die Younghusband in seinem Gepäck mitführte. Man trennte sich auf höchst protokollgerechte Art als Offiziere und Gentlemen. Die kleinen, schlitzäugigen Gurkhas präsentierten die Gewehre mit der Präzision britischen Drills. Gromtschewski war von diesem Paradestück hoch angetan und teilte das seinem Rivalen anerkennend mit. Seine kraftstrotzenden bärtigen Kosaken waren in solchen Künsten weniger geübt; dafür beeindruckten sie durch ihre riesige Statur.

Das »Great Game« – der Ausdruck stammt übrigens von dem englischen Captain Conally, der 1841 im Emirat Buchara auf schreckliche Weise zu Tode gefoltert worden war – wurde im Jahr 1905 jäh abgebrochen. Das Heer und die Flotte des Zaren erlitten im Russisch-Japanischen Krieg vernichtende, demütigende Niederlagen. Zu Expansionsbestrebungen in Richtung Indien war nun wirklich keine überschüssige Kraft mehr vorhanden. 1907 wurde die präzise Abgrenzung der jeweiligen Einflußzonen vorgenommen. Damit die beiden Imperien nicht mehr Gefahr liefen, sich mit ihren Patrouillen ins Gehege zu kommen, wurde der langgestreckte Finger des unwirtlichen Wakhan-Zipfels dem Königreich Afghanistan zugeschlagen. Das Zarenreich sah sich mit seinem permanenten imperialen Ausdehnungsdrang auf Europa abgedrängt. Die Torheit der wilhelminischen Außenpolitik versäumte es, jene militärische Annäherung zwischen Sankt Petersburg und London zu durchkreuzen, die dem Deutschen Reich im Ersten Weltkrieg zum Verhängnis werden sollte.

*

Wie gern wäre ich zu frühester Stunde am folgenden Morgen der engen Piste gefolgt, die in steilen Windungen vom Dorf der Ismailiten, wo wir übernachtet hatten, nach Nordwesten abzweigte. Dort lag die chinesische Westprovinz Xinjiang zum Greifen nahe. Aber an ein Durchkommen war nicht zu denken, selbst wenn man mit Hilfe von Maultieren oder Yaks den mehr als 4 000 Meter hohen Paß überwunden hätte. So blieb mir in der eisigen Gebirgsnacht, unter der dünnen Decke fröstelnd, nichts anderes übrig, als von jenem frommen Mönch Xuanzang und seinem Beschützer, dem »Goldenen Affen«, zu träumen, der auf seiner »Reise nach Westen« den Fabelwesen des ewigen Schnees trotzte, um in den Besitz der letzten Weisheit zu gelangen. Erst vier Jahre später, im Oktober 1995, sollte mein Wunsch in Erfüllung gehen.

# CHINA
## Das letzte Gefecht

### Rückkehr der Rinderteufel

Sind gegen die Volksrepublik wieder »die Rinderteufel und Schlangengeister« losgelassen, vor denen Mao Zedong warnte und die das Reich der Mitte periodisch heimsuchen? Peking fühlt sich bedroht durch den amerikanischen Anspruch auf Weltherrschaft, durch den Taumel der Allmacht, der – so sieht man es in Ostasien – die Bush-Administration überkommen hat. Ganz aus der Luft gegriffen sind diese Befürchtungen ja nicht. In Washington besteht eine merkwürdige Diskrepanz zwischen den dröhnenden Kriegsdrohungen, die gegen alle präsumptiven Komplizen des internationalen Terrorismus, alle Produzenten von Massenvernichtungswaffen ausgestoßen werden – wobei mit detaillierten Schilderungen der projizierten Feldzüge nicht gespart wird –, und der Nachrichten-Abschottung, der systematischen Desinformation, die gegenüber den atlantischen Alliierten, mit Ausnahme der Briten, praktiziert wird.

So hat tatsächlich ein ranghoher und einflußreicher Berater des Präsidenten vor amerikanischen Journalisten angekündigt, daß die Bereinigung der Konfliktsituation im Nahen und Mittleren Osten nur das Vorspiel, die Vorbedingung sei für die schicksalhafte Konfrontation, die über kurz oder lang mit China um die Kontrolle des Westpazifik ausgetragen werden müsse. Im Regierungsviertel von Zhongnanhai, am Rande der Verbotenen Stadt, sind solche Sprüche nicht ungehört verhallt.

Als am 11. September 2001 New York durch einen Hauch von Apokalypse gestreift wurde, hat sich die Volksrepublik China aus voller Überzeugung in die Front der Terroristenbekämpfung eingereiht. Eine barbarische Gewalttat wie die Vernichtung des World Trade Center erschüttert unweigerlich die Ordnung zwischen Himmel und Erde, auf die die roten Konfuzianer von Peking im Unterbewußtsein immer noch eingeschworen sind. Andererseits erkannte Staatspräsident Jiang Zemin sofort den Nutzen, den er aus der weltweiten Entrüstung für sich selbst ziehen konnte. Peking hatte ja auch seine Probleme mit der muslimischen Minderheit der Uiguren in der äußersten Westprovinz Xinjiang. Nunmehr wäre es ein leichtes, die schwelende Aufruhrstimmung dieser isolierten Turkstämme gegen die Fremdherrschaft des Staatsvolkes der Han mit den Umtrieben von El Qaida in Zusammenhang zu bringen, zumal eine begrenzte Zahl uigurischer Freischärler tatsächlich in Afghanistan zu »Gotteskriegern« ausgebildet worden war.

Um die Aufsässigkeit der Tibeter war es still geworden, und jetzt bot sich sogar die Gelegenheit, die taoistisch inspirierte Sektenbewegung von »Falun Gong«, die den neuen Mandarinen von Peking – gemessen an ein paar versprengten islamistischen Attentätern – weit mehr Sorgen bereitete, als gefährlich konspiratives Element mit Nachdruck zu bekämpfen, ohne daß in den amerikanischen Medien Schreie der Empörung laut würden.

Auf der anderen Seite sah man im amerikanischen Engagement, im Ausbau von US-Stützpunkten in Zentralasien den groß angelegten strategischen Entwurf, die Volksrepublik China von allen Seiten einzukreisen und mit Hilfe elektronischer Abhöranlagen ihre geheimsten Aktivitäten auszuspionieren. Die regierende Kommunistische Partei und vor allem die Volksbefreiungsarmee fühlten sich durch einen fast lückenlosen Ring amerikanischer Basen umschlossen. Zu Südkorea, Japan, Okinawa, Taiwan, den Philippinen im Osten gesellten sich die Insel Diego Garcia und die neuen US-Anlagen in Pakistan im Süden. Dieses System ließe sich jederzeit durch die indische Kooperationswilligkeit ergänzen. Im Westen boten Kandahar und Bagram in Afghanistan, Karshi in Usbekistan, Bischkek in Kirgistan dem Pentagon ungehemmte Entfaltungsmöglichkeiten. Im Norden schließlich, in Sibirien und der russischen Fernostprovinz, schien Wladimir Putin nur allzu bereit, seine Kenntnisse über das Reich der Mitte seinen neuen Partnern aus der Neuen Welt zu vermitteln. Selbst Vietnam, das in seine atavistische Abwehrstellung gegen die Hegemonialansprüche Pekings zurückgeworfen wurde und einen Territorialstreit um die

Spratley- und Paracel-Inseln im Südchinesischen Meer austrug, stünde dem früheren Kriegsgegner USA diskret zur Verfügung.

Aus autorisierter amerikanischer Quelle ahnte die Führung der Volksbefreiungsarmee, was sich gegen sie zusammenbraute. Das ballistische Abwehrsystem, zu dessen Ausbau George W. Bush sich entschlossen hatte, war in erster Linie gegen die Interkontinentalraketen konzipiert, über die China noch in unzureichender Zahl verfügte. Man konnte sich jedoch darauf verlassen, daß es der rastlosen Tätigkeit der chinesischen Wissenschaftler gelingen würde, diese Unterlegenheit in Rekordfrist zu verringern. Die Vereinigten Staaten von Amerika sollten in einen permanenten Zustand der Ungewißheit, in das Gefühl eigener Verwundbarkeit versetzt werden. In dieser Hinsicht wirkte sich natürlich das Sicherheitsfiasko vom 11. September, insbesondere die Teilvernichtung des Pentagon, als psychologische Trumpfkarte aus.

Der Vater des jetzigen amerikanischen Präsidenten besaß als ehemaliger CIA-Chef und Botschafter in Peking eine solide Kenntnis der Volksrepublik. Ob er dieses Wissen seinem Sohn vermitteln konnte, bleibt zweifelhaft. Der Volltreffer in der chinesischen Botschaft von Belgrad während des Kosovo-Krieges – angesichts der verblüffenden Präzision, mit der die Cruise Missiles ihre übrigen Ziele in der serbischen Hauptstadt anvisiert hatten, konnte es sich mit Sicherheit nicht um eine Panne des Nachrichtendienstes handeln – hatte nicht zum diplomatischen Bruch geführt. Die erzwungene Landung eines amerikanischen Spionageflugzeugs auf der Insel Hainan konnte ebenfalls heruntergespielt werden. Aber in Washington weiß man offenbar, daß gewisse Grenzen respektiert werden müssen, daß der chinesische Drache nicht über Gebühr gereizt werden darf.

Im Korea-Krieg, der 1950 ausbrach, hatte die Volksbefreiungsarmee – ärmlichst bewaffnet – die US-Divisionen von der mandschurischen Grenze auf den 38. Breitengrad zurückgeworfen. Im Februar 1962 hatten die Soldaten Mao Zedongs, als sich die Grenzübergriffe indischer Gebirgstruppen im Himalaya häuften, mit einer vernichtenden Gegenoffensive reagiert und Nehru zutiefst gedemütigt. Nach der Besetzung des mit Peking verbündeten Kambodscha durch das wiedervereinigte, siegestrunkene Vietnam waren die Chinesen Anfang 1979 zu einer militärischen »Strafaktion« im nördlichen Tonking eingefallen. Die Erben Ho-Tschi-Minhs hatten zwar ihren nördlichen Erbfeinden schwere Verluste beigebracht und deren miserable Waffentechnologie bloßgestellt, aber mit der teuer erkauften Einnahme der Schlüsselstellung Langson hatten die Chinesen sich den Weg nach Hanoi praktisch freigekämpft.

In allen drei Konfrontationen zeichnete sich die Kriegführung Pekings durch strenge Begrenzung ihrer Zielsetzung aus: An der alten Demarkationslinie in Korea hatten die Divisionen Mao Zedongs haltgemacht; beim Himalaya-Konflikt mit Indien hütete sich Peking, den schmalen Territorialschlauch zur Außenprovinz Assam abzuschneiden, was ohne weiteres möglich gewesen wäre; bei der Strafaktion gegen Vietnam begnügten sich die chinesischen Eindringlinge mit bescheidenem Geländegewinn, bevor sie sich in künstlich aufgebauschten Siegesfeiern auf ihre Ausgangsposition zurückzogen. Ihr Ziel hatten sie ja erreicht: Wenig später mußten die im Partisanenkampf gegen die »Roten Khmer« ausgelaugten »Bo Doi« der Demokratischen Volksrepublik Vietnam ihre kambodschanische Beute wieder preisgeben.

Zweimal hatte die Volksrepublik am Rande des Nuklearkrieges gestanden. Im Jahr 1951 wollte General MacArthur als Reaktion auf den Durchbruch der Chinesen am Yalu die Mandschurei mit Atombomben belegen. Es gehörte der Mut des Präsidenten Harry S. Truman dazu, dem Volkshelden MacArthur in den Arm zu fallen, ihn von seinem Kommando abzuberufen, um ein Inferno zu verhindern. Während der großen Kulturrevolution, als es 1969 zu blutigen Zwischenfällen zwischen Sowjetrussen und chinesischen Rotgardisten am Ussuri kam, hatte der damalige Generalsekretär der KPdSU, Leonid Breschnew, ernsthaft mit dem Gedanken gespielt, einen Nuklearschlag großen Ausmaßes gegen das Reich Mao Zedongs auszulösen. Damals waren es die Amerikaner, die den Chinesen Warnungen und Informationen zukommen ließen, um dem Vernichtungseifer des Kreml – der Kalte Krieg war ja noch in vollem Gange – Einhalt zu gebieten.

Der »Große Steuermann«, wie Mao hieß, war stets auf das Schlimmste gefaßt gewesen. Er rechnete so sehr mit einem atomaren Überfall von seiten des »Polarbären«, wie man die Sowjetunion damals nannte, daß er den Bau der U-Bahn von Peking zu einem

System atomsicherer Bunker und Stollen riesigen Ausmaßes erweiterte. Mao Zedong war angeblich bereit, im Extremfall den Verlust von zwei- oder dreihundert Millionen seiner Landsleute in Kauf zu nehmen, und er verließ sich darauf, daß Moskau vor einem militärischen Versacken in den gelben Massen zurückschrecken würde. Menschenleben zählten für ihn gering, hatte er doch beim wahnwitzigen Experiment des »Großen Sprungs nach vorn« eine Hungersnot ausgelöst, der schätzungsweise zwanzig Millionen seiner Untertanen zum Opfer fielen. Die proletarische Kulturrevolution, die er in den sechziger Jahren entfachte, forderte insgesamt etwa fünf Millionen Tote.

Der Herrscher am Tien Anmen suchte sein Vorbild in dem unerbittlichen Drachen-Sohn Qin Shi Huangdi, dem machtvollen Gründer und Einiger des Reichs der Mitte im dritten Jahrhundert vor Christus, der den starren konfuzianischen Sittenkodex auszumerzen gesucht hatte wie Mao Zedong nach ihm. Mit Hilfe seiner Legalisten hatte Qin Shi Huangdi, der im Westen vor allem durch die Ausgrabung der Ton-Armee von Xian berühmt wurde, eine extrem zentralisierte Despotie errichtet, die in mancher Beziehung als imperialer Kommunismus bezeichnet werden kann. Wer vermochte schon Mao Zedong zu ergründen, der seine rätselhaften Gedichte in der gelehrten Sprache der Tang-Dynastie verfaßte, der von sich selbst sagte: »Ich bin ein alter Mönch unter einem zerschlissenen Regenschirm«, und der sich von dem hochgebildeten Schriftsteller und Goethe-Übersetzer Guo Moruo als Ikonoklast und Idol zugleich feiern ließ. »Ich bete den schöpferischen Geist an«, so äußerte sich Guo Moruo über den Großen Steuermann; »ich bete an die Kraft, das Blut und das Herz; ich verehre Bomben, Trauer und Zerstörung, ich verehre die Bilderstürmer, ich bete mich selbst an, denn ein Bilderstürmer bin ich ja auch.«

Es war das historische Verdienst Henry Kissingers, daß er die Reise Richard Nixons nach Peking im Jahr 1973 einleitete und eine Normalisierung der Beziehungen zwischen den USA und Rot-China durchsetzte. Ein großes Wagnis hatte Nixon auf sich genommen. Ich erinnere mich noch sehr präzis an die Gespräche, die zu Beginn des amerikanischen Vietnam-Feldzugs 1965 bei den Offizieren der US-Marines am 17. Breitengrad üblich waren. Man sei doch nicht in Danang an Land gegangen, um gegen das lächerliche Puppenregime von Hanoi einen vorprogrammierten Sieg zu erringen. Die tatsächliche strategische Absicht Washingtons richte sich gegen die Volksrepublik China und auf die Beseitigung der dort wütenden kommunistischen Tyrannei, so wurde damals schwadroniert. Diese leichtfertige Form der Selbstüberschätzung, die seinerzeit gang und gäbe war, sollte man in Anbetracht der heutigen Situation ins Gedächtnis rufen.

*

Die Volksbefreiungsarmee von heute hat mit dem Massenheer Mao Zedongs nicht mehr viel gemeinsam. Es war mir vergönnt, zu Beginn des Jahres 1979 den entscheidenden psychologischen Bruch mitzuerleben, der die chinesische Generalität zwang, von ihren antiquierten Vorstellungen Abschied zu nehmen. Aus Peking war eine Gruppe ausländischer Journalisten speziell in die Südprovinz Yünan eingeflogen worden, um der vietnamesischen Behauptung, die 27. Chinesische Armee habe sich in Tonking blutige Nasen geholt, entgegenzuwirken. Man hatte uns sogar in Richtung Grenze bis Pan Qi reisen lassen, um vietnamesische Kriegsgefangene zu besichtigen. Diese Bo Doi hatten den Pressebesuch in ihrem Lager, wo sie einer intensiven maoistischen Gehirnwäsche unterzogen wurden, mit dem trotzigen nationalen Kampflied empfangen: »Vietnam! Ho-Tschi-Minh! Vietnam! Ho-Tschi-Minh!«, das mir ach so vertraut war.

In der Provinzhauptstadt Kunming wurde uns später im Konferenzsaal unseres Hotels eine kleine Gruppe chinesischer Soldaten präsentiert, die sich besonders bewährt hatten. Ein Transparent war über die Rückwand gespannt: »Wir begrüßen den großen Sieg bei unserer Aktion der Selbstverteidigung.« Die Gesichter der »Helden« der Volksbefreiungsarmee, so wurden sie offiziell vorgestellt, waren starr und ausdruckslos unter den grünen Ballonmützen mit dem roten Stern. Die Soldaten hatten ihre Lektion gut gelernt. »Die revisionistische Le-Duan-Clique von Hanoi hat behauptet«, so begann der erste, »daß ein vietnamesischer Soldat dreißig Chinesen wert sei. Wir haben den Provokateuren gezeigt, daß sie Papiertiger sind.« Le Duan war damals der Generalsekretär der KP Vietnams. Nahkampfszenen wurden beschrieben. Ein Unteroffizier hatte mit der bloßen Hand ein feuerndes Maschinengewehr aus einer feindlichen Höhle gerissen. Seine Finger waren dabei verbrannt. Wie sie sich verhalten hätten, wenn sie in Gefangenschaft geraten wären, fragten wir. Die Antwort kam prompt. »Ich hätte mit allen Mitteln versucht auszubrechen«, trug ein Held vor; »wenn das unmöglich gewesen wäre, hätte ich den Freitod gesucht, aber vorher mindestens einen revisionistischen Feind umgebracht.«

Nach einer Serie wirrer Intrigen und der Entmachtung der »Viererbande«, die dem Tod Mao Zedongs 1976 gefolgt war, hatte sich Deng Xiaoping, als neuer starker Mann in Peking durchgesetzt. Von den vier Modernisierungen, die diesem bedeutenden Staatslenker vorschwebten, war die letzte, die gründliche Reform der Streitkräfte, am zögerlichsten angepackt worden. Nun konnte Deng, der als Veteran des »Langen Marsches« nicht nur als kommunistischer Spitzenkader, sondern auch als erfolgreicher Heerführer über hohes Prestige verfügte, die erdrückenden Vorgaben seines großen Vorgängers abschütteln. Für diesen klugen Neuerer war die militärische Schlappe bei Langson ein Geschenk des Himmels.

Mao Zedong, dessen Spruch »Die Macht kommt aus dem Lauf der Gewehre« so oft zitiert wird, hatte ja auch bei der Aufstellung der Volksbefreiungsarmee in Yenan mit den verhaßten Vorstellungen des Konfuzianismus gebrochen. War bei Meister Kong der Soldat ein geringgeschätzter, fast verachteter Außenseiter innerhalb einer hochgesitteten Gesellschaft gewesen – meist ein Barbar oder ein Bandit –, so hatte Mao ihn zum leuchtenden Vorbild erhoben, zur Verkörperung aller Tugenden der solidarischen Hingabe an das Volk und seinen revolutionären Elan. Es war seine Absicht gewesen, eine militärische Elite »proletarischer Samurais« zu züchten. Das Prestige der Streitkräfte, deren Werdegang mit dem der Kommunistischen Partei Chinas von Anfang an so gut wie identisch war, stand in den späten Jahren der Kulturrevolution in seinem Zenit. Jedesmal, wenn ich beim Besuch einer Schule die Knaben mit dem roten Halstuch nach ihrem Lebensziel und Idealberuf fragte, sagten die aufgewecktesten unter ihnen: »Ich will Soldat der Volksbefreiungsarmee werden.«

Deng Xiaoping und seine Genossen in der Zentralen Militärkommission konnten nach der »Strafaktion« von 1979 die Konsequenz daraus ziehen: Die Zeit des maoistischen Volksbefreiungskrieges, der Glaube an den unwiderstehlichen Schwung des revolutionären Massenaufgebots gehörten der Vergangenheit an. Luftwaffe war bei den Kämpfen gegen Vietnam so gut wie nicht eingesetzt worden. Die chinesische Truppe litt nicht nur unter der Unzulänglichkeit ihrer Panzerwaffe und ihrer Artillerie. Das Versagen der Fernmeldetechnik und der operationellen Koordinierung hatte sich stellenweise katastrophal ausgewirkt. Das Offizierskorps war überaltert und in selbstgefälliger Dogmatik erstarrt. Konfusion entstand auch durch die totale optische Gleichschaltung der Ränge. Ein Bataillonskommandeur war nur durch persönliche Kenntnis seiner Untergebenen von einem Gemeinen zu unterscheiden.

Am Ende hatte sich der chinesische Drache als ein recht schwerfälliges Ungeheuer erwiesen. Die Lorbeeren Mao Zedongs schienen verwelkt zu sein. Von nun an entwickelte sich die Armee im Reich der Mitte neben einer durch Vetternwirtschaft und Korruption diskreditierten Partei zum Rückgrat des Staates. Ihre aktive Beteiligung am wirtschaftlichen und industriellen Aufschwung verschaffte ihr zusätzliches Gewicht. Mao Zedong war »zu Marx gegangen«, wie er selber zu spötteln pflegte. In dem Maße, wie die kommunistische Ideologie durch einen typisch chinesischen Pragmatismus und das Verlangen nach Lebensqualität abgelöst wurde, versuchte die neue oberste Führung des riesigen Imperiums im sich abzeichnenden Kräftemessen mit Amerika den alteingefleischten Nationalismus, ja Chauvinismus der Han-Rasse zur dominierenden Staatsdoktrin zu machen. Das sollte nicht schwer sein, hatten doch die »Söhne des Himmels« – selbst zur Zeit ihrer demütigenden Unterjochung durch die langnasigen »Barbaren« aus dem Westen – das Gefühl ihrer eigenen kulturellen Überlegenheit nie preisgegeben.

# Gespenster am Tien Anmen

Der Kalte Krieg war zu Ende gegangen. Die westliche Welt begeisterte sich für Perestroika und Glasnost in einer radikal verwandelten Sowjetunion. Selbst bei nüchternen Diplomaten, bei den Moskauer Korrespondenten ohnehin, herrschte die Bewunderung für Michail Gorbatschow, die »Gorbimania« vor. Von der Volksrepublik hatte sich die »Freie Welt« versprochen, daß sie dem russischen Beispiel nachfolgen würde. Der neue Generalsekretär der Kommunistischen Partei Chinas, Zhao Ziyang, ein Reformer mit dem Ruf des rechten Maßes, war von Deng Xiaoping in seiner Eigenschaft als Vorsitzender der allmächtigen Militärkommission auf den Schild gehoben worden. Auf ihn richteten die amerikanischen und europäischen China-Experten ihre Hoffnung, er werde das Tor zur politischen Liberalisierung und zur ungehemmten Marktwirtschaft weit aufstoßen. Seit den Tumulten, die die Beerdigung des beliebten und angesehenen Früh-Revolutionärs Zhou Enlai im Januar 1976 begleitet hatten, war in rhythmischen Abständen, wenn auch in sanftem Pendelschlag, bei Studenten und Intellektuellen eine Hinwendung zur »Demokratisierung« in Gang gekommen, welche unausgegorenen Vorstellungen mit diesem Begriff auch verbunden sein mochten.

Bis zum heutigen Tag wird das »Massaker« am Platz des Himmlischen Friedens, das in der Nacht vom 3. auf den 4. Juni 1989 stattfand, immer wieder ins Feld geführt, um die Volksrepublik China international zu ächten und als despotisches Willkürregime bloßzustellen. Im Auf und Ab der stets argwöhnischen Beziehungen zwischen Washington und Peking wird die mißlungene Studentenrevolte am Tien Anmen beharrlich als Propagandakeule der amerikanischen Medien benutzt, um das Reich der Mitte in Verruf zu bringen, wann immer es in der Straße von Formosa kriselt oder Peking im Begriff steht, sein Prestige zu mehren und seinen unermeßlichen wirtschaftlichen Investitionssog politisch auszuspielen. Bei den Funktionären der Kommunistischen Partei und mehr noch bei den Kommandeuren der Volksbefreiungsarmee ist man wohl weiterhin überzeugt, daß es sich bei den Unruhen des Frühsommers 1989 um ein amerikanisch inszeniertes Komplott großen

Stils handelte, daß geheime und verderbliche Kräfte am Werk waren, um die Jugend der Hauptstadt im antisozialistischen Sinne zu manipulieren.

So schnell, wie ich nur konnte, bin ich im Juli 1989 nach Peking gereist, um den Ablauf und die Hintergründe der blutigen und revolutionären Vorgänge zu ergründen. Es mag bizarr klingen, aber ich habe keinen einzigen Augenzeugen dieser bewegten Wochen und der tragischen Nacht der Tien Anmen-Revolte getroffen, der vorgab, über präzise Kenntnis des Aufruhrs und seiner diskreten Machenschaften zu verfügen. Es schien, als habe sich eine Bleikapsel über das immense Planquadrat der Verbotenen Stadt gesenkt. Zehntausende haben zugesehen. Niemand hat begriffen, was sich jenseits der Kulissen abspielte. Aus langen Gesprächen, die ich führte, klangen immer wieder Frust und Verwunderung heraus. Fast alle Korrespondenten in der chinesischen Hauptstadt, die spontan und verdienstvoll die Partei der Aufbegehrenden ergriffen, hatten sich sehr weit aus dem Fenster gelehnt, als sie den Sieg der Revolutionsbewegung schon als unaufhaltbaren Dammbruch schilderten und die repressive Reaktionsfähigkeit der bösen alten Männer im Politbüro unterschätzten.

Gleich am dritten Tag nach meiner Ankunft in Peking wurde ich vom stellvertretenden Außenminister Zhou Nan zu einem ausführlichen Interview empfangen. Wir saßen in dem üblichen Halbkreis schwerer Sessel mit Spitzendeckchen. Auf niedrigen Tischen standen abgedeckte Teetassen mit heißem Wasser. Zhou Nan, ein Mann lebhaften Temperaments und angenehmer Umgangsformen, kam sofort auf das große Thema der Unruhe zu sprechen. Er trug natürlich kein einziges neues Argument vor, konzedierte jedoch, daß die Staatsautorität in China tatsächlich vor dem Zusammenbruch gestanden habe. Ob es denn tatsächlich dem Wunsch der westlichen Regierungen entsprochen hätte, wenn das Reich der Mitte von einer neuen Kulturrevolution heimgesucht, in einen Bürgerkrieg unvorstellbaren Ausmaßes hineingeschleudert worden wäre, fragte er.

*

Ist das herrschende kommunistische Regime in eine Krise hineingestolpert, deren Ausmaße es anfangs völlig unterschätzt hatte? Hat man ganz bewußt die Kundgebungen auf dem Tien Anmen eskalieren, ja ausufern lassen, um einen Vorwand zum gewalttätigen Eingreifen zu haben? Darüber wird noch lange spekuliert werden, und die eine Hypothese schließt die andere nicht aus. Die Studenten von Peking waren ihrerseits um Widersprüche nicht verlegen. Ihr Kampflied war die Internationale, die verstaubte Hymne des proletarischen Aufbruchs. Sie traten unter roten Fahnen an wie ihre Vorläufer, die Rotgardisten der Kulturrevolution. Oft hefteten sie sich als Zeichen des Protestes sogar Medaillen mit der Abbildung Mao Zedongs an den Hemdkragen, obwohl sie den strengen Vorstellungen des »Großen Steuermannes« mit größter Distanz hätten begegnen müssen. In Wirklichkeit schwärmten diese jungen Menschen, die des Marxismus-Leninismus, aber auch der Mao Zedong-Gedanken überdrüssig waren, von einer Konsumgesellschaft amerikanischen Zuschnitts. Sie hatten mit Begeisterung auf das Perestroika-Experiment Gorbatschows geblickt und wollten nicht wahrhaben, daß dieses Umstrukturierungsprogramm der Sowjetunion zwar eine begrenzte politische Liberalisierung, aber auch eine heillose Verschlechterung der ohnehin dürftigen Lebensbedingungen Rußlands bewirkt hatte.

Der 4. Juni 1989 dürfte ein Wendepunkt gewesen sein. Partei und Regierung hatten die Kontrolle über das Zentrum der Hauptstadt verloren. Die Polizeikordons wurden von einer friedlichen, aber resoluten Menge, die keine Gegenwehr duldete, abgedrängt. Der Ruf nach Freiheit und Pluralismus, dem sich jetzt sogar die bislang so unterwürfigen Redakteure der kommunistischen Parteipresse anschlossen, mußte zwangsläufig in eine radikale Veränderung der politischen Strukturen Chinas einmünden. Während die nationalchinesischen Behörden von Taiwan in diesen Tagen des Brodelns eine bemerkenswerte Zurückhaltung an den Tag legten, wurde der US-Sender »Voice of America« mit seinen Sendungen in chinesischer Sprache zum Parolenträger des ideologischen Umbruchs. In Hongkong wurden gewaltige Summen gespendet, nicht nur von den dortigen Kapitalisten, sondern auch von kleinen Leuten, um den bedrängten jungen Aufrührern in Peking die Mittel zum Ausharren zu verschaffen.

Was mag in jenen Tagen in Deng Xiaoping vorgegangen sein? Angesichts der unübersehbaren Menge, die auf dem Platz des Himmlischen Friedens wogte, dürften ihn düstere Erinnerungen heimgesucht haben. Gewiß, es ging in jenen Wochen freundlich und fröhlich zu wie bei einem gewaltigen Volksfest. Schimpfrufe wurden allenfalls gegen die Korruption der hohen Parteifunktionäre und deren Vetternwirtschaft ausgebracht, wobei die Studenten der Pekinger Elite-Universitäten doch hätten bedenken sollen, daß viele der Ihren aus ebendiesen privilegierten Kreisen der Nomenklatura hervorgegangen waren.

Deng Xiaoping muß Widerwillen empfunden haben gegenüber der Ausgelassenheit der Massen. Ihm waren noch die Schreckensszenen aus dem Jahr 1966 gegenwärtig, als Mao Zedong den schäumenden Rotgardisten die Weisung gab, das Hauptquartier der Partei zu bombardieren, die Hetzjagd auf die hohen Funktionäre zu beginnen, die den alten Steuermann weitgehend entmachtet hatten. In jenen dramatischen Monaten der hemmungslosen Entfesselung und Menschenjagd war Deng Xiaoping wie ein Geächteter unter der spitzen weißen Schandkappe durch die Straßen getrieben, beschimpft und bespuckt worden. Sein Bruder beging Selbstmord, um dieser Quälerei zu entgehen. Der Sohn Dengs wurde so brutal zusammengeschlagen, daß er seitdem querschnittgelähmt ist. Mag sein, daß in den verheißungsvollen Tagen des Mai und Juni 1989 auf dem Tien Anmen eine solche Entwicklung zur Gewalttätigkeit, ein solch terroristisches Ausarten und Abgleiten in den Horror unvorstellbar waren. Im Gegensatz zur egalitären Tollwut der Rotgardisten war hier der edle Ruf nach Freiheit und Demokratie aufgebrandet. Aber auch die Rotgardisten waren seinerzeit zutiefst davon durchdrungen gewesen, daß sie einem großen, einem glorreichen Ziel dienten und daß die Gesellschaft Chinas extrem erneuerungsbedürftig war.

Wie konnte Deng Xiaoping, der sich als Leiter der Militärkommission des Zentralkomitees unbestreitbar als starker Mann behauptete und der im Westen hoch geschätzt war, das Odium des Studentenmassakers auf sich nehmen? Als ich ihn beim Treffen mit Helmut Kohl, der damals noch Ministerpräsident von Rheinland-Pfalz war, im Jahr 1974 in Peking beobachtet hatte – er wirkte neben dem Pfälzer wie ein Zwerg –, hatte es von ihm geheißen, er sei der »Vater aller Füchse«. Die Sympathie, die Deng bei seinem Besuch der USA im Jahr 1980 beim amerikanischen Fernsehpublikum gesammelt hatte, war nun durch die kollektive Entrüstung ins Gegenteil verkehrt. Wer dachte noch an die lächelnd zur Schau getragene Harmonie mit Jimmy Carter, an die in aller Stille vereinbarte militärische Zusammenarbeit, darunter die Installierung amerikanischer Abhöranlagen für sowjetische Ferngespräche in Xinjiang. Ein Schatten war auf den Aufenthalt Dengs in Washington nur gefallen, als Präsident Carter – seinem Image getreu – für die Gewährung von Menschenrechten und insbesondere für die Erlaubnis plädierte, daß die Einwohner der Volksrepublik – speziell jene, deren Sippenangehörige in den USA lebten – großzügige Reisegenehmigungen erhielten. »Wieviel chinesische Einwanderer wünschen Sie sich?« soll der Gast aus Peking hinterhältig gefragt haben, »fünf Millionen, zehn Millionen, zwanzig Millionen oder fünfzig Millionen?« Damit sei das Gespräch abrupt beendet gewesen.

Nicht ganz ohne Grund mögen die Verfechter des harten Kurses im Zhongnanhai geargwöhnt haben, daß die Studentenbewegung – die Michail Gorbatschow zur Leitfigur demokratischer Liberalisierung und internationaler Öffnung hochstilisierte – das groß angekündigte Gipfeltreffen von Peking, zu dem der sowjetische Präsident am 15. Mai in der Hauptstadt gelandet war, für eine gewaltige Provokation nutzen wollten. Der Eingang zur Großen Halle des Volkes war durch Zehntausende von Demonstranten versperrt, und so mußte der russische Gast durch eine Hintertür eingeschleust werden. Gorbatschow war auf Grund des allgemeinen Tumultes nicht einmal in der Lage, einen Kranz am Ehrenmal der Helden der Revolution niederzulegen. Statt den Kotau des Russen entgegenzunehmen, verlor Deng auf beschämende Weise das Gesicht.

In diesen kritischen Maitagen ist er in Wuhan mit den Armeeführern zusammengetroffen. Er hat deren Zustimmung zum Schlag gegen die Jugendrevolte eingeholt. Bis auf den heutigen Tag weiß niemand, welche Zugeständnisse er dabei gemacht hat. Aus den verschiedensten Provinzen des Reiches wurden nunmehr Divisionen rund um die Hauptstadt zusammengezogen. Die Stunde der Volksbefreiungsarmee hatte geschlagen. Es begann eine Woche der unbeschreiblichen Verwirrung. Unbewaffnete Militäreinheiten wurden durch die Massen abgedrängt, stellenweise auch verprügelt. Die Uniformen wurden den Soldaten vom Leib gerissen. An anderen Punkten kam es zu Verbrüderungsszenen, und die jungen Demonstranten ließen die Militärs hochleben. Insgesamt müssen die Beziehungen von Anfang an überaus gespannt gewesen sein. Die Regimenter, die erfolglos versuchten, zum Tien Anmen vorzurücken, insbesondere die der 27. Armee, setzten sich aus ungebildeten Bauernjungen der Südprovinzen zusammen, die sich in der gewaltigen Metropole Peking ziemlich hilflos vorkamen und auf Grund der unterschiedlichen Idiome Schwierigkeiten hatten, sich mit den Protestierenden zu verständigen. Hinzu kam die überlieferte konfuzianische Kluft zwischen Intellektuellen und Soldaten.

Die Studenten von Peking hätten in jenen Stunden gut daran getan, die Schriften des großen Strategen Sunzi nachzulesen, der fünfhundert Jahre vor Christus gelebt hatte und heute noch die Grundregeln des militärischen Denkens im Reich der Mitte entscheidend beeinflußt. »Jede Kriegführung gründet auf Täuschung«, heißt es bei Sunzi. »Wenn wir also fähig sind anzugreifen, müssen wir unfähig erscheinen; wenn wir unsere Streitkräfte einsetzen, müssen wir inaktiv erscheinen; wenn wir nah sind, müssen wir den Feind glauben machen, daß wir weit entfernt sind. Lege Köder aus, um den Feind zu verführen! Täusche Unordnung vor und zerschmettere ihn! Wenn der Feind in allen Punkten sicher ist, dann sei auf ihn vorbereitet. Wenn er an Kräften überlegen ist, dann weiche ihm aus. Wenn Dein Gegner ein cholerisches Temperament hat, dann versuche ihn zu reizen. Gib vor, schwach zu sein, damit er überheblich wird. Wenn er sich sammeln will, dann gib ihm keine Ruhe. Wenn seine Streitkräfte vereint sind, dann zersplittere sie. Greif ihn an, wo er unvorbereitet ist; tauche auf, wo Du nicht erwartet wirst!« – Ob diese Maximen heute auch im Pentagon gebührend studiert werden?

Ein vielzitiertes Sprichwort aus den Zeiten der Tang-Dynastie besagt: »Du mußt ein Huhn töten, um eine Herde Affen zu verscheuchen.« Die Greisenriege des harten Flügels, die Dinosaurier der Partei waren keine Pazifisten und auch keine Philanthropen. Jetzt ging es ihnen nicht nur um die Erhaltung ihrer gut dotierten

Einflußposten an der Spitze des Staates. Sie weigerten sich auch, die egalitär-sozialistischen Überzeugungen über Bord zu werfen, die ihr ganzes Leben begleitet hatten. Sie lehnten es kategorisch ab, einem aus Amerika importierten bürgerlichen Liberalismus zu huldigen, der ihrem intimsten Credo Hohn sprach. Sollten denn alle Opfer, alles Leiden umsonst gewesen sein? Hatten sie alles falsch gemacht? Dieser Gedanke war unerträglich.

»Zeig zuerst die Schüchternheit eines Mädchens, bis Dein Feind den ersten Zug gemacht hat«, hatte Sunzi gelehrt; »danach entwickle die Geschwindigkeit eines rennenden Hasen, und für den Feind wird es zu spät sein, sich zu widersetzen.« Das Foto- und Filmmaterial, das uns über den blutigen Höhepunkt des Tien Anmen-Desasters zur Verfügung steht, ist zutiefst unbefriedigend. Die Kameraleute haben über das Abschlachten von Studenten, das sich mit Sicherheit nicht auf der nördlichen Hälfte des Platzes des Himmlischen Friedens vollzog, wenig Dokumente geliefert. Dafür wurden die Bilder von gräßlich verkohlten und verstümmelten Soldaten immer wieder im chinesischen Fernsehen vorgeführt. Es war in den letzten kritischen Stunden des Zusammenpralls zu surrealistischen Szenen gekommen. Da gab es jenen Armeelastwagen, der auf der Changan-Allee mit einem Motorschaden liegenblieb. Rasende Jugendliche stürzten sich auf das Fahrzeug und lynchten den Fahrer. Stimmt es tatsächlich, daß die ersten Panzerkolonnen ohne Munition in das Stadtzentrum vorgeschickt und somit zur leichten Beute von Molotow-Cocktails wurden? Nach Angabe von Amnesty International wurden bei der Repression der Tien Anmen-Revolte in ganz China etwa neunhundert Menschen umgebracht. Bei aller Entrüstung über diese Zahlen darf nicht vergessen werden, daß die große Kulturrevolution fünf Millionen Todesopfer gefordert hatte.

Mit unglaublichem Mut haben sich einzelne Demonstranten gegen die stählernen Ungetüme der 27. Armee gestemmt. Das Foto des Jünglings mit der weißen Fahne, der sich einem riesigen Tank in den Weg stellt, ist rund um den Erdball gegangen. Jeder mußte annehmen, daß dieser unbewaffnete Held unter den Ketten zermalmt wurde. Ein ebenfalls existierender Filmstreifen vermittelt einen ganz anderen Ablauf: Der junge Mann geht unerschrocken auf den Panzer zu, aber er wird nicht überfahren. Die ganze Kolonne hält an, und der Fahnenträger erklettert die vordere Stahlplattform, ohne daß ihm ein Leid geschieht. Ob er im nachhinein als Konterrevolutionär erschossen wurde, ist nicht bekannt, aber durchaus vorstellbar.

In der letzten Phase der Auseinandersetzung hatten die Studenten eine Nachbildung der amerikanischen Freiheitsstatue vor dem Tor des Himmlischen Friedens aufgerichtet. Diese Göttin der Demokratie war kein gelungenes Kunstwerk, aber eine gewaltige Symbolik ging von ihr aus. Sie ragte präzis an jener Stelle, wo einst die Konterfeis der mythischen Gründerväter aufgestellt waren: Marx und Engels, Lenin und Stalin. Es schien sogar, als verdecke die Freiheitsstatue das Bildnis Mao Zedongs über dem Eingang zur Verbotenen Stadt. Hier wurde der Kern dieser stürmischen Bewegung deutlich, die – von der akademischen Jugend angefacht – auf weite Kreise des Volkes übergegriffen hatte. Es war das Bekenntnis zu einer Freiheit westlichen Zuschnitts, eine Huldigung an die amerikanische Form der Demokratie und mehr noch an den »American way of life«. Neben der BBC war die »Stimme Amerikas« in jenen Tagen der meistgehörte Radiosender. Bedauerlicherweise war die »Voice of America« kein Vorbild gelassener Berichterstattung. Sie hatte nach dem 4. Juni die Zahl der Toten auf mindestens 20 000 aufgebauscht.

Immer wieder ist seit der Niederschlagung des Studentenaufruhrs beteuert worden, hier sei eine begrenzte Reform und kein radikaler Umbruch angestrebt worden. Ich glaube, man tut den Opfern des Platzes des Himmlischen Friedens unrecht, wenn man ihre Ziele auf solche Weise reduziert und verharmlost. Es war eine Revolution in Gang gekommen. Dafür bürgt das Blut der Märtyrer. Die Fossile des Politbüros sprachen natürlich von »Konterrevolution«. Als die weiße »Göttin der Freiheit« von der Volksbefreiungsarmee gestürzt wurde, erhielt diese mißglückte Imitation plötzlich den Rang einer Reliquie.

Warum ich diese blutige Episode in meine Betrachtung aufnehme? Im Juni 1989, so wurde später behauptet, sei die Hinwendung Pekings zu einer Form politischer Vielfalt und Freiheitlichkeit blockiert worden, die den Globalvorstellungen eines Francis Fukuyama vom »Ende der Geschichte« entsprochen hätte. Der ständig wiederholte Hinweis auf Tien Anmen belastet immer noch jede aktuelle China-Analyse. Aber die Führer dieses Aufruhrs, denen die Flucht ins westliche Ausland gelang, haben offen eingestanden, daß ihrer Demokratie-Bewegung ein solides Programm, ein ausgereiftes Konzept gefehlt habe. Als die Schriften des Astrophysikers Fang Lizhi im Westen publiziert wurden, zeigten sich selbst seine Sympathisanten betroffen. Fang Lizhi, der vor der Militärrepression in der amerikanischen Botschaft von Peking Asyl fand, galt als der ideologische Kopf, als der geistige Vater der Bewegung. Doch alles, was er vorzuschlagen hatte, war die pauschale Übernahme des hochentwickelten amerikanischen Modells. Ähnlich wie die Wissenschaft keiner Bevormundung unterworfen sein dürfe, müsse sich auch die politische Öffnung völlig ungehemmt entwickeln, so etwa hatte er argumentiert. Eine großherzige, aber weltfremde Vorstellung.

## »Zittere und gehorche!«

Shanghai ist zum Symbol geworden. In den verflossenen Jahren hat sich der Gigantismus, der sich der größten chinesischen Hafenstadt bemächtigte, ins ungeheuerliche gesteigert. Das pharaonische Bauprojekt Putong hat an wirtschaftlicher Bedeutung die beiden anderen chinesischen Handels- und Durchgangsmetropolen Hongkong und Singapur hinter sich gelassen und strebt nichts Geringeres an, als in absehbarer Zeit mit New York zu rivalisieren. Für mich war es ein atemberaubendes Erlebnis, von den Wolkenkratzern Putongs auf die Prunkfassaden der Kolonialepoche, der internationalen Konzessionen am Wang-Pu-Fluß, auf den »Bund« herabzublicken. Die Banken und Kontore, die einmal als triumphaler Ausdruck des westlichen Imperialismus das platte Häusermeer des alten Shanghai anmaßend überragten, schrumpften aus der Höhe des Fernsehturms, der inzwischen durch noch ambitioniertere Himmelstürmer ergänzt wurde, auf die Dimension eines Kinderbaukastens.

In dieser futuristischen Umgebung erscheint die exaltierte, unduldsame Atmosphäre der Kulturrevolution, die ich 1972 bei meinem ersten Besuch in Shanghai angetroffen hatte, wie ein ferner Alptraum. Damals wurde ich noch vom offiziellen Begleiter zu jenem kleinen Erholungspark am Wang-Pu geführt, an dessen Eingang zur Zeit der kolonialen Erniedrigung angeblich das Schild angebracht war: »Für Hunde und Chinesen verboten«. Heute kann sich das alteingefleischte Überlegenheitsgefühl der Han-Rasse wieder voll entfalten. Der Kitt, der dieses riesige Reich zusammenhält, ist nicht irgendeine Ideologie, nicht einmal die Gemeinsamkeit der Sprache, sondern das selbst im kleinen Volk verankerte Bewußtsein, das einst die Herrscher über das Reich der Mitte, die »Söhne des Drachen«, in der Gewißheit wiegte, die barbarischen Machthaber anderer Staatsgebilde könnten sich dem Himmlischen Thron der Verbotenen Stadt nur als Vasallen nähern.

Was hat die Volksrepublik China mit dem Thema eines Buches zu tun, das dem Kampf gegen den Terrorismus, dem militanten Islam, dem Wettstreit um Petroleum-Ressourcen gewidmet ist? Da lohnt es sich wieder einmal, auf Samuel Huntington zurückzugreifen, obwohl dessen Thesen, denen er den griffigen Titel »Clash of civilizations« gegeben hat, lange vor ihm in den politischen Diskussionen vorhanden waren. Wohl im Hinblick auf den unausweichlichen Zusammenprall zwischen dem amerikanischen und dem chinesischen Kulturkreis, der dann allerdings kosmische Dimensionen anzunehmen droht, spricht der amerikanische Professor von einer Affinität, die sich zwischen Konfuzianismus und Islam entwickeln könne. Er dürfte dabei nur eine strategisch bedingte Annäherung gemeint haben, denn es ist gar nicht vorstellbar, daß eine Brücke zu schlagen wäre zwischen der Diesseitigkeit chinesischen Denkens, dem Verzicht auf jede metaphysische Spekulation, wie sie im Sittenkodex des Meister Kong verankert ist, und der Gottbesessenheit, dem theozentrischen Lebensgefühl, das der Prophet Mohammed seinen Jüngern auferlegte.

Allenfalls in einem Punkt ließe sich eine artifizielle Parallele konstruieren zwischen der »Salafiya« der muslimischen Fundamentalisten unserer Tage, die stets im Rückgriff auf die ideale Gemeinschaft des Propheten in Mekka und Medina ihren eigenen Gottesstaat der Zukunft verwirklichen möchten, und den Lehren des Konfuzius andererseits, der, ebenfalls rückwärts gewandt, die Perfektion des »Goldenen Zeitalters« der mythischen Dynastien

Shang und Zhou wiederherstellen wollte. Gegen diese geistige Erstarrung im tradierten Riten-Konformismus hatte zwar Mao Zedong – das bleibt sein geschichtliches Verdienst – die dynamische Utopie seiner Zukunfts- und Fortschrittsideologie durchzusetzen gesucht, ja mit dem fürchterlichen Wüten revolutionärer Willkür einen Dammbruch erzwungen. Dabei muß er stets befürchtet haben, daß sich ein zweitausendjähriges Erbgut nicht durch robuste Umerziehung auslöschen läßt.

Hingegen könnte Peking den sich anbahnenden Dauerkonflikt zwischen den USA und weiten Teilen der islamischen Umma auf sehr nüchterne Weise für seine militärische Planung zu nutzen suchen. Das enge Verhältnis Pekings zur Islamischen Republik Pakistan mag zwar durch die opportunistische Ausrichtung General Musharafs auf den amerikanischen Zwangsverbündeten getrübt sein. Immerhin verdankt die Regierung von Islamabad ihre heutige Fähigkeit, dem übermächtigen indischen Nachbarn recht resolut entgegenzutreten, dem Besitz von Atombomben und Trägerwaffen, die ihr ohne diskrete technische Beihilfe aus China vermutlich nicht zur Verfügung stünden. Eine ähnliche Begünstigung könnte auch der Islamischen Republik Iran zuteil werden und der dortigen Mullahkratie die Möglichkeit verschaffen, amerikanisch-israelische Erpressungsversuche zu konterkarieren, die Hegemonialbestrebungen der USA im mittelöstlichen Raum einzudämmen und eine Verzettelung ihres immensen Machtpotentials zu bewirken. Diese Perspektive würde die Medienkampagne erklären, die in enger Koordination aus den Vereinigten Staaten und aus Israel gegen den persischen Pfeiler der »Achse des Bösen« lanciert wurde.

Wer bedenkt schon, daß der asiatische Vorranganspruch, den Präsident Jiang Zemin heute wieder vorträgt, an eine uralte Herrschaftstradition anknüpft, die nur während einer relativ kurzen Phase des Verfalls und der westlichen Bevormundung unterbrochen wurde? China kehrt gewissermaßen zur Normalität zurück. Mir klingen noch aus den siebziger Jahren die gellenden Rufe der Rotgardisten »Pi Lin – Pi Kong« in den Ohren, eine polemische Kampfansage an den verräterischen Armeeführer Lin Piao, der gegen Mao konspiriert hatte, und gegen den Sittenlehrer Konfuzius, die man beide in einer paradoxen Assoziation der

Verwünschung anheimgab. Der Große Steuermann wollte es nicht wahrhaben, und die westlichen Staatsmänner hatten vergessen, daß das konfuzianische Modell – von den in China missionierenden Jesuiten stark idealisiert – vorübergehend eine bemerkenswerte Faszination auf das Abendland der Aufklärung ausgeübt hatte.

Im 18. Jahrhundert hatten phantasievolle Reiseschilderungen aus dem Reich der Mitte die europäischen Intellektuellen entzückt und die Mode der »Chinoiseries« begünstigt, die sogar bis nach Preußen ausstrahlte. Im Pavillon von Sanssouci und in einem exotischen Salon des Schlosses Charlottenburg fand sie ihren Niederschlag. Den Freigeistern des »siècle des lumières« mußte ein Staatswesen zutiefst imponieren, dessen oberste Beamtenschaft, durch strenge Examen literarischen Charakters rekrutiert, an der exakten Beachtung der vorgeschriebenen Riten gemessen wurde. Diese »Meritokratie« eines fernen Imperiums, dessen Kaiser es als seine höchste Aufgabe ansah, unbeweglich auf dem Thron zu verharren, die Kräfte des »Yang« – der Wärme, der Macht, des Lichtes und der Männlichkeit – auf sich einwirken zu lassen und somit die Harmonie zwischen Himmel und Erde zu gewährleisten, war ganz nach dem Geschmack der erschlaffenden Adels- und Feudalgesellschaft des Abendlandes, die des monarchischen Absolutismus überdrüssig war. Daß Meister Kong in seiner sozialen Rangordnung dem Weisen und Gelehrten die allmächtige Funktion des Mandarinats zusprach, erschien als ein geradezu platonisches Konzept. Daß der Bauer als Säule des Staates vor Handwerkern und Kaufleuten rangierte und sich weit über den verachteten Soldatenstand erhob, entsprach den Vorstellungen der europäischen Physiokraten jener Epoche.

In Wirklichkeit hat das Reich der Mitte stets am pedantischen Ritenkult des Konfuzianismus und an seiner mangelnden Wehrhaftigkeit gekrankt. Wenn diesem Riesenimperium immer wieder die westlichen Außenbesitzungen verlorengingen, wenn sich stets neue Dynastien von Barbaren auf den Thron des Drachen drängten, so lag das an einer militärischen Unzulänglichkeit, die Frucht konfuzianischer Geringschätzung für alles Kriegerische war. So zählen im Rückblick die Mongolenkaiser der Yuan-Dynastie, an ihrer Spitze der von Marco Polo verherrlichte Kublai Khan, aber auch einige Monarchen der Mandschu- oder Qing-Dynastie zu den erfolgreichsten Mehrern chinesischen Territoriums und zu den Wahrern der »himmlischen Macht«.

Erwähnen wir vor allem den Mandschu-Kaiser Qian Long, der von 1736 bis 1796 das Reich der Mitte noch einmal erblühen ließ und sich durchaus nicht damit zufriedengab, als passive Symbolfigur zu walten. »Zittere und gehorche!« – mit diesen Worten endete damals jedes kaiserliche Dekret. Der Versuch des englischen Königs, eine begrenzte Handelskonzession in China zu erwerben, scheiterte an der Weigerung seines Botschafters, sich gemäß dem Ritual der Verbotenen Stadt dem »Kotau« zu unterwerfen, sich vor dem Sohn des Drachen in dreimaliger Folge, neunmal insgesamt, in den Staub zu werfen. Zu jener Zeit sorgten relativ kleine Garnisonen von Mandschu-Bannern, die ihre kriegerischen Nomadentugenden noch bewahrt hatten, für den Zusammenhalt des Imperiums vom Balkasch- bis zum Baikalsee, vom Roten Fluß im heutigen Vietnam bis zur Mündung des Amur am Nordpazifik.

Wer die zukünftige Rolle Chinas in Asien bemessen will, sollte nie aus den Augen verlieren, daß die Zeit der Demütigung, der kolonialen Zerstückelung, der beschämenden Rückständigkeit, die das Reich der Mitte nach seiner verhängnisvollen Selbstisolierung, nach der törichten Absage an die industrielle Revolution heimsuchte und als Folge des schändlichen Opiumkrieges der Briten zu einem Bestandteil der »Dritten Welt« degradierte, nur hundertfünfzig Jahre gedauert hat. Dieses Versäumnis wird heute mit Riesenschritten aufgeholt.

All das betrifft natürlich auch die äußerste Westprovinz Xinjiang, wo unter dem Qian-Long-Kaiser kein Uigure auf den Gedanken gekommen wäre, wider die Allmacht des Drachenthrons zu löcken. Erst gegen Ende des 19. Jahrhunderts, als die Ohnmacht Pekings offenkundig, die Mandschu-Armee zu einem Sammelsurium von Räuberbanden und Wegelagerern verkommen war, als der »Auftrag des Himmels« zum Spielball der Palast-Eunuchen und der Konkubinen wurde, weitete sich die Rivalität zwischen russischem und britischem Imperialismus auch auf Chinesisch-Turkestan aus. Der Knotenpunkt Kaschgar – einst eine üppige Zwischenstation der Seidenstraße – wurde zur strategischen Drehscheibe des »Great Game«, wo die Konsuln des Zaren und der

Queen über weit mehr Einfluß verfügten als der schwächliche Repräsentant des Pekinger Hofes.

## »Zur Ausdehnung verurteilt«

Mein Vorhaben aus dem Jahr 1991 hat sich also doch noch realisiert. Wir kurven bereits in 3000 Meter Höhe, da verweist mich unsere chinesische Begleiterin, Frau Yang Li, auf einen steilen Maultierpfad, der nach Westen ins Pamir-Massiv abzweigt. »Hier sind wir nur fünf Kilometer von der Grenze Tadschikistans entfernt«, erläutert sie. Wir erklimmen die Karakorum-Straße. Sie wird zur Zeit noch von November bis April durch Schneemassen und Felslawinen blockiert, soll aber demnächst durch den Bau von Tunneln ganzjährig passierbar werden. Daneben sei auch die Erweiterung der Piste nach Tadschikistan zu einer Asphaltstraße geplant. Sogar der afghanische Wakhan-Zipfel dürfte in absehbarer Zeit an das Verkehrsnetz von Xinjiang angebunden sein, auch wenn bei diesem Projekt eine Hürde von 5000 Meter Höhe bewältigt werden muß.

Der starke Landrover strebt der pakistanischen Grenze zu. Die Uiguren-Stadt Kaschgar liegt bereits weit hinter uns. Die Hochgebirgslandschaft, die uns umfängt, gebietet Ehrfurcht und Stille. Die Schluchten sind in bizarren, stets gigantischen Konturen verzerrt. Die Erosion hat die Felsen zu kolossalen Tannenzapfen und Schwämmen deformiert, oder sie streben wie rotgefärbte Orgelpfeifen in den frühen Abendhimmel. Andere Steinfassaden präsentieren sich als verwitterte Gesichter erstarrter Titanen. Häufig ist die Asphaltbahn durch Erdrutsche versperrt. Dann quält sich der Wagen durch Geröllmassen und reißende Bäche. Dreimal werden wir von Soldaten der VBA kontrolliert. Dabei geht es höflich und kulant zu. Die Cañons geben in etwa 4000 Meter Höhe tiefgrünen Almhängen Raum. Im Osten werden die Wiesen durch zwei ungeheuerliche Massive erdrückt, die in der sinkenden Sonne wie geschmolzenes Erz aufglühen. »Der Kongurdöbe«, so erklärt uns Herr Schen vom Informationsbüro Kaschgar, »ist 7719 Meter, der Muztagata, den man ›Vater des Eises‹ nennt, 7546 Meter hoch.« Nur selten begegnen wir Menschen, und auch der Autoverkehr ist spärlich auf dieser strategisch wichtigen Route, die seit 1985 fertiggestellt ist und ständig konsolidiert wird. Bis zu einem Niveau von 1800 Metern war noch spärliche Landwirtschaft möglich. Nun beherrschen Herden zweihöckriger Kamele und zotteliger schwarzer Yaks die abschüssigen Weidegründe. Am Kalakuli-See, dessen glasklares Wasser die phantastische Gebirgswelt spiegelt, paaren sich Wildheit und Idylle.

An dieser Stelle hat sich die Volksrepublik China den Zugang zum indischen Subkontinent gesichert und hält über das Hunza-Gebiet Kontakt zu Pakistan. In der chinesischen Grenzstation Taxkorgan übernachten wir in mehr als 4000 Meter Höhe. Die kleine Ortschaft ist das modern gegliederte Verwaltungszentrum der »Autonomen Region der Tadschiken«. Diese Minderheit ist im abgelegensten Winkel Chinas mit 35 000 Menschen vertreten. Die weiblichen Angestellten unserer Herberge tragen orientalische Phantasietrachten mit Tüllschleiern an den roten Rundhauben. Sie haben ihren rein iranischen Typus bewahrt. Unter den Gästen befinden sich vor allem pakistanische Händler.

Zu später Stunde treffe ich mit dem Verwaltungsvorsitzenden der tadschikischen Enklave zusammen. Er heißt Mir Zai, wirkt ebenfalls sehr persisch und wird von einem hochgewachsenen Chinesen in Zivil begleitet, der vermutlich eine Sicherheitsfunktion wahrnimmt. Mir Zai und seine versprengte Volksgruppe gehören dem ismailitischen Zweig des Islam an, wie ihre Glaubensbrüder jenseits der Grenze in Berg-Badaghshan. Das gibt er auf meine Frage unumwunden zu. Kontakt zu Karim Aga Khan werde jedoch nicht gepflegt. Im übrigen schätzt sich der ruhige, sympathische Mann wohl glücklich, daß er mitsamt seiner Gemeinschaft von den blutigen Greueln, die zu jenem Zeitpunkt die benachbarte GUS-Republik heimsuchen, verschont geblieben ist. Die Volksrepublik China kann es sich leisten, der winzigen tadschikischen Ethnie weitgehende Selbstverwaltung und kulturelle Eigenständigkeit zu gewähren. Die Schüler von Taxkorgan lernen auch die chinesische und uigurische Sprache. »Es sind bisher nur wenige Flüchtlinge über die Grenze gekommen«, erklärt Mir Zai; »vielleicht liegt das daran, daß immer noch sowjetische

Spezialtruppen die wenigen Übergänge im Hochgebirge kontrollieren.«

Nach dem Abendessen bin ich ans Fenster meines Hotelzimmers getreten. Der Druck auf die Schläfen, der sich beim plötzlichen Anstieg auf 4000 Meter Höhe einstellte, ist einer euphorischen Stimmung gewichen, die Bergsteigern wohlbekannt ist. Der Vollmond verwandelt das Dach der Welt am Pamir vollends in eine mythische Zauberkulisse. Meine Gedanken schweifen zurück zu den wackeren Männern, Briten und Russen, die vor hundert Jahren auf schmalen Yak-Pfaden unter unsäglichen Strapazen in diese furchterregende Einöde aus Fels und Eis vorgedrungen waren, um den imperialen Zielen ihrer jeweiligen Nation zu dienen. Aber heute hat das chinesische Reich der Mitte die Vorrangstellung an dieser strategischen Schlüsselstellung okkupiert. Moskau ist abgedrängt, Großbritannien nur noch eine historische Erinnerung und Amerika – bei all seinem Potential – unendlich fern.

Mir fällt jene Pressekonferenz im goldverschnörkelten Festsaal des Elysée-Palastes ein, die Charles de Gaulle anläßlich seiner heißtens umstrittenen Anerkennung der Volksrepublik Mao Zedongs im Januar 1964 abgehalten hatte. De Gaulle, der sich hartnäckig weigerte, den Ausdruck »Sowjetunion« zu verwenden, sondern in der Perspektive einer nationalen Rückbesinnung damals schon beharrlich von »Rußland« sprach, hatte für das Verhältnis zwischen den beiden kommunistischen Giganten eine geschliffene Formulierung gefunden, die seltene Weitsicht zeigte.

»Der chinesische Staat«, so hatte der General vor den Journalisten doziert, »ist älter als die Geschichte, stets zur Unabhängigkeit entschlossen, auf die Stärkung der Zentralgewalt bedacht gewesen.« China habe sich auf sich selbst zurückgezogen und die Ausländer verachtet; dabei habe das Reich der Mitte das Bewußtsein seines unabänderlichen Bestandes und den Stolz auf seine Einzigartigkeit bewahrt. Das sowjetische Rußland, fuhr de Gaulle fort, habe anfänglich den Chinesen Mao Zedongs Mitarbeit, industrielle und technische Hilfe angeboten. »Das war die Zeit, als der Kreml – hier wie anderenorts – seine strikte Führungsposition innerhalb der kommunistischen Welt noch benutzte, um den Vorrang Rußlands vor all jenen Völkern zu untermauern, deren Regierungssysteme, dem sowjetischen verwandt, die Vorherrschaft

Moskaus zu bestätigen schienen. So suchte Rußland China zu gängeln und darüber hinaus ganz Asien zu beherrschen. Doch die Illusionen sind verflogen ... In Asien, wo zwischen den beiden Staaten die längste Grenze der Welt verläuft – vom Hindukusch bis Wladiwostok –, stoßen die Interessen Rußlands, die auf Beharrung und Erhaltung gerichtet sind, mit denen Chinas zusammen; und China ist zu Wachstum und Ausdehnung verurteilt.«

## Das Gebet der Uiguren

Der Ausflug auf dem »Karakorum-Highway« war in meinem Besichtigungsprogramm der Provinz Xinjiang – zu deutsch »Westmark« – ursprünglich gar nicht vorgesehen. Ich verdankte ihn einer persönlichen Initiative, die meinen chinesischen Betreuern überhaupt nicht behagte. Ich glaube, sie fürchteten gar nicht so sehr einen konspirativen Kontakt, den ich zu renitenten Islamisten suchen könnte, sondern meine Entführung durch irgendeine Untergrund-Organisation. Ich hatte mich nämlich in der Id-Kah-Moschee von Kaschgar überraschend zum Freitagsgebet unter die gläubigen Muslime gemischt. Sie hielten mich wohl für einen Türken und räumten mir bereitwillig einen Platz im vorderen »Soff« ein. Mindestens dreitausend Männer waren hier zusammengekommen, ausschließlich Uiguren. Ein junger Mann mit blondem Haar und blauen Augen nahm sich meiner freundlich an. Er sprach ein leidliches Hocharabisch und gab sich als »Talib«, als Koranstudent zu erkennen. Trotz seines »nordischen« Aussehens war er reiner Uigure. Das Ritual nahm seinen gewohnten Gang. Beter aller Altersklassen waren hier vertreten. Die meisten von ihnen mußten in sehr ärmlichen Verhältnissen leben. Die Socken in der Reihe, die vor mir die Verbeugung nach Mekka vollzog, waren ausnahmslos zerrissen. Von der Menge ging ein penetranter Schweißgeruch aus. Selbst der Gebetsteppich stank ranzig.

In dieser Gemeinschaft fühlte ich mich geborgen. Aber meine chinesischen Begleiter, die mich aus den Augen verloren hatten, gerieten inzwischen in Panik. Während ich nach der Predigt und dem letzten Abschiedsgruß mit dem Talib über ein vertrauliches Treffen diskutierte, wurde ich in ein Verwaltungsgebäude der Islamischen Direktion abgedrängt, die offenbar eine Überwachungsfunktion ausübte. Mein Gesprächspartner war jetzt ein unsympathischer Uigure mittleren Alters, der sich – ebenfalls des Arabischen halbwegs kundig – als »mas'ul siassi«, als »politisch Verantwortlicher« der Chinesisch-Islamischen Vereinigung von Kaschgar vorstellte. Die Spitzelatmosphäre dieser Scheinorganisation kam mir sehr bekannt vor, und ich gab meiner Verärgerung Ausdruck. Der »mas'ul«, sekundiert von einem rüpelhaften jüngeren Amtskollegen, versicherte mir, daß in Xinjiang dreizehntausend Imame unbehindert tätig seien, daß allein aus dem Bezirk Kaschgar jedes Jahr zweihundert bis dreihundert Gläubige nach Mekka pilgerten. Seit Beginn der Reformpolitik werde dem Andrang zum Studium islamischer Wissenschaften keine Einschränkung mehr gesetzt. Die Moscheen seien zu Tausenden über die ganze Autonome Region verteilt.

Der Kontakt zu den jungen und, wie mir schien, aufsässigen Religionsschülern war abgebrochen. Statt dessen wurde mir nun der Haupt-Imam Abudu Rixiti Kaziaj, wenn ich mir den chinesisch verzerrten Namen richtig gemerkt habe, präsentiert. Der würdige Greis, dessen Turban ebenso weiß war wie sein schütterer Bart, war sicher ein redlicher Diener Allahs. Sein Einfluß war wohl gering. Zum Tee wurden uns zuckersüße Trauben aus Turfan serviert.

Nun lag es nahe, die kraftvollen Kundgebungen des Glaubens in Xinjiang, auch wenn sie politischer Gängelung unterlagen, in jenes große revolutionäre Aufbegehren einzuordnen, das sich in sehr unterschiedlichen Ausdrucksformen der gesamten »Umma« von Marokko bis Indonesien bemächtigt hat. In Chinesisch-Turkestan war dennoch alles ganz anders. Was wäre schon die Islamische Revolution, wohin käme die »fundamentalistische« Idee vom koranischen Gottesstaat, wenn diese Bewegung nicht durch die explosiv anwachsende Bevölkerungszahl der Mohammedaner zwischen Maghreb und Zentralasien potenziert würde? Die Demographie ist der wirksame und unentbehrliche Weggefährte der religiösen Wiedergeburt. Ohne die angestaute Verbitterung jener

Massen von Halbwüchsigen und verzweifelten jungen Männern, die die Mißwirtschaft der eigenen Militärregime und Potentaten nicht länger dulden, die sich von den »christlichen« Hegemonialmächten nicht länger gängeln lassen wollen, wäre der islamische Integrismus ein interessantes Phänomen theokratischer Schwärmerei, eine der zahlreichen Formen des Sektierertums, das weltweit sogar im christlichen Umfeld um sich greift.

Doch hier in Xinjiang stehen neun Millionen Uiguren auf verlorenem Posten. Die Kasachen und Hui, so nennt man die Koranglӓubigen der Han-Rasse, sind mit ihnen keine Schicksalsgemeinschaft eingegangen. Der Zuwachs der Uiguren wird durch die Beschränkung auf zwei beziehungsweise drei Kinder in engen Grenzen gehalten. Sie sind ein Tropfen im Ozean jener gesamtchinesischen Bevölkerung, die nach letzten Angaben und trotz aller »one family – one child«-Kampagnen von 1,2 auf 1,3 Milliarden geklettert ist. Unter vier Augen haben mir chinesische Administratoren anvertraut, daß man – wo immer es ginge – der offensichtlichen Unruhe der Uiguren mit Nachgiebigkeit und vor allem mit Toleranz in religiösen Dingen begegnen wolle. Man verfüge im Reich der Mitte über ganz andere Methoden, ethnische Dissidenz zu neutralisieren. Die staatlich gesteuerten Migrationen seien wirksamer als jede Form polizeilicher Unterdrückung. Demnächst würden im Bezirk Kaschgar, wo die latente Aufsässigkeit virulente Formen anzunehmen droht, 300 000 Han-Chinesen aus der übervölkerten Jangtse-Provinz Szetschuan angesiedelt. Fruchtbarer Oasenboden und industrielle Aufbaumöglichkeiten seien ausreichend vorhanden. Im übrigen sei es höchste Zeit, das in Kaschgar noch erbärmliche Lebensniveau auf den Stand der fortgeschrittenen Regionen anzuheben.

Die christlichen oder jüdischen Kulturzonen stehen der stärksten Waffe der militanten islamistischen Umma, dem ständig wachsenden Bevölkerungsdruck, rat- und hilflos gegenüber. Warum war Charles de Gaulle von Anfang an bereit, auf Algerien zu verzichten? Weil im Falle einer franko-maghrebinischen Union, bei Verwirklichung der »Algérie française« die Fünfte Republik heute dreißig Millionen Mohammedaner als vollwertige Staatsbürger akzeptieren und die eigene abendländisch-christliche Identität preisgeben müßte. Warum lebt der Staat Israel – als Militärmacht allen Nachbarn haushoch überlegen – in ständiger Sorge um seine Existenz? Weil ein enges Zusammenleben mit den Arabern des Gaza-Streifens und des West-Jordan-Ufers die Juden im Heiligen Land sehr schnell auf den Stand einer religiösen Minderheit reduzieren würde und weil die Konfrontation mit den expandierenden arabischen Vettern einem unerbittlichen Mengengesetz unterliegt.

Über die drohende Lawine, die binnen eines halben Jahrhunderts die Strukturen der GUS und sogar die interne Zusammensetzung der Rußländischen Föderation erschüttern wird, haben wir bereits berichtet. Die europäische Mittelmeerzone gerät ebenfalls in den Sog eines ethnisch-religiösen Gefälles zwischen Nord und Süd. In Bosnien – soweit dieses Gebiet als Staatsgebilde überhaupt eine Überlebenschance hat – können die Muslimani in aller Ruhe darauf bauen, daß sie innerhalb weniger Jahre mehr als die Hälfte der dortigen Bürger ausmachen werden.

Ganz anders in Chinesisch-Turkestan. Hier sind die Verhältnisse genau umgekehrt. Im September 1980 hatte ich beim Besuch der Oase Turfan notiert: »Wird der Islam Xinjiangs allmählich entwurzelt, besser gesagt, überwuchert werden? ... Die Bevölkerung der Dsungarei hat von der aktiven Gestaltung der Geschichte Abschied genommen ... Heute explodieren in der Nähe von Lop Nor die Wasserstoffbomben der chinesischen Volksbefreiungsarmee ... Die muselmanischen Turkvölker Xinjiangs sind nur noch ohnmächtige Zeugen jener gigantischen Kraftprobe, die sich in Zentralasien ankündigt und die nahe Jahrtausendwende überschatten wird.«

*

Die mysteriöse Welt zwischen Tarim-Becken und Dsungarei hatte mich schon als zehnjährigen Knaben fasziniert. Ich las mit Begeisterung die Reise- und Entdeckungsschilderungen des Schweden Sven Hedin, der Urumtschi, die Hauptstadt des heutigen Xinjiangs, als turkestanisches Räubernest hinter dicken Lehmwällen schilderte. Es war extrem abenteuerlich zugegangen in Xinjiang, nachdem die Mandschu-Dynastie in Peking gestürzt und die ferne Westprovinz die Beute grausamer und unberechenbarer »Taifu«

oder War Lords wurde. Im Jahr 1931 war es zum Aufstand der Muslime gekommen – überwiegend Hui –, ausgelöst durch eine Einwanderungswelle chinesischer Kolonisten aus der Provinz Kansu. Vier Jahre lang hat der Dschihad um den Besitz Chinesisch-Turkestans gedauert. Als Kommandeur der muselmanischen Krieger wurde ein blutjunger General berufen, Ma Zhongying, das »Große Pferd« genannt. Mit siebzehn Jahren hatte sich dieser Hui mit dem Kindergesicht bereits selbst zum Oberst befördert. Jetzt wütete er an der Spitze seiner Dunganen wie ein neuer Tamerlan. In dem Maße, wie sich auch die türkisch-muslimische Bevölkerung seinen Reiterhorden anschloß und er – mit Ausnahme Urumtschis – eine Oase nach der anderen eroberte, verfiel das »Große Pferd« wohl dem Größenwahn. Er proklamierte sich zum neuen Kalifen, ja erhob sogar den Anspruch auf den Erlösertitel des »Mahdi«. Unter den Han-Chinesen richtete er entsetzliche Massaker an. Hunderttausend Menschen sollen abgeschlachtet worden sein. Andere wurden zum Islam zwangsbekehrt.

Im Moskauer Kreml hatte Stalin die militärischen Erfolge des »Großen Pferdes« mit wachsender Irritation beobachtet. Einerseits befürchtete er das Übergreifen der islamischen Revolte auf seine eigenen Territorien in Zentralasien, wo der Widerstand der »Basmatschi« noch nicht ganz erloschen war. Andererseits hegte er den Verdacht, Ma Zhongying könnte ein Agent des japanischen Generalstabs sein, der in jener Zeit zur Eroberung ganz Chinas ausholte. Am Weihnachtstag 1933 rückte die Rote Armee mit zweitausend Soldaten in Urumtschi ein. Xinjiang war von nun an ein sowjetisches Protektorat. Bei Ausbruch des Zweiten Weltkriegs waren Garnisonen der Roten Armee in Stärke von 40 000 Mann über die weite Region verstreut. Der nationalchinesische Generalissimus Tschiang Kaischek war viel zu sehr mit seinem Verzweiflungskampf gegen das Reich der aufgehenden Sonne beschäftigt, als daß er sich auch noch mit den Russen angelegt hätte.

Im Jahr 1942 kam es zur spektakulären Wende. Die damaligen Ereignisse sind bis heute nicht voll aufgeklärt. Es wird behauptet, die Amerikaner hätten Druck auf die Moskauer Führung ausgeübt, damit diese die ferne zentralasiatische Einflußzone ihrem rechtmäßigen chinesischen Staatsführer und engen Verbündeten der USA, Marschall Tschiang Kaischek, zurückerstatte. Vermutlich brauchte Stalin zu jener Zeit jede kampffähige Division, um sie den Deutschen in der Schlacht von Stalingrad entgegenzuwerfen. Jedenfalls zog sich die Rote Armee mitsamt allen politischen Beratern im Herbst 1942 aus Xinjiang zurück. Vorher zerstörte sie noch fünfundzwanzig Pumpstationen und demontierte alle Industrieanlagen, die sie während ihrer Präsenz errichtet hatte.

Unmittelbar nach Proklamation der Volksrepublik China im Jahr 1949 schuf Mao Zedong vollendete Tatsachen in der fernen chinesischen Westmark. Er ließ die 8. Kommunistische Feldarmee einrücken. Er befahl seinen ideologisch gedrillten Soldaten, an Ort und Stelle seßhaft zu werden und sich als Wehrbauern zu bewähren. Das geschah mit beachtlichem Erfolg. In dieser spröden Landschaft, die zur Taklamakan-Wüste überleitet, hat die Volksbefreiungsarmee blühende Agrarzonen geschaffen, wo vor allem Baumwolle geerntet wird.

Die chinesische Einwohnerschaft Xinjiangs, die bei Machtantritt Mao Zedongs höchstens ein Viertel betrug, steht im Begriff, die dortigen Turkvölker zu überflügeln. In den Jahren der großen innenpolitischen Wirren war die Westmark ein bevorzugter Ort der Verbannung für alle politisch unzuverlässigen Elemente. Hier sollte laut Weisung des Großen Steuermanns auch das rote Mandarinat lernen, daß schwere körperliche Arbeit, die traditionell verpönt war, ein vorzügliches Mittel ideologischer Ertüchtigung sei. Die Rotgardisten sorgten nach Ausbruch der Großen Kulturrevolution für einen zusätzlichen Strom dekadenter Regimefeinde, der sich in diesen »Wilden Westen« ergoß, bis sie selbst – nachdem ihre Tollwut unerträglich und staatsgefährdend geworden war – in kompakten Kolonnen den Marsch nach Turkestan antreten mußten. Xinjiang mit seinen brennenden Sommern und eisigen Wintern war nunmehr der Ort, wo die jungen Fanatiker des radikalen Maoismus ihre bedingungslose Hingabe an ihr Idol beweisen konnten. Die Zuwanderung dauert unvermindert an, und das »Ein-Kind-Prinzip« wird in dieser Gegend bei den Han sehr lässig befolgt. Durch schrittweise Privatisierung der Landwirtschaft und diskrete Förderung des freien Handels wird zusätzlicher Anreiz für die Niederlassung von Immigranten in der Autonomen Region der Uiguren geschaffen.

Seit in der Taklamakan-Wüste ergiebige Erdöl- und vor allem

Erdgasvorkommen entdeckt wurden, reißt der Zustrom chinesischer Fachkräfte nicht ab. Im Jahr 2002 ist der Bau einer Pipeline beschlossen worden, die die großen industriellen Zentren und die Küstengebiete der Volksrepublik mit Energie versorgen soll. Schon ist die Rede von einer Verlängerung dieses Röhrennetzes bis Kasachstan. In dem heutigen Ringen um die Öl- und Gasressourcen Zentralasiens nimmt Peking, dessen Petroleumbedarf sich ins unermeßliche steigern dürfte, gegenüber den GUS-Republiken eine zunehmend fordernde Position ein und weicht dem Interessenkonflikt mit den in diesem Raum expandierenden Öl-Konzernen aus den USA nicht aus. Dabei könnte es eines Tages auch zu verstärkten Drohungen kommen.

Die »Gesellschaft für kulturellen Austausch von Xinjiang« hatte mir neben anderen Werbekatalogen eine Broschüre mit Statistiken und aktuellen Daten überreicht, die der Geschichte der Autonomen Region weiten Raum widmet. Natürlich geht es dabei in erster Linie darum, den historisch fundierten Anspruch Pekings auf die »Westmark« zu untermauern. Es lohnt sich, einen Absatz im Wortlaut zu zitieren, weil dort – trotz aller Freundschaftsbeteuerungen gegenüber den Nachbarstaaten – die verjährt geglaubten geographischen Ansprüche des Reiches der Mitte weit über die heutigen Grenzen hinaus erwähnt werden. »Zu Beginn des 19. Jahrhunderts«, so schreibt der Autor Chen Dajun, »begannen die Kolonialmächte des Westens aktiv mit ihren Angriffs- und Expansionsfeldzügen. Von Indien aus wiegelten die Briten immer wieder die Nachfahren uigurischer Fürsten auf, die am Hof des Khans von Kokand lebten, um in Süd-Xinjiang Unruhe zu stiften. Nach 1840 steigerten die westlichen Mächte ihre militärische Bedrohung, um die Qing- oder Mandschu-Dynastie zum Abschluß ungleicher Verträge zu zwingen. China wurde Schritt für Schritt auf den Status einer halbkolonialen Gesellschaft heruntergedrückt. Nachdem das zaristische Rußland die kasachische Steppe und die kleinen Emirate Zentralasiens besetzt hatte, nahm Sankt Petersburg auch weite Gebiete entlang der chinesischen Westgrenze in Besitz. Ein Territorium von 400 000 Quadratkilometern, östlich und südlich des Balkasch-Sees gelegen, das früher zu China gehörte, wurde durch das zaristische Rußland besetzt.« Das von Chen Dajun beschriebene Gebiet entspricht dem Kernland der heutigen Republik Kasachstan mitsamt ihrer früheren Hauptstadt Almaty.

*

Wer redet der Weltöffentlichkeit nur immer ein, der große Wirtschaftsaufschwung, der sich in der Volksrepublik China vollzieht, sei lediglich auf ein paar weithin sichtbare Küstenregionen, auf die sogenannten neuen Wirtschaftszonen beschränkt? In den unendlichen Weiten des Innern, so liest man in der westlichen Presse, habe sich nur wenig verändert. Dort sei das Reich der Mitte weiterhin in Elend und Rückständigkeit erstarrt. Aus gutem Grund hatte ich mir als vornehmliches Reiseziel die westlichste Provinz Xinjiang, früher schrieb man Sinkiang, vorgenommen. Deren Hauptstadt Urumtschi, die die Chinesen Ulumuqi aussprechen, ist mehr als zweitausend Kilometer vom Pazifischen Ozean entfernt. Von den fruchtbaren und industriell entwickelten Zentralprovinzen ist man hier durch endlose Wüsten und Steppen getrennt. Dem ersten Dokumentarfilm, den ich im Jahr 1980 dieser damals noch weitgehend unbekannten Landschaft widmete, hatte ich den Titel »Chinas wilder Westen« gegeben.

Im Sommer 1980 war Urumtschi ein grauenhafter Platz. Dort lebten etwa eine Million Menschen, aber die niedrige, gedrängte Häusermasse, über der die Fernsehantennen in den rußigen Qualm ragten, sah wie eine immense Siedlung von Höhlenbewohnern aus. Mit dem mir zugeteilten offiziellen Begleiter Mu, einem Kasachen, der in Wirklichkeit – für Han-Chinesen schwer aussprechbar – Muhammad hieß, war ich damals auf den alles überragenden »Roten Hügel« im Herzen der Stadt geklettert. Man machte mich auf eine alte islamisch-uigurische Konstruktion aufmerksam, die noch den arabischen Namen »Manara Humra« – »Roter Turm« trug. Für die Reiseleiter aus Peking war es jedoch viel wichtiger, daß wir eine neunstöckige Pagode filmten, die vor zweihundert Jahren – unter der Qing-Dynastie errichtet –, ihrem Namen Zhenlong gemäß, einen hier verborgenen Drachen beschwichtigen sollte. Schon im Jahr 1980 hatten die eingewanderten Han-Chinesen die ursprüngliche Uiguren-Bevölkerung, die der großen türkischen Völkerfamilie angehört, weitgehend aus der Stadt verdrängt. Nur ein Viertel der hier lebenden Menschen konnte noch dieser zentralasiatischen Ethnie zugerechnet werden, die sich vom 9. Jahrhundert an in ihrer Gesamtheit den Sendboten des Islam unterwarf.

Es war bemerkenswert, daß die chinesischen Behörden unser Kamerateam beim Filmen dieser Misere in keiner Weise behinderten. Wir konnten nach Belieben die Linse auf jene niedrigen Hütten der Industriearbeiter richten, die gegen die eisigen Winterstürme mit einer dicken Lehmschicht bedeckt waren und ihre Einwohner zur Existenz von Troglodyten verdammten. Bei unserer Suche nach muslimischen Gebetshäusern stießen wir auf die Verwüstungsspuren der Rotgardisten. Die entfesselten jungen Fanatiker der Kulturrevolution hatten gegen die Muslime besonders heftig gewütet, sie zum Verzehr von Schweinefleisch gezwungen und viele treue Koranglaubige erschlagen.

Seitdem ist radikaler Wandel eingetreten. Aus dem riesigen Elendsquartier, aus der asiatischen Slum-Metropole Urumtschi ist binnen fünfzehn Jahren eine saubere, hochmoderne Stadt von 1,5 Millionen Menschen geworden, deren Aufschwung sich mit westlichen Beispielen urbaner Entwicklung messen kann. Der Fortschritt in China ist keineswegs auf die Attrappe von privilegierten Küstenzonen beschränkt. Eine ähnlich stürmische Vorwärtsentwicklung hatte ich auch in der Mandschurei, in den chinesischen Nordost-Provinzen, feststellen können. In besonders benachteiligten Gegenden, das soll nicht bestritten werden, dauert natürlich noch schreckliche Armut an.

Untergebracht sind wir dieses Mal in dem luxuriösen Holiday-Inn-Hotel von Urumtschi, das über Kommunikations- und Computereinrichtungen verfügt. Auf dem Roten Hügel ist der brüchige Manara Humra restauriert und die Mandschu-Pagode zu einem prächtigen Freizeitpark erweitert worden. Eine Seilbahn bringt uns dorthin. Zu unseren Füßen erstreckt sich jetzt eine moderne Industriestadt, deren gepflegte Wohnviertel sich wohltuend von der Plattenbau-Misere der früheren Sowjetunion unterscheiden. Vierbahnige Asphaltstraßen erleichtern den Autoverkehr, der beachtliche Ausmaße angenommen hat. Die Warenhäuser quellen über von vielfältigem Angebot. Die Menschen sind wohlgenährt und gut gekleidet. Das Wort »Wirtschaftswunder« ist in Urumtschi durchaus angebracht. Verschwunden sind auch die kommunistischen Propagandaparolen. Sie werden durch die nicht weniger naiven Anpreisungen der Konsum-Reklame ersetzt. Um Weltoffenheit zu bekunden, sind die letzten amtlichen Appelle ins Englische übersetzt: »Time is money« lese ich da mit Staunen. »Efficiency is life«. An einer anderen Stelle heißt es: »Einheit ist Stärke. Einheit ist Sieg. Vertieft die Reformen! Schafft neue Werte!«

Die Sinisierung hat sich durchgesetzt. Das Nationalitäten-Thema ist keineswegs tabu. Offenbar ist aus Peking die Weisung an die örtlichen Funktionäre ergangen, mir keine Potemkinschen Dörfer vorzuspiegeln und mich nicht mit falschen Zahlen zu füttern. Die Han-Chinesen bilden heute achtzig Prozent der Einwohnerschaft von Urumtschi. Die Uiguren machen nur noch zehn Prozent aus, die »Hui«, die man früher »Dunganen« nannte, ebenfalls.

Die Hui, reinrassige Chinesen, die sich vor Jahrhunderten zum Islam bekehrten, sind über das ganze Reich der Mitte verstreut. Die Legende behauptet, sie seien Nachkommen frommer Missionare aus Arabien, und manche von ihnen träumen insgeheim von einer »Heimkehr« in das Land des Propheten. Die Hui sind an ihren weißen Kappen und am Kopftuch ihrer Frauen zu erkennen. Ich habe ihre Moscheen und ihre »Halal«-Speiselokale in ganz China angetroffen, in Peking und in Kanton, in der Mandschurei und in der Inneren Mongolei, in der äußersten Südprovinz Yünan und in der tibetischen Pilgerstadt Lhasa, nicht weit vom Potala-Palast entfernt.

In der Flußschleife des Hoang Ho wurde den Hui sogar eine Autonome Region, Ning Xia genannt, eingeräumt. Mao Zedong, der für Religion wirklich nichts übrig hatte, war wohl von der kulturellen Geschlossenheit dieser rein chinesischen Bekenntnisgruppe, die insgesamt dreißig Millionen Menschen zählen dürfte, so beeindruckt, daß er ihr den Status einer gesonderten Nationalität verlieh. Ähnlich hatte sich der jugoslawische Staatschef Tito ja auch gegenüber den bosnischen Muslimani verhalten, denen er – obwohl sie reine Serbo-Kroaten sind – den Rang einer eigenen Nationalität in seinem Vielvölkerstaat zugestand. Ohne es zu wissen, haben die beiden kommunistischen und atheistischen Machtmenschen dem koranischen, dem »fundamentalistischen« Prinzip »din wa dawla« Rechnung getragen, dem zufolge für einen frommen Muslim keine Trennung zwischen Religion und Staat existieren darf. Die konfessionelle Zugehörigkeit zur islamischen Umma – und nicht irgendwelche völkischen Begriffe – bestimmt demnach die politische Identität des Individuums.

Ich habe darauf gedrungen, in der partiell noch erhaltenen Altstadt von Urumtschi die muslimischen Gebetshäuser zu besichtigen. Hier erweist sich, daß die Gemeinde der Hui, die ihre Moscheen im typisch chinesischen Pagodenstil fast wie konfuzianische Tempel baute, sich von den türkischen Uiguren absondert. Die Religiosität der Hui, ihre strenge Beachtung der koranischen Vorschriften in allen Lebensbereichen, erscheint tiefer verankert als bei ihren uigurischen oder kasachischen Glaubensbrüdern, obwohl sie alle Sunniten sind und der hanefitischen Rechtsschule anhängen. Die Moscheen der Uiguren orientieren sich an nahöstlichen oder pakistanischen Vorlagen. So wird gerade an einer umfangreichen Freitagsmoschee mit angegliederter Koranschule gearbeitet, aber diese Gebäude wirken häßlich und banal. Die neuen Kultstätten sind nicht auf verborgene Randgebiete abgedrängt. Im Herzen von Urumtschi – nahe der Provinzverwaltung – hat seit meinem letzten Besuch eine aufwendige »Dschami'« ihre Tätigkeit aufgenommen und versammelt junge Türken mit weißen Kalotten zum Gebet. Die Behörden können es sich offenbar leisten, angesichts der erdrückenden Überzahl der Han-Chinesen Toleranz für die Minderheiten walten zu lassen.

Ich will hier keine Idylle an die Wand malen. Der ethnische und konfessionelle Widerstand ist auch in Xinjiang zu spüren, sobald man den unmittelbaren Umkreis der stark assimilierten Hauptstadt verläßt. »Wir machen uns keine Illusionen«, sagt mir ein hoher Provinzbeamter bei einem Essen im Hotel Holiday Inn; »das Problem der islamischen Wiedergeburt entdecken wir auch in dieser Region, vor allem bei den Uiguren. Es wird sich nicht durch wirtschaftliche Fortschritte allein beheben lassen. So marxistisch denken wir heute nicht mehr. Es hat diverse Versuche gegeben, die hiesigen Muslime gegen die Pekinger Führung aufzustacheln. Ja, es sind uigurische Partisanen und Saboteure in Afghanistan ausgebildet worden. Zusätzlich sickerten über Pakistan arabische Prediger ein. Aus Kasachstan wurde politisch-religiöse Aufwiegelung importiert, und sogar aus der Türkei. In der Stadt Kaschgar verspüren Sie diese Spannungen noch am deutlichsten. Seit den abscheulichen Exzessen der Kulturrevolution gewähren wir unseren Nationalitäten weitgehendes kulturelles Eigenleben, ja ein gewisses Maß an Selbstverwaltung. Sezessionsbestrebungen hingegen werden wir nicht dulden. Wir wissen sehr wohl, daß sich in Istanbul ein kleines Büro von uigurischen Separatisten niedergelassen hat und daß diese Opposition speziell in der Bundesrepublik Deutschland mit monatlichen Bulletins für ihre Sache wirbt. Mit Vorliebe wird dort über angebliche chinesische Repression und brutale Polizeimaßnahmen berichtet. Sie kennen die Veröffentlichungen wohl. Aber Sie haben Asien auch oft und intensiv genug bereist, um nicht auf jene oberflächliche Parallele hereinzufallen, die zwischen der ehemaligen Sowjetunion und unserer Volksrepublik immer wieder angestellt wird. Was unsere unmittelbaren Nachbarn betrifft, die GUS-Republiken Kasachstan, Kirgistan, Tadschikistan, so haben sich reibungslose Beziehungen entfaltet. Seitdem die Bahnlinie Peking – Urumtschi bis Almaty verlängert wurde, sind wir die bevorzugten Handelspartner der Kasachen.«

## Der demographische Faktor

Kaschgar ist eine enttäuschende Stadt. Ihren orientalisch-türkischen Charakter konnte sie im wesentlichen bewahren, aber hier hat nur eine schäbige Exotik überlebt. Die Bevölkerung in dem Grenzdistrikt ist zu fast neunzig Prozent uigurisch und muslimisch. Die religiöse Rückbesinnung gewinnt – laut Aussage meiner chinesischen Gewährsleute – zunehmend an Gewicht. Die »Große Kulturrevolution« hat zwischen den Völkerschaften tiefe Ressentiments hinterlassen. So wurde das berühmteste Heiligtum von Kaschgar, die Grabmoschee des Korangelehrten und Dichters Yusup Khass Hajib, von den entfesselten Rotgardisten dem Erdboden gleichgemacht. Seitdem haben die Behörden – ähnlich wie in Tibet – versucht, diesen Bildersturm rückgängig zu machen. Als zentrales religiöses Zentrum fungiert weiterhin die Id-Kah-

Freitagsmoschee, die den alten Bazar beherrscht. Im Jahr 1442 soll sie gebaut worden sein. Sie gleicht den ländlichen usbekischen Gebetshäusern im Umkreis von Samarkand. Die hohe Gebetshalle wird von geschnitzten grünen Holzpfosten getragen, die Gebetsnische ist schmucklos und die Kanzel bunt bemalt.

In den modrigen Gassen begegnen wir keinem Angehörigen der Han-Rasse. In diesen Vierteln kapselt sich das uigurisch-islamische Kaschgar von den fremden, stets bevormundenden Eindringlingen aus dem gelben Osten ab. Es liegt sogar Spannung in der Luft. Gelegentlich soll es zu Attentaten einer »Islamischen Bewegung Ost-Turkestans« kommen. Keine Sekunde lang habe ich das Gefühl, Frau Yang Li wolle irgend etwas vor mir verbergen. Die Rückständigkeit dieser Stadt, ihre schleppende Ausrichtung auf die von Deng Xiaoping verordneten Modernisierungen werden nicht kaschiert. Aber man spürt bei den Einheimischen eine latente Feindseligkeit. Unsere chinesischen Betreuer scheinen ernsthaft um unsere Sicherheit besorgt zu sein. Die Rückkehr zur koranischen Frömmigkeit äußert sich oft auf betrübliche Weise. Viele Frauen gehen hier unter groben, rotbraunen Wolltüchern vermummt, die sie sich über den Kopf stülpen und die das Gesicht total verdecken. Da sind selbst die schwarzen Rabengewänder von Teheran attraktiver.

Drei Tage zuvor haben wir uns in der Stadt Aksu aufgehalten, die etwa auf halber Strecke zwischen Urumtschi und Kaschgar gelegen ist. Ich hatte Aksu mit voller Absicht als Reiseziel angefordert, weil es dort im Jahr 1980 – während meines ersten Xinjiang-Besuchs – zu blutigen Zusammenstößen zwischen Volksbefreiungsarmee und uigurischen Nationalisten gekommen war. Eine solche Form der Auseinandersetzung, die unlängst noch an der islamischen Hochschule von Kuqa aufflackerte, gehört in Aksu der Vergangenheit an.

Der frühere Kern von Aksu, ein Gewirr von Lehmhütten, ist abgerissen worden. Statt dessen entstand eine Art »Main Street« des modernen China mit sauber ausgerichteten Ziegel- oder Betonhäusern, mit breiten Alleen und den glitzernden Glasvitrinen eines Kaufhauses. Vor allem vollzog sich eine menschliche Umschichtung. Von den knapp 200 000 Einwohnern stellen die Chinesen heute 53 Prozent. Mit seinen zahllosen Billardtischen unter freiem Himmel, seinen schmackhaften Garküchen und den knallbunten Reklameplakaten ließe Aksu sich in eine beliebige andere Provinz des Reiches der Mitte einordnen, wenn nicht der türkische Menschenschlag stark vertreten wäre und ein paar Moscheen auf die fremde Glaubenswelt verwiesen.

Zu unserem Programm in Aksu gehört der unvermeidliche Besuch einer uigurischen Schule. Hier werden Harmonie und Völkerfreundschaft vorgeführt. Der Unterricht findet für die Kinder der uigurischen Minderheit in ihrer eigenen Sprache statt. 1980 hatte ich mich in Urumtschi einer ähnlichen Besichtigung unterziehen müssen. Damals wurde das Uigurische noch in lateinischen Lettern geschrieben. Die Lehrer haben sich freundlich und diszipliniert um uns versammelt. Wieder fällt mir auf, wie rein sich der rassische Typus bei diesem entferntesten Zweig der großen turanischen Familie erhalten hat. Die mongolischen Einflüsse sind gering. Die Schüler erhalten fünf Stunden Chinesisch-Unterricht pro Woche. Es kann nicht ausbleiben, daß die Kinder am Ende unseres Besuchs unter der roten Fahne der Volksrepublik einen uigurischen Volkstanz mit Gesang – »Mukam« genannt – vorführen. Bei diesen Klängen fühlen wir uns tatsächlich nach Anatolien oder in den Südkaukasus versetzt.

In Kaschgar hingegen ist die Zeit stehengeblieben, ja es haftet dieser Verkehrsgabelung im Südwesten Xinjiangs etwa Museales an. Dieser Eindruck kann auch nicht durch die Existenz eines »Merryland Night Clubs« behoben werden, den man besser nicht betritt, wenn einen nicht die ganze Traurigkeit mißlungener Mischkulturen überkommen soll. Dennoch ist das Seman-Hotel, wo wir logieren, seinen relativ hohen Zimmerpreis wert. Es wurde nämlich auf dem Gelände des ehemaligen russischen Konsulats erbaut. Die Kanzlei aus der Zarenzeit war unverändert. Das Mobiliar ist in einer Mischung von Pseudo-Empire und Jugendstil bis ins letzte Detail erhalten. Frau Yang Li, die uns seit Peking freundlich begleitet, hat mich gleich zu dem Pavillon geführt, wo einst der Repräsentant des Zaren, dann der Bevollmächtigte der Sowjetmacht residierte. Da sind noch das Messingbett mit geblümtem Plumeau sowie alle möglichen Zutaten einer bürgerlich-altmodischen Welt übriggeblieben, die Nippesfiguren und falschen Sèvres-Vasen, die auch die Bolschewiki nach ihrer Machtübernahme nicht antasteten. Auf einem Gemälde ist irgendeine Heldentat der Antike dargestellt. Es könnte sich auch um eine biblische Szene handeln.

Das also war das Zentrum der Verschwörung, die geheime Koordinationsstelle, die den britischen Vizekönig von Indien zu ständiger Wachsamkeit zwang. Nach der Oktoberrevolution hatten sich hier die grobschlächtigen Kommissare der Komintern installiert und mit Hilfe ihrer hochspezialisierten Berater Chinesisch-Turkestan vorübergehend unter den Einfluß Moskaus gebracht. Erst Mao Zedong, der nach seinem Bruch mit den Russen keinen Spaß verstand, hat das Intrigennest im Jahr 1965 schließen lassen und den letzten Agenten Moskaus des Landes verwiesen.

*

Seit dem amerikanischen Aufruf zur weltweiten Terrorismus-Bekämpfung ist es um die Sache der Uiguren schlecht bestellt. Ihre Hoffnung auf Loslösung von China waren ohnehin minimal. Keiner fragt heute mehr nach diesen türkisch-islamischen Rebellen, zumal einige von ihnen bei den Kämpfen in Afghanistan in den Reihen von El Qaida aufgespürt wurden. In der fragwürdigen Allianz gegen das »Böse« hat der amerikanische Unterstaatssekretär Armitage der Volksrepublik das volle Verständnis der USA für die Verfolgung der »Islamischen Bewegung Ost-Turkestans« ausgedrückt.

Den von Mao Zedong unterworfenen Tibetern geht es nicht besser. Da hilft es wenig, wenn deutsche Politiker das publikumswirksame Eintreten für den Dalai Lama zu ihrer Herzenssache machen. Mit imperialem Zugriff hat Peking jede Separationsbestrebung der Autonomen Region Tibet im Keim erstickt. Gewiß, der jetzige Dalai Lama ist von einer Aura der Weisheit und Duldsamkeit umgeben. Eine »Insel der Seligen« ist diese isolierte Hochgebirgslandschaft nie gewesen. Der Lamaismus war dort in tantristischer Magie, in einer Horrorwelt von Teufeln und Dämonen erstarrt. Die Masse der Bevölkerung lebte als Untertanen der Feudalherren, wenn nicht als Sklaven. Im Potala-Palast spielten sich mörderische Intrigen ab. Die meisten Vorgänger des heutigen Dalai Lama starben an Gift. Die sanitären Zustände waren unbeschreiblich. Polyandrie, anders gesagt »Vielmännerei«, endemische

Krankheiten, zumal die Syphilis, hielten den Bevölkerungsstand niedrig. Die lamaistische Theokratie war ein Hort des Obskurantismus und einer religiös verbrämten Tyrannei.

Es soll hier in keiner Weise der chinesischen Fremdherrschaft das Wort geredet werden, die sich in ihrer Arroganz gegenüber »minderwertigen« Rassen oder exotischen Kulturen kaum überbieten läßt. Ähnlich wie der »Sohn des Drachen« außerhalb des Reiches der Mitte nur mit Vasallen verhandeln konnte, werden auch heute noch sämtliche Ausländer – davon sind Europäer und Amerikaner keineswegs ausgenommen – weiterhin als Barbaren empfunden.

Am Ende wird es den Uiguren wohl ergehen wie der mongolischen Nationalität Chinas, die ebenfalls über eine Autonome Region verfügt, ein langgestrecktes Territorium zwischen Mandschurei und Turkestan. Im Sommer 1989 bin ich in der Hauptstadt Hohot nach längerem Suchen immerhin auf ein paar buddhistische Tempel und Lama-Klöster gestoßen, die nach den Verwüstungen der Kulturrevolution restauriert wurden. Ansonsten unterscheidet sich diese Metropole von einer Million Menschen kaum von den anderen nordchinesischen Siedlungszentren. Wir fanden die gleichen häßlichen Betonbauten und Fabriken vor sowie eine typische breite Transversale, deren mittleres Blumenbeet mit roten Geranien bepflanzt war. Nichts deutete darauf hin, daß wir uns im Siedlungsgebiet einer ethnischen Minderheit befanden, außer den seltsam gekräuselten mongolischen Schriftzeichen, die an den öffentlichen Gebäuden unter die chinesischen Ideogramme gepinselt waren. Der Hauptplatz wurde von einem Denkmal mit galoppierenden Pferden beherrscht. Sie symbolisierten – im Stil der alten Tang-Keramik – die verflossene, erobernde Kraft des mongolischen Reitervolkes. Seit dem Herbst 1989 ist sogar Dschingis Khan, vor dessen Horden im 12. Jahrhundert die halbe Welt zitterte, offiziell in das Pantheon chinesischer Größe aufgenommen worden.

Das ändert nichts an der unerbittlichen Tatsache, daß von den zwanzig Millionen Menschen, die zum Zeitpunkt meines Besuchs in der »Autonomen Region Mongolei« lebten, nur 1,7 Millionen reine Mongolen waren. Sie werden durch den steten Zustrom von Han-Chinesen systematisch verdrängt. Die Assimilation, das gestand der mongolische stellvertretende Vorsitzende resigniert ein, schreitet fort.

Die benachbarte Mongolische Volksrepublik, auch »Äußere Mongolei« genannt, die als formell unabhängiger Staat ein sowjetisches Protektorat war, hatte die Immigration von Chinesen nach Kräften verhindert. Sie zählt nur zwei Millionen Einwohner. Seit Moskau auch diese Außenposition preisgegeben hat, werden alle Anlehnungsversuche der Regierung von Ulan Bator an japanische und südkoreanische Wirtschaftspartner den traditionellen Zugriff Pekings auf diesen menschenleeren Steppenstaat nicht dauerhaft verhindern können. Mao Zedong, der um drastische Aussprüche nie verlegen war, soll einst gesagt haben: »Wenn China spuckt, ertrinkt die Mongolei.«

## Das kreisende Rad von Falun Gong

Ernsthafte Erschütterung, die den Zusammenhalt und die sensationelle Wirtschaftsentwicklung der Volksrepublik China in Frage stellt, wird von den schrumpfenden ethnischen Minderheiten nicht ausgehen. Die Zersetzung könnte aus einer ganz anderen Richtung kommen und entspräche dem profunden Naturell des Staatsvolkes der Han. Gemeint ist die »Falun Gong«-Bewegung, die angeblich Millionen Anhänger bis in die höchsten Parteikreise geworben hatte und heute – ebenfalls unter dem Schlagwort des »Kampfes gegen den Terrorismus« – von den kommunistischen Behörden unterdrückt und verfolgt wird. Eine seltsame, aber typisch chinesische Lehre oder »Sekte« ist da entstanden, die ihre magischen Kräfte, ihre psychische Gesundungstheorie und ihre Heilungsmethoden aus der uralten Volksreligion des Taoismus, teilweise auch aus gewissen Deutungen des Mahayana-Buddhismus bezieht. Die regierende Mannschaft um Jiang Zemin, die zu den Tao-Traditionen und zum Buddhismus eine relativ duldsame Haltung einnahm, ist dieses Mal aufgeschreckt, denn Li-Hongzhi, der Meister und Inspirator von Falun Gong, hat China längst verlassen und lebt in den Vereinigten Staaten von Amerika. Der Verdacht, hinter seiner mystischen Gefolgschaft, die eine dem »Tai Chi« verwandte Gymnastik praktiziert, könne sich die Fünfte Kolonne Washingtons, ein besonders perfides Instrument der CIA verbergen, drängt sich bei dem im Zhongnanhai vorherrschenden Argwohn gegenüber allem Fremden unwiderstehlich auf.

Falun Gong, so konnte ich feststellen, verfügt selbst in Europa über eine weitverstreute Gefolgschaft. Nach Vorträgen, bei denen ich beiläufig diesen »Weg zur Vollendung« als eine Sekte bezeichnete, wurde ich von höflich auftretenden Chinesen darauf hingewiesen, daß dieser Ausdruck der wahren Natur von Falun Gong nicht gerecht werde. Sogar junge deutsche Frauen gaben sich als Jüngerinnen des Meisters Li-Hongzhi zu erkennen und drückten mir ganze Stapel von Werbebroschüren in die Hand. Das »Gong«, so erfuhr ich bei der Lektüre, könnte anders ausgedrückt als »Energie« bezeichnet werden. – »Das Gong, von dem wir sprechen«, heißt es da weiter, »entsteht komplett außerhalb des Körpers. Beginnend vom Unterkörper wächst das Gong spiralförmig mit der Erhöhung des Xinxing nach oben. Über dem Kopf bildet sich eine Gong-Säule. Die Höhe der Gong-Säule bestimmt die Höhe des Gongli. Die Gong-Säule befindet sich in einem versteckten Raum, so daß sie für die normalen Menschen kaum sichtbar ist.« Große Bedeutung wird der Öffnung des »Himmelsauges« eingeräumt, das sich zwischen Stirnmitte und Nasenwurzel befindet: »Nachdem das Himmelsauge geöffnet ist, können manche Menschen die Fähigkeit der Fernsicht erlangen. Sie können Dinge sehen, die tausend Kilometer weit entfernt sind.« Das »Falun«, ein Abbild des Universums, das als seitenverkehrtes Hakenkreuz, als Swastika – ein uraltes indisch-arisches Symbol – dargestellt wird, dreht sich im Zustand permanenter Rotation wie die Gestirne des Himmels. Deshalb, so lehrt Li-Hongzhi, »können Menschen, deren Himmelsauge auf niedriger Ebene geöffnet ist, sehen, daß sich das Falun wie ein Ventilator dreht. Andere Menschen, deren Himmelsauge auf höherer Ebene geöffnet ist, können das Gesamtbild des Falun sehen. Das Falun sieht sehr prachtvoll und leuchtend aus.«

Nicht die Uiguren, Tibeter oder gar Mongolen beunruhigen heute die Behörden von Peking, sondern jene absonderliche Heilslehre des kreisenden Rades, die in der Geschichte des Reiches der Mitte auf so manche Vorläufer zurückblickt. Die Natur- und Volksreligion des Taoismus offenbart sich auf den ersten Blick in einer endlosen Galerie bizarrer Außenseiter und Tempelheiliger, die dem pedantischen Konfuzianismus der Mandarine ihren eigenen extravaganten Lebensstil entgegensetzen – fromme Einsiedler, fröhliche Trunkenbolde, närrische und dennoch gewitzte Greise, Zauberer, die zu den tellurischen Kräften Kontakt hielten. Beim einfachen, abergläubischen Volk genossen die Taoisten große Beliebtheit und Verehrung. Doch diese magische Konfusion war immer wieder in umstürzlerische Gewalt ausgeschweift. Schon im zweiten Jahrhundert unserer Zeitrechnung hatte die Bauernrevolte der »Gelben Turbane« dem Kaiser das »Mandat des Himmels« abgesprochen und unter Verweis auf die Demoralisierung des allmächtigen Beamtenapparats eine exaltierte Endzeitstimmung aufkommen lassen.

Noch im 19. Jahrhundert rief ein gewisser Hong Xiuquan, der sich als jüngerer Bruder Jesu bezeichnete, das »Himmlische Reich des Ewigen Friedens« – »Taiping« – aus, revoltierte gegen die mandschurische Fremdherrschaft und löste bei den chinesischen Massen mit seiner quasikommunistischen Egalitätsbotschaft einen mystischen Wahn aus, den man der nüchternen, mißtrauischen Han-Rasse gar nicht zugetraut hätte. Die Taiping-Revolte nahm gewaltige Ausmaße an und hätte die Qing-Dynastie fast weggefegt. Der endlose Bandenkrieg und dessen Niederschlagung soll dreißig Millionen Menschen das Leben gekostet haben.

Sogar der Boxeraufstand, der 1900 als Protestbewegung gegen die Aufteilung Chinas unter Briten, Franzosen, Japanern und Deutschen losbrach und die Entsendung eines internationalen Expeditionskorps unter Befehl des Deutschen »Welt-Marschalls« Waldersee zur Folge hatte, suchte ursprünglich seine Bewährung in esoterischen Vorstellungen und körperlichen Übungen – daher der Name »Boxer« –, die der heutigen Falun Gong-Bewegung nicht ganz unähnlich sind.

Die Unterdrückung von Falun Gong besitzt für die Kommunistische Partei offenbar hohe Priorität, nachdem sich mehr als zehntausend dieser Mystiker zu einer Protestkundgebung vor der Verbotenen Stadt einfanden. Mit allen Mitteln versuchen die Pekinger Behörden die Anhänger des Meisters Li-Hongzhi der subversiven Konspiration, gewalttätiger Ausschreitungen und anarchistischer Neigungen zu bezichtigen. Die Amerikaner sollen in die paradoxe Situation manövriert werden, eine Organisation, die von einem in den USA ansässigen Chinesen gesteuert wird und – nolens volens – in die Tradition chinesischer Geheimgesellschaften gerät, als Element des weltweiten Terrorismus zu verurteilen. Im Hinblick auf die seltsame Lehre vom »ewig kreisenden Rad« ließe sich ein kryptisches Gedicht Mao Zedongs zitieren: »Der Mönch, ein tölpelhafter Bursch gewiß, wenn auch belehrbar; der Dämon, teuflisch-tückisch, ist darauf aus, Unheil zu stiften.«

## Am Fluß des Schwarzen Drachen

Jenseits der Promenade am träge fließenden Strom flimmerte im Sonnendunst das platte chinesische Gegenufer. Der stattliche Prospekt im Jugendstil des späten Zarenreiches trug den Namen Murawjow-Amurski. Die strategische Bedeutung von Chabarowsk am Zusammenfluß von Amur und Ussuri war um die Mitte des 19. Jahrhunderts von ihrem Gründer klar erkannt worden. An dieser Stelle hatte der russische Admiral Graf Nikolai Murawjow die Mandschu-Dynastie von Peking zu einem umfangreichen Gebietsverzicht gezwungen. Bei meinem ersten Aufenthalt im Jahr 1973 zweifelte niemand am kolossalen Machtpotential der Sowjetunion. Im örtlichen Museum war mir das riesige Ölgemälde aufgefallen, das Murawjow in ordensübersäter Uniform zeigte, wie er mit imperialer Geste einen breiten roten Strich über die Landkarte führte und die jüngsten russischen Landerwerbungen in Fernost festhielt. Ihm gegenüber kauerte – klein und verschüchtert – ein Hofbeamter aus Peking in der bunt-seidenen Tracht des hohen Mandarins.

Ob dieses Bild inzwischen entfernt worden ist? Schon 1973 hätte es zu kritischen Ahnungen Anlaß geben sollen. Südlich des Amur, in den weiten Ebenen der Mandschurei, die Zar Nikolaus II. seinem Imperium de facto bereits einverleibt hatte, die ihm jedoch durch die siegreichen Japaner im Krieg von 1905 entrissen worden waren, hatte eine demographische Verschiebung, eine Völkerwanderung stattgefunden, deren Auswirkung auf die immensen russischen Territorien in Ostasien noch gar nicht zu ermessen ist. Bis zu ihrem Sturz durch den Revolutionär Sun Yatsen im Jahr 1911 hatte die herrschende Qing-Dynastie, obwohl sie sich in Peking rückhaltlos assimilierte, darüber gewacht, daß die ursprünglichen Weidegründe ihrer Eroberer-Rasse für chinesische Immigranten gesperrt blieben. Als der letzte Kaiser Pu Yi der Republik Sun Yatsens weichen mußte, galten diese Verbote nicht mehr. Eine Massenmigration, überwiegend aus der übervölkerten Küstenprovinz Shandong, setzte sich auf die menschenleeren Nordostprovinzen in Bewegung. Heute leben dort schätzungsweise hundertzwanzig Millionen Han-Chinesen, Nachkommen dieser demographischen Springflut. Schon pocht ihre Dynamik an die Pforten der russischen Fernost-Provinz.

*

Im Sommer 1989, als ich das chinesische Gegenufer besichtigte, war die allmähliche Kräfteverschiebung schon sehr deutlich zu spüren. Als Test für meine Untersuchungen hatte ich die Drei-Millionen-Metropole Harbin ausgesucht, die frühere Verwaltungszentrale der russischen Eisenbahnen, deren Netzwerk die Annexion der Mandschurei durch das Zarenreich vorwegzunehmen schien. An den Ufern des Songhuajiang tummelte sich ein dichtgedrängtes asiatisches Sonntagspublikum in einer Atmosphäre von Heiterkeit und Entspannung. Der Stadtkern von Harbin verfügte über eine besondere Attraktion. Dort hatte sich die relativ kurze russische Präsenz auf nostalgische Weise verewigt. Längs der Hauptstraße mit Kopfsteinpflaster, die einst Petersburger Prospekt hieß, haben sich Kaufhäuser und Wohnbauten im Jugendstil erhalten. Deren kunstvoll gemeißelte Balkone waren oft durch titanische Steingestalten abgestützt. Orthodoxe Backsteinkirchen gaben Kunde vom vergangenen Einfluß der Moskauer Synode. Die riesige Kathedrale war jedoch von den enragierten Rotgardisten der Kulturrevolution gesprengt worden. Wo früher einmal 70 000 Russen lebten, waren nur noch 24 Greise in einem dürftigen Altersheim untergebracht.

Wir sind in Richtung Norden zum Heilunkiang, zum »Fluß des

Schwarzen Drachen«, wie der Amur auf chinesisch heißt, an das chinesische Südufer weitergereist. Damals war die Grenzstation Heihe noch keine boomende Großstadt von 150 000 Einwohnern mit einem Einzugsgebiet von 3,5 Millionen Menschen wie heute. Sie verfügte auch nicht über ihre stolze Skyline. Aber schon im August 1989 war ganz deutlich der Sog zu spüren, der von dem aktiven Handelszentrum Heihe und seinen reichlich belieferten Supermärkten auf die konsumentwöhnten slawischen Einwohner des gegenüberliegenden Verwaltungszentrums Blagoweschtschensk ausging. Die Geschäftigkeit der gelben Eindringlinge, die alle Register des Schmuggels und der halbkriminellen Schattenwirtschaft beherrschten, kontrastierte mit der verdrossenen Schläfrigkeit der ansässigen Russen.

Die Behörden von Blagoweschtschensk haben die Alarmsignale vernommen. Seit meinem Aufenthalt am Fluß des Schwarzen Drachen sind 900 000 Russen aus dem Amur-Gebiet abgewandert, also zehn Prozent der Gesamtbevölkerung der Fernost-Provinz, und der Treck nach Westen hält unvermindert an. Noch übt die Volksrepublik China keinerlei gezielten Einwanderungsdruck auf die fast menschenleere nördliche Taiga-Unendlichkeit oder auf die strategische Region von Primorje und Wladiwostok aus, die 1860 dem Reich der Mitte geraubt worden war. Aber selbst die russischen Behörden, denen es angeblich gelang, die asiatische Immigration bislang in Grenzen zu halten, rechnen – auf Grund der unaufhaltbaren Entvölkerung des slawischen Siedlungsgebiets – mit einem Ansteigen des chinesischen Populationsanteils bis 2050 auf zehn Millionen, eine relativ vorsichtige Schätzung.

Im Sommer 1993, vier Jahre später, konnte ich in Wladiwostok, der russischen Flottenbasis, die weiterhin den stolzen Namen »Beherrscher des Ostens« trägt, feststellen, daß zwar von einem gelben Massenansturm noch nicht die Rede sein konnte, daß überall jedoch, wo rege geschuftet wurde – ob es sich um Straßenreparaturen, Müllabfuhr, Hotelneubau oder sogar die längst fällige Instandsetzung der vermoderten Festungsanlagen und Kasernen handelte –, chinesische Arbeiter am Werk waren. Schon damals stand fest, daß die Trennungslinie in der Taiga sich als porös erweisen würde. Bis in die Autonome Jüdische Region von Birobidjan, die Josef Stalin einst in einer despotischen Laune geschaffen hatte, mehrte sich die Zahl der illegalen Waldarbeiter aus Nordkorea. Die paar Amur-Kosaken, die sich mit berittenen Patrouillen dieser Infiltration in den Weg stellten, mußten bald ihre Ohnmacht eingestehen.

Bei meiner Erkundung der Primorje-Region am Ussuri in Begleitung meines Freundes, des Novosti-Redakteurs Jewgeni Strachow, hatten wir am Eisenbahn-Grenzübergang von Grodekowo ein morsches Eisengerüst erklettert, um besseren Überblick zu gewinnen. Der Zug aus China war pünktlich. Die grünbemützten Grenzsoldaten gingen mit ihren Spürhunden in Stellung. Von einer lilabemalten Lokomotive gezogen, rollten die Waggons langsam ein. Von der Höhe unseres Beobachtungspostens bot sich ein denkwürdiges Spektakel, als ganze Trauben von Chinesen – mit riesigen Ballen beladen – dem Zug entquollen und zur Kontrolle auf den altmodischen Bahnhof zueilten. Aus der Entfernung wirkten sie wie eine Ameisenkolonie, deren Insekten ja ebenfalls in der Lage sind, Lasten zu transportieren, die ihre Körpermaße weit übersteigen. Doch das waren nicht mehr die »blauen Ameisen« Mao Zedongs; ein buntes Völkchen purzelte und schob sich aus dem Zug und über die Gleise. Beim Näherkommen entdeckte ich durchaus unterschiedliche Typen: Da waren relativ hellhäutige Stadtbewohner aus Harbin und Shenyang, die sich in schrill imitierte US-Mode kleideten, und daneben die dunklen, vom Wetter gegerbten Bauern- oder Hirtengesichter der Mandschu, denen man das karge Leben der Steppe noch anmerkte. Trotz der russischen Kontrollstation gewannen wir den Eindruck, daß die »Triaden«, die wiedererstandenen Mafia- und Verschwörerbünde, die aus der Geschichte Chinas nicht wegzudenken sind, auch die benachbarte Stadt Pogranitschni in der Hand hatten. Jewgeni, der ein redlicher russischer Patriot war, blickte mit tiefer Mißbilligung auf diese beklemmende Invasion. Auf der Rückfahrt nach Wladiwostok fielen uns zahlreiche verlassene Betonbunker auf.

*

Auch ohne prophetische Gaben kann heute vorausgesagt werden, daß der Phantom-Krieg gegen den internationalen Terrorismus, die »Cruisade« Amerikas gegen den revolutionären Islamismus weiterhin durch schwärende Regionalkonflikte, durch punktuelle Überfälle angeheizt wird und vielleicht sogar der Supermacht – ähnlich wie bei der Eroberung von Kabul – kurzfristigen Siegesrausch verschaffen mag. In Wahrheit bereitet sich jedoch das schicksalhafte Kräftemessen der Zukunft am Westrand des Pazifischen Ozeans vor, in einer Krisenzone, die sich approximativ vom mandschurischen Grenzstrom Amur bis zur Straße von Formosa und zum Südchinesischen Meer erstreckt. Hier findet das Zweckbündnis zwischen Washington und Moskau seine stärkste Motivation. Die vorliegende Chronik eines »globalisierten« Krieges bliebe ein Torso ohne den Hinweis auf dieses düstere Futurum, und der Lokalstreit um Afghanistan – um nur ihn zu erwähnen – würde ungebührlich aufgebauscht.

Was gehen uns das russische Primorje-Territorium und der Kriegshafen Wladiwostok an, mögen manche Deutsche fragen. Der Torheit vieler Politiker und einer weltfremden Intelligenzia sind offenbar keine Schranken gesetzt. Sie ignorieren geflissentlich, daß die russischen Außenpositionen am Ende Asiens in das lokkere Gefüge der »Organisation für Sicherheit und Zusammenarbeit in Europa« – OSZE – und eine vage »partnership for peace« bereits einbezogen sind. Hört man nicht immer wieder Stimmen, die für eine Aufnahme der Rußländischen Föderation in die NATO, ja in die Europäische Union plädieren? So erinnere ich mich an einen Abend in Frankfurt, als mein Tischnachbar, ein renommierter Bühnenautor, sich für diese exzessive Osterweiterung erwärmte. Als ich ihn darauf verwies, daß die Bundeswehr sich dann eventuell in Erfüllung ihrer Bündnispflicht auf einen kriegerischen Verteidigungseinsatz am Ussuri und am Fluß des Schwarzen Drachen gegen die chinesische Volksbefreiungsarmee vorbereiten müßte, war er baß erstaunt. Dieser Literat steht mit seinem politisch-militärischen Globalisierungswahn keineswegs allein. Für eine Vielzahl deutscher Parlamentarier wird ja heute schon die Präsenz deutscher Soldaten am Hindukusch – zum Schutz eines dubiosen afghanischen Staatschefs – als sinnvoller europäischer Beitrag, als Konsolidierung einer utopischen »Weltfriedensordnung« gefeiert.

Für die USA gelten da ganz andere, durchaus realistische Kriterien. Am ostasiatischen Rand des Pazifiks empfiehlt sich für Washington – mehr noch als in Zentralasien – der enge Schulterschluß mit Moskau. Denn China droht auf Dauer zum Alptraum der Supermacht zu werden. Wer gegen das winzige Vietnam militärisch versagte, hat nicht die geringste Chance, sich mit dem Reich der Mitte in einem erfolgversprechenden Waffengang zu messen. Da ist jeder Vergleich mit dem im Jahre 1945 besiegten japanischen Kaiserreich, das mit seinem Archipel auf engsten Raum begrenzt und deshalb extrem verwundbar war, fehl am Platz. Noch sollen die forcierten Rüstungsanstrengungen der Volksbefreiungsarmee nicht überschätzt werden. Eine Seeherrschaft Chinas, wie sie unter der Ming-Dynastie und unter dem Befehl ihres Eunuchen-Admirals bestand, dessen riesige Kriegsdschunken den Indischen Ozean bis zur afrikanischen Ostküste durchpflügten, ist zur Zeit gar nicht vorstellbar. Aber die Volksrepublik steht im Begriff, in allen möglichen Weltgegenden als »global player« mitzumischen. Nur zwei Beispiele seien erwähnt. So bezieht Peking Erdöl aus dem Sudan, wo chinesische Ingenieure die Pipeline vom Bahr-el-Ghazal bis Port Sudan am Roten Meer ausbauten; in der Republik Namibia, dem ehemaligen Deutsch-Südwestafrika, ist das Reich der Mitte mit 40 000 seiner Staatsangehörigen dank einer seltsamen Einwanderungslizenz des dortigen Präsidenten Sam Nujoma vertreten. Noch tröstet man sich am Potomac mit dem Hinweis auf unausgegorene Nachfolgekämpfe im Zhongnanhai. Es wird über die Rivalität zwischen dem sechsundsiebzigjährigen Präsidenten Jiang Zemin und dessen vermutlichem Nachfolger, dem neunundfünfzigjährigen Hu Jiantao, spekuliert, wohl wissend, daß am Ende die Volksbefreiungsarmee den Ausschlag geben dürfte.

Den explosiven Kern im Spannungsverhältnis zwischen USA und China bildet weiterhin die »Republik« Taiwan. Unter Bezug auf das dortige Konfliktpotential hatte selbst der kluge Mao-Gefährte Zhou Enlai seinem bevorzugten Gesprächspartner Henry Kissinger folgende Warnung auf den Weg gegeben: »Die internationale Lage ist gekennzeichnet durch große Unordnung unter dem Himmel. Aber unserer Ansicht nach ist diese weltweite Unruhe eine gute und keine schlechte Sache.« Mir selbst ist bei Kontakten im Außenministerium von Peking mehrfach in aller Klarheit bedeutet worden, daß eine Unabhängigkeitsdeklaration Taiwans, daß der endgültige staatliche Bruch mit der chinesischen Kontinentalmasse, gegen den sich ja auch Tschiang Kaischek stets verwahrt hatte, einen »casus belli« darstellen würde.

Das heutige China neigt nicht dazu, mit dem Säbel zu rasseln oder mit seinem sich perfektionierenden Nuklearpotential zu schwadronieren. Falls in Taipeh die regierende »Demokratische Fortschrittspartei« die Loslösung der 22-Millionen-Insel durch ein Plebiszit legitimieren möchte – was die Zustimmung Washingtons und das militärische Engagement der US-Navy voraussetzt –, wäre die Volksbefreiungsarmee vielleicht für eine Landungsoperation großen Stils an der Straße von Formosa noch nicht gerüstet, aber ein dichter Raketenvorhang könnte Taiwan isolieren und präzise Lenkwaffen die dortigen Industrieanlagen vernichten.

Wenn der kontinentale Drache Feuer zu speien droht, schreckt sogar die forsche Bush-Administration vor allzu kühnen Experimenten zurück. Als der taiwanesische Präsident Chen Shui-bian, ein deklarierter Separatist, in einer Anwandlung von Übermut im August 2002 verkündete, die Volksrepublik China und die Republik Taiwan seien zwei getrennte Staatswesen und eine Volksabstimmung solle den künftigen Status der Inselrepublik bestätigen, stieß er nicht nur auf wütenden Widerspruch aus Peking. Sogar Washington übte auf seinen Vasallen Druck aus, um die angekündigte »Katastrophe« zu vermeiden und Chen Shui-bian zum Widerruf zu veranlassen.

*

Sind das schon wieder Kassandrarufe eines mißgünstigen Kontinental-Europäers, der sich mit der amerikanischen Globalhegemonie nicht abfinden kann? Deshalb zitiere ich einen prominenten Amerikaner, der bei aller persönlichen Exzentrik durchaus berechtigt ist, im Namen seiner großen Nation zu sprechen.

»Bush interessiert sich nicht für die Welt, sondern für die amerikanische Kontrolle über die Welt«, so argumentiert der Schriftsteller Norman Mailer. »Amerika will die Welt nicht besetzen oder besiedeln. Amerika will die Welt in den nächsten hundert Jahren dominieren. Und die Sorge der Konservativen ist China. China hat das Potential, die USA in dreißig oder vierzig Jahren abzulösen. Unsere Konservativen haben Angst vor China – und sie wollen den Chinesen die Angst vor uns einbleuen. Also: Zeig ihnen Deine Stärke ... vernichten wir einfach mal ein Land! Das ist Bushs Botschaft an die Welt.« Wohlgemerkt, Nichtamerikanern stehen derart radikale Bewertungen nicht zu.

Symbolische Gesten und Riten spielen eine große Rolle in Fernost. Deshalb hat sich mir die Fernsehübertragung einer Zusammenkunft der Staats- und Regierungschefs des sogenannten APEC-Rates (Asian and Pacific Economic Cooperation) im Oktober 2001 eingeprägt. Vor dem Hintergrund der futuristischen Skyline von Shanghai, über der ein grandioses Feuerwerk explodierte, hatten sich alle Großen dieser Weltregion um den »Drachensohn« Jiang Zemin zum Abschlußfoto versammelt. Wie die amerikanischen Präsidenten ihre Staatsgäste mit dem Überstülpen von riesigen Texashüten zu vereinnahmen pflegen – selbst Deng Xiaoping war mit diesem Cowboy-Attribut versehen worden –, so hatte der kleingewachsene Jiang seine pazifisch-asiatischen Partner in reichbestickte, himmelblaue Chinesen-Jacken gekleidet und sich allein die rote Farbe der Herrschaft vorbehalten. Sogar George W. Bush und Wladimir Putin machten gute Miene zu dieser Maskerade, zu diesem allegorischen Spiel, das den Untertanen der Volksrepublik wohl als eine neue Form des Kotau, der ergebenen Huldigung vor dem »Himmlischen Thron« erscheinen mochte.

Es soll hier gar nicht bestritten werden, daß zumindest die städtischen Massen Chinas – in ihrer Konsum- und Bereicherungssucht – häufig genug der schillernden Verlockung einer Amerikanisierung des Alltags erliegen, die man auch als Globalisierung bezeichnen kann. Selbst Japan, das Reich der aufgehenden Sonne, hatte sich dem Sog des »American way of life« nicht entzogen, als in Tokio sogar noch die Generale des Tenno das Kommando führten.

Man hüte sich jedoch vor den »terribles simplificateurs«. Ausgerechnet auf Taiwan, wo der Einfluß der USA sich ungehemmt entfaltet und eine weitgehende Anpassung an dieses Modell bewirkt, bin ich zu Beginn des Jahres 1989 von einem hohen Beamten des Präsidialamtes von Taipeh – er selbst schien nach einem Studium an der kalifornischen Küste voll assimiliert – auf einen grundlegenden Unterschied zwischen dem amerikanischen und dem chinesischen Gesellschaftsverhalten verwiesen worden.

»Wir Chinesen«, so hatte dieser Kuomintang-Anhänger mit entwaffnendem Lächeln gesagt, »sind ein uraltes Volk; wir leben dicht gedrängt, in endlosem und gnadenlosem Wettstreit. In Jahrtausenden sind wir in der notwendigen Kunst des Überlebens gestählt worden; deshalb schenken wir uns nichts, sind mißgünstig gegenüber unseren Nachbarn und Mitbürgern. ›Das rote Auge‹, so nennen wir dieses weitverbreitete Neid-Syndrom. Wir sind mißtrauisch und hart bis zur Grausamkeit. Die Amerikaner«, so fuhr er mit einer unbewußten Anleihe bei Goethe fort, »haben es viel besser. Sie sind eine junge Nation, leben in einem riesigen Raum mit unermeßlichen Reichtümern. Die Verfolgung des Glücks – pursuit of happiness – gehört zu ihren Verfassungsprinzipien. Den Amerikanern fällt es leicht, gutmütig und wohlwollend zu sein. Sie können sich sogar eine Naivität erlauben, die für uns Chinesen tödlich wäre.«

# Personenregister

# Bildnachweis

dpa: 30 (Jim Hollander), 33 (Anja Niedringhaus), 36 (Eriko Sugita)

Focus: 5 (Todd Buchana), 6 (Abbas/Magnum), 7 (Michael Yamashita), 9 (David Burnett/Contact Press Images), 20, 21 (Steve McCurry/Magnum), 35 (Abbas/Magnum)

Gamma: 8 (F. Lochon), 13 (Abdelrahman al-Kateeb), 15, 37 (Noel Quidu), 16 (Patrick Aventurier), 17 (Halim Berbar/ Rapho), 19, 22, 38 (Christian Vioujard), 23 (Laurent van der Stockt), 28 (Borrel-Campion), 32 (Stephan Gladieux)

Cornelia Laqua: 1, 2, 4, 11, 12, 18, 24–27, 29, 31, 34

Picture press: 3 (Brian Snyder/Camera press)

Reuters: 14 (Jassim Mohammed)

Spiegel: 10

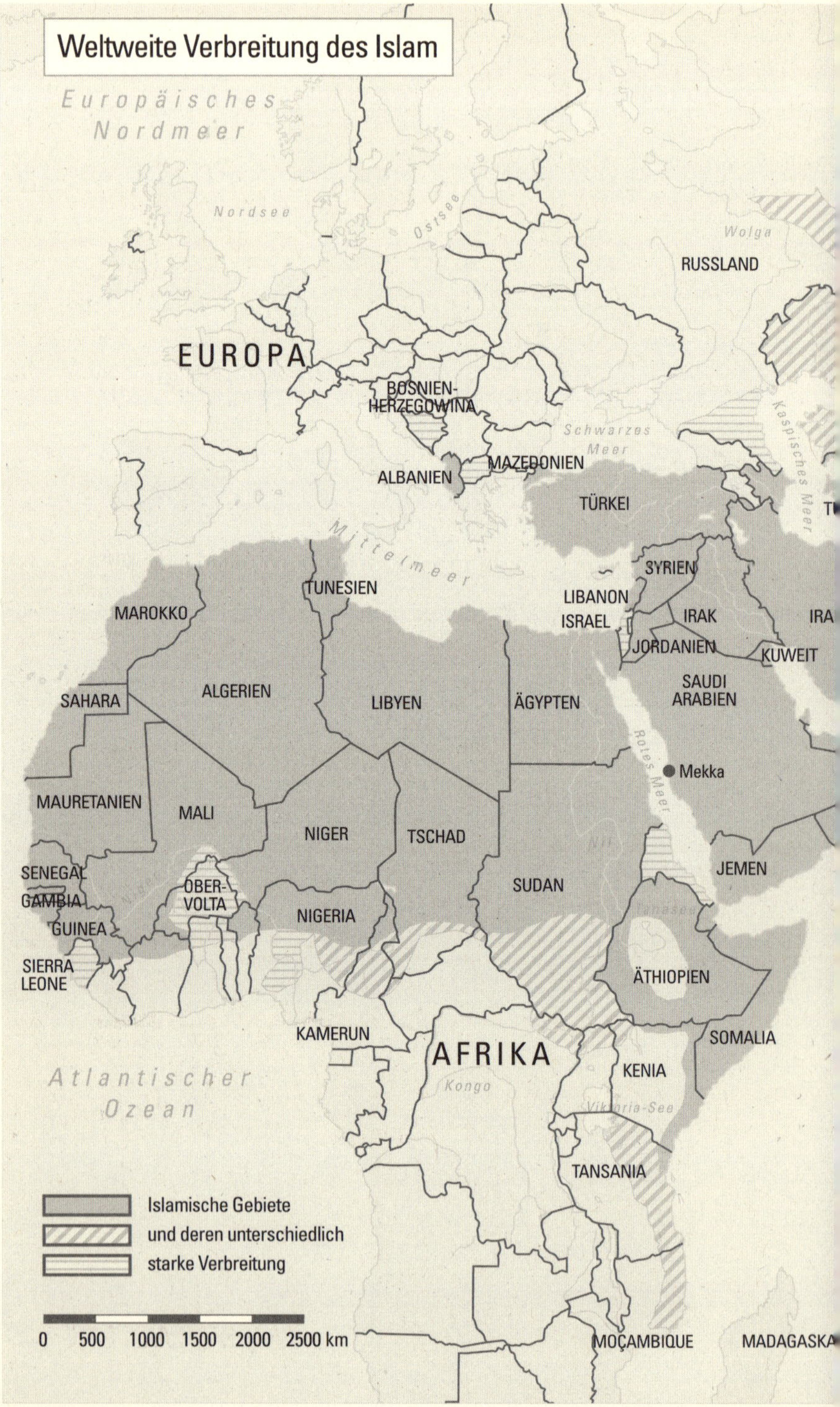

Weltweite Verbreitung des Islam
Europäisches Nordmeer
Nordsee
Ostsee
Wolga
RUSSLAND
EUROPA
BOSNIEN-HERZEGOWINA
Schwarzes Meer
Kaspisches Meer
MAZEDONIEN
ALBANIEN
TÜRKEI
Mittelmeer
SYRIEN
LIBANON
ISRAEL
IRAK
JORDANIEN
KUWEIT
SAUDI ARABIEN
MAROKKO
TUNESIEN
SAHARA
ALGERIEN
LIBYEN
ÄGYPTEN
Rotes Meer
Mekka
MAURETANIEN
MALI
NIGER
TSCHAD
SUDAN
JEMEN
SENEGAL
GAMBIA
GUINEA
SIERRA LEONE
OBER-VOLTA
NIGERIA
ÄTHIOPIEN
SOMALIA
KAMERUN
AFRIKA
Kongo
KENIA
Viktoria-See
TANSANIA
Atlantischer Ozean
Islamische Gebiete
und deren unterschiedlich
starke Verbreitung
0 500 1000 1500 2000 2500 km
MOÇAMBIQUE

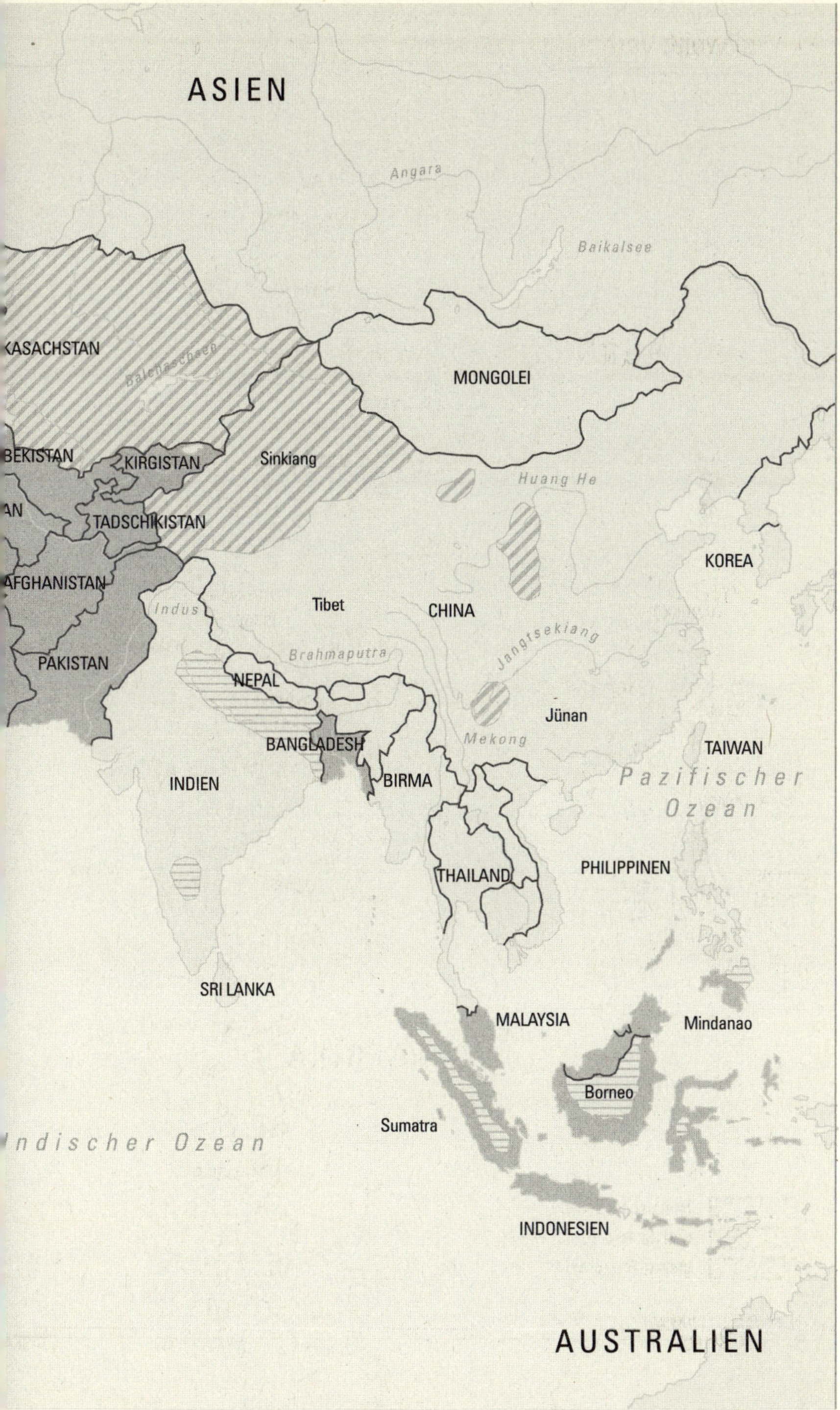

ASIEN
Angara
Baikalsee
KASACHSTAN
MONGOLEI
BEKISTAN
KIRGISTAN
Sinkiang
Huang He
AN
TADSCHIKISTAN
KOREA
AFGHANISTAN
Indus
Tibet
CHINA
Jangtsekiang
Brahmaputra
PAKISTAN
NEPAL
Jünan
Mekong
BANGLADESH
TAIWAN
INDIEN
BIRMA
Pazifischer
Ozean
THAILAND
PHILIPPINEN
SRI LANKA
MALAYSIA
Mindanao
Borneo
Sumatra
ndischer Ozean
INDONESIEN
AUSTRALIEN

Pipelines und US-Militärbasen im Konfliktgebiet
Warschau
RUSSLAND
Kiew
Budapest
UKRAINE
Wolga
Kaschagan-
Ölfelder
Belgrad
Dnjepr
Don
Tichorezk
Bukarest
Donau
Sofia
Noworossijsk
Schwarzes Meer
100-200
Militärberater
Kaspisches Meer
Istanbul
Supsa
GEORGIEN
Tiflis
Athen
TÜRKEI
Ankara
ARMENIEN
ASERBAID-
SCHAN
Kreta
Incirlik
Ceyhan-
Terminal
Mittelmeer
Zypern
Tigris
LIBANON
SYRIEN
ISRAEL
Damaskus
Bagdad
Euphrat
Amman
IRAK
JORDANIEN
bestehende Pipelines
geplante Pipelines
geplante Baku-
Ceyhan-Pipeline
geplante Gas-Pipeline
1000 Soldaten
Ölförder-Region
US-Militärbasen
Hafen
US-Marine-Streitkräfte
Hauptstädte mit Pipelines
Kuweit
KUWEIT
5. US Flotten-
hauptquartier
SAUDI-
ARABIEN
Rotes Meer
Prinz Sultan Luftwaffenbasis
0
200
400
600

Astana
Tobol
Irtysch
KASACHSTAN
aratschaganak
s-Öl-Kondensate)
CHINA
Militärbasis, Haupt-
kontingent v. d. USA gestellt
Aralsee
Syr-Darja
Bischkek
KIRGISTAN
USBEKISTAN
Amu-Darja
Taschkent
TADSCHI-
KISTAN
Turkmenbaschi
TURKMENISTAN
Karasi
Duschanbe
Aschgabat
KASCHMIR
Mazar-e-Scharif
Kabul
AFGHANISTAN
Islamabad
eheran
PAKISTAN
Dehli
Kandahar
IRAN
Quetta
Indus
INDIEN
Dalbandin
Jacobabad
Pasni
Karachi
Golf
BAHRAIN
Al-Manãma
Golf von Oman
Abu Dhabai
Arabisches Meer
VEREINIGTE
ARABISCHE
EMIRATE
Maskat
OMAN
Bombay
00 km